CONFORMADOS a SU IMAGEN

Un acercamiento bíblico y práctico
para la formación espiritual

KENNETH BOA

La misión de Editorial Vida es ser la compañía líder en satisfacer las necesidades de las personas con recursos cuyo contenido glorifique al Señor Jesucristo y promueva principios bíblicos.

CONFORMADOS A SU IMAGEN
Edición en español publicada por
Editorial Vida – 2006
Miami, Florida

©2006 por Kenneth Boa

Originally published in the USA under the title:
Conformed to His Image
© 2001 by Kenneth Boa
Published by permission of Zondervan, Grand Rapids, Michigan 49530, U.S.A.

Traducción: *José María Blanch*
Edición: *Terry McDowell y Rojas & Rojas Editores, Inc.*
Diseño interior: *A&W Publishing Electronic Services, Inc.*

RESERVADOS TODOS LOS DERECHOS. A MENOS QUE SE INDIQUE LO CONTRARIO, EL TEXTO BÍBLICO SE TOMÓ DE LA SANTA BIBLIA NUEVA VERSIÓN INTERNACIONAL. © 1999 POR BÍBLICA INTERNACIONAL.

Esta publicación no podrá ser reproducida, grabada o transmitida de manera completa o parcial, en ningún formato o a través de ninguna forma electrónica, fotocopia u otro medio, excepto como citas breves, sin el consentimiento previo del publicador.

ISBN: 978-0-8297-3058-6

Categoría: Teología y doctrina / Teología / General

IMPRESO EN ESTADOS UNIDOS DE AMÉRICA
PRINTED IN THE UNITED STATES OF AMERICA

13 14 15 16 ❖ 7 6 5 4 3 2 1

En memoria de mi abuela materna,
Lottie Mae Bacle Kelley
(abuela Mable, como yo la llamaba),
quien me fue formando de manera más trascendente
por medio de su amor, aliento, tiempo y tutela
que ninguna otra persona.

CONTENIDO

Contenido con acotaciones 9
Prefacio 13
Introducción: una piedra preciosa con muchas facetas 16

FACETA 1
***Espiritualidad de relaciones: amar a Dios en forma total,
a nosotros mismos de manera correcta y a otros con compasión***

1. Espiritualidad de relaciones: Amar a Dios en forma total 27
2. Espiritualidad de relaciones: Amarnos a nosotros mismos de manera correcta 34
3. Espiritualidad de relaciones: Amar a otros con compasión 43

FACETA 2
***Espiritualidad paradigmática: Cultivar una perspectiva
eterna en contraposición a una temporal***

4. Espiritualidad paradigmática: La vida es un viaje, pero ¿a dónde vamos? 59
5. Espiritualidad paradigmática: ¿Podemos confiar en Dios? 68

FACETA 3
***Espiritualidad disciplinada: Poner en práctica
las disciplinas históricas***

6. Espiritualidad disciplinada: Dependencia y disciplina 79
7. Espiritualidad disciplinada: ¿Qué son las disciplinas espirituales? 86

FACETA 4
***Espiritualidad de vida cambiada: Comprender nuestra
verdadera identidad en Cristo***

8. Espiritualidad de vida cambiada: Comprender nuestra verdadera identidad en Cristo 107
9. Espiritualidad de vida cambiada: El plan de Dios para satisfacer nuestras necesidades 117

FACETA 5
Espiritualidad motivada: Un conjunto de incentivos bíblicos

10. Espiritualidad motivada: ¿Por qué hacemos lo que hacemos?   135
11. Espiritualidad motivada: Amor, gratitud y recompensas   144
12. Espiritualidad motivada: Identidad, propósito y esperanza, y anhelo de Dios   153

FACETA 6
Espiritualidad de devociones: Enamorarse de Dios

13. Espiritualidad de devociones: Nuestra imagen de Dios   165
14. Espiritualidad de devociones: La vía contemplativa   178
15. Espiritualidad de devociones: La práctica de la lectura sagrada   188
16. Espiritualidad de devociones: Enamorarse de Dios   202

FACETA 7
Espiritualidad integral: Todos los componentes de la vida bajo el señorío de Cristo

17. Espiritualidad integral: La centralidad de Cristo   219
18. Espiritualidad integral: Una vida integrada   232
19. Espiritualidad integral: Relaciones, trabajo y sociedad   249
20. Espiritualidad integral: Mayordomía y propósito   264

FACETA 8
Espiritualidad de proceso: Proceso o producto, ser o hacer

21. Espiritualidad de proceso: Proceso o producto   277
22. Espiritualidad de proceso: Ser o hacer   290
23. Espiritualidad de proceso: Confianza, gratitud y contentamiento   301

FACETA 9
Espiritualidad llena del Espíritu: Caminar en el poder del Espíritu

24. Espiritualidad llena del Espíritu: Caminar en el poder del Espíritu   315
25. Espiritualidad llena del Espíritu: Los dones del Espíritu   326
26. Espiritualidad llena del Espíritu: Apertura y discernimiento: Un equilibrio   342

FACETA 10
Espiritualidad de lucha: El mundo, la carne y el diablo

27. Espiritualidad de guerra: Guerra con la carne y el mundo — 351
28. Espiritualidad de guerra: Guerra con el demonio y sus ángeles — 366
29. Espiritualidad de guerra: Las armas de nuestra guerra — 379

FACETA 11
Espiritualidad formativa: Un estilo de vida de evangelización y discipulado

30. Espiritualidad formativa: Una filosofía del discipulado — 395
31. Espiritualidad formativa: El proceso, el producto y el contexto del discipulado — 406
32. Espiritualidad formativa: Una filosofía de la evangelización — 416
33. Espiritualidad formativa: Superar los obstáculos a la evangelización — 427

FACETA 12
Espiritualidad colectiva: Ánimo, responsabilidad y culto

34. Espiritualidad colectiva: La necesidad de comunidad — 445
35. Espiritualidad colectiva: La naturaleza y propósito de la iglesia — 457
36. Espiritualidad colectiva: Cuidado de almas, liderazgo, responsabilidad ante otros y renovación — 468

Conclusión: Continuar con el peregrinaje:
  Lo que se requiere para acabar bien — 481
Apéndice A: La necesidad de diversidad — 499
Apéndice B: La riqueza de nuestra herencia — 513
Glosario — 549
Índice temático — 557
Índice de escrituras — 573

CONTENIDO CON ACOTACIONES

Prefacio
Introducción: Una piedra preciosa con muchas facetas

FACETA 1
Espiritualidad de relaciones: Amar a Dios en forma total, a nosotros mismos de manera correcta y a otros con compasión

Como comunión de tres personas, Dios es un ser de relaciones. De él surge una relación personal con nosotros, y nuestro llamamiento sublime y santo es responder a sus amorosas iniciativas. Al amar a Dios en forma total, descubrimos quiénes somos y de quién somos al vernos a nosotros mismos como Dios nos ve. De esta forma, adquirimos suficiente seguridad para pasar a estar centrados en otros más que en nosotros mismos, y esto nos permite convertirnos en dadores más que en acaparadores.

FACETA 2
Espiritualidad paradigmática: Cultivar una perspectiva eterna en contraposición a una temporal

Esta sección contrasta los sistemas temporal y eterno de valores y pone de relieve la necesidad de un cambio de paradigma al ver la vida en una forma bíblica y no cultural. La experiencia de nuestra mortalidad nos puede ayudar a transferir nuestra esperanza de lo que se ve a lo que no se ve y a caer en la cuenta del valor incalculable de las oportunidades presentes. Nuestros supuestos dan forma a nuestra perspectiva, nuestra perspectiva da forma a nuestras prioridades, y nuestras prioridades dan forma a nuestra práctica.

FACETA 3
Espiritualidad disciplinada: Poner en práctica las disciplinas históricas

Ha habido un resurgir del interés por las disciplinas clásicas de la vida espiritual, y esta sección examina las razones de esta tendencia y los beneficios de las diversas disciplinas. También se ocupa del equilibrio necesario entre dependencia radical de Dios y disciplina personal y analiza la dinámica de la obediencia y la aplicación.

FACETA 4
Espiritualidad de vida cambiada: Comprender nuestra verdadera identidad en Cristo

Los siglos diecinueve y veinte fueron testigos del crecimiento de un enfoque vivencial a la vida espiritual que se basa en la nueva identidad del creyente en Cristo. La identificación con Cristo en su crucifixión y resurrección (Romanos 6; Gálatas 2:20) significa que nuestra vida pasada ha sido reemplazada por la vida en Cristo. Este enfoque de la espiritualidad se desplaza de una orientación hacia las obras a una orientación hacia la gracia y del legalismo a la libertad porque se centra en nuestro conocimiento de que la vida de Cristo es nuestra vida.

FACETA 5
Espiritualidad motivada: Un conjunto de incentivos bíblicos

Las personas se sienten motivadas a satisfacer sus necesidades de seguridad, significado y realización, pero acuden a los lugares equivocados para conseguir la satisfacción de sus necesidades. Esta sección propone la opción de mirar a Cristo y no al mundo para satisfacer nuestras necesidades. El estudio de la Escritura pone de relieve una serie de motivadores bíblicos: entre ellos están el temor, el amor y la gratitud, las recompensas, la identidad, el propósito y la esperanza, y el anhelo de Dios. Nuestra tarea es estar más motivados por las cosas que Dios declara que son importantes que por las cosas que el mundo considera importantes.

FACETA 6
Espiritualidad de devociones: Enamorarse de Dios

¿Cuáles son las claves para amar a Dios y cómo podemos cultivar una creciente intimidad con él? Esta sección estudia qué significa disfrutar de Dios y confiar en él. Henry Scougal comentó que «el valor y la excelencia de un alma debe medirse según el objeto de su amor». Alcanzamos el máximo de satisfacción cuando buscamos agradar a Dios y no a nosotros mismos, y nos vamos conformando a lo que más amamos y admiramos.

FACETA 7
Espiritualidad integral: Todos los componentes de la vida bajo el señorío de Cristo

Hay una tendencia general a ver al cristianismo como un componente más de la vida junta con otros componentes como la familia, el trabajo y las finanzas. Esta división en compartimientos promueve una dicotomía entre lo secular y lo espiritual. La alternativa bíblica es comprender las implicaciones del señorío de Cristo sobre todos los aspectos de la vida de tal forma que incluso los componentes más mundanos de la vida puedan convertirse en expresiones de la vida de Cristo en nosotros.

FACETA 8
Espiritualidad de proceso: Proceso o producto, ser o hacer

En nuestra cultura, tendemos cada vez más a ser hacedores humanos que seres humanos. El mundo nos dice que lo que logramos y realizamos determina quiénes somos, pero las Escrituras nos enseñan que quienes somos en Cristo debería constituir la base para lo que hacemos. La dinámica del crecimiento va de dentro a fuera y no de afuera a dentro. Esta sección habla de volverse fieles al proceso de la vida y no en vivir de un producto a otro. También se centra en qué significa morar en Cristo y practicar su presencia.

FACETA 9
Espiritualidad llena del Espíritu: Caminar en el poder del Espíritu

Aunque hay ideas divergentes acerca de los dones espirituales, los creyentes centrados en el Espíritu y en la Palabra concuerdan en que hasta hace poco el papel del Espíritu Santo no se ha tomado muy en cuenta como una fuerza básica de la vida espiritual. Esa sección examina cómo apropiarse del amor, la sabiduría y el poder del Espíritu y pone de relieve las implicaciones bíblicas del Espíritu Santo como presencia personal y no como una simple fuerza.

FACETA 10
Espiritualidad de lucha: El mundo, la carne y el diablo

La guerra espiritual no es opcional para quienes creen en Cristo. La Escritura enseña e ilustra la dinámica de esta lucha en los tres frentes del mundo, la carne y el diablo. Los sistemas mundanos y demoníacos están fuera del creyente, pero seducen y brindan oportunidades para la carne, que es lo que inclina al pecado dentro del creyente. Esta sección describe una estrategia bíblica para hacer frente a cada uno de estos obstáculos al crecimiento espiritual.

FACETA 11
Espiritualidad formativa: Un estilo de vida de evangelización y discipulado

El llamamiento más sublime del creyente en cuanto a ministerio es reproducir la vida de Cristo en otros. La reproducción asume la modalidad de evangelización para quienes no conocen a Cristo y de edificación para quienes sí lo conocen. Esta sección elabora una filosofía del discipulado y la evangelización y considera la edificación y la evangelización como una forma de vida; el discipulado y evangelización como estilo de vida constituyen el acercamiento más efectivo y realista a quienes no creen y a creyentes por igual dentro de nuestra esfera de influencia.

FACETA 12
Espiritualidad colectiva: Ánimo, responsabilidad ante otros y adoración

Llegamos a creer como individuos, pero crecemos cuando estamos en comunidad. Esta sección examina la necesidad de comunidad, desafíos y generadores de comunidad, la naturaleza y el propósito de la iglesia, cuidado de almas, liderazgo de servicio, responsabilidad ante otros y renovación.

CONCLUSIÓN
Continuar con el peregrinaje

¿Qué se requiere para seguir en la carrera? Este capítulo final examina una serie de aspectos relacionados con acabar bien, incluyendo intimidad con Cristo, fidelidad en las disciplinas espirituales, una perspectiva bíblica de la circunstancias de la vida, capacidad de enseñar, propósito personal, relaciones sanas y ministerio constante.

APÉNDICE A
La necesidad de diversidad

Este apéndice describe el hambre actual de espiritualidad y las razones de la misma. Hay una diversidad de enfoques en la vida espiritual, pero no son sino facetas de una piedra preciosa mucho mayor que es mucho más que la suma de las partes. *Conformados a su imagen* asume un enfoque más amplio, más sintético, mediante el estudio de todas estas facetas y de ver cómo cada una de ellas puede contribuir al todo mayor. Algunas personas se sienten atraídas a diferentes facetas, y esto tiene que ver en parte con su perfil de personalidad (el Indicador de Tipo de Myers-Briggs es un instrumento valioso para este fin). Se pide a los lectores que identifiquen aquellos a los que se sienten más y menos atraídos y se los anima a que se esfuercen en probar uno que normalmente no utilizarían.

APÉNDICE B
La riqueza de nuestra herencia

Este apéndice describe una breve historia de la espiritualidad con la identificación de enfoques destacados en la vida espiritual a lo largo de las iglesias antigua, medieval y moderna. Esto proporciona una perspectiva más amplia y un sentido de continuidad con otros que han buscado la intimidad con Dios antes que nosotros. De este repaso surgen doce temas y posiciones extremas recurrentes, y este apéndice concluye con unas palabras acerca de la variedad de enfoques que pueden iluminar nuestro peregrinaje.

Glosario
Índice temático
Índice de escrituras

PREFACIO

Aunque cuando crecía estuve expuesto a una serie de vigorosas influencias cristianas, solo fue alrededor de un mes después de graduarme del Instituto Case de Tecnología que tuve un encuentro personal con Cristo. Ese verano de 1967 fue de hecho más bien raro al irme a vivir a Berkeley, California, como cristiano nuevo todavía inmerso en la cultura efímera de los «niños-flor». En los seis meses siguientes, no tuve ningún contacto con otros creyentes y pasé por un proceso difícil de transición de una forma de pensar evolutiva bajo la influencia del ocultismo y del pensamiento oriental a una concepción cristiana del mundo que se iba desarrollando de forma gradual. Seis meses después de mi conversión, me encontré en el Seminario Teológico de Dallas, lo cual me produjo un choque cultural a esas alturas de mi peregrinaje. Me tomó dos semestres en Dallas antes de que las cosas que había ido aprendiendo en diversas disciplinas comenzaran a converger en un marco coherente de referencia basado en una siempre mayor comprensión de la Escritura.

En los años que siguieron, he tenido el privilegio de verme expuesto a una amplia gama de enfoques a la formación espiritual y al discipulado. Me resultó especialmente interesante constatar cómo los proponentes de diferentes enfoques los presentaran con un cierto carácter definitivo, afirmando que su estilo de espiritualidad era el mejor posible. Cada vez descubría un nuevo conjunto de instrumentos útiles, pero la caja de herramientas nunca parecía estar completa.

He estado involucrado con personas que abarcan todo el espectro desde el liberalismo hasta el fundamentalismo, con carismáticos y anticarismáticos, y con personas de tradiciones fuertemente reformadas a fuertemente arminianas. He tenido el privilegio de estar cerca de cristianos ortodoxos, cristianos católicos y toda clase de cristianos protestantes. He compartido con los monjes en un monasterio cisterciense (trapista) y he pasado tiempo con evangelistas que han compartido con valentía su fe bajo circunstancias extraordinarias. He disfrutado de relaciones con anglo-católicos, con pentecostales, con estudiosos de sociedades de filosofía de religiones orientales en la Universidad de Oxford, con misioneros que desarrollan su ministerio en todo el mundo, con personas de ministerios para toma de conciencia de los cultos, ministerios de liberación, ministerios apologéticos, ministerios de evangelización, ministerios de discipulado, ministerios universitarios, ministerios con jóvenes, ministerios con el mundo de los negocios y ministerios para abogados y doctores.

En cierto punto en mi peregrinaje, descubrí las disciplinas espirituales y me sumergí en ellas. En otro momento, me sentí fascinado por escritos que se centraban en la vida cambiada, o sea, cambiar nuestra vida por la vida de Cristo. Durante otro período me centré en la vida espiritual como producto de estar llenos del Espíritu de quien se recibe el poder. También pasé por un tiempo en que la guerra espiritual se me hizo muy real. Lo mismo sucedió con cada una de las otras facetas de la espiritualidad, y comencé a ver un patrón. Por importantes que me hayan resultado cada uno de estos enfoques, ninguno es suficiente; siempre hay algo más.

Todo esto ha sido fuente tanto de frustración como de entusiasmo. Frustración, porque mis constantes búsquedas de una fórmula rápida, de una talla única, o de una técnica controlable, han fracasado. Entusiasmo, porque estoy comenzando a ver que apenas podemos llegar a arañar la superficie de todo lo que Dios nos tiene reservado y que siempre hay nuevas sorpresas. Visto así, la búsqueda de Dios se convierte en la mayor de las aventuras.

El cuerpo de Cristo es extraordinariamente diverso, y a través de mis experiencias con tantas facetas de la vida espiritual en mi propio peregrinaje de fe, he llegado a valorar los méritos únicos de cada una de ellas.

En *Conformados a su imagen*, deseo proponer una óptica comprensiva y sintética de la vida espiritual que los expondrá a una serie de facetas beneficiosas. Cada una de ellas es válida como parte de un todo mayor, y es mi esperanza que este libro ampliará su pensamiento y los alentará a proseguir «la meta, al premio del supremo llamamiento de Dios en Cristo en Cristo Jesús» (Filipenses 3:14).

Oro que como resultado de leer este libro lleguen a:

- desarrollar un mayor aprecio por la forma única en que Dios los ha creado
- tomar conciencia de una gama más amplia de opciones para su peregrinaje espiritual
- salir de una posible rutina espiritual
- desear experimentar con otras facetas de la fe
- valorar el multiforme legado que nos han transmitido quienes nos han precedido
- expandir sus horizontes y sentirse estimulados a salirse de su esfera de comodidad
- que se infunda en sus personas una mayor pasión por Cristo y un mayor deseo de participar en sus propósitos amorosos para sus vidas

PREFACIO

Romanos 8:29 nos ofrece la revelación más concisa de la intención final de Dios para aquellos que conoció de antemano, predestinó, llamó, justificó y glorificó. Su propósito es nada menos que lleguemos a «conformarnos a la imagen de su Hijo». Este proceso de ir conformándose cada vez más a Cristo fue concebido antes de la fundación del mundo, se lleva a cabo como un proceso divino-humano en el presente, y se cumplirá a cabalidad cuando nos encontremos en la presencia de su gloria, «sin mancha...con gran alegría» (Judas 24).

INTRODUCCIÓN
Una piedra preciosa con muchas facetas

> **SÍNTESIS DEL CAPÍTULO**
>
> La introducción describe el hambre de espiritualidad en nuestro tiempo y propone varias razones de este creciente interés. La vida espiritual se presenta como un peregrinaje en el que los peregrinos pueden utilizar toda una serie de métodos. Este libro desarrolla doce facetas de la espiritualidad cristiana que se relacionan con experiencias prácticas a nivel personal y colectivo, y dichas facetas se sintetizan en forma breve. Resulta natural sentirse atraídos hacia algunas de estas concepciones más que a otras pero también resulta provechoso conocerlas todas.

EL HAMBRE ACTUAL DE ESPIRITUALIDAD

En nuestro tiempo la religión no está de moda pero la **espiritualidad** sí lo está. En las tres últimas décadas, se ha producido un hambre y búsqueda notables por respuestas espirituales a los grandes interrogantes de la vida. En el pasado, existía un consenso moral general en el mundo occidental que se basaba vagamente en una **concepción del mundo** judeo-cristiana, pero iba acompañado de una tendencia creciente a secularizar la cultura marginando la religión y sustituyéndola con una fe popular en el progreso científico y la búsqueda humanista. Pero el **naturalismo** puro se va descomponiendo debido a los ácidos de sus propias premisas. Cuando comenzó a tambalearse y desmoronarse el proyecto de la Ilustración de llegar a respuestas y soluciones definitivas a la condición humana por medio de la razón humana por sí misma, se volvió más atractiva la búsqueda de soluciones trascendentes.

En un mundo cada vez más **posmoderno**, ha ido surgiendo un nuevo escepticismo en cuanto a la búsqueda de la verdad objetiva, un nuevo relativismo respecto a estándares morales y un nuevo multiculturalismo que fomenta que escojamos con cuidado las opciones ideológicas. Esta mentalidad de bufé ha conducido a una ausencia aterradora de discernimiento y a una apertura sin sentido crítico a espiritualidades panteístas y a filosofías y técnicas de la Nueva Era. En nuestro tiempo, una persona puede promover, sin temor a recibir críticas públicas, una espiritualidad propia de los indios estadounidenses, del misticismo oriental, del paganismo de Europa Occidental, de la medicina chamánica, de técnicas para alcanzar una conciencia cósmica o de cualquier modalidad de yoga.

Guiadas por la educación y los medios de comunicación, las personas se están volviendo más antagónicas a cualquier autoridad que les parezca externa o basada en la tradición. Por esto la religión va perdiendo fuerza, en tanto que la están ganando espiritualidades que apelan a una autenticación interna subjetiva y empírica. Como lo demuestra la antigua Unión Soviética, los seres humanos no pueden vivir en un vacío ideológico; cuando se abandona una ideología, las personas muy pronto abrazan otra, sea para bien o para mal.

Junto con este interés popular creciente por la espiritualidad se ha producido un gran incremento en el apetito de las iglesias por la renovación espiritual. El problema es que muchas personas, en especial ciertos líderes de denominaciones importantes, no han sabido discernir «el espíritu de verdad y el espíritu de error» (1 Juan 4:6). Ha ido produciéndose con mayor frecuencia en las iglesias una reformulación de la imagen de Dios en categorías feministas radicales (p. ej., el culto de Sofía y Gaya), tantrismo budista, técnicas hinduistas de meditación y simbolismo pagano, que se han ido alejando de la autoridad de la Escritura para abrazar teologías liberales. Sin embargo en muchas comunidades de creyentes se han ido asentando enfoques auténticos, bíblicamente ortodoxos y que han superado la prueba del tiempo, respecto a la vida espiritual, y esto es lo que este libro quiere decir cuando utiliza el término *espiritualidad*.

Desde un punto de vista humano, hay una serie de razones que explican la creciente toma de conciencia de la espiritualidad entre los seguidores de Cristo:

- la influencia del interés cultural ambiental por la espiritualidad
- la creciente insatisfacción con la superficialidad y esterilidad de la subcultura cristiana
- una búsqueda de sentido, propósito y significado entre los seguidores de Cristo
- mayor disponibilidad de los clásicos de la espiritualidad y exposición a los mismos
- un movimiento más intenso hacia rendir cuentas a otros y discipulado

- autores y maestros influyentes que se han ido comprometiendo con comunicar estas verdades

UN VIAJE Y UN PEREGRINAJE

Los conceptos en este libro describen un viaje hacia la espiritualidad. La vida espiritual es una respuesta exhaustiva, de toda la vida, a las iniciativas gratuitas de Dios en las vidas de aquellos cuya confianza se centra en la persona y obra de Jesucristo. La espiritualidad bíblica es una orientación centrada en Cristo respecto a todos los componentes de la vida por medio del poder mediador del Espíritu Santo que mora en el creyente. Es un peregrinaje del espíritu que comienza con el don del perdón y la vida en Cristo y avanza por medio de la fe y la obediencia. Como se basa en una relación actual, es un viaje con Cristo más que un viaje hacia Cristo. Mientras estemos en la tierra no llegamos nunca; el viaje no se completa sino hasta el día de nuestra resurrección, cuando el Señor nos conduzca a una conformidad completa consigo mismo.

Este viaje con Jesús es un peregrinaje espiritual por cuanto hemos confesado que somos «extranjeros y peregrinos sobre la tierra» (Hebreos 11:13). Una vez que estamos en Cristo, nos convertimos en residentes temporales y extranjeros en este planeta; nuestra ciudadanía se ha cambiado de la tierra al cielo (Filipenses 3:20), y debemos ir incrementando nuestra constatación de que ninguna felicidad terrenal puede satisfacer en su totalidad los anhelos más hondos que Dios pone en nuestros corazones. Durante este breve peregrinaje, el territorio que encontramos varía desde llanuras con pastos a áridos desiertos y montañas traicioneras. La vida de peregrinaje está llena de gozo y congojas, de placeres y aflicciones, de claridad y confusión, de seguridad y dudas, de consuelo y dolor, de relaciones y enajenaciones, de esperanza y desesperanza, de obediencia e incredulidad, de confianza e inseguridad. Pero hay que tener muy presentes dos verdades críticas cuando nuestro entorno se vuelve precario: otros nos han precedido en este peregrinaje, y algunos han dejado mapas en el camino que nos guían por el territorio que nos falta por recorrer; y Dios nos ha dotado de los recursos espirituales que sabe que necesitaremos durante el viaje.

DOCE FACETAS DE LA ESPIRITUALIDAD

Hay una serie de enfoques en cuanto a la vida espiritual, pero estos son facetas de una piedra preciosa que es mayor que la suma de sus partes. La diversidad y complejidad de las sendas espirituales que han seguido peregrinos piadosos de siglos pasados son ricas e impresionantes. Algunas de estas sendas abrieron con valentía y sufrimiento y por medio de una reciprocidad con ritmos históricos, sociales y culturales complejos, pero la mayor parte de los seguidores del Camino han pasado por alto los mapas

INTRODUCCIÓN: UNA PIEDRA PRECIOSA...

topográficos que nos quedaron o han hecho pedazos todas las partes que no les resultan conocidas. La piedra de tropiezo más común es confundir una parte por el todo. Como los ciegos que palpan diferentes partes de un elefante, unos asumen que la vida espiritual es una trompa, otros consideran que es un rabo, y otros concluyen que es una pata.

Todo el que estudia los cuatro Evangelios debería tener reservas ante un enfoque que reduce los matices de la vida espiritual a una simple fórmula o método. Los Evangelios no son biografías sino retratos temáticos muy selectivos que revelan diferentes aspectos de la vida de Cristo que deberían permanecer en una tensión dinámica mutua. El sinergismo de esta interacción tensa se resiste a cualquier categorización simplista, y lo mismo se diga de la dinámica de un viaje con Cristo bajo la dirección del Espíritu. En contraposición con la presunción de quienes intentan cuantificar y controlar, la humildad de la **sabiduría** siempre susurra que hay más, mucho más. Cuando nos acercamos al viaje espiritual con un espíritu abierto y dispuesto a aprender, podemos ir consiguiendo nuevas perspectivas a partir de la Palabra de Dios, de las personas con las que nos encontramos y de los libros que leemos.

En estos tiempos posmodernos, hay un deseo creciente de una espiritualidad auténtica que afectará nuestras vidas en una forma significativa y práctica. La visión bíblica de la vida espiritual como una relación redentora con el Creador vivo y personal de todas las cosas puede satisfacer este profundo deseo, pero la mayor parte de los relatos de esta visión son fragmentarios o unilaterales. El propósito de *Conformados a su imagen* es ofrecer un enfoque más comprensivo, equilibrado y aplicable acerca de qué significa conocer a Cristo. Este libro abordará esta necesidad con la presentación no de una o dos sendas en la vida espiritual sino de una serie de ellas, y mostrará cómo cada una de estas sendas puede contribuir al proceso dinámico de crecimiento espiritual. Examinaremos varias facetas de la piedra preciosa de la vida espiritual y veremos cómo cada una de ellas puede contribuir al todo más grande.

No presumo que las doce facetas que se presentan en el libro sean exhaustivas, pero sí abarcan una parte importante de ese campo. Establecí estas categorías con la intención de reflejar las diversas dimensiones de la verdad bíblica en cuanto se relacionan a experiencias personales en una esfera individual y colectiva. Por esta razón, algunas de ellas tienen sus raíces en tradiciones históricas (p. ej., la espiritualidad disciplinada y de devociones), algunas están vinculadas con movimientos más recientes (p. ej., espiritualidad de vida cambiada y llena del Espíritu), y otras describen aplicaciones prácticas de principios cristianos (p. ej., espiritualidad paradigmática, integral y de proceso). Este libro no es una historia de la espiritualidad cristiana (apéndice B, «La riqueza de nuestra herencia», describe de manera breve esta historia) sino un manual práctico de **formación espiritual**.

Estas doce facetas se elaborarán en *Conformados a su imagen*.

Espiritualidad de relaciones. Como comunión de tres personas, Dios es un ser de relaciones. Él es quien origina sus relaciones personales con nosotros, y nuestro llamamiento sublime y santo es responder a sus iniciativas de amor. Al amar a Dios en forma total, descubrimos quiénes somos y de quién somos al ir viéndonos como Dios nos ve. De esta forma, adquirimos suficiente seguridad como para centrarnos en los otros y no en nosotros mismos, y esto nos permite convertirnos en dadores y no en acaparadores.

Espiritualidad paradigmática. Esta óptica de la espiritualidad se centra en el contraste radical entre los sistemas temporal y eterno de valores y pone de relieve la necesidad de un cambio de paradigma de una forma cultural de ver la vida a una bíblica. Experimentar nuestra mortalidad nos puede ayudar a transferir nuestra esperanza de lo visto a lo invisible y a caer en la cuenta de lo valioso de las oportunidades presentes. Nuestros supuestos moldean nuestra perspectiva, nuestra perspectiva moldea nuestras prioridades y nuestras prioridades moldean nuestra práctica.

Espiritualidad disciplinada. Ha habido un resurgimiento del interés por las disciplinas clásicas de la vida espiritual, y este enfoque subraya los beneficios de estas diversas disciplinas. Al mismo tiempo, reconoce que se requiere un equilibrio entre la dependencia radical de Dios y la disciplina personal como expresión de obediencia y aplicación.

Espiritualidad de vida cambiada. El siglo veinte fue testigo del crecimiento de un enfoque de la vida espiritual basado en la experiencia y que se fundamenta en la nueva identidad del creyente en Cristo. La identificación con Cristo en su crucifixión y resurrección (Romanos 6; Gálatas 2:20) significa que nuestra vida anterior se ha cambiado por la vida en Cristo. Esta óptica de la espiritualidad pasa de una orientación de obras a una de gracia y del legalismo a la libertad porque se centra en nuestro reconocimiento de que la vida de Cristo es nuestra vida.

Espiritualidad motivada. Las personas están motivadas a satisfacer sus necesidades de seguridad, significado y realización, pero recurren a los lugares equivocados para satisfacerlas. Este enfoque subraya el buscar a Cristo y no al **mundo** para satisfacer nuestras necesidades. El estudio de la Escritura revela una serie de motivadores bíblicos: temor, amor y gratitud, recompensas, identidad, propósito y esperanza y anhelo de Dios. Nuestra tarea es que cada vez nos motiven más las cosas que Dios dice que son importantes que las cosas que el mundo afirma que son importantes.

Espiritualidad de devociones. ¿Cuáles son las claves para amar a Dios y cómo podemos cultivar una creciente intimidad con él? Este enfoque estudia qué significa gozarnos en Dios y confiar en él. De forma gradual nos conformamos a lo que más amamos y admiramos, y nos satisfacemos más cuando buscamos lo que le agrada a Dios más que a nosotros mismos.

Espiritualidad integral. Existe una tendencia generalizada de tratar al cristianismo como un componente de la vida junto con otros componentes, como la familia, el trabajo y las finanzas. Esta compartimentación fomenta una dicotomía entre lo secular y lo espiritual. La alternativa bíblica es comprender las implicaciones del señorío de Cristo de tal forma que incluso los componentes más mundanos de la vida puedan convertirse en expresiones de la vida de Cristo en nosotros.

Espiritualidad de proceso. En nuestra cultura, tendemos cada vez más a ser hacedores humanos que seres humanos. El mundo nos dice que lo que logramos y alcanzamos determina quiénes somos, pero las Escrituras nos enseñan que quienes somos en Cristo debería ser la base de lo que hacemos. La dinámica del crecimiento es de dentro a fuera y no lo contrario. Este enfoque pondera qué significa ser fiel al proceso de la vida y no vivir de un producto a otro. También se centra en morar en Cristo y practicar su presencia.

Espiritualidad llena del Espíritu. Aunque hay ideas divergentes respecto a los dones espirituales, tanto carismáticos como no carismáticos concuerdan en que, hasta hace muy poco tiempo, el papel del Espíritu Santo había quedado algo relegado como dinámica fundamental de la vida espiritual. Este enfoque examina cómo apropiarse del amor, sabiduría y poder del Espíritu y subraya las implicaciones bíblicas del Espíritu Santo como presencia personal y no como simple fuerza.

Espiritualidad de lucha. La guerra espiritual no es opcional para los creyentes en Cristo. La Escritura enseña e ilustra las realidades de esta lucha en los tres frentes que son el mundo, **la carne** y el demonio. Los sistemas mundano y demoníaco son externos al creyente, pero seducen y brindan oportunidades para la carne, que es la capacidad de pecar que tiene el creyente dentro de sí. Este enfoque elabora una estrategia bíblica para hacer frente a cada uno de estos obstáculos para el crecimiento espiritual.

Espiritualidad formativa. El llamamiento más sublime del creyente es reproducir la vida de Cristo en otros. La reproducción asume la forma de evangelización en el caso de quienes no conocen a Cristo y de edificación para quienes sí lo conocen. Es importante desarrollar una filosofía del discipulado y de la evangelización, y ver la edificación y la evangelización como una forma de vida; el estilo de vida de discipulado y evangelización son los enfoques más efectivos y realistas respecto a no creyentes y creyentes dentro de nuestra esfera de influencia.

Espiritualidad colectiva. Llegamos a la fe como individuos, pero crecemos en comunidad. Un contexto significativo de aliento, responsabilidad ante otros y adoración es esencial para la madurez espiritual, ya que esta conlleva el empleo, centrado en otros, de los dones espirituales para edificación mutua. Este enfoque pone de relieve la necesidad de comunidad, de desafíos y de creadores de comunidad, la naturaleza y el propósito de la iglesia, el cuidado de almas, el liderazgo de servicio, la responsabilidad ante otros y la renovación.

Si bien el análisis de cada una de estas facetas en este libro es limitado, he tratado de extraer lo fundamental de cada uno de estos enfoques variados pero beneficiosos.

UNIDAD EN LA DIVERSIDAD

Un vistazo rápido de estos doce enfoques pone de relieve cuán verdaderamente diferentes somos unos de otros. Al leerlos, sin duda se siente uno más atraído hacia algunos de ellos que hacia otros. Es probable que piensen que algunos de ellos les resultarían difíciles de seguir pero más fáciles para algunos de sus amigos. Algunos de ellos pueden resultar poco conocidos, y quizá nunca han sabido de personas que los hayan enseñado y practicado.

Como lo dice de manera tan hermosa Pablo en 1 Corintios 12-14, el cuerpo de Cristo es una unidad diversa y compuesta en la que los miembros muestran dones diferentes y ministerios diferentes. Es bueno que seamos diferentes y que nos necesitemos mutuamente para ir creciendo hacia una madurez que funcione plenamente, porque ningún componente en el cuerpo puede ser completo sin los otros.

Puede aliviarnos descubrir que, debido a nuestros temperamentos y circunstancias únicos, somos libres de no sentirnos atraídos a algunos enfoques de la espiritualidad. Este es el propósito del apéndice A, «La necesidad de diversidad», en el que se analizan en detalle estas diferencias. Como lo muestra dicho apéndice, algunos de nosotros somos extrovertidos y nunca podemos estar solos, en tanto que otros se sienten muy inclinados a la soledad. Algunos de nosotros basamos nuestras decisiones en investigaciones detalladas, y otros deciden con mayor rapidez, casi por instinto, durante toda su vida. Algunos de nuestros amigos dicen que insistimos demasiado en pensar y no lo suficiente en sentir o viceversa. Nuestras muchas diferencias de temperamentos se reflejan en la forma en que practicamos las diferentes facetas de la espiritualidad.

No deberíamos avergonzarnos de nuestras diferencias. Podemos ver cómo Dios ha utilizado a personas poco parecidas a lo largo de la historia de la iglesia antigua, medieval y moderna, y este es el punto focal del apéndice B, «La riqueza de nuestra herencia». C.S. Lewis dijo que prefería las lecturas teológicas a los libros piadosos, y grandes intelectuales, desde Juan Calvino a Tomás de Aquino, siempre han formado parte del pueblo de Dios. El enfoque de Martín Lucero lo equilibró su amigo y colaborador Felipe Melanchton. Francisco de Asís invitó a la iglesia a cambiar en formas muy diferentes que lo hizo Juan Crisóstomo.

El apéndice acerca de la historia de la espiritualidad ofrece una perspectiva y un sentido de proporción en cuanto a las formas en que Dios ha usado una gran variedad de personas a lo largo de los siglos. Debido a ello, hemos heredado un gran legado de modelos y enfoques diferentes.

PREGUNTAS PARA APLICACIÓN PERSONAL

- ¿Cómo entendemos la formación espiritual?
- Al reflexionar acerca de nuestro viaje espiritual, ¿cuáles han sido las experiencias más significativas que hemos tenido con Dios? ¿Podemos discernir algún patrón en estas experiencias?

INTRODUCCIÓN: UNA PIEDRA PRECIOSA...

- ¿A dónde querríamos llegar a partir de aquí? ¿Estamos dispuestos por adelantado a pagar lo que pueda costar?
- Al leer la breve descripción de las doce facetas, ¿cuáles tres nos resultan más atractivas? ¿Cuáles tres las menos atractivas? ¿Qué dice esto en cuanto a nosotros como personas?

FACETA 1

ESPIRITUALIDAD DE RELACIONES

Amar a Dios en forma total, a nosotros mismos de manera correcta y a otros con compasión

Como comunión de tres personas, Dios es un ser de relaciones. De él surge una relación personal con nosotros, y nuestro llamamiento sublime y santo es responder a sus amorosas iniciativas. Al amar a Dios en forma total, descubrimos quiénes somos y de quién somos al vernos a nosotros mismos como Dios nos ve. De esta forma, adquirimos suficiente seguridad para centrarnos en otros más que en nosotros mismos, y esto nos permite convertirnos en dadores más que en acaparadores.

1
ESPIRITUALIDAD DE RELACIONES
Amar a Dios de forma total

SÍNTESIS DEL CAPÍTULO

Como Dios es un ser de relaciones, nosotros, creados a su imagen, también somos llamados a tener relaciones adecuadas, primero con él y luego entre nosotros. Este capítulo examina el amor sin razón, sin medida e interminable de parte de Dios y la respuesta pertinente de amar a Dios de forma total. Avanzamos en esta dirección al conocerlo con más claridad, amarlo de manera más entrañable y seguirlo más de cerca.

OBJETIVOS DEL CAPÍTULO

- Un reconocimiento mayor de la grandeza y gloria de Dios
- Una mayor percepción del dilema de nuestra dignidad y nuestra depravación
- Una mejor comprensión del amor sin razón, sin medida e interminable de Dios
- Un entendimiento de qué significa amar a Dios con nuestra mente, voluntad y emociones.

¿QUÉ ES EL SER HUMANO PARA QUE PIENSES EN ÉL?

El Dios de la Biblia es infinito, personal y trino. Como Dios es una comunión de tres personas, uno de sus propósitos al crearnos es manifestar la gloria de su ser y sus atributos ante criaturas morales inteligentes que están en condiciones de responder a sus iniciativas de relaciones. A pesar de la rebelión y pecado humanos contra la persona y carácter del Señor, Cristo cargó con el terrible precio de nuestra culpa y dio comienzo al «camino nuevo y vivo» (Hebreos 10:20) por medio del cual se ha superado la barrera a la relación personal con Dios. Como el Dios infinito y personal nos ama, quiere que crezcamos en una relación íntima con él; este es el propósito para el que fuimos creados: conocer, amar, disfrutar y honrar al Señor trino de toda la creación.

Como Dios es un ser de relaciones, los dos grandes mandamientos de amarlo a él y de expresar este amor amando a otros son también intensamente de relaciones. Fuimos creados para tener comunión e intimidad no solo con Dios sino también entre nosotros. Las implicaciones de las relaciones de la doctrina cristiana de la Trinidad son profundas. Por cuanto fuimos creados a imagen y semejanza de Dios, también nosotros somos seres de relaciones. Cuanto mejor conozcamos a Dios, tanto mejor nos conocemos a nosotros mismos. La oración de Agustín para pedir este doble conocimiento («Que te conozcamos, que nos conozcamos a nosotros mismos») refleja la verdad de que nuestra unión con Cristo es superar la enajenación respecto a Dios, a nosotros mismos y a otros que se produjo en la Caída.

Nuestra grandeza y nuestra pequeñez

La naturaleza humana es una madeja de contradicciones. Somos a la vez la grandiosidad y la degradación del orden creado; llevamos la imagen de Dios, pero estamos atrapados en faltas y pecados. Somos capaces de movilizar las fuerzas de la naturaleza pero incapaces de controlar nuestra lengua; somos los seres más maravillosos y creativos sobre este planeta pero los habitantes más violentos, crueles y despreciables de la tierra.

En sus *Pensamientos* Blaise Pascal describió la dignidad y la fragilidad de la humanidad. «El ser humano no es sino una caña, lo más frágil en la naturaleza; pero es una caña pensante. El universo entero no necesita instrumentos para aplastarlo. Un humo, una gota de agua, bastan para matarlo. Pero, si el universo llegara a aplastarlo, el ser humano seguiría siendo más noble que aquello que lo mató, porque sabe que muere y la ventaja que el universo tiene sobre él; el universo no conoce nada de esto».

La gloria de Dios

El Salmo 8 habla de estos dos temas, entre expresiones de la majestad del Creador de toda la vida biológica y espiritual: «Oh Señor, soberano nuestro, ¡que imponente es tu nombre en toda la tierra!» (vv. 1a, 9). El Dios vivo ha desplegado su esplendor arriba en los cielos, y ha puesto alabanza del huésped celestial en la boca de los niños y de los que aún maman (vv. 1b-2). Cuando, después de la entrada triunfal del Señor en Jerusalén, los niños clamaron en el templo, «Hosanna al Hijo de David», los sumos sacerdotes y los escribas se indignaron, y Jesús les citó este pasaje (Mateo 21:15-16). La sencilla confesión de amor confiado por parte de los niños fue suficiente para reducir al silencio la burla de sus adversarios y para «silenciar al enemigo y al rebelde» (Salmo 8:2b).

En el Salmo 8:3-4, la meditación de David transcurre desde el testimonio de los niños hasta la elocuencia del cosmos: «Cuando contemplo tus cielos, obra de tus dedos, la luna y las estrellas que allí fijaste, me pregunto: "¿Qué es el hombre para que en él pienses? ¿Qué es el ser humano, para que lo tomes en cuenta?"». Desde la época en que David escribió estas palabras hasta la invención del telescopio a comienzos del siglo diecisiete, solo unos pocos miles de estrellas se podían ver sin ayuda, y el universo parecía mucho menos impresionante que ahora que ya sabemos cómo es. Incluso hasta la segunda década del siglo veinte se pensaba que la Vía Láctea era sinónimo del universo. Solo esto resultaría sobrecogedor por su amplitud, dado que nuestra galaxia espiral contiene más de 200.000.000.000 de estrellas que abarca un diámetro de 100.000 años luz (recordemos que un segundo luz es más de 240.000 kilómetros; los casi 150.000.000 kilómetros entre el sol y la tierra son 8 minutos luz). Pero descubrimientos más recientes en astronomía han puesto de manifiesto que nuestra galaxia es parte de un conglomerado local de unas 20 galaxias y que este conglomerado local no es sino un componente de un superconglomerado colosal de miles de galaxias. Se sabe que existen muchos superconglomerados parecidos, por lo que la cantidad de galaxias se estima que excede los 100.000.000.000.

¡Qué es el género humano, en realidad! El Dios que creó estas estrellas y las llama por su nombre (Isaías 40:26) es inverosímilmente asombroso; su sabiduría, belleza, poder y dominio exceden por completo la comprensión humana. Y con todo, se ha dignado buscar la intimidad con las personas en este débil planeta y les ha otorgado gran dignidad y destino: «Lo hiciste poco menos que un dios, y lo coronaste de gloria y de honra» (Salmo 8:5). Estas palabras se aplican a todas las personas, pero encuentran su cumplimiento definitivo en Jesucristo, como resulta claro a partir de la cita de este pasaje en Hebreos 2:6-8.

Hemos sido hechos para tener dominio sobre las obras de las manos de Dios (Salmo 8:6-8), pero renunciamos al mismo en la devastación de la Caída («todavía no vemos que todo le esté sujeto» [Hebreos 2:8b]). Sin embargo, todas las cosas serán puestas bajo los pies de Cristo cuando regrese (1 Corintios 15:24-28), y viviremos y reinaremos con él (Romanos 5:17; 2 Timoteo 2:12; Apocalipsis 5:10; 20:6).

Por maravilloso que vaya a ser nuestro dominio sobre la naturaleza, la verdadera causa de nuestro regocijo debería encontrarse en el hecho de que, si hemos puesto nuestra confianza en Jesucristo, nuestros nombres están registrados en el cielo (Lucas 10:20). «¿Qué es el hombre para que te acuerdes de él, el ser humano para que lo visites?» El Soberano infinito de toda la creación piensa en nosotros y nos cuida, y lo ha demostrado con el don indescriptible de su Hijo (2 Corintios 9:15; 1 Juan 4:9-10). En las palabras de C. S. Lewis, gloria significa «buena relación con Dios, aceptación de parte de Dios, respuesta, reconocimiento y bienvenida al corazón de las cosas. La puerta a la que hemos estado llamando todas nuestras vidas por fin se abrirá». ¡Regocijémonos en la esperanza de la gloria de Dios!

EL AMOR DE DIOS POR NOSOTROS

Hemos visto que el amor de Dios es la fuente de la fe y la esperanza bíblicas. Pensemos en estas verdades acerca del amor de Dios tomadas de la carta de Pablo a los Romanos. En el libro de la naturaleza, Dios revela su eterno poder y naturaleza divina (1:20), y en el libro de la conciencia humana, revela nuestra imperfección y culpa (2:14-16). Pero solo en el libro de la Escritura revela Dios su amor ilimitado que puede superar nuestra culpa y transformarnos en nuevas criaturas en Cristo. El amor fiel de Dios por nosotros no tiene razón de ser en nosotros (5:6), excede toda medida (5:7-8) y nunca se interrumpe (5:9-11). Nada en nosotros mereció o produjo su amor; en realidad, Cristo murió por nosotros cuando éramos sus enemigos impíos. El amor de Dios es espontáneo y sin fin, nos amó porque quiso amarnos y, si hemos respondido a la oferta de Cristo de su perdón y de relacionarnos con él, nada nos puede separar de ese amor, ni disminuirlo (8:35-39). Esto significa que tenemos seguridad del amor incondicional del Señor; como pertenecemos a Cristo, nada de lo que hagamos puede hacer que Dios nos ame más y nada de lo que hagamos puede hacer que Dios nos ame menos.

A las personas que han experimentado dolor y rechazo debido a un amor basado en la conducta y por ello condicional, esta descripción parece demasiado buena para ser cierta. ¿No debemos acaso hacer algo para merecer el favor de Dios o ganar su aceptación? Si tenemos temor de que otros nos puedan rechazar si supieran cómo somos por dentro, ¿qué se puede decir del Señor santo y perfecto de toda la creación? El poeta isabelino George Herbert (1593-1633) captó este sentido punzante de falta de mérito en su espléndida personificación del amor de Dios:

El amor me acogió; pero mi alma retrocedió,
Consciente del polvo y del pecado.
Pero el Amor perceptivo, viendo que me volvía negligente
Desde mi primer ingreso,
Se me acercó más, preguntando con dulzura,
Si me faltaba algo.
«Un huésped», respondí, «digno de estar aquí».
El Amor dijo, «Tú lo serás».
«¿Yo, el duro, el desagradecido? Ah, mi amado,
No puedo ni mirarte».
El Amor me tomó la mano, y sonriendo me respondió,
«¿Quién hizo tus ojos, sino yo?»
«Cierto, Señor, pero los he manchado; que mi vergüenza
Vaya donde se merece».
«¿Acaso no sabes», dijo el Amor, «quién sobrellevó la vergüenza?»
«Amado mío, entonces serviré».
«Debes sentarte», dijo el Amor, «a saborear mi comida».
Así que me senté y comí.

AMAR A DIOS DE FORMA TOTAL

Más allá de toda fe humana, más allá de la esperanza terrenal, el Dios eterno del amor ha descendido hasta nosotros y, en el sacrificio final, nos ha comprado y nos ha hecho suyos.

¿Cómo respondemos a semejante amor? Con demasiada frecuencia, estas verdades reveladas parecen tan lejanas e irreales que no cautivan nuestras mentes, emociones y voluntades. Podemos cantar acerca del amor de Dios en los servicios de culto y aprender del mismo en las clases bíblicas pero pasar por alto implicaciones radicales que tienen para nuestras vidas. La verdad espiritual nos elude cuando la limitamos a la esfera conceptual y no llegamos a interiorizarla. La diluimos con filtros culturales, emocionales y teológicos y la reducimos a una formulación mental que afirmamos más por ortodoxia que por convicción personal profunda. ¿Cómo avanzamos en la dirección de amar a Dios en forma total?

AMAR A DIOS DE MANERA TOTAL

En años recientes, he adaptado y utilizado esta oración de San Ricardo de Chichester (1197-1253) en mis tiempos de meditación delante del Señor: «Te doy gracias, oh Señor Jesucristo, por todos los beneficios que nos has dado; por todos los dolores y ofensas que has soportado por nosotros. Oh Redentor lleno de misericordia, Amigo y Hermano, que te podamos conocer con más claridad, amarte de manera más entrañable y seguirte más de cerca; por ti mismo».

Amar a Dios de manera total implica toda nuestra personalidad, nuestro intelecto, emoción y voluntad, «Ama al Señor tu Dios con todo tu corazón, con toda tu alma, con toda tu mente y con todas tus fuerzas» (Marcos 12:30). Cuanto mejor conocemos a Dios («te podamos conocer con más claridad»), más lo amaremos («amarte de manera más entrañable»). Y cuanto más lo amemos, mayor será nuestra disposición a confiar en él y obedecerlo en las cosas que nos invita a hacer («seguirte más de cerca»).

Que te conozcamos con más claridad

Las grandes oraciones en Efesios 1 y 3, Filipenses 1 y Colosenses 1 revelan que lo que Pablo deseaba más profundamente para sus lectores era que crecieran en el conocimiento de Jesucristo. El conocimiento que el apóstol tenía en mente no era simplemente de formulaciones sino personal. Oraba que el Señor les diera un espíritu de sabiduría y de revelación en el conocimiento suyo, que los ojos de sus corazones fueran iluminados y que conocieran el amor de Cristo que sobrepasa el conocimiento (Efesios 1:17-18; 3:19).

El riesgo profesional de los teólogos es absorberse tanto en la elaboración de modelos sistemáticos de comprensión que Dios se convierta en una formulación intelectual abstracta que analizan y sobre la que escriben en lugar de una persona viva que aman hincados de rodillas. En el sentido más hondo, el cristianismo no es una religión sino una relación que proviene del amor trinitario del Padre, Hijo y Espíritu Santo.

Cuando a Tomas de Aquino lo cuestionó su secretario, Reginaldo de Piperno, para que explicara por qué ya no trabajaba en su incompleta *Summa Theologica*, respondió, «Todo lo que he escrito es como paja comparado con lo que ahora me ha sido revelado». Según la tradición, en una visión había escuchado que el Señor le decía, «Tomás, has escrito bien acerca de mí: ¿cuál será tu recompensa?» y su respuesta fue, «Ninguna recompensa sino tú mismo, Señor». Nuestros mayores logros mentales, físicos y sociales son como paja comparados con un destello del Dios vivo (Filipenses 3:7-10). Nuestro Señor nos invita al llamamiento más sublime de todos, la intimidad con él, y día tras día dejamos de lado el ofrecimiento, prefiriendo en su lugar llenar nuestros estómagos con las vainas de placeres y posibilidades de corta duración.

¿Qué se requiere para conocer a Dios con mayor claridad? Los dos ingredientes esenciales son tiempo y obediencia. Tomar tiempo cultivar una relación y, a no ser que reservemos tiempo constante para disciplinas como soledad, silencio, oración y lectura de la Escritura, nunca llegaremos a gozar de intimidad con nuestro Señor. La obediencia es la respuesta adecuada a esta comunicación, ya que es nuestra expresión personal de confianza en las promesas de la Persona que estamos llegando a conocer. Cuanto más nos impacte él, menos nos impactarán las personas, el poder y las cosas.

Amarte de manera más entrañable

Conocer a Dios es amarlo, porque cuanto más captemos, no solo en nuestra mente sino también en nuestra experiencia, quién es y qué ha hecho por nosotros, tanto más nuestro corazón responderá en amor y gratitud. «Nosotros amamos a Dios porque él nos amó primero» (1 Juan 4:19). Cuando descubrimos que el Autor personal del tiempo, el espacio, la materia y la energía ha escogido, por alguna razón incomprensible, amarnos hasta el extremo de un sacrificio infinito, comenzamos a experimentar la seguridad incondicional que hemos anhelado toda la vida. El amor de Dios por nosotros es espontáneo, libre, sin causa e inmerecido; no puso su amor en nosotros porque fuéramos dignos de amor, hermosos o inteligentes, ya que en nuestro pecado éramos indignos de amor, feos y necios. Nos amó porque escogió amarnos. A medida que profundizamos nuestra visión de nuestra aceptación y seguridad en Cristo, quien nos amó y se entregó a nosotros, comenzamos a caer en la cuenta de que Dios no es el enemigo de nuestro gozo sino la fuente del mismo. Cuando respondemos a este amor, nos convertimos en las personas que él nos ha llamado a ser. Por la gracia de Dios necesitamos crecer en amor por él en nuestros pensamientos, en nuestras emociones y en nuestras acciones. El tema de amarlo de forma más entrañable se elabora más adelante en la sección de espiritualidad de devociones.

Seguirte más de cerca

Al ir creciendo en conocimiento y amor de Dios, aprendemos que podemos confiar en su persona, promesas y preceptos. Siempre que nos pide evitar algo, es porque sabe que no es lo mejor para nosotros. Y siempre que nos pide hacer algo, es porque nos conducirá a un mayor bien. Si estamos comprometidos con seguir de veras a Dios, debemos hacer las cosas que nos dice que hagamos. Pero el riesgo de la obediencia es que con frecuencia, en ese momento, no nos parece que tenga sentido. Es contracultural obedecer las cosas que el Espíritu Santo nos revela en las Escrituras. La obediencia radical a veces choca con la lógica humana, pero en esos momentos nuestro Padre amoroso pone a prueba y revela la calidad de nuestra confianza y dependencia de él. Si amamos a Jesús, guardaremos sus mandamientos (Juan 14:15); nos enseñó que la obediencia a sus mandamientos es la forma en que ponemos a prueba y expresamos nuestra relación permanente con él (Juan 15:10). Nuestra gran tarea en la vida espiritual es querer hacer su voluntad, amar las cosas que él ama, y escoger las cosas que nos propone para nuestro bien. El tema de seguirlo más de cerca se elabora en las secciones sobre espiritualidad integral y de proceso.

PREGUNTAS PARA APLICACIÓN PERSONAL

- ¿Qué idea tenemos de nuestra grandeza y pequeñez? ¿Cómo abordamos la tensión entre estas imágenes?
- ¿En qué formas nos habla la naturaleza acerca de la gloria de Dios? ¿Con qué frecuencia reflexionamos acerca de los atributos de Dios por medio del orden creado?
- ¿Cuáles son las implicaciones del amor de Dios en nuestro corazón y nuestra mente?
- ¿Cómo practicamos la triple oración «que te conozca con más claridad, te ame de forma más entrañable y te siga más de cerca»?

2

ESPIRITUALIDAD DE RELACIONES

Amarnos a nosotros mismos de manera correcta

> **SÍNTESIS DEL CAPÍTULO**
>
> Nos podemos definir sea a partir de nuestro mundo o sea a partir de nuestro Dios. Amarnos a nosotros mismos de manera correcta es vernos como Dios nos ve. Esto conlleva un proceso de exposición a las verdades de la Escritura con la idea de comprender nuestra nueva identidad en Cristo Jesús. Este capítulo contiene un inventario de estas verdades en forma de una serie de afirmaciones tomadas de la Escritura.
>
> **OBJETIVOS DEL CAPÍTULO**
>
> - Conseguir una perspectiva del papel de la identidad en la definición de nuestra concepción de la vida
> - Aprender a vernos en la forma en que Dios nos ve
> - Una comprensión más clara de quiénes dice Dios que son sus hijos

EL TEMA DE LA IDENTIDAD

Se cuenta un episodio acerca del dramaturgo norteamericano Arthur Miller que ilustra el tema de la identidad personal. Estaba sentado solo en un bar cuando se le acercó un individuo bien vestido y algo achispado que le habló así:

«¿No eres Arthur Miller?»

«Pues, sí, lo soy».

«¿No te acuerdas de mí?»

«Bueno... tu rostro me parece conocido».

«¡Cómo, Art, soy tu antiguo compañero, Sam! ¡Fuimos juntos a secundaria! ¡Salimos juntos en citas dobles!»

«Me temo que...».
«Me parece que puedes ver que me ha ido muy bien. Tiendas de departamentos. ¿Y tú qué haces, Art?»
«Bueno, yo ... escribo».
«¿Qué diantre escribes?»
«Obras de teatro, mayormente».
«¿Alguna vez te han montado alguna?»
«Sí, algunas».
«¿Crees que conocería alguna?»
«Bueno... quizá has oído hablar de *Muerte de un viajante*?»
Sam se quedó boquiabierto; su rostro empalideció. Por un momento se quedó sin habla. Luego exclamó, «¡Cómo, tú eres ARTHUR MILLER!»

Sam reconoció a su amigo de secundaria Arthur Miller, y sabía del dramaturgo Arthur Miller, pero no cayó en la cuenta de que los dos eran una sola persona. En cierto sentido esto es lo que sucede en nuestra experiencia como creyentes en Cristo; nos conocemos a nosotros mismos y unos a otros de una manera superficial, pero no captamos quiénes somos en lo más profundo de nuestro ser. Como alguien que ha olvidado su nombre, podemos deambular por las calles de la vida sin conocer nuestra verdadera identidad.

¿QUIÉN NOS DEFINE?

Corremos sin cesar el peligro de permitir que sea el mundo, y no Dios, quien nos defina, porque resulta tan fácil. Es muy natural moldear nuestra imagen a partir de las actitudes y opiniones de nuestros padres, nuestros grupos afines y nuestra sociedad. Ninguno de nosotros es inmune a los efectos deformadores de la aceptación basada en el desempeño, y podemos falsamente llegar a la conclusión de que no valemos nada o de que debemos tratar de conseguir que Dios nos acepte. Solo cuando nos definimos a nosotros mismos a partir de las verdades de la Palabra más que del pensamiento y experiencias del mundo podemos descubrir nuestra identidad más profunda.

Todos nosotros nos hemos encontrado con parloteo psicológico acerca de amarse a uno mismo, incluyendo la invitación a mirar dentro de nosotros mismos para descubrir las respuestas a nuestros problemas. Pero las Escrituras nos exhortan a buscar en Cristo, no en nosotros mismos, las soluciones que tanto necesitamos. He llegado a definir el concepto bíblico de amor de uno mismo de la siguiente manera: *amarnos a nosotros mismos de la manera correcta significa vernos como Dios nos ve*. Esto nunca se producirá de manera automática, porque la visión bíblica de la depravación y dignidad humanas va a contrapelo de la cultura. Creer de forma genuina y aceptar la realidad de quiénes hemos llegado a ser como resultado de nuestra fe en Cristo requieren una disciplina permanente y la exposición a la Palabra de Dios. También requieren un contexto de comunión y estímulo en una comunidad de creyentes que piensan igual. Sin todo esto, lo visible puede derrotar a lo invisible, y nuestra comprensión de esta verdad irá, en forma gradual, escapándosenos de entre los dedos.

VERNOS COMO DIOS NOS VE

¿Qué significa vernos como Dios nos ve? En contraposición a nuestra cultura, la doctrina bíblica de la gracia nos humilla sin degradarnos y nos eleva sin inflarnos. Nos dice que, aparte de Cristo, no tenemos nada y no podemos hacer nada de valor eterno. Somos espiritualmente impotentes e insuficientes sin él, y no debemos poner nuestra confianza en la carne (Filipenses 3:3). La gracia también nos dice que nos hemos convertido en nuevas criaturas en Cristo, al haber sido trasladados del reino de las tinieblas al reino de su luz, su vida y su amor. En él disfrutamos ahora un perdón total de los pecados y de privilegios ilimitados como miembros, aceptados sin condiciones, de la familia de Dios. Nuestro pasado ha sido cambiado debido a nuestra nueva herencia en Cristo, y nuestro futuro es seguro debido a nuestro nuevo destino como miembros de su cuerpo.

Así pues, una comprensión bíblica de la gracia aborda tanto la depravación humana como la dignidad humana. Evita la posición extrema de la teología del gusano (No valgo nada, no soy bueno, nunca llegaré a nada, no soy sino un despreciable pecador) y la posición extrema opuesta del orgullo y la autonomía («¿Qué tienes que no hayas recibido? Y si lo recibiste, ¿por qué presumes como si no te lo hubieran dado?» [1 Corintios 4:7]). La gracia nos enseña que lo más importante en cuanto a nosotros no es lo que hacemos sino quiénes somos y de quién somos en Cristo. En la Escritura, el hacer (nuestras acciones) debería surgir del ser (nuestra identidad); cuanto mejor captemos nuestra identidad en Cristo, tanto más deberían reflejar nuestras acciones un carácter semejante a Cristo.

QUIÉN DICE DIOS QUE SOY?

Las siguientes afirmaciones bíblicas acerca de nuestra identidad en Jesucristo se toman de unos cuantos pasajes en el Nuevo Testamento. Estos pasajes enseñan una parte de las muchas verdades acerca de en quién nos hemos convertido por medio de la fe en el Hijo de Dios.

- Soy hijo de Dios.

    Mas a cuantos lo recibieron, a los que creen en su nombre, les dio el derecho de ser hijos de Dios.

    Juan 1:12

AMARNOS A NOSOTROS MISMOS DE MANERA CORRECTA

- Soy una rama de la vid verdadera, y conducto de la vida de Cristo.
  Yo soy la vid verdadera y mi Padre es el labrador. ...Yo soy la vid y ustedes las ramas. El que permanece en mí, como yo en él, dará mucho fruto; separados de mí no pueden ustedes hacer nada.
  Juan 15:1, 5

- Soy amigo de Jesús.
  Ya no los llamo siervos, porque el siervo no está al tanto de lo que hace su amo; los he llamado amigos, porque todo lo que a mi Padre le oí decir se lo he dado a conocer a ustedes.
  Juan 15:15

- He sido justificado y redimido.
  Por su gracia son justificados gratuitamente mediante la redención que Cristo Jesús efectuó.
  Romanos 3:24

- Mi vieja naturaleza fue crucificada con él, y ya no soy un esclavo al pecado.
  Sabemos que lo que antes éramos fue crucificado con él para que nuestro cuerpo pecaminoso perdiera su poder, de modo que ya no siguiéramos siendo esclavos del pecado
  Romanos 6:6

- No seré condenado por Dios.
  Por lo tanto, ya no hay ninguna condenación para los que están unidos a Cristo Jesús.
  Romanos 8:1

- He sido librado de la ley del pecado y de la muerte.
  Por medio de él la ley del Espíritu de vida me ha liberado de la ley del pecado y de la muerte.
  Romanos 8:2

- Como hijo de Dios, soy coheredero con Cristo.
  Y si somos hijos, somos herederos; herederos de Dios y coherederos con Cristo, pues si ahora sufrimos con él, también tendremos parte con él en su gloria.
  Romanos 8:17

- He sido aceptado por Cristo.
  Por tanto, acéptense mutuamente, así como Cristo los aceptó a ustedes para gloria de Dios.
  Romanos 15:7

- He sido llamado a ser santo.
  La iglesia de Dios que está en Corinto, a los que han sido santificados en Cristo Jesús y llamados a ser su santo pueblo, junto con todos los que en todas partes invocan el nombre de nuestro Señor Jesucristo, Señor de ellos y de nosotros.
  1 Corintios 1:2; Efesios 1:1; Filipenses 1:1; Colosenses 1:2

- En Cristo Jesús tengo sabiduría, justificación, santificación y redención.
  Pero gracias a él ustedes están unidos a Cristo Jesús, a quien Dios ha hecho nuestra sabiduría, es decir, nuestra justificación, santificación y redención.
  1 Corintios 1:30

- Mi cuerpo es templo del Espíritu Santo, quien mora en mí.
  ¿No saben que ustedes son templo de Dios y que el Espíritu de Dios habita en ustedes?
  1 Corintios 3:16

  ¿Acaso no saben que su cuerpo es templo del Espíritu Santo, quien está en ustedes y al que han recibido de parte de Dios?
  1 Corintios 6:19

- Estoy unido al Señor y soy un espíritu con él.
  Pero el que se une al Señor se hace uno con él en espíritu.
  1 Corintios 6:17

- Dios me guía en el triunfo y conocimiento de Cristo.
  Sin embargo, gracias a Dios que en Cristo siempre nos lleva triunfantes y, por medio de nosotros, esparce por todas partes la fragancia de su conocimiento.
  2 Corintios 2:14

- El embotamiento de mi mente ha sido eliminado en Cristo.
  Sin embargo, la mente de ellos se embotó, de modo que hasta el día de hoy tienen puesto el mismo velo al leer el antiguo pacto. El velo no les ha sido quitado, porque solo se quita en Cristo.
  2 Corintios 3:14

- Soy una nueva criatura en Cristo.
  Por lo tanto, si alguno está en Cristo, es una nueva creación. ¡Lo viejo ha pasado, ha llegado ya lo nuevo!
  2 Corintios 5:17

AMARNOS A NOSOTROS MISMOS DE MANERA CORRECTA

- Me he convertido en la justicia de Dios en Cristo.
  Al que no cometió pecado alguno, por nosotros Dios lo trató como pecador, para que en él recibiéramos la justicia de Dios.
  2 Corintios 5:21

- He sido hecho uno con todos los que están en Cristo Jesús.
  Ya no hay judío ni griego, esclavo ni libre, hombre ni mujer, sino que todos ustedes son uno solo en Cristo Jesús.
  Gálatas 3:28

- Ya no soy esclavo sino hijo y heredero.
  Así que ya no eres esclavo sino hijo; y como eres hijo, Dios te ha hecho también heredero.
  Gálatas 4:7

- He sido hecho libre en Cristo.
  Por lo tanto, manténganse firmes y no se sometan nuevamente al yugo de esclavitud.
  Gálatas 5:1

- He sido bendecido con toda bendición espiritual en los lugares celestiales.
  Alabado sea Dios, Padre de nuestro Señor Jesucristo, que nos ha bendecido en las regiones celestiales con toda bendición espiritual en Cristo.
  Efesios 1:3

- Soy escogido, santo e irreprochable delante de Dios.
  Dios nos escogió en él antes de la creación del mundo, para que seamos santos y sin mancha delante de él.
  Efesios 1:4

- He sido redimido y perdonado por la gracia de Cristo.
  En él tenemos la redención mediante su sangre, el perdón de nuestros pecados, conforme a las riquezas de la gracia.
  Efesios 1:7

- He sido predestinado por Dios para conseguir una herencia.
  En Cristo también fuimos hechos herederos, pues fuimos predestinados según el plan de aquel que hace todas las cosas conforme al designio su voluntad.
  Efesios 1:11

CONFORMADOS A SU IMAGEN

- He sido sellado con el Espíritu Santo de la promesa.
  En él también ustedes, cuando oyeron el mensaje de la verdad, el evangelio que les trajo la salvación, y lo creyeron, fueron marcados con el sello que es el Espíritu Santo prometido.
  Efesios 1:13

- Debido a la misericordia y amor de Dios, me ha dado vida con Cristo.
  Pero Dios, que es rico en misericordia, por su gran amor por nosotros, nos dio vida con Cristo, aun cuando estábamos muertos en pecados. ¡Por gracia ustedes han sido salvados!
  Efesios 2:4-5

- Estoy sentado en los lugares celestiales con Cristo.
  Y en unión con Cristo Jesús, Dios nos resucitó y nos hizo sentar con él en las regiones celestiales.
  Efesios 2:6

- Somos hechura de Dios creado para producir buenas obras.
  Porque somos hechura de Dios, creados en Cristo Jesús para buenas obras, las cuales Dios dispuso de antemano a fin de que las pongamos en práctica.
  Efesios 2:10

- He sido conducido cerca de Dios por la sangre de Cristo.
  Pero ahora en Cristo Jesús, a ustedes que antes estaban lejos, Dios los ha acercado mediante la sangre de Cristo.
  Efesios 2:13

- Soy miembro del cuerpo de Cristo y partícipe de su promesa.
  Los gentiles son, junto con Israel, beneficiarios de la misma herencia, miembros de un mismo cuerpo y participantes igualmente de la promesa en Cristo Jesús, mediante el evangelio.
  Efesios 3:6; 5:30

- Tengo seguridad y acceso a Dios por medio de la fe en Cristo.
  En él, mediante la fe, disfrutamos de libertad y confianza para acercarnos a Dios.
  Efesios 3:12

- Mi nuevo yo es justo y santo.
  Y ponerse el ropaje de la nueva naturaleza, creada a imagen de Dios, en verdadera justicia y santidad.
  Efesios 4:24

AMARNOS A NOSOTROS MISMOS DE MANERA CORRECTA

- Antes era tinieblas, pero ahora soy luz en el Señor.
  Porque ustedes antes eran oscuridad, pero ahora son luz en el Señor. Vivan como hijos de luz.
  Efesios 5:8

- Soy ciudadano del cielo.
  En cambio, nosotros somos ciudadanos del cielo, de donde anhelamos recibir al Salvador, el Señor Jesucristo.
  Filipenses 3:20

- La paz de Dios guarda mi corazón y mi mente.
  Y la paz de Dios, que sobrepasa todo entendimiento, cuidará sus corazones y sus pensamientos en Cristo Jesús.
  Filipenses 4:7

- Dios satisface todas mis necesidades.
  Así que mi Dios les proveerá de todo lo que necesiten, conforme a las gloriosas riquezas que tiene en Cristo Jesús.
  Filipenses 4:19

- He sido completado en Cristo.
  Y en él, que es la cabeza de todo poder y autoridad, ustedes han recibido esa plenitud.
  Colosenses 2:10

- He sido resucitado con Cristo
  Ya que han resucitado con Cristo, busquen las cosas de arriba, donde está Cristo sentado a la derecha de Dios.
  Colosenses 3:1

- Mi vida está escondida con Cristo en Dios.
  Pues ustedes han muerto y su vida está escondida con Cristo en Dios.
  Colosenses 3:3

- Cristo es mi vida, y seré manifestado con él en gloria.
  Cuando Cristo, que es la vida de ustedes, se manifieste, entonces también ustedes serán manifestados con él en gloria.
  Colosenses 3:4

- He sido escogido de Dios, y soy santo y amado.
  Por lo tanto, como escogidos de Dios, santos y amados, revístanse de afecto entrañable y de bondad, humildad, amabilidad y paciencia.
  Colosenses 3:12

- Dios me ama y me ha elegido.
  Hermanos amados de Dios, sabemos que él los ha escogido.
  1 Tesalonicenses 1:4

Recomiendo repasar con frecuencia este sólido inventario, ya que nos recuerda las verdades que olvidamos con rapidez en medio de las preocupaciones y penalidades de este mundo. Cuanto más hagamos nuestras estas afirmaciones de la Escritura, tanto más estables, agradecidos y totalmente seguros estaremos en el curso de nuestra vida.

Preguntas para aplicación personal

- ¿Hasta qué punto nos define el mundo? ¿La Palabra? ¿Cómo podemos desarrollar nuestra identidad de manera más plena en el segundo caso?
- ¿Qué se requiere para vernos como Dios nos ve?
- De la lista de afirmaciones bíblicas, ¿cuáles cinco encuentran más eco en nosotros? ¿Qué cinco parecen las más alejadas de nuestra experiencia? ¿Cómo podemos conseguir que estas sean más reales en nuestro pensamiento y nuestra práctica?

3

ESPIRITUALIDAD DE RELACIONES

Amar a otros con compasión

SÍNTESIS DEL CAPÍTULO

Cuanto más de cerca caminamos con Dios, tanta más capacidad conseguimos para manifestar nuestro amor por él por medio de actos de amor y de servicio a otros. Cuando entendemos que los recursos de Cristo son nuestros recursos, podemos llegar a sentirnos lo suficientemente seguros como para servir a otras personas sin esperar reciprocidad. Amar a Cristo más que a las personas incrementa nuestra capacidad para amar, servir, perdonar y entregarnos a las personas.

OBJETIVOS DEL CAPÍTULO

- Capacidad para ver las implicaciones de nuestra relación vertical con Dios en nuestras relaciones horizontales con las personas
- Una visión de grandeza como Dios la define
- Comprensión de que los recursos de Cristo nos han sido dados ahora que vivimos en él
- Un mayor reconocimiento de las relaciones que nos han sido dadas
- Comprensión de la importancia del perdón en nuestras relaciones

DE LO VERTICAL A LO HORIZONTAL

Hemos visto que fuimos creados para una relación íntima con el Dios infinito y personal que nos ama. Él toma la iniciativa en esta relación, y lo amamos porque nos amó primero. Amar a Dios de manera total es la clave para amarse uno mismo de forma correcta (vernos como Dios nos ve), y esto a su vez es la clave para amar a otros con compasión. Al ir creciendo en nuestra comprensión del amor incondicional de Dios y de nuestra aceptación en Cristo, nos vamos liberando cada vez más de utilizar a las personas para satisfacer nuestras necesidades.

EXPRESAR EL AMOR DE DIOS EN LO HORIZONTAL

Esta relación vertical creciente de amar al Padre, al Hijo y al Espíritu Santo encontrará sus manifestaciones en lo horizontal, ya que no hay acto alguno que comience con el amor de Dios que no concluya con el amor del prójimo. El mandamiento mayor y principal («Ama al Señor tu Dios con todo tu corazón, con todo tu alma y con toda tu mente» [Mateo 22:37]) es la base para el segundo gran mandamiento («Ama a tu prójimo como a ti mismo» [Mateo 22:39]). Después de lavar los pies de sus discípulos, Jesús elevó la *norma* por la que somos llamados a amar a los demás: «Este mandamiento nuevo les doy: que se amen los unos a los otros. Así como yo los he amado, también ustedes deben amarse los unos a los otros» [Juan 13:34]). «Y éste es mi mandamiento: que se amen los unos a los otros, como yo los he amado» [Juan 15:12; cf. 1 Juan 3:23]). La *esfera* de este nuevo mandamiento es universal. Abarca primero a nuestros hermanos y hermanas en el cuerpo de Cristo y, aún más allá, a nuestros prójimos en este mundo que no conocen a Jesús.

Nuestra fe en la obra que Cristo llevó a cabo por nosotros en el pasado y nuestra esperanza de la finalización futura de la misma cuando lo veamos se demuestran en el presente por medio de las elecciones y obras de amor. Cuanto más amemos a Dios, más expresaremos su amor trascendente en acciones, centradas en otros, de amabilidad y bondad. «Queridos hermanos, amémonos los unos a los otros, porque el amor viene de Dios, y todo el que ama ha nacido de él y lo conoce. El que no ama no conoce a Dios, porque Dios es amor. Así manifestó Dios su amor entre nosotros: en que envió a su Hijo unigénito al mundo para que vivamos por medio de él. En esto consiste el amor: no en que nosotros hayamos amado a Dios, sino en que él nos amó y envió a su Hijo para que fuera ofrecido como sacrificio por el perdón de nuestros pecados. Queridos hermanos, ya que Dios nos ha amado así, también nosotros debemos amarnos los unos a los otros» [1 Juan 4:7-11]).

La sección sobre espiritualidad colectiva analiza la necesidad de la comunidad en nuestra formación espiritual. Si bien llegamos a la fe en Cristo como individuos, no crecemos en aislamiento sino por medio de la interdependencia del cuerpo de Cristo. Nuestra visión moderna del mundo es sumamente individualista, autónoma y centrada en nosotros mismos pero, como veremos, la visión bíblica del mundo es de pacto, interdependiente, comunitaria, de relación y que trasciende el yo.

LA BÚSQUEDA DE LA GRANDEZA A LOS OJOS DE OTROS

Hacia el final del ministerio terrenal de nuestro Señor, sus discípulos discutían acerca de quién ocuparía las mejores posiciones en su reino. No querían escuchar sus palabras, cada vez más frecuentes, acerca de su próxima crucifixión y se centraban más bien en la parte que deseaban oír.

AMAR A OTROS CON COMPASIÓN

Cuando Santiago y Juan se acercaron a Jesús para decirle, «Concédenos que en tu glorioso reino uno de nosotros se siente a tu derecha y el otro a tu izquierda» [Marcos 10:37]), los otros discípulos se indignaron porque querían para sí los mismos lugares. Jesús les dijo que quien deseara hacerse grande entre ellos sería su servidor y quien deseara ser el primero entre ellos sería esclavo de todos. «Porque ni aun el Hijo del hombre vino para que le sirvan, sino para servir y para dar su vida en rescate por muchos» [Marcos 10:45]).

Semanas más tarde, cuando Jesús celebró la Pascua con sus discípulos la noche previa a su propio sacrificio, volvió a surgir la discusión. La refutación de Cristo a la búsqueda de reconocimiento por parte de los discípulos fue que la verdadera grandeza se encuentra en aquellos que están dispuestos a servir. «¿Quién es más importante, el que está a la mesa o el que sirve? ¿No lo es el que está sentado a la mesa? Sin embargo, yo estoy entre ustedes como el que sirve» [Lucas 22:27]).

LA ESENCIA DE LA VERDADERA GRANDEZA

Juan 13 contiene una parábola visual que comunica este tema concreto a los discípulos con intensidad y claridad. Es evidente que no hubo ningún sirviente para que lavara los pies del Señor y de sus hombres antes de que se reclinaran junto la mesa. Esta situación tuvo que haber sido embarazosa; lavar los pies constituía una parte habitual de la hospitalidad en el Medio Oriente antiguo; pero era obvio que si los discípulos estaban peleando por conseguir un lugar prominente, ninguno de ellos se ofrecería para servir a los demás. Su desconcierto se agudizó cuando Jesús se levantó de la cena, se despojó de su túnica, se ciñó una toalla a la cintura y comenzó a lavar los pies de los discípulos y a secarlos con la toalla. Su lección era evidente; si su Maestro y Señor se convertía en su servidor, también ellos deberían servirse unos a otros (vv.13-15).

La clave de la disposición de Cristo de servir a otros en lugar de que ellos lo sirvieran se encuentra en la verdad crucial que Jesús sabía, que «el Padre había puesto todas las cosas bajo su dominio, y que había salido de Dios y a él volvía» (Juan 13:3). Conocía su dignidad y poder (el «Padre le había dado todas las cosas en las manos»), conocía su importancia e identidad («que había salido de Dios»), y conocía su seguridad y destino («iba a Dios»).

Jesús derivaba su identidad de su relación con su Padre y no de las opiniones de sus familiares e iguales. Ponderemos estos pasajes:

- «¡De Nazaret! ... ¿Acaso de allí puede salir algo bueno?» (Juan 1:46).
- «¿Y éste come con recaudadores de impuestos y con pecadores?» (Marcos 2:16).

- «¿No es acaso el carpintero, el hijo de María y hermano de Jacobo, de José, de Judas y de Simón? ¿No están sus hermanas aquí con nosotros?» (Marcos 6:3).
- «Vino el Hijo del hombre, que come y bebe, y dicen: "Éste es un glotón y un borracho, amigo de recaudadores de impuestos y de pecadores"» (Mateo 11:19).
- «"Ya que haces estas cosas, deja que el mundo te conozca". Lo cierto es que ni siquiera sus hermanos creían en él» Juan 7:4-5).
- «Nosotros no somos hijos nacidos de prostitución» (Juan 8:41).
- «¿No tenemos razón al decir que eres un samaritano, y que estás endemoniado? –replicaron los judíos» (Juan 8:48).
- «Los maestros de la ley y los fariseos, resentidos, se pusieron a acosarlo a preguntas. Estaban tendiéndole trampas para ver si fallaba en algo» (Lucas 11:53-54).

Jesús fue criticado, repudiado, calumniado, incomprendido, objeto de tramas, traicionado, negado y ultrajado por parte de su familia y amigos, sus discípulos, los líderes religiosos judíos y los romanos. A medida que su ministerio fue avanzando, nuestro Señor se fue encontrando con crecientes niveles de hostilidad y oposición. A pesar de todo ello, sabía quién era y de quién era, y su relación con el Padre le dio el poder y seguridad para amar y servir a otros. Hubiera sido imposible que Jesús hubiera hecho esto de haberse dejado que lo definieran y ataran las opiniones de las personas a su alrededor.

LOS RECURSOS DE CRISTO SON NUESTROS RECURSOS

Al igual que Jesús supo quién era, de dónde venía y hacia dónde iba, así todos los que han puesto su confianza y esperanza en él deberían saber lo mismo. Pero pocos lo hacen. Solo al ir renovando con frecuencia nuestras mentes con la verdad espiritual de las Escrituras iremos armonizando nuestro pensamiento con la realidad de quiénes somos en Cristo. Al igual que Cristo, tenemos dignidad y poder; se ha puesto en nuestras manos toda bendición espiritual (Efesios 1:3, 19; 3:16, 20-21). También nosotros somos importantes y tenemos identidad; hemos llegado a ser los hijos de Dios (Romanos 8:16; 1 Juan 3:1-2). Y hemos recibido la seguridad y el destino de saber que nada puede separarnos del amor de Dios en Cristo (Romanos 8:18, 35-39). Estos recursos ilimitados satisfacen nuestras necesidades más profundas y superan el dilema humano de la soledad, insignificancia y falta de importancia.

Cuando estas verdades comienzan a definir la imagen que tenemos de nosotros mismos, nos dan la *suficiente seguridad para amar y servir a otros* sin buscar primero nuestro propio interés. Debido a nuestra seguridad e importancia en Cristo, no necesitamos estar bajo el control de las opiniones y respuestas de otros. No tenemos nada que demostrar porque sabemos quiénes somos y de quién somos. Más que tratar de impresionar y manipular a otros, podemos realizar nuestro trabajo con excelencia y para el Señor (Colosenses 3:23). Cuanto más preocupados estemos con lo que Dios piensa de nosotros, tanto menos nos desvelaremos por lo que otros piensen de nosotros. Y cuando ya dejamos de ser esclavos de las opiniones de otros acerca nuestro, estamos libres para amarlos y servirlos como Cristo nos ama, sin condiciones.

LOS RIESGOS Y RECOMPENSAS DE LAS RELACIONES

A medida que estas verdades acerca de lo que Dios ya ha realizado en nosotros se van aclarando más en nuestro pensamiento, aumenta nuestra toma de conciencia de nuestra verdadera libertad en Cristo y el deseo de expresar esta libertad y seguridad en la forma en que enfocamos las relaciones. En lugar de promovernos a nosotros mismos, podemos complacernos en colocar a otros primero. Nuestra *identificación* con Cristo conduce a nuestra *imitación de Cristo* y constituye su base. Pablo invitó a los filipenses a hacer precisamente esto cuando les dijo «no hagan nada por egoísmo o vanidad; más bien, con humildad consideren a los demás como superiores a ustedes mismos. Cada uno debe velar no sólo por sus propios intereses sino también por los intereses de los demás» (Filipenses 2:3-4). El apóstol utilizó luego la posición de servicio de Jesús como el modelo para la disposición mental que nosotros, como siervos suyos, deberíamos adoptar en nuestro servicio a otros (ver 2:5-8).

Pero una cosa es loar las virtudes de ser siervo y otra ser tratado como tal. Se requiere la suficiencia y seguridad de una toma creciente de conciencia de nuestra identificación con Jesucristo para servir, con la preocupación centrada en otros, a personas que no nos entienden y que quizá nunca nos respetan. Será necesario que recordemos con frecuencia la verdad de que nuestro desempeño y nuestra aceptación por parte de otros no tienen nada que ver con nuestra dignidad y valor, ya que esto lo determina Dios y no el mundo. Cuando sufrimos rechazo e indiferencia, el dolor será real, pero no tiene por qué destruirnos, ya que hemos tomado la decisión radical de mirar a Dios y depender solo de sus recursos para nuestra identidad y valor inmutables.

Si tuviéramos que elegir una palabra para resumir el tema de la Biblia desde Génesis hasta Apocalipsis, esa palabra sería *relaciones*. Hemos visto que Dios es una comunidad de ser; en el misterio de la Trinidad divina, las tres personas de la divinidad disfrutan de un amor mutuo perfecto. También hemos visto que Dios nos creó a su imagen como seres de relaciones, cuya fuente final de plenitud y disfrute debería haberse encontrado en la comunión e intimidad con Dios. Por medio de esta iniciativa amorosa, Dios ha derrotado la enajenación y separación que produjo el pecado humano al enviar a su Hijo al mundo para pagar por nuestras culpas y para darnos su vida. La restauración de nuestra relación vertical con Dios, que resultó posible por medio de la expiación de Cristo, pasa a constituir la base para la restauración de relaciones horizontales justas con otros. En la Escritura, la justicia es un concepto que tiene que ver con una relación, ya que se refiere a asociaciones buenas, justas y amorosas con Dios y con otros.

Como hijos de Dios por medio de la fe en Cristo, somos llamados a llevar un estilo de vida centrado cada vez más en los otros y menos en nosotros mismos a medida que Cristo aumenta y nosotros disminuimos. Si bien estamos conscientes de que, en un mundo pecador, esa clase de estilo de vida nos hace más vulnerables a los dolores del repudio, indiferencia, exigencias, malentendidos y traición, también caemos en la cuenta de que una persona sabia encuentra más gozo en servir a los demás que en buscar posesiones, poder, logros o prestigio. Tanto en el Antiguo como en el Nuevo Testamentos este tema reverbera y nos dice una y otra vez que una relación vertical vital con el Señor es la clave para relaciones horizontales de calidad con otros. El apóstol Pablo fue ejemplo de esta sabiduría cuando describía a los lectores filipenses como «mi alegría y mi corona«» (4:1) y los exhortaba a «alégrense siempre en el Señor. Insisto: ¡Alégrense!» (4:4). El Señor debería ser la fuente última de nuestro gozo y la fuente permanente de nuestro gozo, sean positivos o negativos las circunstancias y tratos con las personas.

Cuanta más satisfacción encontramos en amar y servir a Dios, tanto mayor será nuestra capacidad para encontrar satisfacción en amar y servir a las personas. Por esto Pablo pudo escribir a los tesalonicenses, «En resumidas cuentas, ¿cuál es nuestra esperanza, alegría o motivo de orgullo delante de nuestro Señor Jesús para cuando él venga? ¿Quién más sino ustedes? Sí, ustedes son nuestro orgullo y alegría» (1 Tesalonicenses 2:19-20; cf. 3:9). Cuando estamos seguros en Cristo, las recompensas por invertir nuestras vidas en personas superan los dolores que las personas puedan causar. Pablo vio a las personas no solo como fuente de gozo, sino también como recompensa, tanto en el presente como en el futuro. Cuando amamos y servimos a las personas teniendo en mente valores eternos, hay una gran recompensa en formar parte del proceso de personas que llegan a Cristo y crecen en su carácter y relaciones con sus cónyuges, hijos y compañeros. Hay gozo en ser utilizado por Dios en alentar, consolar y edificar a otros en nuestros campos de influencia.

Jonathan Edwards observaba que el bien último en la vida es tratar las cosas según su verdadero valor. Lo opuesto también es cierto, y corremos el peligro siempre presente de tratar lo eterno como si fuera temporal y lo temporal como si fuera eterno. El sistema del mundo cambia las etiquetas con los precios y nos alienta a buscar cosas que no durarán. «Aquello que la gente tiene en gran estima es detestable delante de Dios». (Lucas 16:15b). Si deseamos ser ricos ante Dios (Lucas 12:21), debemos entregar nuestra vida a cambio de las cosas que Dios afirma que son importantes.

AMAR A OTROS CON COMPASIÓN

El corazón siempre cuida lo que valora (Mateo 6:19-34) y si valoramos a Dios primero, nuestra capacidad de amarlo y de amar a otros se expandirá. Si valoramos primero el mundo, perderemos no solo los gozos de conocer a Dios, sino también los gozos de esta vida. Las relaciones se deteriorarán para ser solo contactos, y trataremos de manipular a las personas para conseguir lo que pensamos que queremos. Nos sentiremos impulsados a tener logros y a impresionar, y esto debilitará el tiempo cualitativo con aquellos a quienes amamos. Las actividades tomarán prioridad sobre la intimidad tanto con Dios como con las personas. El ídolo de los logros erosionará la estética del espíritu y nos dejará afanados y agotados. Trabajaremos mucho más para influir en personas, y al buscar seguridad en sus respuestas, nos iremos desconectando de nuestra verdadera seguridad en Cristo. La única forma de salirse de esta rutina es el arrepentimiento y regresar a la búsqueda de Cristo en lugar de la búsqueda del mundo.

Se ha dicho que «todos deberíamos temer morir hasta haber hecho algo que vaya a durar para siempre». Son palabras muy fuertes, pero merecen que se las pondere seriamente, al igual que esta afirmación que se ha atribuido a Juana de Arco: «No es una tragedia morir por algo en lo que se cree, pero es una tragedia descubrir al final de la vida que lo que se creía resultó falso». Este pensamiento capta la médula de nuestra lucha permanente entre las exigencias de lo temporal y las de lo eterno. La escritura repetidas veces nos recuerda que «el mundo se acaba con sus malos deseos, pero el que hace la voluntad de Dios permanece para siempre» (1 Juan 2:17). Este planeta es transitorio; cuando llegue el día del Señor como un ladrón, «la tierra, con todo lo que hay en ella, será quemada» (2 Pedro 3:10). Pero hay algo en nosotros que anhela lo eterno, lo que no pasará. No podemos satisfacer este anhelo por medio de logros terrenales, dar nuestro nombre a edificios y tierras, construir imperios colectivos, coleccionar bienes valiosos o buscar otras formas de esfuerzo humano, porque todas estas cosas están destinadas a desaparecer. ¿Qué podemos, pues, hacer en este planeta que viva para siempre? ¿Qué puede dar permanencia a la obra de nuestras manos (Salmo 90:17)? La respuesta se encuentra en la verdad bíblica de que después de sus años efímeros en la tierra, las personas pasan a la eternidad. Cuando invitamos a Cristo a manifestar su vida en nosotros y por medio nuestro, cuando representamos al Señor Jesús en nuestras esferas de influencia y alentamos a otros a conocerlo mejor, estamos invirtiendo en algo que trasciende este planeta.

Esto debería ser nuestra petición para nosotros mismos y para aquellos que entran en nuestra esfera de influencia. Todos nosotros deseamos hacer algo que permanezca. Es aterrador pensar que podríamos recorrer todo el curso de la vida en vano, acabando sin una sola obra que viva más allá de la sepultura. Pero el Señor Jesús ha prometido que, cuando le permitimos realizar su labor en nosotros y por medio nuestro, los resultados durarán para siempre. No podemos llevar con nosotros nuestras posesiones terrenales, pero, según el evangelio, podemos llevar a personas con nosotros. No traemos nada a este mundo, y nada material podemos sacar del mismo. Pero si invertimos en las vidas de personas, nuestras inversiones ganarán dividendos para siempre, ya que las personas fueron hechas a imagen de Dios para habitar la eternidad.

CINCO CLASES DE PERSONAS

En *Restoring Your Spiritual Passion*, Gordon MacDonald comenta que nos encontramos con cinco clases de personas. Primero, están las personas con muchos recursos que contribuyen a nuestra vida y estimulan nuestra pasión. Estos son mentores, y con frecuencia son hombres o mujeres de una cierta edad dispuestos a introducir su experiencia y sabiduría a nuestra vida. Es sabio buscar a personas así con oración, ya que es menos probable que ellas nos busquen a nosotros. Segundo, hay las personas muy importantes que comparten nuestra pasión. Estas personas nos aman lo suficiente como para plantearnos preguntas difíciles y mantenernos honestos al mismo tiempo que trabajan con nosotros y comparten nuestra visión. Tercero, hay las personas muy capaces de recibir enseñanzas que captan nuestra pasión, y son personas más nuevas en la fe en cuyas vidas hemos sido llamados a invertir. Estos tres grupos corresponden a Pablo, Bernabé y Timoteo, y necesitamos estar en contacto con los tres para crecer y reproducirnos espiritualmente.

Cuarto, hay los que MacDonald llama personas muy buenas a quienes complace nuestra pasión pero no contribuyen a la misma. Estas personas constituyen la gran mayoría de las congregaciones en las iglesias occidentales relativamente libres de persecución, y la mayor parte de los programas de esas iglesias se centran en atenderlos y satisfacer sus necesidades. Por fin, hay las personas muy absorbentes que agotan nuestra pasión debido a que causan conflictos y buscan sin cesar consuelo y reconocimiento. Si no tenemos cuidado, las personas de las dos últimas clases que encontramos absorberán la mayor parte de nuestro tiempo disponible. Esto no quiere decir que no las tratemos con dignidad y compasión, en especial dado que es posible que estas personas cambien cuando se abren al ministerio del Espíritu Santo en su vida. Jesús ministró a los enfermos, a los que sufrían, a los curiosos y a los críticos, pero dedicó la mayor parte de su tiempo a su Padre y a sus discípulos. De igual modo, podemos protegernos de las personas difíciles sin excluirlas. Todos hemos encontrado a personas que parecen carecer de algo importante, pero por la gracia de Dios es posible que pasen del grupo quinto al primero.

LA GRACIA DEL PERDÓN

Una de las dinámicas más importantes en la espiritualidad de relaciones es la gracia del perdón.

AMAR A OTROS CON COMPASIÓN

Perdonados por Dios

Se ha comentado que no hay pecado tan grande que Dios no pueda perdonar, pero que no hay pecado tan pequeño que no necesite el perdón. Tanto el Antiguo Testamento como el Nuevo se centran en el tema de la redención y del perdón, subrayando una condición humana de alienación y de culpa moral delante de la santidad del Creador. Por medio del poderoso y amoroso acto de redención de parte de Dios en la cruz de Cristo, puede ofrecer el don gratuito del perdón sin comprometer la perfección de su justicia y de su carácter. Y por medio de la gracia del perdón divino, nuestra alienación puede superarse y se puede reiniciar una relación amorosa y segura como verdaderos miembros de la familia de Dios.

La dinámica del perdón implica la respuesta de arrepentimiento y confesión. Debemos humillarnos delante de Dios y admitir la realidad de nuestra pecaminosidad, pidiéndole el don del perdón y de la vida nueva en Cristo. Y una vez puesta nuestra confianza solo en Cristo para nuestra salvación, permanecemos en relación con él al pedirle al Espíritu que escudriñe nuestro corazón y ponga al descubierto cualquier área de pecado no confesado, reconociéndolos ante el Señor y dándole las gracias por su perdón (Salmo 139:23-24; 1 Juan 1:9).

El perdón de Dios borra la existencia del pecado. Con imágenes del Antiguo Testamento, lo echa «como lejos del oriente está el occidente» (Salmo 103:12). Le da la espalda a los pecados (Isaías 38:17), por amor a sí mismo borra todas las transgresiones (Isaías 43:25), nunca más se acordará de los pecados (Jeremías 31:34), arroja al fondo del mar todos los pecados (Miqueas 7:19). Con imágenes del Nuevo Testamento, los creyentes saben que «estaban muertos en sus pecados. Sin embargo, Dios nos dio vida en unión con Cristo, al perdonarnos todos los pecados y anular la deuda que teníamos pendiente por los requisitos de la ley. Él anuló esa deuda que nos era adversa, clavándola en la cruz» (Colosenses 2:13-14).

Incluso después de haber aceptado a Cristo, muchas personas encuentran difícil aceptar el perdón incondicional de Dios. Persiste una disposición natural a pensar que debemos compensar por la deuda contraída y ganarnos el perdón divino. Los sentimientos de culpa pueden hacer que las personas recuerden una y otra vez al pecado en lugar de apropiarse del perdón de Dios. La idea de que nuestros pecados superan la gracia de Dios significa no saber captar la altura y profundidad de la gracia y amor de Dios.

Perdonar a otros

> *Estaba enojado con mi enemigo:*
> *No se lo dije, mi ira aumentó*
> WILLIAM BLAKE

Tras haber sido perdonados por la gracia de Dios sobre la base de la obra acabada de Cristo en la cruz, se nos exhorta a que mostremos perdón en nuestras relaciones con otros (ver Mateo 18:21-25). Así, Pablo nos exhorta a ser «bondadosos y compasivos unos con otros, y perdónense mutuamente, así como Dios los perdonó a ustedes en Cristo» (Efesios 4:32; cf. Mateo 5:12). En otro lugar escribe: «Por lo tanto, como escogidos de Dios, santos y amados, vístanse de afecto entrañable y de bondad, humildad, amabilidad y paciencia, de modo que se toleren unos a otros y se perdonen si alguno tiene queja contra otro. Así como el Señor los perdonó, perdonen también ustedes. Por encima de todo, vístanse de amor, que es el vínculo perfecto. Que gobierne en sus corazones la paz de Cristo, a la cual fueron llamados en un solo cuerpo. Y sean agradecidos» (Colosenses 3:12-15)

El costo del perdón

Cuando perdonamos a quienes nos han herido, reconocemos que también nosotros necesitamos perdón y que no somos tan diferentes del ofensor como nos gustaría creerlo. Hay una tendencia natural en todos nosotros a excusar nuestras propias faltas y a culpar a otros por las de ellos, una incitación a buscar la gracia y la comprensión en nuestra propia situación y a clamar justicia y posiblemente venganza cuando otros cometen la misma falta. Por el contrario, la Escritura nos invita, como personas que hemos experimentado el perdón de Dios, a ponernos en el lugar de la otra persona.

En Cristo, tenemos que ofrecer gracia y no justicia a quien actúa mal *charizomai*, una de las palabras que se utiliza en el Nuevo Testamento para perdón, significa «tratar con benignidad»; véase cómo se utiliza en 2 Corintios 2:6-8). Con frecuencia esto resulta ser un acto difícil y antinatural, porque no parece justo con quienes han recibido la afrenta. Perdonar a otros es liberarlos de cualquier obligación de compensarnos por lo que nos han quitado. Pero como arguye Lewis B. Smedes en *Forgive and Forget*, «Cuando descargamos al que actúa mal de su culpa, extirpamos un tumor maligno de nuestra vida interior. Dejamos en libertad a un prisionero, pero descubrimos que el verdadero prisionero éramos nosotros».

Así pues, perdonar como Dios nos ha perdonado es un acto de fe, ya que significa que renunciamos al derecho al resentimiento y que confiamos la justicia a Dios en vez de buscarla por nosotros mismos (ver Romanos 12:19). Perdonar es actuar a partir de la verdad de que solo Dios y no nosotros podemos cambiar a otra persona.

Se ha dicho con agudeza que «de nada sirve enterrar la espada si luego ponemos una señal en el lugar». Pero cuando otra persona nos ha causado un grave daño, queremos poner una señal en el lugar de manera que podamos desenterrar de vez en cuando nuestros resentimientos. Como el perdón puede parecer como una tremenda injusticia, puede llegar a ser un largo proceso en vez de un evento que se da una vez por todas. Esto

AMAR A OTROS CON COMPASIÓN

aparece con evidencia en el doloroso proceso por el que transitó José en perdonar a sus hermanos traidores (Génesis 42-45).

Mucho después de haber perdonado, la herida puede seguir viva en nuestra memoria. Como lo observa Smedes, perdonar no es lo mismo que olvidar o excusar o limar asperezas. El verdadero perdón es costoso, en especial cuando no hay arrepentimiento de parte de quien causó el daño. Pero es la única forma de liberarnos y de liberar a otros de la esclavitud de la culpa (ver la gratuita restauración de Pedro por parte de Cristo en Juan 21:15-19) y romper el círculo vicioso del reproche. Parte del costo es dejar de lado el orgullo, que puede hacer que cosas triviales corroan una relación por años o décadas.

Como ejercicio delante de Dios, tomemos una hoja de papel para escribir los nombres de quienes en el curso de los años nos han causado daño debido a deslealtades y traiciones. Ofrezcamos esta lista a Dios junto con el dolor que reaviva, y elijamos por fe en Cristo perdonar a cada una de las personas en la lista. Luego arruguemos el papel y quemémoslo delante del Señor quien nos perdonó en la cruz.

¿CUÁNTO DURARÁ?

He asistido a una serie de funerales en los últimos años, y la diferencia entre los funerales de los creyentes y de los no creyentes es como del día a la noche, del cielo a la tierra, de la esperanza a la desesperanza. La ceremonia de regreso al hogar en el caso de una persona que conoció a Cristo es un momento en que nuestra esperanza en Cristo adquiere una verdadera recompensa. Descubrimos que nuestra fe es más real y poderosa durante esos momentos decisivos, cuando nos vemos obligados a reconocer nuestra falta de control. Para quien sigue a Cristo, la muerte no es el fin, sino la puerta hacia un territorio nuevo y mejor. El cuerpo queda atrás, pero el espíritu está en la presencia del Señor hasta el día en que se reunirá a un cuerpo resucitado, nuevo y glorificado. La Escritura nos asegura que cuando estemos ausentes del cuerpo, estaremos viviendo junto al Señor (2 Corintios 5:6-8), y nos consuela con la verdad de que «Dios resucitará con Jesús a los que han muerto en unión con él» y de que «los muertos en Cristo resucitarán primero. Luego los que estemos vivos, los que hayamos quedado, seremos arrebatados junto con ellos en las nubes para encontrarnos con el Señor en el aire. Y así estaremos con el Señor para siempre» (1 Tesalonicenses 4:13-18).

Cuando un ser amado muere, las implicaciones de largo alcance abarcan las tres dimensiones del tiempo.

Pasado

Cuando me entero del fallecimiento de alguien a quien conocía y amaba, acude a mi conciencia un caudal de recuerdos. Imágenes de la vida de

53

la persona se van multiplicando, apareciendo como instantáneas en la pantalla de mi mente de tal forma que puedo ver todos los años de mi relación con esa persona de manera simultánea. En momentos como este, la mente parece buscar y acumular todos los tesoros y penas para presentarlas en una vívida gama que lo obliga a uno a caer en la cuenta, como si fuera la primera vez, del impacto de la vida de la otra persona. Y descubro no solo cuánto me influyó ese impacto, sino también la verdad de que esta persona se llevó consigo una parte de mí, porque solo esta persona pudo generar ciertas respuestas y facetas de mi personalidad.

Presente

La influencia de otras personas importantes crea efectos encadenados que siguen afectando nuestras vidas mucho después de su partida. No podemos medir las repercusiones porque siguen acumulándose y reverberando en formas sutiles a lo largo de los años y generaciones. La totalidad de este proceso no se verá con evidencia, sino hasta el día de Cristo, pero nos recuerda una vez más que cada uno de nosotros somos llamados a participar en el proceso presente de cumplir con el propósito único que Dios tiene para nosotros durante los pocos años de nuestro paso por la tierra.

Otra implicación para el presente es la importancia de tratar cada una de las relaciones como si pudiera ser nuestro último contacto. Esta clase de conclusión produciría un estilo de vida con pocos arrepentimientos, porque significaría que no dejamos sin resolver ningún asunto, como expresar nuestro amor, perdonar y recibir perdón, o expresar nuestra gratitud por todo lo que la otra persona ha hecho y significado.

Futuro

El fallecimiento de alguien a quien amamos es un recordatorio de nuestra propia mortalidad y de la brevedad de nuestro peregrinaje en el mundo. Eclesiastés 7:2 nos dice «vale más ir a un funeral que a un festival. Pues la muerte es el fin de todo hombre, y los que viven debieran tenerlo presente». Los funerales son recordatorios de la realidad, y por unos momentos abren una ventana de vulnerabilidad a la verdad de lo temporal frente a lo eterno. Mientras nuestras defensas y digresiones están en un punto bajo, nos invitan a responder a las preguntas ¿Dónde está mi esperanza? ¿Espero las promesas y recompensas del mundo, o me estoy aferrando a una esperanza que nunca desparecerá ni desengañará? La Escritura nos dice que quienes ponen su esperanza en Cristo no serán defraudados (Romanos 9:33). Esta esperanza es un ancla del alma (Hebreos 6:19) y fortalece al creyente para que permanezca fiel durante las tempestades de la vida.

AMAR A OTROS CON COMPASIÓN

Preguntas para aplicación personal

- ¿Cuán importantes son los dos grandes mandamientos en su experiencia cotidiana?
- ¿Por qué estamos más preocupados por impresionar a otros que con agradar a Jesús?
- ¿Cómo define la grandeza en las personas?
- ¿Cuáles son las claves de la verdadera humildad y espíritu de servicio?
- ¿Hasta qué punto cree que los recursos de Cristo son suyos? ¿Qué le impide llegar a aceptar plenamente este concepto?
- ¿Cómo ve las relaciones? ¿Se inclinan más hacia el lado de la protección propia o hacia el lado de la transparencia?
- ¿Cómo suele tratar a las personas difíciles?
- ¿Hasta qué punto piensa que puede estar albergando resentimiento y falta de perdón debido a lo que otros han hecho? ¿Cómo abordará este asunto?

FACETA 2

ESPIRITUALIDAD PARADIGMÁTICA

Cultivar una perspectiva eterna en contraposición a una temporal

Esta sección contrasta los sistemas temporal y eterno de valores y pone de relieve la necesidad de un cambio de paradigma al ver la vida en una forma bíblica y no cultural. La experiencia de nuestra mortalidad nos puede ayudar a transferir nuestra esperanza de lo que se ve a lo que no se ve y a caer en la cuenta del valor incalculable de las oportunidades presentes. Nuestras presuposiciones dan forma a nuestra perspectiva, nuestra perspectiva da forma a nuestras prioridades, y nuestras prioridades dan forma a nuestra práctica.

4

ESPIRITUALIDAD PARADIGMÁTICA

La vida es un viaje, pero ¿a dónde vamos?

SÍNTESIS DEL CAPÍTULO

El realismo bíblico exige que captemos la brevedad de nuestra permanencia en la tierra de manera que nuestra esperanza se coloque no en lo que nos ofrece este mundo pasajero, sino en las promesas del Dios eterno. Una toma creciente de conciencia de nuestra mortalidad haría que valoráramos las oportunidades del presente.

OBJETIVOS DEL CAPÍTULO

- Una mejor comprensión de la brevedad de nuestra permanencia en la tierra
- Desarrollar un equilibrio del realismo bíblico acerca del presente y la esperanza para el futuro
- Una mayor valoración de lo valioso de las oportunidades presentes

UN AÑO PARA VIVIR

Supongamos que el doctor nos dice, después de un cuidadoso examen físico, que tenemos una enfermedad terminal. Buscamos una segunda y una tercera opinión, y todos concuerdan en que, cuando más, nos queda solo un año de vida. No habrá efectos discernibles de la enfermedad hasta que haya completado su curso.

¿Cómo afectaría este escenario nuestra visión de la vida, nuestros papeles en esta tierra, y las formas en que invertiríamos el tiempo que nos queda? Hasta qué punto alteraría nuestra perspectiva y práctica presentes es la distancia que existe entre nuestra idea actual de la vida y la idea bíblica de la misma. Esta subraya la brevedad de nuestra permanencia en la tierra y pone de relieve lo urgente de invertir nuestro bien más preciado, el tiempo, en una forma que vaya a tener consecuencias duraderas. Aquella suele negar la inminencia de la muerte y trata lo temporal como si fuera eterno.

COMPRENSIÓN DE LA BREVEDAD DE LA VIDA

Tiempo, como un caudal siempre avanzando,
Se lleva consigo a todos sus hijos;
Pasan volando olvidados como un sueño
Muere apenas iniciado el día.
Las tribus afanosas de carne y sangre
Con todos sus cuidados y temores,
Son arrastradas como un torrente
Y perdidas en los años siguientes.

Estos versos del himno de Isaac Watts *O God, Our Help in Ages Past* se basan en el profundo contraste en el Salmo 90 entre la eternidad de Dios y la brevedad de nuestra permanencia en la tierra. Este salmo, que escribió Moisés cerca del final de su viaje, nos aconseja que contemos nuestros días con el fin de presentar a Dios un corazón de sabiduría (v. 12). La meditación de David en el Salmo 39:4-7 desarrolla el mismo tema:

Hazme saber, Señor, el límite de mis días,
y el tiempo que me queda por vivir;
hazme saber lo efímero que soy.
Muy breve es la vida que me has dado;
ante ti, mis años no son nada.
Un soplo nada más es el mortal,
un suspiro que se pierde entre las sombras.
Ilusorias son las riquezas que amontona,
pues no sabe quién se quedará con ellas.
Y ahora, Señor, ¿qué esperanza me queda?
¡Mi esperanza he puesto en ti!

Isaías 40:6b-8 utiliza una metáfora diferente para desarrollar el contraste radical entre lo temporal y lo eterno (ver también Salmo 103:15-18 y 1 Pedro 1:24-25):

Que todo mortal es como la hierba,
y toda su gloria como la flor del campo.
La hierba se seca y la flor se marchita,
porque el aliento del Señor sopla sobre ellas.
Sin duda, el pueblo es hierba.
La hierba se seca y la flor se marchita,
Pero la palabra de nuestro Dios permanece para siempre.

LA VIDA ES UN VIAJE, PERO ¿A DÓNDE VAMOS?

Santiago agrega este grave pensamiento: «¡Y eso que ni siquiera saben qué sucederá mañana!¿Qué es su vida? Ustedes son como la niebla, que aparece por un momento y luego se desvanece» (4:14; cf. 1:11).

REALISMO Y ESPERANZA BÍBLICOS

Las Escrituras insisten en estas imágenes para recordarnos que nuestra permanencia en este planeta es más breve que la mayoría de nosotros estamos inclinados a pensar. Esto parece ser una forma pesimista y mórbida de ver la vida humana, pero si se analiza bien, resulta ser un enfoque realista y esperanzador. Es realista porque es mejor saber las cosas tal como son que creer en las cosas por lo que parecen. No se requiere una revelación divina para caer en la cuenta de que, como lo expresó George Bernard Shaw, «Las estadísticas sobre la muerte son impresionantes. Mueren uno de cada uno». Nuestras pocas décadas de vida en la tierra no duran más que la flor en una pradera en relación con las muchas generaciones que vienen y van.

No sorprende constatar que esta perspectiva es realista, pero sí sorprende descubrir que también es esperanzadora. Lo es porque nos informa que en la vida hay más que lo que vemos en la actualidad, y nos asegura que nuestro anhelo por más que lo que este mundo nos puede ofrecer no es un simple sueño. La visión bíblica de la invitación que nos hace Dios es no solo de perdón, sino también de novedad de vida en Cristo, una nueva cualidad de vida de relación que nunca desaparecerá ni se empañará.

Tres cosmovisiones predominantes intentan convencernos. La primera afirma que la realidad última es material y que todo lo que hay en el universo es el producto impersonal de tiempo y casualidad. Hay variantes de esta cosmovisión, pero se la conoce sobre todo como naturalismo, ateísmo y humanismo.

La segunda cosmovisión afirma que la realidad última no es material, sino espiritual. Sin embargo, este agente espiritual no es un ser personal, sino el todo que existe. Las variantes de esta concepción incluyen el monismo, el panteísmo, el trascendentalismo y el movimiento de la Nueva Era.

El teísmo, la tercera cosmovisión, distingue entre la creación y el Creador y afirma que la realidad última es un Ser infinito, inteligente y personal. El teísmo cristiano afirma que este Dios personal se ha revelado en forma decisiva en la persona y obra de Jesucristo.

Solo la tercera cosmovisión ofrece esperanza genuina más allá del sepulcro, ya que la primera predice aniquilación, y la segunda reencarnación. Contrariamente a la versión popular de la reencarnación en Occidente, las religiones orientales enseñan que la reencarnación es indeseable, ya que nos hace dar vueltas y más vueltas en la dolorosa rueda de la vida. La visión oriental de la salvación es ser absorbidos en el océano del ser. Pero esta no es una visión de conciencia o de relaciones personales; es una versión espiritual de aniquilación.

En vez de aniquilación o reencarnación, las Escrituras enseñan la resurrección a una nueva existencia eterna de luz, vida y amor caracterizada por la intimidad con nuestro Señor y de unos con otros. Todo lo que vivimos ahora será más que valioso al final, porque el divino Arquitecto del universo, el Dios y Padre de nuestro Señor Jesucristo, nunca construye una escalera que no conduce a nada.

DOS PARADIGMAS QUE COMPITEN ENTRE SÍ

Un **paradigma** es una forma de ver basada en normas explícitas o implícitas que moldean nuestra perspectiva. Se produce un cambio de paradigma cuando las normas o límites cambian, de manera que ya no vemos las cosas desde la misma perspectiva; cuando cambian las normas, se modifica nuestra forma de ver. El ejemplo más conocido de un cambio de paradigma es la revolución copernicana en astronomía. Hasta la época de Copérnico, el paradigma prevalente era el sistema geocéntrico de Ptolomeo; se pensaba que el sol y los planetas daban vueltas alrededor de la tierra. Durante siglos, los astrónomos adoptaron esta forma de ver el sistema solar a pesar del hecho de que una serie de observaciones no armonizaban con este modelo. Pero en lugar de poner en tela de juicio el paradigma, los astrónomos inventaron complicadas teorías de epiciclos para explicar por qué algunos planetas parecían detenerse, regresar por un tiempo, y luego reiniciar su dirección original. El adelanto de Copérnico fue caer en la cuenta de que todas estas observaciones tenían perfecta lógica si se pasaba de una concepción geocéntrica a otra heliocéntrica (basada en el sol) del sol y los planetas; en otras palabras, que no vivimos en un sistema terrestre, sino en un sistema solar. Las ideas de Copérnico se publicaron después de su muerte porque él mismo comprendió que este cambio radical hubiera encontrado una respuesta hostil, sobre todo por parte de las autoridades religiosas.

De forma parecida, las perspectivas temporal y eterna son paradigmas de la vida que compiten entre sí. Podemos vivir como si este mundo fuera todo lo que existe, o podemos ver nuestra existencia terrenal como un breve peregrinaje diseñado para prepararnos para la eternidad. Los hombres y las mujeres en Hebreos 11 adoptaron la segunda perspectiva: «todos ellos vivieron por la fe, y murieron sin haber recibido las cosas prometidas; más bien, las reconocieron a lo lejos, y confesaron que eran extranjeros y peregrinos en la tierra» (11:13). Por el contrario, quienes adoptan un paradigma temporal tratan lo temporal como si fuera eterno y lo eterno como si fuera temporal.

Supongamos que alguien piensa en trasladarse de Dallas a Atlanta, donde sabe que pasará los cincuenta años restantes de su vida. Se prepara con cuidado para los dos días de recorrido por carretera analizando cada detalle del viaje, incluyendo qué ropa llevará, qué paradas para descansar hará, dónde reabastecerá su automóvil, en qué hotel de carretera pernoctará, las comidas que consumirá y dónde las consumirá. No deja ningún detalle del viaje al azar, pero no sabe qué hará cuando llegue a Atlanta. Es fácil ver lo absurdo de este escenario, y con todo, la mayor parte de las personas que conocemos viven sus vidas de esta forma. En esta analogía, el viaje de dos días es nuestra permanencia en la tierra, y los cincuenta años de vida es nuestro destino eterno. Pero lo que resulta obviamente ridículo a una escala temporal nos parece aceptable cuando hablamos de la eternidad, quizá porque nuestro destino eterno, para muchos de nosotros, nos resulta tan vago y frágil.

Marcel Proust escribió que «el verdadero acto de descubrir consiste no en encontrar territorios nuevos, sino en ver con ojos nuevos». El problema es que se ha apoderado de nosotros un paradigma temporal porque vivimos en un campo temporal. Implica un gran riesgo cambiar a un paradigma bíblico, porque este cuestiona todo lo que nuestra cultura refuerza. Cuanto más hemos invertido en el paradigma cultural y cuanto mejor nos encontramos viviendo dentro del mismo, tanto más pensamos que podemos salir perdiendo si cambiamos al paradigma bíblico. Solo cuando renovamos nuestra mente con la verdad bíblica y reforzamos esta verdad por medio de relaciones con otros hijos del reino comenzamos a ver que nos encontramos en un breve peregrinaje. Cuando lo vemos, descubrimos que debemos buscar las cosas que perdurarán y no las transitorias. El problema es que este cambio de temporal a eterno, a diferencia de la revolución copernicana en astronomía, es reversible; podemos bascular entre esas perspectivas opuestas. Se trata de una lucha permanente que podemos esperar encontrar durante todo el tiempo que nos queda de permanencia en el mundo.

«UN ENSAYO BREVE Y AGITADO»

Próspero, un mago que gobierna en una isla encantada, es el protagonista de la última obra de Shakespeare, *La tempestad*. Cuando Próspero se dirige a su huésped Ferdinand en el cuarto acto, es como si Shakespeare mismo, cerca del fin de su vida, reflexionara de manera directa a través de su personaje:

Nuestra fiesta ha terminado. Los actores,
Como ya te dije, eran espíritus
Y se han disuelto en aire, en aire leve,
Y, cual la obra sin cimientos de esta fantasía,
Las torres con sus nubes, los regios palacios,
Los templos solemnes, el inmenso mundo
Y cuantos lo hereden, todo se disipará
E, igual que se ha esfumado mi etérea función,
No quedará ni polvo. Somos de la misma
Sustancia que los sueños, y nuestra breve vida
Culmina en un dormir

Al final de la obra, Próspero renuncia a su magia para volver sus pensamientos a la sepultura. De esa manera, el autor ya no crearía más acciones en el escenario de la vida; reflexionando acerca de la brevedad de su existencia terrenal, comprendió que los logros temporales de la humanidad como un todo llegarían a un fin. Esto es coherente con la visión bíblica del fuego que consume todos los logros humanos en el día del Señor. «Pero el día del Señor vendrá como un ladrón. En aquel día los cielos desaparecerán con un estruendo espantoso, los elementos serán destruidos por el fuego, y la tierra, con todo lo que hay en ella, será quemada» (2 Pedro 3:10).

Si examinamos los anhelos más profundos del corazón, se vuelve evidente que estas aspiraciones no las puede satisfacer ninguna de las ofertas de este mundo transitorio. El tiempo, las oportunidades y la energía son insuficientes incluso para ni siquiera tocar la superficie de nuestras esperanzas y sueños más enraizados. A. W. Tozer lo expresó bien en su clásico sobre devociones *The Knowledge of the Holy*: «Los días de los años de nuestras vidas son pocos, y más fugaces que la lanzadera de un tejedor. La vida es un ensayo breve y agitado para un concierto para cuya ejecución no podemos quedarnos. Precisamente cuando parece que hemos alcanzado una cierta competencia nos vemos obligados a dejar nuestros instrumentos. Simplemente no hay tiempo suficiente para pensar, llegar a ser, interpretar aquello de lo que la constitución de nuestras naturalezas indica que somos capaces».

EXPERIMENTAR NUESTRA MORTALIDAD

Pocas personas alcanzan esa sabiduría en las primeras tres décadas de la vida. En *La sociedad de los poetas muertos*, Robin Williams interpreta el papel de un profesor de inglés en una escuela privada que hace un intento dramático de comunicar esta verdad a un grupo de adolescentes. Reúne a los estudiantes delante del estuche de un viejo trofeo y los invita a que miren bien de cerca los rostros de una clase que se graduó setenta u ochenta años antes. A medida que la cámara va recorriendo con lentitud en primer plano los rostros que hay en la fotografía, vemos en los ojos y sonrisas de los jóvenes, toda su esperanza y ambición. Entre tanto, sin que se vea su imagen, Williams va diciendo a sus alumnos que las personas en la foto eran como ellos, pero que ahora están abonando margaritas. Los exhorta a aprovechar el momento: ¡carpe diem!

Pero se suele requerir la lucha seria de la crisis a mitad de la vida (o proceso a mitad de la vida, dependiendo de la forma en que lo recorremos) antes de poder comprender de forma experimental nuestra mortalidad. Al descubrir la disminución de nuestras capacidades y el aumento de nuestras responsabilidades, caemos en la cuenta con claridad y contundencia que no podremos cumplir muchas de nuestras esperanzas y sueños terrenales. Esto puede resultar traumático para aquellos cuyas expectativas se confinan a este planeta, pero para los creyentes, cuya esperanza radica en el carácter y promesas de Dios, puede significar un elocuente recordatorio para que traslademos nuestros afectos y ambiciones al único hogar verdadero, el reino de los cielos.

Tozer agrega: «Satisface de una manera tan total salir de nuestras limitaciones para acudir a un Dios que no tiene ninguna. Años eternos moran en su corazón. Para él el tiempo no pasa, permanece; y quienes están en Cristo comparten con él todas las riquezas del tiempo sin límites y de años sin fin».

Las responsabilidades y presiones de este mundo claman por nuestra atención y tienden a exprimir nuestras vidas interiores y a matar de hambre a nuestras almas. Cuando esto sucede, perdemos de vista las cosas que importan para centrarnos en las que son transitorias. Nuestro sistema de valores se va confundiendo cuando invertimos más pensamientos y preocupaciones en cosas que están destinadas a desaparecer que en aquello que perdurará para siempre.

El apóstol Juan nos advierte esto cuando escribe, «No amen al mundo ni nada de lo que hay en él. Si alguien ama al mundo, no tiene el amor del Padre. Porque nada de lo que hay en el mundo —los malos deseos del cuerpo, la codicia de los ojos y la arrogancia de la vida— proviene del Padre sino del mundo. El mundo se acaba con sus malos deseos, pero el que hace la voluntad de Dios permanece para siempre» (1 Juan 2:15-17). Santiago agrega, «Si alguien quiere ser amigo del mundo se vuelve enemigo de Dios» (Santiago 4:4). Y Jesús advierte a aquellos que están más preocupados por las opiniones de las personas que por la aprobación de Dios, diciendo, «aquello que la gente tiene en gran estima es detestable delante de Dios» (Lucas 16:15). Son palabras fuertes, pero seríamos necios si no las tomáramos en cuenta. Como escribió Agustín, debemos cuidar de nuestros cuerpos como si fuéramos a vivir para siempre, pero debemos cuidar de nuestras almas como si fuéramos a morir mañana.

EL VALIOSO PRESENTE

¿Significa esto que nuestros pensamientos deberían ser tan celestiales que no sirviéramos para nada en la tierra? De hecho, es lo opuesto; cuando las personas tienen puesta su mente en lo celestial, valoran las oportunidades pasajeras de esta vida y están más alertas al momento presente. Más que sentirse abrumados con los problemas de la vida, entienden que también estos pasarán y que «en nada se comparan los sufrimientos actuales con la gloria que habrá de revelarse en nosotros» (Romanos 8:18). En lugar de darlo todo por sentado, aprenden a saborear las bendiciones y gozos que de lo contrario se suelen pasar por alto.

Thornton Wilder describe todo esto tan bien en *Our Town*, drama que describe a una joven mujer que muere al dar a luz. En el tercer acto, el

Director de escena permite que Emily regrese para observar un solo día de su breve vida, pero los muertos le aconsejan que «escoja el día menos importante de su vida. Será lo suficientemente importante». Emily escoge su decimosegundo cumpleaños y la experiencia muy pronto la abruma.

«No puedo. No puedo continuar. Va demasiado rápido. No tenemos tiempo para mirarnos uno al otro...

«No me daba cuenta. Todo lo que estaba sucediendo y que nunca notamos. Llévame de vuelta —hacia la cima de la colina— a mi sepulcro. Pero antes: ¡Espera! Una mirada más.

«Adiós, adiós, mundo. Adiós Grover's Corners... Mamá y papá. Adiós a los relojes que marcan la hora... y a los girasoles de mamá. Y a comida y café. Y a vestidos recién planchados y baños calientes... y a dormir y despertarse. Oh, tierra, eres demasiado maravillosa para que alguien te comprenda».

Mira hacia el director de escena y le pregunta de repente, en medio de lágrimas: «¿Hay algún ser humano que comprenda la vida mientras la viven? —¿cada, cada minuto?»

El Director de escena responde, «No... Los santos y los poetas, quizá—algunos sí».

En lugar de perder el tiempo como si dispusiéramos de un millón de años para vivir en la tierra, haríamos bien en recordar la exhortación del apóstol Pablo: «Así que tengan cuidado de su manera de vivir. No vivan como necios sino como sabios, aprovechando al máximo cada momento oportuno, porque los días son malos. Por tanto, no sean insensatos, sino entiendan cuál es la voluntad del Señor» (Efesios 5:15-17).

Se dice que Eubie Blake, quien fumó desde que tuvo seis años y se negaba a beber agua, afirmó después de su cumpleaños número cien, «De haber sabido que iba a vivir tanto, me hubiera cuidado mejor». Cuando se les pregunta a ancianos qué cambiarían de tener otra oportunidad de vivir, sus respuestas suelen ser más reveladoras que esta. Muchos dicen que reflexionarían más, arriesgarían más y harían más cosas que perduraran.

La mayor parte de nosotros hemos desperdiciado más dinero y tiempo en juguetes y diversiones que lo que estamos dispuestos a admitir. Se nos asignan solo unos pocos años para trabajar en este viña. ¿Estamos desperdiciando o invirtiendo los preciosos recursos de tiempo, talento y bienes que nos ha confiado nuestro Amo celestial?

Preguntas para aplicación personal

- Si supiéramos que solo disponemos de un año más de vida, ¿a qué dedicaríamos el tiempo y en qué se diferenciaría esto de la forma en que estamos gastando el tiempo ahora?

LA VIDA ES UN VIAJE, PERO ¿A DÓNDE VAMOS?

- ¿Hasta qué punto estamos conscientes de nuestra mortalidad en nuestros sentimientos y experiencia? ¿Por qué es útil cultivar esta toma de conciencia?
- ¿Cuáles son las implicaciones en nuestra vida y pensamiento de una perspectiva temporal frente a una eterna? ¿Nos sentimos atraídos en ambas direcciones? ¿Cómo afecta esto nuestro sistema de valores?
- Si se nos concedieran doscientos años de vida saludable en este planeta, ¿cómo los invertiríamos? ¿Qué trataríamos de lograr con este tiempo y oportunidad adicionales? ¿Cómo se relaciona esto con nuestra idea de actividad en el cielo?

5

ESPIRITUALIDAD PARADIGMÁTICA

¿Podemos confiar en Dios?

> **SÍNTESIS DEL CAPÍTULO**
>
> El temporal y el eterno son dos paradigmas contrapuestos que promueven sistemas de valores radicalmente diferentes, y no resulta natural ni fácil buscar lo invisible por encima de lo visible. Solo cuando nuestra perspectiva se moldee y refuerce a partir de supuestos bíblicos podremos vivir de acuerdo con prioridades cristianas.
>
> **OBJETIVOS DEL CAPÍTULO**
>
> - Comprender las diferencias radicales entre un sistema temporal de valores y un sistema eterno de valores.
> - Reflexionar acerca de las implicaciones de nuestros supuestos y de cómo estas moldean nuestra perspectiva.
> - Llegar a una mejor comprensión de la relación entre perspectiva, prioridades y práctica.

EL RIESGO DE ABANDONAR

Cualquier intento de satisfacer las demandas tanto de lo temporal como de lo eterno es como sostener las riendas de dos caballos que galopan en direcciones opuestas. La búsqueda simultánea del reino del mundo y del reino de Cristo resulta imposible; llegará un momento en que prevalecerá uno de los dos. Muchas personas han intentado conseguir ambas cosas, pero esto nunca puede ser más que agregar un barniz espiritual a los mismos muebles que el sistema del mundo fabrica y promueve.

Significa un gran riesgo abandonar todo lo que se nos ha enseñado que debemos exigir y controlar. Nunca resulta cómodo ni natural atesorar lo invisible sobre lo visible, las promesas de Dios sobre las promesas del mundo, las cosas que no se harán realidad hasta el retorno de Cristo sobre las cosas que el mundo dice que pueden ser nuestras aquí y ahora. Queremos control y seguridad al modo nuestro, pero las Escrituras nos dicen que la única seguridad verdadera proviene de abandonar la ilusión de control y entregarnos sin reservas a la persona y propósitos de Dios.

DOS SISTEMAS OPUESTOS DE VALORES

El **sistema temporal de valores** no requiere confianza ni dependencia de Dios porque se basa en lo que se ve; el **sistema eterno de valores**, por el contrario, es invisible y por ello requiere caminar en fe (2 Corintios 5:7). «Porque en esa esperanza fuimos salvados. Pero la esperanza que se ve, ya no es esperanza. ¿Quién espera lo que ya tiene? Pero si esperamos lo que todavía no tenemos, en la espera mostramos nuestra constancia (Romanos 8:24-25).

Nuestra cultura nos bombardea con el mensaje de que este mundo es lo único que hay y nos dice que la meta de la vida es maximizar el placer y minimizar el dolor. Hay que hacerse un nombre para uno mismo si se puede, y formar una familia. Hay muchas variantes, pero la sugestiva sabiduría de este mundo, como lo observó el Predicador en Eclesiastés, siempre procede de lo que existe «bajo el sol». La sabiduría que viene de lo alto, de más allá del sol, nos dice que somos criaturas inmortales y que este breve momento en este planeta no es nada comparado con la existencia eterna que nos espera.

Santiago nos dice que hay una batalla entre una sabiduría terrenal y satánica y una sabiduría celestial y divina (Santiago 3:13-17). A cada uno de nosotros se nos exige escoger. ¿Qué creeremos? ¿Cuán coherente es nuestra conducta con respecto a nuestra creencia?

En este batalla, el mundo promueve el placer como un fin en sí mismo. Esto conlleva que las personas que están dispuestas a dejar de lado los placeres terrenales en su búsqueda de los caminos de Dios se estén perdiendo una buena vida. La Palabra dice que conocer a Dios es el mayor de los deleites. Dios es la fuente del verdadero deleite; en comparación, todo lo demás no es sino una sombra.

El mundo exalta el reconocimiento y la aprobación de los demás. La Palabra nos exhorta a desear la aprobación de Dios. «¿Qué busco con esto: ganarme la aprobación humana o la de Dios? ¿Piensan que procuro agradar a los demás? Si yo buscara agradar a otros, no sería siervo de Cristo» (Gálatas 1:10).

El mundo nos dice que busquemos fama y popularidad. Utilizando el ámbito de la historia, Paul Johnson ilustra lo fútil de la búsqueda de relevancia popular: «el estudio de la historia va avanzando, sin pausa, como el tiempo mismo. La sensación de hoy se convierte en la irrelevancia de mañana. El libro más vendido de una década se convierte en el estorbo de otra. La teoría revolucionaria que convulsiona el mundo académico se ve convertida en la siguiente época en una nota al pie de página». Por el contrario, la Palabra nos invita a emular el espíritu de servicio de Cristo. Se ha dicho con acierto que todos deberíamos temer morir hasta que no hayamos hecho algo que viva para siempre. Como las personas irán a la eternidad, nuestros actos de amabilidad centrados en los demás y de servicio con sacrificio que nacen del amor de Cristo perdurarán para siempre.

El mundo plantea la riqueza y el estatus como patrón de éxito, de seguridad y de identidad. Pero como lo comentó C.S. Lewis en The Screwtape Letters, «La prosperidad amarra al ser humano al Mundo. Siente que está "encontrando su lugar en él", en tanto que en realidad es el mundo el que encuentra su lugar en el ser humano. Su creciente reputación, su círculo cada vez más amplio de conocidos, su sentido de importancia, su creciente presión de un trabajo absorbente y agradable, desarrollan en él un sentido de sentirse realmente en la tierra como si fuera su casa». La Palabra eleva el patrón de integridad y carácter. («¿Buscas grandes cosas para ti? No las pidas» [Jeremías 45:5]). Dios emplea a veces la rigurosa misericordia de retirar los juguetes de los niños por tiempos de modo que puedan transferir su esperanza de la creación al Creador.

El mundo nos impulsa a acumular poder sobre las personas y las circunstancias; la Palabra nos dice que caminemos con humildad delante de nuestro Dios. «Humíllense, pues, bajo la poderosa mano de Dios, para que él los exalte a su debido tiempo. Depositen en él toda ansiedad, porque él cuida de ustedes» (1 Pedro 5:6-7).

Pero el contraste crucial radica en hacia donde conducen en última instancia estos sistemas opuestos de valores (cuadro 5:1).

TEMPORAL	ETERNO
Placer	Conocer a Dios
Reconocimiento de las personas	Aprobación de Dios
Popularidad	Espíritu de servicio
Riqueza y estatus	Integridad y carácter
Poder	Humildad
↓	↓
Banalidad	Realización
Desilusión	Realidad
Necedad	Sabiduría

Cuadro 5.1

Las personas *piensan* que desean placer, reconocimiento, popularidad, estatus y poder, pero la búsqueda de estas cosas conduce a banalidad, desilusión y necedad. Dios ha puesto la eternidad en nuestros corazones

(Eclesiastés 3:11), y nuestros deseos más hondos son la realización (amor, gozo, paz), la realidad (lo que no desaparece) y la sabiduría (arte de vivir). El único camino a esta verdadera realización radica en escoger de manera consciente el sistema de valores de Dios por encima de lo que el mundo ofrece. Esta elección se basa en confiar en una Persona que todavía no hemos visto. «Ustedes lo aman a pesar de no haberlo visto; y aunque no lo ven ahora, creen en él y se alegran con un gozo indescriptible y glorioso, pues están obteniendo la meta de su fe, que es su salvación» (1 Pedro 1:8-9).

Como lo ilustra el episodio de las bodas de Caná, el mundo sirve primero el mejor vino para pasar al más barato una vez que se ha abotargado el discernimiento de las personas. Pero el milagro de nuestro Señor de convertir el agua en vino nos enseña que, para quienes lo siguen, lo mejor queda reservado para el final.

NUESTROS SUPUESTOS MOLDEAN NUESTRA PERSPECTIVA

Parte del problema es que con frecuencia no acertamos a revisar los aspectos no negociables con los que afirmamos que estamos comprometidos. Para mí, los supuestos fundamentales que constituyen el fundamento de mi concepción del mundo son, como lo formula Francis Schaeffer, que Dios está ahí, y que no es silencioso. Es decir, el Autor de toda la creación es una persona que se ha revelado a la humanidad «muchas veces y de varias maneras» (Hebreos 1:1), incluyendo la revelación general de la creación y la conciencia y la revelación especial de sueños, visiones, profetas, apóstoles, y la más clara de todas, su revelación personal en la persona y obra de Jesucristo. Veo la Biblia como la declaración por parte de Dios de su carácter y de sus caminos, su carta de amor a las personas para cuya redención envió a su Hijo, y su plano de cómo vivir la vida con sabiduría, propósito, fe, amor y esperanza.

Como este es mi supuesto básico acerca de la vida, todo lo demás debería emanar del mismo. Moldea mi perspectiva sobre quién es Dios, quiénes somos nosotros, de dónde venimos, por qué estamos aquí, a dónde vamos y cómo deberíamos relacionarnos con los demás.

LAS IMPLICACIONES DE NUESTRAS PREMISAS

He descubierto que mientras que todos tienen una cosmovisión, una filosofía, un conjunto de premisas acerca de la vida que sustentan por fe, pocas personas están conscientes de ello. De los pocos que saben expresar sus premisas fundamentales acerca de la existencia humana, solo una fracción ha reflexionado acerca de las implicaciones lógicas de las mismas. Y de esta pequeña fracción, solo un puñado ha comparado estas implicaciones lógicas con la forma en que viven. Hay una razón de por qué la mayoría de las personas pueden transcurrir por la vida con semejante discrepancia entre creencia y práctica.

¿Cuáles son las consecuencias lógicas de la idea de que existe un Dios infinito y personal y que se ha revelado en forma clara en Cristo y en las Escrituras? Hay varias, pero la más importante es que la vida tiene que ver con Dios y no con nosotros; todas las cosas las ha creado él y para él (Colosenses 1:16), y existimos para servir a Dios y no para convencer a Dios de que nos sirva. En esencia, el mensaje constante del Señor que nos transmite en las Escrituras es «Yo soy Dios, y vosotros no lo sois».

Otra consecuencia es que como fuimos creados para tener una relación con el Autor de todo bien, no podemos tener un propósito más elevado en la vida que crecer en el conocimiento de Dios y, con su gracia y poder, asemejarnos cada vez más a él.

Una tercera consecuencia es que como la Biblia fue inspirada por el Dios vivo, sería sabio que aprendiéramos, comprendiéramos, experimentáramos y aplicáramos sus preceptos y principios. Las Escrituras revelan que nuestra breve estada en la tierra tiene como fin prepararnos para la ciudadanía eterna en el cielo. Por ello, sería el colmo de la necedad enfrascarse y enredarse en lo que «la gente tiene en gran estima» pero que «es detestable delante de Dios » (Lucas 16:15). En nuestras carreras, por ejemplo, deberíamos realizar nuestras tareas con calidad y esmero como siervos de Cristo más que para complacer a los hombres (Colosenses 3:22-24). Nuestra ambición debe ser diferente de la de los otros; en lugar de buscar puestos, poder, prestigio o riqueza, deberíamos procurar obtener la aprobación de nuestro Dios (2 Corintios 5:9).

Una cuarta consecuencia es que podemos esperar ser inducidos una y otra vez hacia lo temporal y lejos de lo eterno, porque las verdades de la Escritura van contra la cultura. Siempre que se nos induce lejos de la obediencia y servicio hacia la desobediencia y egoísmo, es porque se nos ha engañado a que pensemos que sabemos más que Dios lo que es mejor para nosotros o que Dios no es quien tiene el control. La obediencia emana de la confianza, y obedeceremos o a los ardides y deseos de nuestro propio corazón o la palabra de quien nos hizo, nos ama y nos redimió.

Nuestras premisas moldean nuestra perspectiva. Nuestra perspectiva a su vez moldea nuestras prioridades y nuestras prioridades moldean nuestra práctica.

NUESTRA PERSPECTIVA MOLDEA NUESTRAS PRIORIDADES

Hace algunos años, un ministro estaba haciendo fila a la espera de llenar de gasolina su automóvil antes de un fin de semana largo de fiesta. El empleado trabajaba con rapidez, pero había muchos carros antes del ministro. Por fin el empleado le hizo señal para que se aproximara a una bomba que había quedado libre.

«Reverendo», le dijo el joven «lamento la demora. Parece como si todos esperaran hasta el último minuto para prepararse para un largo viaje». El ministro se rió entre dientes. «Lo entiendo muy bien. Ocurre lo mismo en mi trabajo».

Si nuestra perspectiva es eterna, nos influirá la verdad bíblica de que nuestra breve estada terrenal tiene como fin prepararnos para una ciudadanía celestial eterna. Cuanto más nos ajustemos a esta perspectiva, tendremos un impacto tanto mayor en nuestras prioridades a corto y largo plazos.

Mi amigo Gordon Adams emplea para la vida la analogía de una breve estada en un hotel. En algunos casos el hotel es un pulguero; en otros, quizá hay chocolates en la almohada y flores en la mesa. Pero, sea cual fuera la categoría del hotel, vivimos de nuestras maletas mientras estemos en ellos. Y como sabemos que no es nuestro hogar, no nos preocupamos por cambiar el decorado, aunque nos desagraden las cortinas y el empapelado. Dios nunca quiso que el servicio de habitaciones sustituyera las buenas comidas preparadas en casa; es un error confundir la vida en un hotel con la gloriosa morada que está preparando para quienes conocen y aman a su Hijo.

Parte de nuestro problema radica en que las promesas de Dios parecen vagas y lejanas; no tenemos recuerdos del cielo. Pero nos ha dado su palabra y hará que nuestra espera valga de sobra la pena. «Pues aquí no tenemos una ciudad permanente sino que buscamos la ciudad venidera» (Hebreos 13:14). Si recordamos que aquí somos peregrinos, extranjeros y foráneos en exilio, nuestras prioridades comenzarán a reflejar las de Abraham, quien «esperaba la ciudad de cimientos sólidos, de la cual Dios es arquitecto y constructor» (Hebreos 11:8-10).

Otro amigo mío, Max Anders, escribió *The Good Life* (La vida buena), exposición práctica de la carta de Pablo a los efesios. En él, delinea un marcado contraste entre las ofertas del mundo y las de la Palabra. En tanto que aquellas dan gran importancia al dinero, la ambición, el sexo y la reputación, estas prometen riqueza (Efesios 1-3), propósito (4:1-5.17), amor (5:18-6:9) y verdadero poder (6:10-20). Con demasiada frecuencia, sin embargo, nuestras prioridades revelan que andamos en busca de sombras cuando Dios nos ofrece bienes verdaderos.

¿Qué perdurará al final? ¿Hay algo que podamos llevar con nosotros, o lo dejaremos todo? Cuando viajamos a otro país, debemos cambiar el dinero que llevamos. Las monedas de este mundo no nos ayudarán para nada en el próximo a no ser que las invirtamos previamente por amor a Cristo en las vidas de otras personas. Las relaciones centradas en otros que expresan el amor de Cristo son la moneda del cielo.

NUESTRAS PRIORIDADES MOLDEAN NUESTRA PRÁCTICA

Escuchemos las palabras de alguien que tuve el privilegio de conocer en dos ocasiones memorables:

Tenemos un sentido claro del nacimiento, pero un sentido teórico de la muerte. Comprendemos que disponemos de una cierta cantidad de días. No existe un momento adecuado para morir. Uno no se pensiona de la vida para prepararse para la muerte. Cuando abandonemos este planeta no volveremos a tener nunca el privilegio de compartir el evangelio, de servir a los perdidos, de alimentar a los pobres. No se trata de fomentar el sentido de culpa, sino de recordar disfrutar la oportunidad y privilegio de representar a Cristo ante el mundo. Esto nace de nuestro amor. El amor que le ofrecemos induce las oportunidades que tenemos. No debemos solo esperar llegar al cielo, sino disfrutar de las únicas oportunidades que tendremos. (Junio de 1986)

Estoy tratando de llegar a entender cada día qué significa buscar primero su reino. En parte esto significa no buscar nuestras recompensas del sistema. Existe el problema de llegar a sentirnos satisfechos de nosotros mismos. Dios no me ha prometido el mañana. Hay cosas que hay que realizar de este lado, y se requiere una cierta dimensión de fe para creer que hay algo al otro lado. (Marzo de 1987)

Mark Pett sufría de cáncer terminal cuando tomé estas notas durante nuestras conversaciones. Teníamos la misma edad, e igual que yo, se dedicaba al ministerio por vocación. Mark alcanzó una dimensión extraordinaria de sabiduría a través del dolor que experimentó hasta que se fue a estar con el Señor en febrero de 1988. Insistía en el privilegio de la práctica y en la ventana de oportunidad para llegar a hacer una diferencia durante nuestra estada en la tierra.

Si nuestras prioridades moldean nuestra práctica, entonces nuestra práctica pondrá de relieve nuestras prioridades. Si nuestra práctica no incluye elementos como la renovación permanente de la mente por medio de una lectura constante de la Escritura, el compromiso con cultivar una creciente intimidad con Dios por medio de la oración, y la sensibilidad a las oportunidades que el Señor nos brinda para amar y servir a los creyentes y a quienes buscan en nuestra esfera de influencia, entonces nuestras prioridades no armonizan con las de la Escritura.

Dos observaciones que le escuché a mi amigo Bill Garrison siempre me desafían. La primera es, «Escribe tu obituario ahora y trata de ver si resultará aceptable en el cielo». La segunda es, «¿Qué estas llevando bajo el brazo para compartir en la sesión final?»

«Mientras sea de día, tenemos que llevar a cabo la obra del que me envió. Viene la noche cuando nadie puede trabajar ..., Por lo tanto, siempre que tengamos la oportunidad, hagamos bien a todos... Compórtense sabiamente con los que no creen en Cristo, aprovechando al máximo cada momento oportuno ... Así que tengan cuidado de su manera de vivir. No vivan como necios sino como sabios, aprovechando al máximo cada momento oportuno, porque los días son malos» (Juan 9:4; Gálatas 6:10a; Colosenses 4:5; Efesios 5:15-16).

Nuestras premisas moldearán nuestra perspectiva, nuestra perspectiva moldeará nuestras prioridades y nuestras prioridades moldearán nuestra práctica.

Preguntas para aplicación personal

- ¿Qué podemos hacer para avanzar en la dirección de valorar lo invisible y lo eterno más que lo visible y temporal?
- ¿Cómo nos identificamos con los elementos en el cuadro que contrasta lo temporal y lo eterno? ¿Por qué las personas encuentran difícil creer la verdad acerca de sus respectivos resultados?
- ¿Cuáles son nuestras premisas fundamentales acerca de la vida; y cómo moldean nuestras perspectiva y prioridades?
- ¿Hasta qué punto nuestra práctica pone de manifiesto nuestras verdaderas prioridades frente a las prioridades que decimos tener?

FACETA 3

ESPIRITUALIDAD DISCIPLINADA

Poner en práctica las disciplinas históricas

Ha habido un resurgir del interés por las disciplinas clásicas de la vida espiritual, y esta sección examina las razones de esta tendencia y los beneficios de las diversas disciplinas. También se ocupa del equilibrio necesario entre dependencia radical de Dios y disciplina personal y analiza la dinámica de la obediencia y de la aplicación.

6

ESPIRITUALIDAD DISCIPLINADA

Dependencia y disciplina

SÍNTESIS DEL CAPÍTULO

La disciplina debería aplicarse junto con la dependencia, ya que la gracia no se opone a esforzarse sino a ganar. Los beneficios múltiples de las disciplinas de la fe que han superado la prueba del tiempo contribuyen a la formación espiritual del mismo modo que la capacitación prepara para un esfuerzo inteligente.

OBJETIVOS DEL CAPÍTULO

- Una idea equilibrada tanto de la dependencia como de la disciplina.
- Un reconocimiento de los múltiples beneficios de las disciplinas espirituales

DOS EXTREMOS

Resulta fácil caer en uno de los dos extremos en cuanto a la vida cristiana. El primero exagera nuestro papel y minimiza el papel de Dios, Esta posición tiene como característica la mentalidad de buscar a Jesús y vivir para Jesús. Enfatiza el conocimiento, las normas, los esfuerzos de rededicación y las actividades humanas y pasa virtualmente por alto el ministerio del Espíritu Santo. El segundo extremo exagera el papel de Dios y minimiza el nuestro. Esta posición tiene como característica la pasividad que abandona el esfuerzo humano y deja a Dios hacer todo. Subraya la experiencia, lo sobrenatural y la persona del Espíritu Santo y minimiza el elemento humano.

El equilibrio bíblico es que la vida espiritual es tanto humana como divina. Pablo coloca estos elementos uno junto al otro en Filipenses 2:12-13: «Así que, mis queridos hermanos, como han obedecido siempre —no solo en mi presencia sino mucho más ahora en mi ausencia— lleven a cabo su salvación con temor y temblor, pues Dios es quien produce en ustedes tanto el querer como el hacer para que se cumpla su buena voluntad». Del lado humano, somos responsables por desarrollar, no conseguir, la salvación. Del lado divino, Dios nos da el deseo y el poder para lograr sus propósitos.

A modo de ejercicio, se pueden leer los siguientes pasajes para ver la interrelación de lo humano y lo divino en el desarrollo de la vida cristiana: Juan 14:15-17; 15:4-11, 26-27; Romanos 12:1-8; 17-21; 15:30-32; 1 Corintios 15:10; 2 Corintios 2:14; 3:1-6; 6:16-17.1; Gálatas 2:20; Efesios 6:10-20; Filipenses 4:13; Colosenses 1:9-12, 28-29; 1 Tesalonicenses 5:22-24; 2 Tesalonicenses 2:13-17; Hebreos 4:14-16; 10:19-25; Santiago 4:7-10; 1 Pedro 1:22-25; 4:11; 5:6-10; 2 Pedro 1:1-11; 1 Juan 2:3-6.

Dependencia

La vida de Cristo se puede reproducir en nosotros solo por el poder del Espíritu Santo. Como obra íntima de Dios, se consigue no con esfuerzo humano, sino con Dios que lo hace posible. Aparte de Cristo y del poder del Espíritu, no podemos lograr nada a los ojos de Dios (Juan 15:4-5; Hechos 1:8). Por tanto es decisivo que desarrollemos un sentido consciente de dependencia del poder del Espíritu en todo lo que hacemos (ver Efesios 1:19; 3:16; 5:18). «Así que les digo: Vivan por el Espíritu, y no seguirán los deseos de la naturaleza pecaminosa» (Gálatas 5:16). «Si el Espíritu nos da vida, andemos guiados por el Espíritu» (Gálatas 5:25). La palabra para «andar» en el primer versículo es general y se refiere a la vida en su totalidad. La palabra para «andar» en el segundo versículo es específica y se refiere al proceso paso a paso de la vida cotidiana. Del mismo modo que Jesús anduvo en total dependencia de la vida de su Padre (Juan 6:57; 14:10), así nosotros debemos descansar en la misma fuente de poder. Nunca estuvimos destinados a crear vida, sino a recibir y manifestar la vida de Cristo en nosotros.

Disciplina

La dependencia es crucial, pero no hay crecimiento en la vida cristiana aparte de la disciplina y del dominio propio «ejercítate en la piedad» [Timoteo 4:7). La espiritualidad no es instantánea o fortuita; se desarrolla y pule. Las Epístolas están llenas de instrucciones de creer, obedecer, andar, presentar, huir, luchar, perseverar, buscar, acercarse y amar. La vida espiritual se va cultivando de manera progresiva en las disciplinas de la fe; ustedes y yo no despertaremos un día para descubrir que de repente somos espirituales. Por esto Pablo utiliza las metáforas del atleta, soldado y campesino para ilustrar la disciplina de la vida cristiana (ver 1 Corintios 9:24-27; Efesios 6:10-18; 2 Timoteo 2:3-6). Crecemos en espiritualidad cuando escuchamos y respondemos en obediencia a la Palabra. La madurez espiritual se caracteriza por la capacidad de reconocer y aplicar los principios de la Escritura a nuestra experiencia diaria (Hebreos 5:11-14). La

DEPENDENCIA Y DISCIPLINA

Biblia se convierte en vida cuando se ponen en práctica sus preceptos, pero esto no se hace realidad aparte de la elección humana. Debemos escoger que nuestra mente y emociones estén bajo la dirección del Espíritu Santo y fortalecidas por él.

LOS BENEFICIOS DE LAS DISCIPLINAS

Se ha producido un resurgimiento del interés por las disciplinas clásicas de la vida espiritual, y en este capítulo analizaremos las razones de esta tendencia y los beneficios de las diversas disciplinas. Aunque nos centraremos en la disciplina, la responsabilidad humana, debemos tener cuidado de no perder nunca de vista a la dependencia, o soberanía divina, ya que ambas son importantes por igual.

Una serie de autores recientes han invitado a los creyentes a saborear la riqueza de las disciplinas espirituales que han sido parte de la espiritualidad católica y ortodoxa durante siglos y que los protestantes han pasado mayormente por alto. Entre estos autores están Richard J. Foster (*Celebration of Discipline, Freedom of Simplicity, Prayer: Finding the Heart's True Home*), Dallas Willard (*The Spirit of the Disciplines*), Henri J. M. Nouwen (*The Way of the Heart*), Bob Benson y Michael W. Benson (*Disciplines for the Inner Life*), Donald S. Whitney (*Spiritual Disciplines for the Christian Life*), James Earl Massey (*Spiritual Disciplines*), Siang-Yang Tan y Douglas H. Gregg (*Disciplines of the Holy Spirit*), R. Kent Hughes (*Disciplines of a Godly Man*), y John Ortberg (*The Life You've Always Wanted: Spiritual Disciplines for Ordinary People*). Todos estos autores concuerdan en su concepción de las disciplinas espirituales como medios cruciales para la búsqueda de Dios. Arguyen que las disciplinas clásicas de la fe cristiana no son prácticas opcionales, sino esenciales para aquellos que no solo aman a Jesús, sino que también desean llegar a ser como él.

La gran mayoría de las iglesias y denominaciones cristianas apuntan tan bajo en su mensaje que incluso si sus miembros practicaran los regímenes espirituales que proponen, no es probable que se distinguieran gran cosa de sus vecinos. En nuestra subcultura cristiana, la aceptación mental de una doctrina no se vincula de manera directa con la búsqueda rigurosa del discipulado. El mensaje bíblico radical y contracultural de transformación espiritual mediante seguir a Cristo con frecuencia se ha visto reducido a un barniz espiritual condicionado por la cultura. Asombrados ante esto, una cantidad creciente de líderes en el cuerpo de Cristo se han dado cuenta de que se requiere algo más de los creyentes que ser simples espectadores. Han llegado a comprender la necesidad de aplicar los medios de transformación de quienes por siglos han sido ejemplos de hombres y mujeres seguidores de Cristo. Sin un compromiso personal con un cambio interior, los creyentes estarán bajo el dominio, motivación y manipulación de la red cultural de su sociedad. Ahí es donde entran las disciplinas históricas.

Para muchos, la palabra *disciplina* lleva connotaciones negativas. A menudo la asociamos con tiranía, restricciones externas, legalismo y sometimiento. Pero una mirada más minuciosa de la Escritura y de las vidas de los grandes santos en la historia de la fe revela lo opuesto. El libro de Proverbios, por ejemplo, arguye que, lejos de limitar nuestra libertad, las disciplinas espirituales la mejoran y nos brindan opciones que de otro modo jamás hubiéramos tenido. La sabiduría es una habilidad que se desarrolla por medio de la instrucción y la disciplina, y esta habilidad en el arte de vivir bajo la autoridad del Señor nos libera para convertirnos en las personas que Dios quiere que seamos. La búsqueda de la sabiduría, el discernimiento, la comprensión y el conocimiento de Dios (ver Proverbios 2) requiere no solo el deseo, sino también la voluntad de pagar el precio necesario. Por años, he deseado poseer la destreza de sentarme ante el teclado de un piano para interpretar brillantes melodías. Pero mi deseo de lograrlo nunca ha ido acompañado de la voluntad de invertir el tiempo, la energía y la disciplina para hacerlo realidad. Solo quienes pagan este precio tienen la libertad de conseguir que el instrumento responda. Así pues, la disciplina es el camino a la libertad y no a la esclavitud. Como la historia de los niños acerca del tren impetuoso que quería liberarse de los rieles para tomar su propio camino, quizá no descubramos la verdadera libertad de los rieles hasta que nos atasquemos en la tierra de nuestras propias búsquedas aparte del designio de Dios.

En el Nuevo Testamento, un breve repaso de los evangelios utilizando la lente de la disciplina pone de relieve que el Señor Jesús utilizó todas las disciplinas clásicas, como la soledad, el silencio, la simplicidad, el estudio, la oración, el servicio con sacrificio y el ayuno. Jesús entendió que estas prácticas no eran opcionales para quienes sienten la pasión por complacer y honrar al Padre. Nuestro Señor no aplicó estas disciplinas como fines en sí mismas, sino como medio para conocer y obedecer a su Padre. Lo condujeron en la dirección del mandamiento más importante (Deuteronomio 6:5; Marcos 12:30): «Ama al Señor tu Dios con todo tu corazón, con toda tu alma, con toda tu mente y con todas tus fuerzas».

Pero hemos comprado la ilusión de que podemos ser como Cristo sin imitar su espiritualidad. Si deseamos ser como nuestro Maestro, debemos imitar su práctica; si creemos que sabemos cómo vivir, debemos buscar la gracia de vivir como él. Preguntarse qué haría Jesús sin practicar los hábitos que sabemos que practicó es como querer correr un maratón sin entrenamiento previo. Lo que nos resulta evidente en el plano físico con frecuencia nos resulta oscuro en el plano espiritual. Es absurdo pensar que podríamos sobresalir en algún deporte como golf o tenis sin invertir el tiempo, entrenamiento y práctica necesarios. Pero cuando se trata de vivir la vida cristiana, suponemos que es suficiente con asistir a la iglesia y abrir la Biblia una o dos veces por semana. Si los creyentes gastaran el mismo tiempo y energía en cultivar sus vidas espirituales como los que están dispuestos a invertir para llegar a ser razonablemente capaces en cualquier deporte o afición, el mundo vería maravillado el poder del cuerpo de Cristo.

Deseamos conocer a Cristo más a fondo, pero rehuimos el estilo de vida que haría que sucediera. Al confinar lo espiritual a ciertos momentos y actividades, estamos mal preparados para hacer frente a las tentaciones y desafíos de vivir a diario en una forma semejante a Cristo. Es fácil engañarnos y pensar que, sin la formación activa y dolorosa de un carácter espiritual, tendremos la capacidad para escoger bien siempre que lo necesitemos. Pero si no nos hemos ejercitado y capacitado y practicado en forma privada, no tendremos la habilidad (sabiduría) para actuar bien cuando haga falta. Las disciplinas entre bambalinas preparan al actor para actuar bien cuando se levanta el telón, y las horas de capacitación fuera de la pista proporcionarán al atleta la libertad para jugar bien cuando comience el juego. De igual modo, el régimen cotidiano de las disciplinas espirituales nos pertrecha para vivir bien durante las incertidumbres y vicisitudes de la vida. Esto es lo que Dallas Willard llamó la ley de preparación indirecta; las disciplinas en el trasfondo de nuestras vidas nos preparan para tiempos inesperados cuando deberemos responder en formas apropiadas. La fuerza de voluntad sola no será suficiente, a no ser que nuestra voluntad haya sido formada y fortalecida por medio de una práctica constante. Cuando llega el momento de correr una carrera, la buena intención y procurarlo con todo empeño de poco servirán si no estamos en forma por falta de entrenamiento.

No hay atajos en la formación espiritual. Después de la primera explosión de entusiasmo, pronto descubrimos que comenzar el proceso es mucho más fácil que darle continuidad. Como cae muy pronto en la cuenta todo el que intenta aprender una nueva destreza, las primeras fases de aprendizaje pueden resultar especialmente desafiantes, porque todo parece tan poco natural. Solo quienes están dispuestos a perseverar llegan al punto en que comienzan a entender bien la situación. Pero en la esfera espiritual, nunca llegamos. La Escritura nos exhorta a continuar sin cesar hacia la meta y a avanzar hacia lo que nos espera de modo que podamos alcanzar lo que Cristo Jesús nos tiene reservado (Filipenses 3:12-14). Esto requiere un compromiso de toda la vida con las disciplinas que Jesús, los apóstoles y los seguidores piadosos del Camino han practicado a lo largo de los siglos. Ninguna persona cuya vitalidad espiritual hemos admirado consideró que estas disciplinas eran opcionales, y sería ingenuo suponer que somos las primeras excepciones de la historia.

Las disciplinas de la fe nunca son fines en sí mismas, sino medios para el fin de conocer y amar a Dios y de confiar en él. Al ponerlas en práctica de forma permanente, cultivamos *hábitos* santos. A medida que estos hábitos se desarrollan, van guiando nuestro comportamiento y carácter de tal forma que se vuelve más natural para nosotros vivir nuestras nuevas identidades en Cristo. Las elecciones cotidianas que hacemos moldean nuestros hábitos, y nuestros hábitos moldean nuestro carácter. Nuestro carácter a su vez orienta las decisiones que tomamos en tiempos de tensión, tentación y adversidad. De esta forma, las acciones piadosas de creyentes que van madurando son manifestaciones externas de una creciente belleza interior.

Las disciplinas espirituales son el producto de una sinergia entre iniciativas divinas y humanas, y nos sirven como medios de gracia por cuanto colocan nuestras personalidades bajo el señorío de Cristo y el control del Espíritu. Al practicarlas, ponemos nuestras mentes, temperamentos y cuerpos delante del Señor y buscamos la gracia de su transformación. De esta forma, aprendemos a hacer nuestro el poder de la vida del reino. Estas disciplinas son tanto activas como pasivas, tanto de iniciativas como receptivas; nos conectan con el poder del Espíritu Santo que mora en nosotros, quien manifiesta la vida de Cristo en nosotros y por medio de nosotros. Así pues, deberíamos trabajar mucho pero recibir todo lo que somos y tenemos por la gracia de Dios. Se requiere el toque de Dios en nuestra vida para formar hábitos que sean vivos y agradables para él.

Si no acertamos a ver estas disciplinas y hábitos como respuestas a la gracia divina, caeremos en la trampa de pensar que valen por sí mismos. Quienes piensan de esta forma suponen que cuando meditan o ayunan, son espiritualmente superiores a quienes no lo hacen. Sus disciplinas se vuelven externas, impulsadas por uno mismo y motivadas por la ley. Tienen la tentación de cuantificar la espiritualidad al reducirla a un conjunto de prácticas externas en vez de verla como un proceso de transformación interno, movido por la gracia. Debemos ver las disciplinas como prácticas externas que reflejan y refuerzan aspiraciones internas. El crecimiento espiritual es de dentro a fuera, no de fuera hacia adentro; nuestro punto focal debería situarse más en el proceso de transformación interna que en rutinas externas. Esta comprensión nos librará de pensar que las disciplinas que practicamos son mágicas en sí mismas o que otros deberían dedicarse a las mismas actividades que nosotros practicamos. Las disciplinas espirituales son buenas siervas pero malos amos; son medios útiles pero fines inadecuados.

En resumen, he aquí algunos de los muchos beneficios de practicar las disciplinas espirituales:

1. Fomentan la imitación de Cristo y nos permiten actuar en formas que se centran en la voluntad de Dios.
2. Nos conectan con una tradición permanente de formas de encarnar la vida espiritual que han superado la prueba del tiempo.
3. Nos ofrecen una norma de conducta que nos orienta en el camino de creciente habilidad de vivir delante de Dios.
4. Nos pertrechan con recursos acerca de los tres frentes de lucha del mundo, la carne y el diablo.
5. Confieren perspectiva y poder, y nos alientan a abrazar el propósito de Dios para nuestras vidas.

DEPENDENCIA Y DISCIPLINA

6. Otorgan una libertad controlada para responder a circunstancias cambiantes en una forma más bíblica; permiten que nuestras vidas estén más bajo el dominio de las cosas de arriba que de las de abajo.
7. Nos recuerdan a diario que la vida espiritual es un equilibrio entre dependencia radical y acción responsable; se requieren tanto la gracia como la disciplina para la madurez espiritual.
8. Son vehículos para transformación interna. Con tiempo suficiente, una persona promedio que practica de manera constante disciplinas espirituales alcanzará productividad y pericia espirituales.
9. Sustituyen a los hábitos de pecado al cultivar hábitos que conducen al carácter (p. ej., integridad, fidelidad y compasión).
10. Incrementan la voluntad de reconocer el costo diario del discipulado y nos recuerdan que lo que se obtiene de forma rápida y barata es superficial, en tanto que permanecerán las ideas que aprendemos a partir del dolor.

Examinaremos unas cuantas de estas disciplinas en el capítulo siguiente y nos centraremos en las disciplinas de la soledad, el silencio, el estudio, la meditación y la oración.

PREGUNTAS PARA APLICACIÓN PERSONAL

- ¿Cómo equilibramos los aspectos de dependencia y disciplina?
- ¿Qué beneficios de las disciplinas espirituales nos hablan con la mayor claridad?
- ¿Hay discrepancia entre cómo responden nuestras mentes y nuestras emociones ante la idea de las disciplinas espirituales?
- ¿Cómo se relacionan las disciplinas con la formación y la habilidad?
- ¿Qué es la ley de preparación indirecta?
- ¿Cómo podemos mantener las disciplinas sin caer en la trampa de la superficialidad?

7
ESPIRITUALIDAD DISCIPLINADA
¿Qué son las disciplinas espirituales?

> **SÍNTESIS DEL CAPÍTULO**
>
> Este capítulo describe veinte disciplinas de la fe y se centra en dos disciplinas de abstinencia (soledad y silencio) y tres disciplinas de dedicación (estudio, meditación y oración). Se plantean una serie de sugerencias para practicar estas cinco disciplinas estratégicas.
>
> **OBJETIVOS DEL CAPÍTULO**
> - Capacidad para reflexionar acerca de las diversas disciplinas espirituales.
> - Comprensión de las disciplinas de la soledad, el silencio, el estudio, la meditación y la oración.

No hay una lista estandarizada de disciplinas espirituales, pero algunas ocupan en la literatura un lugar más destacado que otras. Richard J. Foster desarrolla una tipología triple de disciplinas internas (meditación, oración, ayuno y estudio), disciplinas externas (simplicidad, soledad, sumisión y servicio) y disciplinas colectivas (confesión, culto, orientación y celebración). Dallas Willard divide las disciplinas en dos clases: disciplinas de abstinencia (soledad, silencio, ayuno, frugalidad, castidad, discreción y sacrificio) y disciplinas de compromiso (estudio, culto, celebración, servicio, oración, comunión, confesión y sumisión) Otros autores incluyen como disciplinas a otras actividades, incluyendo llevar un diario, diálogo, testimonio, mayordomía y escucha.

Comenzaremos con una descripción concisa de veinte disciplinas. Luego, utilizando la tipología de Willard, examinaremos más de cerca dos disciplinas de abstinencia (soledad y silencio) y tres disciplinas de compromiso (estudio, meditación y oración). Recordemos, sin embargo, que estas disciplinas son simples instrumentos para ayudarnos a crecer. Sería un error pretender que todos los seguidores de Cristo deberían practicar todas estas disciplinas en una manera firme o rigurosa. Algunas nos pueden resultar más fundamentales en cierto momento, y algunas nos servirán mejor en otro. Descubriremos que algunas de las disciplinas no son negociables en tanto que otras se pueden practicar de forma intermitente. Dependiendo de nuestro temperamento y circunstancias, nos sentiremos atraídos a unas e indiferentes a otras. Con todo, resulta prudente aplicar de vez en cuando las que normalmente descartaríamos, de forma que podamos experimentar sus beneficios exclusivos.

LAS DISCIPLINAS

Soledad y silencio

La soledad es la disciplina más fundamental de todas por cuanto nos aparta, por un tiempo, de las seducciones y aspiraciones del mundo para estar en la presencia del Padre. Con la soledad, podemos abstraernos de la influencia de nuestros semejantes y de la sociedad para encontrar el solaz del anonimato. En este claustro descubrimos un lugar de fortaleza, dependencia, reflexión y renovación, y hacemos frente a pautas y fuerzas internas que son ajenas a la vida de Cristo en nosotros.

El silencio es un catalizador de soledad; prepara el camino para el aislamiento interno y nos hace posible escuchar la suave voz del Espíritu. Pocos de nosotros hemos experimentado el silencio, y la mayor parte de las personas lo encuentran incómodo al principio. El silencio está en conflicto con el estrépito de nuestra cultura y con la adicción popular al ruido y bullicio. Esta disciplina tiene que ver no solo con encontrar lugares de silencio en nuestro entorno sino también con los tiempos de habla restringida en la presencia de otros.

Oración

La oración es una comunión y diálogo personales con el Dios vivo. Vista desde una perspectiva bíblica, la oración es una oportunidad y un privilegio más que una carga o un deber. Es el lugar de encuentro en el que nos acercamos a Dios para recibir su gracia, para dejar de lado nuestras cargas y temores y para ser sinceros con el Señor. La oración no debería limitarse a momentos estructurados, sino que debería convertirse en un diálogo permanente con Dios al ir practicando su presencia en el contexto de nuestras actividades cotidianas.

Llevar un diario

Muchas personas han encontrado que llevar un diario espiritual fortalece su comprensión del proceso único de formación espiritual a lo largo del cual Dios los conduce. Al anotar sus percepciones, sentimientos y el flujo de nuestras experiencias, clarificamos el avance de nuestro viaje espiritual. Esta disciplina se relaciona muy de cerca con las de la oración, meditación y estudio; llevar un diario mejora la reflexión personal, fomenta que tomemos nota de perspectivas que hemos recibido de la Escritura, y sirve como otra forma de oración.

Estudio y meditación

La disciplina del estudio es fundamental para el proceso de renovar la mente de tal modo que podamos responder de forma adecuada a las verdades de la Palabra de Dios. El estudio de la Escritura implica no solo leer, sino también participación activa en observación, interpretación y aplicación de sus contenidos. Esta disciplina también incluye la reflexión piadosa acerca de las bellezas y complejidades de la naturaleza así como estar expuestos a escritores y maestros excepcionales del pasado y del presente.

La meditación es pariente cercana de las disciplinas de oración y estudio, y también depende de las disciplinas de la soledad y el silencio. La meditación se ha convertido hasta tal punto en un arte perdido en Occidente que la solemos asociar con las religiones orientales. Lejos de vaciar la mente, sin embargo, la meditación bíblica la centra en los matices de la verdad revelada. Meditar en la Palabra es tomar tiempo para reflexionar acerca de un versículo o pasaje de la Escritura de modo que su verdad penetre profundamente en nuestro ser.

Ayuno y castidad

La disciplina espiritual del ayuno es abstenerse de alimento físico con el fin de depender del sustento espiritual. Esta difícil disciplina, para que sea efectiva, requiere práctica, ya que no nos resulta natural buscar la negación de uno mismo. Hay diferentes métodos y grados de ayuno, pero todos ellos promueven el dominio propio y revelan hasta qué punto nos gobiernan nuestros apetitos corporales. Ayunar también puede consistir en abstenerse de otras cosas que nos pueden controlar, como la televisión y otras formas de entretenimiento.

La disciplina de la castidad es pertinente para todos los creyentes, sean solteros o casados. Esta disciplina reconoce que el apetito sexual es parte legítima de nuestra naturaleza, pero nos estimula a resistir las consecuencias dolorosas de sentimientos, fantasías, obsesiones y relaciones impropios, que con frecuencia se ven reforzados en nuestra cultura. La castidad coloca la preocupación amorosa por el bien de otros por encima de la satisfacción personal.

Discreción

La práctica de la discreción es depender de solo Dios respecto a qué deberían o no deberían advertir otros. La discreción es lo opuesto a codicia y promoción propia, ya que nos enseña a amar el anonimato y nos libera de la esclavitud de las opiniones de otros. La discreción no es falsa humildad, sino un deseo profundo de buscar la alabanza y aprobación de Dios sin tomar en cuenta lo que las personas puedan pensar.

Confesión

Esta disciplina nos libera de la carga del pecado oculto, pero requiere transparencia y vulnerabilidad en la presencia de una o más personas en las que confiamos de manera implícita. Cuando descubrimos y mencionamos nuestros secretos, fracasos y debilidades, pierden su fuerza en virtud de haber sido desenmascarados. Por lo general nos preocupamos más por la censura de las personas a las que podemos ver que por la desaprobación de Dios a quien no podemos ver, y esto hace más difícil el arrepentimiento y confesión ante otros.

Comunión

Para algunas personas, disfrutar de la comunión no es una disciplina sino un deleite. Pero en nuestra cultura individualista muchas personas se inclinan más hacia la autonomía e independencia que a una vida colectiva. Para ellas, la voluntad de buscar el estímulo y la edificación mutuos es una disciplina que puede pagar dividendos gracias a estar expuestos de manera regular a una diversidad de dones naturales y espirituales. Analizaremos y elaboraremos la disciplina de comunidad en la sección sobre espiritualidad colectiva. Ahí veremos que nuestra experiencia con Dios viene mediada por medio del cuerpo de Cristo y que la *koinonia* (comunión, relación estrecha, asociación) con otros creyentes desempeña un papel fundamental en nuestra formación espiritual. Esta dinámica de la comunión no se debería trivializar reduciéndola a un café con galletas o a cenas informales.

Sumisión y orientación

La disciplina de la sumisión voluntaria a otros como expresión de nuestra sumisión a Cristo se basa en el mandato bíblico de buscar el bien de los demás en vez de nuestros derechos. La subordinación y servicio mutuos nos liberan de tener que estar en control y de que todo se haga a nuestra manera. Al imitar a Cristo en esta disciplina de negación propia, vamos preocupándonos cada vez más por las necesidades de los otros.

La disciplina de la orientación involucra el restablecimiento de una orientación espiritual. En años recientes, se ha percatado la comunidad evangélica de la necesidad de buscar orientación espiritual; esto se manifiesta por una responsabilidad ante otros a mentores cuya credibilidad ha sido establecida por experiencia y madurez.

Sencillez, mayordomía y sacrificio

Estas disciplinas se refuerzan entre sí, ya que se relacionan con nuestra actitud y empleo de los recursos que han sido puestos a nuestra disposición. La disciplina de la sencillez o frugalidad se refiere a la voluntad de abstenerse de utilizar estos recursos para nuestra propia satisfacción y engrandecimiento. Un modo de pensar de la sencillez nos induce a resistir el apoyo cultural de la extravagancia y consumo que nos aleja de la gratitud, confianza y dependencia del Señor. Esta disciplina nos libera de la multiplicidad de deseos carnales y de ansiedades acerca de cosas triviales, y ayuda a liberarnos de la esclavitud de las deudas financieras.

La disciplina conexa de mayordomía nos impulsa a reflexionar acerca de nuestra vida como gerentes de los bienes de Otro. Además de la trilogía usual de tiempo, talento y bienes materiales, incluyo la mayordomía de la verdad que hemos recibido y también de las relaciones que nos han sido confiadas. En esta disciplina, examinamos periódicamente a las formas en que hemos estado invirtiendo estos bienes.

El sacrificio es una disciplina más radical que la sencillez por cuanto implica el riesgo ocasional de renunciar a algo que utilizaríamos para satisfacer nuestras necesidades en lugar de nuestros deseos. Se trata de un ejercicio que desarrolla la fe y que nos compromete a entregarnos al cuidado de Dios.

Culto y celebración

Rendir culto es estar totalmente ocupados con los atributos de Dios, o sea, la majestad, hermosura y bondad de su persona, sus poderes y perfecciones. Para la persona individual, el culto a menudo implica reflexión religiosa acerca de la persona y obra de Jesucristo como nuestro mediador ante el Padre. En un marco colectivo, los creyentes se unen en mente y corazón para honrar y exaltar al Dios infinito y personal. La disciplina del culto expande nuestro concepto de quién es Dios y de lo que ha hecho.

La celebración se centra en todo lo que Dios ha hecho por nosotros. Es la disciplina de escoger la gratitud en vez de las quejas y el recuerdo en vez de la indiferencia. Cuando celebramos, pasamos revista y volvemos a vivir la historia de las bendiciones de Dios, y esto estimula un sentido renovado de devoción. La celebración, sea individual o colectiva, es sentir placer, asombro y gozo respecto a cuán bueno ha sido Dios con nosotros en formas y momentos específicos. Deleitarse en la bondad de Dios es adquirir un sentido nuevo de perspectiva.

Servicio

La disciplina del servicio no atrae la atención a sí misma, sino que se concentra más bien en las necesidades y preocupaciones de otros. El verdadero servicio no busca el reconocimiento, sino que nace del amor por Jesús y del

¿QUÉ SON LAS DISCIPLINAS ESPIRITUALES?

deseo de imitarlo en lavar los pies de los santos. En esta disciplina, asumimos papeles que son pasados por alto y que no atraen la atención hacia nosotros mismos: nos negamos con firmeza a vivir para aparentar y conseguir reconocimiento, buscando en su lugar mostrar amabilidad, cortesía, sensibilidad y preocupación por personas que con frecuencia son dejadas de lado.

Testimonio

La razón de por qué muchos creyentes no están involucrados con la evangelización es que no lo ven como una disciplina que requiere un estilo de vida coherente. Dar testimonio es escoger salir de nuestro círculo de amigos creyentes para caminar dependiendo del poder del Espíritu mientras invertimos en relaciones con quienes todavía no han conocido a Cristo. La disciplina del testimonio toma en serio el mandato bíblico de ser testigos de Jesús mediante el desarrollo de relaciones no manipuladoras teniendo presente la eternidad.

DOS DISCIPLINAS DE ABSTINENCIA

La disciplina de la soledad

Aunque muchos creyentes, sobre todo los extrovertidos, excluyen esta disciplina fundamental de la fe, el costo espiritual que pagan es elevado. Incluso una mirada rápida a los Evangelios revela que la soledad fue una práctica indispensable en la vida del Señor Jesús (ver Mateo 14:23; Marcos 1:35; Lucas 5:16; Juan 6:15), como lo fue en la vida de todos los grandes santos que nos han precedido. En la soledad del desierto, Jesús se preparó para dar inicio a su ministerio público (Mateo 4:1-11); en la soledad de la montaña se preparó para escoger a sus discípulos (Lucas 6:12-13); y en la soledad del jardín se preparó para sacrificar su vida por los pecados del mundo (Mateo 26:36-46). La soledad va más allá del ser solitario; siempre que Jesús buscó la soledad, fue para estar en la presencia de su Padre. La soledad también va más allá del lugar, ya que Jesús practicó una soledad interior de corazón y mente, incluso cuando estaba en medio de personas.

En la soledad nos aislamos de los cantos de sirena y de las ilusiones de nuestra sociedad para ocuparnos de la necesidad de una transformación permanente en nuestro encuentro con el Señor. Dietrich Bonhoeffer en *Life Together* advirtió: «Que el que no puede estar solo tenga cuidado con la comunidad …Que el que no está en comunidad tenga cuidado con estar solo». Los tiempos que pasamos en forma voluntaria lejos de toda interacción con otras personas alimentan la profundidad, la perspectiva y propósito y la decisión. Nos liberan de la tiranía y de las distracciones de la rutina diaria y nos preparan para la fase siguiente del viaje por medio de un llamamiento interno en vez de por una coacción externa. Al distanciarnos de forma periódica de calendarios, ruidos y multitudes, nos van acaparando menos por las demandas y expectativas de otros y nos cautivan más los propósitos de Dios. De esta forma, nos medimos y definimos por lo que Dios piensa de nosotros y no de lo que las personas piensan. Esto a su vez nos va dando fuerza para servir y mostrar compasión a otros, ya que nos manipulan menos las expectativas humanas y estamos más alertas a las intenciones divinas.

Los tiempos prolongados que se pasan en soledad pueden atemorizar, ya que eliminan nuestros puntales externos y nos obligan a mirar de frente a actitudes y conductas pecaminosas y egoístas. Tales tiempos pueden hacernos incómodamente vulnerables ante Dios, pero así es como debe ser, ya que el proceso nos empuja hacia la gracia, el perdón y el amor de Cristo. La purificación de la soledad disminuye la arrogancia y la autonomía y promueve la humildad y la confianza. A medida que esta disciplina nos conduce en la dirección de una mayor similitud con Cristo, el ministerio a otros se convierte en una prolongación de nuestro ser.

Conviene tener un lugar para nuestro encuentro diario a solas con el Señor. Pero también podemos llevar con nosotros un espíritu interior de soledad. Cada día brinda un sinnúmero de oportunidades para pequeños momentos de soledad (p. ej., conducir a solas) si llegamos a verlos así.

Pueden ser fundamentales para nuestro crecimiento épocas más prolongadas de soledad, pero requieren planificación y decisión. En mi caso, planifico en forma periódica un día de retiro personal para estar solo, en silencio, en oración y reflexión en un lugar apartado o en un monasterio. Siempre me han beneficiado estos retiros, pero nunca se dan a no ser que los incluya en mi calendario con suficiente antelación. Incluso entonces, me siento tentado de encontrar una docena de excusas para no ir cuando el momento se acerca. Ahí es donde juega un papel la disciplina de escoger por encima de sentimientos.

La disciplina del silencio

La soledad y el silencio son disciplinas afines; el silencio da profundidad a la soledad y esta crea un espacio para el silencio. De igual modo, ambas disciplinas pueden practicarse internamente (estemos o no con personas) y también externamente.

«¿Dónde se encontrará el mundo, dónde resonará la palabra? No aquí, no hay suficiente silencio». Cuando T.S. Eliot escribió estas palabras, captó en forma sucinta la esencia de nuestro *Zeitgeist*, el espíritu de nuestro tiempo y cultura. La epidemia contemporánea de compulsión hacia multitudes, palabras, música, entretenimiento y ruido es enemiga de la vida del espíritu e indica una vacuidad interna. Estoy convencido de que muchas personas comenzarían a experimentar síntomas de reajuste si se vieran privadas de estos sonidos por más de una hora. Solo una minoría de nosotros sabemos cómo es el silencio total.

¿QUÉ SON LAS DISCIPLINAS ESPIRITUALES?

«En el arrepentimiento y la calma está su salvación, en la serenidad y la confianza está su fuerza» (Isaías 30:15). La disciplina transformadora del silencio nos induce a crecer en «serenidad y confianza» al colocarnos en silencio ante Dios de modo que podamos escucharlo con nuestro espíritu y disfrutar de su presencia. Esta disciplina también abarca nuestras relaciones con las personas. Se puede practicar el silencio en presencia de otros decidiendo hablar menos de lo acostumbrado. Santiago nos exhorta a adoptar esta práctica como estilo de vida: «Todos deben estar listos para escuchar, y ser lentos para hablar y para enojarse» (Santiago 1:19; ver también 1:26; 3:2-12). Salomón agregó, «El que mucho habla, mucho yerra; el que es sabio refrena su lengua» (Proverbios 10:19). Pensemos cuánto menos muchas personas dirían si eliminaran de sus conversaciones la jactancia (Proverbios 25:14; 27:.1-2), la murmuración y difamación (Proverbios 11:13; 18:8; 20:19), la adulación (Proverbios 26:28; 29:5), la represión (Proverbios 19:13; 21:9, 19; 27:.15-16) y la discusión (Proverbios 20:3; 26:21; 2 Timoteo 2:23-24). Aunque las palabras pueden tener un poder sanador y dador de vida, hay muchas más ocasiones en que he lamentado haber abierto la boca que haber permanecido en silencio. Las palabras son como la pasta de dientes en un tubo; una vez que han salido, no podemos no decirlas. La disciplina del silencio incrementa nuestro margen psíquico al darnos tiempo y serenidad para ponderar nuestras palabras con cuidado y utilizarlas en formas más apropiadas. El silencio no solo incrementa nuestra serenidad y credibilidad, sino que también hace posible que seamos mejores observadores y oyentes efectivos, centrados en los otros. Además, esta disciplina nos hace menos proclives a utilizar palabras para controlar a las personas o manipularlas para que nos aprueben y reafirmen.

Aunque muchas personas han observado que es más fácil permanecer callado que hablar con moderación, valdría mucho la pena dedicar un día a permanecer en silencio ininterrumpido. (Si lo intentamos, no hace falta decir que deberíamos informar con antelación a otros de lo que vamos a hacer.) Tal ayuno verbal sería una verdadera fuente de iluminación acerca de nuestras estrategias y recursos sociales.

Henri Nouwen comentó que el silencio puede «verse como una célula portátil que llevamos con nosotros desde un lugar solitario al centro de nuestro ministerio». La disciplina del silencio delante de Dios y de las personas tiene relación con la práctica del dominio propio; cuanto más desarrollemos el control y la serenidad, tanto menos nos sentiremos inducidos a conseguir control externo sobre personas y circunstancias.

TRES DISCIPLINAS DE COMPROMISO

La disciplina del estudio

Como el estudio de la Escritura es el vehículo primordial para captar la perspectiva divina acerca del mundo y de nuestro propósito en él, esta disciplina es fundamental para nuestro alimento y crecimiento espirituales (2 Timoteo 3:16-17). El estudio constante de la Palabra cultiva valores y prioridades eternos, brinda orientación para la toma de decisiones, nos ayuda a superar la tentación y mejora nuestro conocimiento de Dios y de nosotros mismos.

El problema es que la mayor parte de las personas se sienten desalentadas ante la perspectiva de un estudio personal de la Biblia, porque tienen poca idea de qué hacer. Un método de prueba y error proporciona poco alimento espiritual. Sin la capacidad de entender y aplicar las verdades de la Escritura en una forma práctica y significativa, los creyentes no reciben los beneficios de explorar y descubrir verdades bíblicas para sí mismos. Por esta razón muchos cristianos tienen solo un conocimiento de segunda mano de la Biblia y dependen de manera casi exclusiva de lo que les transmiten maestros y predicadores.

Muchos recursos útiles ofrecen métodos y pueden orientarnos a lo largo del proceso de estudio bíblico eficaz. Puede servir de ayuda una lista de principios y sugerencias, aunque sea breve.

- Adoptar una actitud de apertura y honestidad delante de la Palabra de modo que estemos dispuestos a obtener nuevas ideas y a cambiar nuestra forma de pensar. Ser sensibles a lo que leemos y estudiamos y estar dispuestos a aplicar y obedecer lo que aprendemos. Recordemos que estamos aplicando esta disciplina para encontrarnos con Dios y conocerlo mejor.
- Aprovecharse de toda la enseñanza de la Escritura (los libros históricos, poéticos y proféticos así como los Evangelios y las Epístolas).
- Tratemos de ser constantes en el contacto con la Escritura; esto con frecuencia requiere decidir estudiar, sea que sintamos deseos de hacerlo o no.
- No veamos a la Biblia como un libro de texto; no es un simple objeto que debe analizarse, sino un oráculo que hay que obedecer. Acerquémonos a la misma con una actitud adecuada de reverencia, atención y receptividad.
- Procuremos ser sistemáticos en nuestra elección de temas, capítulos y libros que vayamos a estudiar de manera que recibamos insumos de todas las partes de la Escritura y toquemos todos los aspectos de la vida.
- Preguntemos, respondamos, acumulemos y apliquemos. *Formulemos* preguntas claves que, al ser respondidas, proveerán perspicacias en cuanto al significado del pasaje. Utilicemos el texto (contexto inmediato y más general) así como instrumentos estándar (una concordancia, diccionario o enciclopedia bíblicos o un comentario de la

¿QUÉ SON LAS DISCIPLINAS ESPIRITUALES?

Biblia) para *responder* las preguntas que hagamos. *Acumulemos* principios prácticos, tales como promesas a las que apelar, mandamientos a obedecer o pecados a confesar. *Apliquemos* estos principios a nuestra vida y relaciones.
- Hagamos un plan para las lecturas bíblicas diarias de modo que podamos conseguir vernos expuestos de forma exhaustiva a la Escritura. Reflexionemos en torno a nuestras lecturas y respondamos a las mismas de una forma personal.
- Utilicemos una tarjeta para escribir pasajes claves que nos hablan, y llevemos con nosotros una de estas tarjetas o más. Al revisar dichas tarjetas de vez en cuando, podemos memorizar una cantidad significativa de versículos. Estos versículos que memoricemos serán muy beneficiosos, en especial en tiempos de tentación y pruebas.
- Tratemos de estudiar un libro entero de la Escritura ya sea en forma sintética o analítica. En el *método sintético*, uno busca un cuadro completo que ayude a ver cómo encajan entre sí las piezas del rompecabezas. Se comienza con un libro corto y se lee varias veces. Se toma nota de los principios que se encuentran y se escoge un título para cada párrafo del libro. Por fin, se escribe un párrafo para sintetizar el tema principal del libro. Se muestra cómo cada párrafo del libro contribuye al desarrollo de este tema. En el *método inductivo o analítico*, uno se centra en los detalles y pormenores de un pasaje y se utiliza un análisis más en profundidad de la Palabra. Se comienza con un solo párrafo y se lee varias veces. Al ir leyendo y reflexionando acerca del párrafo, se utilizan la observación, la interpretación, la correlación y la aplicación. En la *observación*, se hacen preguntas básicas al texto, se buscan las palabras, frases y versículos claves, se encuentran palabras conectivas y avances del pensamiento, y se descubren contrastes y comparaciones. En la *interpretación*, se procura entender las cosas que se han observado para discernir el significado y el propósito que el autor tuvo en mente. En la *correlación*, se relaciona el pasaje que se está estudiando con el contexto general y se coordina con otras secciones de la Escritura. En la *aplicación*, se deducen principios específicos de lo que se ha aprendido y se procura hacerlos realidad en la vida propia.
- El *método temático* del estudio de la Biblia nos ayuda a descubrir el desarrollo de un tema a lo largo de las páginas de la Escritura. Se escoge un tema concreto y se decide si se quiere seguirle la pista desde Génesis hasta Apocalipsis o limitarse a su empleo en una sección o libro de la Biblia o en una serie de versículos escogidos. Quizá se prefiera escoger un tema como pecado, redención, perdón, amor o sabiduría. O se puede estudiar un concepto como el habla, la familia, la mayordomía o el trabajo. Se debe utilizar una

concordancia para encontrar los pasajes con los que se trabajará. Se hacen observaciones, se formulan preguntas, se buscan respuestas y luego se formula un esquema del tema para organizar los pensamientos claves. Se verifican y complementan los resultados obtenidos mediante el uso de una enciclopedia bíblica. Se resumen los hallazgos y hay que asegurarse de concluir con un conjunto de aplicaciones concretas.

- El *método biográfico* implica un estudio de los fracasos y éxitos de personalidades bíblicas. Es una forma excelente de descubrir principios espirituales y de identificar ideas en cuanto a la forma en que Dios opera en las vidas de las personas. Si la persona que se quiere estudiar es un personaje importante en la Escritura, se puede querer limitar el estudio a un libro particular o a una porción de su vida. Se utiliza una concordancia bíblica para encontrar los pasajes pertinentes. Al ir trabajando con estos versículos, se va creando una lista de los eventos en la vida de la persona y luego se ordenan en una secuencia cronológica. Se utiliza esta lista para desarrollar un esquema biográfico con los versículos relacionados. Con este esquema, se repasa la vida del personaje y se formulan una serie de observaciones, interpretaciones y aplicaciones.

La disciplina del estudio no se limita a la Biblia, sino que abarca también los clásicos de la fe (San Agustín, *Confesiones*; Bernardo de Clairvaux, *Acerca del amor de Dios*; Tomás de Kempis, *La imitación de Cristo*; Juan Calvino, *Institutos de la religión cristiana*; San Francisco de Sales, *Introducción a la vida devota*; Blaise Pascal, *Pensamientos*; John Bunyan, *El progreso del peregrino*; François Fénelon *Perfección cristiana*; William Law, *A Serious Call to a Devout and Holy Life*, para mencionar solo algunos) así como autores y maestros contemporáneos. El estudio también puede referirse a un conocimiento y valorización crecientes de las maravillas de la creación así como una toma de conciencia de los beneficios y peligros de nuestra cultura.

Conviene mantener una actitud de humildad y apertura a ser enseñado de modo que se tenga siempre la mentalidad de un principiante. De esta forma, se mantiene uno limpio y abierto a nuevas perspectivas e ideas y se resiste a la enfermedad invasora de endurecer las categorías.

La disciplina de la meditación

Resulta imposible pensar acerca de nada. Intentémoslo y nos daremos cuenta de que estamos tratando de tomar conciencia de nada; un zoológico de imágenes y pensamientos pasarán por la mente a pesar de los esfuerzos que se hagan por acallarlos. Cuando se pregunta a alguien qué está pensando y la persona responde, «Oh, nada», uno sabe que no puede ser. Como la mente no se desconecta, el punto no es si pensaremos o incluso meditaremos; es acerca de qué pensaremos y hacia donde dirigiremos nuestros pensamientos.

Escuchemos este antiguo refrán:

Siembra un pensamiento, cosecha un acto;
Siembra un acto, cosecha un hábito;
Siembra un hábito, cosecha un carácter;
Siembra un carácter, cosecha un destino

Nos guste o no, siempre estamos sembrando pensamientos, ya que nuestra mente se está ocupando constantemente de algo. La experiencia de la meditación discursiva es universal, pero la práctica de la meditación dirigida es más bien escasa. La disciplina surge del esfuerzo por buscar de forma deliberada aquello sobre lo cual fijaremos nuestra mente y de la habilidad de volver suavemente a ello cuando caemos en la cuenta de que hemos divagado.

Como los santos de siglos pasados han atestiguado, la meditación es un componente integral de la espiritualidad cristiana y, a pesar de ello, ha caído en desuso en nuestro tiempo. Muchos creyentes se han vuelto desconfiados de la idea; piensan que se refiere solo a las técnicas para vaciarse de la conciencia propias del budismo, el hinduismo y el movimiento de la Nueva Era. Sin embargo, como lo dejan bien claro los salmos, un enfoque bíblico de la meditación no vacía la conciencia, sino que la llena con las verdades de la Palabra revelada de Dios. Meditar acerca de la Escritura y de la persona y obras de Dios es alimentar nuestras almas al ir echando nuestras raíces más profundamente en territorio santo. Cuanto más ahondamos la raíz, tanto más fruto produciremos (Isaías 37: 31). Al centrar nuestras mentes, afectos y voluntades en el Señor y en sus palabras (Josué 1:8; Salmos 1:2-3; Juan 6:63), comulgamos con él y manifestamos el fruto de su abundante vida (Juan 15:4-8).

El apóstol Pablo subrayó la importancia de la vida mental del creyente cuando instruyó a los colosenses que centraran su atención en las cosas de arriba, no en las de la tierra (Colosenses 3:1-2). «Los que viven conforme a la naturaleza pecaminosa fijan la mente en los deseos de tal naturaleza; en cambio, los que viven conforme al Espíritu fijan la mente en los deseos del Espíritu» (Romanos 8:5). De igual modo, el apóstol exhortó a los filipenses a que adoptaran una forma bíblica de pensamiento positivo: «Por último, hermanos, consideren bien todo lo verdadero, todo lo respetable, todo lo justo, todo lo puro, todo lo amable, todo lo digno de admiración, en fin, todo lo que sea excelente o merezca elogio» (Filipenses 4:8). No se trata de una práctica fácil; es mucho más fácil detenerse a pensar en lo falso, lo deshonesto, lo malo, lo impuro y lo sucio, y en cosas que son abominables, malas y vergonzosas. La murmuración y la crítica suelen resultar más atractivos en las conversaciones acerca de otros que la alabanza y el encomio. Además, tenemos la inclinación a ver nuestras circunstancias más en función de los beneficios de los que carecemos que de las bendiciones que hemos recibido, y por esto nuestras oraciones contienen muchas peticiones y pocas acciones de gracias. (Si no lo creen, traten de presentar oraciones solo de acción de gracias por veinte minutos, y constaten cuán a menudo sienten el impulso de pasar a oraciones de petición.) Recordemos que el corazón hará suyo aquello en lo que se ocupa. Algunas sugerencias ayudarán en esta vital disciplina.

- Escojamos pasajes breves de la Escritura que nos parezcan significativos. Uno o dos versículos pueden convertirse en el tema de la meditación de un día.
- Seleccionemos momentos específicos para breves interludios de meditación acerca del texto que hayamos escogido para el día. Estos momentos podrían ser antes de las comidas o en descansos para tomar café o podríamos utilizar un reloj con despertador para recordarnos a intervalos regulares durante el día (cuando suena el despertador, programarlo de inmediato para la siguiente pausa para una breve meditación).
- Utilicemos la imaginación y comencemos a visualizar los conceptos en el texto en la mayor cantidad posible de formas. Situémonos en las palabras y en el contexto histórico del versículo.
- Ponderemos cada palabra y frase del texto y tratemos de extraer la mayor cantidad de ideas posible. Utilicemos en forma creativa diversos enfoques a partir de ángulos diferentes, y pidamos al Espíritu de Dios que nos acompañe a lo largo de este proceso.
- Personalicemos el pasaje reformulándolo en primera persona y presentándoselo a Dios. Comprometerse a seguir y aplicar las verdades encontradas en el mismo.
- Ofrecer alabanza y culto a Dios sobre la base de la meditación del día.
- Jim Downing en *Meditation* propone un plan que implica la lectura diaria de cada trigésimo salmo, con el primero que corresponde al día del mes. Cinco minutos antes de acostarse, se lee los salmos para el día siguiente hasta que se encuentra un versículo que llame la atención. Luego se cierra la Biblia, y se procura que ese versículo sea el último pensamiento antes de dormir. Si durante la noche se despierta, se piensa en el versículo. Por la mañana, se leen los cinco salmos teniendo en mente el versículo escogido que será el tema de la meditación del día.
- La meditación dirige la mente consciente durante el día y es una forma excelente de practicar la presencia de Dios. El hábito de S.P.U.P. —Su Palabra la Última Palabra antes de acostarse— programa la mente subconsciente durante la noche (Salmo 63:6; Proverbios 6:22).
- La única forma de desarrollar la habilidad para meditar es meditando, incluso cuando no parece ser eficaz.

¿QUÉ SON LAS DISCIPLINAS ESPIRITUALES?

La disciplina de la oración

El concepto de comunicarse con Dios, de hablar en forma directa y abierta con él igual que hablaríamos con un amigo íntimo, es una de las grandes verdades de la Escritura. Como lo observó John Piper en *The Pleasures of God*, «La oración deleita a Dios porque muestra las dimensiones de nuestra pobreza y las riquezas de su gracia». Cuando se descuida la oración y se agrega al servicio como un apéndice, el poder de Dios con frecuencia está ausente. Es peligrosamente fácil alejarse de la dependencia de Dios para caer en la trampa de la autosuficiencia. Pero la oración y la acción se complementan mutuamente, no se oponen, y es sabio superponerlas lo más posible. El servicio cristiano alcanza su mayor eficacia cuando la oración no sólo lo antecede sino que lo acompaña.

¿Por qué deberíamos orar?

Hay muchas razones para hacer de esta disciplina el foco de nuestro itinerario espiritual. He aquí diez:

1. La oración mejora nuestra comunión e intimidad con Dios (Salmo 116:1-2; Jeremías 33:2-3).
2. Las Escrituras nos ordenan orar (Lucas 18:1; Efesios 6:18; 1 Tesalonicenses 5:16-18; 1 Timoteo 2:1).
3. Cuando oramos, seguimos el ejemplo de Cristo y de otros grandes personajes en la Escritura, como Moisés y Elías (Marcos 1:35; Números 11:2; 1 Reyes 18:36-37).
4. La oración se apropia el poder de Dios para nuestras vidas (Juan 15:5; Hechos 4:31; Efesios 3:16; Colosenses 4:2-4).
5. Recibimos ayuda especial de Dios cuando oramos (Hebreos 4:16).
6. La oración hace una diferencia genuina (Lucas 11:9-10; Santiago 5:16-18). Como lo mencionó William Temple: «Cuando oro, se dan coincidencias; cuando no, no se dan».
7. La oración desarrolla nuestra comprensión y conocimiento de Dios (Salmo 37:3-6; 63:1-8; Efesios 1:16-19).
8. Nuestras oraciones y las respuestas de Dios nos dan gozo y paz al corazón (Juan 16:23-24; Filipenses 4:6-7). Nuestros problemas quizás no desparezcan, pero en la oración conseguimos una nueva perspectiva acerca de nuestros problemas junto con paz y paciencia para permanecer firmes.
9. La oración nos ayuda a comprender y cumplir los propósitos de Dios para nuestra vida (Colosenses 1:9-11).
10. La oración cambia nuestras actitudes y deseos (2 Corintios 12:7-9).

Sugerencias para mejorar nuestra práctica de la oración

Escoger el mejor tiempo. Escoger un tiempo concreto del día, y dedicarlo solo a la oración personal. Para la mayor parte de nosotros, por la mañana es el mejor, por cuanto el descanso de la noche previa nos ha repuesto y todavía no nos hemos ocupado con las exigencias del día. Ese suele ser el tiempo que podemos observar con más regularidad, y durante la oración de la mañana podemos dedicar el día al Señor. Es muy sabio incorporarlo a nuestro proceso de toma de decisiones reflexionando y planificando las actividades del día en oración. «Si Dios no es lo primero en nuestros pensamientos y esfuerzos por la mañana, ocupará el último lugar el resto del día» (E. M. Bounds).

Escoger el mejor lugar. Escoger un lugar en el que haya un mínimo de interrupciones y distracciones. De ser posible, permanezcamos lejos del teléfono y del escritorio. Si el tiempo y el horario lo permiten, quizá podemos orar durante un paseo.

Establecer un tiempo mínimo para la oración diaria. Procuremos ser realistas; no tratemos de hacer demasiado al principio, o si no nuestra vida de oración se volverá mecánica y desalentadora. Comenzar con unos minutos y poco a poco irle agregando tiempo. La fidelidad en esta esfera nos conducirá a un mayor apetito, y esperaremos con ansia los tiempos que pasamos con Dios. «En la oración, la calidad siempre es mejor que la cantidad» (Robert Coleman). Sin embargo, la calidad no debería sustituir a la cantidad. «Sin duda la experiencia de todos los hombres ejemplares confirma la afirmación de que sin una debida medida de devociones privadas el alma crecerá demacrada» (William Wilberforce).

Ser perseverantes. Consideremos nuestro tiempo de oración como una cita diaria que hemos hecho con Dios y cumplámosla como tal. Si la disciplina de un tiempo regular con Dios no ocupa un lugar prioritario, la vida espiritual sufrirá, y esto afectará en última instancia todos los otros aspectos de la vida. Propongámonos buscar la persona, el conocimiento y los caminos de Dios pasando un tiempo regular con él.

Centrarnos en la persona de Dios. Preparemos el corazón y la mente para la oración liberándonos de todas las tensiones y preocupaciones para ponerlas en las manos del Señor. Es una buena práctica leer o meditar sobre un pasaje de la Escritura para luego concentrar la atención en la presencia de Cristo en nuestra vida. Descansemos en su presencia, «depositen en él toda ansiedad, porque él cuida de ustedes» (1 Pedro 5:7).

Presentémonos ante él con humildad. Estamos en la presencia inmediata del Dios santo que es como una luz resplandeciente y un fuego que consume, ante quien todas las cosas son manifiestas. Valoremos si estamos seguros de que nos acercamos a él con honestidad y apertura, sin barreras de pecados no confesados, porque odia el pecado y los encubrimientos. A veces nos relacionamos con demasiada informalidad con Aquel que dio la existencia a los centenares de miles de millones de galaxias.

Acudamos ante el trono con expectativas. La importancia de la oración no radica en lo que pedimos, sino en la Persona a la que acudimos. Lleguemos con sencillez y confianza como un niño se acerca a su padre. Esperemos lo sobrenatural; pidámosle algo que solo él puede hacer («¿Acaso hay algo imposible para el Señor?» [Génesis 18:14]) y esperemos a ver qué pasa.

Oremos siempre en el Espíritu. «No sabemos qué pedir, pero el Espíritu mismo intercede por nosotros con gemidos que no pueden expresarse con palabras» (Romanos 8:26). Nuestras oraciones las debería iniciar y vigorizar el Espíritu Santo, quien «intercede por los creyentes conforme a la voluntad de Dios» (Romanos 8:27).

Procuremos una dieta balanceada. Nuestras oraciones deberían incorporar todos los elementos de confesión, adoración, súplica (intercesión y petición) y acción de gracias. Solemos quedarnos cortos en adoración y acción de gracias.

Oremos presentando la Escritura a Dios. Al personalizar pasajes de la Escritura y ofrecerlos al Señor, los integramos en nuestra vida y experiencia y pensamos los pensamientos de Dios según él. (Mis *Handbook to Prayer* y *Handbook to Renewal* tienen como fin servir de guía en este proceso).

No hablemos solo nosotros. Practiquemos tiempos de silencio delante del Señor de forma que podamos ser sensibles a los impulsos del Espíritu. Respondámosle confesando cualquier área de pecado puesta de manifiesto, intercediendo por otros, pidiendo sabiduría y sometiéndonos a sus deseos.

Hacer que la oración forme parte de nuestras relaciones con las personas. La oración personal es crucial, pero no debe excluir la oración colectiva. La oración debería formar parte del hogar y parte de las amistades cristianas. Se pueden obtener grandes beneficios de formar una confraternidad de oración con otra persona, una célula de oración con unas cuantas personas, una comunidad de oración con varias personas, o un grupo de oración en la iglesia.

Programar tiempos especiales de oración durante el año. Podríamos pensar en reservar uno o más tiempos especiales (una mañana o una noche o un día entero) para un retiro personal o en grupo pequeño de oración. Esto puede resultar especialmente importante cuando se hace en el contexto de planificar los meses siguientes o cuando se deben tomar decisiones críticas.

Practicar la presencia de Dios. Helmut Thielicke escribió que «la oración ya no es el terreno fértil de nuestra vida, de nuestro hogar, el aire que respiramos». Deberíamos desear no solo disponer de uno o más tiempos dedicados de manera formal a la oración durante el día, sino también estar conscientes de la presencia de Dios durante todo el día. De esta forma, cada tarea la llevamos a cabo en su nombre y en dependencia consciente de él. Cuando el ministerio se convierte en sustituto de la oración, se vuelve dependiente de sí mismo e ineficaz.

Otro hábito deseable que deberíamos procurar cultivar es orar por otros cuando los vemos y les hablamos. Esto puede afectar de manera radical nuestras actitudes y conducta. Un tercer hábito beneficioso es comenzar a asociar nuestro trabajo con la oración. «No es oración además de trabajo, sino oración al mismo tiempo que el trabajo. Antecedemos, desarrollamos y continuamos nuestro trabajo con oración. Oración y acción se vuelven estrechamente unidos» (Richard Foster).

Lectio Divina

El arte antiguo de la ***lectio divina***, o lectura sagrada, la introdujo en Occidente el padre oriental del desierto Juan Casiano a comienzos del siglo quinto. Lo han venido practicando por siglos los monjes cistercienses (p. ej., Michael Casey, *Sacred Reading* y *Toward God*) y se está redescubriendo en muchas partes de la comunidad cristiana. Este enfoque sumamente beneficioso combina las disciplinas del estudio, la oración y la meditación en un sólido método que, cuando se aplica de manera constante, puede revolucionar la vida espiritual propia. Consiste en cuatro elementos.

1. *Lectio (lectura)*. Escoger un texto muy corto y digerirlo con una lectura del mismo repetida muchas veces. Suelo escoger un versículo o un corto pasaje de los capítulos que leo en mi lectura matutina de la Biblia, tanto del Antiguo como del Nuevo Testamentos.
2. *Meditatio (meditación)*. Tomar unos minutos para reflexionar acerca de las palabras y frases del texto que se ha leído. Ponderar los pasajes haciendo preguntas y utilizando la imaginación.
3. *Oratio (oración)*. Una vez interiorizado el pasaje, ofrecérselo a Dios bajo la forma de oración personalizada.
4. *Contemplatio (contemplación)*. Para muchos de nosotros, esta resultará la parte más difícil ya que consiste en silencio y entrega en la presencia de Dios. La **contemplación** es el fruto del diálogo de los tres primeros elementos; es la comunión que nace de nuestro recibir la verdad divina en nuestra mente y corazón.

A pesar de la multitud de distracciones internas y de tiempos en que parece que Dios guarda silencio, la práctica y la perseverancia en la *lectio divina* es profundamente provechosa. Analizaremos este método más en detalle en la sección sobre espiritualidad de devociones.

Cualquiera de las disciplinas mencionadas en esta sección puede contribuir a nuestra formación espiritual, en especial si se convierten en hábitos en la forma en que ordenamos nuestras vidas.

Preguntas para aplicación personal

- ¿Nos sentimos más atraídos a las disciplinas de abstinencia o a las disciplinas de compromiso? ¡Qué dice esto en cuanto a nuestro temperamento? (Ver también el apéndice A).

¿QUÉ SON LAS DISCIPLINAS ESPIRITUALES?

- Al leer las breves descripciones de veinte disciplinas espirituales, ¿cuáles nos resultan las más atractivas y cuáles las menos atractivas? Clasifiquémoslas de 1 a 20, siendo 1 la más atractiva. Luego examinemos la lista de las disciplinas 16 a 20: ¿Qué se requeriría para practicar una de ellas durante el mes siguiente, y cómo nos podríamos beneficiar de dicho esfuerzo?
- Al centrarnos en las disciplinas de la soledad, el silencio, el estudio, la meditación y la oración, ¿cuál de estas disciplinas nos parece la más lejana? ¿Cómo podemos combinar algunas de estas disciplinas en los tiempos que pasamos con el Señor?

FACETA 4

ESPIRITUALIDAD DE VIDA CAMBIADA

Comprender nuestra verdadera identidad en Cristo

Los siglos diecinueve y veinte fueron testigos del crecimiento de un enfoque vivencial de la vida espiritual que se basa en la nueva identidad del creyente en Cristo. La identificación con Cristo en su crucifixión y resurrección (Romanos 6; Gálatas 2:20) significa que nuestra vida pasada ha sido reemplazada por la vida de Cristo. Este enfoque de la espiritualidad se desplaza de una orientación hacia las obras a una orientación hacia la gracia y del legalismo a la libertad, porque se centra en nuestro conocimiento de que la vida de Cristo es nuestra vida.

8

ESPIRITUALIDAD DE VIDA CAMBIADA

Comprender nuestra verdadera identidad en Cristo

SÍNTESIS DEL CAPÍTULO

La espiritualidad de vida cambiada se concentra en la realidad de una nueva identidad por medio de la relación en Cristo que puede cambiarnos de manera radical a medida que la vamos comprendiendo de manera progresiva en nuestra experiencia. Enfatiza que la vida espiritual no es asunto de tratar de hacer cosas para Jesús, sino en hacer nuestro lo que ya ha hecho por nosotros y confiar de ello. Este capítulo establece el escenario para este tema de la identidad al considerar nuestras necesidades, que Dios ha puesto en nosotros, de amor y aceptación, importancia e identidad, y competencia y realización.

OBJETIVOS DEL CAPÍTULO

- Un sentido más claro de los principios presentes en la espiritualidad de vida cambiada
- Reconocimiento del carácter de Dios y de su plan amoroso que emana de dicho carácter
- Comprensión de nuestras necesidades, que Dios ha puesto en nosotros, de amor y aceptación, importancia e identidad, y competencia y realización

Los siglos diecinueve y veinte fueron testigos del crecimiento de un enfoque vivencial de la vida espiritual que se basa en la nueva identidad del creyente en Cristo. La identificación con Cristo en su crucifixión y resurrección (Romanos 6; Gálatas 2:20) significa que nuestra vida pasada ha sido reemplazada por la vida de Cristo. Este enfoque de la espiritualidad se desplaza de una orientación hacia las obras a una orientación hacia la gracia y del legalismo a la libertad, porque se centra en nuestro conocimiento de que la vida de Cristo es nuestra vida.

Cuando estaba en el seminario, tomé un curso siempre recordado sobre la vida espiritual que impartió Howard Hendricks. En la primera mitad del curso, elaboró una serie de contrastes e insistió en que la vida espiritual:

no es una crisis sino un proceso continuo
no está basada en conocimiento sino en obediencia
no es externa sino interna
no es automática sino que se cultiva
no es producto de energía sino de poder que Dios da
no es un sueño sino una disciplina
no es una experiencia inusual sino una experiencia normal
no es una lista de normas sino una relación vital
no debe soportarse sino disfrutarse
no es teórica sino intensamente práctica.

En la segunda mitad del curso, Hendricks definió y desarrolló la vida espiritual como «la vida de Cristo reproducida en el creyente por el poder del Espíritu Santo en respuesta obediente a la Palabra de Dios». La comprensión personal y vivencial de «la vida de Cristo reproducida en el creyente por el poder del Espíritu Santo» es fundamental para lo que autores como Hudson Taylor, F. B. Meyer y Charles Solomon han llamado la vida cambiada. Otros la han llamado la vida constante (Andrew Murray), la vida victoriosa (Charles Trumbell y Bill Gillham), la vida suprema (Oswald Chambers), la vida en el plano más elevado (Ruth Paxon), la vida cristiana normal (Watchman Nee), la plenitud de Cristo (Stuart Briscoe), la vida salvífica de Cristo (Ian Thomas), la vida sobreabundante (F. R. Havergal), el secreto del cristiano para una vida feliz (Hannah Whitall Smith), la vida mejor (A. B. Simpson) y la victoria sobre la oscuridad (Neil T. Anderson).

La espiritualidad de vida cambiada se centra en la realidad de una nueva identidad gracias a la relación con Cristo que puede transformarnos de manera radical a medida que la comprendemos en nuestra experiencia. Este enfoque de la vida espiritual suele hacer hincapié en una serie de principios:

- La sustitución de la vida de Cristo en lugar de la vida del yo. Los que están en Cristo «se han quitado el ropaje de la vieja naturaleza con sus vicios» (Colosenses 3:9; Efesios 4:22) y «se han puesto el de la nueva naturaleza, que se va renovando en conocimiento a imagen de su Creador» (Colosenses 3:10). Este nuevo yo ha sido creado «a imagen de Dios, en verdadera justicia y santidad» (Efesios 4:24).
- Nuestra identificación con Cristo en su crucifixión, sepultura, resurrección y ascensión (Romanos 6:2-11; Gálatas 2:20; Efesios

2:5-6; Filipenses 1:21; Colosenses 3:1-4). La lista de afirmaciones en el capítulo 2 ilustra la naturaleza multifacética de nuestra nueva identidad en Cristo. La vida espiritual transformada hace hincapié en la relación en Cristo y la importancia de experimentar y expresar su vida en nosotros.

- Nuestra libertad respecto a la ley del pecado y de la muerte por medio del Espíritu de vida en Cristo Jesús (Romanos 8:2). La clave de nuestra libertad respecto al poder del pecado es nuestra co-crucifixión con Cristo y el poder del Espíritu que mora en nosotros. Ya no estamos bajo la ley sino bajo la gracia (Romanos 6:14).
- Debemos conocer estas verdades, reconociendo por fe que son genuinas, independientemente de sentimientos contrarios, y presentarnos a Dios como personas vivas que han salido de la muerte (Romanos 8:6-13). Aunque quizás no sintamos así, la Escritura afirma que en Cristo ya hemos llegado a ser santos, hijos de la luz y ciudadanos del cielo (1 Corintios 1:2; Efesios 5:8; Filipenses 3:20).
- La base de nuestra salvación es también la base de nuestra santificación (Gálatas 3:2-3; 5:5; Colosenses 2:6). Del mismo modo que hemos sido justificados por gracia, así somos santificados por gracia por medio de la fe. Las obras buenas no se llevan a cabo dependiendo de nuestros esfuerzos, logros o méritos carnales; más bien, emanan del poder del Espíritu de Cristo que mora en nosotros (Gálatas 5:16-25).
- El quebranto, o caer en la cuenta de la bancarrota de nuestros propios recursos y esfuerzos, y la rendición incondicional forman parte del proceso de apropiarse a Cristo como vida (Romanos 7:14-25; 12:1-2; 2 Corintios 12:9-10; Gálatas 5:16-25).
- Solo Cristo mismo puede vivir la vida cristiana, y lo hace en nosotros y por medio de nosotros (Juan 15:1-8; cf. 2 Corintios 2:14). Como ramas de la verdadera vid, no creamos vida, sino que la recibimos por medio de nuestra conexión con la vid. La nueva vida que fluye hacia nosotros y por medio nuestro se manifiesta en el fruto que producimos, y este fruto no solo alimenta a otros, sino que contiene las semillas de su propia reproducción. Esta vida la sustenta el recibir y permanecer como ramas en Cristo la vid.
- Se requiere «el Espíritu de sabiduría y de revelación de él» para que podamos pasar de un conocimiento intelectual a un conocimiento personal y vivencial de esas verdades espirituales (Efesios 1:17-19; Colosenses 1:9). Los ojos de nuestros corazones deben ser iluminados para que podamos asimilar la naturaleza de nuestro nuevo llamamiento, herencia y poder (Efesios 1:18-19).
- La vida espiritual es un proceso de dentro hacia fuera y no de fuera hacia dentro (Efesios 3:16-19). El Padre nos fortalece «por medio del Espíritu y con el poder que procede de sus gloriosas riquezas»

(Efesios 3:16). De esta forma, la santificación es una dinámica divino-humana en la que nuestro trabajo externo («lleven a cabo su salvación con temor y temblor» [Filipenses 2:12]) es expresión del trabajo interno («pues Dios es quien produce en ustedes tanto el querer como el hacer para que se cumpla su buena voluntad»» [Filipenses 2:13]).
- La vida cambiada no es asunto de tratar de hacer cosas para Jesús, sino de reivindicar y apoyarse en lo que él ya ha hecho por nosotros (Gálatas 2:20). La nueva naturaleza que poseemos en él constituye ahora nuestra identidad más profunda, y la práctica del pecado es incompatible con las nuevas creaciones en las que nos hemos convertido como hijos de Dios (2 Corintios 5:17; 1 Juan 2:1-2; 3:1-10). Mientras estemos en este cuerpo, experimentaremos la atracción de las viejas creencias, actitudes y disposiciones, pero debemos vernos como nuevas personas, adoptadas en la familia de Dios, que no tienen por qué ceder ante los atractivos de la carne (Romanos 8:12-17).

Las ideas y beneficios de la espiritualidad de vida cambiada se vuelven a veces confusos debido a una teología equivocada. Ha habido entre quienes proponen este método algunos que han caído en los errores del perfeccionismo (ya no pecamos más, o el arrepentimiento por el pecado es innecesario) y de la pasividad (la vida cristiana es toda de Jesús y nada mío, por lo que deberíamos dejárselo todo a Dios). Algunos maestros de la vida cambiada también han caído en una especie de gnosticismo vivencial, enseñando que cuando las personas llegan a hacer suyos la cruz y su identidad en Cristo, de repente todo es diferente y la victoria permanente es suya. Algunas personas pueden experimentar una toma radical de conciencia respecto a su unión con Cristo y se salen de la rutina de la aceptación basada en el desempeño, en tanto que otros llegan a entender estas verdades sobre la identidad en formas más graduales. La vida espiritual no debería reducirse a una experiencia o serie de experiencias repentinas, por significativas que puedan resultar. La espiritualidad también conlleva un proceso de transformación en el que vamos siendo gradualmente transformados a la imagen de Cristo en nuestro carácter y conducta.

Esta sección recogerá las fortalezas de la enseñanza sobre la vida cambiada e intentará presentar una perspectiva equilibrada que ve estas verdades como contribuciones valiosas a un enfoque más amplio en cuanto a la vida espiritual.

Antes de hacerlo, sin embargo, estudiaremos el carácter y plan de Dios, las necesidades que ha puesto en nosotros y nuestra respuesta a su plan para satisfacer nuestras necesidades por medio de nuestra nueva posición como miembros de una familia espiritual, un cuerpo espiritual y un templo espiritual.

EL CARÁCTER Y EL PLAN DE DIOS

Las personas que no tienen una relación con su Creador personal anhelan el amor, la felicidad, el significado y la realización, pero nada de lo que ofrece este planeta puede satisfacer plenamente estos anhelos. En teoría, los cristianos reconocen que solo Dios puede satisfacer estas necesidades, aunque en la práctica muchos creyentes apenas si se distinguen de los no creyentes en las formas en que tratan de conseguir satisfacer sus necesidades. Esto ocurre porque han perdido de vista uno de los principios más importantes de la Escritura: el amor, el gozo y la paz no se pueden conseguir buscando estas cosas como fines en sí mismos; son el desbordamiento y producto de la búsqueda de Dios.

Moisés oró en el desierto, «dime qué quieres que haga. Así sabré que en verdad cuento con tu favor», y Dios respondió, «Yo mismo iré contigo y te daré descanso» (Éxodo 33:13-14). Al igual que Moisés, deberíamos pedir conocer a Dios y sus caminos. Al ponerlo a él en primer lugar, todo lo demás viene por añadidura.

En nuestra búsqueda de más conocimiento y crecimiento espiritual, a veces pasamos por alto u olvidamos las verdades fundamentales de la fe. A no ser que nos acordemos de regresar para edificar sobre las doctrinas bíblicas básicas, quedará ahogado nuestro avance espiritual. La más básica de todas las verdades es el carácter de Dios y el cristiano tiene sus raíces en este terreno santo.

El carácter de Dios es fundamental para todo lo demás. En la Escritura ha revelado a su persona, sus poderes y perfecciones. En su persona, él es el autoexistente, infinito, eterno e inmutable Creador de todas las cosas. En sus poderes, solo él es omnipresente, omnipotente y omnisciente. En sus perfecciones, sus atributos incluyen la santidad, la justicia, la veracidad, el amor y la bondad. No podemos esperar entender la vida espiritual a no ser que captemos y nos aferremos de la verdad del carácter de Dios, en especial su amor y bondad.

El *amor* de Dios se manifiesta en el hecho de que da. Desde el principio, ha dado a pesar del hecho de que las personas han rechazado, más que recibido, sus dones. La esencia del amor es dar y buscar el mayor bien para el receptor.

Porque tanto *amó* al mundo, que dio a su Hijo unigénito, para que todo el que cree en él no se pierda, sino que tenga vida eterna.
Juan 3:16 (énfasis añadida)

Esposos, *amen* a sus esposas, así como Cristo amó a la iglesia y se *entregó* por ella.
Efesios 5:25 (énfasis añadido)

Si queremos entender lo que Dios ha hecho por nosotros, debemos creer que todas sus acciones nacieron del amor. Cuando Dios ama, está simplemente siendo él (1 Juan 4:8).

La *bondad* de Dios se manifiesta en su plan de traer salvación a la tierra y en su intención final para la humanidad. En los tiempos venideros, su deseo es «mostrar ... la incomparable riqueza de su gracia, que por su bondad derramó sobre nosotros en Cristo Jesús» (Efesios 2:7). Desea ser bondadoso con nosotros para siempre, y está comprometido con nuestro gozo. Dios actúa siempre para nuestro beneficio: es él quien inicia la redención, bendiciones, hermosura y propósito en la vida. La Escritura describe la relación que desea tener con nosotros en términos de un pastor y de sus ovejas, un padre y sus hijos y un esposo y su esposa.

Sin embargo, las ovejas pueden descarriarse, los hijos rebelarse y la esposa ser infiel. Esta rebelión y repudio del amor y bondad de Dios han conducido al problema del mal y del sufrimiento. Todos nosotros vivimos en un mundo de dolor, injusticia, enfermedad y muerte, y ante esto resulta fácil echar a Dios la culpa de nuestros problemas. Pero nuestro entorno se ha visto distorsionado por el pecado, y el pecado es lo que va en contra del carácter de Dios. Cristo entró en nuestro entorno de maldad natural y moral con el fin de derrotar el pecado y la muerte. Porque «Dios no envió a su Hijo al mundo para condenar al mundo, sino para salvarlo por medio de él» (Juan 3:17). Si queremos entender a Dios y su bondad, debemos aferrarnos a su carácter ante el dolor de la vida:

> El Señor es clemente y compasivo,
> lento para la ira y grande en *amor*.
> El Señor es *bueno* con todos;
> él se compadece de toda su creación.
>
> *Salmo 145:8-9*

Cuanto mejor entendamos el amor y la bondad del carácter de Dios, menos nos sentiremos tentados de pensar que está llevando a cabo sus planes a costa nuestra. Siempre es ventajoso para nosotros conformarnos a su voluntad, porque esto conduce a nuestro mayor bien. La obediencia a Dios produce gozo y realización; la desobediencia produce dolor y frustración. Hay más dolor en la desobediencia que en la fidelidad. Todo lo que Dios nos pide es para nuestro bien; todo lo que nos pide que evitemos es dañino. Esto es lo que Evelyn Underhill llama «la sensatez de la santidad».

Por ser él quien es, se puede confiar en Dios. Su plan refleja su carácter. Este plan implicó a criaturas inocentes que creó a su imagen, que seguirían desarrollándose física, intelectual, emocional y espiritualmente de tal forma que glorificarían a Dios al llegar a ser más como él y mostrar ante el universo entero la belleza de la obra de sus manos. Lo físico y lo espiritual estaban perfectamente integrados, y el pueblo de Dios iba a disfrutar de una comunión sin obstrucciones con él y de unos con otros.

Pero el amor conlleva siempre una elección, y el propósito amoroso y bueno de Dios se vio distorsionado por la rebelión humana. Ante la decisión de si permanecer en la vida de Dios o tratar de crear vida por su cuenta, el hombre y la mujer trataron de colocarse como la base de su propio significado. Por ello se convirtieron en pecadores por naturaleza y antitéticos al carácter de Dios. A la belleza la reemplazó la fealdad, a la santidad el pecado, a la amabilidad la crueldad, a la generosidad la codicia, al amor el odio, a la paz la violencia, a la seguridad el temor y al gozo la ira. La herencia adámica de muerte física y espiritual ha sido transmitida de generación en generación, y nadie queda sin estar contaminado por el pecado.

Si contamos solo con nosotros, no podemos cumplir el propósito para el que hemos sido creados. Pero Dios no nos ha dejado solos; de inmediato después de la Caída comenzó a concebir un plan que restauraría a la humanidad a la intención final que le había asignado. Dios es no solo nuestro Creador sino también nuestro Redentor; en Cristo ha hecho posible que se nos dé una nueva herencia. Al sacarnos de la descendencia de Adán y colocarnos en la de Cristo, nos ha situado una vez más en una posición en que en última instancia manifestaremos su gloria en nuestros espíritus, almas y cuerpos. De esta forma, demostrará por medio nuestro a toda la creación que es quien dice que es.

NUESTRAS NATURALEZAS VIEJA Y NUEVA

Antes de la Caída, las personas estaban en armonía con Dios y con su entorno. En su inocencia, estaban abiertos a Dios en sus espíritus y disfrutaban una comunión diaria y directa con él. Esta comunión se reflejaba en sus mentes, emociones y voluntades que crecían y se expandían. Sus cuerpos estaban totalmente adaptados al mundo perfecto en el que vivían; eran totalmente adecuados para la exquisita creación que los rodeaba.

Pero a causa de su rebelión contra Dios, los humanos y su mundo cambiaron de manera radical. Sufrieron muerte espiritual por cuanto sus espíritus quedaron aislados de Dios. Cuando sus espíritus murieron, surgió su naturaleza pecaminosa, y sus mentes, emociones y voluntades cayeron bajo el dominio del pecado con todos sus efectos distorsionantes. También sus cuerpos comenzaron a deteriorarse; enfermedades físicas y la muerte se convirtieron en duras realidades. Se extendieron el dolor y la maldad, y la creación misma se corrompió (Romanos 8:20-22).

Las personas caídas pecan porque son pecadoras por naturaleza. No es que sean pecadoras porque cometen ciertos pecados. Sin la obra redentora de Cristo, estaríamos aislados de Dios sin esperanza de restauración, porque «los que viven según la naturaleza pecaminosa no pueden agradar a Dios» (Romanos 8:8). Pero en su amor y bondad, Dios ha ofrecido una forma de librarnos de esta esclavitud al pecado y la muerte. Cuando las personas ponen su confianza en Cristo, pasan a ser nuevas criaturas

(2 Corintios 5:17) con espíritus que están totalmente en armonía con Dios. «Pero si Cristo está en ustedes, el cuerpo está muerto a causa del pecado, pero el Espíritu que está en ustedes es vida a causa de la justicia» (Romanos 8:10). El nuevo yo del creyente consiste en la semejanza de Dios y ha sido «creada a imagen de Dios, en verdadera justicia y santidad» (Efesios 4:24).

A diferencia de los que están caídos, los que son redimidos pueden no pecar. Como caminan en el Espíritu, agradan a Dios y muestran su semejanza con Cristo. Pero hay una lucha en la vida del cristiano entre el yo interior y el yo exterior. El yo interior concuerda con gozo con la ley de Dios (Romanos 7:22), pero sigue habiendo una ley o poder de pecado en el yo exterior (Romanos 7:23). Nuestra identidad más profunda como seres espirituales se ha transformado, pero nuestra redención todavía no es completa. Seguimos esperando «la redención de nuestro cuerpo» (Romanos 8:23) cuando seremos conducidos a una total conformidad con la gloria del cuerpo resucitado de Cristo (Filipenses 3:21). Entonces quedarán perfectamente integrados lo interior y lo exterior; estaremos libres del poder del pecado, y nuestras mentes, emociones y voluntades permanecerán de modo continuo bajo el dominio del Espíritu de Dios. Hasta que llegue ese tiempo, hemos sido llamados a la tarea de permitir que Dios vaya gradualmente conformando nuestros yo externo a la justicia y santidad que fue creada en nuestro yo interno en el momento de la salvación. No podemos comportarnos de manera regular en formas que difieren de lo que creemos acerca de nosotros mismos. La batalla prosigue, pero debemos darnos cuenta de que se libra entre las nuevas criaturas en que nos hemos convertido en Cristo (2 Corintios 5:17) y los remanentes mortales de las viejas personas que éramos en Adán (Romanos 5:12-21).

NUESTRAS NECESIDADES QUE DIOS CREÓ

Este conflicto en la vida del creyente entre el yo interno y el yo externo, esta lucha entre el espíritu y la carne, se ve con suma evidencia en la esfera de nuestras necesidades físicas y psicológicas y en el curso que tomamos para satisfacerlas. Estas necesidades son legítimas y puestas por Dios, y su intención es satisfacerlas y de este modo acercarnos a él. Tenemos una motivación inherente hacia la satisfacción de nuestras necesidades, pero nos resulta sumamente fácil engañarnos para caer en la forma de pensar del mundo de que se pueden satisfacer en algún otro lugar que no es la mano de Dios. Esto solo puede conducir a la frustración, porque ninguna persona, ni bien, ni posición pueden tomar el lugar de lo que solo Dios puede hacer.

Además de las necesidades físicas, como alimentos, ropa, techo, descanso y protección ante el peligro, tenemos un conjunto de necesidades psicológicas que se relacionan con nuestro sentido de valor personal. Se las ha clasificado de diversas formas, pero para nuestros fines resultará útil dividirlas en tres categorías principales.

COMPRENDER NUESTRA VERDADERA IDENTIDAD...

Amor y aceptación

Todos necesitamos la seguridad que nace de sentirnos amados y aceptados incondicionalmente por al menos otra persona. La persona es incompleta sin un sentido de pertenencia y una creencia de que alguien se preocupa de manera genuina por su existencia. El problema radica en que en nuestras experiencias, esta necesidad, cuando más, sólo se satisface de manera imperfecta y, en muchos casos, queda casi completamente insatisfecha. El *rechazo aparente* directo e indirecto de parte de padres, iguales y la sociedad conduce a un sentimiento de *inseguridad* y a una sensación de que debemos ganarnos la aceptación y el amor. Algunas personas van hasta extremos para conseguir la aprobación de otros (con frecuencia sobre la base del aspecto físico), en tanto que otros dejan de lado esta área y lo compensan con una de las otras.

Significado e identidad

Las personas necesitan un sentido de significado personal e identificación con alguien o algo que está por encima de ellas. Necesitan sentir que tienen valor y que la vida tiene importancia. Pero experiencias de *rechazo de la persona*, sea directo o indirecto, amenazan el sentido que uno tiene del valor personal y del propósito para vivir. Esto puede conducir a sentimientos de *inferioridad* y a diversos intentos por alcanzar importancia, con frecuencia basada en el estatus. Muchas personas encuentran su identidad y valor en encontrar a la pareja adecuada, vivir en el vecindario adecuado, tener el automóvil adecuado, llevar la ropa adecuada o tener los amigos adecuados. Quienes no obtienen lo que quieren en esa esfera pueden tratar de destacar en una de las otras con el fin de minimizar el fracaso.

Competencia y realización

Otra necesidad humana universal es el sentido de competencia y realización que nace de la creencia de que la vida de uno ha producido diferencias y que la persona ha realizado algo que perdurará. Esto se frustra con experiencias directas o indirectas de *rechazo del desempeño* que puede conducir a sentimientos de *ineptitud* de la persona. Muchos tratan de confirmar su valor y encontrar realización por medio de logros y desempeño. Esto puede asumir la forma de logros académicos, musicales o atléticos, pero destaca sobre todo como factor de motivación en la búsqueda de éxito profesional. Una vez más, quienes no obtienen lo que quieren en esta esfera pueden buscar compensarlo acentuando una de las otras.

Así pues, las personas, por lo general, procuran confirmar su valor personal por medio del aspecto, el estatus y el talento. Llevados a ciertos extremos, los esfuerzos por encontrar amor y aceptación conducen a la sensualidad e inmoralidad; los esfuerzos por lograr importancia e identidad conducen al materialismo y la codicia; y los esfuerzos por alcanzar competencia y realización conducen a competitividad y agresión excesivas. En casos extremos, esto puede conducir a su vez a perversión, robo y violencia.

Resulta engañoso acudir a personas, cosas y circunstancias para satisfacer nuestras necesidades, porque nada de esto puede satisfacernos por completo. Con todo, muchos creyentes a menudo caen en esta trampa, a veces aplicando un barniz cristiano sobre el mismo proceso fútil que emplean los no cristianos. Dios ha puesto en nuestro corazón la eternidad (Eclesiastés 3:11), y solo él puede llenar el vacío. Eso no quiere decir que sea malo preocuparse por el aspecto, los bienes o los logros. Todo lo que hacemos como *embajadores de Cristo* (2 Corintios 5:20) debería caracterizarse por su excelencia, porque se hace para la gloria de Dios (1 Corintios 10:31; Colosenses 3:23). Pero si nuestro gozo y paz dependen de cómo lucimos, qué poseemos o lo bien que nos desempeñamos, no estamos pensando en el Creador, sino más bien en la creación para satisfacer las necesidades que Dios ha puesto en nosotros.

En el capítulo siguiente analizaremos el plan de Dios para satisfacer nuestras necesidades y nuestra respuesta al plan de Dios.

Preguntas para aplicación personal

- ¿Cuál de los diez principios que resumen la vida cambiada significan más para nosotros? ¿Cuáles parecen lejanos o poco claros? ¿Cuáles son las impresiones iniciales de las fortalezas y debilidades de este enfoque en cuanto a la formación espiritual?
- Con palabras propias, ¿cuál es la esencia de la vida cambiada?
- ¿Cómo fluye el plan de Dios de su carácter y cómo lo refleja?
- ¿Cómo entendemos las naturalezas vieja y nueva?
- ¿Cuál de las tres categorías de necesidades psicológicas es la más importante para nosotros? ¿A dónde acudimos usualmente para satisfacer esta necesidad?

9

ESPIRITUALIDAD DE VIDA CAMBIADA

El plan de Dios para satisfacer nuestras necesidades

SÍNTESIS DEL CAPÍTULO

En Cristo llegamos a ser miembros de una familia espiritual, de un cuerpo espiritual y de un templo espiritual, y por medio de esta identidad nueva Dios puede satisfacer nuestras necesidades más profundas. El proceso de conocer, considerar y entregarnos a Dios como nuevas personas que han recibido la vida de Cristo enriquece nuestra comprensión de una vida basada en la gracia (Romanos 6).

OBJETIVOS DEL CAPÍTULO

- Agradecimiento por el plan de Dios para satisfacer nuestras necesidades más profundas por medio de nuestra participación en una familia espiritual, un cuerpo espiritual y un templo espiritual
- Estímulo para responder al plan amoroso de Dios mediante conociendo, considerando y entregándonos
- Mejor percepción de qué significa tener la vida de Cristo en nosotros
- Mayor deseo de evitar los a veces sutiles tirones de legalismo y permisividad mediante un crecimiento en libertad

Al confiar en Cristo, somos colocados en una posición en la que seremos restaurados a la intención final de Dios para su pueblo. Cristo nos *redimió* al pagar el castigo por nuestros pecados y liberarnos de la esclavitud del pecado.

En él tenemos la redención mediante su sangre, el perdón de nuestros pecados, conforme a las riquezas de la gracia.

Efesios 1:7

Él nos libró del dominio de la oscuridad y nos trasladó al reino de su amado Hijo, en quien tenemos redención, el perdón de pecados.

Colosenses 1:13-14

Antes de recibir esa circuncisión, ustedes estaban muertos en sus pecados. Sin embargo, Dios nos dio vida en unión con Cristo, al perdonarnos todos los pecados y anular la deuda que teníamos pendiente por los requisitos de la ley. Él anuló esa deuda que nos era adversa, clavándola en la cruz.

Colosenses 2:13-14

Como consecuencia de nuestra redención, las exigencias santas de Dios han sido *propiciadas*, o satisfechas, y hemos sido *justificados* o declarados justos, por el Dios vivo (Romanos 3:24; Tito 3:7); la justicia de Cristo nos ha sido *adjudicada*, o colocada en nuestra cuenta (Romanos 5:18-19; 2 Corintios 5:21). Como ha sido eliminado el obstáculo del pecado, ahora estamos *reconciliados* con Dios y tenemos pleno acceso a él; como hijos suyos adoptados lo podemos llamar «¡Abba! ¡Padre!» (Romanos 8:15). Además, nuestro viejo yo ha sido crucificado con Cristo, de modo que hemos pasado a estar identificados con él en su muerte, sepultura y resurrección y ascensión a la diestra del Padre (Romanos 6:3-11; Gálatas 2:20; Efesios 2:5-6; Colosenses 3:1-4). Nuestra pasada identidad en Adán murió; nuestra identidad nueva y eterna en Cristo se convirtió en una realidad viva cuando pusimos nuestra fe en él.

Sin Cristo, no estábamos en armonía con Dios; la vida era toda ella acerca de uno mismo, y nos sentíamos impelidos a utilizar a las personas, las cosas y las circunstancias para satisfacer nuestras necesidades. En Cristo, estamos en armonía con Dios; como creyentes, la vida debería ser toda ella acerca de Aquel que ya ha satisfecho de lleno nuestras necesidades.

UNA FAMILIA ESPIRITUAL

Dios el Padre quiere establecer una comunidad de seres espirituales a quienes pueda revelárseles, de la que pueda recibir la gloria, la alabanza y el honor que se debe a su nombre, y con quien pueda dar y recibir amor (Efesios 1:4-6). Este deseo se hace realidad en su plan de crear una familia espiritual que pueda amar y aceptar en comunión eterna (Gálatas 4:4-7; Efesios 2:19). Nosotros somos esa familia, y Cristo es el primogénito (Colosenses 1:18).

Como miembros de la familia de Dios, queda completamente satisfecha nuestra necesidad de amor y aceptación incondicionales. En el amor sin límite de

EL PLAN DE DIOS PARA ... NUESTRAS NECESIDADES

Dios encontramos la seguridad. Incluso cuando nos rebelábamos contra él como enemigos suyos, demostró su amor hacia nosotros «en que cuando todavía éramos pecadores, Cristo murió por nosotros» (Romanos 5:8).

Pues estoy convencido de que ni la muerte ni la vida, ni los ángeles ni los demonios, ni lo presente ni lo por venir, ni los poderes, ni lo alto ni lo profundo, ni cosa alguna en toda la creación, podrá apartarnos del amor que Dios nos ha manifestado en Cristo Jesús nuestro Señor.
Romanos 8:38-39

¡Fíjense qué gran amor nos ha dado el Padre, que se nos llame hijos de Dios!
1 Juan 3:1

UN CUERPO ESPIRITUAL

Dios el Hijo desea establecer una comunidad de seres espirituales de los que pueda ser la cabeza y con los que y por medio de los que pueda tener dominio sobre toda la creación (Efesios 1:9-10, 22-23). Este deseo se hace realidad en su plan de crear un cuerpo espiritual que tiene importancia e identidad como extensión de la encarnación de Cristo (Efesios 1:9-12), Somos ese cuerpo y Cristo es la cabeza (Efesios 1:22-23; Colosenses 1:18).

Como componentes individuales del cuerpo de Cristo, queda plenamente satisfecha nuestra necesidad de tener verdadera importancia e identidad. Tenemos significado y propósito por lo que somos en Cristo. Dios no nos salvó por nuestras propias obras «sino por su propia determinación y gracia. Nos concedió este favor en Cristo Jesús antes del comienzo del tiempo» (2 Timoteo 1:9).

Sin embargo como está escrito: "Ningún ojo ha visto, ningún oído ha escuchado, ninguna mente humana ha concebido lo que Dios ha preparado para quienes lo aman".
1 Corintios 2:9

¡Alabado sea Dios, Padre de nuestro Señor Jesucristo! Por su gran misericordia, nos ha hecho nacer de nuevo mediante la resurrección de Jesucristo, para que tengamos una esperanza viva y recibamos una herencia indestructible, incontaminada e inmarchitable.
1 Pedro 1:3-4

UN TEMPLO ESPIRITUAL

Dios el Espíritu Santo desea establecer una comunidad de seres espirituales que recibirán y reflejarán la semejanza de Dios y lo glorificarán para siempre (Efesios 2:21-22). Este deseo se hace realidad en su plan de crear un templo espiritual de piedras vivas en las que puede plasmar su semejanza y poder, capacitados para servirlo y glorificarlo en plenitud eterna (1 Pedro 2:4-5). Nosotros somos el templo y Cristo es la piedra angular (Efesios 2:20).

Como piedras vivas en el templo de Dios, se ha satisfecho en forma plena nuestra necesidad de una competencia y realización eternas. El Espíritu Santo ha bendecido a todo creyente con dones espirituales, y nos han sido dadas oportunidades y capacidades para cumplir con los propósitos que tiene para nosotros. Lo que hacemos con su poder permanecerá para siempre.

Con ese fin trabajo y lucho fortalecido por el poder de Cristo que obra en mí.

Colosenses 1:29

Le pido que, por medio del Espíritu y con el poder que procede de sus gloriosas riquezas, los fortalezca a ustedes en lo íntimo de su ser.

Efesios 3:16

A modo de ejercicio, podemos leer los siguientes versículos para determinar cómo se relacionan con nuestras tres necesidades en cuando a valor personal: 1 Corintios 1:5-9; 2 Corintios 1:21-22; 2:14; 3:4-6; Gálatas 4:4-7; Efesios 1:6, 9-12, 18; 2:10; 3:11-12, 16-20; 6:10-18; Filipenses 2:13; Colosenses 1:11, 21-22, 27:; 3:3; 2 Timoteo 1:7; 1 Pedro 1:5.

Como seguidores de Jesús, debemos mirar más allá de personas, cosas y circunstancias para satisfacer nuestras necesidades. Todo esto es inestable e inadecuado, y si dependemos de ello, fracasaremos. Desenvolverse en la dirección de la carne no satisfará nuestras necesidades; cuando más, apenas puede brindarnos una fachada engañosa de seguridad e importancia. En su lugar, debemos atrevernos a creer que, aunque perdamos todo lo demás, nuestro Dios basta. Esto no minimiza el hecho de que habrá dolor cuando fracasan relaciones y se dan fallos y repudios. Estas cosas son dolorosas, pero no nos destruirán cuando la imagen que tenemos de nosotros mismos se basa en Dios y no en las personas. Desde un punto de vista final, somos amados, somos importantes y somos competentes, pero solo en él y en el plan al cual nos invita.

¿Por qué tantos creyentes siguen actuando como si no lo fueran cuando se trata de buscar seguridad, significado y realización en la vida? La respuesta se encuentra en el hecho de que estas tres poderosas fuerzas se oponen a nuestro caminar en el Espíritu: la carne, el mundo y el demonio (Efesios 2:2-3).

La *carne* es el poder o «ley del pecado» que habita en nuestros miembros (Romanos 7:14-25). No es lo mismo que el «viejo yo», que murió en la cruz (Romanos 6:6). Aunque recibimos un nuevo espíritu cuando recibimos a

Cristo, seguimos encerrados en el mismo cuerpo con sus necesidades y deseos físicos. Tampoco se transformó de manera instantánea nuestra alma o personalidad (mente, emociones y voluntad). No se erradicaron las viejas actitudes, valores, hábitos y acciones que siguen saliendo a la superficie. Nuestros procesos mentales, emocionales y volitivos deben seguir siendo transformados a la nueva persona en la que nos convertimos en Cristo, pero esto toma tiempo, voluntad y la obra del Espíritu Santo. Hemos sido programados para pensar que nuestra identidad se basa en lo que otros piensan y lo que nosotros pensamos acerca de nosotros mismos más que en lo que Dios piensa de nosotros.

Esta programación es en gran parte producto de la segunda de las tres fuerzas, el *mundo*. Vivimos en una cultura que promueve valores y perspectivas que se oponen totalmente a los de la Biblia. Nuestras circunstancias son tan abrumadoramente reales que perdemos de vista que estamos en Cristo. Si bien la Escritura nos dice que somos peregrinos y extranjeros en la tierra y que nuestra ciudadanía está en el cielo, somos proclives a vivir como si esta existencia física fuera la realidad suprema. A no ser que reprogramemos con frecuencia nuestras mentes con las verdades de la Escritura, caeremos bajo la influencia profunda de una cultura que nos dice que encontremos significado en el hedonismo y el materialismo.

La tercera fuerza que actúa en contra de nuestra vida espiritual es el *diablo*. Satanás y sus huestes utilizan el mundo y la carne para lograr su propósito de derrotar las vidas de los cristianos para volverlas inefectivas. Pero Satanás puede oprimirnos solo mientras estemos bajo el control de la carne. No puede derrotar la vida de Cristo en nosotros.

Estas tres fuerzas luchan contra la vitalidad espiritual del creyente, y es fundamental en esta guerra espiritual que cultivemos una perspectiva eterna en vez de temporal. Todo gira en torno de cómo respondemos al plan de Dios para satisfacer nuestras necesidades de valor personal.

NUESTRA RESPUESTA AL PLAN DE DIOS

En Romanos 6, Pablo describe un proceso triple que avanza de la persona interior a la exterior y armoniza al creyente con la verdad espiritual. Comienza por *conocer* nuestra identidad en Cristo (6:3-10), pasa luego a *reconocer* o considerar que estas verdades lo son (6:11) y llega a su culminación al *rendirse* u ofrecerse a Dios (6:12-14).

Conocer

Los cristianos con frecuencia sufren de ignorancia y amnesia espirituales; muchos creyentes o no saben o han olvidado quiénes son en Cristo. Como consecuencia, la imagen que tienen de sí mismos proviene de la fuente equivocada. Utilizando una modificación de Lucas 9:18-20, podemos hacernos tres preguntas fundamentales:

¿Quién decimos que somos?
¿Quién dicen las personas que somos?
¿Quién dice Dios que somos?

Con demasiada frecuencia, nuestro sentido de identidad se basa en nuestras respuestas a las dos primeras preguntas y no en la tercera. Cuando esto sucede, será inevitable que lleguemos a conclusiones no bíblicas y basemos nuestro sentido de valor personal en las cosas equivocadas. Como creyentes en Cristo, nuestra identidad debe basarse no en lo que dicen las personas, sino en lo que Dios dice de nosotros. Afirma que nos ama y nos acepta sin condiciones sin tener en cuenta cómo nos sentimos o actuamos (Romanos 5:8). Nos dice que hemos pasado a estar «unidos con él [Cristo] en su muerte» y que también estaremos «unidos con él en su resurrección» (Romanos 6:5).

Los creyentes saben que Cristo murió por ellos, pero muchos no saben que ellos también murieron en él y con él. Debemos caer en la cuenta de que «sabemos que lo que antes éramos fue crucificado con él para que nuestro cuerpo pecaminoso perdiera su poder, de modo que ya no siguiéramos siendo esclavos del pecado» (Romanos 6:6-7). Por medio de nuestra co-crucifixión con Cristo, hemos muerto a la esclavitud del pecado, y Dios ya lo ha llevado a cabo. Quizá *sintamos* que esto no es así, pero nunca debemos partir de nuestra conducta para determinar nuestra posición; nuestra seguridad e importancia en Cristo no se ven amenazadas por fallos o rechazos terrenales. En su lugar, debemos basar nuestra conducta en nuestra creencia. Quiénes somos lo debería determinar qué hacemos, y no viceversa. Idealmente, nuestra conducta reflejará quiénes somos, pero no nos hace quiénes somos. Nuestra identidad se basa en nuestro nuevo nacimiento en Cristo. Poseemos su justicia (Filipenses 3:9; 2 Corintios 5:21) y su vida es nuestra vida.

Una comprensión sólida de nuestra salvación (Romanos 1-5) es fundamental para crecer en santificación (Romanos 6-8).

Reconocer

Después de que Pablo describe nuestra identificación con Cristo en su muerte, sepultura y vida de resurrección (Romanos 6:3-10), pasa de conocer la verdad a creer en la verdad. «De la misma manera, también ustedes considérense muertos al pecado, pero vivos para Dios en Cristo Jesús» (Romanos 6:11). Debemos no solo aprender la verdad, sino también contar con que lo es. Cuando la verdad está «unida en la fe» en quienes la oyen (Hebreos 4:2), los creyentes pueden disfrutar del reposo de Dios (Hebreos 4:3-10). Pero esto no se da de manera automática. Se nos dice «esforcémonos, pues, por entrar en ese reposo» (Hebreos 4:11) haciendo nuestras verdades que no hemos vivido plenamente y creyendo en ellas a pesar de apariencias opuestas. «El pecado no tiene por qué tener más poder sobre el creyente que el que se le otorga por medio de la incredulidad. Si sigue vivo para pecado se deberá en gran parte al hecho de que no ha sabido considerarse muerto al pecado» (Ruth Paxon).

Reconocer esta realidad es un proceso que no es ni natural ni fácil. La mayor parte de los autores que defienden la vida cambiada concuerdan en que los creyentes tienen que agotar sus recursos antes de poder llegar a una toma genuina de conciencia de su co-crucifixión con Cristo. En la mayoría de los casos, solo cuando las personas llegan al punto del fracaso y la rendición están listas para pasar de la vida basada en el yo a la vida basada en Cristo. James McConkey comentó que «la fe es dependencia de Dios. Y esta dependencia de él solo comienza cuando acaba la dependencia de sí mismo. Y la dependencia de sí mismo solo llega a su fin, en algunos de nosotros, cuando el dolor, el sufrimiento, la aflicción, los planes y esperanzas fracasados nos conducen a ese lugar de impotencia y derrota». En la universidad de la vida, estos no son cursos que alguien decidiría tomar, por cuanto conllevan dolor y la perspectiva amenazadora de la pérdida de control. (Desde un punto de vista bíblico, estamos abandonando la *ilusión* del control, dado que nunca tuvimos control de nuestras vidas; solo pensábamos que lo teníamos). Pero como lo dijo F. B. Meyer, «Si no estamos dispuestos, confesemos que estamos dispuestos a que nos hagan estar dispuestos» (cf. Juan 7:17). Cuando entregamos el control total de nuestra vida y de nuestros planes a Cristo, descubrimos su paz. Cuando perdemos nuestras vidas por él, descubrimos su vida en cambio.

En lo que peleamos «la buena batalla de la fe» (1 Timoteo 6:12) reconocer que lo que Dios ha dicho acerca de nuestra posición en Cristo es verdadero, el Espíritu Santo agregará seguridad y hará que estas verdades se vuelvan más reales en nuestra experiencia. Por esto Pablo oró en Efesios que Dios diera a sus lectores «el Espíritu de sabiduría y de revelación, para que lo conozcan mejor» (Efesios 1:17).

> Pido también que les sean iluminados los ojos del corazón para que sepan a qué esperanza él los ha llamado, cuál es la riqueza de su gloriosa herencia entre los santos, y cuán incomparable es la grandeza de su poder a favor de los que creemos.
>
> *Efesios 1:18-19a*

No deberíamos tratar la vida espiritual en una manera académica o teórica. La verdad de Dios tiene como fin no solo informarnos sino también transformarnos. De hecho nos hemos convertido en nuevas criaturas; somos parte de una nueva especie con una nueva herencia y patrimonio como hijos de Dios y ciudadanos del cielo. Hemos sido conducidos de la muerte en Adán a la vida en Cristo. La vida eterna es la vida de Cristo, y hemos recibido su vida en el momento de nuestra nacimiento espiritual (Romanos 6:4-6; 8:8; 2 Corintios 5:14-17; Gálatas 2:20; Efesios 1:4; 2:6, 10;

Colosenses 1:12-14; 3:1-3; 1 Juan 3:1-2). Cristo no solo está junto a nosotros o frente a nosotros; está *en* nosotros, y desea expresar su vida *por medio de* nosotros. Más aún, el Nueva Testamento es incluso más enfático que estamos *en* él. Estamos en una posición de victoria en Cristo, quien está a la derecha de Dios (Efesios 1:20). Las Epístolas no nos dicen que *sintamos* esta verdad, sino que confiemos en Dios y lo honremos aceptando que así es. De esta forma, comenzamos a partir del carácter y promesas de Dios y no de nosotros mismos. No se trata de pasividad (se puede exagerar la idea del Dios que todo lo hace él mismo), sino de una elección activa vigorizada por la gracia divina. Tampoco se trata de una perfección sin pecado, sino de crecimiento gradual en un contexto de guerra espiritual contra la carne, el mundo y el demonio. La carne, que es la capacidad de vivir la vida con nuestras propias fuerzas y no con el poder del Espíritu, ni se elimina ni se mejora; no nos veremos libres de esta propensión hasta que hayamos resucitado.

Entregarse

Cuando llegamos a conocer nuestra identificación con Cristo y la acompañamos con la fe al reconocerlo como verdadero, es importante que actuemos al respecto presentándonos y entregándonos a Dios como nuevas criaturas en Cristo.

Por lo tanto, no permitan ustedes que el pecado reine en su cuerpo mortal, ni obedezcan sus malos deseos. No ofrezcan los miembros de su cuerpo al pecado como instrumentos de injusticia; al contrario, ofrézcanse más bien a Dios como quienes han vuelto de la muerte a la vida, presentando los miembros de su cuerpo como instrumentos de justicia.

Romanos 6:12-13

Cuando somos transformados en forma progresiva mediante la renovación de la mente (Romanos 12:2) en las verdades de la Escritura, nuestra forma de pensar va conformándose más a lo que Dios, no el mundo, dice acerca de nosotros. Podemos presentarnos delante de Dios como «vueltos de la muerte a la vida» porque hemos llegado a conocer y creer que esto es quienes somos. De igual modo, nuestros cuerpos pueden convertirse en sacrificios vivos y santos que son aceptables a Dios (Romanos 12:1) al presentarle nuestros miembros como instrumentos de justicia (Romanos 6:13).

Si queremos que florezca nuestra vida espiritual, este proceso triple de conocer, reconocer y entregarse debería constituir un hábito cotidiano (Lucas 9:23). Es más fácil olvidar la verdad espiritual que aprenderla. Si no reforzamos este proceso de manera regular, irá desapareciendo paulatinamente.

EL PLAN DE DIOS PARA ... NUESTRAS NECESIDADES

Cuando tomamos a Dios por su palabra al creer en él a pesar de las circunstancias y apariencias opuestas, adquirimos una perspectiva divina respecto a nuestros problemas y caminamos más con su poder y menos con nuestros propios recursos. El reconocer a diario que estamos «muertos al pecado pero vivos para Dios en Cristo Jesús», nos conduce a una comprensión más profunda de que la vida de Cristo es ahora nuestra vida y su destino es ahora nuestro destino. Hemos cambiado lo viejo por lo nuevo, y en él tenemos amor, significado y realización.

Así pues, hemos visto que nuestra verdadera identidad no está en nuestro «hombre exterior» sino en nuestro «hombre interior» (2 Corintios 4:16). Somos seres espirituales que en forma transitoria estamos vestidos con lo perecedero y lo mortal, pero llegará el momento en que «lo corruptible tiene que revestirse de lo incorruptible, y lo mortal, de inmortalidad» (1 Corintios 15:53). Cuando el Señor regrese, lo que somos externamente será perfectamente conformado a la justicia de Cristo que nos ha sido adjudicada interiormente. Hasta entonces, debemos poner la mente «en las cosas de arriba, no en las de la tierra» (Colosenses 3:2) y dar muerte a los obras del cuerpo caminando en dependencia consciente del poder del Espíritu (Romanos 8:13). Tenemos una motivación inherente para que nuestras necesidades se satisfagan, pero debemos recordar constantemente de que ya han sido plenamente satisfechas en Cristo. La verdad nos puede liberar de la esclavitud del egoísmo y del orgullo. Nos puede liberar de ser codiciosos para permitirnos convertirnos en dadores que no esperan ni necesitan nada a cambio. Como comenta C. S. Lewis al final de *Mere Christianity*, «Su yo real, nuevo (que es de Cristo y también suyo, y suyo precisamente porque es de él) no se producirá mientras lo estemos buscando. Se producirá cuando lo estemos buscando a él... Renunciemos a nosotros mismos, y encontraremos nuestro verdadero yo. Perdamos la vida y la salvaremos. No retengamos nada. Nada que no hayamos entregado llegará a ser nunca realmente nuestro. Nada en nosotros que no haya muerto resucitará nunca de entre los muertos. Busquémonos a nosotros mismos, y encontraremos a la larga solo odio, soledad, desesperanza, ira, fracaso y deterioro. Pero busquemos a Cristo y lo encontraremos, y con él incluido todo lo demás».

Si tratamos de satisfacer nuestras necesidades, experimentaremos frustración y fracaso. Si buscamos a Dios y tenemos hambre y sed de él y de su justicia, seremos satisfechos (Mateo 5:6) y nuestras necesidades serán satisfechas. Todo se reduce a la confianza: ¿podemos confiar en Dios como persona y creer que la verdad es lo que Dios dice que lo es, sin tener en cuenta cómo nos sentimos? Esto nos conduce a donde comenzamos, o sea, al carácter de Dios. Al afirmar la bondad y amor de Dios, caemos en la cuenta de que no lleva a cabo su programa a costa nuestra sino para nuestro mayor bien. La desobediencia respecto a él es autodestructiva, en tanto que la obediencia a sus deseos satisface en sí misma. Armados con esta actitud, podemos decir no a la atracción de la carne, del mundo y de Satanás, y sí a Cristo en lo que nos llama a realizar. Cuando respondemos a la verdad en acción obediente, se pone en movimiento un proceso recíproco. Al igual que la actitud conduce a la acción, la acción genera o refuerza la actitud. No se trata de lo uno o lo otro, sino de tanto lo uno como lo otro. La fe va creciendo cuando la ponemos a actuar. Cuando comenzamos a actuar por medio de Cristo en cuanto a manifestar su vida en nosotros y por medio de nosotros, estamos actuando en armonía con la realidad bíblica. Esto a su vez convierte a esas verdades como más reales para nosotros, lo cual a su vez las hace más fáciles de poner en práctica. En cualquier momento dado, estamos reforzando un ciclo o sea positivo o sea negativo de actitudes y acciones. Por esta razón es tan importante renovar nuestra mente con las verdades de la Escritura en forma regular y responder a las mismas convirtiéndolas en acción.

LA VIDA DE CRISTO EN NOSOTROS

La vida espiritual es la *vida de Jesucristo* que se ha reproducido en el creyente. La vida de Cristo «reside en la vida humana, reina sobre ella y se comunica por medio de la misma» (Jack R. Taylor). «He sido crucificado con Cristo, y ya no vivo yo sino que Cristo vive en mí. Lo que ahora vivo en el cuerpo, lo vivo por la fe en el Hijo de Dios, quien me amó y dio su vida por mí» (Gálatas 2:20). Nuestros corazones se han convertido en la morada de Cristo, y esta verdad se va volviendo más real en nuestra toma de conciencia y experiencia a medida que la vamos haciendo nuestra por la fe (Efesios 3:17). Pablo llegó al punto en que identificó tanto su vida con la vida de Cristo que pudo decir desde una celda en una prisión de Roma, «Para mí el vivir es Cristo y el morir es ganancia» (Filipenses 1:21). Esa es la meta de la vida cristiana, una comprensión creciente de nuestra unión con Cristo tanto en nuestro pensamiento como en nuestra práctica.

Jesús lo resumió en estas palabras sencillas pero profundas en Juan 14:20: «yo estoy en mi Padre, y que ustedes en mí, y yo en ustedes». El «ustedes en mí» se refiere a nuestra relación con Cristo en virtud de nuestra vida en él. El «yo en ustedes» habla de nuestra comunión con Cristo en virtud de su vida en nosotros. Lo primero se refiere a nuestra posición o condición; lo segundo se refiere a nuestra práctica o estado. Nuestra relación con Dios es un hecho; se creó gracias a nuestro *nacimiento* espiritual en Cristo. Nuestra comunión con Dios es potencial; se desarrolla con nuestro *crecimiento* espiritual en Cristo.

Estas verdades espirituales se han sintetizado bien:

Jesucristo dio su vida por ustedes [salvación]
para poder darles su vida [santificación]
de modo que pudiera vivir su vida por medio de ustedes [servicio]

EL PLAN DE DIOS PARA ... NUESTRAS NECESIDADES

No podemos generar vida biológica o espiritual; fuimos creados para *recibir* vida espiritual y manifestarla (Juan 15:1-8). Sin embargo, la Escritura nos exhorta a crecer «en la gracia y en el conocimiento de nuestro Señor y Salvador Jesucristo» (2 Pedro 3:18). Este implica un proceso ininterrumpido de caminar en comunión con Dios en respuesta obediente a la luz de su Palabra. No es uniforme el crecimiento en nuestra comprensión y la aplicación de nuestra identidad en Cristo. Al igual que en la naturaleza sucede en la vida espiritual; se dan períodos rápidos de crecimiento seguidos de períodos de relativo letargo. No hay atajos en la experiencia de caminar hacia la madurez en semejanza a Cristo.

> Si afirmamos que tenemos comunión con él, pero vivimos en la oscuridad, mentimos y no ponemos en práctica la verdad. Pero si vivimos en la luz, así como él está en la luz, tenemos comunión unos con otros, y la sangre de su Hijo Jesucristo nos limpia de todo pecado.
>
> 1 Juan 1:6-7

Cuando sucumbimos ante la tentación en pensamiento, palabra u obra, vivimos por debajo de la dignidad de la nueva identidad que hemos recibido en Cristo Jesús. Cuando la luz de la Escritura revela áreas de pecado, debemos responder a la luz con la confesión de nuestros pecados de modo que podamos continuar disfrutando la comunión con el Dios de la luz y la santidad. «Si confesamos nuestros pecados, Dios, que es fiel y justo, nos los perdonará y nos limpiará de toda maldad» (1 Juan 1:9). Desde un punto de vista bíblico, no es normal que los cristianos vivan en la derrota, en especial cuando están tan disponibles la purificación y la comunión. Al permanecer en Cristo, su vida en nosotros afecta cualitativamente todos los aspectos de nuestra existencia terrenal, incluyendo nuestra familia, trabajo, pensamientos, actitudes y palabras.

LEGALISMO, LIBERTINAJE Y LIBERTAD

La espiritualidad auténtica evita los dos extremos de **legalismo** y **libertinaje**. El legalismo insiste en el esfuerzo de la carne por lograr un estándar humano de justicia. Resulta fácil ser víctimas de una actitud farisaica que equipara la espiritualidad con el cumplimiento de un código artificial de conducta. Al confundir los estándares de cristianos con los estándares cristianos, muchos creyentes piensan que seguir un conjunto de «haz esto y no hagas esto» conduce a la santidad personal.

El legalismo hace hincapié en un conjunto externo de normas y prohibiciones más que en la vida interior en el Espíritu. Debido a la influencia de una serie de judaizantes, los gálatas corrían el peligro de cambiar su libertad en Cristo por el yugo de la ley (Gálatas 5:1-8). En su carta de corrección a los gálatas, Pablo insistió en la verdad crucial de que el mismo principio que *salva* a un creyente (la gracia por medio de la fe) también lo *santifica* (ver el cuadro 9:1).

> Solo quiero que me respondan a esto: ¿Recibieron el Espíritu por las obras que demanda la ley, o por la fe con que aceptaron el mensaje? ¿Tan torpes son? Después de haber comenzado con el Espíritu, ¿pretenden ahora perfeccionarse con esfuerzos humanos?
>
> *Gálatas 3:2-3*

> Así el pecado no tendrá dominio sobre ustedes, porque ya no están bajo la ley sino bajo la gracia.
>
> *Romanos 6:14*

> Pero ahora, al morir a lo que nos tenía subyugados, hemos quedado libres de la ley, a fin de servir a Dios con el nuevo poder que nos da el Espíritu, y no por medio del antiguo mandamiento escrito.
>
> *Romanos 7:6*

	LEY	GRACIA
Dice	Hace	Hecho
Enfatiza	Lo que hacemos	Lo que Dios hace
Vive de	La carne (vida del yo)	El Espíritu (vida de Cristo)
Toma de	Nuestros recursos	Los recursos de Dios
Trata de	Normas externas, reglas, estándares	Actitud interna del corazón
Punto focal principal	Debería, debe	Desea
Crea	Esclavitud, deber, obligación	Libertad
Vive la vida de	Fuera a dentro	Dentro a fuera
Declara	Hacer para ser	Son; por tanto hagan
Produce	Culpa y condenación	Aceptación y seguridad
Conduce a	Derrota	Victoria

Cuadro 9.1

El crecimiento cristiano no se logra con reglas externas o con rituales sino con una relación interna. La semejanza a Cristo se desarrolla «por obra del Espíritu y mediante la fe» (Gálatas 5:5).

En tanto que el legalismo promueve una mentalidad de hacer lo que hay que hacer, el libertinaje, el extremo opuesto, se caracteriza por una mentalidad de hacer lo que se desea hacer. Esto nace de una actitud que da por sentada la gracia de Dios y minimiza las consecuencias del pecado (Romanos 6:1, 15). Los cristianos pueden fácilmente caer en la obsesión por la búsqueda del placer, la prosperidad, la popularidad o el poder. Pero el costo del éxito en estas áreas con frecuencia conlleva comprometer la integridad y moralidad personales.

El equilibrio bíblico entre los excesos del legalismo y el libertinaje es la **libertad**. En lugar de hacer lo que tenemos que hacer o de hacer lo que nos venga en gana, tenemos la verdadera libertad en Cristo para hacer lo que a él le agrada. La libertad en Cristo hace hincapié en la transformación interna como la clave de la manifestación externa. El crecimiento en gracia se logra con conocer a la persona de Dios y depender de ella. La ausencia de bendición divina proviene de la incredulidad, no de fallos de dedicación. «Predicar la dedicación primero y la bendición luego, es revertir el orden de Dios, y predicar la ley y no la gracia. La Ley hizo que las bendiciones del hombre dependan de la dedicación; la gracia otorga bendición inmerecida, incondicional; puede darse luego nuestra dedicación, pero no siempre es así, en la medida debida» (William Newell).

NUESTRA POSICIÓN Y NUESTRA PRÁCTICA

Solo como esclavos de Cristo tenemos verdadera libertad. Pero ésta con frecuencia conlleva responsabilidades y consecuencias (Gálatas 6:7-8). Debemos no solo conocer la verdad sino también ponerla en práctica (cuadro 9:2).

Con posición, queremos decir quienes de hecho somos en Cristo Jesús en este momento; no necesitamos esperar hasta que lo veamos para que eso sea verdad. Una vez ingresados por fe en la nueva vida que está

NUESTRA POSICIÓN	NUESTRA PRÁCTICA
Romanos 1–11	Romanos 12–16
Efesios 1–3	Efesios 4–6
Colosenses 1–2	Colosenses 3–4
Creer	Conducta
Quiénes somos	Qué hacemos
Actitudes	Acciones
Posición	Situación
Ser	Llegar a ser
Determinados	Desarrollarse
Riqueza espiritual	Caminar espiritual
Nacimiento en Cristo	Crecimiento en Cristo
Basados en la muerte de Cristo	Basados en la vida de Cristo
Nuestra relación con Dios	Nuestra comunión con Dios
Por gracia por medio de la fe	Por gracia por medio de la fe

CUADRO 9.2

disponible en Cristo, somos llamados como miembros de la familia de Dios de tal forma que nuestra práctica se conforme más y más con nuestra posición en los lugares celestiales en Cristo. Este es el proceso de la vida espiritual, y la base de este proceso es nuestra nueva identidad en Cristo.

Algunos defensores de la vida cambiada han reaccionado con tanta fuerza ante el legalismo y la espiritualidad de hechura propia que han promovido el extremo opuesto. Esta modalidad de enseñanza pasa por alto el proceso, crecimiento, obediencia y aspectos disciplinarios de una transformación progresiva, desarrollo de carácter y formación colectiva. La Escritura con frecuencia se refiere a estos dinamismos progresivos de formación espiritual, y si dejamos de lado esta dimensión, corremos el peligro de reducir la vida espiritual a una forma de perfeccionismo instantáneo que no requiere ningún cambio de parte nuestra.

En realidad, hay una diferencia importante entre los esfuerzos humanos por hacer cosas para Jesús e invitarlo a vivir y manifestar su vida por medio de nosotros. Pero cuando permanecemos en él y caminamos en el Espíritu, ¿es solo Cristo en nosotros, y para nada nosotros, quien ama y sirve a otros? ¿Es el fruto espiritual de amor, gozo, paz, paciencia, amabilidad, bondad, fidelidad, gentileza y control propio lo que se crea en forma instantánea gracias a la dependencia y entrega, o se desarrollan también en forma progresiva estas cualidades a semejanza de Cristo como parte del carácter del creyente? ¿Cómo relacionamos esas verdades sobre la vida cambiada con exhortaciones como la siguiente en 2 Pedro 1:5-8?

> Precisamente por eso, esfuércense por añadir a su fe, virtud; a su virtud, entendimiento; al entendimiento, dominio propio; al dominio propio, constancia; a la constancia, devoción a Dios; a la devoción a Dios, afecto fraternal; y al afecto fraternal, amor. Porque estas cualidades, si abundan en ustedes, les harán crecer en el conocimiento de nuestro Señor Jesucristo, y evitarán que sean inútiles e improductivos.

Debemos afirmar y regocijarnos en la verdad de Cristo que vive en nosotros y por medio nuestro, pero también deberíamos evitar la noción pasiva e inerte de que seguimos sin cambios. La espiritualidad de la vida cambiada hace hincapié en la poderosa dinámica de permanecer en la vida de Cristo y no en crear nuestra propia, pero esto no quiere decir que no seamos gradualmente conformados a su imagen al ir pasando por las fases de desarrollo de la infancia, niñez, adolescencia y madurez espirituales. Cristo nos transforma en el proceso mismo de vivir en nosotros y por medio nuestro.

La santificación es un proceso divino-humano que implica tanto morar en el poder de su Espíritu en nuestro ser interior como la formación gradual de un carácter y conducta semejantes a Cristo. Así pues, debemos mantener el equilibrio de dependencia y disciplina, de soberanía divina y responsabilidad humana. Por esta razón utilizamos la metáfora de un viaje para mostrar que mientras que la permanencia y la obediencia nos mantienen en el camino, no nos conducen de forma instantánea al final del viaje. Si bien la espiritualidad de la vida cambiada insiste en la idea de que la permanencia conduce a la obediencia, la espiritualidad disciplinada subraya la idea de que la obediencia conduce a la permanencia. Ambas son verdaderas, pero miran a la vida espiritual desde diferentes perspectivas.

Así pues, no hay un modelo solo de la vida espiritual que abarque en forma plena el proceso misterioso que incorpora de manera recíproca tanto lo divino como lo humano. La espiritualidad de la vida cambiada se centra en la relación de Cristo en nosotros («yo en ustedes»), en tanto que algunas de las otras facetas de la espiritualidad se centran en la relación de nosotros en Cristo («ustedes en mí»). Tanto la idea de Cristo viviendo en nosotros como de nosotros llegando a conformarnos a su imagen necesitan que se mantengan mediante la afirmación y vivencia de ambas verdades.

La espiritualidad cristiana es una sinergia divino-humana misteriosa. Cuando eliminamos un aspecto o el otro, solucionamos la tensión a costa de la fidelidad bíblica. El equilibrio entre los dos extremos de intención (desempeño) y de falta de intención (pasividad) es la voluntad (participación).

Si definimos el concepto de Cristo «que vive por medio de nosotros» como el proceso de recibir y manifestar su vida que mora en nosotros, armoniza bien con una serie de textos, incluyendo la alegoría de la vid y las ramas en Juan 15: Si permanecemos en él y él permanece en nosotros, estamos recibiendo su vida en lugar de crear nuestra propia vida independiente. Recibimos nuestra vida biológica y espiritual de él, pero esto en forma ninguna elimina nuestras personalidades o desarrollo de carácter.

La transición de la posición a la práctica es el aspecto más difícil de la vida espiritual. Otras facetas de la espiritualidad (p. ej., espiritualidad integral y de proceso) abordan el tema central de cómo podemos lograr que nuestra fe se aplique en los detalles esenciales de la vida cotidiana, y lo examinaremos en las secciones que siguen.

Preguntas para aplicación personal

- ¿Cuál es para nosotros el significado de familia, cuerpo y templo espirituales? Meditar en oración acerca de los textos que tienen que ver con cada uno de manera que estas imágenes bíblicas encuentren un eco más profundo en nuestro ser interior.
- ¿Hasta qué punto nos identificamos con la lucha de Pablo con la carne en Romanos 7:14-25? ¿Cómo relacionamos este conflicto con las verdades en Romanos 6 y 8?
- ¿Cuál ha sido nuestra experiencia con la dinámica de conocer, juzgar y entregarse (Romanos 6)?

CONFORMADOS A SU IMAGEN

- ¿Cómo entendemos «ustedes están en mí y yo en ustedes» (Juan 14:20)?
- En nuestra práctica, ¿nos sentimos a veces atraídos hacia una vida basada en la ley más que a una vida basada en la gracia? ¿Qué efecto tiene esto en nuestras relaciones con Dios y con otros?

FACETA 5

ESPIRITUALIDAD MOTIVADA

Un conjunto de incentivos bíblicos

Las personas se sienten motivadas a satisfacer sus necesidades de seguridad, significado y realización, pero acuden a los lugares equivocados para conseguir la satisfacción de las mismas. Esta sección propone la opción de mirar a Cristo y no al mundo para satisfacer nuestras necesidades. El estudio de la Escritura pone de relieve una serie de motivadores bíblicos: entre ellos están el temor, el amor y la gratitud, las recompensas, la identidad, el propósito y la esperanza, y el anhelo de Dios. Nuestra tarea es estar más motivados por las cosas que Dios declara que son importantes que por las cosas que el mundo considera importantes.

10

ESPIRITUALIDAD MOTIVADA

¿Por qué hacemos lo que hacemos?

SÍNTESIS DEL CAPÍTULO

Del mismo modo que una serie de cosas temporales pueden motivar nuestras acciones, así también hay diversos incentivos bíblicos que pueden estimularnos a perseverar en la búsqueda de conformarnos a la imagen de Cristo. En momentos difíciles, caer en la cuenta de que no hay otras opciones puede conducirnos a aferrarnos al Señor. Un segundo elemento motivador es el temor del Señor, que implica un temor santo de desagradarlo.

OBJETIVOS DEL CAPÍTULO

- Toma de conciencia de que, como seguidores de Cristo, podemos sentirnos atraídos hacia incentivos tanto temporales como bíblicos.
- Caer en la cuenta de que llegan momentos difíciles cuando la ausencia de otras opciones puede ser lo único que nos mantiene anclados a la obediencia.
- Reconocimiento de la importancia crítica del temor del Señor en nuestro pensamiento y práctica.

¿Qué motiva a las personas a comportarse como lo hacen? ¿Por qué a veces evitamos el pecado y otras veces lo preferimos? O desde otra perspectiva, ¿por qué hacemos lo bueno en ciertas ocasiones y no lo hacemos en otras?

A las personas las motiva satisfacer sus necesidades de seguridad, significado y realización, pero para conseguirlo acuden a los lugares equivocados. Este capítulo presenta la opción de mirar a Cristo y no al mundo para satisfacer nuestras necesidades. Nuestra tarea es que nos motiven más las cosas que Dios afirma que son importantes que las cosas que el mundo dice que lo son.

Como los creyentes tienen una nueva naturaleza y en ellos mora el Espíritu de Dios, tienen más opciones que los no creyentes. Pueden escoger caminar según el Espíritu y hacer lo que agrada a Dios, mientras que quienes no conocen a Cristo no pueden agradar a Dios, por cuanto incluso sus obras buenas están contaminadas por la naturaleza caída. «Nada hay tan engañoso como el corazón. No tiene remedio. ¿Quién puede comprenderlo?» (Jeremías 17:9). «Todos somos como gente impura; todos nuestros actos de justicia son como trapos de inmundicia» (Isaías 64:6). «No se vuelven al Altísimo; son como un arco engañoso» (Oseas 7:16). «Porque de adentro, del corazón humano, salen los malos pensamientos, la inmoralidad sexual, los robos, los homicidios, los adulterios, la avaricia, la maldad, el engaño, el libertinaje, la envidia, la calumnia, la arrogancia y la necedad. Todos estos males vienen de adentro y contaminan a la persona« (Marcos 7:21-23).

ELEMENTOS MOTIVADORES VERTICALES Y HORIZONTALES

La Biblia nos dice que el problema de la condición humana es interno y que la única solución es un corazón transformado. La transformación que está disponible por medio del nuevo nacimiento en Cristo se produce de adentro hacia afuera, de manera que en Cristo nos convertimos en nuevas criaturas. Sin embargo, mientras estemos en este cuerpo y en este mundo, los creyentes estamos expuestos a las mismas influencias que atraen a los no creyentes. Los elementos motivadores de este mundo o temporales incluyen el temor de pérdidas, la culpa, el orgullo, la esperanza de beneficios personales, la reputación, el prestigio y el placer. Estos son elementos motivadores «horizontales», ya que están relacionados con la dinámica a corto plazo de lo visible y del ahora. Los elementos motivadores bíblicos, sin embargo, son más «verticales», dado que están relacionados con la dinámica a largo plazo de lo invisible y de lo todavía no. No sorprende, pues, que resulte más fácil inducir a los creyentes con los primeros que con los segundos. Incluso cuando nuestras acciones se basan más en el pensamiento que en las emociones, resulta natural que nuestro pensamiento lo moldee una perspectiva temporal y humana. Solo cuando nos sometemos al señorío de Cristo y renovamos nuestra mente con la verdad espiritual, nuestra vida mental la moldeará una perspectiva eterna y religiosa.

Al comienzo los elementos motivadores bíblicos parecen lejanos y externos, pero a medida que avanzamos en el proceso de madurez y crecimiento espirituales en Cristo, se vuelven más reales e internos. Pero se trata de un proceso gradual, y nunca llega a completarse en el breve tránsito terrenal. Mientras estemos en el mundo nunca llegaremos a una estructura motivadora perfecta; en su lugar, nos encontraremos bajo la atracción de lo natural y de lo espiritual. Por esta razón es importante evitar la parálisis del análisis; si esperáramos a actuar hasta que tuviéramos motivos perfectos y puros, no podríamos hacer nada.

Hasta ahora, he distinguido siete elementos motivadores en la Escritura, pero sería fácil argüir que habría que combinar algunos de ellos o agregar otros. Con todo, analizaremos estos elementos motivadores en vista de sus implicaciones para nuestra vida:

Ninguna otra opción. Cuando aceptamos a Cristo, de hecho admitimos lo inadecuado de cualquier otro enfoque a la vida. Aunque se trata de un elemento motivador negativo, puede tener verdadera fuerza en tiempos de duda y dolor.

Temor. Puede ser tanto negativo (temor de las consecuencias) como positivo (temor de Dios).

Amor y gratitud. Se cita a menudo como elemento motivador positivo.

Recompensas. La Escritura habla mucho más acerca de recompensas como incentivos para la fidelidad y la obediencia que lo que hubiéramos podido suponer.

Nuestra identidad en Cristo. Esto debería tener implicaciones profundas para nuestra conducta.

Propósito y esperanza. Es importante que cultivemos un propósito bíblico para la vida y una esperanza que se basa en el carácter de Dios.

Anhelo de Dios. La visión de Dios ha sido un tema frecuente en la literatura religiosa, aunque no es tan común en la literatura cristiana de nuestro tiempo.

Estas siete realidades bíblicas nos pueden mantener caminando con Cristo en el contexto de las ambigüedades e incertidumbres de la vida. Algunas de estas realidades pueden resultar pertinentes en ciertos momentos e insignificantes en otros. En ciertas situaciones, nos pueden estimular más de una de ellas, y en otras situaciones podemos actuar sin estar conscientes de ninguna de ellas. Nuestras acciones, incluso cuando se relacionan con esferas de ministerio, con frecuencia se basan en una mezcla de motivaciones temporales y bíblicas.

Al examinar la lista, se puede ver que estos elementos motivadores se relacionan con diferentes fases y aspectos del viaje espiritual y que algunos pueden parecer más accesibles que otros. Por ejemplo, nos podemos identificar más con el amor y la gratitud que con el anhelo de Dios. Pero recordemos que todos ellos son facetas de la misma piedra preciosa, ya que están integrados en el carácter y promesas del Dios vivo. En un sentido, son componentes de una sola pasión: una preocupación por una cosa por encima de todas, la única cosa que más se necesita (Lucas 10:41-42). Cuando no nos mueve e impulsa el único atractivo final, nos tientan múltiples deseos. Las preocupaciones del mundo, el engaño de las riquezas y los deseos de otras cosas (Marcos 4:19) pueden sofocar la palabra en nuestra vida e impedirnos producir fruto duradero. Cuando nos apartamos de las atracciones del mundo para acudir a la persona de Cristo, descubrimos «el imán que arrastra, el ancla que asegura, la fortaleza que defiende, la luz que ilumina, el tesoro que enriquece, la ley que gobierna y el poder que hace posible» (Alexander Maclaren).

En este capítulo estudiaremos los dos primeros de estos siete elementos motivadores, ninguna otra opción y el temor del Señor.

NINGUNA OTRA OPCIÓN

El primero de los elementos motivadores bíblicos de hecho es negativo, pero hay ocasiones en que puede resultar ser lo único que nos mantiene apegados al proceso de obediencia. La mejor ilustración de esta realidad son las consecuencias del controvertido discurso de Jesús acerca del pan de vida en el capítulo sexto del evangelio de Juan. Cuando el Señor dijo, «Yo soy el pan vivo que bajó del cielo. Si alguno come de este pan, vivirá para siempre. Este pan es mi carne, que daré para que el mundo viva» (v. 51), sus oyentes se sintieron repelidos ante el pensamiento de canibalismo. Su sentido de repugnancia se incrementó cuando Jesús agregó, «El que come mi carne y bebe mi sangre tiene vida eterna, y yo lo resucitaré en el día final. Porque mi carne es verdadera comida y mi sangre es verdadera bebida. El que come mi carne y bebe mi sangre, permanece en mí y yo en él» (vv. 54-56).

Estas misteriosas palabras hicieron que muchos de los discípulos de Jesús tropezaran, y comenzaron a discutir entre sí. Juan sigue diciendo que «Desde entonces muchos de sus discípulos le volvieron la espalda y ya no andaban con él. Así que Jesús les preguntó a los doce: —¿También ustedes quieren marcharse? –Señor —contestó Simón Pedro—, ¿a quién iremos? Tú tienes palabras de vida eterna. Y nosotros hemos creído y sabemos que tú eres el Santo de Dios» (Juan 6:66-69).

Dudo que Pedro tuviera una comprensión más clara de las difíciles afirmaciones de Jesús que los muchos discípulos que se apartaron de él. La diferencia radica en que mientras los discípulos que lo abandonaron eran simplemente curiosos o incluso convencidos, Pedro y los otros discípulos que continuaron acompañando a Jesús estaban comprometidos. Su compromiso con el Señor iba más allá de su comprensión mental, porque habían aprendido a confiar en él incluso cuando no lo podían entender. Pero Pedro y los otros que siguieron con Jesús entendieron esto: cuando le entregaron sus vidas, no había vuelta atrás. Cayeron en la cuenta de que nada en este mundo les bastaría y que no había ningún otro lugar a donde pudieran ir.

Del igual modo, cuando entregamos nuestra vida a Cristo, reconocemos lo mismo. Entregarse a él significa abandonar cualquier otra alternativa y admitir la quiebra de todos los otros enfoques en cuanto al significado, valor y propósito en la vida.

En un universo sin Dios, no hay ninguna fuente de significado final. Como lo analizo en *I'am Glad you Asked*, el universo se está expandiendo, y dejado a sí mismo, las galaxias irán alejándose más unas de otras y llegará el momento en que las estrellas arderán hasta extinguirse. Todo será frío, oscuro y sin vida. En una escala de tiempo cósmico, la raza humana (lo mismo la vida de una persona individual) aparece en la existencia por un momento sumamente breve antes de volver a la nada. Desde un punto de vista final, todo lo que hacemos carece de importancia, ya que ninguno de nosotros sobrevivirá para recordar en la noche cósmica sin fin. Sin Dios y la inmortalidad, nuestra vida, y de hecho la de toda la raza humana, resulta fútil. En palabras de Ernest Nagel, «El destino humano es un episodio entre dos olvidos». Tenemos la ilusión de importancia porque todavía hay otros en torno nuestro, pero a largo plazo, todos nosotros desapareceremos, y nuestra obra y sacrificio no harán ninguna diferencia para un cosmos impersonal e indiferente.

De igual modo, sin un Dios personal, no existe una base para la *moralidad*, dado que valores como bueno y malo son relativos y no tienen ningún sustento absoluto. Si somos el producto de una combinación accidental de moléculas en un universo finalmente impersonal, valores humanos como honestidad, hermandad, amor e igualdad no tienen más importancia cósmica que traición, egoísmo, odio y prejuicio.

En una realidad sin Dios carecemos de *propósito*. Un universo impersonal carece de propósito y de plan; solo avanza hacia el deterioro, el desorden y la muerte. Es el «cuento que cuenta un idiota, lleno de ruido y violencia, sin ningún significado» de Macbeth. Podemos tratar de asumir propósitos a corto plazo, pero cuando se ven desde una perspectiva más amplia, no tienen sentido, porque el universo mismo no tiene sentido.

Pocas personas han reflexionado acerca de estas implicaciones lógicas de un mundo sin Dios, y nadie puede vivir de forma coherente sin ellas. Todos nosotros actuamos como si la existencia humana tuviera sentido, como si los valores reales fueran reales, y como si la vida humana tuviera propósito y dignidad. Es decir, actuamos como si Dios existiera, ya que todas estas cosas presuponen un Creador personal infinito.

A pesar de ello, incluso como creyentes, podemos sentirnos inclinados en tiempos difíciles a cuestionar la validez de seguir a Cristo y de obedecer a la Escritura. Podemos preguntarnos si ni siquiera vale la pena. En tiempos como estos, este elemento motivador negativo puede ser el único hilo que nos mantiene en contacto con la realidad; ¿a dónde más podemos acudir? O Cristo es el camino, la verdad y la vida, o no lo es; no hay entremedio. Y si es quien dice ser, no hay camino genuino, verdad absoluta y vida eterna aparte de él. La honestidad de admitir esto en tiempos de prueba y pérdida puede ayudarnos a aferrarnos a Dios incluso cuando parece que no hay ninguna razón positiva para hacerlo. Para parafrasear una afirmación en *Screwtape Letters* de C. S. Lewis, la causa de Satanás nunca corre mayor peligro que cuando un ser humano, que ya no desea pero que todavía quiere hacer la voluntad de Dios, mira a un universo que lo rodea en el que parece haber desaparecido toda huella suya, y se pregunta por qué ha sido abandonado, y todavía obedece.

EL TEMOR DEL SEÑOR

Porque es necesario que todos comparezcamos ante el tribunal de Cristo, para que cada uno reciba lo que le corresponda, según lo bueno o malo que haya hecho mientras vivió en el cuerpo. Por tanto, como sabemos lo que es el temor al Señor, tratamos de persuadir a todos.

2 Corintios 5:10-11a

Oímos poco acerca del temor del Señor en nuestro tiempo, y hay poca evidencia de que en la comunidad de creyentes sea una fuente de motivación para la conducta. Pero incluso un estudio superficial de una concordancia bíblica revelará que el temor de Dios se valora mucho no solo en el Antiguo Testamento sino también en el Nuevo. La afirmación de Pablo que se acaba de citar deja bien claro que el temor del Señor es un sólido componente en su estructura de motivaciones. Forma parte del por qué sufrió tanto en el proceso de persuadir a las personas acerca de las buenas nuevas de perdón y novedad de vida en Cristo Jesús (compárese con su afirmación en 1 Corintios 9:16: «¡Ay de mí si no predico el evangelio!»

¿Qué quiere decir temer a Dios? Pensemos en las palabras de Jesús a la multitud reunida en torno suyo: «A ustedes, mis amigos, les digo que no teman a los que matan el cuerpo pero después no pueden hacer más. Les voy a enseñar más bien a quién deben temer: teman al que, después de dar muerte, tiene poder para echarlos al infierno. Sí, les aseguro que a él deben temerle» (Lucas 12:4-5). Aunque el Dios vivo y omnipotente es digno de mucha más reverencia que la que otorgamos a las personas, Jesús sabe que nuestra tendencia natural es preocuparnos más por las opiniones y respuestas de personas a las que vemos que por el favor de Dios a quien no podemos ver. Las palabras de Jesús nos recuerdan que sucumbir a esta tendencia de tomar más en cuenta lo visible que lo invisible es un error grave, porque las consecuencias de la desobediencia a Dios son mucho mayores que las consecuencias de desobedecer a las personas. La autoridad de Dios es absoluta, y nuestro destino final está solo en sus manos. Por tanto, todo lo que no sea aceptación absoluta de lo que exige de nuestras vidas es un intento descaminado de autonomía, y este es un juego que nunca podemos ganar.

Pero ¿cómo entender las conocidas palabras del apóstol Juan en 1 Juan 4:18? «El amor perfecto echa fuera el temor. El que teme espera el castigo, así que no ha sido perfeccionado en el amor»? Juan ha estado describiendo la confianza que tenemos, como creyentes en Cristo, en el día del juicio, sabiendo que hemos recibido el amor de Dios. Este amor disipa el terror de la

¿POR QUÉ HACEMOS LO QUE HACEMOS?

condenación y nos da seguridad de que permanecemos en Cristo porque nos ha dado su Espíritu (4:13). Pero Juan no disipa la necesidad de un temor santo y de reverencia de Dios. De hecho, cuando vio al Cristo glorificado (Apocalipsis 1), cayó a los pies del Señor como hombre muerto. En ese momento, el Señor puso su mano diestra sobre Juan y dijo, «No tengas miedo. Yo soy el Primero y el Último, y el que vive. Estuve muerto, pero ahora vivo por los siglos de los siglos, y tengo las llaves de la muerte y del infierno» (Apocalipsis 1:17-18).

El Antiguo y el Nuevo Testamentos relacionan el temor de Dios con conocerlo, amarlo, obedecerlo y honrarlo. «No tengan miedo les respondió Moisés. Dios ha venido a ponerlos a prueba, para que sientan temor de él y no pequen» (Éxodo 20:20). «¡Ojalá su corazón esté siempre dispuesto a temerme y a cumplir todos mis mandamientos, para que a ellos y a sus hijos siempre les vaya bien!» (Deuteronomio 5:29). «Teme al Señor tu Dios, sírvele solamente a él, y jura solo en su nombre» (Deuteronomio 6:13). «Y ahora, Israel, ¿qué te pide el Señor tu Dios? Simplemente que le temas y andes en todos sus caminos, que lo ames y le sirvas con todo tu corazón y con toda tu alma» (Deuteronomio 10:12). «Y dijo a los mortales: Temer al Señor: ¡eso es sabiduría! Apartarse del mal: ¡eso es discernimiento!» (Job 28:28). «¿Quién es el hombre que teme al Señor? Será instruido en el mejor de los caminos» (Salmo 25:12). «¡Grande es el Señor y digno de alabanza, más temible que todos los dioses!» (Salmo 96:4). «Si tú, Señor, tomaras en cuenta los pecados, ¿quién, Señor, sería declarado inocente? Pero en ti se halla perdón, y por eso debes ser temido» (Salmo 130:3-4). «No seas sabio en tu propia opinión; más bien, teme al Señor y huye del mal» (Proverbios 3:7). «Pero para ustedes que temen mi nombre, se levantará el sol de justicia trayendo en sus rayos salud» (Malaquías 4:2). «Los que temían al Señor hablaron entre sí, y él los escuchó y les prestó atención. Entonces se escribió en su presencia un libro de memorias de aquellos que temen al Señor y honran su nombre» (Malaquías 3:16). «Mientras tanto, la iglesia disfrutaba de paz a la vez que se consolidaba ... pues vivía en el temor del Señor. E iba creciendo en número, fortalecida por el Espíritu Santo» (Hechos 9:31). «Como tenemos estas promesas, queridos hermanos, purifiquémonos de todo lo que contamina el cuerpo y el espíritu, para completar en el temor de Dios la obra de nuestra santificación» (2 Corintios 7:1). «Sométanse unos a otros, por reverencia a Cristo» (Efesios 5:21). «Lleven a cabo su salvación con temor y temblor» (Filipenses 2:12). «Cuidémonos, por tanto, no sea que, aunque la promesa de entrar en su reposo sigue vigente, alguno de ustedes parezca quedarse atrás» (Hebreos 4:1). «Ya que invocan como padre al que juzga con imparcialidad las obras de cada uno, vivan con temor reverente mientras sean peregrinos en este mundo» (1 Pedro 1:17). «Gritaba a gran voz: "Teman a Dios y denle gloria, porque ha llegado la hora de su juicio. Adoren al que hizo el cielo, la tierra, el mar y los manantiales"» (Apocalipsis 14:7). «¿Quién no te temerá, oh Señor? ¿Quién no glorificará tu nombre?» (Apocalipsis 15:4). «¡Alaben ustedes a nuestro Dios, todos sus siervos, grandes y pequeños, que con reverente temor le sirven!» (Apocalipsis 19:5).

El temor del Señor no solo significa cultivar un miedo reverencial de Dios, sino que se relaciona también con la forma de pensar de una persona en un gran reino. Es el reconocimiento de que el Rey detenta todo el poder y autoridad en su mano y que la vida, ocupación y futuro del súbdito dependen de la buena voluntad del Rey. Es el reconocimiento constante de su soberanía y de la verdad de que nuestras vidas están en sus manos. Es el fundamento de la sabiduría porque conduce a un sentido de dependencia, sumisión y confianza profundas.

Debería formar parte de nuestra estructura de motivaciones una comprensión más profunda de que somos siervos de Cristo (ver Lucas 17:7-10). Nos puede apartar de la necedad que supone confiar en personas más que en Dios. «¡Maldito el hombre que confía en el hombre! ¡Maldito el que se apoya en su propia fuerza y aparta su corazón del Señor! ... Bendito el hombre que confía en el Señor, y pone su confianza en él» (Jeremías 17:5, 7). Es un error espiritual garrafal estar más preocupados por complacer a personas que por complacer a Dios y tener más temor de la censura humana que de la divina.

Será sabio cultivar un temor, miedo y asombro santos ante la magnificencia, poder, gloria y grandeza del Creador y Señor de los cielos y la tierra. Como Juan, cuando vemos al Cristo glorificado, lo que ahora percibimos apenas acerca de sus poderes y perfecciones se volverá mucho más claro. Quizás reaccionaremos como lo hicieron dos de los animales en *The Wind in the Willows* cuando vieron al «Flautista en el Puerta del Amanecer»:

«¡Rata!» le quedó aliento para susurrar, temblando. «¿Tienes miedo?»
«¿Miedo?» murmuró la Rata, los ojos brillando con indescriptible amor. «¡Miedo!»
¿De *él*? ¡Oh, nunca, nunca! Y con todo, con todo, ¡Oh Topo, tengo miedo!»
Entonces los dos animales, arrastrándose por el suelo, inclinaron la cabeza y lo adoraron.

«El comienzo de la sabiduría es el temor del Señor; conocer al Santo es tener discernimiento» (Proverbios 9:10).

En el capítulo siguiente examinaremos los elementos motivadores tercero y cuarto: amor y gratitud, y recompensas.

Preguntas para aplicación personal

- ¿Cuáles de los siete elementos motivadores horizontales han influido más en nuestro pensamiento y conducta?

¿POR QUÉ HACEMOS LO QUE HACEMOS?

- Clasifiquemos la lista de los siete elementos motivadores verticales en orden de atractivo práctico en nuestro caso. ¿Qué nos dice esto acerca de la naturaleza de nuestro caminar espiritual?
- ¿Hemos vivido experiencias en las que la realidad de no disponer de otras opciones fue lo que nos mantuvo vinculados al Señor? ¿Por qué podrían resultar necesarias dichas experiencias?
- ¿Qué significa para nosotros el temor de Dios? ¿Es un concepto real o lejano? ¿Cómo puede influir más nuestra fe y conducta?

11

ESPIRITUALIDAD MOTIVADA

Amor, gratitud y recompensas

> ### SÍNTESIS DEL CAPÍTULO
>
> El tercer elemento motivador bíblico es una respuesta cada vez mayor de amor y gratitud a medida que vamos viendo en formas nuevas los actos y provisiones gratuitos de Dios. La Escritura también nos alienta a buscar las recompensas que nuestro Señor dará a quienes hayan sido fieles en las oportunidades que se les han brindado.
>
> ### OBJETIVOS DEL CAPÍTULO
>
> - Sentido creciente de amor y gratitud hacia el Señor a la luz de lo que ha hecho por nosotros.
> - Mejor comprensión de las recompensas como incentivos bíblicos para ser fieles a Dios.
> - Entendimiento más claro de lo que dice la Escritura acerca de las recompensas en el reino de los cielos.

AMOR Y GRATITUD

El tercer elemento motivador bíblico es positivo en su naturaleza: es la respuesta de amor y gratitud por quien es Dios y por todas las cosas maravillosas que ha hecho por nosotros. La Biblia es clara en que el amor de Dios por nosotros siempre antecede nuestro amor por él. «El que no ama no conoce a Dios, porque Dios es amor. Así manifestó Dios su amor entre nosotros: en que envió a su Hijo unigénito al mundo para que vivamos por medio de él. En esto consiste el amor: no en que nosotros hayamos amado a Dios, sino en que él nos amó y envió a su Hijo para que fuera ofrecido como sacrificio por el perdón de nuestros pecados» (1 Juan 4:8-10). La fuente infinita e inmutable de amor descendió hasta nosotros, incluso cuando éramos sus enemigos en necia rebelión contra su persona y propósitos. «Pero Dios demuestra su amor por nosotros en esto: en que cuando todavía éramos pecadores, Cristo murió por nosotros» (Romanos 5:8). En cierta ocasión, alguien lo formuló así: «Le pregunté a Jesús cuánto me amó. Extendió los brazos y dijo, "tanto así", y murió». Jesús nos amó cuando no éramos dignos de amor y no merecíamos su atención y cuidado. Debido a su obra angustiante como portador de nuestros pecados, ha quedado abierto el camino para quienes estábamos «alejados de Dios y eran sus enemigos» (Colosenses 1:21) para convertirse en hijos amados de Dios, miembros de su familia real para siempre. Este amor nos humilla porque es inmerecido, pero nos engrandece porque quiere decir que cuando acudimos a Dios entregándonos a su Hijo, nada de lo que hagamos nos puede separar de su amor (Romanos 8:38-39).

Cuanto más lleguemos a comprender este amor divino y a introducirnos en él, tanto más querremos corresponderle amando y honrando al Amante eterno de nuestras almas. Como escribe Juan, «Nosotros amamos a Dios porque él nos amó primero» (1 Juan 4:19). La seguridad e importancia del amor inagotable de Dios nos proporciona la base para responder con amor a Dios y para expresar ese amor por medio de actos de servicio amoroso a otros. En el Aposento Alto, Jesús dijo, «Así como el Padre me ha amado a mí, también yo los he amado a ustedes. Permanezcan en mi amor. Si obedecen mis mandamientos, permanecerán en mi amor, así como yo he obedecido los mandamientos de mi Padre y permanezco en su amor» (Juan 15:9-10). Hay una relación mutua entre permanecer en el amor de Cristo y guardar sus mandamientos. Cuando permanecemos en su amor inmerecido, comenzamos a ver que sus mandamientos no son una carga sino que liberan. Al permanecer en su amor, nos volvemos más proclives a obedecerle no solo porque va a favor de nuestros mejores intereses, sino también porque le complace. Por esto escribió el apóstol Pablo, «Por eso nos empeñamos en agradarle, ya sea que vivamos en nuestro cuerpo o que lo hayamos dejado» (2 Corintios 5:9). Las ambiciones de este mundo están directa o indirectamente vinculadas al enaltecimiento propio; la ambición del verdadero discípulo no es la exaltación del yo sino la exaltación de Cristo. A medida que crecemos en el discipulado, nuestra estructura de motivaciones la va moldeando cada vez más el amor de Cristo por nosotros y nuestro amor creciente por él. («El amor de Cristo nos obliga, porque estamos convencidos de que uno murió por todos, y por consiguiente todos murieron» [2 Corintios 5:14]). Esta relación es recíproca: cuanto más lo amemos, tanto más desearemos obedecerle; cuanto más le obedezcamos, tanto más creceremos en nuestro conocimiento suyo y en nuestro amor por él.

Permítanme plantear dos preguntas que pueden ayudarnos a determinar en qué punto nos encontramos en este viaje espiritual. ¿Amamos a Dios más por él mismo que por sus dádivas y beneficios? ¿Nos sentimos más motivados a buscar su gloria y honor que a buscar los nuestros? Estas preguntas son cruciales, no triviales, y exhorto a que las convirtamos en tema de reflexión en oración y no en observaciones casuales. Si no podemos con toda honestidad contestar sí a cualquiera de las dos, no nos desanimemos, pero hagámonos una tercera pregunta: ¿Queremos que la respuesta sea sí?

En este caso, ofrezcamos esta intención al Señor como deseo de nuestro corazón, porque le complacen estas ofertas. Pero a los talones de la tercera pregunta le sigue una cuarta: Como este nivel de compromiso siempre conlleva costos, ¿estamos dispuestos a pagar el precio? «Si ustedes me aman, obedecerán mis mandamientos …¿Quién es el que me ama? El que hace suyos mis mandamientos y los obedece. Y al que me ama, mi Padre lo amará, y yo también lo amaré y me manifestaré a él… El que me ama, obedecerá mis palabras, y mi Padre lo amará, y haremos nuestra vivienda en él. El que no me ama, no obedece mis palabras» (Juan 14:15, 21, 23-24). El costo de la obediencia asumirá diversas formas, pero si nos comprometemos a amar a Jesús, nos dará la gracia necesaria.

La gratitud está estrechamente relacionada con el amor, ya que ambos se basan en el carácter amoroso de Dios y en la expresión de su carácter en los muchos beneficios que ha derramado sobre nosotros. Si pensamos en la hondura y anchura del cuidado y bendiciones de Dios en nuestras vidas, caeremos en la cuenta de que es muy justo que le demos gracias en todo (1 Tesalonicenses 5:18). Sin embargo, solemos estar más inclinados a ver nuestras vidas en función de lo que no tenemos que en términos de lo que ya hemos recibido. En lugar de ver la plenitud de lo que hemos recibido en Cristo, tendemos a considerar nuestras experiencias a partir de una perspectiva de carencias. Nuestra gratitud va desapareciendo con rapidez cuando pasamos por alto las dádivas de Dios, dándolas por sentadas, o considerándolas como derecho nuestro.

Deberíamos ser sabios para conservar vivo el recuerdo mediante una revisión periódica de qué fue en otro tiempo, lo que podría haber sido y lo que puede muy bien volver a ser aparte de la gracia de Dios. Deberíamos asombrarnos y agradecer la multitud de cosas buenas en nuestra vida, incluyendo las que a menudo pasamos por alto, tales como alimentos y techo, salud, libertad, amigos, acceso libre a las Escrituras, y sobre todo, las riquezas de las que disponemos en una relación con Cristo Jesús. A medida que nuestra gratitud para quien Dios es y lo que ha hecho comienza a aumentar, se vuelve una fuente significativa de motivación para servir al Señor y a los demás.

La gratitud por lo que Dios ha hecho por nosotros en el pasado también nos puede motivar a confiar en él en el presente por lo que va a hacer en el futuro. Juan de Ávila observaba que «un acto de acción de gracias cuando las cosas van mal vale por miles de acciones de gracias cuando las cosas van bien». Cuando desarrollamos el hábito de contar las bendiciones que hemos recibido como hijos amados de Dios, nos volvemos más proclives a considerar las pruebas y desengaños con los que nos enfrentamos desde una postura a largo plazo (Romanos 8:18, 28). El amor y la gratitud son saludables elementos motivadores bíblicos que pueden ayudarnos a continuar en el proceso de crecimiento a semejanza de Cristo.

AMOR, GRATITUD Y RECOMPENSAS

En *Living Christ*, Joe Stowell cuenta la historia de la mujer y de Simón y de cómo la mujer amó mucho porque se le había perdonado mucho. Luego escribe:

Subráyenlo: amar a Cristo es una respuesta, una respuesta a su amor permanente, inmerecido por nosotros. Su asombrosa gracia nos motiva como ninguna otra cosa para vivir nuestras vidas en formas únicas y, de ser necesario, valientes, que expresen nuestro profundo afecto y honra por Él ante un mundo que observa y a menudo critica. ¿Por qué ustedes o yo perdonaríamos a un padre que hubiera abusado de nosotros? ¿Por qué alguien soportaría un matrimonio difícil solo por la convicción de que es lo justo y lo mejor que se puede hacer? ¿Por qué los cristianos de Sudán permiten que los vendan como esclavos antes que negar el nombre de Cristo? ¿Por qué las personas abandonan puestos lucrativos y de gran reconocimiento para asumir alguna tarea insignificante en la obra del reino de Cristo? ¿Por qué mártires murieron llenos de gozo y otros vivieron en situaciones terribles con un espíritu bueno e incondicional? Créanme, este desprendimiento no nace de un sentido de obligación y deber. Estas cualidades no proporcionan suficiente decisión. Cuando la suerte está echada o lo que está en juego es muy grande, el simple compromiso rara vez resulta suficiente para conducirnos hacia la victoria.

Estas acciones desprendidas las motiva un deseo de expresar amor y gratitud a Jesús por las cosas maravillosas que ha hecho por nosotros.

RECOMPENSAS

La Escritura enseña responsabilidad universal delante de Dios. A todas las personas se les exigirá que rindan cuentas a su Creador, pero habrá una diferencia significativa entre el juicio de Dios de creyentes y no creyentes. La entrada al cielo es solo cuestión de la gracia de Dios y no de obras, por cuanto «todos han pecado y están privados de la gloria de Dios» (Romanos 3:23). La justicia de Dios significaría que todos estarían eternamente separados de la santidad de Dios, pero que la gracia de Dios nos ofrece mucho más que lo que exige la justicia.

La Escritura también afirma que la experiencia del cielo y del infierno no será uniforme, ya que parece que hay grados de castigo (p. ej., Lucas 12:47-48; Mateo 11:21-24; Apocalipsis 20:12) y, como veremos, grados de recompensa. Si bien la salvación es por gracia, las recompensas en el reino de los cielos se basan en obras. Esto quiere decir que la calidad de nuestra vida en este planeta tiene consecuencias eternas y que cómo vivimos en este ámbito temporal tendrá relación directa con la calidad de la eternidad.

Nos guste o no, cada uno de nosotros es responsable delante de Dios, y nadie eludirá su justo juicio. Los incrédulos se enfrentarán al juicio ante el gran trono blanco (Apocalipsis 20:11-15) y serán juzgados sobre la base de sus obras. Los creyentes se presentarán ante el tribunal de Cristo (2 Corintios 5:10), donde también serán sometidos a juicio sus obras (1 Corintios 3:10-15). La diferencia es que «no hay ninguna condenación para los que están unidos a Cristo» (Romanos 8:1; ver Juan 5:24), porque Cristo llevó sobre sí el juicio de ellos y les entregó su vida. Sin embargo, el tribunal de Cristo no es un asunto trivial, ya que puede conllevar pérdida al igual que recompensa en el reino del cielo. A veces lo formulo así: es fácil en el coro de la vida cantar simulando, pero cada uno de nosotros tendrá que cantar solo delante de Dios.

Cuando nos entregamos a Cristo, él se convierte en el fundamento de nuestra vida y en la base de nuestra entrada al cielo. La superestructura que levantamos sobre el fundamento se compone de nuestras obras, que se hacen «con oro, plata y piedras preciosas, o con madera, heno y paja» (1 Corintios 3:12). En el tribunal, se prende fuego a la superestructura para poner a prueba la calidad del trabajo de cada uno. Seremos recompensados por lo que supere la prueba de la purgación con fuego (oro, plata, piedras preciosas) y sufrirán pérdidas por lo que es consumido por el fuego (madera, heno, paja). Ante el hecho de que los creyentes pueden sufrir pérdida de recompensas debido a su falta de fidelidad o recibir la aprobación de Dios por su fidelidad (ver 1 Corintios 9:25-27; Filipenses 3:10-14; 2 Timoteo 2:12; 4:7-8; Santiago 3:1), resulta peligroso vivir con complacencia, como si fuéramos a evitar el día de rendir cuentas.

Así pues, el temor de perder y la esperanza de ser recompensados son dos motivaciones bíblicas legítimas, y nuestro Señor subrayó su importancia en múltiples ocasiones (p. ej., Mateo 6:19-20; 19:27-30; Lucas 12:42-44; Juan 12:25-26; Apocalipsis 22:12). En tres de sus parábolas, Jesús arrojó luz a la condición para las recompensas y reveló que es muy diferente de los criterios que utiliza el mundo para determinar las compensaciones. Según la parábola de los viñadores (Mateo 20:1-16), las recompensas no se basan en la cantidad de tiempo que uno trabaja en la viña del Señor. La providencia de Dios determina la cantidad de los bienes de este mundo y la cantidad de tiempo para los que nos serán confiados. Nuestra responsabilidad se relaciona con la forma en que invertimos el tiempo que se nos ha concedido, ya sea que se nos den un año o setenta después de nuestra conversión a Cristo.

La parábola de los talentos (Mateo 25:14-30) y la palabra del dinero (Lucas 19:11-27) nos enseñan que las recompensas no se basan ni en los dones y capacidades que hemos recibido ni en el nivel de nuestra productividad. En su lugar, los determinan el grado de nuestra fidelidad a las oportunidades que nos han sido dadas. Si las recompensas se basaran en tiempo, talento o tesoro, quienes son relativamente ricos en estos

AMOR, GRATITUD Y RECOMPENSAS

bienes serían recompensados por poseer cosas que proceden de la mano providencial de Dios. El hecho de que las recompensas se basen en la fidelidad en cuanto a los bienes y oportunidades que nos han sido dados es el nivelador divino que da a todos los creyentes, sin tomar en cuenta el estatus económico, social, intelectual o vocacional, la posibilidad de ser aprobados por Dios.

La fidelidad se relaciona con el tema de la mayordomía de los bienes y recursos de otro. Veo varias facetas de mayordomía que incluyen no solo tiempo, talento y tesoros sino también verdad y relaciones. De nuevo en este caso, la pregunta no es a cuanta verdad hemos estado expuestos o la dimensión de nuestra influencia en las relaciones, sino o qué hacemos con la verdad y con las personas que Dios nos ha dado. En el Nuevo Testamento, la fidelidad también se relaciona con al grado de nuestra obediencia a los preceptos y principios de Dios revelados en la Escritura, incluyendo nuestra participación en la Gran Comisión, así como la forma en que respondemos a las circunstancias en las que hemos sido colocados. La aprobación de Dios se relaciona más con el punto focal de nuestro corazón que los logros mensurables que se suelen asociar con lo que nuestro mundo llama éxito.

Aunque la Escritura a menudo nos estimula a buscar recompensa de parte de Dios, nos dice poco acerca de la naturaleza y contenido de dicha recompensa. Creo que la razón principal de ello es que en nuestro estado actual, tenemos una capacidad limitada para captar la verdadera naturaleza de las recompensas celestiales (1 Corintios 2:9). Pero podemos muy bien tener la seguridad de que valdrán lo que cualquier sacrificio temporal nos exija. En mi reflexión teológica, en la actualidad pienso en cuatro áreas que parecen estar relacionadas con recompensas. La primera de ella es una mayor responsabilidad en el reino de los cielos (Lucas 16:10, 12; 19:17-19). Los creyentes recibirán diferentes esferas de autoridad sobre la base de su fidelidad en la tierra. La segunda área tiene que ver con reflejar y exhibir la gloria y carácter de Dios. «Los sabios resplandecerán con el brillo de la bóveda celeste; los que instruyen a las multitudes en el camino de la justicia brillarán como las estrellas por toda la eternidad» (Daniel 12:3; cf. 1 Corintios 15:40-41; 2 Corintios 3:13-18). No somos llamados a glorificarnos a nosotros mismos, sino a recibir y manifestar la gloria de las perfecciones majestuosas del Dios infinito y maravilloso de toda la creación.

La tercera área de recompensas se relaciona con la naturaleza y profundidad de nuestras relaciones con personas en el cielo. Creo que debe haber cierta continuidad entre las relaciones que desarrollamos con personas en la tierra y las correspondientes relaciones que experimentaremos en el cielo. Siempre hay consecuencias para la intimidad y distancia en las relaciones: quienes han desarrollado relaciones profusas con personas por medio de amor y sacrificio centrado en otros se enriquecerán para siempre con esas relaciones. Como escribió Pablo a los creyentes en Tesalónica: «En resumidas cuentas, ¿cuál es nuestra esperanza, alegría o motivo de orgullo delante de nuestro Señor Jesús para cuando él venga? ¿Quién más sino ustedes? Sí, ustedes son nuestro orgullo y alegría» (1 Tesalonicenses 2:19-20). De igual modo, en la parábola del administrador astuto, Jesús exhorta a sus seguidores a que «se valgan de las riquezas mundanas para ganar amigos, a fin de que cuando éstas se acaben haya quienes los reciban a ustedes en las viviendas eternas» (Lucas 16:9). Es decir, cuando alimentamos relaciones aportando nuestros bienes temporales de tiempo, talento y tesoro a los bienes espirituales de otros, habrá personas que nos acogerán en el cielo. Además, Pablo consoló a sus lectores afirmando que en la resurrección, estarían de nuevo con personas que amaba y que habían muerto en Cristo (1 Tesalonicenses 4:13-18). Cuanto más amemos y sirvamos a otros en Cristo, tanto mas profusas serán nuestras recompensas de relaciones.

La cuarta área se relaciona con nuestra capacidad para conocer y experimentar a Dios. Así como hay una continuidad entre las relaciones terrenales y celestiales con el pueblo de Dios, también quienes cultivan un deseo creciente del conocimiento vivencial de Dios en esta vida es de presumir que lo conocerán mejor en la vida venidera que los que mantuvieron a Dios en la periferia de sus intereses terrenales. Como lo planteó A. W. Tozer, «El cristiano se convertirá por fin en lo que sus deseos lo han conformado. Somos la suma total de nuestros apetitos. Los grandes santos han tenido todos ellos corazones sedientos. Su clamor ha sido, "Mi alma tiene sed de Dios, del Dios vivo; ¿cuándo llegará a estar delante de Dios?" Su anhelo de Dios los consumía; los impulsaba hacia delante y hacia arriba a alturas que cristianos menos ardorosos observan con ojos lánguidos y no tienen esperanza de alcanzar». No puedo concebir nada más significativo e irresistible que la **visión beatífica** del Dios vivo, y si nuestra capacidad para alcanzarla se relaciona con la fidelidad en esta vida, cualquier otra preocupación debería palidecer en comparación.

Como habrá un día de Juicio Final, sería sabio ordenar nuestra vida con esta verdad en mente. La Biblia nos llama a apartarnos de la complacencia para buscar el discipulado y el dar frutos. Nos advierte de no dejarnos seducir por las cosas que nuestra cultura afirma ser importantes, porque «aquello que la gente tiene en gran estima es detestable delante de Dios» (Lucas 16:15). La mayor parte de lo que el mundo nos dice que busquemos está directamente relacionado con las opiniones de otros. Pero a fin de cuentas, las opiniones de las personas serán irrelevantes; cuando estemos delante de Dios, solo su opinión importará.

Se ha comentado que el apóstol Pablo tenía solo dos días en su calendario: hoy y *aquel* día (el día en que estaría delante de Cristo), y que vivió cada día a la luz de aquel día. Se deleitaba en el gran don de la justificación de parte de Dios y exhortaba a los creyentes a crecer en santificación, pero su gran esperanza se basaba en la promesa de glorificación que Dios había

AMOR, GRATITUD Y RECOMPENSAS

hecho. «Considero que en nada se comparan los sufrimientos actuales con la gloria que habrá de revelarse en nosotros» (Romanos 8:18). «Por tanto, no nos desanimamos. Al contrario, aunque por fuera nos vamos desgastando, por dentro nos vamos renovando día tras día. Pues los sufrimientos ligeros y efímeros que ahora padecemos producen una gloria eterna que vale muchísimo más que todo sufrimiento. Así que no nos fijamos en lo visible sino en lo invisible, ya que lo que se ve es pasajero, mientras que lo que no se ve es eterno» (2 Corintios 4:16-18). «En cambio, nosotros somos ciudadanos del cielo, de donde anhelamos recibir al Salvador, el Señor Jesucristo. Él transformará nuestro cuerpo miserable para que sea como su cuerpo glorioso, mediante el poder con que somete a sí mismo todas las cosas» (Filipenses 3:20-21). «He peleado la buena batalla, he terminado la carrera, me he mantenido en la fe. Por lo demás me espera la corona de justicia que el Señor, el juez justo, me otorgará en aquel día; y no sólo a mí, sino también a todos los que con amor hayan esperado su venida» (2 Timoteo 4:7-8).

Las Escrituras enseñan que no es mercenario que la recompensa sea lo que motive; por el contrario, Jesús exhortó a anhelar escuchar «¡Hiciste bien, siervo bueno y fiel!¡Ven a compartir la felicidad de tu señor!». El Nuevo Testamento está lleno de exhortaciones a buscar las recompensas de Dios, afirmando que valen mucho más que lo que cuestan. «Dichoso el que resiste la tentación porque, al salir aprobado, recibirá la corona de la vida que Dios ha prometido a quienes lo aman» (Santiago 1:12). «Sin fe es imposible agradar a Dios, ya que cualquiera que se acerca a Dios tiene que creer que él existe y que recompensa a quienes lo buscan ... [Moisés] consideró que el oprobio por causa del Mesías era una mayor riqueza que los tesoros de Egipto, porque tenía la mirada puesta en la recompensa» (Hebreos 11:6, 26). «Queridos hermanos, ahora somos hijos de Dios, pero todavía no se ha manifestado lo que habremos de ser. Sabemos, sin embargo, que cuando venga seremos semejantes a él, porque lo veremos tal como es. Todo el que tiene esta esperanza en Cristo, se purifica a sí mismo, así como él es puro» (1 Juan 3:2-3).

C. S. Lewis propuso en *The Weight of Glory* que nuestro problema no consiste en que nuestros deseos sean demasiado fuertes sino que son demasiado débiles. «Somos criaturas de corazón dividido, engañándonos con bebidas y sexo y ambición cuando se nos ofrece gozo infinito, como un niño ignorante que quiere continuar haciendo pasteles de barro en un barrio marginado porque no puede imaginar qué contiene la oferta de una vacación en la playa. Nos contentamos con demasiada facilidad». En comparación con lo que Dios nos quiere dar, lo mejor que este mundo puede ofrecer son juguetes, chucherías y oropel.

Nos debería motivar el hecho de que nos encontramos en el proceso de llegar a ser lo que seremos en la eternidad. Deberíamos dedicarle todo nuestro empeño, porque la ganancia eterna valdrá cualquier cosa que hayamos sacrificado en nuestra breve estada en la tierra. Mientras tanto, Dios utiliza la polea de la inquietud para atraernos hacia él.

La polea
Cuando Dios hizo al hombre,
Con un vaso de bendiciones a la espera,
«Démosle» (dijo) «todo lo que podamos;
Que las riquezas del mundo, que están dispersas,
Se concentren en un momento».

Así, la fortaleza encontró primero el camino;
Luego la belleza fluyó, luego sabiduría, honor, placer.
Cuando casi todo había sido derramado, Dios hizo una pausa,
Al percibir que en medio de todo este tesoro,
El descanso estaba en el fondo.

«Porque si entrego este don» (dijo) «también a mi criatura,
Adoraría mis dones en lugar de a mí,
Y descansaría en la Naturaleza, no en el Dios de la Naturaleza;
De modo que ambos saldrían perdiendo».

Pero dejemos que conserve el descanso,
Pero mantengámoslo con acuciante inquietud;
Que sea rico y hastiado, para que al menos,
Si la bondad no lo guía, el hastío
Pueda traerlo a mi pecho.

George Herbert

Preguntas para aplicación personal

- ¿Hasta qué punto el amor y la gratitud han motivado nuestras acciones hacia Dios y las personas? ¿Qué podemos hacer para que sean más reales en nuestra mente y corazón?
- ¿Cómo entendemos las recompensas? ¿Por qué pensamos que Jesús hablara tanto acerca de recompensas en el cielo?
- Al reflexionar acerca de nuestra práctica cotidiana, ¿influye la promesa bíblica de recompensas en el reino de los cielos en la forma en que nos relacionamos con las personas y las circunstancias? ¿Cómo podrían estos incentivos exigir más de nuestra creencia y conducta?

12

ESPIRITUALIDAD MOTIVADA

Identidad, propósito y esperanza, y anhelo de Dios

SÍNTESIS DEL CAPÍTULO

A medida que aumenta nuestra comprensión de la seguridad e importancia que tenemos en Cristo, llegamos a ver el pecado como por debajo de la dignidad que poseemos en él. Un sentido bíblico de propósito y esperanza puede contribuir también a nuestra fidelidad espiritual. Finalmente, a los salmistas y grandes santos también los motivó un anhelo de Dios más allá de cualquiera de sus dones.

OBJETIVOS DEL CAPÍTULO

- Darse cuenta de que, a la luz de nuestra nueva identidad en Cristo, no necesitamos demostrar nada y que el pecado es incompatible con quienes hemos llegado a ser en él
- Estímulo para examinar nuestro propósito para vivir y en qué esperamos
- Anhelo creciente de Dios y caer en la cuenta de que es el único Ser que puede de verdad satisfacer nuestra alma

Los tres últimos de los siete elementos motivadores son nuestra identidad en Cristo, propósito y esperanza, y anhelo de Dios.

NUESTRA IDENTIDAD EN CRISTO

Joe Louis fue campeón del mundo de boxeo de los pesos pesados desde 1937 hasta que se retiró en 1949. Durante el tiempo que sirvió en el ejército, Louis iba conduciendo con un compañero de armas cuando se vio involucrado en un choque sin importancia con un camión grande. El conductor del camión salió de la cabina, y empezó a increpar e insultar a Louis, que se quedó sentado en el vehículo que conducía, sonriendo. «¿Por qué no te bajaste para tumbarlo de un puñetazo?» preguntó su compañero después de que el conductor del camión se hubo ido. «¿Por qué debería haberlo hecho?» contestó Joe. «Cuando alguien insultó a Caruso, ¿acaso le cantó un aria?»

Esta es una de mis ilustraciones favoritas porque es tan pertinente para el tema de la identidad. El conductor del camión no conocía la identidad de la persona a la que insultaba, porque de haberlo sabido, lo hubiera tratado de una manera totalmente diferente. Pero Joe Louis sí sabía quién era, el mejor boxeador del mundo, y por tanto no tenía nada que demostrar. Muchos otros en su posición se habrían sentido tentados de pelearse o por lo menos de devolver insulto por insulto. Pero Louis estaba lo suficientemente seguro de su identidad para comprender que una respuesta así hubiera sido degradante. La opinión que pudiera tener de él el conductor del camión era irrelevante para el concepto que Joe tenía de sí mismo.

He llegado a considerar que este aspecto de la identidad es una fuente potencial poderosa de motivación para los creyentes, en particular durante momentos de tentación y guerra espiritual.

Hasta ahora en esta sección sobre siete elementos bíblicos motivadores, hemos analizado las recompensas, el amor, la gratitud, el temor y la ausencia de otras opciones como factores que nos pueden mantener en la carrera y apartarnos de la desobediencia y conducirnos hacia la semejanza con Cristo. Comprender nuestra verdadera identidad en Cristo también puede constituir un componente importante de motivación religiosa, aunque muy pocas veces parece que sea así. El problema es que la mayor parte de las personas que han recibido el don de Dios de perdón y vida en Cristo o han olvidado o nunca comprendido qué significa ser hijo de Dios.

Charlie Chaplin participó en una competencia en Montecarlo de personas parecidas a Charlie Chaplin, y ¡quedó tercero! También nosotros recibimos señales confusas acerca de nuestra identidad. Nuestros padres, amigos, colegas y la sociedad nos transmiten una serie de impresiones, y en la medida en que nos familiarizamos con la Escritura, descubrimos un cuadro diferente. La forma usual de resolver estos insumos contrapuestos es filtrar los pasajes bíblicos que no encajan con la percepción propia que hemos absorbido del mundo. Por ejemplo, muchos de nosotros hemos experimentado cantidades importantes de aceptación basada en el desempeño. Debido a ello, podemos llegar a la conclusión de que el amor es condicional y debe merecerse. Cuando la Escritura nos dice que, como creyentes en Cristo, el Padre nos ama y acepta de manera incondicional, encontramos difícil interiorizarlo porque la aceptación se opone radicalmente a todo lo que el mundo nos ha dicho. Cuando leemos en Efesios 1-2 que no solo somos miembros de la familia de Dios, sino también que estamos sentados con Cristo en los lugares celestiales, nos inclinamos a pensar que la Escritura debe estar hablando de algo diferente. Cuando Romanos 6 nos dice que hemos muerto con Cristo y que no debemos estar dominados por el poder del pecado, decimos que nuestra experiencia sugiere otra cosa.

Nuestra cultura nos dice que nuestra valía la determinan nuestros logros y nos alienta a buscar importancia y significado por medio de lo que hacemos. La Escritura nos dice que nuestra valía la determina lo que Cristo está dispuesto a hacer por nosotros y que en él tenemos una fuente ilimitada e inmutable de significado y propósito. Quiénes somos en Cristo no lo define lo que hacemos, sino lo que él hizo en la cruz y sigue haciendo en nuestra vida. Nuestro desempeño no determina nuestra identidad; en vez de ello, nuestra nueva identidad en Jesús se convierte en la base para lo que hacemos. Si nos vemos como indignos o inadecuados, esto se manifestará en nuestra conducta. Pero si decidimos reconocer la verdad de la Escritura, comenzaremos a ver a Dios y a vernos a nosotros mismos bajo una nueva luz. A pesar de lo que nuestra cultura y experiencias nos han enseñado a sentir, el Nuevo Testamento nos dice que nos convertimos en nuevas criaturas cuando confiamos en Cristo. En él, se nos ha otorgado gran dignidad, seguridad, perdón, amor y aceptación incondicionales, esperanza, propósito, justicia, plenitud y paz con Dios. Quizá no *sintamos* que estas cosas sean así, pero la Escritura no nos manda sentir la verdad sino creerla. Es un asunto de reconocer su autoridad tomando a Dios por su palabra a pesar de cómo nos sintamos o de quién pensamos que somos.

Al estudiar la Escritura y tomar la decisión de fe de considerar sus proclamaciones como verdaderas, estamos invitando a que el Espíritu Santo haga más reales estas verdades no solo en nuestro pensamiento, sino también, de manera gradual, en nuestros sentimientos. Este proceso de interiorizar requiere la disciplina de renovación mental con tiempo dedicado a la Escritura, de preparación por medio de buena enseñanza, y de comunión con personas que piensan igual en el viaje espiritual.

Honramos a Dios cuando le permitimos que nos defina y nos diga quiénes somos sin tomar en cuenta nuestros sentimientos o experiencias al contrario. En Cristo, somos vencedores que hemos sido adoptados en la familia de Dios. Hemos sido liberados de la esclavitud a Satanás, al pecado y a la muerte; somos llamados y preparados para cumplir con un propósito eterno que tendrá resultados permanentes. Además, hemos resucitado con Cristo y participamos de su vida; el Espíritu Santo nos ha sellado, ungido, dado poder y mora en nosotros. Somos receptores de una herencia imperecedera que nos está reservada en el cielo; somos miembros del cuerpo de Cristo y coherederos con él. Hemos sido escogidos, redimidos, perdonados y apartados; estamos destinados a ser resucitados en un cuerpo glorioso en el que veremos a Dios y viviremos en comunión con él para siempre. Como estas cosas son así, y como nada nos puede separar del amor de Dios que está en Cristo Jesús nuestro Señor (Romanos 8:38-39), somos triunfadores espirituales, llamados a vivir como tales. Como Joe Louis, cuando sabemos quiénes somos, no tenemos que demostrar nada. Además la degradación del pecado está por debajo de la dignidad de lo que hemos llegado a ser en

Cristo. Cuando se presenta la tentación de codiciar, desear con lujuria, mentir, envidiar o sucumbir a cualquier otra obra de la carne, deberíamos decir, «Esto ya no es quien soy». Mientras estemos en la tierra, el deseo de la carne, el deseo de los ojos y el orgullo jactancioso de la vida serán amenazas constantes, pero somos más que triunfadores cuando recordamos que nuestra identidad más profunda es en Cristo y lo invitamos a que gobierne y viva por medio de nosotros.

PROPÓSITO Y ESPERANZA

En 1902 Meyer Kubelski, inmigrante judío procedente de Rusia, regaló a su hijo un violín para su octavo cumpleaños. Le costó a Meyer cincuenta dólares, una pequeña fortuna para la época.

El hijo amaba la música y poco tiempo después ya tocaba lo suficientemente bien como para dar conciertos en el teatro Barrison en Waukeegan, la ciudad donde vivían los Kubelski. A los dieciocho años tocaba con una pianista en vaudevilles.

Una noche mientras Benjamín Kubelski tocaba, se sintió impelido, entre pieza y pieza, a contarle a la audiencia un incidente gracioso que le había sucedido durante el día. «La audiencia se rió», recordaba años después, «y ese sonido me intoxicó. Esas risas acabaron con mis días como músico». Jack Benny, como Kubelski se llamó más tarde, había encontrado la carrera adecuada.

La mayor parte de las personas no llegan, como Benny, a una senda profesional con una mezcla feliz de capacidad y pasión. Pero incluso si la mezcla es perfecta, una carrera no es lo mismo que el propósito bíblico para la vida de uno. Los reveses profesionales y el retiro no descarrilan el propósito de Dios para nosotros, porque sus intenciones trascienden las circunstancias y las épocas de nuestra vida. Incluso el matrimonio y los hijos no pueden equipararse a la razón inmutable de Dios para nuestra existencia.

Reconocer un sentido de propósito puede constituir una fuente importante de motivación, pero el problema es que incluso como creyentes estamos más inclinados a buscar propósitos temporales y no bíblicos. De hecho, la mayoría de las personas ni se ocupan del tema del propósito; sin propósitos razonados que los orienten, basan sus decisiones más bien en actividades y objetivos que se han convertido en fines en sí mismos.

Esto es la antítesis de la forma en que el Señor Jesús ordenó su vida terrenal. Jesús tenía una comprensión clara del propósito de su vida y dicho propósito procedía de su Padre y no de sus ambiciones y aspiraciones. El distintivo de su vida fue aprender cuál era la voluntad de su Padre y caminar con el poder del Espíritu para que se cumpliera. Los Evangelios mencionan tres declaraciones particularmente claras sobre el propósito relacionado con la misión de nuestro Señor en su vida: «Ni aun el Hijo del hombre vino para que le sirvan, sino para servir y para dar su vida en rescate por muchos ... El Hijo del hombre vino a buscar y a salvar lo que se había perdido ... Yo te he glorificado en la tierra, y he llevado a cabo la obra que me encomendaste» (Marcos 10:45; Lucas 19:10; Juan 17:4). El propósito de Jesús fue glorificar a su Padre mediante la búsqueda, servicio y salvación de los perdidos.

El apóstol Pablo también tuvo un sentido bien definido de propósito que implicaba la pasión por conocer y agradar a Cristo y permanecer fiel a su llamamiento personal a evangelizar y edificar (ver Filipenses 3:10, 13-14; 2 Corintios 5:9; 1 Corintios 9:24-27; 2 Timoteo 4:7-8).

No podemos hacer nuestro el propósito único de Dios para nuestra vida sin dedicarle tiempo e invitarlo a que vaya aclarando su propósito para nosotros a su tiempo y manera. Nunca es demasiado tarde para comenzar a enfrentarnos con la razón de nuestra existencia terrenal, ya que Dios, en su soberanía, puede utilizar todas nuestras experiencias previas para irnos preparando para nuestra verdadera misión. Pidamos al Señor que nos dé a conocer un propósito personal y la pasión por cumplirlo. (Mi formulación de propósito personal es «amar y servir a Dios y a otros»). De esta forma nuestras actividades y objetivos asumirán un significado más profundo.

La esperanza está relacionada con el propósito, porque ambos elementos bíblicos motivadores nos encaminan hacia una ganancia de largo plazo. Algunas personas no tienen esperanza, la mayoría tienen una esperanza fuera de lugar o mal definida, y unos pocos tienen una esperanza adecuada. No es infrecuente que quienes conocen a Cristo caigan en el error de colocar su esperanza en él en cuanto a su destino eterno y pongan su esperanza en el mundo para todo lo demás. Cuando esto sucede, la búsqueda de seguridad, importancia y satisfacción tiene prioridad sobre la búsqueda de Cristo. Resulta irónico que cuanto más buscamos esas cosas más escurridizas se vuelven. Se nos dan con toda su plenitud solo como desbordamiento de buscar primero el reino del Señor y su justicia.

Hebreos 6:11-20 nos instruye a que pongamos nuestra esperanza en el carácter y promesas del Dios de Abraham, Isaac y Jacob. Solo hay un refugio seguro para la esperanza en este mundo, y es el carácter inmutable del Dios trino y las promesas seguras de la Escritura que emanan de su carácter. «Tenemos como firme y segura ancla del alma una esperanza que penetra hasta detrás de la cortina del santuario, hasta donde Jesús, el precursor, entró por nosotros» (Hebreos 6:19-20). En la Biblia, la esperanza la garantiza el carácter de Dios.

También se alcanza una esperanza piadosa por medio de la adversidad. Es más probable que entremos en contacto con nuestra esperanza durante momentos de prueba y aflicción que durante tiempos de éxito y prosperidad, ya que este último tiene una forma de unir nuestro corazón a las promesas de este mundo y no a las promesas de la Palabra. Como Pablo dijo a los romanos, «Nos regocijamos en la esperanza de alcanzar la gloria de Dios. Y no sólo en esto, sino también en nuestros sufrimientos, porque sabemos que el sufrimiento produce perseverancia; la perseverancia, entereza de carácter; la entereza de carácter, esperanza. Y esta esperanza no nos defrauda, porque Dios ha derramado su amor en nuestro corazón por el Espíritu Santo que nos ha dado» (5:2-5). En la misma carta agregó, «Considero que en nada se comparan los sufrimientos actuales con la gloria que habrá de revelarse en nosotros ... Porque en esa esperanza fuimos salvados. Pero la esperanza que se ve, ya no es esperanza. ¿Quién espera lo que ya tiene? Pero si esperamos lo que todavía no tenemos, en la espera mostramos nuestra constancia» (8:18, 24-25). Morris Inch comenta en *Psychology in the Psalms* que la esperanza bíblica «no disminuye los componentes de la vida, sino que agrega a Dios a la ecuación. La esperanza clama, no porque no hay enemigo, sino porque Dios da el triunfo. La esperanza canta, no porque no haya oscuridad, sino porque Dios ofrece cánticos para la noche. El pulso de la esperanza es la alabanza».

Hacemos nuestra la esperanza bíblica por fe (Efesios 1:18), y cuanto más nos motive, tanto más se vuelve evidente a otros (1 Pedro 1:3; 3:15). También nos garantiza que lo que Dios nos llame a hacer valdrá mucho más la pena. «Por lo tanto, mis queridos hermanos, manténganse firmes e inconmovibles, progresando siempre en la obra del Señor, conscientes de que su trabajo en el Señor no es en vano» (1 Corintios 15:58)

ANHELO DE DIOS

Cual ciervo jadeante en busca del agua, así te busca, oh Dios, todo mi ser. Tengo sed de Dios, del Dios de la vida.
¿Cuándo podré presentarme ante Dios?
SALMO 42:1-2

Al concluir este panorama de los elementos motivadores bíblicos, nos acercamos al elemento motivador que creo es la fuente espiritual de motivación que se experimenta menos: el anhelo de Dios.

La gran oración de Moisés en el desierto fue «Déjame verte en todo tu esplendor» (Éxodo 33:18) Los salmistas cultivaron la pasión por la presencia de Dios y comprendieron que todo lo que tenía verdadero valor provenía de su mano. Los sabios que escribieron los libros sapienciales subrayaron que nada se puede comparar con conocer a Dios. Los profetas se sintieron abrumados ante el esplendor y majestad de Dios y soportaron el ridículo y el rechazo con tal de complacerlo. Jesús enseñó a sus seguidores a tener hambre y sed del reino y de la justicia de Dios más que de ninguna otra cosa; el anhelo más profundo de los apóstoles fue ver al amante infinito de sus almas.

Anhelar ver a Dios e ingresar a su presencia consumada es un tema que se repite a menudo en los escritos de los grandes santos, pero ese anhelo rara vez se expresa en la literatura cristiana de nuestro tiempo. Me encuentro anhelando anhelar a Dios de la forma en que algunos de estos hombres y mujeres lo hicieron. Hace seiscientos años, por ejemplo, Julián de Norwich en su *Revelation of Divine Love* pidió a Dios las tres heridas de sincera contrición por sus pecados, compasión por los demás y un intenso anhelo de Dios. Escribió,

> En ese mismo momento la Trinidad me llenó de plenitud de profundo gozo, y supe que toda la eternidad era como esta para quienes llegan al cielo. Porque la Trinidad es Dios, y Dios la Trinidad; la Trinidad es nuestro Hacedor y custodio, nuestro amante eterno, gozo y felicidad, todo ello por medio de nuestro Señor Jesucristo... Tenemos que darnos cuenta de la pequeñez de la creación y verla como la nada que es antes de que podamos amar y poseer a Dios quien no ha sido creado. Esta es la razón de por qué no tenemos paz de corazón o alma, porque estamos buscando nuestro reposo en cosas triviales que no pueden satisfacer, y no estamos buscando conocer a Dios, todopoderoso, omnisciente, todo bondad. Él es verdadero reposo. Es su voluntad que lo conozcamos, y su complacencia que descansemos en él. Solo esto nos satisfará ... Nunca dejaremos de desear y anhelar hasta que lo poseamos en plenitud y gozo. Entonces ya no desearemos nada más. Entre tanto su voluntad es que sigamos conociéndolo y amándolo hasta que seamos perfeccionados en el cielo ... Cuanto con mayor claridad ve el alma el rostro bendito por gracia y amor, tanto más anhela verlo en toda su plenitud.

En su autobiografía, *Suprised by Joy*, C. S. Lewis relacionó el verdadero gozo con lo que llamó *Sehnsucht* o nostalgia profunda. Habló de la puñalada y dolor del anhelo agudo como nostalgia de un lugar y un tiempo que todavía no hemos visto que está más allá del límite de la imaginación. Lewis también habló de este anhelo en *The Weight of Glory*:

> El sentido de que en este universo somos tratados como extranjeros, el anhelo de ser reconocidos, encontrar alguna respuesta, salvar algún abismo que se abre entre nosotros y la realidad, es parte de nuestro secreto inconsolable. Y sin duda, desde este punto de vista, la promesa de gloria, en el sentido descrito, se vuelve sumamente relevante para nuestro profundo deseo. Porque gloria significaba buena relación con Dios, aceptación por parte de Dios, respuesta, reconocimiento, y bienvenida al corazón de las cosas. La puerta a la que hemos estado llamando toda nuestra vida por fin se abrirá ...Al parecer, pues, nuestra nostalgia de toda la vida, nuestro anhelo de reunirnos con algo en el universo de lo que ahora nos sentimos separados, estar al otro lado de alguna puerta que siempre hemos visto desde afuera, no es una simple fantasía neurótica, sino el indicador más genuino de nuestra situación real. Y ser por fin invitados a entrar

sería tanto una gloria como un honor más allá de nuestros méritos y también la cura de ese antiguo dolor.

Ningún ojo ha visto, ningún oído ha escuchado, ninguna mente humana ha concebido lo que Dios ha preparado para quienes lo aman.

1 Corintios 2:9

Ha habido muchos momentos en que una caminata por el bosque, un cuadro, una fotografía o una pieza musical producen un sentido repentino y profundo de anhelo dentro de mí. Cuando pensé acerca de ello, caí en la cuenta de que en ese caso, el conducto que causó el anhelo apuntaba no a sí mismo, sino a algo que está más allá del orden creado, a Dios. Se trata de momentos pasajeros, pero bastan para recordarme la realidad de mi condición de peregrino y para despertar el deseo de algo más que cualquier cosa que este mundo pueda ofrecer.

En líneas parecidas, Henri Nouwen en *The Return of the Prodigal Son* describe su encuentro con el cuadro que pintó Rembrandt sobre esta parábola y el profundo efecto que tuvo en su comprensión de sí mismo. «Me condujo a entrar en contacto con algo dentro de mí que está más allá de los vaivenes de una vida ocupada, algo que representa el deseo permanente del espíritu humano, el anhelo de un regreso definitivo, un sentido sin ambigüedades de seguridad, de hogar permanente». Es una aspiración a ir a la casa de nuestro Padre para encontrar la profunda satisfacción de su abrazo y de que él me considere valioso. «En el hogar de mi Padre hay muchas viviendas; si no fuera así, ya se lo habría dicho a ustedes. Voy a prepararles un lugar. Y si me voy y se lo preparo, vendré para llevármelos conmigo. Así ustedes estarán donde yo esté» (Juan 14:2-3).

Reconocer nuestra verdadero deseo es el tema de *El sagrado romance* de Brent Curtis y John Eldredge y de *The Journey of Desire* que escribió John Eldredge después de la pérdida de su amado colaborador y amigo. Estos libros describen el cielo como la gran restauración de la belleza que deseamos ver en una escala cósmica, el gran tema de la intimidad completa entre el pueblo de Dios; y la gran aventura de actividad fructífera, creativa, sin frustración ni desengaños.

Aceptar a Cristo no es «es un fin sino un comienzo, porque ahora empieza la búsqueda gloriosa, la feliz exploración por parte del corazón de las infinitas riquezas de la Divinidad. Ahí es donde comenzamos, pero donde nos detenemos ningún ser humano lo ha descubierto, porque en las asombrosas y misteriosas profundidades del Dios Trino no hay límite ni fin ... Haber encontrado a Dios y seguir todavía buscándolo es la paradoja del amor por parte del alma, objeto de burla en verdad por parte de los piadosos que se satisfacen fácilmente, pero justificado con experiencias felices por parte de los hijos de corazón ardiente», escribió A. W. Tozer en *The Pursuit of God*. Este deseo santo, esta ambición trascendente, quedó retratada

IDENTIDAD, PROPÓSITO Y ESPERANZA, Y ANHELO DE DIOS

en las penetrantes palabras de Jesús, «busquen primeramente el reino de Dios y su justicia, y todas estas cosas les serán añadidas» (Mateo 6:33). «Jesús dio por sentado que todos los seres humanos son "buscadores". No es natural que las personas vaguen sin rumbo por la vida como plancton», observa John Stott en *Christian Counter-Culture*. «Necesitamos algo por lo cual vivir, algo que dé sentido a nuestra existencia, algo que "buscar", algo a lo que dedicar nuestros corazones y nuestras mentes».

Dios espera ser deseado, pero debe ser deseado por sí mismo y no por algunas cosas buenas menores que nos pueda dar. Pidamos la gracia de anhelar la visión beatífica, la visión de Dios mismo. «Ya no habrá maldición. El trono de Dios y del Cordero estará en la ciudad. Sus siervos lo adorarán; *lo verán cara a cara*, y llevarán su nombre en la frente» (Apocalipsis 22:3-4, énfasis añadido).

PREGUNTAS PARA APLICACIÓN PERSONAL

- ¿Con qué frecuencia reflexionamos acerca de nuestra comprensión de la identidad que tenemos en Cristo y la reforzamos? ¿Han eliminado nuestras emociones y experiencias la realidad de alguna de estas verdades?
- Al pasar revista a nuestro viaje espiritual, ¿qué impacto ha tenido un sentido de identidad basado en la Biblia en nuestra propia experiencia? ¿Nos encontramos que tratamos de demostrar algo impresionando a otros o defendiéndonos?
- ¿Hasta qué punto hacemos nuestro un propósito y esperanza derivados de la Biblia en contraposición a un sentido meramente temporal de propósito y esperanza?
- ¿Cómo nos relacionamos con la idea de anhelar a Dios? ¿Ha jugado esto algún papel en nuestra estructura de motivaciones? ¿Cómo podemos fomentar este santo anhelo?

FACETA 6

ESPIRITUALIDAD DE DEVOCIONES

Enamorarse de Dios

¿Cuáles son las claves para amar a Dios y cómo podemos cultivar una creciente intimidad con él? Esta sección estudia qué significa disfrutar de Dios y confiar en él. Henry Scougal comentó que «el valor y la excelencia de un alma debe medirse según el objeto de su amor». Alcanzamos el máximo de satisfacción cuando buscamos agradar a Dios y no a nosotros mismos, y nos vamos conformando a lo que más amamos y admiramos.

13
ESPIRITUALIDAD DE DEVOCIONES
Nuestra imagen de Dios

> **SÍNTESIS DEL CAPÍTULO**
>
> La espiritualidad de devociones se deleita en los gloriosos atributos de Dios y aspira a hacer propio lo que Dios desea para nosotros. El mundo de Dios, su Palabra, sus obras y sus caminos revelan sus atributos a quienes desean conocerlo. Esto se ilustra en tres salmos sobre los hermosos atributos de Dios.
>
> **OBJETIVOS DEL CAPÍTULO**
>
> - Comprensión de que nos vamos continuamente conformando a lo que más amamos y admiramos
> - Aprecio por la forma en que Dios se revela en su mundo, su Palabra, sus obras y sus caminos, y el deseo de amarlo por medio de los cuatro
> - Visión renovada de los gloriosos atributos de Dios

«No hay más que un solo Dios, el Padre, de quien todo procede y para el cual vivimos, y no hay más que un solo Señor, es decir, Jesucristo, por quien todo existe y por medio del cual vivimos» (1 Corintios 8:6).

No existimos para nosotros mismos; *existimos* para el Padre y *por medio del* Hijo. El mundo nos dice que nuestra existencia proviene de él y que deberíamos vivir para nosotros mismos, pero la Palabra nos enseña que todo lo que somos y tenemos proviene del Padre quien nos hizo para su contentamiento y propósitos.

La realidad última no es el cosmos o una misteriosa fuerza, sino una Persona infinita y amorosa. Las implicaciones de esto, si lo pensamos bien, son sorprendentes y penetrantes. El Señor personal infinito de todo es una comunidad amorosa ilimitada de tres personas eternas y perfectas. En la superabundancia de su gozo y vida, es a la vez soledad y sociedad, el uno y los muchos, ser celestial como comunión. El magnífico

Dios que abunda en plenitud personal no tiene necesidades, pero nos invita a participar en la vida intensa y compenetrada de los tres yos eternamente subsistentes. Jesús oró por nosotros «para que todos sean uno. Padre, así como tú estás en mí y yo en ti, permite que ellos también estén en nosotros ... yo en ellos y tú en mí. Permite que alcancen la perfección en la unidad, y así el mundo reconozca que tú me enviaste y que los has amado a ellos tal como me has amado a mí» (Juan 17:21, 23). El misterio impenetrable de que estemos en el divino Nosotros y de que el divino Nosotros esté en nosotros trasciende nuestra imaginación, pero, si es verdad, todo palidece en comparación.

La espiritualidad de devociones se deleita en los gloriosos atributos de Dios y aspira a hacer propia la aspiración de Dios para nosotros. Prepara nuestras almas para la «dulce comunión mística» de vivir enteramente en Dios y en unos en otros, como las tres personas de Dios viven y se regocijan eternamente una en otra. Instila en nosotros la pasión por la vida de Cristo que mora en nosotros y nos inspira a nadar en el río de amor caudaloso que fluye de su trono de gracia.

En 1677, Henry Scougal escribió en *The Life of God in the Soul of Man* que «la valía y la excelencia del alma debe medirse según el objeto de su amor». Nuestras almas se vuelven demacradas cuando su placer depende de posición, bienes y poder, porque estas cosas están destinadas a corromperse y perecer. Pero a medida que, en forma gradual y con frecuencia dolorosa, trasladamos nuestros afectos del mundo creado y finito al Hacedor eterno e infinito, nuestras almas se vuelven grandes y gloriosas. Al asumir el riesgo de buscar el placer de Dios por encima del nuestro, descubrimos una mayor satisfacción y contento que si buscáramos estas cosas como fines en sí mismos. Al ir aprendiendo a poner nuestra mirada en Jesús, no por sus beneficios sino por sí mismo, descubrimos que lo tenemos todo en él.

La Escritura nos enseña que, de manera constante, vamos siendo transformados a lo que más amamos y admiramos. Oseas afirmó que el pueblo de Israel «¡se volvieron tan detestables como el objeto de su amor!» (Oseas 9:10). Pero cuando pasamos de centrar nuestro amor en los ídolos del sistema de este mundo a centrarlo en la hermosura de Cristo, descubrimos la libertad del Espíritu del Señor. «Nos volvemos como nuestro punto focal; en el proceso de contemplar la gloria del Señor, «somos transformados a su semejanza con más y más gloria por la acción del Señor, que es el Espíritu» (2 Corintios 3:18). En forma gradual vamos asemejándonos a lo que adoramos. Si el deseo de nuestro corazón está puesto en algo de este mundo, se vuelve idólatra y corruptor del alma. Pero si tomamos nuestra vida de la amorosa comunión con el ser preocupado, radiante, majestuoso e insondable que nos hizo para sí mismo, nuestras almas se vuelven nobles a medida que van creciendo conformes a su carácter.

EL MUNDO DE DIOS, SU PALABRA, SUS OBRAS Y SUS CAMINOS

Dios en su esencia íntima es un misterio más allá de nuestra comprensión; nunca lo conoceremos como se conoce a sí mismo. Los grandes peregrinos han descubierto a lo largo del camino que el avance de una comprensión superficial de Dios a una profunda no es tanto una transición de la oscuridad a la luz como penetrar en la profundidad siempre creciente de la nube de no saber. Kallistos Ware en *The Orthodox Way* distingue la *esencia* de Dios y las *fuerzas* de Dios. En su esencia, Dios es radicalmente trascendente, pero en sus fuerzas, es inmanente y omnipresente. Como escribe Ware, «La divinidad es simple e indivisible, y no se compone de partes. La esencia significa el Dios total como es en sí mismo; las fuerzas significan el Dios total tal como es actuando. Dios en su totalidad está completamente presente en cada una de sus fuerzas divinas». Al reflexionar acerca de las acciones reveladoras de Dios, llegamos a conocerlo con mayor claridad, y esto nos permite amarlo más entrañablemente, y seguirlo más de cerca. Dios se da a conocer por medio de su mundo, su Palabra, sus obras y sus caminos.

Amar a Dios por medio de su mundo

«Los cielos cuentan la gloria de Dios, el firmamento proclama la obra de sus manos» (Salmo 19:1). «¡Oh Señor, cuán numerosas son tus obras!¡Todas ellas las hiciste con sabiduría! ¡Rebosa la tierra con todas tus criaturas!» (Salmo 104:24). Leamos el Salmo 19:1-6 y los Salmos 104 y 148 con cuidado y en oración, y nos llamará la atención las múltiples formas en que Dios diseñó los cielos y la tierra para que manifestaran su gloria, sabiduría y grandeza.

Con demasiada frecuencia se olvida la meditación acerca del orden creado como componente importante de la espiritual de devociones. Es de lamentar, porque la creación abunda en maravillas resplandecientes en todos los órdenes de magnitud, desde el microcosmos hasta al macrocosmos, que apuntan más allá de sí mismos hacia la belleza y esplendor inimaginable del Creador del cosmos. Consideremos estas maravillas de orden y diseño; partículas y átomos, luz y colores, microbios y diatomeas, copos de nieve, insectos, semillas, flores, hojas, conchas, rocas y minerales, frutos, verduras, plantas, aves pequeñas y grandes, peces pequeños y grandes, ballenas, animales pequeños y grandes, árboles, montañas, nubes, el tiempo, las estaciones, nuestra tierra, los planetas, estrellas, nebulosas, nuestra galaxia, grupos y supergrupos de galaxias.

«Tú creaste mis entrañas; me formaste en el vientre de mi madre. ¡Te alabo porque soy una creación admirable! ¡Tus obras son maravillosas, y esto lo sé muy bien!» (Salmo 139:13-14). De todas las obras creadas de Dios, el cuerpo humano es el que mejor manifiesta la habilidad y diseño divinos. Recomiendo tres libros que pueden ayudar a rendir culto a Dios al reflexionar acerca de las maravillas del cuerpo humano y espiritual: «Temerosa y maravillosamente diseñado » y «In His Image» del Dr. Paul Brand y Philip Yancey, y «More Than Meets the Eye», de Richard A. Swenson. Estas obras describen la forma en que sistemas físicos como células, huesos, piel, movimiento, sangre, la cabeza y la sensación de dolor enseñan verdades espirituales.

Dos cosas me han ayudado a amar a Dios por medio de este mundo. La primera es un viaje ocasional a lugares especiales donde me siento inmerso en el orden natural. En esos lugares, a veces me siento a contemplar las estrellas hasta que caigo en la cuenta de que ya no estoy mirando hacia arriba, sino también hacia abajo y que me rodea el esplendor y la grandeza de los cielos. Una experiencia como esta es abrumadora, porque de manera radical cambia mi perspectiva y me recuerda que, aparte de Dios y de su gracia, no soy nada. Obtengo un sentido parecido de admiración reverencial cuando miro fotografías recientes de nubes de estrellas y galaxias lejanas. La explosión de conocimiento científico en nuestro tiempo nos brinda acceso a medios para apreciar a Dios que nunca antes habíamos tenido.

La segunda cosa que utilizo para estimular mi admiración es un conjunto de lentes especiales y un foco de alta intensidad de tamaño pequeño. Utilizo de vez en cuando este «equipo para la naturaleza» para observar colores y diseños de por sí invisibles en flores, insectos, rocas, y así sucesivamente. El acto mismo de detenerme lo suficiente para observar y apreciar la complejidad y diversidad prodigiosas del orden creado es un ejercicio saludable en recogimiento y renovación.

No hay límite en las imágenes y percepciones que se pueden observar en la naturaleza si nos tomamos el tiempo y tenemos los ojos para ello. Sería bueno cultivar un sentido infantil de sorpresa y admiración reverencial ante las cosas que tendemos a pasar por alto a diario. Nuestro entorno artificial y agendas frenéticas nos hacen olvidar que nos rodea el misterio y la majestad. Exhorto a todos a que se esfuercen por disfrutar un contacto más frecuente y deliberado con la creación de Dios para desarrollar una apreciación más profunda de la complejidad, hermosura y resplandor de los cielos y la tierra. Al hacerlo, sentiremos que el Dios que diseñó todo esto y le dio la existencia es totalmente competente, digno de confianza y de amor.

Amar a Dios por medio de su Palabra

«Ábreme los ojos, para que contemple las maravillas de tu ley» (Salmo 119:18). La Palabra de Dios restaura el alma, imparte sabiduría, regocija el corazón, ilumina los ojos, revela la justicia de Dios y permanece para siempre (Salmo 19:7-9). La Escritura fue revelada no tan solo para informarnos sino también para transformarnos. En *Shaped by the Word,*, Robert Mulholland Jr. contrasta dos acercamientos a la Escritura, **lectura informativa** y **lectura formativa** (cuadro 13:1).

NUESTRA IMAGEN DE DIOS

LECTURA INFORMATIVA	LECTURA FORMATIVA
Trata de abarcar lo más posible	Se centra en pequeños segmentos
Proceso lineal	Proceso en profundidad
Trata de dominar el texto	Permite que el texto nos domine
El texto como objeto a utilizar	El texto como sujeto que nos moldea
Enfoque analítico, crítico y valorativo	Enfoque humilde, dócil, dispuesto, amoroso
Mentalidad de resolver problemas	Apertura al misterio

Cuadro 13.1

En el estudio de la Biblia, ocupan un lugar importante la lectura informativa de la Escritura y los métodos exegéticos y temáticos. Pero los que se acercan a la Escritura de esta forma con frecuencia descuidan el enfoque formativo que se centra más en hablar al corazón que en informar la mente. La Palabra de Dios no es tan solo un objeto sino un oráculo divinamente inspirado, «viva y poderosa» (Hebreos 4:12) y que tiene el poder de transformar a aquellos que la reciben en humildad y obediencia (Santiago 1:21-22). La espiritualidad de devociones subraya el poder formativo de la verdad revelada y nos induce a amar a Dios por medio de la Palabra. En el capítulo siguiente examinaremos un método de lectura, que ha superado la prueba del tiempo, para llevarlo a cabo.

Amar a Dios por sus obras

Díganle a Dios: ¡Cuán imponentes son tus obras!
¡Vengan y vean las proezas de Dios,
Sus obras portentosas en nuestro favor!
Prefiero recordar las hazañas del Señor,
Traer a la memoria sus milagros de antaño.
Meditaré en todas tus proezas;
Evocaré tus obras poderosas.
Tú eres el Dios que realiza maravillas;
El que despliega su poder entre los pueblos.
Con tu brazo poderoso redimiste a tu pueblo.
Salmos 66:3, 5; 77:11-12, 14-15

Los salmistas con frecuencia pasaron revista y reflexionaron acerca de los hechos históricos de redención, protección y provisión de parte de Dios. Ambos Testamentos abundan en relatos de cómo Dios ha actuado en formas específicas y dramáticas en las vidas de personas y en el destino de naciones. Ha demostrado sus propósitos justos y amorosos en la esfera de la historia humana, y la consideración en oración de sus poderosas obras de creación, redención y consumación es otra forma de mejorar nuestro culto y devoción hacia la Divinidad trina.

«Digno eres, Señor y Dios nuestro, de recibir la gloria, la honra y el poder, porque tú creaste todas las cosas; por tu voluntad existen y fueron creadas ... Digno eres de recibir el rollo escrito y de romper sus sellos, porque fuiste sacrificado, y con tu sangre compraste para Dios gente de toda raza, lengua, pueblo y nación. De ellos hiciste un reino; los hiciste sacerdotes al servicio de nuestro Dios, y reinará sobre la tierra ... ¡Digno es el Cordero, que ha sido sacrificado, de recibir el poder, la riqueza y la sabiduría, la fortaleza y la honra, la gloria y la alabanza!» (Apocalipsis 4:11; 5:9-10, 12-13).

Amar a Dios por sus caminos

«Dio a conocer sus caminos a Moisés; reveló sus obras al pueblo de Israel» (Salmo 103:7). Moisés conoció al Señor no solo por sus obras sino también por sus caminos. Los caminos de Dios tienen que ver con su participación personal en nuestras vidas y nuestras experiencias de su paz, poder, provisión, protección, compasión y cuidado. Es bueno formular una historia personal del cuidado providencial de Dios con la revisión y recuerdo de las cosas que ha hecho en diversos momentos a lo largo de nuestro viaje espiritual. Recordar sus respuestas sorprendentes a la oración, la forma en que nos atrajo a él, la forma en que nos sustentó en medio de aguas turbulentas, la forma en que colmó nuestras necesidades cuando las circunstancias parecían sin esperanza, la forma en que nos alentó y consoló en nuestra angustia, la forma en que nos exhortó por medio de otros y nos disciplinó para nuestro bien, y la forma en que procura despojarnos de nuestra esperanza en las cosas de este mundo para que aprendamos a esperar solo en él.

> *Vengan ustedes, temerosos de Dios,*
> *Escuchen, que voy a contarles*
> *Todo lo que él ha hecho por mí.*
> *Dios sí me ha escuchado,*
> *Ha atendido a la voz de mi plegaria.*
> *¡Bendito sea Dios,*
> *Que no rechazó mi plegaria*
> *Ni me negó su amor!*
> *Santos, oh Dios, son tus caminos,*
> *¿Qué dios hay tan excelso como nuestro Dios?*
> Salmos 66:16, 19-20; 77:13

«Voy a contarles todo lo que él ha hecho por mí». La reflexión agradecida acerca de lo que Dios ha hecho por nuestra alma es un componente vital de la espiritualidad de devociones.

Los caminos de Dios también se relacionan con los atributos multiformes de su persona, poderes y perfecciones. Nuestra capacidad para amar a Dios se relaciona con nuestra imagen de Dios, por lo que hacemos bien en orar para pedir la gracia de un entendimiento creciente de las glorias de sus atributos: su poder, presencia y conocimiento sin límites; su santidad, justicia, bondad, veracidad y rectitud; su bondad, gracia, compasión, misericordia y amor; su belleza, gloria, grandeza, majestad trascendente y dominio; y su existir en sí mismo, eternidad, infinitud e inmutabilidad. Como lo dice Dallas Willard en *The Divine Conspiracy*, Dios es «una comunidad entrelazada de personas espléndidas, completamente autosuficientes y sin límites importantes en su bondad y poder». Es la respuesta absoluta a la búsqueda perenne de lo verdadero, lo bueno y lo hermoso.

TRES SALMOS SOBRE LOS HERMOSOS ATRIBUTOS DE DIOS

Salmo 139

No hay llamamiento más elevado que amar y rendir culto al Dios infinito y personal de la creación y la redención. A. W. Tozer observó que lo que nos viene a la mente cuando pensamos en Dios es lo más importante acerca de nosotros mismos. Nuestra imagen de Dios moldea nuestra orientación y futuro espirituales y se desarrolla en los tiempos que dedicamos a estar en comunión con él. En contraste con el mundo, la economía de Dios mide la grandeza no en términos de capacidad o logros, sino de la vitalidad e integridad del caminar de una persona con el Señor. El rey David fue hombre de muchos dones, rico en logros, sin embargo su grandeza radicó en su decisión de entregar su corazón totalmente a Dios. En medio de su lucha, David tomó tiempo para meditar y ampliar su visión del Dios vivo, y esto le proporcionó una perspectiva renovada acerca de las cosas que en realidad importan.

Si sin pensar en ello damos la vida por sentada y perdemos nuestro sentido de admiración ante Dios y su creación, nuestra capacidad para rendirle culto se atrofiará. El asombro y admiración permanentes de David se reflejan en el Salmo 139, hermosa meditación sobre el conocimiento, presencia, poder y santidad del Señor de toda la creación.

El Dios omnisciente (vv. 1-6)

«Señor, tú me examinas, tú me conoces». Al reflexionar sobre la omnisciencia de Dios, David se siente abrumado por la verdad de que Dios lo ha desenmascarado y lo conoce íntimamente. Lo mismo es verdad en nuestro caso: Dios ha sondeado hasta las profundidades de nuestro ser, su conocimiento nos rodea por completo («Tu protección me envuelve por completo; me cubres con la palma de tu mano»). Conoce nuestras acciones, nuestras palabras, nuestros pensamientos y nuestros motivos. Ese conocimiento es inmenso, no solo porque está más allá de nuestra comprensión, sino también porque deja al descubierto todas nuestras pretensiones. Pero resulta consolador saber que delante de Dios no hay por qué pretender nada; nos conoce a fondo, incluyendo nuestros pensamientos y acciones más oscuras, pero sigue amándonos incondicionalmente.

El Dios omnipresente (vv. 7-12)

«¿A dónde podría alejarme de tu Espíritu? ¿A dónde podría huir de tu presencia?». Dios no solo nos conoce, sino también está con nosotros todo el tiempo; «ve lo invisible y penetra en lo inaccesible» (Derek Kidner). No hay escape, altura o profundidad, día o noche, pasado o futuro; nada nos puede ocultarse del Escrutador del Cielo. Este pensamiento puede resultar incómodo, en especial en tiempos de desobediencia y rebelión; el impulso a ocultarse de la presencia de Dios se remonta al primer pecado (Génesis 3:8). Pero esta verdad también puede ser fuente de gran consuelo y seguridad, porque sabemos que como creyentes en Cristo, nunca estamos solos. Nos dio su promesa de que está siempre con nosotros (Mateo 28:20) y podemos encontrar nuestra seguridad en su presencia envolvente.

El Dios todopoderoso (vv. 13-18)

«¡Te alabo porque soy una creación admirable. ¡Tus obras son maravillosas, y esto lo sé muy bien!». La tercera estrofa de este salmo describe la omnipotencia del Creador con una descripción poética de la maravilla del nacimiento del ser humano. ¿Qué artista crearía una obra suprema en la oscuridad? Pero Dios nos formó con todos nuestros variados colores en el escondite del seno materno («en lo más profundo de la tierra»). Nos formó para ser una unidad de cuerpo, alma y espíritu con todas nuestras capacidades para pensar, comunicar, moralidad y aspiración. Sus ojos vieron nuestros embriones y diseñó todos nuestros días que se nos asignaron en este planeta. El Señor todopoderoso de la creación es digno de todo culto y confianza, ya que nada es demasiado difícil para él (Jeremías 32:17; Lucas 1:37).

El Dios santísimo (vv. 19-24)

Al concluir David su meditación, se encuentra de nuevo ante su situación frente a sus oponentes («gente sanguinaria»). Responde con unirse al Dios de santidad y justicia y declara que los enemigos de Dios son sus enemigos y la causa de Dios es su causa. En los últimos versículos completa su reflexión («Oh, Señor, tú me has examinado y conocido»): «Examíname, oh Dios, y sondea mi corazón; ponme a prueba y sondea mis pensamientos. Fíjate si voy por mal camino, y guíame por el camino eterno». Al enfrentarse a oposición, el salmista quiere eliminar cualquier duda acerca de su caminar con Dios. ¿Conoce él la situación? ¿Le preocupa? ¿Estoy comprometido con sus propósitos? La respuesta es un rotundo sí: nos conoce íntimamente y está presente con nosotros en cualquier adversidad con la que nos enfrentemos. El Señor también conoce qué hay en nuestro corazón, y sería sabio seguir la práctica de David de invitarlo a iluminar áreas de desobediencia y rebelión en nuestra vida de manera que nos pueda guiar por el camino eterno.

Salmo 145

Imaginemos a alguien de una cultura sin lenguaje escrito a cuyas manos viene a parar un Nuevo Testamento que un misionero itinerante olvidó. El aborigen toma el extraño objeto y se lo lleva a los ancianos del pueblo, pero como nunca han oído de lectura y escritura, no pudieron determinar el significado de los misteriosos símbolos negros en las páginas. Pueden llegar a respetar el extraño objeto, pero, a no ser que alguien llegue para explicárselo, las palabras vivas que contiene nunca serán nada más que garabatos negros sobre una sustancia blanca muy delgada.

Nuestro mundo es como ese libro; a no ser que un Forastero nos lo explique, reduciremos su gloria a las fuerzas impersonales de tiempo más azar, o rendiremos culto a la criatura más que al Creador. Pero esto es no captar los niveles más elevados de significado; las señales son letras, las letras se combinan para formar palabras, las palabras siguen principios gramaticales y forman frases, las frases transmiten ideas, las ideas conducen a la verdad estética, ética y espiritual y toda la verdad proviene del Dios personal infinito.

La Palabra de Dios nos invita a ver al mundo y a la vida toda desde una perspectiva divina y no humana. Nuestro punto de integración final y fuente de significado es hacia arriba, no hacia abajo; celestial y no terrenal, al Creador y no al cosmos. El mundo nos definiría por exclusión; no hagamos nada, y llenará nuestros ojos y oídos con su sistema de valores. La Palabra nos definirá solo por disciplina; debemos escoger aceptar su tutoría diaria, o nuestras mentes nunca serán renovadas ni transformadas por valores eternos.

El último de los salmos davídicos nos exhorta a volar con las alas del Espíritu hacia el pináculo desde el cual podemos verlo todo desde un punto de vista bíblico. Cuanto más los ojos del corazón se van acostumbrando a esa visión, tanto más nos sorprenderemos ante la grandeza, bondad y gracia del Dios vivo. El Salmo 145, poema acróstico estructurado con maestría, invita al pueblo de Dios a permitir que el Espíritu tenga eco en sus espíritus alternando invitaciones a la alabanza y razones para alabar.

La grandeza de Dios (vv. 1-6)

«Te exaltaré, mi Dios y rey; por siempre bendeciré tu nombre. Todos los días te bendeciré, por siempre alabaré tu nombre» (vv. 1-2). Este cántico de alabanza nace de la meditación del salmista acerca del «esplendor de la gloria» de la majestad de Dios y sobre sus maravillosas obras (v. 5). «Grande es el Señor, y digno de toda alabanza; su grandeza es insondable. Cada generación celebrará tus obras y proclamará tus proezas» (vv. 3-4). David entendió que la mente humana no puede ni comenzar a imaginar la grandeza de Dios, y hubiera estado de acuerdo con estas afirmaciones de Isaías y Romanos: «Porque mis pensamientos no son los de ustedes, ni sus caminos son los míos, afirma el Señor. Mis caminos y mis pensamientos son más altos que los de ustedes ... ¡Qué profundas son las riquezas de la sabiduría y del conocimiento de Dios! ¡Qué indescifrables sus juicios e impenetrables sus caminos!» (Isaías 55:8-9; Romanos 11:33). En el cielo nunca nos aburriremos, porque la grandeza y conocimiento de Dios son ilimitados; las sorpresas nunca acabarán, y el gozo siempre aumentará.

La bondad de Dios (vv. 7-13)

«S proclamará la memoria de tu inmensa bondad, y se cantará con júbilo tu victoria. El Señor es clemente y compasivo, lenta para la ira y grande en amor. El Señor es bueno con todos; él se compadece de toda su creación» (vv. 7-9). Debido a su grandeza, Dios detenta el control y realizará sus propósitos a pesar de las fuerzas malignas del mundo, la carne y el diablo. Debido a su bondad, Dios nos ama de forma incondicional y sin límite. Quienes confían en él están por tanto seguros en Aquel que «amó hasta el fin» (Juan 13:1), sabiendo que siempre está comprometido con nuestros mejores intereses. Cuanto más acojamos por fe estas verdades, tanto más estables llegarán a ser nuestras vidas, porque nuestra esperanza se fundamentará en el carácter inmutable de Dios y no en el flujo de circunstancias externas y sentimientos internos.

La gracia de Dios (vv. 14-21)

«El Señor levanta a los caídos y sostiene a los agobiados... El Señor es justo en todos sus caminos y bondadoso en todas sus obras. El Señor está cerca de quienes lo invocan, de quienes lo invocan en verdad. Cumple los deseos de quienes le temen; atiende a su clamor y los salva» (vv.14, 17-19). La necesidad humana mayor es de lo que no merecemos y nunca podemos ganarnos, la gracia de Dios. Cuando reconocemos nuestra necesidad desesperada de la gracia de Dios, esto en sí mismo es prueba de su gracia en nuestras vidas, ya que la atracción natural de la carne es hacia la arrogancia de la autonomía. Comencemos cada día pidiendo crecer en la gracia de nuestro Señor Jesucristo y escogiendo caminar en el poder de su Espíritu.

NUESTRA IMAGEN DE DIOS

Salmo 117

Adoración a Dios

Adoración es el sometimiento de toda nuestra naturaleza a Dios. Es el despertar de la conciencia ante su santidad; el alimento de nuestra mente con su verdad; la purificación de la imaginación con su belleza; la apertura del corazón a su amor; la entrega de la voluntad a su propósito; y todo esto aunado en adoración, la emoción más desinteresada de la que es capaz nuestra naturaleza y, por tanto, el remedio principal de ese estar centrado en sí mismo que es nuestro pecado original y la fuente de todo pecado presente.

WILLIAM TEMPLE

Cuando contemplamos la delicadeza de una flor o la grandiosidad de un árbol, respondemos debidamente con admiración estética. De igual modo, respondemos a nuestras mascotas con afecto y a veces a otras personas con amor desinteresado. Si la naturaleza es merecedora de admiración, los animales de afecto y los seres humanos de amor con sacrificio, ¿cómo deberíamos entonces responder al Autor personal e infinito de toda la vida biológica y espiritual? La respuesta bíblica es clara; solo Dios es merecedor de adoración. La bendición y la honra, gloria y poder pertenecen por siempre al Creador y Redentor (Apocalipsis 5:13), y toda lengua en el cielo, en la tierra, y debajo de la tierra, incluyendo todos los que han rebelado contra él, confesarán que así es (Filipenses 2:10-11).

La adoración a Dios es el tema del Salmo 117, el más breve del Salterio. A pesar de su brevedad, este salmo de dos versículos contiene la esencia del carácter y propósito de Dios para la humanidad. «¡Alaben al Señor, naciones todas! ¡Pueblos todos, cántenle alabanzas! ¡Grande es su amor por nosotros! ¡La fidelidad del Señor es eterna! ¡Aleluya! ¡Alabado sea el Señor!»

Nacimos para adorar a Dios. En *Desiring God*, John Piper modifica la respuesta del Catecismo Breve a la pregunta «¿Cuál es el fin principal del hombre?» Para él, el fin principal del hombre es glorificar a Dios mediante el disfrute eterno de él. La máxima honra para Dios es cuando su gloria se convierte en nuestro mayor disfrute; la mejor adoración de Dios es cuando buscamos nuestro gozo en él por encima de todo.

El salmista comienza con una invitación a la alabanza que va más allá de Israel para incluir a todas las naciones. Pablo cita este versículo en Romanos 15:11 para sustentar su planteamiento de que, al cumplir las promesas del pacto de Dios con Israel, Cristo extendió gracia y misericordia a los gentiles.

El amor fiel de Dios

El versículo segundo ofrece dos razones magníficas para adorar a Dios. La primera es que «grande es su amor por nosotros», o más literalmente, «Su amor fiel prevalece sobre nosotros». Según las Escrituras, el amor de

Dios no conoce razones, ni medida y nunca acaba. (ver Romanos 5:5-11). Cuanto más pensamos en estas verdades, tanto más sorprendentes se vuelven las implicaciones. Como lo expresó A. W. Tozer en su oración en *El conocimiento del Dios santo*, «Estamos seguros de que no hay en nosotros nada que pudiera atraer el amor de Aquel por ser tan santo y justo como eres. Con todo, has declarado tu amor inmutable por nosotros en Cristo Jesús. Si nada en nosotros puede ganarse tu amor, nada en el universo puede impedir que nos ames. Tu amor es sin motivo e inmerecido. Eres tú mismo la razón del amor con el que nos amas. Ayúdanos a creer en la intensidad, la eternidad del amor que nos ha encontrado. Entonces el amor descartará el temor; y nuestros corazones perturbados estarán en paz, confiando no en lo que somos, sino en lo que tú has declarado que eres.»

Todos nosotros necesitamos la seguridad del amor y la aceptación incondicionales, y esto lo descubrimos en Cristo. Nada podemos hacer para que nos ame más, y nada podemos hacer para que nos ame menos (ver Romanos 8:35, 38-39). Nuestra oración como creyentes en Cristo no debería ser que lo poseamos más, sino que él nos posea más.

La fidelidad de Dios

La segunda razón que se da en el Salmo 117 para adorar a Dios es que su fidelidad es eterna. Ha revelado sus planes para sus hijos, y sus promesas trascienden todo lo que podríamos imaginar. Su propósito para nosotros es nuestra transformación, cuerpo, alma y espíritu, según la imagen y carácter de Jesucristo. Como esto es así, «mantengamos firme la esperanza que profesamos, porque fiel es el que hizo la promesa» (Hebreos 10:23; cf. Romanos 4:21; 1 Tesalonicenses 5:24). Debido a su fidelidad, los planes y promesas de Dios para todos nosotros nunca titubearán. No hay verdadera seguridad en personas, bienes o posición; antes o después, todo esto nos defraudará. Nuestra única seguridad verdadera está en el carácter y promesas inmutables del Señor.

El amor fiel y la fidelidad de Dios deberían despertar en nosotros admiración y temor reverencial como si fuéramos niños, pero para la mayoría de los creyentes, estas se han convertido en perogrulladas religiosas, simples palabras que ya no se apoderan de nuestros corazones e imaginaciones. Es fácil perder nuestro primer amor y olvidar lo que éramos antes de conocer a Cristo y lo que seríamos sin él. Pidamos a Dios la gracia de poder ser adoradores, personas admiradas ante su amor inmutable y maravilladas ante su fidelidad. Alimentemos el corazón con pensamientos elevados de Dios con la ayuda de lecturas devotas de las Escrituras, y adorémoslo en Espíritu y en verdad.

PREGUNTAS PARA APLICACIÓN PERSONAL

- ¿Cuán rica es nuestra imagen de Dios? ¿Cómo podemos mejorar esta imagen y con ello enriquecer el alma?

NUESTRA IMAGEN DE DIOS

- ¿En qué formas hemos podido amar a Dios por medio de su mundo?, ¿de su Palabra?, ¿de sus obras?, ¿de sus caminos?
- ¿Cuáles de los atributos de Dios mencionados en «Amar a Dios por medio de sus caminos» son los más significativos para uno? ¿Cuál parece ser el más lejano? ¿Qué nos dice esto en cuanto a nuestra imagen de Dios.
- Leamos los tres Salmos (139, 145, 117) que se han utilizado en este capítulo para exaltar los atributos de Dios. ¿Cuál de estos salmos significa más en mi caso, y por qué?

14

ESPIRITUALIDAD DE DEVOCIONES

La vía contemplativa

> **SÍNTESIS DEL CAPÍTULO**
>
> Los seguidores del enfoque contemplativo hacen del amor de Dios su objeto supremo e insuperable en la vida. Esta hambre y sed de justicia es el enamoramiento del alma con su *summum bonum*, el bien más elevado para el cual fue creada. Habrá temporadas de aridez y oscuridad, pero cuando nuestro deseo es la presencia patente de Dios, la vía del corazón buscará su abrazo.
>
> **OBJETIVOS DEL CAPÍTULO**
>
> - Un respeto creciente por la vía vivencial del corazón como respuesta a Dios
> - Mayor deseo de buscar y conocer al Dios que nos conoce y ama
> - Reconocimiento del papel de las épocas de aridez y oscuridad en la vida espiritual

En *El principito* de Antoine de Saint-Exupéry, hay una historia encantadora en la que un zorro le pide al principito que lo domestique. El zorro dice, «Para mí, tú no eres más que un chiquillo que es como centenares de miles de chiquillos más. Y no te necesito. Y tú, por tu parte, no me necesitas a mí. Para ti, no soy más que un zorro como centenares de miles de zorros más. Pero si me domesticas, entonces nos necesitaremos el uno al otro. Para mí, serás único en todo el mundo. Para ti, seré único en el mundo ...»

Después de un breve diálogo el zorro continúa, «Mi vida es muy monótona. Cazo gallinas; los hombres tratan de cazarme. Todas las gallinas son iguales, y todos los hombres son también iguales. Y, en consecuencia, estoy un poco aburrido. Pero si me domesticas, será como si el sol viniera para iluminar mi vida. Conocer el sonido de un paso que será diferente de todos los otros. Otros pasos me envían a ocultarme apresuradamente bajo tierra. Los tuyos me sacarán, como la música, de mi madriguera».

LA VÍA CONTEMPLATIVA

El principito decidió domesticar al zorro mediante los rituales adecuados, y cuando se fue acercando la hora de que el principito se fuera, el zorro le dio el regalo de un triple secreto. La primera parte de este secreto es que «Solo con el corazón puede uno ver bien; lo esencial es invisible a los ojos».

Este secreto es la esencia de la vía **contemplativa**. Debemos invitar a Dios a que nos «domestique» para que aprendamos la libertad de la obediencia a Cristo y encontremos nuestra identidad en su complacencia.

Como algunas personas tienen asociaciones negativas con la idea de contemplación, permítanme mencionar tres puntos que deberían disminuir la confusión.

Primero, la espiritualidad contemplativa no es el punto de arranque para quienes son nuevos en la fe. Los que están en la infancia espiritual deben crecer en su conocimiento de la Escritura y de «las verdades más elementales de la palabra de Dios» (Hebreos 5:12). «El que sólo se alimenta de leche es inexperto en el mensaje de justicia; es como un niño de pecho. En cambio, el alimento sólido es para los adultos, para los que tienen la capacidad de distinguir entre lo bueno y lo malo, pues han ejercitado su facultad de percepción espiritual» (Hebreos 5:13-14). Las disciplinas de lectura extensa de la Biblia y de fundamentarse en buena teología deberían considerarse como prerrequisitos para las prácticas que se analizarán en este capítulo y en el siguiente.

Segundo, la meditación y la contemplación deben siempre estar ancladas en la verdad de la Palabra. La contemplación no es una práctica introspectiva de la Nueva Era de concienciación alternativa o de vaciar la mente de contenido. Dedicarse a un falso **misticismo** y a la introspección conduce, en el mejor de los casos, a sentimentalismo desordenado y al autoengaño y, en el peor, a influencias demoníacas. Evitamos este territorio peligroso al comprometernos con la sana doctrina, al sentirnos cómodos con una idea elevada de la Escritura, y al acercarnos a la Palabra con la voluntad de estudiarla y ponerla en práctica. La vía contemplativa nunca debería verse como un fin en sí mismo o como un sustituto de la obediencia y vida fiel en este mundo.

Tercero, la meditación y la contemplación no son exclusivas de personas con ciertas personalidades, temperamentos y capacidades. Algunos encontrarán de forma natural que este enfoque les resulta más atractivo y accesible que otros. Pero sin tomar en cuenta la atracción natural, esta vía de desarrollar pasión espiritual y anhelo de Dios es beneficiosa para todos los creyentes maduros.

Los monásticos describen la vía contemplativa como santa sencillez (*sancta simplicitas*), el corazón que se centra firmemente en la búsqueda de un bien inmutable. Los seguidores del enfoque contemplativo hacen del amor de Dios su objeto supremo e incomparable en la vida. Esta hambre y sed de justicia es el enamoramiento del alma con su *summum bonum*, el bien más elevado para el que fue creada. Esto implica tanto contrición (quebranto del corazón) como aprecio (atención devota). Cambia el centro focal de modo que la mirada del corazón se aparta de nosotros mismos para dirigirse al Dios trino. Es un desarrollo gradual de un reflejo espiritual de modo que experimentamos la libertad de la mirada simple, limpia, que está permanentemente puesta en Jesús (Lucas 11:34; Hebreos 12:2).

> Hacia ti dirijo la mirada,
> Hacia ti, cuyo trono está en el cielo.
> Como dirigen los esclavos la mirada
> Hacia la mano de su amo,
> Como dirige la esclava la mirada
> Hacia la mano de su ama,
> Así dirigimos la mirada al Señor
> Nuestro Dios,
> Hasta que nos muestre compasión.
>
> *Salmo 123:1-2*

Aunque el enfoque contemplativo en la espiritualidad cristiana implica disciplinas de renovar la mente y comprometer la voluntad, es ante todo una vía vivencial del corazón. Recorre el misterioso sendero de comunión hecha realidad con Dios por medio de experiencias de percepción personal, amorosa e íntima. Como «la oración es para la religión lo que la investigación original es para la ciencia» (P. T. Forsythe), los contemplativos exploran el medio espiritual de aprehender a Dios no de oídas sino con un encuentro personal. Han aprendido a probar y ver «que el Señor es bueno» y a refugiarse en él (Salmo 34:8). Han adquirido una sed creciente del río de agua viva que brota del trono de Dios (ver Ezequiel 47:1-12; Apocalipsis 22:1-2). «¡Si alguno tiene sed, que venga a mí y beba! De aquel que cree en mí, como dice la Escritura, brotarán ríos de agua viva» (Juan 7:37-38). Como Cristo mora en nosotros, su vida es un pozo artesiano que brotará de nosotros, La oración contemplativa toma de este pozo volviéndose hacia dentro, hacia el Dios que está más cerca de nosotros que lo que podemos concebir. Esta forma de oración invita a la mente a penetrar en el corazón y a postrarse en silencio delante del Dios vivo. Este concepto del corazón se refiere a «la base psicológica más profunda de nuestra personalidad, el santuario íntimo donde la toma de conciencia de sí mismo va más allá de la reflexión analítica y se abre a la confrontación metafísica y teológica con el Abismo de lo desconocido pero real, aquel que "nos es más íntimo que nosotros lo somos para nosotros mismos"», como escribió Thomas Merton en *Contemplative Prayer*. La oración contemplativa alimenta la vida interior y engendra una serenidad luminosa que puede penetrar en los diversos componentes de la vida exterior. Es un recurso espiritual doméstico que nos pone en sintonía con la Presencia que es la única que puede satisfacer nuestros anhelos más profundos.

LA VÍA CONTEMPLATIVA

«Quédense quietos, reconozcan que yo soy Dios ...en el arrepentimiento y la calma está su salvación, en la serenidad y confianza está su fuerza» (Salmo 46:10; Is. 30:15). Muchos de nosotros sufrimos del engaño de que la actividad, los logros, la cantidad y el bullicio nos hacen gratos a Dios y confirman su bendición. Aunque va en contra del carácter de la cultura que nos rodea, debemos aprender a practicar el arte de la quietud, de la calma, de escuchar, de recibir, si queremos llegar a la intimidad con Dios. Como para una relación de calidad hace falta tiempo y atención amorosa, el Señor está más interesado en nuestra presencia con él que en nuestro desempeño para él. Si bien llegamos a amar a Dios conociéndolo, no es menos cierto que llegamos a conocer a Dios amándolo. La oración contemplativa trata de aprehender a Dios por medio del amor y la fe de tal manera que la teología no es tan solo especulativa sino vivida. Cuando a la voluntad la mueve una intención afectiva, deseamos conocer a Dios por sí mismo, incluso cuando este conocimiento nos conduzca más allá del nivel de ideas humanas para entrar en la oscuridad de la fe.

En *The Love of God*, Bernardo de Clairvaux distingue cuatro grados de amor. En el primero, nos amamos a nosotros mismos por nuestro propio bien, y en el segundo, amamos a Dios para beneficio propio. En el tercero, amamos a Dios por su propio bien. Pocos alcanzan este grado bendito de amor que no se vea contaminado por el interés propio en el cual amamos aquellas cosas que pertenecen a Jesús «del mismo modo que Cristo buscó el interés nuestro, o más bien, nos buscó a nosotros, y nunca buscó el suyo propio». Pero Bernardo sigue diciendo, «Bienaventurado es el hombre que puede llegar al cuarto grado de amor. Entonces ¡se amará a sí mismo solo en Dios!». Ser poseído por este grado de amor divino solo puede ser un don que va acompañado de la fragancia del cielo, no de la tierra.

La vía contemplativa disfruta de una venerable tradición que se remonta a la espiritualidad del desierto de Antonio, Evagrio y Juan Casiano, y se perpetúa en la *Regla* de San Benito. Se expone en las obras de Juan Clímaco, Simeón el Nuevo Teólogo, Aelredo de Rievaux, Bernardo de Clairvaux, Jan van Ruysbroeck, Richard Rolle, el autor anónimo de *The Cloud of Unknowing*, Teresa de Ávila, Juan de la Cruz, François Fénelon, y muchos otros. En época más reciente, ha encontrado diversos modos de expresarse en los escritos de Evelyn Underhill, Frank Laubach, Thomas Nelly, A. W. Tozer, Thomas Merton y Henri Nouwen. Los corazones de estos destacados seguidores de Cristo latían al unísono con un santo deseo por Dios. Los consumía lo que Rolle llamó «el fuego del amor», un encuentro vivencial con Dios que se distingue por un santo deseo. Este extracto del testimonio de su conversión de Blas Pascal en 1654 ilustra muy bien esta pasión devoradora.

Año de gracia 1654
Lunes 23 de noviembre, fiesta de San Clemente, papa y mártir, y de otros en el Martirologio.

Víspera de San Crisógono, mártir y otros.
Desde alrededor de las diez y media de la noche hasta alrededor de media hora después de medianoche.

FUEGO

«Dios de Abraham, Dios de Isaac, Dios de Jacob» (Éxodo 3:6),
 no de filósofos ni académicos.
Certeza, gozo sincero, paz.
Dios de Jesucristo.
Dios de Jesucristo.
«Mi Dios y tu Dios» (Juan 20:17).
«Tu Dios será mi Dios» (Rut 1:16).
El mundo olvidado, todo excepto Dios.
A él solo se le puede encontrar en las formas enseñadas en los
    Evangelios.
Grandeza del alma humana.
«Padre justo, aunque el mundo no te conoce, yo sí te conozco»
    (Juan 17:25).
Gozo, gozo, gozo, lágrimas de gozo.

Después de su muerte la *Petición* de Pascal se encontró cosida a su ropa; evidentemente la llevó consigo en todo momento.

DESPRENDIMIENTO Y DESEO

Cual ciervo jadeante en busca del agua,
Así te busca, oh Dios, todo mi ser.
Tengo sed de Dios, del Dios de la vida.
¿Cuándo podré presentarme ante Dios?

Salmo 42:1-2

Oh Dios, tú eres mi Dios;
Yo te busco intensamente.
Mi alma tiene sed de ti;
Todo mi ser te anhela,
Cual tierra seca extenuada y sedienta.

Salmo 63:1

La gracia de Dios antecede siempre a nuestro deseo de conocerlo. Su amor inicia nuestra relación con él, y cuando amamos a Dios, se trata de nuestra respuesta a su invitación interna a la intimidad personal. «Nosotros amamos a Dios porque él nos amó primero» (1 Juan 4:19). Ha derramado con profusión las riquezas de su gracia sobre nosotros al llamarnos a la vida eterna que nuestro Señor definió como conocer al único Dios verdadero y a Jesucristo al que envió al mundo (Juan 17:31). La naturaleza de nuestra respuesta a las iniciativas de Dios moldea la calidad de nuestra permanencia en la tierra y de nuestra existencia celestial. La reciprocidad positiva y un hábito creciente de sensibilidad ante las propuestas amorosas del Dios vivo nos hacen cada vez más atentos y receptivos a la sutil actividad del Espíritu dentro de nosotros. Este amor que responde de la personalidad creada inspira una búsqueda santa de Dios y una receptividad espiritual que se mantiene mediante humildad, confianza y obediencia. «El corazón me dice: "¡Busca su rostro!" Y yo, Señor, tu rostro busco» (Salmo 27:8). En esta búsqueda, aprendemos a acercarnos a Dios menos como objeto o formulación intelectual y más como personalidad con quien tenemos un encuentro permanente con unión afectiva. Descansar en Dios que nos ama, nos atrae hacia él, y nos permite encontrarlo es apropiarse del poder de la sumisión obediente a la gracia.

El fuego del amor divino purifica al igual que inflama. Crea en nosotros una percepción creciente de nuestra pobreza espiritual, de nuestra desesperada necesidad y de nuestra fría indiferencia. Como lo expresó el teólogo Karl Rahner, la persona humana es el misterio de vacuidad infinita, y Dios es el misterio de la plenitud infinita. Al ir tomando conciencia de nuestra indigencia espiritual, se va derrumbando nuestra engañosa complacencia y llegamos a descubrir nuestra abyecta nada delante de Dios. En la tradición contemplativa, esto se llama **compunción** de corazón (*compunctio cordis*). La compunción conlleva la toma dolorosa de conciencia de nuestra preocupación con intereses egoístas. En este estado nos atraviesa y hiere la verdad de nuestra condición pecadora y del alejamiento de Dios. Pero las lágrimas de compunción también se relacionan con el deseo de Dios, Aquel a quien buscamos. Este deseo de Dios nos sitúa en la difícil senda de vaciarnos y negarnos, de perder nuestra vida para poder hacer nuestra la vida de Cristo (Mateo 10:38-39). El deseo de Dios exige una reorientación fundamental, apartándose de la esclavitud narcisista a deseos, adquisiciones y ambiciones terrenales y aproximándose a una búsqueda centrada en otros de Dios y de amor a las personas. Esta mutación transformadora de nuestro centro del Yo al Tú conlleva una purificación dolorosa y gradual del deseo de cosas perecederas que debilitan nuestro deseo de lo celestial.

Así pues, el **desprendimiento** de lo temporal y el deseo de lo eterno operan juntos; el desprendimiento del mundo lo causa el apego a Cristo y este se incrementa con aquel. La búsqueda de Dios (*quaerere Deum*) intensifica nuestra conciencia de ser exiliados, peregrinos y moradores transitorios que de manera creciente anhelan estar «en casa» con él (2 Corintios 5:2-9; Filipenses 1:23; 3:20). Debido a que nos vamos conformando gradualmente a lo que deseamos, deberíamos pedir la gracia del deseo santo. Incluso si no deseamos a Dios por encima de todo lo demás, ¿deseamos desearlo por encima de todo lo demás? «No es lo que somos ni lo que hemos sido que Dios ve con ojos de misericordia, sino lo que deseamos ser». Esta alentadoras palabras de *The Cloud of Unknowing* ponen de relieve la importancia de la intención del corazón (*intentio cordis*), el desplazamiento de nuestro ser hacia Dios. El punto focal de nuestra intención se agudiza por el amor por Cristo y se amortigua por el apego a lo terrenal. Por esta razón el autor de la carta a los hebreos nos exhorta a que «despojémonos del lastre que nos estorba, en especial del pecado que nos asedia, y corramos con perseverancia la carrera que tenemos por delante» (Hebreos 12:1-2). Aunque en la práctica tropecemos, la intención santa y la sinceridad del deseo complacen a nuestro Padre celestial.

Al responder a las inspiraciones de la gracia, avanzamos en la dirección de la pureza de corazón (*puritas cordis*). Como lo dijo Søren Kierkegaard, la pureza de corazón es querer una cosa; el corazón no dividido se integra, armoniza y simplifica. La simplicidad en este sentido es lo opuesto a la duplicidad que produce el corazón que está partido por un apego desordenado a una multiplicidad de cosas finitas. Una vida vivida de acuerdo con el evangelio se va centrando más en lo único necesario, la mejor parte que nunca le será quitada (Lucas 10:42). El corazón sin divisiones ama en todas las cosas la voluntad de Dios y no las cosas en sí mismas. Esta pureza de comunión con Dios nunca se consigue de forma rápida o total; es el fruto de la gracia de Dios y de décadas de búsqueda con tropiezos. En el misterio del amor divino, cuanto más encontramos a Dios, con más intensidad lo buscamos. Podemos repetir la gran oración de Moisés, «Déjame verte en todo tu esplendor» (Éxodo 33:18).

ÉPOCAS DE ARIDEZ Y OSCURIDAD

Son enemigos del avance espiritual la complejidad, la indecisión, el compromiso y la complacencia. A no ser que tengamos un agudo sentido de necesidad, no creceremos en el favor de Dios. En su bondad, Dios a veces nos saca de nuestras ilusiones y complacencia al permitir que experimentemos pruebas y decepciones en nuestro mundo externo o al conducirnos al desierto de la aridez y oscuridad en nuestro mundo interno. Por ello, la espiritualidad de devociones y contemplativa implica pautas y combinaciones alternas de dolor y gozo, de deleite y vacío, de experiencia cálida y de sensaciones de abandono. Estas pautas son evidentes en el Salterio, y es una de las razones de por qué la salmodia es básica en la tradición contemplativa.

El crecimiento en la oración es similar al crecimiento en el matrimonio; de igual modo que el amor romántico solo no puede sustentar un matrimonio por mucho tiempo, así la relación con Dios que depende solo de sentimientos se vuelve superficial e inestable. La búsqueda de experiencias fervorosas y de resultados tangibles es la característica de un enfoque psicocéntrico en la oración. Si vamos a madurar hacia una oración teocéntrica, debemos ir dejando nuestra dependencia de sentimientos y buscar la pureza de intención y de voluntad, incluso cuando están ausentes las sensaciones positivas. Debemos dejar de medir la calidad de nuestros tiempos de oración y meditación por hasta qué punto nos sentimos bien durante los mismos, ya que tiempos difíciles y al parecer estériles de oración pueden contribuir más a nuestro desarrollo que los tiempos de consuelo y entusiasmo. Como en otras esferas de la vida, con frecuencia aprendemos más de las experiencias de debilidad y aridez en la oración que cuando tenemos éxitos satisfactorios. Por esta razón la fidelidad al proceso de presentarnos delante de Dios a diario es determinante. Podemos experimentar oscuridad y luz de forma alternativa en lo que el Señor nos conduce hacia él a través de ritmos cada vez más hondos de negación del yo y de vida en Cristo. Estos ritmos nos plantean nuevas percepciones del velo del yo que nos separa de la presencia manifiesta del Dios santo. Revelan nuestra condición desesperada y nuestra necesidad de renunciar a nuestras estimaciones exageradas, nuestras imágenes ilusorias, y nuestro apego a la reputación y a los logros. Las pruebas externas y la aridez interna se vuelven medios de gracia cuando nos conducen a una toma más profunda de conciencia de nuestra insuficiencia y vacuidad delante de Dios. Hacen que veamos que el falso yo es mucho peor que lo que jamás imaginamos y que Cristo es mucho mayor que lo que jamás soñamos. En esta condición en la que Dios pone al descubierto nuestros absurdos escondites, nos volvemos espiritualmente más maleables y dispuestos a rendirnos ante sus amorosos propósitos. Cuando Agustín exclamaba, «¡Que te pueda conocer, que me pueda conocer!» (*noverim te, noverim me*), sabía que cuanto mejor conocemos a Dios tanto mejor nos conoceremos a nosotros mismos. El gozo de un apego creciente a Cristo conduce de manera inevitable al dolor de la creciente separación del falso yo. La humildad de corazón (*humilitas cordis*) implica una concienciación progresiva de la gracia, aceptación y presencia de Dios y una voluntad consiguiente de afirmar que su voluntad para nosotros es «buena, agradable y perfecta» (Romanos 12:2). Cuanto más nos olvidamos de nosotros mismos, tanto más llegamos a ver que todas las cosas «proceden de él, y existen por él y para él» (Romanos 11:36).

Una rica tradición tiene que ver con lo que San Juan de la Cruz llamó «la noche oscura de los sentidos» y «la noche oscura del alma». Los seguidores de Cristo desde la época de la patrística y monástica oriental y occidental han tratado de describir el viaje espiritual de quienes han buscado seriamente la unión con Dios. El movimiento hacia la competencia cristiana en general llega a un punto en que los sentidos se ven despojados de todo gusto y gozo en la oración. Esta experiencia de aridez y destrucción aparente es un proceso gratuito de purificación que conduce al alma a dirigir su atención hacia Dios y a conocerse solo en él. Quienes pasan por estas dolorosas purificaciones aprenden a perseverar en la búsqueda de Dios, incluso en ausencia de consuelos espirituales. Esta noche del alma conduce, a través del temor, a gozo eventual, no a la desesperanza; purifica las intenciones del corazón y crea una mayor simplicidad y sinceridad.

Incluso así, Thomas Dubay en *Fire Within* observa que «comparativamente pocos de quienes llegan a la primera noche llegan más allá». Esto se debe en gran parte a la falta de voluntad de sobrellevar el dolor del abandono total a valores terrenales y a desobediencias menores. La segunda noche, la oscura noche del alma, es una oscuridad todavía más profunda, que puede comenzar años después de la primera. En ella, las raíces más sutiles del orgullo y de la impureza van siendo consumidas por una purificación divina que desnuda al alma de enfoques humanos en afectos, sentimientos, recuerdos, intelecto y voluntad. El alma se siente anonadada, que Dios la ha abandonado, y deshecha, pero aprende a aferrarse solo a él hasta que la bendición del amor infuso de Dios se vuelve más real que nunca.

Estos períodos de aridez y oscuridad no son castigos, sino purificaciones y gracias que se aplican a la profunda fisura espiritual del yo pecador. Enseñan al alma a escuchar y abrazar la voluntad de Dios con su misterio impenetrable. Son señales de avance en la oración cuando van acompañados de la entrega del control y del abandono personal en Dios, no por sus dones sino por él mismo. Algunos seguidores diligentes de Cristo experimentan estas noches como eventos decisivos, en tanto que otros los experimentan más de una vez en formas cada vez más intensas a medida que se aproximan más a Dios. El apasionado paladín de la fe anhela romper las barreras que lo separan de la divina Presencia y se da cuenta con creciente intensidad de que ninguna búsqueda terrenal satisfará jamás su anhelo ya que va dirigido a lo infinito y lo ilimitado.

Las relaciones deben desarrollarse en libertad mutua, por lo cual ninguna técnica ni conjunto de pasos garantizará un encuentro con Dios. «El viento sopla por donde quiere» (Juan 3:8), pero asumimos con impaciencia que Dios se va a mostrar en las relativamente escasas veces cuando nosotros lo hacemos. Para decir la verdad, Dios llama a nuestra puerta mucho más que nosotros en la suya. En este mismo sentido, ha habido una tendencia reciente a leer acerca de las «noches oscuras» y a realzar sus pruebas, disciplinas y circunstancias externas, difíciles y normales, como noches oscuras de los sentidos o del alma. Pero en la mayoría de los casos, la aridez y sequedad en la oración no tienen relación con intentos espirituales, sino con la falta de una búsqueda seria.

LÍMITES DE LA RAZÓN HUMANA

La vía contemplativa afirma que el amor más elevado de Dios es espiritual, no intelectual. Juan Crisóstomo y Gregorio de Niza escribieron acerca de la incomprensibilidad de Dios y de la «noche mística» en la que Dios está oculto en oscuridad que está más allá de nuestra comprensión. A Dios no se lo puede captar ni poseer en la forma en que tratamos de entender e investigar un objeto. Podemos conocerlo solo como sujeto trascendente, una persona que decide revelarnos aspectos de sí mismo.

LA VÍA CONTEMPLATIVA

Conocer a Dios involucra a la mente pero va más allá de la razón y de formulaciones para entrar en la esfera de la fe y la confianza. Si utilizáramos una analogía tomada de la física, diríamos que el arco iris de colores que vemos representa solo una pequeña fracción del espectro completo de la radiación electromagnética. Este espectro comienza con rayos de partículas gamma de alta energía y alta frecuencia, rayos gamma nucleares y rayos X; pasa por el ámbito medio de frecuencias de onda ultravioletas a infrarrojas de luz; y acaba en el ámbito de microondas de baja energía y baja frecuencia, comunicaciones de radio y televisión y ondas sonoras. Del mismo modo que la radiación electromagnética que resulta visible a la visión humana no es sino una partícula en un espectro mucho mayor, así la razón humana puede percibir solo un residuo diminuto del asombroso misterio que llamamos Dios. Si reconocemos tanto el valor como los límites de la razón, podemos llegar a ver que el crecimiento en el conocimiento vivencial y personal de Dios lo producen la fe, la esperanza y el amor. La fe nos aporta una conciencia de nosotros mismos no solo tal como nos conoce Dios, sino también como invitados a participar en la unión y comunión con él. La esperanza nos inspira a osar anhelar lo infinito y a transferir nuestras aspiraciones de lo terrenal a lo eterno cuando «guarda silencio ante el Señor, y espera en él con paciencia» (Salmo 37:7). Y el amor trata de poseer al Amado al ir cayendo cada vez más en la cuenta de hasta qué punto ya hemos sido poseídos por él.

PREGUNTAS PARA APLICACIÓN PERSONAL

- ¿Hemos experimentado dificultades en relacionar nuestra experiencia con el contenido de este capítulo? De ser así, ¿por qué?
- ¿Cuál ha sido el período de tiempo más largo que hemos pasado jamás a solas con Dios? ¿Fue una experiencia positiva? ¿Qué nos impide pasar períodos más largos de tiempo con él?
- ¿Cómo podemos pasar de la mente al corazón en nuestros encuentros con la Palabra? ¿Deseamos hacerlo, o nos parece demasiado místico?
- ¿Qué aprendemos acerca de nosotros mismos cuando estamos a solas con Dios?
- ¿Qué significa para nosotros compunción de corazón, intención de corazón, pureza de corazón y humildad de corazón?
- ¿Qué experiencias hemos tenido con épocas de aridez y oscuridad? ¿Qué aprendimos de ellas?

15

ESPIRITUALIDAD DE DEVOCIONES
La práctica de la lectura sagrada

> **SÍNTESIS DEL CAPÍTULO**
>
> La antigua práctica de la lectura sagrada implica un proceso de pasar de la mente al corazón por medio de la lectura, la meditación, la oración y la contemplación. Este capítulo presenta varias sugerencias para cada uno de estros elementos y para la lectura sagrada como un todo.
>
> **OBJETIVOS DEL CAPÍTULO**
>
> - Aprender a atesorar la Palabra revelada por medio de la lectura formativa
> - Mejor comprensión de la naturaleza y beneficios de la meditación
> - Deseo de adaptar las Escrituras a oraciones personales
> - Voluntad de experimentar con la contemplación, la oración silenciosa

Al final de la sección sobre espiritualidad disciplinada, mencioné el antiguo arte de la lectura sagrada (*lectio divina*) que introdujo en occidente el padre oriental del desierto Juan Casiano a comienzos del siglo quinto. La *Regla* de San Benedicto, del siglo sexto, que dirigió la práctica monástica benedictina y cisterciense desde entonces, prescribía períodos diarios para lectura sagrada. A pesar de la sencillez y fuerza de este método de oración por medio de la sagrada Escritura, fue cayendo poco a poco en desuso y en la oscuridad. Para finales de la Edad Media pasó a ser visto como un método que debería estar restringido para la élite espiritual. Con el paso del tiempo, incluso los monásticos perdieron la sencillez de la lectura sagrada a medida que se fue sustituyendo con sistemas y modalidades más complicados de oración mental. En décadas recientes, sin embargo, esta antigua práctica ha sido revitalizada, en especial por parte de quienes se sitúan en la tradición cisterciense. Escritores como Thomas Merton *(Contemplative Prayer, New Seeds of Contemplation,*

Spiritual Direction and Meditation), Thomas Keating *(Intimacy with God, Open Mind, Open Heart)*, Michael Casey *(Sacred Reading, Toward God, The Undivided Heart)* y Thelma Hall *(Too Deep for Words)* han venido promoviendo la lectura sagrada en círculos católicos, y en la actualidad los protestantes también han entrado en contacto con este enfoque. La *Lectio divina* implica una progresión a través de cuatro momentos de lectura, meditación, oración y contemplación. (He desarrollado una serie de cuatro diarios de lectura sagrada para guiar a los lectores a través de este proceso. Son: *Sacred Readings, Historic Creeds, The Trinity* y *The Psalms*)*.

LECTURA (*LECTIO*)

En su estudio acerca de la cultura monástica, *The Love of Learning and the Desire for God*, Jean Leclercq distinguió dos enfoques distintos a la Escritura que se utilizaron en la Edad Media. Si bien las universidades medievales eran centros urbanos de enseñanza que preparaban a clérigos para la vida activa, los monasterios rurales se centraban en la formación espiritual dentro de un marco litúrgico para preparar a los monjes para la vida contemplativa. Los escolásticos estudiaban la Escritura centrándose en la página del texto sagrado *sacra pagina* como objeto que había que estudiar e investigar haciendo preguntas al texto *questio* y haciendo preguntas a uno mismo con respecto al tema *disputatio*. Por el contrario, los monásticos estudiaban la Escritura por medio de una orientación personal de meditación (*meditatio*) y oración (*oratio*). En tanto que los escolásticos buscaban en el texto ciencia y conocimiento, los monásticos buscaban sabiduría y valoración. Los que estaban en los centros docentes estaban más orientados a lo objetivo, lo teológico y lo cognitivo; los que vivían en los claustros estaban más orientados hacia lo subjetivo, lo devoto y lo afectivo.

La mayor parte de los enfoques contemporáneos al estudio bíblico tienen más en común con los escolásticos que con los monásticos. En función de una distinción que se planteó en el primer capítulo de esta sección, se preocupaban más por una lectura informativa que por una lectura formativa. Ambos enfoques son necesidades legítimas, porque enfatizar con exceso uno u otro puede conducir a extremos de intelectualismo frío o entusiasmo sin sentido. Pero cuando los evangélicos estudian la Escritura, suelen buscar más normas y principios que un encuentro con Dios en las profundidades de su ser. La práctica de la *lectio divina* puede corregir esta carencia de equilibrio, porque subraya leer la Escritura para formación espiritual por medio de una apertura receptiva a la llamada amorosa de gracia por parte de Dios. La *lectio* no es un ejercicio intelectual que trata de controlar y reunir información, sino una inmersión voluntaria en la Palabra de Dios que trata de recibir y responder. La lectura espiritual fusiona revelación con experiencia. Se hace en el espíritu de la colecta para el segundo domingo de Adviento en el Libro de oración común de 1928:

Bendito Señor, quien has hecho que todas las santas Escrituras se hayan escrito para nuestro aprendizaje: Concede que de esta manera podamos oírlas, leerlas, grabarlas, aprenderlas y asimilarlas internamente, que con paciencia y consuelo de tu santa Palabra, podamos acoger, e incluso sustentar, la bendita esperanza de vida eterna, que nos has dado en nuestro Salvador Jesucristo.

Que podamos aprender a oír las santas Escrituras y «leerlas, grabarlas, aprenderlas y asimilarlas internamente».

Sugerencias para la lectura
- Escoger un lugar especial, de preferencia lejos de su escritorio y de otras áreas de actividad, que sea adecuado para este propósito. Santificar este espacio reservándolo como lugar regular de encuentro con el Señor.
- Escoger un tiempo especial en el que pueda estar alerta y ser constante. Invitar a Dios a que nos dirija para reorganizar su vida para así poder pasar más tiempo con él. Esto será más cuestión de *reservar* tiempo que de encontrar tiempo. Reservar tiempo para este fin es una respuesta a la invitación de Dios en un mundo de exigencias externas constantes. Aunque esto no funcionará para todos, recomiendo cambiar la última hora de la noche por una hora extra en la mañana. (La mayor parte de nosotros podríamos conseguir una cantidad significativa de tiempo con disminuir y ser más selectivos en nuestra exposición a la televisión). Sea como fuere, dar a Dios el mejor tiempo posible, cuando uno está menos lerdo, y cuando puede estar tranquilo, quieto y sin presiones debidas a dificultades externas.
- La constancia es determinante, ya que se presentarán muchas tentaciones de diferir y dejar de lado la lectura sagrada. Los beneficios de la *lectio* se consiguen en forma gradual a largo plazo.
- Como la *lectio divina** implica a la persona toda, la postura corporal es importante. La mejor es la posición sentada en la que el cuerpo está erguido pero no tenso o repantigado para las cuatro fases de la *lectio*. Es bueno estar atento y alerta sin sentarse de una forma que puede eventualmente impedir la circulación o respiración.
- Hay que procurar ser sistemático en la forma de escoger los textos bíblicos. Pueden surgir de un programa de lectura diaria de la Biblia o de un leccionario que propone lecturas diarias del Antiguo Testamento, de los evangelios y de las Epístolas. O los pasajes pueden provenir de una guía devocional (en mi caso, utilizo mi *Handbook of Prayer* y mi *Handbook to Renewal* para este fin).
- Para evitar distracciones, es mejor utilizar una Biblia sin notas de

estudio. Es mejor utilizar una traducción precisa que una paráfrasis (en mi caso, utilizo la edición actualizada de la NASB) para la *lectio divina*.
- Si los maestros para estudios bíblicos y los ministros utilizaran tanto la *sacra pagina* (estudio exegético) como la *lectio divina* con los textos que escogen, esta práctica mejoraría mucho su enseñanza y predicación.
- Escoger pasajes breves; no hay que confundir cantidad con calidad.
- También ayuda aplicar este método de lectura lenta, pausada y en oración a otros recursos, como los credos, los textos tradicionales y patrísticos y los libros clásicos de espiritualidad. En el *Devotional Classics*, editado por Richard J. Foster y James Bryan Smith, se encuentran muestras de algunos de estos recursos. La literatura más antigua tiene una forma de cuestionar los sesgos de nuestros supuestos modernos, si dejamos que nos penetre.
- Comenzar con una oración de preparación; por ejemplo, «Ábreme los ojos, para que contemple las maravillas de tu ley» (Salmo 119:18) o «Sean, pues, aceptables ante ti mis palabras y mis pensamientos, oh Señor, roca mía y redentor mío» (Salmo 19:14). Comenzar con una intención clara de conocer la voluntad de Dios para nuestra vida con una resolución anticipada de hacerlo.
- Leer lentamente el texto una y otra vez, hasta que quede grabado en la memoria a corto plazo. Tratar de que las primeras lecturas sean en alta voz, y esto las hará más lentas y más intencionadas. Tener presente que en la antigüedad, lectura siempre quería decir leer en alta voz.
- Buscar el significado del texto; hacer preguntas. Pero sentirse más como discípulo que como recopilador de información. Ver la Escritura como iconografía; es decir, una ventana verbal hacia la realidad de la vida que cambia totalmente nuestra perspectiva.
- Escuchar las palabras en humildad junto con la voluntad de obedecer. Oír la palabra debe ir acompañado por fe (Hebreos 4:2) con la intención de aplicarla en la práctica (Santiago 1:22). Abrirse para que la Palabra cuestione nuestras actitudes, hábitos, escogencias y emociones. Habrá momentos en que nos resistamos a un encuentro vivo y penetrante con Dios, y estos en general tienen que ver con áreas de desobediencia. Por ello es sabio examinar nuestro ser y hacer a la luz del texto preguntando, «Señor, ¿qué me estás diciendo en este pasaje?»
- Recordar que a diferencia de la lectura ordinaria, en la *lectio* se busca que la Palabra lo moldee más a uno y no tanto que lo informe. Este primer paso de la lectura nos prepara para los otros tres pasos de meditación, oración y contemplación. Pero todo el proceso debería estar infundido de una actitud de oración.

- Tratar de evitar el usual reflejo pragmático que intenta obtener algo beneficioso o valioso. Hay que acercarse a la lectura sagrada sin condiciones, ni exigencias ni expectativas. La Palabra quizá no satisfaga las necesidades propias que percibimos, pero afectará nuestras necesidades reales, incluso cuando no lleguemos a discernirlas.

MEDITACIÓN (*MEDITATIO*)

Al pasar de la lectura a la meditación, tratamos de saturar y sumergir nuestro yo en la Palabra, de disfrutar de sus aguas vivas, y de recibir las palabras como un mensaje íntimo y personal de parte de Dios. El propósito de la meditación es penetrar en las Escrituras y permitir que nos penetren por medio de la mirada amorosa del corazón. El término «oración mental» se asocia a menudo con meditación, pero esto podría resultar engañoso, ya que *lectio, meditatio* y *oratio* implican no solo a la mente sino también al corazón. La meditación armoniza el yo interior con el Espíritu Santo de modo que nuestro corazón se adapte y se haga eco de su voz. La meditación es una obra espiritual de deseo santo y una invitación interior para que el Espíritu ore y hable dentro de nosotros (Romanos 8:26-27) de tal forma que todo nuestro ser se transforme por medio de una conformidad mayor con Jesucristo. Es un proceso consciente de desarrollar nuestra pasión por Cristo reuniéndonos con él y dedicando tiempo con él para conocerlo con mayor claridad, para amarlo de forma más entrañable y para seguirlo más de cerca. Al meditar en la verdad de Dios, estamos invitando a Cristo a que se forme en nosotros (Gálatas 4:19) deteniéndonos pausadamente en sus palabras. Así, la oración mental no debería verse como un ejercicio abstracto, sino como un instrumento vital para la metamorfosis del alma.

«Recita siempre el libro de la ley y medita en él de día y de noche; cumple con cuidado todo lo que en él está escrito. Así prosperarás y tendrás éxito» (Josué 1:8). Este conocido versículo nos dice que la senda al éxito como Dios la define es el hábito de buscar espacio en nuestra vida para encontrarnos con Dios en su santa Palabra, con la intención del corazón de aplicar lo que nos revele con una acción obediente. Solo quienes se deleitan en la Palabra de Dios y meditan en forma habitual en ella (Salmo 1:2) experimentarán la plenitud y estabilidad del propósito y llamamiento de Dios. Ojalá seamos uno de ellos.

Sugerencias para la meditación

- El amor de Dios por nosotros nos enseña a amarlo; por tanto no deberíamos considerar la meditación como un método o técnica objetivos, sino como un proceso específico respecto a una persona. Es bueno hacer pruebas con diferentes enfoques hasta que uno

identifique una pauta de meditación que encuentre el mejor eco en nuestra alma.
- Reconocer la santidad del Dios al que nos acercamos y las riquezas del don de la fe que hace posible que disfrutemos de un encuentro con él por medio de su Espíritu.
- La meditación es un proceso a largo plazo que se desarrolla sobre su propia base. Cuanto más absorbamos de la Escritura, tanto mayor llega a ser nuestro depósito mental. A medida que este proceso continúa por meses y años, experimentamos el fenómeno de *reminiscencia*, en el cual una palabra o frase en forma espontánea evoca una abundancia de imágenes de otras partes de la Escritura. Esto puede resultar una experiencia emocionante y creativa en la que vemos conexiones y ritmos que nunca antes percibimos. Estas reacciones en cadena, fruto de la meditación habitual, desarrollan en nosotros «la mente del Señor» (1 Corintios 2:16).
- Reservar tiempo suficiente para disfrutar del texto; acelerar este proceso es como pasar rápido por una galería de arte.
- La meditación acerca de la Escritura implica masticar o rumiar *ruminatio* una palabra, frase, pasaje o historia. Para llevar más lejos esta analogía, cuando masticamos el texto en nuestra mente, extraemos todo el sabor a medida que asimilamos su contenido.
- No forzar la meditación ni hacer demandas impacientes de satisfacción y resultados inmediatos. La meditación reportará poco bien si tratamos de controlar el resultado.
- Cuando encontramos algo que nos habla en forma personal, deberíamos anotarlo para así poder reflexionar en torno a ello más adelante. Puede resultar útil escribir pequeños recordatorios que se pueden llevar con uno.
- También puede resultar beneficioso llevar un diario de nuestras reflexiones en torno al texto. Si lo hacemos, necesitaremos estar abiertos y ser honestos en las cosas que anotemos. Un diario es un documento privado que se puede revisar de vez en cuando.
- Personalizar las palabras del texto y *caer en la cuenta* de ellas; recibirlas como que Dios nos habla en el momento presente. Tratar de oír el pasaje como si fuera la primera vez, dirigido en forma personal a uno.
- Cuando un pasaje nos habla, pensar en meditar sobre el mismo texto durante varios días antes de pasar a otro.
- Los millones de imágenes a las que nos hemos visto expuestos por medio de la televisión, películas, revistas y periódicos no han agudizado sino amortiguado nuestra imaginación creadora. Más que nunca, necesitamos desarrollar y santificar nuestra imaginación, porque la verdad de la Escritura y la experiencia espiritual están «impregnadas de una luz misteriosa imposible de analizar» (Jean

Leclercq). Una imaginación santificada nos permitirá captar más que lo que podemos ver, pero necesitamos el lazo salvavidas de la Escritura para atarnos a la verdad.
- Muchas personas han encontrado útil involucrar a los cinco sentidos al meditar sobre historias bíblicas, en especial las historias en los Evangelios. Este proceso hace que nos resulte más vívida y real la escena y nos ayuda en la transición del nivel cognoscitivo y analítico al nivel afectivo, de sentimientos, de nuestro ser.
- También puede arrojar luz situarse como parte de la historia. ¿Cómo habríamos reaccionado, y qué habríamos pensado y dicho de haber estado allá?
- Los *Ejercicios espirituales* de Ignacio de Loyola incorporan estas y otras técnicas de meditación y ofrece ideas útiles sobre la contemplación de la encarnación, vida, muerte, resurrección y ascensión de Cristo. Las diversas meditaciones y oraciones que se proponen en la *Introducción a la vida devota* de Francisco de Sales (p. ej., sobre nuestra creación, el fin para el cual fuimos creados, el pecado, la muerte, la humildad, el amor de Dios por nosotros) también constituyen recursos valiosos. Pero debido a los diferentes temperamentos, no todos encontrarán útiles estos planes metódicos de meditación. La mayor parte de las personas son sensoriales, pero algunas son más analíticas, y otras más intuitivas. Los intuitivos se beneficiarán más de saborear las verdades de un pasaje que de sus imágenes. «¡Oren como puedan, no como no puedan!» (Dom Chapman).
- La meditación sobre los salmos *meditatio psalmorum* ha edificado a santos por miles de años y debería formar parte regular de nuestra dieta espiritual. Es sumamente beneficioso en todas las épocas y condiciones de vida saborear y absorber el significado de los salmos en las profundidades del corazón propio.
- Lo ideal es que la meditación debería apelar a la mente, las emociones y la voluntad. Rumiar sobre la escritura estimula nuestro pensamiento y comprensión y también eleva los afectos del corazón. Toca la voluntad cuando resolvemos permitir que el pasaje moldee nuestras acciones. Intelecto, imaginación y volición no deberían estar divorciados las unas de las otras.
- Aceptar el hecho de que con frecuencia encontraremos problemas de distracciones y falta de atención. No hay que sentirse turbado cuando la mente divaga, sino que hay que regresar con suavidad y calma al texto. «Es mucho mejor desear a Dios sin poder pensar con claridad acerca de él, que tener pensamientos maravillosos en cuanto a él sin desear entrar en unión con su voluntad», aconseja Thomas Merton en *New Seeds of Contemplation*. Lo normal es que sea mejor resistir a la tentación de distraerse con preocupaciones

prácticas, pero a veces puede ayudar convertir estas preocupaciones en temas de meditación a la luz de la verdad del texto.
- Recordar que la meditación no necesita producir afectos o consuelo evidentes para que sea beneficiosa. La búsqueda de experiencias conmovedoras puede conducir al engaño propio del melodrama emocional y del falso misticismo.

ORACIÓN (*ORATIO*)

La disciplina de la oración se suele asociar con un diálogo personal (coloquio) con Dios, aunque la mayor parte de las oraciones que ofrecen las personas parecen ser monólogos de peticiones. En la *lectio divina*, la oración se relaciona específicamente con los dos primeros pasos de la lectura sagrada y la meditación en torno al texto. La *oratio* es el fruto de la *meditatio*, y es la forma en que interiorizamos lo que Dios nos ha comunicado a lo largo del pasaje. La transición de la meditación a la oración quizás sea sutil o no se advierta, pero es una respuesta del corazón a lo que ha estado ocupando en gran parte la mente. Es un movimiento de la verdad a la implicación, de oír a reconocer, de comprender a obedecer.

Dependiendo de cómo nos vaya modelando la palabra «viva y activa» (Hebreos 4:12), este período de oración puede resultar dulce y consolador, o también puede ser doloroso y revelador. La espada de doble filo del Espíritu tiene una forma de dejar al descubierto los pensamientos e intenciones del corazón, y cuando nuestras estrategias egoístas, distorsionadas y manipuladoras, quedan «al descubierto, expuesto a los ojos de aquel a quien hemos de rendir cuentas» (Hebreos 4:13), la *oratio* se convierte en un tiempo de compunción, confesión y arrepentimiento. Cuando el alma queda al descubierto y vemos nuestra vida interior y exterior como Dios la ve, esta experiencia puede resultar tanto devastadora (a la luz de la santidad de Dios) como vigorizante (a la luz del perdón y compasión de Dios). En otros momentos, se puede apoderar de nosotros el poder de la verdad espiritual (p. ej., la bondad y amor del Padre, la gracia y fidelidad del Hijo, la comunión y presencia del Espíritu) y responder en adoración y acción de gracias. La *oratio* es un tiempo de participación en la subjetividad compenetrante de la Trinidad por medio de una presencia mutua prolongada y una creciente identificación con la vida de Cristo.

Sugerencias para la oración
- Reservar tiempo suficiente de manera que no haya que acelerar el proceso; no es probable que escuchemos a Dios cuando andamos con prisas.
- Evitar la rutina de reducir este período de oración a una técnica o monotonía.

- En la *lectio divina*, se da la tentación de sustituir la lectura por la oración. Ayuda ver la lectura y la meditación sobre el texto como preparación para una respuesta personal en oración.
- No tratar de controlar el contenido o resultado de la oración.
- Recordar que la *oratio* es un tiempo para la respuesta del corazón al ir pasando de la mente a la voluntad. La oración acepta las consecuencias prácticas de la verdad que hemos visto y se esfuerza por dirigir la vida de acuerdo con ello.
- Dependiendo de la lectura y meditación, la respuesta puede asumir una serie de formas diferentes, incluyendo adoración, confesión, renovación, petición, intercesión, afirmación y acción de gracias. Todas ellas son formas diferentes de acudir ante el Señor, pero en un momento puede resultar apropiado un tiempo de oración de adoración, en tanto que en otro el Espíritu puede irnos guiando en una oración de confesión y petición.
- Cuando el Señor nos habla en el texto bajo la forma de exhortación o aliento, es bueno orar acerca de ello, es decir, tomar tiempo para interiorizar el mensaje.
- Ver este tiempo como una oportunidad para apartarse de nuestro falso yo (la carne) hacia nuestro verdadero yo en Cristo.
- La Escritura es inspirada por Dios y «útil para enseñar, para reprender, para corregir y para instruir en la justicia» (2 Timoteo 3:16). Invitemos al Espíritu a que nos escudriñe, enseñe, estimule, consuele y corrija. Permitámosle revelar y disipar nuestras ilusiones, orgullo, egoísmo, tozudez, actitudes y hábitos mundanos, tacañería, falta de gratitud, manipulación y control, y así sucesivamente.
- La oración puede darse en cualquier momento durante el proceso de la *lectio*, y podemos encontrarnos alternando entre lectura, meditación y oración. La *lectio divina* no es proceso automático 1-2-3-4.
- Cuando nos sentimos distraídos, regresemos al texto para refocalizar la atención. Teresa de Ávila utilizaba una comparación de la oración como un pequeño fuego que de vez en cuando necesita reavivarse con una o dos ramitas. Una ramita es unas cuantas palabras de la Escritura, pero demasiadas palabras se convierten en ramas que podrían sofocar el fuego.
- Tener presente que en la *lectio divina*, la oración es parte de la senda que conduce a la contemplación.

CONTEMPLACIÓN (*CONTEMPLATIO*)

Algunos que utilizan el término *lectio divina* lo limitan a la lectura lenta, cuidadosa y en oración de un pasaje bíblico o de otro texto espiritual, más que a todo el proceso de lectura a meditación a oración a contemplación.

LA PRÁCTICA DE LA LECTURA SAGRADA

Según mi opinión, sin embargo, el proceso de la *lectio divina* debería comenzar con la lectura y culminar en contemplación. Con frecuencia se confunde la contemplación con la meditación, pero, como veremos, no son sinónimos.

La meditación y la oración que fluye de aquella nos ponen en comunicación con el Señor vivo y trascendente, y como tales, nos preparan para la contemplación. La oración meditativa debería ser más que un ejercicio intelectual; cuando va acompañada de una orientación afectiva, conduce al amor y a la comunión de la oración contemplativa. Debido a su naturaleza, resulta sin duda difícil comunicar las características de la oración contemplativa. Es un territorio misterioso en el que el lenguaje es el silencio y la acción es receptividad. La verdadera contemplación es una gracia teológica que no se puede reducir a categorías lógicas, psicológicas o estéticas. Quizá ayudarán algunos contrastes generales entre oración meditativa y contemplativa (cuadro 15:1).

ORACIÓN MEDITATIVA	ORACIÓN CONTEMPLATIVA
Habla	Silencio
Actividad	Receptividad
Pensamiento discursivo	Carencia de imágenes y conceptos mentales
Oración vocal y mental	Oración silenciosa y mutismo interior
Facultades naturales de razón e imaginación	Oscurecimiento misterioso de las facultades naturales
Sentimientos afectivos	Ausencia de sentimientos
Lectura y reflexión	Incapacidad de meditar
Hacer	Ser
Buscar	Recibir
Hablar a Jesús	Entrar en la oración de Jesús

Cuadro 15.1

Cuando fue testigo del milagro de la transfiguración de Jesús en la montaña santa, Pedro, sobrecogido de temor, prorrumpió a hablar en un momento poco adecuado, y una voz procedente de las nubes lo hizo callar, diciendo, «Este es mi Hijo amado; estoy muy complacido con él. ¡Escúchenlo!» (Mateo 17:4-5). Cuando entramos en el territorio sagrado de la contemplación, es mejor que dejemos de hablar para «escucharlo» con una atención sencilla y amorosa. En este terreno extraño y santo, debemos quitarnos las sandalias de nuestras ideas, elaboraciones e inclinaciones para escuchar en silencio la voz de Dios. Los períodos de contemplación pueden ser pequeñas noches de fe. Durante estos tiempos, Dios puede parecer ausente y silencioso, pero su presencia y habla se dan en un nivel más profundo que lo que podemos sentir o entender. Al preparar un lugar tranquilo en el alma aprendemos a «espera(r) en él con paciencia» (Salmo 37:7).

Una serie de personas han entrado en contacto con aspectos de la oración contemplativa por medio de la «oración centralizadora», práctica que revivieron y actualizaron recientemente tres monjes cistercienses, Thomas Keating, William Meninger y Basil Pennington. Este método de oración se basa en el clásico de teología mística del siglo catorce, *The Cloud of Unknowing*. Otro enfoque en la oración contemplativa es la «oración del corazón» que se describe en la *Filocalia*, antología de citas de los padres monásticos orientales desde el siglo tercero hasta la Edad Media. En esta tradición, invocar el nombre del Señor Jesús crea un estado de receptividad y recogimiento interior de la presencia de Dios.

Sugerencias para la contemplación

- Tomar suficiente tiempo para presentarse delante de Dios en silencio y entrega. La oración contemplativa implica el desarrollo de una forma más profunda y más intuitiva de receptividad a lo sobrenatural.
- Al igual que en la meditación y la oración, no nos preocupemos de resultados, sentimientos o experiencias durante la contemplación. Lo importante es presentarse delante de Dios en un modo silencioso y receptivo de ser.
- Es útil pensar en una palabra o imagen que contenga lo que llamo «el espíritu del pasaje» que hemos estado procesando en la lectura, meditación y oración. Cuando la mente divaga durante el tiempo de contemplación, nos podemos centrar de nuevo regresando una vez más al espíritu del pasaje.
- La contemplación es un don que muy pocos creyentes han tratado de desarrollar. Hay que esperar que el crecimiento en este nuevo territorio conlleve tiempo, disciplina y la frustración de fracaso aparente. No permitamos que las distracciones o la falta de beneficios iniciales nos disuadan de esta disciplina que ha superado la prueba del tiempo. La verdadera contemplación puede requerir años de fidelidad, pero cualquier perseverancia en esta práctica producirá gran recompensa.
- La contemplación es especialmente difícil para los temperamentos más extrovertidos y sensoriales. Es una disciplina de silencio, de ausencia de control, de abandonar el intento de analizar e intelectualizar, y de desarrollar las facultades intuitivas.
- Recordar que no podemos dedicarnos a la oración contemplativa con nuestro propio esfuerzo; es la obra de Dios, y requiere «pasividad receptiva». En la contemplación lo mejor es abandonar la

LA PRÁCTICA DE LA LECTURA SAGRADA

   conciencia de uno mismo para permitir ser conducido a las profundidades inexpresables del amor de Dios.
- Como la *lectio divina* no es un proceso rígido a través de cuatro pasos, nos podemos encontrar con que regresamos a la lectura, la meditación o la oración para volver de nuevo al silencio interior de la contemplación. La cantidad de tiempo que dediquemos a cada uno de estos elementos es asunto de cada uno, y deberíamos experimentarlo. Sin embargo, recomiendo que practiquemos los cuatro; cada uno produce un beneficio único.
- Nutrir nuestra vida interior mediante la disminución del tiempo dedicado a la radio, la televisión y a otras formas de distracción y alboroto.

Mi colega George Grove utiliza un conjunto de analogías para integrar los cuatro componentes de la lectura sagrada (cuadro 15:2)

LECTIO	MEDITATIO	ORATIO	CONTEMPLATIO
Leer	Meditar	Orar	Morar
Labios	Mente	Corazón	Espíritu
Buscar	Encontrar	Tocar a la puerta	Abrir
Alimento	Masticar	Saborear	Llenar

Cuadro 15.2

La *lectio divina* involucra a la persona toda desde lo físico a lo psicológico al centro espiritual interno de nuestro ser. Promueve una unidad armoniosa por medio de un proceso orgánico que utiliza una serie de medios. La fidelidad y la constancia en esta actividad a largo plazo mejoran gradualmente nuestra vida y la enriquecen.

Sugerencias para la lectura sagrada como un todo
- No reducir la lectura sagrada a una técnica, sistema o programa. Ha recibido el nombre de «método sin método» que contribuye al desarrollo de una modalidad de ser hacia Dios. Es un proceso personal que cultiva una perspectiva espiritual de confianza, receptividad, expectativa, adoración e intimidad con Dios.
- Veámonos siempre como principiantes en el sentido de que nunca dominamos este proceso. Siempre hay más que lo que pensamos. Recordemos que disciplina y devoción se refuerzan mutuamente.
- Sintámonos libres de adaptar este enfoque de formación espiritual a nuestro temperamento. Las personas más extrovertidas, por

ejemplo, se sentirán cómodas solo con sesiones breves, en tanto que personas más introvertidas tenderán a dedicar más tiempo a este proceso.
- Quizá la sugerencia más importante es que escribamos el versículo o versículos que hemos utilizado para la lectura sagrada en un día dado, y llevemos con nosotros esta tarjeta en todas las actividades. Con ello, hacemos del pasaje de ese día el tema para veinticuatro horas y lo utilizamos como instrumento para practicar la presencia de Dios. Estas tarjetas pueden ayudar también a memorizar al reubicar los textos de memoria a corto plazo a memoria a largo plazo.
- Es posible que algunos tipos de personalidad desarrollen un falso sobrenaturalismo al adentrarse en una interioridad artificial. Piensan que están en comunicación con Dios pero están perdidos en sí mismos. Este problema de autoengaño y de celo descaminado se puede corregir con la voluntad de aceptar consejos sabios de la boca de mentores o directores espirituales (examinaremos brevemente la mentoría y dirección espirituales en la sección acerca de espiritualidad colectiva).
- Aspirar a la contemplación sin cultivar la compasión por otros es no entender el propósito de la oración contemplativa. El producto colateral de la espiritualidad de devociones siempre debería ser una mayor capacidad para amar y servir a los otros. Del mismo modo, una toma creciente de conciencia de nuestra unión con otros en Cristo mejorará nuestra capacidad para conocer a Dios.

UNA MEZCLA DE CONTEMPLACIÓN Y ACCIÓN

La polaridad entre la vida contemplativa y la vida activa ha constituido una fuente de tensión por muchos siglos. San Gregorio defendía un enfoque más contemplativo en la oración como reposo de toda acción externa en la búsqueda de la comunión con Dios. San Basilio promovía un enfoque más activo en la oración en asociación con el trabajo. De llevarlo demasiado lejos, el extremo contemplativo podría divorciar nuestro llamamiento primordial a conocer a Dios de nuestro llamamiento secundario a expresar este conocimiento en el mundo. El extremo activo tiende a elevar nuestro llamamiento secundario hasta el punto de reemplazar nuestro llamamiento primario. Un enfoque más equilibrado integra y respeta ambos llamamientos y une las vocaciones contemplativa y activa. San Benito fomentó este ritmo combinado de descanso y acción, aspiración interior y obediencia exterior, devoción y disciplina, oración y trabajo, deseo de Dios y servicio al prójimo, el manantial de agua vida y el caudal que fluye del mismo. Al unir las fortalezas tanto de María como de Marta, podemos aprender a ser contemplativos en acción. De este modo, la espiritualidad de devociones está orgánicamente relacionada con la espiritualidad integral y colectiva.

LA PRÁCTICA DE LA LECTURA SAGRADA

Preguntas para aplicación personal

- ¿Hemos practicado alguna vez una forma de *lectio divina* sin saberlo?
- ¿Cómo entendemos la lectura (*lectio*) tal como se describe en este capítulo?
- ¿Qué experiencia hemos tenido en el pasado con la meditación *meditatio*? ¿Deseamos incorporar más meditación a nuestros encuentros con la Escritura?
- ¿Qué formas de oración *(oratio)* hemos practicado en el pasado? ¿Cómo puede la oración convertirse en más diálogo?
- ¿Nos hemos dedicado alguna vez a la práctica de la contemplación (*contemplatio*) tal como se describe en este capítulo? ¿Qué podría impedirnos aplicar esta antigua práctica?
- ¿Nos resulta posible convertirnos en contemplativos en acción?

16

ESPIRITUALIDAD DE DEVOCIONES

Enamorarse de Dios

> ### SÍNTESIS DEL CAPÍTULO
>
> A medida que crece nuestra comprensión de que Dios es nuestro bien más elevado, vamos estando cada vez más dispuestos a renunciar a los deseos del mundo para poder buscar el agrado de Dios. Este capítulo analiza la relación permanente con Jesús y el cultivo de una pasión por él; concluye con dos salmos de anhelo.
>
> ### OBJETIVOS DEL CAPÍTULO
>
> - Sentido más agudo de que solo Dios es nuestro bien más elevado
> - Disposición a renunciar a todo lo que compita con el Señor por nuestro mayor afecto
> - Mayor reconocimiento de las implicaciones de la encarnación
> - Deseo de permanecer en Jesús tomando nuestra vida de la suya
> - Sentido más claro de qué significa cultivar la pasión por Jesús

DIOS ES NUESTRO SUPREMO BIEN

La sección sobre espiritualidad paradigmática desarrolló el tema de que como no podemos servir a dos señores, el punto focal de nuestro corazón será o lo temporal o lo eterno. Si es lo temporal, no podemos amar a Dios de manera total. Cuando Cristo es un simple componente en lugar del centro de la vida, las preocupaciones del mundo, el engaño de la riqueza y los deseos de otras cosas ahogan la palabra de verdad en nuestra vida, y no damos fruto duradero (Marcos 4:19). Si el punto focal de nuestro corazón es lo eterno, amaremos a Cristo por encima de los bienes y placeres creados y comenzaremos a cumplir con el propósito permanente para el cual fuimos creados.

ENAMORARSE DE DIOS

La escuela de la renuncia

Nuestro problema es que el mundo está demasiado en nosotros; es visible, tangible, intruso, insistente y clamoroso. Pero mientras estemos enamorados del mundo, no podemos enamorarnos de Dios. Poco esfuerzo requiere caminar viendo, pero caminar por fe («la garantía de lo que se espera, la certeza de lo que no se ve» [Hebreos 11:1]) requiere la elección dolorosa de la renuncia. Sin renuncia, los dones de Dios ocuparán el lugar de Dios, y nuestra relación con él consistirá más en desear cosas de él que en desearlo solo a él. Esto es más un arreglo mercenario que una verdadera amistad; si tratáramos a nuestros amigos de esta forma, muy pronto nos evitarían. Pero en su sorprendente gracia, Dios no nos abandona. En vez de ello, con paciencia nos atrae hacia sí, y aunque esto puede tomar décadas, conduce a quienes lo buscan por sus dones a caer en la cuenta de que estos bienes son vacuos e insatisfactorios sin él. De este modo va eliminando gradualmente los dedos que están agarrados a objetos alternativos de afecto de manera que los pueda sustituir con su propia persona.

Este proceso no es fácil; conlleva una serie de pruebas y de muertes subsiguientes a nuestras aspiraciones y ambiciones. Además, ninguna renuncia es completa; cuando pensamos que hemos entregado todo a Jesús, parece salir a flote una nueva conciencia de enredos terrenales. La tiranía de los bienes tangibles y el ansia por poseerlos están tan profundamente arraigadas en nosotros que el proceso divino de extracción puede resultar doloroso y aterrador. (Leer la cautivadora historia de la muerte del lagarto rojo de la lujuria en *The Great Divorce* de C. S. Lewis). La oración sincera y desafiante de renuncia de A. W. Tozer en *The Pursuit of God* da en el blanco:

> Padre, deseo conocerte, pero mi corazón cobarde teme renunciar a sus juguetes. No puedo dejarlos sin sangrar por dentro, y no trato de ocultarte el terror de la separación. Acudo a ti temblando, pero sí acudo. Por favor, arranca de mi corazón todas esas cosas que he amado por tanto tiempo y que se han convertido en parte mismísima de mi yo, de modo que tu majestad entre a morar ahí sin ningún rival. Luego harás que el lugar de tus pies sea glorioso. Luego mi corazón no tendrá necesidad del sol que brille en él, porque tú mismo serás su luz, y ya no habrá más noche en él. En el nombre de Jesús, Amén.

La renuncia es una actitud del corazón; es cuestión de aprehender nuestra pobreza espiritual más que un compromiso con la pobreza material. Sin embargo, sí implica renunciar a nuestro derecho de poseer nada así como un control más débil sobre las cosas que poseemos con el fin de que no nos posean. Esto incluye no solo bienes sino también posición, amistades y reputación. Escuchemos un fragmento de otra oración de Tozer: «Haz que tenga ambición de agradarte incluso si como consecuencia deba hundirme en la oscuridad y que mi nombre se olvide como un sueño».

Cuanto más independiente sea nuestro gozo de las cosas que el mundo nos enseña a amar, más sencillo será nuestro acercamiento a Dios. O para decirlo en el otro sentido, a medida que crecemos en nuestro apego a Jesús, vamos distanciándonos progresivamente de las atracciones del mundo. Cuando sacrificamos lo mucho por el Único, encontramos que nuestras almas no están limitadas, sino que se expanden y liberan. De hecho, cuando tenemos a Cristo, lo tenemos todo; todas las cosas nos pertenecen en Cristo, y nosotros le pertenecemos a él, y el pertenece a Dios (1 Corintios 3:21-23). Así pues, en lugar de amar a las cosas en sí mismas, podemos aprender a amar a Dios en todas las cosas, como enseña San Agustín en sus *Exposiciones sobre los salmos*:

> Aprendamos en las criaturas a amar al Creador, y en las obras a Aquel que las hizo. Que lo que ha sido hecho por Él no frene nuestros afectos, de manera que no vayas a perder a Aquel por quien tú mismo fuiste hecho ... Pero ¿por qué amas esas cosas, excepto porque son hermosas? ¿Pueden ser tan hermosas como Aquel por quien fueron hechas? Tú admiras estas cosas porque no lo ves a él; pero por medio de esas cosas que admiras, ama a Aquel a quien no has visto.

Buscar la complacencia de Dios

El matemático griego Arquímedes demostró que podía levantar el mundo con una palanca suficientemente larga apoyada en un fulcro colocado en el punto adecuado fuera de la tierra. Del mismo modo que este punto de Arquímedes no podía estar en la tierra, así nosotros no podemos trascender el mundo a no ser que el fulcro de nuestro afecto sea el Yo soy, el Inmutable que da la existencia al mundo con su palabra. Él es «sólo una [cosa] es necesaria» (Lucas 10:42), el «tesoro escondido en un campo» (Mateo 13:44), la «[perla] de gran valor» (Mateo 13:46) cuyo reino y su justicia deben buscarse primero (Mateo 6:33) con un corazón sin divisiones que lo escoge solo a él como el bien más elevado del alma. Cuanto más deseamos desearlo, cuanto más anhelamos anhelarlo, tanto más satisfechos estaremos. Como comentó John Piper en *Desiring God*, Dios es glorificado al máximo cuando estamos más satisfechos en él. La única senda para la complacencia perdurable es arriesgarlo todo en la búsqueda de la complacencia de Dios y de su aprobación por encima de todo. Solo las cosas que dejamos en sus manos serán nuestras a fin de cuentas. Si creemos que Dios es nuestro bien más elevado, podemos ofrecer esta oración con sinceridad y verdad: «Señor, quítame todas las ilusiones que pueda tener de llegar a ser grande y famoso, porque tú eres todas esas cosas, y solo tú».

LAS IMPLICACIONES DE LA ENCARNACIÓN

La encarnación de la segunda persona de la Trinidad fue el medio más determinante por el cual Dios reveló su gloria, bondad, gracia, amor, santidad, justicia y verdad al mundo (Hebreos 1:1-3). Por medio de la encarnación, vida, muerte, resurrección y ascensión de Jesús, el Padre se ha vuelto totalmente real y accesible para nosotros.

Evangelio de la gracia de Dios, no nuestra bondad

La vida de Cristo es la norma inmutable según la cual deben medirse todas las otras vidas, ya que su carácter perfecto demostró plenamente la justicia de Dios. Todas las otras vidas, incluyendo las de Moisés, Buda, Confucio, Sócrates, Mahoma y Gandhi, quedan enormemente lejos de la bondad, santidad, hermosura, resplandor y compasión de Jesús. En la encarnación de Jesús, Dios reveló la necedad de cualquier religión basada en méritos y logros humanos. Los sistemas de obras de otras religiones se basan en una visión deficiente de la santidad de Dios y de la maldad del género humano. Emmanuel, Dios con nosotros, ofreció «por el camino nuevo y vivo que él nos ha abierto a través de la cortina, es decir, a través de su cuerpo», por el cual podemos acercarnos a Dios «con corazón sincero y con la plena seguridad que da la fe» (Hebreos 10:20, 22). La encarnación revela la mentira que se oculta detrás de cualquier forma de dependencia espiritual de uno mismo.

Si Dios nos diera justicia tratando nuestros pecados como lo merecen, no habría esperanza. «todos han pecado y están privados de la gloria de Dios» y «la paga del pecado es la muerte» (Romanos 3:23; 6:23). Pero en su Hijo, Dios nos otorgó misericordia (no obtener lo que nos merecemos) y gracia (recibir mucho más de lo que merecemos). Así, nosotros no somos salvos por credo, conducta o iglesia, sino por el amor y la gracia ilimitados de Cristo (leer y reflexionar sobre Tito 2:11-14; 3:4-7). Esto tiene implicaciones serias para la vida de discipulado y devoción. Una de estas implicaciones es que, como Jesús es nuestro Rey, debemos poner en sus manos el control de nuestras vidas. Esto no es nunca fácil ni inmediato, porque hemos sido condicionados por la naturaleza y la experiencia a depender de nosotros mismos y de protegernos. Pero no creceremos en el reino de Dios a no ser que reconozcamos el señorío y derecho de Jesús a gobernar nuestras vidas. Incluso cuando lo hacemos, solemos ser selectivos en el territorio que le cedemos. El abandono y la transparencia crecientes es un proceso gradual para la mayor parte de los seguidores de Jesús, pero pueden haber momentos decisivos de crisis (la palabra griega *krisis* significa «juicio») que conducen a la transformación. Naturalmente, nadie desea morir a sí mismo, pero perder nuestras vidas por amor a Jesús es la moneda de la vida del reino. Esto ocurrió de manera decisiva en el momento de nuestra conversión (Gálatas 5:24; Romanos 6:16-17), pero también es un proceso continuo (Romanos 12:1-2).

Morar en Jesús extrayendo nuestra vida de la suya

La gracia de Dios en Cristo nos inicia en el gozo de la comunión en una familia que tiene pleno acceso al Padre y al Hijo por medio del Espíritu que mora en nosotros (1 Juan 1:1-4). Dios desea que disfrutemos y nos apropiemos de nuestra posición, posesiones y privilegios en Cristo, pero con demasiada frecuencia tratamos de sacar de nuestras propias cuentas en lugar de depender de sus recursos. Le pedimos su ayuda y fortaleza para poder vivir vidas mejores y servirlo de manera más efectiva. Esto puede parecer bueno al principio, pero, si se analiza más de cerca, revela una estrategia equivocada para vivir la vida espiritual con nuestra propia fortaleza, complementada con una dosis de ayuda divina. Nunca fue la intención de Dios extendernos la mano para vivir la vida cristiana. Es imposible que las personas vivan en un nivel de perfección cristiana. Cristo vive su vida en nosotros cuando caminamos por el Espíritu. Jesús no es nuestra ayuda; es nuestra misma vida. En lugar de hacernos más fuertes, Dios nos conduce a la situación de debilidad de modo que Cristo pueda ser fuerte en nosotros («cuando soy débil, entonces soy fuerte» [2 Corintios 12:9-10]).

«Compromiso puro y sincero con Cristo» (2 Corintios 11:3) es la esencia de la espiritualidad de devociones y la clave para renovar y sustentar la pasión de nuestro primer amor (Apocalipsis 2:4). Todos experimentamos una inercia natural, una tensión hacia abajo, una entropía de energía en las relaciones que deteriora nuestra comunión con Dios y con otros. A no ser que estemos vigilantes, la llama de nuestro amor inicial por Cristo puede ir disminuyendo silenciosamente, e incluso las brasas pueden enfriarse. Pero si somos fieles a la práctica de la meditación acerca de la gloria de Dios y la hermosura de Jesús, lo amaremos mirándolo. Si le dedicamos tiempo, practicamos su presencia, lo seguimos y aprendemos de él, lo amaremos y nos volveremos como él.

En el Discurso del Señor en el Aposento Alto, completó la preparación para su partida enseñando a sus discípulos los temas espirituales fundamentales que más adelante se elaborarían en las Epístolas. Aunque no están en una secuencia rígida, se pueden extraer de Juan 15 una serie de conexiones. En el versículo 8, Jesús dijo que una clave para *glorificar* a Dios es dar fruto. «Mi Padre es glorificado cuando ustedes dan mucho fruto y muestran así que son mis discípulos». En el versículo 4, Jesús dijo que una clave para *dar fruto* es permanecer en él. «Permanezcan en mí, y yo permaneceré en ustedes. Así como ninguna rama puede dar fruto por sí misma, sino que tiene que permanecer en la vid, así tampoco ustedes pueden dar fruto si no permanecen en mí». En el versículo 10, Jesús dijo que una clave para *permanecer* es la obediencia. «Si obedecen mis mandamientos, permanecerán en mi amor, así como yo he obedecido los mandamientos de mi Padre y permanezco en su amor». En el mismo versículo, Jesús dijo que una clave para la *obediencia* es amarlo. Y en el versículo 15, Jesús dijo que una clave para *amar*lo es *conocer*lo: «Yo no los llamo siervos, porque el siervo no está al tanto de lo que hace su amo; los he llamado amigos, porque todo lo que a mi Padre le oí decir se lo he dado a conocer a ustedes». Hay una relación mutua entre dar fruto, permanecer, obediencia, amor y conocimiento personal de Jesús, y todos estos elementos se refuerzan entre sí. Pero el corazón de la espiritualidad de devociones es permanecer en Jesús estando en su presencia y en comunión con él en formas cada vez mayores. Cuanto más lo buscamos, lo experimentamos y nos sumergimos en él, tanto más somos transfigurados a su imagen y semejanza.

CULTIVAR LA PASIÓN POR CRISTO

La espiritualidad de devociones es como una delicada cepa que florece solo cuando se planta en el terreno adecuado y se cultiva con esmero en un buen clima. A no ser que se la alimente, se irá marchitando por negligencia y dejará de dar fruto. El fruto de la pasión espiritual lo amenazan enemigos naturales.

Enemigos del fervor espiritual

Esferas no resueltas de desobediencia. Resistir al acicate de Dios en una esfera de nuestra vida puede parecer algo sutil, pero puede ser una afrenta más grave para el corazón de Dios que lo que imaginamos. Es bueno invitar al Espíritu Santo a que revele cualquier obstáculo en nuestra relación con Dios o con personas que actitudes y acciones pecaminosas han levantado. Cuando estas se vuelven evidentes, hay que ocuparse de ellas con prontitud y confiar en el poder del perdón de Dios por medio de la sangre de Cristo.

Complacencia. Sin un deseo santo sucumbiremos al pecado de la *acedia* espiritual o indiferencia, apatía y aburrimiento. Las personas que pierden el filo aguzado de la intención y el llamamiento pueden ir cayendo en un pantano de desgana y sentimiento de fracaso. Debemos pedir a menudo a Dios la gracia de un agudo deseo de manera que tengamos hambre y sed de él.

Erosión en disciplinas espirituales. La complacencia puede causar o ser causada por no desarrollar y conservar disciplinas en la vida espiritual. Varias figuras bíblicas, incluyendo el rey Asa (2 Crónicas 14-16) ilustran el problema de comenzar bien en la primera mitad de la vida y de acabar mal en la segunda mitad. Cuando las disciplinas espirituales comienzan a erosionarse, también desciende la pasión espiritual.

Obediencia externa. Muchas personas están más preocupadas por conformarse a normas, conducta moral y deberes que por amar a Jesús. La obediencia externa sin afecto interno queda lejos de la visión bíblica de obedecer a Dios desde el corazón (Jeremías 31:33; Romanos 6:17; Efesios 6:6).

Amar más la verdad que a Cristo. Algunos estudiosos de la Palabra han llegado a amar el contenido de verdad en la Biblia más que a la Fuente de dicha verdad. La teología bíblica y la teología sistemática son tareas valiosas, pero no cuando llegan a sustituir a la búsqueda de conocer y llegar a ser como Jesús.

Colocar el servicio y el ministerio por encima de Cristo. Es más fácil definirnos por lo que logramos que por nuestra nueva identidad en Cristo. Para algunas personas, la vida cristiana consiste más en comunidad, servicio a quienes tienen necesidad, dar testimonio y rendir culto que en llegar a la intimidad con Jesús. Esto conduce al problema del ministerio sin la presencia manifiesta de Dios.

Más compromiso con instituciones que con Cristo. Resulta fácil que iglesias, denominaciones u otras organizaciones ocupen más tiempo y atención que la devoción a Cristo. Existe un peligro constante de apasionarse más por las causas que por Cristo.

Una relación meramente funcional. Muchas personas están más interesadas por lo que Jesús puede hacer que por quien es. Al principio quizás llegamos a él esperando que nos vaya a ayudar con nuestra carrera, matrimonio, hijos o salud, pero si no crecemos más allá de esta mentalidad de los dones por encima del Dador, nunca desarrollaremos pasión espiritual.

Nuestro amor a Dios puede verse amenazado por estos enemigos, pero hay otras actitudes y acciones que pueden estimular y renovar el sentido de devoción e intimidad.

Fuentes de pasión espiritual

Creciente conciencia de Dios como persona. Dios es un Ser intensamente personal y de relaciones, y es una ofensa tratarlo como si fuera un poder o un principio. Algunos de nosotros encontramos más fácil sentirnos cómodos con principios e ideas abstractos que con personas e intimidad. Como hemos visto, cosas buenas como la Biblia, la teología, el ministerio y la iglesia se pueden convertir en sustitutos del amarlo. Como contramedida, conviene pedir a Dios la gracia de un creciente fervor por su Hijo de modo que, con el poder del Espíritu, lleguemos a amarlo como el Padre lo ama.

Sentarse a los pies de Jesús. Cuando reservamos tiempo regular para leer, meditar, orar y contemplar, nos colocamos a los pies de Jesús y disfrutamos de su presencia. Al ponernos a disposición de él y ser receptivos, aprendemos la sabiduría de dedicar más tiempo a ser amigo de Jesús que a ser amigo de otros.

Imitar al Maestro. Nuestra identificación con Jesús en su muerte, sepultura, resurrección y ascensión nos ha hecho nuevas criaturas delante de Dios (2 Corintios 5:17). Esta identificación divinamente producida hace posible que imitemos a Jesús y «sigamos sus pasos» (1 Pedro 2:21). Si amamos al Maestro, querremos ser como él en su carácter, humildad, compasión, amor, gozo, paz y dependencia de la voluntad del Padre.

Cultivar afectos espirituales. Independientemente de nuestros temperamentos naturales, es importante que desarrollemos verdaderos afectos (deseo, anhelo, celo, ansia, hambre) por Dios. La rica vida emocional de los salmistas (ver Salmos 27:.4; 42:1-3; 63:1-8; 145:1-21) revela un deseo de Dios por encima de todo lo demás y una voluntad de aferrarse a él en tiempos de aridez. Al igual que ellos, debemos aspirar a un amor que está más allá de nosotros (Efesios 3:17-19).

Aumentar el reconocimiento de la bondad de Dios. Las distracciones del mundo nos hacen difícil desarrollar un mayor reconocimiento de nuestra relación con Dios. Olvidamos que podemos disfrutar de comunión con Alguien que es infinitamente mejor que los objetos de nuestros deseos naturales más fuertes. Debemos pedir la gracia de la gratitud y sorpresa ante la bondad ilimitada de Dios derramada «sobre nosotros en Cristo Jesús» (Efesios 2:7).

Intención focalizada. ¿Qué deseamos (o deseamos desear) más que nada? A Dios le complace cuando lo buscamos con un corazón que quiere conocerlo y amarlo. «Comienza a influir actuando en nosotros para que tengamos la voluntad, y lo completa actuando en nosotros cuando tenemos esa voluntad», escribió Agustín en *On Grace and Free Will*. A medida que nuestra voluntad se vuelve más simplificada y centrada en llegar a ser como Jesús, aumentará nuestro amor por él.

Voluntad de dejar que Dios quebrante nuestro yo exterior. «Si el grano de trigo no cae en tierra y muere, se queda solo. Pero si muere, produce mucho fruto. El que se apega a su vida la pierde; en cambio, el que aborrece su vida en este mundo, la conserva para la vida eterna» (Juan 12:24-25). El frasco de alabastro de la vida propia debe romperse (Marcos 14:3) para que se emita el perfume de la nueva vida en Cristo. Si deseamos manifestar la fragancia de Cristo, debemos permitir que Dios nos conduzca, a su momento y manera, al lugar doloroso del quebranto en la cruz del abandono propio a él. Este tema tiene eco en la literatura espiritual, y una de sus expresiones más claras se encuentra en *The Release of the Spirit* de Watchman Nee.

Desear agradar a Dios más que impresionar a las personas. Si queremos ser como Cristo, debemos hacer nuestra su meta regente de agradar al Padre (Juan 8:29; Hebreos 10:7). El enemigo de esta excelsa meta es la búsqueda competitiva de la aprobación humana (Juan 5:41, 44; 12:43; Gálatas 1:10). No podemos tener ambas cosas; o tocaremos ante un auditorio de Uno o un auditorio de muchos. Pero al final, sólo importará la opinión de Dios.

Apreciar a Dios. Dallas Willard observa en *The Divine Conspiracy* que «Dios aprecia a quienes él ha creado, planificado, deseado, llorado, redimido y con quienes ha entablado amistad». Del mismo modo que Dios nos ha apreciado, así quiere que respondamos apreciándolo a él por encima de todo. «Amamos a Dios porque él nos amó primero» (1 Juan 4:19). Cuanto más constatamos cómo Dios nos amó y estimó, tanto mayor es nuestra capacidad para amarlo y estimarlo. En *Beginning to Pray*, Anthony Bloom sugiere que una forma de apreciar a Dios es encontrar un nombre o expresión personal para Dios que emane de nuestra relación con él, como el «Tú, mi gozo» de David.

Madurar en confianza. Como creyentes, confiamos en Cristo para nuestro destino eterno, pero la mayor parte de nosotros encontramos difícil confiar en él en nuestra práctica diaria. Mientras apliquemos estrategias pecaminosas de buscar satisfacción según nuestros criterios, nuestra confianza estará fuera de lugar. Debemos aprender a confiar en Jesús lo suficiente como para poner nuestra esperanza en su poder, no en nuestro desempeño.

DOS SALMOS DE ANHELO

Salmo 16: El Señor es nuestro bien supremo y nuestra herencia

«Cuídame, oh Dios, porque en ti busco refugio» (16:1). David sin duda escribió el salmo 16 cuando era un refugiado, obligado a salir de la tierra de Israel y a quien Saúl y sus hombres perseguían como a una mosca en el lomo de un perro. Trataban de quitarle su herencia recibida del Señor, diciendo, «¡Vete a servir a otros dioses!» (1 Samuel 26:19). En este salmo David afirma su compromiso inconmovible con el Señor y su repudio de todo lo que se opusiera a Dios.

Quienes hemos entregado nuestra vida a Cristo somos también refugiados, porque hemos acudido al Señor en busca de refugio en un mundo que nos quitaría el disfrute de nuestra herencia espiritual tratando de seducirnos para que sirvamos a los dioses del dinero, el sexo y el poder. Al igual que David, debemos cultivar la actitud inconmovible de buscar solo en Dios nuestra seguridad, importancia y satisfacción. «Yo le he dicho al Señor: "Mi Señor eres tú, fuera de ti no poseo bien alguno» (16:2; cf. 73:25).

David valora la comunión con personas de carácter y santidad (16:3) y contrasta «los dolores de los que corren tras ellos [dioses]» (16:4) con las bendiciones de quienes cuya única esperanza de herencia descansa en el Señor. «Tú, Señor, eres mi porción y mi copa; eres tú quien ha afirmado mi suerte. Bellos lugares me han tocado en suerte; ¡preciosa herencia me ha correspondido!» (vv. 5-6). Cuando se distribuyó la Tierra Prometida entre las tribus de Israel, a los sacerdotes levitas no se les dio ninguna porción de tierra. El Señor les dijo, «Tú no tendrás herencia en el país, ni recibirás ninguna porción de tierra, porque yo soy tu porción; yo soy tu herencia entre los israelitas» (Números 18:20).

Como creyentes en Cristo, nuestra abundancia y seguridad descansan en él y no en nuestras posesiones terrenales. No debemos cometer el error de colocar nuestra esperanza en ahorros, inversiones y bienes materiales. Las «riquezas ...se van volando como las águilas» (Proverbios 23:4-5).

Cuando reconocemos que solo Dios es nuestra porción y nuestra herencia, miraremos más allá de nuestros medios terrenales hacia él como nuestra verdadera fuente de provisión. Y cuando descubrimos que los tesoros y aplausos del mundo no son nada en comparación con conocer a Cristo (Filipenses 3:7-11), nos contentaremos con el nivel de provisión material que Dios nos dé por causa de la hermosura y riqueza de nuestra herencia espiritual.

David describe esta herencia espiritual en términos de dos beneficios presente y de dos expectativas futuras.

Dos beneficios presentes

Primero, Dios nos guía y aconseja. «Bendeciré al Señor, que me aconseja; aun de noche me reprende mi conciencia» (16:7). El Espíritu de Dios utiliza la Palabra para guiar, reprender y enseñar al hijo de Dios. La vida es demasiado compleja e insegura como para poder discernir las mejores sendas por nuestros propios medios. Uno de los grandes beneficios de dedicar un tiempo regular a las Escrituras es el consejo insuperable que podemos descubrir en sus preceptos y principios.

Segundo, Dios nos da una seguridad que trasciende nuestras circunstancias. «Siempre tengo presente al Señor; con él a mi derecha, nada me hará caer. Por eso mi corazón se alegra, y se regocijan mis entrañas; todo mi ser se llena de confianza» (vv.8-9). Cuanto más practicamos su presencia en las muchas situaciones en que nos encontremos, tanto más personal y real se vuelve en nuestra vida. Descubrimos que podemos hacerlo todo por medio de aquel que nos fortalece (Filipenses 4:13) y que nunca estamos solos en ninguna circunstancia con la que nos enfrentemos.

Dos expectativas futuras

Primero, la seguridad que tenemos en Cristo abarca no solo toda nuestra permanencia en la tierra sino más allá de esta vida. «No dejarás que mi vida termine en el sepulcro; no permitirás que sufra corrupción tu siervo fiel» (16:10). Pedro y Pablo citaron ambos este pasaje como profecía mesiánica. David «previó lo que iba a suceder. Refiriéndose a la resurrección del Mesías» (Hechos 2:27-31; 13:35-37) cuyo cuerpo, a diferencia del de David, no se corrompió. Nuestra confianza inquebrantable es que la muerte ha sido devorada por la victoria de nuestra resurrección (1 Corintios 15:51-58).

Segundo, obtendremos satisfacción completa y gozos inacabables en la presencia amorosa del Dios vivo. «Me has dado a conocer la senda de la vida; me llenarás de alegría en tu presencia, y de dicha eterna a tu derecha» (16:11). Nuestra herencia en Cristo supera toda imaginación (1 Corintios 2:9), y el mayor placer que hayamos conocido en este planeta no es sino una débil sombra de los favores que otorgará para siempre a quienes ponen su esperanza en él. «En la felicidad perfecta del cielo no quedará nada más por desear; en el disfrute pleno de Dios el ser humano obtendrá todo lo que haya deseado en otras cosas» (Tomás de Aquino).

Salmo 103: Alaba, alma mía, al Señor
Oh Dios, sé que si no te amo con todo mi corazón, con toda mi mente, con toda mi alma y con toda mi fuerza, amaré alguna otra cosa con todo mi corazón y mente y alma y fuerza. Concédeme que poniéndote primero en todas mis preferencias me pueda liberar de todos los amores y lealtades inferiores, y tenerte a ti como mi primer amor, mi bien principal y mi gozo final.
GEORGE APPLETON, OXFORD BOOK OF PRAYER

Cualquier bien que ocupe el primer lugar en nuestro corazón es un ídolo si no es el Bien Supremo, el Dios vivo. Fuimos creados para tener relación con él, y ninguna otra persona, posesión o posición satisfará nuestros anhelos más profundos. El Salterio subraya a menudo esta verdad, y el Salmo 103, el primero de un grupo de salmos de alabanza (Salmos 103-107) nos recuerda con perspicacia y belleza que la bondad amorosa de Dios es la fuente de nuestra mayor satisfacción.

Himno personal de acción de gracias

En la primera estrofa, David menciona varias razones para alabar al Señor a partir de su experiencia en caminar con Dios: «Alaba, alma mía, al Señor; alabe todo mi ser su santo nombre. Alaba, alma mía, al Señor, y no olvides ninguno de tus beneficios. Él perdona todos tus pecados y sana todas tus dolencias; él rescata tu vida del sepulcro y te cubre de amor y compasión; él colma de bienes tu vida y te rejuvenece como a las águilas».

Una y otra vez, las Escrituras nos exhortan a acercarnos a Dios con alabanza y gratitud por los muchos beneficios que nos ha concedido. Pero nuestra tendencia natural es olvidar lo que ha hecho en nuestra vida y centrarnos más bien en nuestros problemas, dolores y desengaños. Cuando esto sucede, vemos a Dios en función de nuestras circunstancias en lugar de ver nuestras circunstancias en función de su carácter. Nos volvemos orgullosos y autónomos (ver Deuteronomio 8:12-14, 17-18; 2 Crónicas 32:25) o enojados y amargados porque hemos olvidado que tenemos esperanza por medio de la fe y la paciencia (ver Romanos 15:4; Hebreos 6:10-11, 18-19; 10:35-36). «Alaba, alma mía, al Señor, y no olvides ninguno de sus beneficios».

Himno comunitario de alabanza

El salmo pasa en la segunda estrofa de una acción de gracias individual a un himno comunitario de alabanza en torno al tema de amor fiel de Dios (103:6-18). Recordando el éxodo y la experiencia en el desierto, David escribe, «El Señor hace justicia y defiende a todos los oprimidos. Dio a conocer sus caminos a Moisés; reveló sus obras al pueblo de Israel» (vv.6-7). Los israelitas conocían las obras de Dios, pero Moisés tenía una familiaridad íntima con los caminos de Dios. Muchos de nosotros conocemos a Dios a través de sus obras, pero pocos se han dedicado a las disciplinas necesarias para poder entrar a un conocimiento íntimo de sus caminos. Moisés se atrevió a pedir ver la gloria de Dios, y cuando el Señor pasó por delante de él, Dios manifestó la gloria de su presencia y carácter, utilizando palabras similares a las que se encuentran en los versículos siguientes de este salmo. «El Señor es clemente y compasivo, lento para la ira y grande en amor. No sostiene para siempre su querella ni guarda rencor eternamente. No nos trata conforme a nuestros pecados ni nos paga según nuestras maldades» (vv. 8-10; cf. Éxodo 34:6-7).

En contraste con los seres humanos, quienes alimentan los agravios y son prontos a pelear y lentos en perdonar, «Dios, infinitamente ofendido, no solo amansa su ira, sino que amansa la justicia, aunque a qué costo para él, solo el Nuevo Testamento lo revelaría» (Derek Kindner). El amor fiel del Señor y el perdón que ofrece no tienen límites. «Tan grande es su amor por los que le temen como alto es el cielo sobre la tierra. Tan lejos de nosotros echó nuestras transgresiones como lejos del oriente está el occidente» (103:11-12). «Cuán ancho y largo, alto y profundo» es el amor de Cristo que sobrepasa todo conocimiento (Efesios 3:18-19). Pasando de las imágenes espaciales a las de relaciones, el salmista agrega, «Tan compasivo es el Señor con los que le temen como lo es un padre con sus hijos» (v. 13; cf. Isaías 49:15). Los mejores momentos de cordialidad, afecto y seguridad de una pertenencia incondicional que se puedan jamás experimentar en familias terrenales son imágenes imperfectas y opacas del amor fiel de Dios hacia quienes lo conocen.

En lenguaje que recuerda las palabras de Moisés en el Salmo 90:1-6, David contrasta la brevedad de la vida humana con la eternidad de Dios. «Él conoce nuestra condición; sabe que somos de barro. El hombre es como la hierba, sus días florecen como la flor del campo; sacudida por el viento, desaparece sin dejar rastro alguno» (103:14-16). Pero el amor y la gracia del pacto de Dios nos brindan esperanza y un propósito que nunca desaparecerán, porque «el amor del Señor es eterno, y siempre está con los que le temen» (v. 17).

Adviértase que esta es la tercera vez en que aparece en este salmo la expresión «los que le temen». Nuestra respuesta al gran amor y misericordia de Dios debería ser la de temor reverente, gratitud permanente y obediencia voluntaria. «Su justicia está con los hijos de los hombres, con los que cumplen su pacto y se acuerdan de sus preceptos para ponerlos por obra» (103:17-18). Nuestro Padre quiere que demostremos que somos hacedores de la palabra, no simples oyentes que se engañan a sí mismos (Santiago 1:22).

La tercera estrofa del salmo pasa de lo individual (103:1-5), a la comunidad del pueblo de Dios (vv. 6-18) a todo el orden creado (vv. 19-22). «El Señor ha establecido su trono en el cielo; su reinado domina sobre todos. Alaben al Señor, ustedes sus ángeles, paladines que ejecutan su palabra y obedecen su mandato. Alaben al Señor, todos sus ejércitos, siervos suyos que cumplen su voluntad. Alaben al Señor, todas sus obras en todos los ámbitos de su dominio. ¡Alaba, alma mía, al Señor!» (Ver 1 Crónicas 29:.10-13). La meditación pasa de la gracia de Dios a la grandeza de Dios a medida que el salmista invoca las miríadas de huestes angélicas y huéspedes celestiales para que bendigan su santo nombre. Así como estos seres y obras gloriosos sirven al Señor en perfecta obediencia, así nosotros, cuyas vidas han sido redimidas del abismo y coronadas con amabilidad amorosa y compasión, deberíamos poner en orden nuestros pasos delante del Señor en humildad, temor, amor y obediencia. La inversión más sabia de tiempo que jamás haremos es el tiempo que dediquemos a tratar de conocerlo mejor, porque conocerlo es amarlo, y amarlo es ingresar en el gozo y placer de su servicio.

REFLEXIÓN

Oh alma mía, sobre todas las cosas y en todas las cosas descansa siempre en el Señor, porque él es el descanso eterno de los santos.

Concédeme, Jesús dulcísimo y amoroso, descansar en ti por encima de cualquiera otra criatura, por encima de toda salud y belleza, por encima de toda gloria y honra, por encima de todo poder y dignidad, por encima de todo conocimiento y pensamiento exacto, por encima de toda riqueza y talento, por encima de todo gozo y exaltación, por encima de toda fama y alabanza, por encima de toda dulzura y consuelo, por encima de toda esperanza y promesa, por encima de todo mérito y deseo, por encima de todo don y favor que me has otorgado y derramado sobre mí, por encima de toda felicidad y gozo que la mente todavía puede entender y sentir, y por fin, por encima de todos los ángeles y arcángeles, por encima de todas las huestes del cielo, por encima de todo lo visible e invisible, y por encima de todo lo que no seas tú, mi Dios.

Tomás de Kempis, Imitación de Cristo

Por eso el Señor los espera, para tenerles piedad;
Por eso se levanta para mostrarles compasión.
Porque el Señor es un Dios de justicia.
¡Dichosos todos los que en él esperan!

Isaías 30:18

Preguntas para aplicación personal

- ¿Cuál es la escuela de la renuncia? ¿Qué muertes hemos experimentado de nuestras propias aspiraciones y ambiciones, y qué efecto han tenido en nuestro caminar con Dios?
- ¿Qué significa buscar la complacencia de Dios?
- ¿Cuáles son las implicaciones de la encarnación en nuestro pensamiento y práctica?
- ¿Cómo nos relacionamos con la metáfora de permanecer en Jesús?
- ¿Cuáles de los ocho enemigos del fervor espiritual han sido los mayores desafíos para nosotros?
- ¿Cuáles de las diez fuentes de fervor espiritual son las más significativas para nosotros?

FACETA 7

ESPIRITUALIDAD INTEGRAL

Todos los componentes de la vida bajo el señorío de Cristo

Hay una tendencia general a ver al cristianismo como un componente más de la vida junto con otros componentes como la familia, el trabajo y las finanzas. Esta división en compartimentos promueve una dicotomía entre lo secular y lo espiritual. La alternativa bíblica es comprender las implicaciones del señorío de Cristo sobre todos los aspectos de la vida de tal forma que incluso los componentes más mundanos de la vida puedan convertirse en expresiones de la vida de Cristo en nosotros

PARTE IV

ESPIRITUALIDAD INTEGRAL

Todos los compartimentos de la vida bajo el señorío de Cristo

17

ESPIRITUALIDAD INTEGRAL

La centralidad de Cristo

SÍNTESIS DEL CAPÍTULO

La espiritualidad integral subraya la centralidad de Cristo y su relevancia para todos los componentes de nuestra vida. La alternativa bíblica a una mentalidad que divide en compartimientos se centra en las implicaciones del señorío de Cristo de tal forma que incluso los componentes más mundanos de la vida se vuelven expresiones de la vida de Cristo en nosotros. Este capítulo subraya el cultivo de un corazón sabio, que es la habilidad en el arte de vivir la vida con cada una de sus esferas bajo el dominio de Dios.

OBJETIVOS DEL CAPÍTULO

- Deseo de transformación personal en el contexto de la vida diaria
- Estima por la sabiduría de buscar a Cristo en todas las cosas
- Mayor sentido de nuestra necesidad de cultivar un corazón sabio

ORIENTACIÓN DIVINA

Espiritualidad integral puede parecer como una buena candidata para el título de un libro sobre la Nueva Era, pero con tal de que definamos nuestros términos, palabras como meditación, contemplación, espiritualidad e integral son instrumentos útiles y significativos. Algunas personas utilizan la palabra *integral* en un sentido algo panteísta para describir la unidad de todas las cosas, pero el significado filosófico más común de integralidad es que la naturaleza sintetiza entidades en todos organizados que son mayores que la suma de sus partes. Por ejemplo, los seres humanos son más que colecciones sumamente organizadas de átomos, moléculas, células, tejidos, órganos y sistemas. Ninguno de estos componentes puede dar cuenta de nuestras mentes, afectos y voluntades, y todavía menos de nuestra capacidad de relacionarnos con el Ser espiritual eterno que nos creó.

Hay más en nosotros que lo que sabemos, y en nosotros, Dios combina lo material con lo inmaterial en una unidad prodigiosa de actividad. Como esto es así, la búsqueda humana perenne para encontrar significado en bienes y logros materiales conduce siempre a desengaño e insatisfacción. Fuimos hechos para más que bienes creados; fuimos hechos para encontrar nuestro significado y propósito en el Creador no creado de todas las cosas. Algo en todos nosotros, incluso cuando tratamos de reprimirlo, apunta más allá del orden creado porque desea más que lo que el mundo puede jamás ofrecer.

Quienes no conocen a Dios están destinados a integrarse hacia abajo buscando su identidad en los principios elementales de este mundo (Colosenses 2:8, 10). Quienes «conocen a Dios, o más bien que Dios los conoce» (Gálatas 4:9a; 1 Corintios 8:3) han comenzado a integrarse hacia arriba aunque todavía se sienten tentados a «regresar a esos principios ineficaces y sin valor» (Gálatas 4:9b). Si fuimos creados para agradar a Dios conociéndolo y disfrutándolo, nunca seremos un todo y completos a no ser que orientemos nuestra vida alrededor de él y nos definamos en función de nuestra relación con él.

El movimiento hacia la orientación divina es un proceso que nunca se llega a completar en este mundo pero que contribuye a nuestra preparación para la vida celestial. Como seguidores del Camino, deberíamos crecer en la toma de conciencia de que somos peregrinos y caminantes en este mundo y que nuestra verdadera ciudadanía está en el reino celestial (Filipenses 3:20). Cuanto más en serio tomemos nuestro llamamiento celestial, tanto más iremos constatando la tensión que se produce con las atracciones e implicaciones de nuestra condición terrenal. Muchos creyentes han resuelto sin darse cuenta esta tensión estableciendo compartimientos en sus vidas. Lo hacen tratando sus relaciones con Cristo como un componente de sus vidas junto con otros componentes como familia, trabajo y finanzas. Esta **creación de compartimientos** promueve una dicotomía entre lo secular y lo espiritual, de manera que lo espiritual pasa a ser algo que hacemos en ciertas ocasiones, como ir a la iglesia, estudios bíblicos y tiempos de devociones. El supuesto es que cuantas más cosas de estas hacemos, más espirituales somos.

Por el contrario, la espiritualidad integral subraya la centralidad de Cristo y su relevancia para cada uno de los componentes de la vida. Esta alternativa bíblica a la mentalidad de establecer compartimientos se centra en las implicaciones del señorío de Cristo sobre todos los aspectos de la vida, de tal forma que incluso los componentes más mundanos de la vida se pueden convertir en expresiones de la vida de Cristo en nosotros. De esta forma, las diferentes esferas seculares de la vida se vuelven espirituales en tanto en cuanto las ponemos bajo el señorío de Cristo. En este enfoque integral, el todo es mayor que la suma de las partes, y las partes se relacionan cada vez más con el todo. No hay ningún componente de la vida al que no debería tocar el dominio de Jesús.

> Los cielos no son demasiado elevados,
> Que su alabanza no pueda volar hasta allá;
> La tierra no está demasiado baja,
> Que sus alabanzas no puedan florecer ahí.
> Que todo el mundo en todos los rincones cante
> ¡Mi Dios y Rey!
>
> George Herbert

BÚSQUEDAS FALSAS DE FELICIDAD

Esta meta centrada en Cristo de transformación personal en el contexto de la vida cotidiana se ve a menudo oscurecida debido a intentos de encontrar significado por medio de búsquedas falsas de felicidad.

El matemático y filósofo del siglo diecisiete Blaise Pascal comentó en sus *Pensamientos* que «todos los hombres buscan felicidad. Esto es así sin excepciones. Por diferentes que sean los medios que utilizan, todos tienden a este fin. La causa de que algunos hagan la guerra y de que otros la eviten, es el mismo deseo en ambos, acompañados de diferentes puntos de vista. La voluntad nunca da el mínimo paso sino es para este propósito. Este es el motivo de todas las acciones de todos los hombres, incluso de quienes se ahorcan».

El problema es que hay personas que recurren a las cosas equivocadas en su búsqueda de felicidad, pensando que su felicidad se puede encontrar en bienes, popularidad, posición o poder. Por esto creen la propaganda que vende productos por medio de asociaciones más que por medio del verdadero valor. Así, los fabricantes de automóviles caros presentan anuncios como «¡Busca la felicidad en un carro que puede alcanzarla!» como si el corazón humano pudiera satisfacerse con nimiedades. La verdad es que incluso los instrumentos y tesoros más sofisticados no son suficientes para llenar el profundo deseo de encontrar significado en la vida. Como lo observó George Gilder en *Men and Marriage*, «Los hombres anhelan, pero no saben qué; divagan, y pierden de vista la meta; luchan y compiten, pero olvidan la recompensa; esparcen semillas, pero desdeñan las épocas de crecimiento; buscan poder y gloria, pero pasan por alto el significado de la vida».

No bastan las razones a corto plazo

La tragedia de la vida sin una fuente última de significado se refleja en una escena de *Don Quijote*. Cuando don Quijote le cuenta a Sancho Panza acerca de la mirada que vio en los ojos de los soldados que se morían en sus brazos, le dijo que sus ojos parecían estar haciendo una pregunta. Sancho pregunta, «¿Era la pregunta, "Por qué estoy muriendo"?»,Don Quijote responde, «No, era la pregunta "¿Para qué vivía"?» Si no tenemos una respuesta duradera y satisfactoria para esta pregunta, podemos engañarnos pensando que estamos en control o que sabemos adónde vamos, pero en realidad estamos perdidos en el cosmos.

Quizás la apreciación más implacable de esta condición es el desesperado soliloquio de Macbeth:

Mañana…, y otra vez mañana…, y otra vez mañana…
Nuestros días corren en pequeños pasos
Hacia el límite marcado para cada cual,
Y el sol que nos alumbra, solo les muestra
A los locos, el camino hacia la oscuridad de la nada.
Apágate, apágate, antorcha efímera.
La vida… es una sombra deambulante,
Es una comediante, que aparece en escena
Por el tiempo preasignado, actúa, luego se va,
Y enmudece para siempre.
Un cuento estúpido de idiotas,
Que no tiene sentido.

Se trata de un punto de vista lógicamente coherente de la vida humana sin significado trascendente ni esperanza, pero pocas personas llegan hasta ahí. ¿Por qué? Una razón es que la mayor parte de las personas sin Cristo viven vidas que no se someten a examen y eluden las preguntas últimas para centrar toda su atención en las horas que pasan sobre el escenario. Otra razón es que los seres humanos tienen una capacidad casi ilimitada de eludir, desviar, pasarlo bien y huir. En muchos casos, el único tiempo cuando se enfrentan con estas preguntas es cuando se encuentran cara a cara con tragedias y pérdidas, e incluso entonces la ventana de vulnerabilidad se abre solo por un corto tiempo.

El corazón inquieto

Al conocido filósofo Mortimer Adler, se le encargó la monumental tarea de coeditar la serie en cincuenta y cinco volúmenes para la Enciclopedia Británica titulada *The Great Books of the Western World*. En estos libros están compiladas selecciones de los escritos de los mejores pensadores en la historia de la civilización occidental, y las ideas que hay en ellas están organizadas en un enorme índice. Cuando se le preguntó a Adler por qué ese índice contenía más entradas bajo el tema de Dios que ningún otro tema, su respuesta fue definitiva: «Es porque de este solo tema se deducen más consecuencias para la vida que de ningún otro». Si la realidad última es un Ser infinito y personal que creó el cosmos y nos ofrece el privilegio incomparable de una relación sin fin con él, entonces cualquier otro bien en el que pudiéramos poner nuestro corazón ni se le compara.

En el mismo *pensamiento* que se citó antes, Pascal agrega, «Hubo una vez en el hombre una verdadera felicidad de la cual ahora subsiste solo la huella oscura y vacía, que trata en vano de llenar de todo lo que lo rodea, buscando en cosas ausentes la ayuda que no consigue en cosas presentes. Pero todo ello es inadecuado, porque el abismo infinito solo se puede llenar con un objeto infinito e inmutable, es decir, solo Dios Mismo». Esto es lo que afirmó Agustín en el libro 1 de sus Confesiones cuando escribió, «Nos has hecho, Señor, para ti y nuestros corazones están inquietos hasta que descansan en ti».

Cuando Jesús dijo a los doce, «¿También ustedes quieren marcharse?», Simón Pedro le contestó, «Señor... ¿a quién iremos? Tú tienes palabras de vida eterna» (Juan 6:67-68). Pedro comprendía que sin Cristo, no hay otras opciones; no hay a donde acudir. Esta es la verdad que todo creyente debe llegar a admitir; en momentos en que somos tentados a desesperarnos y a abandonar nuestro caminar con Dios, de hecho no hay a donde ir sino a él. Buscar solaz en alguna otra cosa es apoyarse en una caña rota. Pero conocer a Cristo es hacer propia la raíz y el descendiente de David, la brillante estrella de la mañana, el Alfa y Omega, el primero y el último, el comienzo y el fin, el primogénito de entre los muertos, el Rey de reyes y Señor de señores, el Creador y Sustentador de todas las cosas, la Fuente última y trascendente de verdadero significado e importancia.

LA SABIDURÍA DE BUSCAR A CRISTO EN TODAS LAS COSAS

«El comienzo de la sabiduría es el temor de Dios; conocer al Santo es tener discernimiento» (Proverbios 9:10). La búsqueda de sabiduría está directamente relacionada con la diferencia en vivir de tal modo que Cristo sea el centro unificador de nuestras vidas en vez de un simple componente.

Una vida hábil

Según Proverbios, la sabiduría es una piedra preciosa con muchas facetas; perspicacia, consejo, prudencia, entendimiento, discernimiento, disciplina, perspicacia, discreción, instrucción, guía, conocimiento y rectitud. Pero el concepto fundamental que abarca todas estas facetas se encuentra en el significado de la palabra hebrea que se utiliza con mayor frecuencia para sabiduría: *chokmah*. Esa palabra, junto con sus variantes, se encuentra más de trescientas veces en el Antiguo Testamento, y significa «habilidad». La sabiduría es habilidad en el arte de vivir la vida con cada una de sus áreas bajo el dominio de Dios. Es la habilidad para utilizar los mejores medios en el mejor momento para alcanzar los mejores fines.

La sabiduría, al igual que la vida, en última instancia, es propia de Dios. «Con Dios están la sabiduría y el poder; suyos son el consejo y el entendimiento» (Job 12:13). Como reconoció Daniel,

> *¡Alabado sea por siempre el nombre de Dios!*
> *Suyos son la sabiduría y el poder.*
> *Él cambia los tiempos y las épocas,*
> *Pone y depone reyes.*
> *A los sabios da sabiduría,*
> *Y a los inteligentes, discernimiento.*
> *Él revela lo profundo y lo escondido,*
> *Y sabe lo que se oculta en las sombras.*
> *¡En él habita la luz!*
>
> Daniel 2:20-22

La sabiduría es el plan de Dios con el cual transforma un caos sin vida en un cosmos con vida (Proverbios 8:22-31). De igual modo, la sabiduría es el plan del Señor con el cual puede transformar el caos moral y espiritual de una vida humana en una encarnación de los sublimes atributos de Dios de justicia, equidad, verdad y fidelidad.

La sabiduría de lo alto y de lo bajo

Según Santiago, «la sabiduría que desciende del cielo es ante todo pura, y además pacífica, bondadosa, dócil, llena de compasión y de buenos frutos, imparcial y sincera» (Santiago 3:17). Sin una relación con la Fuente de sabiduría, estamos limitados a sagacidad y destreza humanos: «Ésa no es la sabiduría que desciende del cielo, sino que es terrenal, puramente humana y diabólica. Porque donde hay envidias y rivalidades, también hay confusión y toda clase de acciones malvadas» (Santiago 3:15-16).

Las Escrituras plantean un marcado contraste; la sabiduría terrenal conduce a desorden, maldad, fealdad y desengaño; la sabiduría divina da el fruto de orden, bondad, belleza y plenitud. La tragedia es que tantas personas busquen la sabiduría terrenal esperando alcanzar el fruto que solo puede producir la sabiduría que procede de lo alto.

La sabiduría divina es «árbol de vida para quienes la abrazan; ¡dichosos los que la retienen!» (Proverbios 3:18).

> *Dichoso el que halla sabiduría,*
> *El que adquiere inteligencia.*
> *Porque ella es de más provecho que la plata*
> *Y rinde más ganancias que el oro.*
> *Es más valiosa que las piedras preciosas;*
> *¡Ni lo más deseable se le puede comparar!*
>
> Proverbios 3:13-15

LA CENTRALIDAD DE CRISTO

¿Qué deseamos de la vida? Podemos anhelar riqueza, prestigio, poder y popularidad, pero estos son los anhelos del yo externo, no del interno. Como creyentes en Cristo, «en lo íntimo de mi ser me deleito en la ley de Dios» (Romanos 7:22) y nuestros anhelos más profundos de importancia, propósito y plenitud solo se pueden satisfacer en el conocimiento del Autor de la vida.

La sabiduría es habilidad que forja belleza a partir de la materia prima de nuestras vidas. Como es una habilidad, nadie posee por naturaleza sabiduría; debe cultivarse y desarrollarse. Por esto hay tantas exhortaciones paternales en los nueve primeros capítulos de Proverbios a buscar esta habilidad, la más invaluable y práctica de todas:

Hijo mío, si haces tuyas mis palabras
Y atesoras mis mandamientos;
Si tu oído inclinas hacia la sabiduría
Y de corazón te entregas a la inteligencia;
Si llamas a la inteligencia
Y pides discernimiento;
Si la buscas como a la plata,
Como a un tesoro escondido,
Entonces comprenderás el temor del Señor
Y hallarás el conocimiento de Dios.

Proverbios 2:1-5

Pero ¿cómo buscar la sabiduría? La respuesta se encuentra en el versículo siguiente: «Porque el Señor da la sabiduría; conocimiento y ciencia brotan de sus labios» (Proverbios 2:6). Esa sabiduría viene de lo alto (Santiago 3:17) y nunca podemos esperar alcanzarla por nosotros mismos.

El temor del Señor

El tesoro de la sabiduría descansa en las manos de Dios, pero debemos ser más específicos. ¿Cuáles son las condiciones para conseguirlo? Proverbios 9:10 nos da la respuesta: «El comienzo de la sabiduría es el temor del Señor; conocer al Santo es tener discernimiento». Según la literatura sapiencial de la Biblia, la verdadera habilidad en el arte de vivir la vida se alcanza solo con el cultivo del temor del Señor.

Esto conduce a una pregunta más. ¿Qué es el temor del Señor? Ahora nos encontramos a la puerta de los conceptos centrales, aunque a menudo olvidados, de la Escritura.

Y dijo a los mortales:
"Temer al Señor; ¡eso es sabiduría! Apartarse del mal: ¡eso es discernimiento!

Job 28:28

*Instrúyeme, Señor, en tu camino
Para conducirme con fidelidad.
Dame integridad de corazón
Para temer tu nombre.*

Salmo 86:11

*El principio de la sabiduría es el temor del Señor;
Buen juicio demuestran
Quienes cumplen sus preceptos.*

Salmo 110:11

*El temor del Señor es el principio del conocimiento;
Los necios desprecian la sabiduría y la disciplina.*

Proverbios 1:7

El Nuevo Testamento, al igual que el Antiguo, nos exhorta a vivir en el temor de Dios (ver Mateo 10:28; Hechos 10:35; 2 Corintios 5:10-11; 7:1; Efesios 5:21; Colosenses 3:22; 1 Pedro 1:17). Pero el apóstol Juan nos dice que «Dios es amor» y que «en el amor no hay temor. El amor perfecto echa afuera el temor. El que teme espera el castigo, así que no ha sido perfeccionado en el amor» (1 Juan 4:8, 17-18). «¡Fíjense qué gran amor nos ha dado el Padre, que se nos llame hijos de Dios! ¡Y lo somos!» (1 Juan 3:1).

Cuando depositamos nuestra confianza en Cristo, Dios nos dio el derecho de convertirnos en miembros de su familia (Juan 1:12). Ahora nada nos puede separar de nuestro Padre amoroso porque somos sus hijos (Romanos 8:38-39). Como creyentes en Cristo, no debemos tener temor de Dios como poder punitivo. En su lugar, el temor de Dios se remite a una actitud concreta que deberíamos elaborar.

Temor reverencial y humildad

Parte de esta actitud es la reverencia y el *temor reverencial* de Dios. Deberíamos recordar a diario quién es Dios: el Creador de los centenares de millones de galaxias; el Dios soberano que habita el futuro igual que el presente y el pasado; el Todopoderoso que mora en todos los lugares y a quien ningún pensamiento le resulta oculto. Revestido de poder, gloria y dominio, reina sobre el cosmos en la belleza de la santidad. Esta dimensión de temor reverencial santo se convierte en terror santo cuando los siervos de Dios, entre ellos Isaías, Ezequiel, Daniel, Pedro y Juan, se encuentran con su presencia visible. Sus visiones del Dios vivo los llenaron de pavor abrumador y al mismo tiempo los hizo conscientes de las cumbres de la santidad divina y las profundidades del pecado humano.

Otra parte de esta actitud es la *humildad* ante nuestro Rey. «El temor del Señor es corrección y sabiduría; la humildad precede a la honra»

(Proverbios 15:33). La sabiduría es el reconocimiento consciente de que todo lo que tenemos y somos procede de Dios y que todos los aspectos de nuestras vidas necesitan estar bajo su dominio. El necio se jacta con arrogancia de una actitud de independencia y autonomía, pero la persona sabia vive en dependencia y confianza total en el Autor y Dador de vida. «Yo soy la vid y ustedes son las ramas. El que permanece en mí, como yo en él, dará mucho fruto; separados de mí no pueden ustedes hacer nada» (Juan 15:5). Creceremos en sabiduría a medida que cultivemos a diario la actitud de temor reverencial y de humildad en nuestro caminar con Dios.

¡Ya se te ha declarado lo que es bueno!
Ya se te ha dicho lo que de ti espera el Señor:
Practicar la justicia,
Amar la misericordia,
Y humillarte ante tu Dios.

Miqueas 6:8

Una paráfrasis ampliada de Proverbios 9:10a, «El temor del Señor es el principio de la sabiduría», sintetiza esta actitud: «El cultivo de una actitud reverencial de temor respecto al Señor eterno, santo y todopoderoso de toda la creación y una actitud humilde de confianza y dependencia totales de él en todas las facetas de la vida es la base sobre la que se desarrolla la verdadera habilidad en el arte de vivir».

Lo temporal frente a lo eterno

Cuando preguntamos por qué tan pocas personas parecen alimentar esta actitud tanto de temor reverencial como de humildad delante de Dios, llegamos a una lucha fundamental que se desarrolla e ilustra en la mayor parte de las páginas de la Escritura. Es el choque entre dos sistemas diferentes de valores: lo temporal frente a lo eterno. A primera vista, lo temporal parece ser mucho más real y atractivo, en tanto que lo eterno parece lejano y que exige sacrificio. Pero, como vimos en la exposición sobre la espiritualidad paradigmática, un análisis más minucioso del sistema temporal de valores muestra que nunca da lo que promete. Por el contrario, conduce a quienes lo aplican a vacuidad, engaño y necedad. Solo acogiendo el sistema eterno de valores encontraremos plenitud, realidad y sabiduría para buscar cosas espirituales hechas a imagen de Dios. «Ustedes lo aman a pesar de no haberlo visto; y aunque no lo ven ahora, creen en él y se alegran con un gozo indescriptible y glorioso, pues están obteniendo la meta de su fe, que es su salvación» (1 Pedro 1:8-9). Al hacer contraste de lo temporal con lo eterno, no estoy sugiriendo un dualismo entre los dos que hará irrelevante el mundo temporal en que vivimos. Más bien, me atrevo a decir que un sistema de valores eternos nos insta a utilizar e influenciar lo temporal con lo eterno en vista.

Este principio se ilustra de forma muy hermosa en el más antiguo de los salmos. El título del Salmo 90 (que es el primer versículo en el hebreo) nos dice que es «Oración de Moisés, hombre de Dios». Es evidente que se escribió hacia el final de la vida de Moisés, hace unos tres mil cuatrocientos años, como oración para la nueva generación que cruzaría el Jordán para entrar en la Tierra Prometida. Moisés tocó una cuerda eterna que encuentra eco en nuestras vidas cuando exclamó al final, «Confirma en nosotros la obra de nuestras manos; sí confirma la obra de nuestras manos» (Salmo 90:17).

La palabra que se traduce como «confirma» significa «establecer» o «dar permanencia a». Esta oración es el anhelo de un mortal por algo que puede hacer que no desaparecerá con el tiempo ni se olvidará, sino que perdurará para siempre. Es la súplica del trabajador para que se perpetúe su trabajo en un mundo efímero.

Moisés estaba entrado en años para cuando ofreció esta oración y estaba dolorosamente consciente de la brevedad de la vida. El salmo comienza con una mediación acerca de la eternidad de Dios («desde los tiempos antiguos y hasta los tiempos postreros, tú eres Dios» [Salmo 90:2]) y lo contrasta de manera clara con cuatro imágenes de la naturaleza transitoria de la humanidad en los versículos 3-6. Mil años a los ojos de Dios son como veinticuatro horas, o incluso como «unas cuantas vigilias de la noche». Nuestro tiempo en este planeta es como un castillo de arena que de repente desaparece arrastrado por una ola. Es como una delicada flor que por la mañana brota y por la noche se marchita.

Este problema se complica debido a la tragedia de la experiencia del desierto. Hablando de la generación del Éxodo, Moisés dijo, «Tu ira en verdad nos consume, tu indignación nos aterra» (Salmo 90:7). Como el pueblo creía a los espías que decían que los israelitas no podrían conquistar la tierra y se negó a creer la promesa de Dios, esa generación perdió para siempre la oportunidad que Dios les había dado. Fueron condenados a matar el tiempo vagando por el desierto por treinta y ocho años. Se ha calculado que durante estos años murieron un promedio de casi noventa personas diarias hasta que solo Moisés, Josué y Caleb subsistieron para representar a la generación que salió de Egipto.

Un corazón de sabiduría

Poco sorprende que Moisés escribiera, «se esfuman nuestros años como un suspiro» (Salmo 90:9) y «pronto pasan» (v. 10). Nosotros experimentamos el mismo dilema, vagando por el desierto de la rutina y de horarios sobrecargados a medida que los años van pasando. Pero hay una solución para esta situación difícil, y se encuentra en el versículo clave en el salmo:

LA CENTRALIDAD DE CRISTO

«Enséñanos a contar bien nuestros días, para que nuestro corazón adquiera sabiduría» (v. 12). Si queremos tener sabiduría, habilidad en el arte de vivir la vida con todas las esferas bajo el dominio de Dios, debemos recordar a menudo que nuestros días en la tierra están contados. Si cerramos los ojos a esta realidad, nuestros sistemas de valores quedarán automáticamente distorsionados y estaremos sirviendo al señor equivocado.

Si, como Moisés, queremos que la obra de nuestras manos permanezca (Salmo 90:17), deberíamos recordar a diario que somos «extranjeros y peregrinos» (1 Pedro 2:11) en esta tierra y que nuestra verdadera ciudadanía está en el cielo (Filipenses 3:20). Nuestras propias obras se disipan con rapidez. Pero Dios es eterno (vv. 1-2) y su obra permanece. Por tanto debemos invertir en esa obra eterna; sus obras realizadas por medio nuestro duran para siempre.

Solo dos cosas sobre la tierra pasarán a la eternidad: la Palabra de Dios y las personas. Dios nos ha colocado aquí para que crezcamos en Cristo y para reproducir la vida de Cristo en otros. Cada uno de nosotros tiene oportunidades concretas para hacerlo en nuestras propias esferas de influencia y, al permanecer en Cristo y permitir que sus palabras permanezcan en nosotros, daremos fruto duradero (Juan 15:7-8), y el Dios vivo confirmará la obra de nuestras manos.

Los grandes santos a lo largo del tiempo aprendieron la sabiduría de tener solo dos días en sus calendarios: hoy y aquel día (el día en que estarían con el Señor). Si deseamos un corazón de sabiduría, deberíamos aprender a vivir cada día a la luz de aquel día. Cuando recordemos a diario el propósito de nuestro paso por la tierra, cultivaremos una perspectiva eterna que influya en toda nuestra obra y en todas nuestras relaciones. En 2 Corintios 4:16-18, Pablo resume la visión que determinó el curso de su vida: «Por tanto, no nos desanimamos. Al contrario, aunque por fuera nos vamos desgastando, por dentro nos vamos renovando día tras día. Pues los sufrimientos ligeros y efímeros que ahora padecemos producen una gloria eterna que vale muchísimo más que todo sufrimiento. Así que no nos fijamos en lo visible sino en lo invisible; ya que lo que se ve es pasajero, mientras que lo que no se ve es eterno.»

Ocho preguntas

Nuestro estudio del tema bíblico crucial de la sabiduría nos ha conducido a través de una serie de preguntas.

¿Qué es sabiduría? La sabiduría es habilidad en el arte de vivir la vida con todas las esferas bajo el dominio de Dios Es la capacidad de utilizar los mejores medios en el mejor momento para conseguir los mejores fines. La sabiduría es la clave para una vida hermosa, plena y con propósito.

¿Cómo buscamos sabiduría? El tesoro de la sabiduría está en las manos de Dios, Como procede de lo alto (Santiago 3:17), no podemos conseguirlo aparte de él.

¿Cuáles son las condiciones para conseguir la sabiduría? La verdadera sabiduría se puede alcanzar solo mediante el cultivo del temor del Señor (Proverbios 9:10).

¿Qué es el temor de Dios? Temer a Dios es tener una actitud de admiración reverente y humildad delante de él. Es reconocer nuestra condición de criaturas y nuestra necesidad de depender por completo de él en todas las actividades de nuestra vida.

¿Por qué tan pocas personas desarrollan esta doble actitud de admiración reverencial y humildad? El sistema de valores temporales de este mundo se basa en lo que se ve, en tanto que el sistema de valores eternos de la Escritura se basa en lo que no se ve. Aquel ejerce una poderosa influencia en nosotros, y no sorprende que tantos cristianos luchen para renunciar a lo visto por lo no visto.

¿Qué nos puede hacer capaces de repudiar el sistema de valores temporales para elegir el sistema de valores eternos? Una perspectiva eterna se puede cultivar solo por fe, es decir, creyendo a Dios a pesar de apariencias y circunstancias.

¿Cómo crecemos en la fe? Nuestra capacidad para confiar en Dios es directamente proporcional a nuestro conocimiento de Dios. Cuanto mejor lo conocemos, más podemos confiar en él.

¿Cómo podemos aumentar nuestro conocimiento de Dios? Como veremos, la respuesta se apoya en el hecho de que Dios es una persona.

Pensemos en nuestras relaciones más cercanas. ¿Qué condiciones deben reunirse antes de que lleguemos a conocer a estas personas de esta manera? Cada una de estas condiciones nos dirán algo acerca de qué implica el crecer en nuestro conocimiento de Dios.

La primera condición es que ambas personas están dispuestas a tratar de conocerse bien. Se puede conocer a alguien solo en la medida en que esa persona está dispuesta a dejarse conocer. Las relaciones unilaterales no conducen nunca a nada. La Escritura nos dice que Dios, la persona más importante del universo, desea que lo conozcamos. Él es quien inicia el proceso, y desea nuestra respuesta. Cuando aceptamos el don de Cristo de una nueva vida al confiar en él, comienza la relación.

Una segunda condición para una relación personal es que ambas personas adquieran conocimiento una de la otra, no simplemente una acerca de la otra. Podemos saber mucho acerca de otra persona y sin embargo conocerla poco. De igual modo, podemos estar muy familiarizados con sana teología y no estar familiarizados con el Dios vivo. Solo a medida que lleguemos a conocer a Dios como persona creceremos en nuestro amor por él.

LA CENTRALIDAD DE CRISTO

Una tercera condición para una relación en aumento es apertura, aceptación y perdón. Las personas con frecuencia tienen temor de que si otros las conocen como son, no serán aceptadas. Dios nos dice que en Cristo hemos recibido el don de la aceptación y perdón de pecados. Nos conoce en forma completa, y no tenemos por qué tener temor de abrirnos a él en nuestros pensamientos y sentimientos.

Una cuarta condición es el tiempo dedicado a comunicarse. Ninguna relación puede volverse íntima sin dedicar de forma regular tiempo a hablar, escuchar e interesarse. Del mismo modo, no podemos intimar con Dios a no ser que hablemos con él y escuchemos su voz en la Escritura de manera constante.

Quinta, una relación de calidad se va desarrollando en la acción; se alimenta a través de una serie de respuestas a las necesidades y deseos una de la otra. Conocer a Dios es amarlo, y amarlo es desear responder a sus deseos para nuestra vida. La fe en Dios es confiar en él como persona, y la confianza se manifiesta en acción.

Quien sea sabio, que considere estas cosas
Y entienda bien el gran amor del Señor.

Salmo 107:43

PREGUNTAS PARA APLICACIÓN PERSONAL

- ¿Qué significa para mí espiritualidad integral?
- ¿Hasta qué punto es Cristo el centro de mi vida? ¿En qué esferas de mi vida lo coloco a veces en la periferia?
- ¿Cómo me ha visto seducido por falsas búsquedas de felicidad?
- ¿Cómo describiríamos una vida hábil? ¿Cómo definimos sabiduría?

18

ESPIRITUALIDAD INTEGRAL

Una vida integrada

SÍNTESIS DEL CAPÍTULO

Una vida integrada requiere una conexión entre fe y vida, entre decir que se sigue a Cristo y llegar a ser como él, entre fe y carácter, entre profesión y práctica. Cuando el punto focal del corazón se encuentra en lo eterno, las actividades seculares se vuelven espirituales y lo ordinario asume una nueva dimensión. Nuestra relación con Cristo nunca tuvo como fin ser un componente más de nuestras vidas, sino ser el eje central con el que están conectados todos los rayos de la rueda.

OBJETIVOS DEL CAPÍTULO

- Valorar un corazón centrado que ve a Cristo en todas las cosas
- Ambición de buscar los propósitos de Dios en lugar de nuestra idea de qué es lo mejor para uno
- Aspiración de una búsqueda con un solo objetivo que se centra alrededor de Dios en todas las actividades.

Vivimos en un mundo cada vez más fragmentado que tiene una forma de erosionar nuestros compromisos y de nublar nuestro punto focal. A nuestra cultura la ha conmocionado una intensificación tan grande de opciones y cambios que nuestras identidades, valores y perspectivas se están viendo absorbidos. Os Guinness en *The Call* utiliza la palabra *pluralización* para describir este proceso de opciones que proliferan que «afectan la esfera privada de la sociedad moderna en todos los niveles, desde los bienes de consumo hasta las relaciones, las concepciones del mundo y las creencias». Guinness arguye que la idolatría moderna de poder escoger convierte las obligaciones en opciones y reduce el compromiso y la continuidad. La solución bíblica ante este dilema amenazador es una toma cada vez mayor de conciencia de nuestra identidad como personas que han sido llamadas a ser seguidoras y siervas de Cristo.

UNA VIDA INTEGRADA

DOS CONJUNTOS DE REGLAS

Cuando no cumplimos con alimentar esta conciencia de haber sido llamados a un compromiso radical con Jesús, perdemos nuestra senda en este mundo engañoso y seductor. A nivel tanto individual como colectivo, empezamos a jugar según dos conjuntos de reglas y procuramos salir ganando en ambas esferas, del mundo y de Dios. Esto resulta posible cuando creamos un compartimiento para nuestra fe y la divorciamos de otras facetas de la vida, como el trabajo, las finanzas, la amistad, el matrimonio y la paternidad. Este divorcio entre lo espiritual y lo secular conduce a grandes disparidades entre fe y conducta y a una sorprendente capacidad para pasar por alto dichas incoherencias. Como lo formuló San Ambrosio, «Eres como una especie de impostor cuando lo que profesas y lo que practicas están en desacuerdo». Nos volvemos impostores acomodados que afirman conocer a Cristo pero cuyo carácter se diferencia muy poco del de la cultura del entorno. Encuestas comparativas de personas que alegan haberse comprometido con Cristo revelan que, lejos de ser sal y luz, a veces no se pueden distinguir de los demás cuando se trata de cosas como conducta no ética, problemas en el hogar, malversación financiera, adicciones y angustia mental. Estas personas no han establecido una conexión entre fe y vida, entre alegar seguir a Cristo y asemejarse a él, entre fe y carácter, entre profesar y practicar. Personas que participan en cultos comunitarios rara vez relacionan las experiencias de la vida de la iglesia con las experiencias de la vida cotidiana. Esta disparidad entre las 11 del domingo por la mañana y las 11 el lunes por la mañana pueden ser enormes.

EL PUNTO FOCAL DEL CORAZÓN

Por el contrario, el enfoque integral en la espiritualidad subraya la relevancia de la fe en Cristo para las rutinas de la vida cotidiana. La vida espiritual no se limita a devociones personales, ejercicios espirituales, actividades de la iglesia y estudios bíblicos. Estas cosas la alimentan, pero debería vivirse y expresarse en lo ordinario y en lo cotidiano. No debemos ver nuestra vida en Cristo como simplemente un agregado a nuestra vida en este mundo; en su lugar, debemos aprender a verla como el manantial de nuestro ser y el significado de nuestra existencia. A medida que vamos desarrollando esta perspectiva bíblica llegaremos a ver la falsedad de la dicotomía sagrado-secular. Cómo gastamos el dinero o realizamos un acuerdo comercial tiene tanto que ver con la vida espiritual como cómo oramos. Todo depende del punto focal de nuestro corazón. Como Walt Henrichsem lo dijo, lo secular se vuelve espiritual cuando el punto focal de nuestro corazón es lo eterno. Lo que parece ser un trabajo secular, ya sea en una fábrica o en un bufete de abogados, se convierte en una empresa espiritual si el punto focal del corazón del trabajador está en el reino de Dios y su justicia (Mateo 6:33). Por el contrario, lo espiritual se vuelve secular cuando el punto focal del corazón de la persona es lo temporal. Personas que al parecer se dedican a vocaciones espirituales, sean ministros o misioneros, pueden llegar a desear más levantar la iglesia más grande de la denominación o llegar a ser presidentes de la organización misionera, que buscar el reino de Dios y su justicia. Así pues, no es la naturaleza del trabajo, sino el punto focal del corazón lo que importa en la economía de Dios.

Resulta liberador ver que se pueden hacer todas las cosas para la gloria de Dios independientemente de si parecen ser elevadas u ordinarias, espirituales o seculares, más altas o más bajas, contemplativas o activas. «Sea que coman o beban o hagan cualquier otra cosa, háganlo todo para la gloria de Dios» (1 Corintios 10:31). Esto significa que vivir en medio del mundo mercantil no es por necesidad menos espiritual que vivir en el monasterio; todo depende del punto focal del corazón.

ESPLENDOR EN LO ORDINARIO

Sería un ejercicio muy ilustrador leer en detalle los mandatos del Nuevo Testamento para constatar cuántos de ellos se refieren a lo mundano y a lo ordinario. Leamos Efesios 4:25-29, como ejemplo:

> Por lo tanto, dejando la mentira, hable cada uno a su próximo con la verdad, porque todos somos miembros de un mismo cuerpo. "Si se enojan, no pequen". No dejen que el sol se ponga estando aún enojados, ni den cabida al diablo. El que robaba, que no robe más, sino que trabaje honradamente con las manos para tener qué compartir con los necesitados. Eviten toda conversación obscena. Por el contrario, que sus palabras contribuyan a la necesaria edificación y sean de bendición para quienes escuchan.

Veracidad, enojo, trabajo, compartir, hablar; todos son hilos que conforman la tela del diario vivir. La mayor parte de nuestro tiempo se dedica a rutinas comunes: educar a los hijos, ir y venir del trabajo, preparar documentos, llamadas telefónicas, lavar platos, pagar facturas, arrancar mala hierba, relacionarse con familiares y amigos. La realidad de nuestra fe se demuestra más en la forma en que andamos con Jesús en medio de lo mundano que en la cantidad de reuniones religiosas a las que asistimos. Si queremos servir y glorificar a Dios, la expresión más auténtica de este deseo estará en las actividades ordinarias de la vida. Esto significa que debemos aprender a depender de Jesús y a mirarlo tanto en nuestras responsabilidades hora tras hora como cuando estamos enseñando un estudio bíblico o compartiendo nuestra fe. Sin tener en cuenta la actividad, siempre es verdad que, aparte de Jesús, no podemos hacer nada con valor eterno ni podemos dar fruto duradero (Juan 15:5). Pero cuando permanecemos en él y él en nosotros, podemos descubrir esplendor en lo ordinario.

UNA VIDA INTEGRADA

Si deseamos vivir como Jesús lo hizo, trataremos de desarrollar una conciencia espiritual en todas las cosas. Un rápido repaso del evangelio de Juan revela la tendencia humana a pasar por alto lo espiritual por limitar nuestro pensamiento a lo físico. Cuatro ejemplos vienen a la mente. Nicodemo confundió el nacimiento espiritual con un segundo nacimiento físico (Juan 3). La mujer en el pozo confundió el agua viva con el agua literal (Juan 4). La multitud confundió el pan de vida con el pan físico (Juan 6); y confundieron la afirmación de Jesús acerca de que no se lo podrá encontrar después de que vaya al Padre con ocultarse (Juan 7). En la Escritura y en la naturaleza, lo físico apunta hacia más allá de sí mismo hacia realidades espirituales para quienes tienen ojos para ver. Haríamos bien en adaptar la oración de Eliseo por su siervo: «Señor, ábrele ... los ojos para que vea» (2 Reyes 6:17). Cuando veamos nuestras vidas desde una perspectiva bíblica, nos daremos cuenta de que estamos en medio de un viaje a través de los campos del Señor. Las experiencias de cada día que vivimos en este viaje se pueden ver y utilizar como vehículos por medio de los cuales podemos manifestar la vida del reino.

Al igual que la liturgia en el culto colectivo utiliza lo material para expresar lo espiritual, así también un enfoque de encarnación en la vida puede transformar lo ordinario en lo extraordinario. Vivimos más de nuestra vida en la esfera de detalles y de trabajo pesado que en el terreno de lo impresionante e inspirador. La vida de discipulado de Jesús consiste en forma predominante en obediencia y fidelidad a él en rutinas mundanas e ingratas de la experiencia diaria. Él es nuestra audiencia, lo noten o no las personas.

Nuestra vocación en Cristo está más allá de lo que podemos lograr con nuestros recursos humanos, de modo que debemos depender del poder del Espíritu de Cristo que mora en nosotros e invocarlo (Romanos 8:9). Si reflexionamos sobre cómo Jesús viviría su vida si fuera nosotros, veremos que la respuesta tiene relación con un sentido constante de dependencia del Padre en todo lo que hacemos. Dijo, «no hago nada por mi propia cuenta» y «siempre hago lo que le [el Padre] agrada» (Juan 8:28-29). Pero «los que viven según la naturaleza pecaminosa no pueden agradar a Dios» (Romanos 8:8); podemos hacer las cosas que le agradan solo si caminamos por el Espíritu (Romanos 8:9-13; Gálatas 5:16, 25) en los detalles de la vida diaria. Así pues, los seguidores de Cristo son llamados a un servicio cristiano de tiempo completo; nunca fuimos hechos para ser discípulos de tiempo parcial, con vidas en compartimientos. Recibimos poder para servir a nuestro Señor y a otros cuando recordamos invocar su presencia manifiesta en cada área de la vida. Deberíamos aprender a invitar a que la gracia de Dios esté presente en más y más aspectos de nuestras vidas; ningún detalle es demasiado pequeño para cumplirlo sin la gracia. Oigamos esta observación de Marty Thornton en *Christian Proficiency*: «Como Cristo es Dios y Cristo es hombre, penitencia y gozo, temor y amor, fe y duda, devoción y obras, universal y particular, humanidad y seres humanos; todo se combina en

Adoración, y esto no elimina nada sino que es mayor que todo ello. El mundo del comercio, el arte, la educación, la política, la familia, el dolor, el placer, la ciencia y la sociología; todo es insignificante al compararlo con la realidad infinitamente rica de Dios, aunque todas las cosas son importantes ... debido a la Encarnación».

Comencemos a cultivar la habilidad de orar en toda situación, y descubriremos que la oración espiritualiza todos los aspectos de la vida. Santifica el trabajo y hace de lo ordinario un receptáculo de lo divino. La oración también santifica las relaciones y nos hace menos egoístas que lo que de ordinario seríamos al interactuar con la familia, los compañeros de trabajo, los amigos y los vecinos.

La vida del reino es sacramental por cuanto unifica lo secular y lo sagrado, lo natural y lo espiritual, en un todo sin fisuras. Cuando una acción se lleva a cabo en servicio al Rey, se convierte en expresión externa de una gracia interna. En el grado en que lo hagamos, practicamos ministerio como sacerdotes (1 Pedro 2:5, 9), y nuestro mundo, sea el del comercio o del hogar, se convierte en santuario.

TENTACIONES DE PERDER NUESTRO PUNTO FOCAL

Una vida que tiene sus raíces y base en el amor de Cristo (Efesios 3:17) pone de relieve la relevancia del Señor que mora en el creyente para toda relación y circunstancia. Pero hay muchas formas en que podemos perder nuestro punto focal y volver a un estilo de vida con compartimientos en lugar de integrado. Cuando esto sucede, regresamos a la dicotomía sagrado-secular y aprendemos a tolerar discrepancias entre ambas.

La atracción del materialismo suele tentarnos a que abandonemos un punto focal integrado. Al igual que en *Los viajes de Gulliver* el adormecido Gulliver fue amarrado con decenas de hilos, la búsqueda de cantidad de bienes materiales como símbolos de éxito puede atarnos al mundo. En sí mismos, ninguno de ellos nos frenará, pero una multiplicidad de tentáculos materialistas tiene poder sobre nosotros y nos exige tiempo y energías. Parte de la sutileza del materialismo es que es un blanco móvil, y pocas personas, incuso las que son muy ricas, nunca piensan que tienen bastante, y mucho menos más que bastante. La búsqueda de riqueza nos induce a dedicar tiempo a Dios y a relaciones importantes. En lugar de utilizar la riqueza y el servicio a los demás, nos sentimos cada vez más tentados a servir a la riqueza y aprovecharse de las personas.

Otra tentación es la creencia falsa de que tenemos una mejor comprensión y deseo de lo que es mejor para nosotros que lo que tiene Dios. Cuando aceptamos esta mentira, nos dedicamos a intentar de varias maneras a encontrar felicidad aparte de Dios y de sus propósitos. Pero la Escritura nos enseña que Dios nunca nos puede dar gozo y paz aparte de sí mismo, porque solo él es la Fuente de estos dones.

UNA VIDA INTEGRADA

Algunas personas no saben integrar sus vidas en torno a Cristo porque carecen de ardor espiritual y no están convencidos de que vale la pena la obediencia a él en todas las cosas. Como las personas a las que Malaquías dirigió su oráculo profético, sufren de indolencia e indiferencia. Si no perfeccionamos un sentido de llamamiento divino en este mundo, podemos caer en letargo, aburrimiento, desánimos y agotamiento espirituales.

Otra forma más de perder nuestro punto focal en Jesús es el deseo de honor a los ojos de otros. Si estamos más preocupados por las opiniones de las personas que por agradar a Dios, será imposible centrar nuestras vidas alrededor del señorío de Cristo. Las personas con frecuencia gastan dinero que no tienen en cosas que no necesitan para impresionar a personas que ni siquiera les agradan. Si somos esclavos de las opiniones de otros, trataremos de manipularlos, y todo nuestro enfoque en cuanto a la vida en este mundo se irá distorsionando. Vamos cayendo en la superficialidad y ostentación cuando tratamos de buscar el aprecio del mundo, y olvidamos que Dios nos valora por lo que somos y por qué estamos aquí. La audiencia para la que representamos nuestro papel con el tiempo irá moldeando el contenido de nuestra creencia: «¿Cómo va a ser posible que ustedes crean, si unos a otros se rinden gloria pero no buscan la gloria que viene del Dios único?» (Juan 5:44). Podemos liberarnos de la carga de orgullo y ostentación solo cuando nos volvemos una vez más como niños y nos aceptamos por lo que Dios dice que somos en Cristo.

La sabiduría bíblica nos alienta a inculcar confianza total e inquebrantable en el Dios infinito y personal que nos creó, redimió, cuida de nosotros y nos da un propósito, un futuro y una esperanza. Uno de los temas subyacentes en la Escritura es si buscaremos nuestros propios planes o los planes de Dios; si trataremos de controlar nuestras vidas y bienestar o acudiremos a nuestro Padre celestial para todas las cosas buenas; si confiaremos en nuestro trabajo o en nuestro Señor. Confiar en Dios es algo activo, no pasivo; significa que hacemos nuestro trabajo con diligencia y excelencia por él y no por las personas (Colosenses 3:23-24) y dejamos los resultados en sus manos. Solo cuando renunciamos a ser dueños de los resultados estaremos caminando por fe y por lo que se ve.

VER LA VIDA DESDE LA PERSPECTIVA DE DIOS

Podemos transitar por la vida hasta el final y acabar sin haber comprendido el punto principal. Se cuenta la historia acerca de tres hombres que naufragaron en una pequeña isla del océano Pacífico. Después de unas cuantas semanas, recogieron en la playa una botella. Cuando uno de los hombres la levantó y le sacó el corcho, salió un genio que ofreció a los hombres cumplirle un deseo a cada uno. El hombre que sostenía la botella dijo, «Quiero irme de la isla para volver con mis amigos». Desapareció y la botella cayó en la arena. El segundo hombre la recogió, expresó el mismo deseo, y también desapareció. El tercer hombre, que no destacaba por tener un intelecto agudo, recogió la botella y dijo, «Me siento solo; ¡quiero recuperar a mis amigos!» Si no acertamos a ver la vida desde la perspectiva de Dios, la nuestra se distorsionará y no llegaremos a ver la razón de nuestra existencia terrenal. Solo cuando caemos en la cuenta de que todas las cosas se vuelven espirituales cuando se centran en Cristo nos volvemos capaces de vivir una vida integrada orientada hacia lo eterno. El significado de cada evento lo determina su contexto; si aprendemos a contextualizar cada cosa en torno a lo invisible y eterno, comenzamos a ver las cosas como son delante de Dios. Como lo dice Dallas Willard en *The Divine Conspiracy*, «Llegar a ser discípulo de Jesús es aceptar ahora esa inversión de las distinciones humanas que más pronto o más tarde nos impondrá la realidad irresistible de su reino».

El verdadero discipulado requiere una nueva orientación alrededor del dominio del reino de Cristo y una constatación de que una vida centrada en él nos lo costará todo. «Si alguno viene a mí y no sacrifica el amor a su padre y a su madre, a su esposa y a sus hijos, a sus hermanos y a sus hermanas, y aun a su propia vida, no puede ser mi discípulo. Y el que no carga su cruz y me sigue, no puede ser mi discípulo ... cualquiera de ustedes que no renuncie a todos sus bienes, no puede ser mi discípulo» (Lucas 14:26-27, 33). Todo, familia, amigos, carrera, el yo, deben entregarse a él sin reservas. Cualquier cosa que nos reservemos se convertirá en rival de Jesús como fuente sustitutiva de nuestra lealtad.

LA AMBICIÓN SUPREMA

El camino del discipulado y de la santificación no se basa en una lista de cosas que no hacemos. Esta es la senda del control, medición, comparación, crítica y arrogancia. En cambio, el camino del discipulado es una búsqueda resuelta del Santo de modo que seamos colocados aparte para su servicio y sometidos a sus propósitos en todas las facetas de la vida. Es permitirnos que Dios nos posea de tal forma que su Espíritu Santo que mora en nosotros sea libre de reorientar nuestros corazones, valores y conductas en todas las esferas de compromiso. Una vez ingresados a una relación con el Creador personal del universo, nuestro llamamiento supremo es conocerlo en una forma más profunda y rica. Esta fue la ambición del apóstol Pablo; «Lo he perdido todo a fin de conocer a Cristo, experimentar el poder que se manifestó en su resurrección, participar en sus sufrimientos y llegar a ser semejante a él en su muerte» (Filipenses 3:10). La clase de conocimiento en el que Pablo pensaba era el conocimiento vivencial de Cristo como persona. Hay una sutil tendencia entre muchos estudiosos de la Palabra a interesarse más por un conocimiento intelectual acerca de Dios que por un conocimiento personal de Dios. Aquel es importante, pero Dios desea que

UNA VIDA INTEGRADA

lo amemos con nuestro corazón y nuestra alma así como con nuestra mente (Mateo 22:37). Por encima de todo, Pablo estableció como su propósito conocer a Cristo con todo su ser.

¿Cuál es el propósito de nuestra vida en este planeta? ¿Tenemos una razón inmutable para ser, un propósito que trasciende las épocas y las circunstancias de la vida? Propongo que si el componente más importante de nuestro propósito no es un conocimiento cada día mayor de la persona y carácter de Dios, la respuesta a la pregunta por qué estoy aquí diferirá de la idea bíblica de la vida.

Filipenses 3 afirma que la verdadera espiritualidad no se preocupa de reglas, regulaciones y rituales sino de la persona de Cristo Jesús. El punto focal de la Escritura no se encuentra en la religión sino en una relación. El conocimiento creciente de Cristo implica no solo una comprensión cada vez mayor del «poder de su resurrección», sino también una mayor comprensión de qué significa «participar en sus sufrimientos y llegar a ser semejante a él en su muerte». La conformidad del creyente con su muerte se describe en forma vívida en las conocidas palabras de Gálatas 2:20: «He sido crucificado con Cristo, y ya no vivo yo sino que Cristo vive en mí. Lo que ahora vivo en el cuerpo, lo vivo por la fe en el Hijo de Dios, quien me amó y dio su vida por mí». Pablo agrega que «si hemos estado unidos con él en su muerte, sin duda también estaremos unidos con él en su resurrección ... si hemos muerto con Cristo, confiamos que también viviremos con él» (Romanos 6:5, 8).

Nuestra identificación con Cristo en su muerte, sepultura y resurrección es la base de poder experimentar el poder de su resurrección y la comunión de sus sufrimientos. Su poder divino nos da todo lo que necesitamos para vivir como Dios manda (2 Pedro 1:3) cuando nos entregamos al control del Espíritu Santo. Esto incluye el poder de soportar sufrimiento por amor a Cristo, que las Escrituras nos aseguran que se producirán en las vidas de quienes desean asemejarse más a él. Pero también se nos asegura que los sufrimientos de este tiempo presente ni siquiera se comparan con la gloria que se nos revelará (Romanos 8:18).

UNA BÚSQUEDA RESUELTA

A lo largo de los siglos de historia documentada, la cualidad esencial que ha compartido en común la gran diversidad de hombres y mujeres que llegaron a ser grandes ha sido la concentración en un solo propósito. Con razón o sin ella, cada uno de ellos tenía un sentido de propósito, cada uno de ellos sabía en qué dirección se movía, y cada uno de ellos estaba dispuesto a pagar el precio necesario para alcanzarlo.

Si algo caracterizó a Pablo, el apóstol de los gentiles, fue su resolución de alcanzar el objetivo. Para él, Cristo era no un componente de la vida sino la totalidad de la misma, y todo lo que hacía con palabras o acciones reflejaba de manera directa o indirecta esta posición. Podía resumir tanto su dirección como su destino en una concisa frase: «Porque para mí el vivir es Cristo y el morir es ganancia» (Filipenses 1:21).

«Así espero alcanzar la resurrección de entre los muertos» (Filipenses 3:11); Pablo tenía un solo propósito en su deseo de crecer en el conocimiento vivencial de la persona y del poder del Señor resucitado. Se daba cuenta de que, por medio de la fe en el Hijo de Dios, se había convertido en una nueva criatura, unida con Cristo en su muerte, sepultura y resurrección (2 Corintios 5:17; Romanos 6:3-11). Y con todo, preveía el tiempo en que se conformaría a la semejanza de Cristo no solo en espíritu sino también en alma y cuerpo. Sabiendo que era peregrino en la tierra y ciudadano del cielo, miraba con esperanza hacia el día cuando recibiría un cuerpo resucitado imperecedero (1 Corintios 15:20-58). Pablo no hablaba de la resurrección *de entre* los muertos sino *de* los muertos, o sea, la resurrección de los justos (cf. Lucas 20:35). (La palabra que utiliza se puede traducir «resurrección fuera», y es la única vez que se encuentra en el Nuevo Testamento). La expresión «espero alcanzar» también se puede traducir «si por algún medio»; Pablo no duda de su participación en la resurrección de los creyentes, sino que comunica su determinación de continuar siendo fiel hacia ese fin. La única incertidumbre era si sería en la tierra o en la presencia del Señor cuando tiene lugar ese evento.

En Filipenses 3:12 Pablo sigue diciendo, «No es que ya lo haya conseguido todo, o que ya sea perfecto. Sin embargo, sigo adelante esperando alcanzar aquello para lo cual Cristo Jesús me alcanzó a mí». Pablo deja bien claro que no ha alcanzado la conformidad perfecta con la persona de Cristo a la cual han sido llamados todos los creyentes, sino que trata de permanecer en el proceso. La Escritura afirma que nadie alcanzará la perfección en esta vida. Esto es en contraste con la mentalidad legalista que el apóstol trataba de combatir en la primera parte de Filipenses 3: El legalista lucha con esfuerzos de la carne para alcanzar un estándar humano de rectitud. El legalismo intenta cuantificar la espiritualidad como producto mensurable. De esta forma genera la complacencia en procedimientos y prácticas más que la dinámica siempre retadora de buscar a la persona de Cristo.

Pablo nunca se permitió sentirse satisfecho con el status quo en su caminar con Dios, aunque se hubiera sentido tentado de hacerlo de haber puesto la mirada en personas y no en el Señor. En su lugar, aprendió el secreto que transforma la vida de no compararse con otros sino solo con Cristo.

Conocía el camino que tenía frente a él, a saber, «alcanzar aquello para lo cual Cristo Jesús me alcanzó a mí». La pasión inmensa de su vida era conocer y ser como Jesús, y para ello se esforzó con el poder del Espíritu Santo, no con las obras de la carne. El deseo de nuestro corazón debería ser tener un único propósito como Pablo, que lo condujo a esforzarse por alcanzar el llamamiento más elevado del Señor.

UNA VIDA INTEGRADA

Dichosos los que tienen hambre y sed de justicia, porque serán saciados.

Mateo 5:6

Oh Dios, tú eres mi Dios;
Yo te busco intensamente.
Mi alma tiene sed de ti; todo mi ser te anhela,
Cual tierra seca, extenuada y sedienta

Salmo 63:1

Cual ciervo jadeante en busca del agua,
Así te busca, oh Dios, todo mi ser.
Tengo sed de Dios, del Dios de la vida.
¿Cuándo podré presentarme ante Dios?

Salmo 42:1-2

CRISTO: ¿UN COMPONENTE DE LA VIDA O EL CENTRO DE LA VIDA?

Resulta imposible llegar lejos en nuestro caminar con Cristo sin un cambio radical de una perspectiva de la vida vinculada a la tierra a una bíblica. Sin embargo, una minoría sorprendentemente pequeña de creyentes renuevan sus mentes a partir de una base sólida en las Escrituras, y esto significa que la mayoría es más probable que se encuentren bajo la influencia de su cultura que de su Creador. Como hemos visto, el fenómeno de establecer compartimientos complica el problema, porque muchas personas ven el cristianismo como otro compartimiento de sus vidas. Es algo que practican los domingos por la mañana y alguna que otra vez en otros momentos concretos, pero que tiene poco impacto en el resto de su semana.

Para muchos creyentes, Cristo está *presente* en sus vidas, pero su señorío con frecuencia es objeto de resistencia o rechazo. Para otros, ocupa un lugar *prominente* en sus vidas, pero todavía hay esferas, como el trabajo y las finanzas, en las que se sienten dueños y señores. Esto se suele dar porque piensan que tienen el control o porque tienen temor de confiar en él en esas facetas de sus vidas. Pero también hay cristianos para quienes Cristo es *preeminente* como el punto focal de su ser y esfuerzos. Estas personas reconocen su suficiencia y supremacía al someter todas las esferas a su gobierno y autoridad. Para ellos, Cristo es el eje que ordena e integra todos los rayos de la vida. Si las afirmaciones de la Escritura son verdaderas, esta es la única opción realista que puede adoptar el seguidor de Cristo; las otras opciones se basan en la ilusión de que somos agentes autónomos de nuestro destino. El supuesto defectuoso es que poseemos tanto la sabiduría como el control para lograr lo que es mejor para nuestras vidas sin una dependencia completa del Señor.

Como hemos visto, es frecuente que los creyentes vean a Cristo como uno de los diversos componentes de la vida. El círculo a la izquierda (gráfico 18:1) se compone de una serie de círculos más grandes y más pequeños que representan estos componentes.

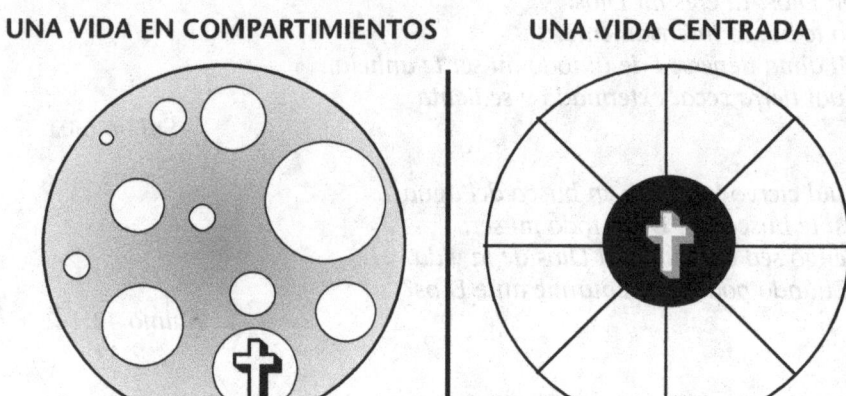

Gráfico 18.1

Bajo este enfoque, el compartimiento espiritual tiene poco que ver con las otras esferas de la vida. A medida que uno crece en el Señor, ese compartimiento se va haciendo mayor, pero sigue sin estar relacionado con los otros. En consecuencia, esta esfera es espiritual, y las otras son seculares. Por el contrario, en el círculo de la derecha, todas las facetas de la vida están centradas en torno a Cristo como el punto unificador de integración y coherencia. Cuando el corazón está centrado en él, se vuelve relevante para cada una de las partes de la vida y nos da poder para vivir delante de Dios en nuestro trabajo, nuestra familia y nuestras otras actividades. En la vida centrada, no hay distinción entre lo espiritual y lo secular; todas las cosas se hacen por él y por medio de él (Romanos 11:36; Filipenses 4:13).

Mi amigo Myles Lorenzen creó un diagrama que ilustra muy bien las diversas facetas de una vida que está integrada y centrada en torno a Cristo (gráfico 18:2).

El cuadrante superior representa nuestra relación con Dios. Nuestra imagen de Dios (faceta en el centro) se desarrolla por medio de la Palabra de Dios y de la oración. El cuadrante inferior describe nuestra relación con nosotros mismos. Nuestra imagen del yo (faceta en el centro) se ve afectada por nuestra vida interior y nuestra vida exterior. El cuadrante a la izquierda representa nuestra relación con el mundo e incluye a las personas del mundo que no conocen a Cristo (faceta en el centro) y también las cosas del mundo y los sistemas del mundo. El cuadrante a la derecha presenta nuestra relación con el cuerpo de Cristo e incluye la vida de la iglesia (faceta en el centro), la vida familiar y la vida de ministerio.

UNA VIDA INTEGRADA

GRÁFICO 18.2

En este modelo, los cuadrantes superior e inferior simbolizan nuestra relación vertical con Dios y los cuadrantes de la izquierda y de la derecha representan nuestras relaciones horizontales con otros. El punto central de lo vertical y lo horizontal es la persona y obra de Cristo y nuestra identificación con él en su muerte, sepultura y vida resucitada. En Cristo, nuestra relación vertical con Dios hace posible que manifestemos una nueva calidad de vida en nuestras relaciones horizontales con personas, tanto con quienes conocen a Cristo como con quienes no.

Cuadrante superior: nuestra relación con Dios

Imagen de Dios

Nuestra imagen de la persona, poderes y perfecciones de Dios es el elemento más determinante en nuestra vida. Como vimos en la sección sobre espiritualidad de relaciones, amar a Dios en forma total (con nuestro corazón, mente, alma y fuerza) es la clave para amarse a uno mismo de manera correcta (vernos como Dios nos ve) y para amar a otros con compasión (servir a otros debido a la abundancia de la vida de Cristo en nosotros). Nuestra imagen de Dios debe centrarse en su Hijo porque nadie «nadie conoce al Padre sino el Hijo... y aquel a quien el Hijo quiera revelarlo» (Mateo 11:27). «El que me ha visto a mí, ha visto al Padre» (Juan 14:9). Cuanto mejor conocemos, amamos y obedecemos a Jesús, tanto mejor conoceremos, amaremos y obedeceremos al Padre.

Palabra de Dios

La Palabra de Dios es el vehículo primordial de la revelación de Dios acerca de sí mismo, su plan y sus propósitos. La Palabra escrita se centra en la Palabra viva y encarnada, Jesucristo. «Entonces, comenzando por Moisés y por todos los profetas, les explicó lo que se refería a él en todas las Escrituras» (Lucas 24:27; cf. 24:44). La revelación personal de Dios en su Hijo fue el punto culminante de la manifestación de sí mismo a nosotros, porque Jesús es «el resplandor de la gloria de Dios, la fiel imagen de lo que él es, y el que sostiene todas las cosas con su palabra poderosa» (Hebreos 1:1-3). (A modo de ejercicio, meditar acerca del prólogo del evangelio de Juan referente a la Palabra encarnada o Verbo de Dios [Juan 1:1-18] y acerca de la relación entre la Palabra escrita y la Palabra viva en Hebreos 4:12-13). Cristo es llamado el Verbo de Dios (Apocalipsis 19:13), y al leer, estudiar y meditar sobre la Escritura, llegamos a conocerlo a él y al Padre de forma más clara.

Vida de oración

La disciplina de la oración, tanto en tiempos devocionales como en practicar la presencia de Dios en la vida cotidiana, debería centrarse en Cristo. «Hasta ahora no han pedido nada en mi nombre. Pidan y recibirán, para que su alegría sea completa» (Juan 16:24). «Si permanecen en mí y mis palabras permanecen en ustedes, pidan lo que quieran, y se les concederá» (Juan 15:7). Jesús es nuestro intercesor y nuestro abogado delante del trono de Dios (Romanos 8:34; 1 Juan 2:1-2), y como es nuestro sumo sacerdote fiel y misericordioso, abre la puerta de acceso al Padre de manera que nos podamos acercar «confiadamente al trono de la gracia» (Hebreos 4:16).

Cuadrante inferior: nuestra relación con uno mismo

Imagen del yo

No podemos conocernos de verdad a no ser que conozcamos a Dios. La única base segura, estable, significativa y satisfactoria de la identidad propia es la realidad de nuestra nueva identificación con Cristo. Pasajes que cambian la vida como Romanos 6-8; Gálatas 2:20; Efesios 1:3-23; 3:11-21 y

UNA VIDA INTEGRADA

Colosenses 1:9-23, 27:; 3:1-17 redefinen a todos los que han llegado a conocer a Jesús. En él tenemos una nueva *derivación*, habiendo sido sacados de la ascendencia de Adán para ser injertados en la ascendencia de Cristo. En él tenemos también un nuevo *destino*, ya no más como criminales condenados que tienen que enfrentarse con la ira de un Dios santo, sino como hijos escogidos destinados a compartir la herencia de Cristo y a disfrutar «la incomparable riqueza de su gracia, que por su bondad derramó sobre nosotros por Cristo Jesús» (Efesios 2:7). Y en Cristo también tenemos una nueva *dignidad* y propósito en este mundo como agentes y embajadores suyos en ese mundo transitorio (2 Corintios 5:17-21).

Vida interior

Nuestra vida interior, compleja y sutil, puede convertirse en un embrollo de pensamientos y deseos contradictorios a no ser que se centre en Cristo. Nuestros corazones, nuestras conciencias, nuestras mentes, nuestras emociones y nuestras voluntades se van desviando y causan problemas si no se someten a las reglas y autoridad de Jesús. Solo en él podemos descubrir armonía y paz interiores. «Al de carácter firme lo guardarás en perfecta paz, porque en ti confía» (Isaías 26:3). Cuando confiamos en Jesús, nos deleitamos en él, le entregamos nuestro camino, descansamos en él y lo esperamos con paciencia (Salmo 37:6-7), descubrimos una paz y gozo que no conseguimos en el mundo (Juan 14:27; Filipenses 4:6-7). Quienes toman su yugo y aprenden de él encuentra descanso para sus almas (Mateo 11:29). Así pues, debemos cultivar el jardín interior de nuestros corazones y mentes centrándolos en Cristo (Romanos 8:5-10; Filipenses 4:8; Colosenses 3:2-4). «Dame, hijo mío, tu corazón y no pierdas de vista mis caminos» (Proverbios 23:26).

Vida externa

Nuestra vida externa comienza con nuestros cuerpos, el instrumento de nuestra acción y expresión en el mundo que conocemos por medio de nuestros cinco sentidos. Advirtiendo a los corintios contra la inmoralidad, el apóstol Pablo escribió, «¿Acaso no saben que su cuerpo es templo del Espíritu Santo, quien está en ustedes y al que han recibido de parte de Dios? Ustedes ya no son sus propios dueños; fueron comprados por un precio. Por tanto, honren con su cuerpo a Dios» (1 Corintios 6:19-20). Debemos presentar nuestros miembros como instrumentos de justicia a Dios (Romanos 6:13) y nuestros cuerpos como sacrificio vivo, santo y agradable a Dios (Romanos 12:1). La vida externa no solo consiste en nuestros «envoltorios» terrenales, sino que también incluye actividades como pasatiempos, deportes, entretenimiento y otras formas de recreo. Cada una de estas actividades se puede centrar en Cristo de tal manera que su presencia resulte evidente en algo al parecer tan mundano como el golf, el tenis, el montañismo o el automovilismo.

Cuadrante izquierdo: nuestra relación con el mundo

Personas del mundo

Las personas del mundo son vecinos, compañeros de trabajo, amigos, parientes y otros en nuestro país y alrededor del mundo que no han llegado a conocer a Cristo. No debemos seguir viendo a esas personas solo como vecinos o compañeros de trabajo, sino como personas que necesitan ser rescatadas del dominio de la oscuridad y trasladadas al reino del amado Hijo de Dios (Colosenses 1:13). «En adelante no consideramos a nadie según criterios meramente humanos»; por ello deberíamos tratar de ser embajadores de reconciliación para Dios (2 Corintios 5:16-20) Lo hacemos fomentando relaciones deliberadas con no creyentes (1 Corintios 9:19-23), siendo sal y luz (Mateo 5:13-16), y viviendo de tal forma que se requiera una explicación de modo que las personas nos pedirán que expliquemos la esperanza que hay en nosotros (1 Pedro 3:15).

Cosas del mundo

Jesús enseñó que «la vida de una persona no depende de la abundancia de sus bienes» (Lucas 12:15). A no ser que centremos en Cristo nuestra idea sobre las posesiones, seremos tentados a vender nuestras almas a cambio de cosas que al final nos desengañarán y desparecerán (Marcos 8:36-37). Solo cuando permitimos que Cristo determine el contenido de nuestras vidas aprenderemos el secreto del contentamiento. «Las preocupaciones de esa vida, el engaño de las riquezas y muchos otros malos deseos» pueden ser atractivos que sofoquen nuestra vitalidad espiritual y nos hagan estériles (Marcos 4:19). En su lugar, debemos ver las cosas que Dios nos da en este mundo como un depósito que nos ha confiado y por el cual nos pedirá cuentas. Si buscamos su reino y su justicia por encima de los bienes terrenales (Mateo 6:33), seremos ricos delante de Dios (Lucas 12:21) y captaremos lo que es la vida en verdad (1 Timoteo 6:17-19). Las cosas del mundo también incluyen nuestra administración del medio ambiente que nos ha confiado.

Sistemas del mundo

Estamos inmersos en una cultura que consiste de estructuras y sistemas entrelazados que moldean nuestra existencia. Las esferas de trabajo, sociedad y gobierno impactan nuestras vidas y pueden definirnos y engullirnos si nuestras vidas no están centradas en Cristo. Cuando vemos el señorío de Jesús sobre todas las cosas, estos sistemas se convierten en campos en los que se nos llama a representar al Rey. Como el mundo con sus diversas codicias (1 Juan 2:15-17) está en oposición a la persona y propósitos de Dios, quienes siguen a Cristo están participando en una guerra espiritual. Al someternos a él y buscar hacer su voluntad en este mundo, nos convertimos en sus agentes y «como estrellas en el firmamento» (Filipenses 2:15).

UNA VIDA INTEGRADA

Cuadrante derecho: Nuestra relación con el Cuerpo

Vida de la iglesia

La vida del cristiano debe vivirse no en forma aislada sino en comunidad. Como el cuerpo de Cristo, la iglesia es un organismo que se compone de partes interdependientes que contribuyen de manera única al todo. Cristo es la cabeza del cuerpo, y su intención es que cada uno de los miembros crezca hacia la madurez espiritual y creciente semejanza con él. Cuando los cristianos se reúnen para edificación mutua y ofrecen culto, son renovados, pertrechados y estimulados a amar, servir y edificarse unos a otros y a ser el pueblo de Dios en este mundo (Efesios 4:11-16). El cuerpo reunido (edificación) fortalece al cuerpo esparcido (evangelización).

Vida de familia

Dios diseñó a la familia para que fuera la base de la sociedad como el contexto en el que se van formando las vidas y se van inculcando valores. La relación esposo-esposa debe modelarse según la relación amorosa entre Cristo y su esposa, la iglesia (Efesios 5:22-23), y la relación padres-hijos es un entorno divinamente establecido para formación, instrucción, provisión, protección y formación de carácter (Deuteronomio 6:5-9; Josué 24:15). Estas relaciones no pueden lograr su propósito a no ser que aprendamos a depender de Cristo y lo dejemos determinar los resultados. Cuando nuestras vidas se centran en él, nos da la fortaleza para servir a nuestro cónyuge y a nuestros hijos en forma desinteresada. En un sentido amplio, la vida familiar también incluye a amistades y solteros, y también estos deben encontrar su vitalidad basando su orientación en torno a Cristo.

Vida de ministerio

Todos los creyentes han sido dotados con dones espirituales con el fin de que asistan a creyentes y no creyentes en sus círculos de influencia. «Cada uno ponga al servicio de los demás el don que haya recibido, administrando fielmente la gracia de Dios en sus diversas formas» (1 Pedro 4:10). Solo cuando nos hemos entregado a Cristo estamos en condiciones de servir a las personas con el poder del Espíritu (Mateo 20:25-28). De esta forma estamos invitando a Jesús a que ame y sirva a las personas por medio nuestro. Los dones y llamamientos para servir son múltiples (p. ej., enseñanza, evangelización, servicio a los pobres y necesitados, discipulado, aliento, hospitalidad, misiones), pero deben estar siempre centrados en Cristo y no ser fines en sí mismos.

Los cuatro cuadrantes y las doce facetas de la espiritualidad

El cuadro siguiente (18:1) relaciona las doce facetas de la espiritualidad cristiana con los cuatro cuadrantes que acabamos de analizar.

ESPIRITUALIDAD DE RELACIONES	Facetas centrales de los cuatro cuadrantes
ESPIRITUALIDAD PARADIGMÁTICA	Cosas del mundo, vida interior
ESPIRITUALIDAD DISCIPLINADA	Aspectos de los cuatro cuadrantes
ESPIRITUALIDAD DE VIDA CAMBIADA	Imagen de Dios y del yo
ESPIRITUALIDAD MOTIVADA	Imagen de Dios y del yo, vida interior
ESPIRITUALIDAD DE DEVOCIONES	Cuadrante superior
ESPIRITUALIDAD INTEGRAL	Integración de los cuatro cuadrantes
ESPIRITUALIDAD DE PROCESO	Vida interior en cuanto se relaciona con las otras esferas
ESPIRITUALIDAD LLENA DEL ESPÍRITU	Vida interior, vida de ministerio
ESPIRITUALIDAD DE LUCHA	Sistemas del mundo
ESPIRITUALIDAD FORMADORA	Personas del mundo y cuadrante derecho
ESPIRITUALIDAD COLECTIVA	Vida de la iglesia, vida de familia, vida de ministerio

Cuadro 18.1

Todas estas doce facetas afectan y se vierten hacia las otras. La contribución central de la espiritualidad integral es su insistencia en la relevancia de nuestra vida en Cristo para todos los aspectos de nuestra existencia.

Preguntas para aplicación personal

- ¿Con qué frecuencia nos encontramos tratando de jugar según dos conjuntos de reglas? ¿Hasta qué punto hay tensión entre lo que profesamos y lo que practicamos?
- ¿Cuál es el punto focal de nuestro corazón en nuestro trabajo, y cómo afecta esto nuestra percepción de lo secular y lo sagrado?
- ¿En qué formas tratamos de encontrar trascendencia en lo ordinario?
- ¿Cuáles de las «tentaciones de perder nuestro punto focal» han sido más pertinentes para nuestro condición?
- ¿Cómo podemos avanzar más en la dirección de una ambición como la de Filipenses 3:10?
- ¿Qué significa buscar con un solo propósito?
- Al examinar el gráfico con sus cuatro cuadrantes y doce facetas, ¿hasta qué punto en nuestra vida ocupa Jesús la posición central en cada una de las doce facetas?

19
ESPIRITUALIDAD INTEGRAL
Relaciones, trabajo y sociedad

> **SÍNTESIS DEL CAPÍTULO**
>
> Este capítulo presenta una lista destilada de principios referentes a la integración de fe y práctica en tres relaciones críticas (esposo-esposa, padres-hijos y amistades) así como en los dos campos críticos de trabajo y sociedad.
>
> **OBJETIVOS DEL CAPÍTULO**
>
> - Mayor reconocimiento del propósito bíblico para la relación marital
> - Comprensión clara de principios bíblicos para la relación padres-hijos
> - Mejor entendimiento del costo y valor de amistades de calidad
> - Enfoque más bíblico en cuanto al lugar de trabajo
> - Orientación bíblicamente informada en cuanto a la sociedad

En este capítulo se han escogido cinco esferas dentro de las facetas de vida familiar y sistemas del mundo para elaborarlas más. Es importante que veamos cómo nuestras relaciones más cercanas desempeñan papeles cruciales en nuestra formación espiritual. Las tres primeras de estas esferas son las relaciones críticas de esposo-esposa, padres-hijos y amistades, y las dos últimas son trabajo y sociedad. Se escribe cada vez más acerca de la integración de fe y práctica en todas estas esferas, pero quizá sea útil disponer de una lista destilada de principios.

TRES RELACIONES

La relación esposo-esposa

- Primera Corintios 7 defiende la legitimidad del matrimonio pero también reconoce el lugar de la vida célibe. Pablo relaciona el celibato con el don del dominio propio (vv. 7,9) y afirma que hay ciertas ventajas en permanecer soltero si uno tiene el don. La persona soltera tiene más libertad para servir, en especial en épocas difíciles, y tiene menos distracciones respecto a una vida de devoción a Dios (vv. 29:-35). Sería erróneo presionar a una persona con el don del celibato para que se case; el matrimonio es un se puede y no un se debe.

- El matrimonio fue diseñado por Dios no solo para ser el cimiento de la sociedad, sino también para proveer una analogía terrena de una verdad espiritual. El matrimonio es un pacto para toda la vida de entrega mutua entre un hombre y una mujer que conduce a unión en todos los niveles: espíritu, alma y cuerpo.
- Esta comunión e intimidad entre los cónyuges tiene como fin reflejar la imagen de Dios y proporcionar el contexto para una relación duradera de amor y respeto. Se trata de un llamamiento elevado, y es inalcanzable aparte de una dependencia consciente de la gracia y el poder de Dios.
- Génesis 1:26-27 afirma que el hombre y la mujer juntos constituyen la imagen de Dios. «Dios creó al ser humano a su imagen; lo creó a imagen de Dios. Hombre y mujer los creó» (Génesis 1:27). El Señor creó lo masculino y lo femenino y los dotó de características diferentes de manera que cada uno exprese algo diferente acerca de Dios. En un matrimonio sano, ambos cónyuges deben reconocer y aceptar estas diferencias de personalidad como complementarias en lugar de competitivas.
- El concepto de «ayuda adecuada» (Génesis 2:18, 20) habla de una relación de apoyo entre aliados y de ningún modo implica que uno es inferior al otro. A la soledad la reemplazó la compañía y la realización, y es fundamental en el designio de Dios para el matrimonio.
- Génesis 2:23-25 enseña que el matrimonio fue diseñado para ser una relación permanente de pacto de compromiso, apoyo y estima mutuos.
- Cuando predominan los problemas maritales, surgen inevitablemente de no saber dejar, de no saber ser fiel, de no saber establecer una relación de una sola carne (Génesis 2:24). «Se funden en un solo ser» es el misterio del matrimonio. Esta frase incluye la relación sexual, pero va más allá de esto, afirmando que el esposo y la esposa se vuelven uno, y esto es un proceso. Los dos se completan mutuamente en lo físico, lo psicológico y lo espiritual, y en el Nuevo Testamento se utiliza el carácter completo para describir el misterio aún más profundo de Cristo y su esposa, la iglesia (Efesios 5:31-32).
- Los matrimonios que van creciendo no se dan en forma automática; se cultivan durante años de esfuerzo mutuo (disciplina) y confianza en la gracia de Dios (dependencia).

- Los mejores matrimonios infunden amor divino en los diversos amores humanos:

  Epithumia. En sentido negativo, esta palabra se traduce como «deseo, lascivia», pero también se puede utilizar de modo positivo para hablar de deseo lícito. El deseo físico debería ser parte de todo matrimonio; la ausencia y el minimizar la relación sexual es síntoma de áreas problemáticas que deben corregirse, tales como experiencias dolorosas del pasado o tensión y deficiente comunicación en el presente. El matrimonio fue diseñado por Dios para crear unidad entre un hombre y una mujer en todos los niveles, y el placer sexual compartido es una forma importante de amor que enriquece las otras formas de amor en una unión matrimonial.

  Eros. Esa palabra se solía utilizar en la literatura griega, aunque no se encuentra en el Nuevo Testamento. Es la raíz de nuestra palabra *erótico* pero no se limita a la dimensión sensual del amor; va más allá de la preocupación romántica por el amado. Puede darse *eros* con o sin *epithumia*, o deseo sexual. Puede conducir a una identificación sólida que supera la distinción entre dar y recibir. Debido a que es un amor tan emocional, *eros* no se puede conseguir cuando se quiere ni sostener sin ayuda.

  Storgê. Al igual que *eros*, esta palabra no se utiliza en el Nuevo Testamento. *Storgê* es el amor de afecto y pertenencia, y nace de la familiaridad. Es un amor que comparten miembros de una familia que saben que son parte de un todo y se sienten cómodos en presencia unos de otros. Esa clase de amor proporciona un sentido de seguridad y de refugio emocional respecto al mundo exterior.

  Fileo. Es el amor de amistad, compañerismo y apertura. Es el producto de intereses, tiempo, ideas, visión y experiencias compartidos. En *eros*, el que ama se ocupa del amado; en *pielo*, dos o más compañeros se ocupan de intereses y actividades comunes. Sin esta dimensión de amistad, el matrimonio caerá en una rutina de mediocridad.

  Ágape. Este es el más elevado de los amores porque lo caracteriza el desprendimiento y el dar, incluso hasta el extremo de sacrificarse. El *ágape* no es un amor condicional que juzga a los demás según se comporten. Ni es un amor que nazca de atracción mutua o de amistad. El *ágape* es un amor que no pone condiciones y se mantiene firme a pesar de circunstancias. Lo motiva una decisión voluntaria de colocar el interés de otro antes del propio y de servir a otra persona sin tener en cuenta su respuesta. Se relaciona más con la voluntad que con las emociones. *Ágape* no es teórico sino práctico, porque se expresa en acciones.

  Ágape no es natural. Es un amor divino, y nuestra elección de amar a otros de esa forma requiere que seamos vasijas disponibles del amor de Dios. No es algo que podamos fabricar con el poder de la carne. *Ágape* es el único amor que puede proporcionar un verdadero fundamento para un matrimonio cristiano exitoso, por cuanto es un compromiso de pacto sin condiciones con una persona imperfecta. Los otros amores son importantes, y cada uno de ellos debería ser una faceta de la relación matrimonial. Pero son como flores en un jardín que deben cultivarse, alimentarse y desherbarse mediante el *ágape*. Sin él, los otros amores pueden deteriorarse y convertirse en fines en sí mismos.

- Hay diversas maneras de expresar estos amores, y Gary Chapman arguye en *Los cinco lenguajes del amor* que deberíamos procurar discernir los lenguajes predominantes que mejor comuniquen amor por nuestro cónyuge. Distingue tiempo de calidad, palabras de afirmación, regalos, actos de servicio y contacto físico. Saber esto nos puede hacer más efectivos en servir las necesidades de un esposo o esposa.
- En la relación matrimonial, conviene que el esposo se preocupe por complacer y servir a su esposa y que la esposa desee complacer y servir a su esposo (1 Corintios 7:3-5, 33-34). El mayor enemigo del matrimonio es la actitud egoísta que está preocupada con el carácter de la otra persona y con las propias necesidades. El amor centrado en otro se preocupa por el carácter propio y por las necesidades de la otra persona.
- Si buscamos en nuestros cónyuges la satisfacción de nuestras necesidades de reconocimiento de valor personal, explotaremos la relación para conseguir de la otra persona algo que nunca puede ofrecer. Pero si buscamos en Cristo y renovamos a diario nuestras mentes con la verdad de que nuestras necesidades encuentran satisfacción plena en él, liberaremos a nuestros cónyuges de demandas poco realistas y encontraremos cumplimiento y no frustración. Cuando confiamos en el amor de Dios por nosotros y creemos en su promesa de que nuestros deseos más profundos encuentran satisfacción en él, entonces somos libres de dar a la otra persona sin esperar o exigir nada a cambio. Incluso si no se aceptan nuestros esfuerzos por servir, podemos seguir dando, a pesar del dolor, al reconocer nuestros sentimientos para con Dios y reafirmar nuestra posición genuina e inmutable en Cristo. Podemos hacerlo sabiendo que estamos seguros en el amor de Cristo; nuestra verdadera importancia no se ve amenazada cuando otros nos hieren y rechazan.
- Es natural desear que nuestros cónyuges ofrezcan reciprocidad en este proceso, pero este deseo no debe convertirse en nuestra meta, porque depende de la otra persona para poder conseguirlo. Debemos

seguir buscando la meta de ministerio y dejar nuestros deseos en las manos de Dios.
- Lo mejor que se puede hacer por el cónyuge es amar más a Jesús. Si amamos más a Jesús que a nuestro cónyuge, amaremos a nuestro cónyuge más que si amáramos a nuestro cónyuge más que a Jesús.
- Nuestros cónyuges deberían ser nuestros mejores amigos. Con demasiada frecuencia, sin embargo, las parejas se concentran tanto en sus hijos que apenas se van conociendo más. Entonces, cuando los hijos se van, descubren que son como extraños que han estado viviendo por años bajo el mismo techo. Esto no tiene por qué suceder, pero se requiere esfuerzo para impedirlo. Las amistades se cultivan compartiendo pensamientos, sentimientos y experiencias.
- Las parejas necesitan desarrollar una unión espiritual dedicando algo de tiempo por la mañana o por la noche para estudiar la Biblia y orar juntos. Es crucial ser perseverantes.
- La unidad en el nivel de espíritu y alma proporciona la base para la unión física en el matrimonio. Desde un punto de vista bíblico, no debería verse el sexo como hacer el amor sino como expresar el amor. La intimidad sexual se concibió para ser expresión de intimidad espiritual y psicológica (mental, emocional y volitiva). Larry Crabb comenta, los dos cuerpos que se unen deberían albergar a dos personas que ya están juntas. La relación sexual nunca tuvo como fin conducir a un buen matrimonio sino ser el producto de un buen matrimonio.

La relación padres-hijos

- El hogar cristiano ha sido llamado «laboratorio para aplicar la verdad bíblica en un marco de relaciones». Es un terreno de formación para impartir valores, para aprender cómo dar y recibir amor y para el desarrollo de relaciones.
- Según el Salmo 127:3-5, los hijos son un don de Dios. Son posesión de Dios, no nuestra. Los ha puesto de manera transitoria bajo nuestro cuidado; en efecto, nuestros hijos los recibimos prestados de Dios por los más o menos dieciocho años que están bajo nuestro techo. Hemos recibido la tarea de criarlos desde un estado de dependencia completa hasta un estado de independencia completa de manera que podamos entregarlos a Dios cuando alcanzan la madurez.
- Muchos padres cometen la equivocación de construir sus vidas y matrimonios alrededor de sus hijos. Pueden tratar de hacer realidad sus propias ambiciones y sueños identificándose con sus hijos y viviendo sus vidas por medio de ellos. Este intento vicario de encontrar cumplimiento conduce siempre a frustración y desengaño

porque los hijos rara vez satisfacen tales expectativas y se van de la casa temprano. También los coloca bajo una intolerable exigencia de niveles de desempeño que son física, emocional y mentalmente incapaces de lograr.

- Quizá el principio bíblico más difícil de aplicar como padres es la necesidad de aceptar a los hijos tal como son. Su verdadera fuente de identidad está en Cristo, no en los hijos. Sus hijos quizá no son tan física o mentalmente capaces como quisiéramos, pero si nos damos cuenta de que son posesión de Dios y no nuestra, se pueden aceptar tal como son. Practicar esta verdad puede liberar a los hijos del temor de rechazo y fracaso.
- Los padres son responsables de satisfacer las necesidades materiales de sus hijos, pero también han recibido la responsabilidad de formar el carácter de los mismos y orientar su crecimiento espiritual, psicológico, intelectual, emocional y físico. Esto no debe dejarse por inercia en manos de instituciones externas. La formación espiritual y moral fundamental de los hijos debería darse en el hogar, no en la iglesia o la escuela.
- Cuando en los padres prevalecen actitudes cristianas, cada miembro de la familia se siente parte importante de la misma. Los esposos y esposas han de ser delante de sus hijos modelos de las cualidades de respeto mutuo y preocupación de unos por otros en el Señor. A medida que esta atmósfera se proyecte a la relación con sus hijos, respetarán de corazón el valor y carácter único de cada hijo. Este reconocimiento de la individualidad y dignidad de cada miembro de la familia se manifiesta en una actitud positiva y alentadora.
- Como hacen falta unos cinco comentarios positivos para contrarrestar una observación negativa, es importante que los padres estén del lado de los hijos y no encima de ellos. Deben evitar el favoritismo y comparaciones de un hijo con otro. Es de importancia especial que los padres admitan sus errores en forma abierta y pidan perdón de sus hijos cuando los humillen u ofendan, incumplan una promesa o los maltraten. De esta forma, la honestidad y estima por cada uno de ellos pasa a formar parte de la mente de los hijos.
- Como padres, no podemos dar a nuestros hijos lo que no tenemos. A no ser que tengamos una relación creciente con Dios en Cristo, no podemos esperar que nuestros hijos la deseen. El primer prerrequisito para ser una padre religioso es amar a Dios con nuestras mentes, emociones y voluntades, y esto requiere una relación permanente de confianza, dependencia y comunión con el Señor (Deuteronomio 6:4-5). Solo cuando respondemos al amor de Dios podemos caminar en él; la vitalidad espiritual debe estar presente

en nuestros corazones antes de que lo pueda estar en nuestros hogares.
- Debemos responder no solo al amor de Dios sino también a su Palabra (Deuteronomio 6:6). La Escritura habla a todas las dimensiones de la vida, y nuestra efectividad en cada una de las esferas depende de hasta qué punto conocemos y aplicamos principios bíblicos pertinentes. Si tratamos de formar a los hijos haciendo lo que surge de manera espontánea, seremos inefectivos.
- Somos modelos vivientes para nuestros hijos. Lo que somos comunica mucho más que lo que decimos; la espiritualidad se capta más que se enseña. Las intimidades de la vida del hogar pronto ponen al descubierto una fachada artificial, de modo que de poco sirve enseñar lo que no practicamos. Debemos demostrar con nuestras vidas la realidad de nuestra fe. Cuanto mayor sea la correspondencia entre quiénes somos y qué decimos, tanto más completa será la identificación de nuestros hijos con nuestros estándares.
- La idea que se forman los hijos pequeños acerca de Dios está profundamente moldeada por la idea que tienen de sus padres. Si un padre no toma en cuenta a su hijo, es rudo con su esposa, o es injusto, su hijo tendrá problemas con una imagen distorsionada de Dios. Ser modelo es el método más eficaz de enseñar, sea para bien o para mal. Los padres comunican una idea saludable de Dios si han permitido que el Espíritu Santo haga de ellos personas auténticas, amorosas, semejantes a Cristo. Esto exige una dependencia siempre mayor del Señor.
- Debemos vivir nuestras convicciones, pero también debemos explicarlas (Génesis 18:19; Deuteronomio 6:7; Isaías 38:19). En algunos hogares se corre el peligro de que las actividades religiosas se orienten tanto hacia la iglesia que se vuelvan un sustituto de la enseñanza cristiana en la casa. Las Escrituras, sin embargo, encargan a los padres inculcar en sus hijos la cosmovisión cristiana del mundo. Es su responsabilidad enseñar a sus hijos e hijas a conocer y seguir los caminos de Dios.
- «Átalas a tus manos como un signo; llévalas en tu frente como una marca; escríbelas en los postes de tu casa y en los portones de tus ciudades» (Deuteronomio 6:8-9). La verdad espiritual debe estar ligada a nuestras acciones («manos») y actitudes («frente»), y debe estar grabada en nuestras vidas privadas («postes de tu casa») y públicas («portones»). En breve, debe pasar de nuestro corazón a nuestros hogares y de nuestros hogares a nuestros hábitos.
- Parte de la responsabilidad que Dios nos ha dado como padres es evangelizar y discipular a nuestros hijos. Debemos orar por ellos y pedir comprensión de su carácter de modo que podamos formarlos de la manera más apropiada e individual. Cada uno de los hijos

debería aprender a cultivar su propio caminar con el Señor. Nuestra verdadera meta es enseñarles que su relación con Jesucristo es más importante que su relación con nosotros.
- Como cada hijo tiene una personalidad única, la formación más efectiva se ajusta a las diferencias en edad, capacidades y temperamento. Los hijos necesitan que se los trate como personas únicas. En efecto, Proverbios 22:6 nos dice que dediquemos nuestros hijos al Señor y creemos en ellos un gusto por conocerlo en formas apropiadas a sus edades y personalidades. Cuando maduren, su herencia espiritual formará parte de ellos.
- Se ha dicho que para los hijos amor significa TIEMPO. La calidad del tiempo que gastamos con ellos es fundamental, pero nos engañamos si la vemos como sustituto de la calidad. En nuestra cultura existe una tendencia peligrosa a utilizar los bienes materiales como un sustituto de desarrollar una relación íntima con los hijos. No es fácil comprarlos. Mimar demasiado con regalos no compensará no expresarles amor dedicándoles tiempo.
- Como adultos, los niños responden de manera diferente a diversas expresiones de amor. Gary Chapman arguye en *The Five Love Languages of Children* que deberíamos procurar discernir los lenguajes predominantes que comunican mejor el amor a nuestros hijos, sean estos tiempo de calidad, palabras de afirmación, regalos, actos de servicio o contactos físicos.

Amistades

- Relativamente pocos de nosotros experimentamos verdadera amistad. Hay una gama de intimidad que va desde conocer hasta camaradería hasta amistad a toda prueba hasta la intimidad de amistad consolidada (que ha pasado la prueba del tiempo y de las dificultades). Lo que muchas personas llaman amigos es más probable que sean conocidos o compañeros.
- Para cultivar y mantener amistades especiales se requiere una inversión consciente de tiempo importante.
- A medida que se desarrolla la amistad, es natural comenzar en el nivel de hechos, para pasar al nivel de opiniones y luego alcanzar el nivel de sentimientos.
- C. S. Lewis en *Los cuatro amores* observa que la amistad es el menos natural de los amores humanos, ya que no depende del instinto, de la necesidad o de su valor para sobrevivir. Además la verdadera amistad es el menos celoso de los amores, y está básicamente libre de la necesidad de ser necesitado.
- Es importante aprender a amar a personas sin que nos controlen o absorban. Al tratar con personas, es prudente esperar pero no

tener expectativas. Nunca hay que colocar toda la fe en ningún ser humano; solo Dios puede sustentar esa carga.
- Las amistades de calidad se caracterizan por la confianza, la apertura, el respeto mutuo, la honestidad y la franqueza. En una verdadera amistad no hace falta disimular; podemos ser nosotros mismos. El amigo nos acepta y comprende, y esto incluye nuestras faltas al igual que nuestras fortalezas.
- La amistad se sustenta en compartir un consenso básico de creencias; se construye sobre el interés por la misma verdad.
- La verdadera amistad se revela en tiempos de crisis. Los tiempos de adversidad y angustia ponen a prueba la realidad de la amistad (Proverbios 27:.10). «En todo tiempo ama al amigo; para ayudar en la adversidad nació el hermano» (Proverbios 17:17).
- Un amigo verdadero tiene empatía; se alegra con nosotros y llora con nosotros (Romanos 12:15). Un amigo falso se resiente o tiene envidia ante la buena suerte del otro y puede en secreto alegrarse del infortunio del otro.
- El nivel más elevado de amistad incluye la dinámica de pacto y compromiso. En esta relación de pacto, dos personas concuerdan en caminar juntos por la vida en confianza y lealtad (Proverbios 18:24; Eclesiastés 4:9-12).
- Los amigos comparten «el tesoro de recuerdos comunes, de pruebas soportadas juntos, de discusiones y reconciliaciones y emociones generosas» (Antoine de Saint-Exupéry). Desarrollan historias mutuas de gozos y penas.
- Los amigos espirituales creen el uno en el otro, contribuyen uno a la vida del otro, y se estimulan para crecer en su relación con Dios. Son fieles, y están dispuestos a hacer preguntas difíciles para mantener la honestidad entre sí. Afilan (Proverbios 27:.17), fortalecen (Proverbios 27:.9) y se animan uno al otro (Hebreos 3:13).
- Un amigo verdadero amonesta cuando es necesario y es fiel y confiable (Proverbios 17:10; 18:24; 27:.6).
- Las amistades duraderas reservan las confidencias (Proverbios 17:9), escuchan con atención y empatía (Proverbios 18:13) y no tratan de controlar ni manipular.

TRABAJO

- El trabajo no es resultado de la Caída. Forma parte del orden creado para la humanidad (Génesis 2:5, 15), e imita el ejemplo de Dios (Éxodo 20:11). Sin embargo, la Caída afectó el carácter del trabajo de tal forma que vino a asociarse más con esfuerzo que con gozo (Génesis 3:17-19). El trabajo se vuelve idólatra cuando llega a constituirse en un fin en sí mismo (Eclesiastés 2:4-11, 18-23; Lucas

- 12:16-22), y puede convertirse en un medio de explotación y opresión (Éxodo 1:11-14; 2:23; Santiago 5:4).
- Sin embargo, la Escritura censura la ociosidad y la pereza y afirma que el trabajo tiene valor genuino (Eclesiastés 2:24; 3:12-13; 5:18).
- Cuando el trabajo se lleva a cabo en y para el Señor, beneficia a otros y honra a Dios. En la actividad creativa expresamos externamente nuestras identidades como personas hechas a imagen de Dios.
- Sin embargo, nuestra identidad trasciende nuestro trabajo, y si no basamos nuestra identidad en nuestra relación con el Señor, nuestro trabajo tenderá a moldearnos y definirnos. Nuestra vocación, o llamamiento, incluye nuestras ocupaciones y carreras pero también las trasciende.
- Todas las profesiones honradas son honorables, y hay dignidad en el trabajo tanto manual como mental, como resulta evidente por las ocupaciones de los personajes en la Biblia. La verdadera importancia no se encuentra en la posición o el prestigio, sino en la forma en que se realiza nuestro trabajo y en la Audiencia para quien lo realizamos. La importancia no la determinan la sabiduría, el poder ni la riqueza (Jeremías 9:23-24; Filipenses 3:8) sino nuestra relación con Dios. Debido a esto, siempre constituye un error compararnos con otros.
- Trabajar mucho, pero no con exceso. El holgazán, tanto en el Antiguo como en el Nuevo Testamentos, es objeto de censura (Proverbios 6:6-11; 12:27; 13:4; 20:4; 21:25-26; 22:13; 24:30-34; 26:13-16; Mateo 25:24-30; Efesios 4:28; 1 Tesalonicenses 4:10-12; 2 Tesalonicenses 3:6-12; 1 Timoteo 5:8, 13). Pero cuando el trabajo se convierte en la fuente de nuestra importancia y seguridad, pasamos al otro extremo y nos llega a consumir.
- Somos llamados a hacer nuestro trabajo como para el Señor en lugar de tratar de impresionar y complacer a personas (Efesios 6:5-8; Colosenses 3:23-24). Los empleadores deberían verse como responsables ante Cristo por la forma en que tratan a sus empleados (Efesios 6:9; Colosenses 4:1).
- Cuando buscamos glorificar a Dios en lo que hacemos (1 Corintios 10:31), buscaremos lograr la excelencia en nuestro trabajo, lo noten o no los demás. Pensemos en la soberbia habilidad de Bezalel y Aholiab, los hombres que construyeron el tabernáculo en el desierto (Éxodo 35-40). Imaginemos también la calidad y destreza de los artículos de madera que Jesús hizo durante sus años como carpintero.
- Recordemos que Dios nos da nuestras destrezas (Romanos 12:6), nuestra inteligencia (Daniel 2:21), nuestra riqueza (Deuteronomio 8:18) y nuestras promociones (Salmo 75:6-7).

- No trabajamos para poder satisfacer nuestras necesidades. Nuestra cultura relaciona el trabajo con la búsqueda de éxito, importancia, provisión, estima y propósito. Por el contrario, la Escritura nos enseña que es Dios, no nuestro trabajo, en quien debemos buscar estas cosas (1: Corintios 4:7; Filipenses 4:19). Los creyentes deben llegar a ver que Dios es su fuente de provisión, y su trabajo es un medio que él utiliza para satisfacer nuestras necesidades.
- Si buscamos en nuestros clientes y usuarios en vez de en el Señor nuestra fuente de provisión, nos sentiremos más que inclinados a manipularlos y utilizarlos en lugar de ministrarles.
- El trabajo nos sitúa en un entorno temporal en el que podemos exhibir valores y esperanza del reino. Ofrece un contexto en el que podemos representar a Jesucristo desarrollando relaciones, demostrando carácter, convicción e integridad y haciendo nuestro trabajo con esmero y calidad.
- No debería haber una dualidad secular/espiritual en cuanto al trabajo. Dios ha prometido que el fruto de nuestro trabajo a fin de cuentas perecerá (2 Pedro 3:10). No es el fruto de nuestras labores, sino el punto focal de nuestro corazón el que da valor a nuestro trabajo a los ojos de Dios. Así pues, el trabajo secular se vuelve espiritual cuando se realiza para agradar a Dios, y el trabajo religioso se vuelve secular cuando se lleva a cabo para agradar e impresionar a personas.
- A Dios no le impresionan nuestras habilidades o logros ni tampoco depende de ello. Pero si realizamos nuestro trabajo por él, le complace del mismo modo que los dibujos que el niño hace para sus padres decoran el refrigerador. Estos dibujos se valoran no por su calidad como para colgarlos en una galería de arte, sino debido a la relación de los padres con los hijos que los han hecho.
- No podemos contribuir a la obra de Dios (Ester 4:13-14; Salmo 115:3; 127:1-2; Eclesiastés 3:14; Isaías 46:9-10; 2 Corintios 3:5), pero podemos participar en ella (Juan 4:34; 1 Corintios 3:6-9). Si pensamos que podemos agregar algo a la obra de Dios, nuestro trabajo se va hinchando tanto de importancia que puede opacar los compromisos de relación. Nos tomamos tan en serio que pensamos que Dios necesita lo que podemos ofrecer. Cuando los líderes tratan de construir imperios de ministerio utilizando a las personas para que sirvan a sus visiones, cometen los errores de tratar de medir el ministerio y de basar su importancia en los logros que obtienen.
- Trabajar más no conduce por necesidad a mayor prosperidad. Existe una correlación pero no una causalidad fija. En muchas ocupaciones (p. ej., agricultura, bienes raíces, tecnología) la ratio entre productividad y tiempo invertido puede variar muchísimo.

Quizás creamos que con más trabajo podemos superar las ganancias para cubrir nuestras necesidades, pero los ingresos son solo uno de varios componentes que pueden afectar nuestro nivel de vida. Si no vemos estas verdades, nos inclinaremos a sacrificar otras prioridades (nuestras relaciones con Dios y con los otros) cuando la ocupación sea menos productiva.

- Debería haber en nuestras vidas un ritmo entre trabajo y ocio para así poder disfrutar de períodos de descanso, renovación, restauración y relaciones. El trabajo y el descanso son igualmente legítimos en la economía de Dios, pero la mayor parte de nosotros tenemos la tendencia de sobrevalorar el trabajo. El ocio puede ser una forma de rendir culto (Levítico 16:29-31; Deuteronomio 14:22-26) y una expresión de contento con la voluntad de Dios en nuestras vidas. Desde un punto de vista bíblico, el descanso no es tanto la ausencia de actividad como la presencia de Dios (Éxodo 33:14; Nehemías 8:10-12; Mateo 11:28-30; Marcos 6:31; Romanos 15:32; Hebreos 3:11-4.11).

SOCIEDAD

- Las expresiones conservadoras del cristianismo tienden a resaltar la evangelización y la edificación, en tanto que las expresiones liberales del mismo tienden a insistir en la justicia social. Aquellas se centran en lo personal e interno, en tanto que estas se preocupan más por lo social y lo externo. Resulta más equilibrado ver esto como «esto y lo otro» que como un «o esto o lo otro» ambos lados pueden aprender el uno del otro, ya que ambos abordan preocupaciones legítimas.
- Lo espiritual debería tener influencia en lo temporal, y la oración puede asociarse en forma directa con el compromiso social. No tiene por qué existir conflicto entre caridad y justicia, ya que ambas estuvieron integradas en la vida de nuestro Señor.
- El Nuevo Testamento enseña que lo espiritual e invisible es más fundamental que lo físico y visible; quienes siguen el Camino deben darse cuenta de que son transeúntes en el mundo y ciudadanos del cielo. Por ello la Gran Comisión trata de evangelización y discipulado. Si olvidamos esta prioridad, lo visible puede superar a lo invisible, y el evangelio se verá reducido a intervenciones sociales como un fin en sí mismo.
- Dar de comer, vestir y proveer techo a las personas sin compartir el evangelio hace que estén más confortables en este mundo pasajero pero deja de lado su destino eterno. La ayuda que demos en las necesidades físicas y sociales debe hacerse en el nombre de Jesús y con la intención de atender también sus necesidades espirituales.

RELACIONES, TRABAJO Y SOCIEDAD

- Expresamos nuestro amor por Dios en acciones nacidas del amor hacia las personas (Santiago 2:15-17; 1 Juan 3:17-18; 4:20-21).
- Como lo observa Richard J. Foster en *Streams of Living Water*, la tradición de la justicia social se basa en tres grandes temas en el Antiguo Testamento: justicia y rectitud en las relaciones (*mishpat*), bondad y compasión (*hesed*) y paz y armonía (*shalom*).
- La Ley y los Profetas se preocuparon por los temas de justicia en la sociedad e integraron lo espiritual y lo social. La fe no es un asunto meramente interno del corazón, sino que debe expresarse externamente.
- Una espiritualidad de justicia y paz se encuentra ilustrada en una amplia gama de pasajes bíblicos como Levítico 19:15; Deuteronomio 10:17-18; Salmo 103:6; 140:12; 146:9; Proverbios 14:31; 19:17; 22:9; Isaías 1:17; 11:1-5; 58:6-10; Jeremías 9:23-24; Amós 2-8; Miqueas 6:8; Lucas 4:18-19; 7:21-23; Santiago 1:27.
- En la época inicial de la iglesia, los cristianos practicaban siete obras tradicionales de misericordia: dar de comer al que tenía hambre, dar de beber al que tenía sed, vestir al desnudo, acoger al extranjero, visitar al enfermo, servir a los encarcelados y enterrar a los muertos.
- Debido a las grandes diferencias en temperamento y entorno, algunos creyentes se inclinarán con más fervor a la acción social que otros. El Apéndice A relaciona la combinación de intuición y comprensión con una preocupación por la justicia, la paz y la relevancia social. El contexto cultural también es determinante, y no es infrecuente que los cristianos en los países del tercer mundo vean a la espiritualidad en gran parte en términos de compromiso con conseguir cambios estructurales radicales en la sociedad.
- Siempre existe el peligro de someter la teología a la ideología de moda. Sin un convencimiento sólido de la autoridad bíblica es fácil espiritualizar la agenda cultural predominante. «El realismo cristiano ... lo motiva no una teología que trata de bautizar un orden social actual, sino una teología de insatisfacción con *todos* los órdenes sociales, una teología del futuro inspirado por Dios que sitúa la visión futura en la realidad presente», nos recuerda Kenneth Leech en *Experiencing God*. La mejor forma de influir en el mundo que tiene la iglesia es diferenciarse del mismo, no dejarse difuminar en él.
- Nuestro punto focal de ministerio lo debe moldear el llamamiento y la responsabilidad que Dios nos da. Debemos cuidarnos del error tan común de universalizar nuestro fervor ministerial. De lo contrario asumiremos una actitud moralizante y que nuestro llamamiento debería ser obligatorio para otros.
- Con todo, no sería bíblico dejar de lado toda espiritualidad de participación social (piénsese en la descripción de «religión pura y sin

mancha» en Santiago 1:27). La santidad personal y social van juntas; la santidad personal debería manifestarse en nuestro trato con personas y con el orden social, y la santidad social debería basarse en la santidad personal y recibir de esta su poder.
- Deberíamos evitar el error de un enfoque privatizado e individualista en la vida espiritual y el error opuesto de reducir la teología a ser sierva del sistema social. Necesitamos una tensión creativa entre componentes mundanos y no mundanos que fomente el fervor privado y la importancia social.
- En muchos contextos resulta efectivo combinar evangelización y reforma social siempre que lo segundo no llegue a opacar lo primero. Algunas personas que procuraron integrar lo espiritual y lo social fueron John Woolman, William Wilberforce, Lord Shaftesbury, George Müller, General William Booth (Ejército de Salvación), Dag Hammarskjöld, Martin Luther King Jr. y la Madre Teresa.
- La espiritualidad colectiva y una espiritual de justicia social deberían ir de la mano y reforzarse mutuamente. La comunidad de fe puede dar testimonio profético en el contexto de preocupaciones sociales e instituciones estructurales.
- Sin embargo, el Nuevo Testamento no enseña que la misión de la iglesia sea que la sociedad se conforme a las expectativas de Dios. Su punto focal está en el proceso de dentro hacia fuera de transformación personal y colectiva y de ser sal y luz "en medio de una generación torcida y depravada" (Filipenses 2:15).
- Es mejor un optimismo realista que un idealismo ingenuo o un pesimismo fatalista. Como fe encarnada, el cristianismo tiene implicaciones más amplias que una teología individualista. Debemos estar conscientes no solo del pecado personal, sino también del pecado social y estructural. Pero esto se debería compensar con la constatación de que solo con la venida del Rey se establecerá su reino en la tierra.
- Muchos evangélicos se beneficiarían de una visión más amplia y una conciencia más aguda de los problemas sociales. Para aquellos de nosotros que no se sienten inclinados en esa dirección o que no han estado expuestos a una espiritualidad de compromiso social, cierta exposición constituiría una disciplina que ensancharía el horizonte. Nuestras oraciones y acciones se pueden mejorar con una visión más amplia del mundo social y político.
- Se debe ponderar en oración relacionarse de manera personal con una persona o grupo en necesidad. Servir a viudas, visitar a encarcelados, ministrar a ancianos, realizar trabajo voluntario en su profesión, o participar en un ministerio que ayuda a los pobres con alimentos, ropa y techo son todas ellas formas de amar y servir a las personas en el nombre de Jesús (Mateo 25:34-40).

- Combinar la acción bajo la dirección del Espíritu con oración de intercesión por los pobres y hambrientos, los oprimidos y perseguidos, los que detentan autoridad, y por la paz entre las naciones. La oración puede tener efectos de gran alcance (Apocalipsis 8:3-5).
- En *The Screwtape Letters*, C. S. Lewis hace un comentario perspicaz acerca del cristianismo y la justicia social por medio del consejo del diablo principal Screwtape al diablo principiante Wormwood: «En cuanto a la conexión general entre cristianismo y política, nuestra posición es más delicada. Sin duda no queremos que los humanos permitan que el cristianismo influya en su vida política, porque establecer algo que sea una sociedad realmente justa sería un verdadero desastre. Por otro lado, sí queremos, y mucho, conseguir que los humanos traten el cristianismo como un medio; de preferencia, claro está, como un medio para su propio beneficio, pero, en caso de que esto fallara, como medio para lo que sea, incluso para la justicia social. Lo que hay que hacer es conseguir que el hombre primero valore la justicia social como algo que exige el Enemigo, y luego trabajar con él hasta llegar a la fase en la que valore el cristianismo porque puede producir justicia social».

Preguntas para aplicación personal

- Si estamos casados, ¿cómo evaluaríamos nuestra práctica de *epithumia, eros, storge, fileo* y *agape* en nuestra relación matrimonial? ¿Cuáles de los principios de esposo-esposa requieren más atención?
- Si somos padres, ¿cuáles de los principios padres-hijos requieren más atención en nuestras relaciones de paternidad?
- En el espectro de intimidad en la amistad, ¿cuántas amistades establecidas creemos que tenemos? ¿Hay alguien con quien hayamos acordado caminar juntos por la vida en confianza y lealtad?
- Al pasar revista a los principios bíblicos relacionados con el trabajo, ¿cuáles de ellos nos hablan con mayor claridad, y cuáles requieren más focalización?
- ¿En qué punto nos colocaríamos en la escala que va de lo personal e interno a lo social y externo? ¿Hasta qué punto nos preocupa la justicia social?

20

ESPIRITUALIDAD INTEGRAL

Mayordomía y propósito

> ### SÍNTESIS DEL CAPÍTULO
>
> Después de examinar el concepto bíblico de mayordomía, este capítulo se ocupa de cinco áreas de mayordomía: tiempo, talento, finanzas, verdad y relaciones. En cuanto al tema del propósito, la espiritualidad integral distingue nuestro llamamiento primario de conocer y amar a Dios de nuestro llamamiento secundario de expresar esta relación en todo lo que hacemos y con todos los que nos encontramos.
>
> ### OBJETIVOS DEL CAPÍTULO
>
> - Sentido más amplio de las múltiples dimensiones de la mayordomía
> - Creciente deseo de abrazar el propósito de Dios para nuestra vida

Hemos visto que la espiritualidad integral implica una creciente disposición a responder al señorío de Cristo en todas las facetas internas y externas de nuestras vidas. No es cuestión de elaborar una lista de prioridades teóricas (p. ej., Dios primero, la familia segundo, el trabajo y el ministerio tercero), sino de permitir que la centralidad de Cristo determine y nos otorgue el poder para lo que deberíamos hacer cada día. Visto así, Cristo es nuestra Vida y el Señor en todas nuestras actividades, y todo lo que hagamos se convierte al instante en punto focal prioritario. Cuando la gracia de Cristo gobierna en nuestras vidas, discerniremos mejor cómo asignar los recursos que Dios nos ha confiado.

MAYORDOMÍA

Como seguidores de Cristo, debemos adoptar una mentalidad de **mayordomía**: no somos dueños de nada, y no estamos aquí para nuestros propios fines. Como mayordomos, administramos los bienes de Otro; como embajadores, administramos los asuntos de Otro. El Rey es dueño de todo, y estamos en su asunto de servirlo y representarlo en el mundo.

La mayordomía se suele describir en términos de tiempo, talento y finanzas, con énfasis primario en lo tercero. Me gusta agregar dos categorías más de mayordomía: verdad y relaciones. Solo estas dos cosas, la Palabra de Dios y las personas, sobrevivirán a la destrucción de los cielos y tierra actuales para ingresar en los nuevos cielos y la nueva tierra. Si así es, se nos han confiado los bienes temporales de tiempo, talento y tesoro para recrear la verdad en nuestras relaciones. Permítanme ofrecer unas pocas palabras acerca del concepto bíblico de mayordomía y acerca de cada uno de estos cinco componentes de la misma.

El concepto bíblico de mayordomía

La palabra en el Nuevo Testamento para mayordomía es *oikonomia*, de la cual se deriva la palabra *economía*. Esta palabra significa «gestión de un hogar», y se refiere a la responsabilidad que se le confía a un gestor. El gestor actúa como administrador de los asuntos y bienes de otro. Los mayordomos son totalmente responsables ante sus amos y pueden actuar en forma justa, como hizo José, quien se convirtió en mayordomo de Potifar (Génesis 39:4-6) o de manera injusta, como en la parábola de Cristo del mayordomo que desperdició los bienes de su amo (Lucas 16:1-13). Como cristianos, se nos ha confiado una mayordomía; las cosas que llamamos propias no lo son sino que son de Dios. No tenemos bienes, y ni siquiera somos dueños de nosotros mismos. «¿Acaso no saben que su cuerpo es templo del Espíritu Santo, quien está en ustedes y al que han recibido de parte de Dios? Ustedes no son sus propios dueños; fueron comprados por un precio. Por tanto, honren con su cuerpo a Dios» (1 Corintios 6:19-20; cf. 3:23). Como pertenecemos a Cristo, ya no tenemos derecho a decidir por cuenta propia.

Dios es nuestro Dueño, y nosotros somos responsables por la gestión de sus bienes y asuntos. Como somos sus siervos, todo lo que tenemos es suyo. Esto echa por tierra el concepto equivocado tan popular de que damos a Dios su porcentaje y el resto es nuestro. Según la Escritura, somos responsables ante Dios por todo. Sea que tengamos mucho o poco, nuestra responsabilidad clave como mayordomos suyos sigue siendo la misma: fidelidad. «Que todos nos consideren servidores de Cristo, encargados de administrar los misterios de Dios. Ahora bien, a los que reciben un encargo se les exige que demuestren ser dignos de confianza» (1 Corintios 4:1-2).

En la parábola de los talentos (Mateo 25:14-30), las cantidades eran diferentes, pero a cada siervo se le confiaba algo. Las recompensas no se basaban en cuánto recibieron, sino en qué hicieron con lo que se les dio. Es importante observar que los dos primeros siervos recibieron igualmente alabanza, aunque el primero había recibido cinco talentos y el segundo dos. Debemos resistir la tentación de compararnos con otros, porque las comparaciones son la base de todas las insatisfacciones. Lo que importa no es cuánto hemos recibido sino la fidelidad a lo que Dios nos ha dado y nos ha llamado a hacer (Lucas 12:42).

Cuando surge el tema de la mayordomía, la mayor parte de las personas piensan solo en un área, el dinero. Pero desde un punto de vista bíblico, la mayordomía lo incluye todo. Afecta todas las áreas de la vida, incluyendo nuestro tiempo y talento así como nuestros bienes. La mayordomía es fidelidad en el uso de lo que Dios nos da (oportunidades, intereses, habilidades, empleo, familia, talentos, dones espirituales, tierra y dinero) para su gloria. El tema de la mayordomía se encuentra desde Génesis 1-2, cuando Dios hizo al hombre y a la mujer administradores de este planeta, hasta Apocalipsis 21-22, cuando Dios hizo a sus hijos administradores de la nueva creación.

Si la mayordomía bíblica implica todas las facetas de la vida, requiere un compromiso básico de parte nuestra: debemos presentarnos ante Dios como sus siervos, sin condiciones. El verdadero punto de la mayordomía es si estamos administrando nuestros asuntos y bienes como si fueran nuestros o como si son de Dios. El patrón de nuestra vida lo van moldeando las decisiones que tomamos, y la mayor de estas decisiones es esta: ¿Soy el señor de mi vida, o es Cristo el Señor de mi vida? O trataremos de gobernar nuestras propias vidas (la tragedia del primer Adán) o nos someteremos al gobierno de Dios (el triunfo del segundo Adán). Esta es la diferencia entre el gran *subiré, levantaré, gobernaré* (Isaías 14:13-14) y el *lo que quieres tú* (Mateo 6:10; Marcos 14:36). Nos demos o no cuenta de ello, enfrentamos muchas veces esta decisión en el curso de cada día. Nuestra respuesta a esta pregunta determinará cómo administramos el tiempo, las habilidades, el dinero, la verdad y las relaciones que Dios ha puesto bajo nuestro cuidado.

Mayordomía del tiempo

Cada uno de nosotros ha recibido tiempo suficiente para cumplir los propósitos que Dios tiene para nosotros en este planeta. Las Escrituras nos exhortan a invertir con sabiduría nuestro tiempo, recordando que Dios determina la duración de nuestra permanencia en la tierra. «Así que tengan cuidado de su manera de vivir. No vivan como necios sino como sabios, aprovechando al máximo cada momento oportuno, porque los días son malos» (Efesios 5:15-16). Hacia el final de su vida Moisés oró, «Enséñanos a contar bien nuestros días, para que nuestro corazón adquiera sabiduría» (Salmo 90:12)

«La gran línea divisoria entre éxito y fracaso se puede expresar en tres palabras: No tengo tiempo» (Franklin Field). El tiempo es nuestro bien más valioso, pero sin una perspectiva adecuada, lo gastaremos en forma tonta. La vida es breve, y no podemos ser presuntuosos en cuanto al futuro (Santiago 4:14). Lo eterno da significado a lo temporal (Romanos 13:11;

2 Corintios 4:18). Al igual que los otros bienes, Dios es el dueño de nuestro tiempo (Salmo 31:15). Debemos ser sensibles a las oportunidades de manera que podamos aprovecharlas al máximo (Eclesiastés 8:5; Colosenses 4:5). Nuestro empleo del tiempo reflejará nuestras prioridades (Mateo 6:19-21, 34).

Del mismo modo que es sabio administrar nuestros recursos financieros, también lo es administrar nuestro empleo del tiempo. La mayor parte del tiempo se desperdicia no en horas sino en minutos. Si no ponderamos de manera regular la forma en que gastamos las 168 horas de la semana, nuestras agendas se llenarán de actividades que pueden ser buenas pero no las mejores. ¿Cuánto tiempo de calidad dedicamos al Señor, a nuestro cónyuge, a nuestros hijos, y a nuestros amigos no cristianos? Dios quiere que seamos mayordomos fieles, no malgastadores, del tiempo que nos ha dado.

Mayordomía del talento

Hemos visto que en las Escrituras la mayordomía siempre se refiere a la gestión de algo que pertenece a otro. Incluso nuestros talentos y habilidades especiales pertenecen a Dios. Nosotros no somos dueños de nada que no nos fuera dado antes: «¿Qué tienes que no hayas recibido? Y si lo recibiste, ¿por qué presumes como si no te lo hubieran dado?» (1 Corintios 4:7). Dios nos ha confiado aptitudes y habilidades, y como buenos mayordomos, debemos utilizarlos para su gloria y no la nuestra. Esto es verdad no solo en el caso de talentos musicales, artísticos, atléticos, académicos, comerciales y persuasivos, sino también en el de dones espirituales que hemos recibido. «Tenemos dones diferentes, según la gracia que se nos ha dado» (Romanos 12:6). Pedro relaciona de manera específica los dones espirituales con el concepto de mayordomía: «Cada uno ponga al servicio de los demás el don que haya recibido, administrando fielmente la gracia de Dios en sus diversas formas» (1 Pedro 4:10). La mayordomía fiel de los talentos naturales y dones espirituales exige que los utilicemos para glorificar a Dios y edificar a otros. Nuestro propósito no es agradarnos a nosotros mismos sino servir a otros. «Cada uno debe agradar al prójimo para su bien, con el fin de edificarlo. Porque ni siquiera Cristo se agradó a sí mismo» (Romanos 15:2-3).

Mayordomía de las finanzas

Se nos ha confiado una mayordomía de muchas facetas, pero la Escritura subraya en particular el tesoro de nuestros recursos financieros. Si bien la Biblia contiene unos quinientos versículos sobre la oración y menos de esa cantidad sobre la fe, tratan del dinero y de las posesiones más de dos mil trescientos versículos bíblicos. Sin apologías, nuestro Señor dijo más acerca del dinero que acerca de ningún otro tema. Más del 10 por ciento del Nuevo Testamento se refiere de forma directa a asuntos financieros.

Cuando se trata de dirigir nuestros asuntos financieros, debemos escoger entre dos enfoques radicalmente diferentes: los valores de nuestra sociedad o los valores de la Biblia. La primera alternativa nos dice que encontremos felicidad y paz por medio del dinero; la segunda nos dice que encontremos el deseo de nuestro corazón en el Señor y que nos contentemos con lo que él nos da. El dinero es un buen siervo pero un mal amo. Si seguimos la sabiduría del mundo, el dinero nos dominará, pero si nos sometemos a «la sabiduría que desciende del cielo» (Santiago 3:17), el dinero nos servirá para utilizarlo para servir a Dios y a otros.

¿Por qué semejante insistencia? Una razón es que Dios sabía que tendríamos problemas en la gestión de nuestro dinero y que dedicaríamos mucho tiempo a ganarlo, gastarlo e invertirlo. Una segunda razón es que el dinero tiene un efecto profundo en las relaciones interpersonales. Muchas personas dedican más de la mitad de su tiempo a pensar acerca del dinero, y las dificultades financieras son una causa importante de conflicto matrimonial y de divorcios. Una tercera razón es que la forma en que usamos el dinero es una verdadera medida de nuestro compromiso con Cristo. La Escritura relaciona el dinero con el amor de Dios: «Si alguien que posee bienes materiales ve que su hermano está pasando necesidad, y no tiene compasión de él, ¿cómo se puede decir que el amor de Dios habita en él?» (1 Juan 3:17). Podemos tener un aspecto de espiritualidad en la oración, el servicio cristiano y el conocimiento de la Biblia, pero no podemos fingir la forma en que usamos nuestro dinero y bienes. Nuestras chequeras revelan más acerca de nuestro carácter y de nuestro caminar con el Señor que lo que imaginamos.

La Escritura nos exhorta a mantener dos actitudes cruciales en cuanto a la mayordomía de las finanzas: propiedad y contento. Examinaremos el secreto del contentamiento al final de la sección sobre espiritualidad de proceso, pero he aquí una breve palabra sobre propiedad.

Dios es el dueño de todas las cosas. «Del Señor es la tierra y todo cuanto hay en ella, el mundo y cuantos la habitan» (Salmo 24:1). Llegamos al mundo sin nada y lo dejaremos sin nada (Job 1:21; 1 Timoteo 6:7), pero Dios dice, «Míos son los animales del bosque, y mío también el ganado de los cerros. Conozco a las aves de las alturas, todas las bestias del campo son mías» (Salmo 50:10-11). Todo lo que tenemos, por tanto, proviene de él (Juan 3:27; Santiago 1:17). Como vimos en 1 Corintios 4:7, no hay nada que se asemeje a una persona que se haya hecho a sí misma.

Podemos creer esta verdad en teoría pero negarla en la práctica. Cuando esto sucede, caemos en la actitud rebelde de que «Esta riqueza es fruto de mi poder y de la fuerza de mis manos» (Deuteronomio 8:17). En lugar de ello, debemos abordar el hecho de que todo lo que tenemos en este mundo pertenece a Dios y solo nos ha sido prestado. Esto incluye no solo nuestro dinero y bienes, sino también nuestras familias, carreras y planes para el futuro. Si podemos convencernos del principio de la propiedad al 100 por cien, estaremos listos para el principio de la mayordomía al 100 por cien.

Mayordomía de la verdad

«A todo el que se le ha dado mucho, se le exigirá mucho» (Lucas 12:48). Rara vez pensamos en la verdad como un asunto de mayordomía, pero todos nosotros tendremos que rendir cuentas de la cantidad de luz que hemos recibido. Nuestro Señor oró por sus discípulos, «Santifícalos en la verdad; tu palabra es la verdad» (Juan 17:17). Dijo a quienes habían creído en él, «Si se mantienen fieles a mis enseñanzas, serán realmente mis discípulos, y conocerán la verdad, y la verdad los hará libres» (Juan 8:31-32).

La Palabra de Dios es la espada del Espíritu que juzga los pensamientos e intenciones del corazón (Efesios 6:17; Hebreos 4:12-13). Dios nos trajo a la existencia por la palabra de verdad, y nos invita a recibir humildemente y a aplicar esta verdad sembrada (Santiago 1:18-25). Las Escrituras enseñan, redarguyen, corrigen y nos forman en la justicia de modo que cada uno de nosotros «esté enteramente capacitado para toda buena obra» (2 Timoteo 3:16-17). Como somos mayordomos de la verdad, es responsabilidad nuestra seguir siendo estudiosos de la Palabra por medio de estar constantemente expuestos a la Escritura con la voluntad de aplicar lo que Dios enseña.

«Mayordomía de las relaciones»

En *The Effective Father*, Gordon McDonald cuenta una historia acerca de James Boswell, el famoso biógrafo de Samuel Johnson. Boswell a menudo recurría a un recuerdo de infancia de un día que pasó pescando con su padre. En ese día especial, su padre le enseñó muchos criterios que Boswell atesoró durante toda la vida. Muchos años después, alguien leyó lo que había escrito el padre de Boswell en su diario acerca de ese día. Contenía una sola frase: «Hoy fui a pescar con mi hijo; un día desperdiciado».

Resulta irónico que este hombre considerara como una pérdida de tiempo lo que quizá había sido su inversión más importante. La Escritura enseña que las personas son seres eternos que están destinadas a una resurrección de vida o a una resurrección de juicio (Juan 5:28-29; Daniel 12:2). Siendo esto así, nunca se puede considerar como perdido el tiempo que invertimos en cultivar relaciones mediante el amor y el servicio.

Los recursos de tiempo, talento y dinero que el Señor nos ha confiado no son nunca fines en sí mismos. El mayordomo sabio aprende a encaminar estos recursos temporales hacia su bien eterno, y esto se logra aprendiendo y viviendo la Palabra de Dios e invirtiendo nuestras vidas en las personas.

Otras áreas de mayordomía

Dios es el dueño de todas las cosas, y nosotros somos responsables delante de él de lo que tenemos y usamos. Esto incluye nuestros cuerpos (Romanos 12:1; 1 Corintios 6:19-20), nuestras mentes (Romanos 12:2; 1 Pedro 1:13), nuestras oportunidades (Colosenses 4:5), y nuestro medio ambiente (Génesis 1:28-30). Somos mayordomos en las relaciones con Dios, con nosotros mismos, con nuestro prójimo y con la creación. En todas estas esferas somos llamados a administrar los recursos de Otro con integridad, y en una sociedad cada día más tecnológica, esto planteará preguntas éticas difíciles al igual que una creciente lucha con las atracciones del materialismo.

PROPÓSITO

La espiritualidad integral distingue nuestro **llamamiento primario** de conocer y amar a Dios de nuestro **llamamiento secundario** de expresar esta relación en todo lo que hacemos y con todos los que encontramos. Si el secundario no se relaciona con el primario, creamos una dicotomía de lo espiritual y lo temporal cuando deberían estar integrados. Cuando esto sucede, nuestra relación con el Señor queda desconectada de las actividades de nuestras vidas.

Se presenta el error opuesto cuando el llamamiento secundario sustituye al llamamiento primario. Cuando esto sucede, el trabajo se convierte en nuestra vocación (de la palabra latina por «llamar») principal. De esta forma, lo visible y horizontal se engulle lo invisible y eterno. O, para utilizar la expresión de Francis Schaeffer, «la naturaleza se engulle la gracia». Cuando mantenemos nuestro llamamiento primario como primero y tratamos de expresarlo en y por medio nuestro llamamiento secundario, nos volvemos más integrales en nuestro pensamiento y nuestra práctica.

Aunque no podemos conocer plenamente ni expresar la totalidad del llamamiento de Dios para nuestras vidas, sigue siendo sabio pedirle al Señor una visión más clara de su propósito único para nuestra existencia terrenal. El desarrollo en oración de una declaración de propósito personal puede ayudar a proveer un punto focal y fervor, en particular cuando lo releemos y repensamos de vez en cuando.

En *Chariots of Fire*, Eric Liddell sale a caminar con su hermana Jenny por las colinas de Escocia para explicarle su compromiso con prepararse para los Juegos Olímpicos de París, en 1924. Le dice, «Lo he decidido; me regreso a China. Los misioneros me dijeron que me aceptaron». Jenny se alegra mucho al escuchar esto, porque teme que el llamamiento de su hermano a ser misionero se vea amenazado por su interés por correr.

Sin embargo, Eric continúa, «Pero primero tengo que correr mucho. Jenny, Jenny, tienes que entender. Creo que Dios me hizo para un propósito, para China. Pero también me hizo *ser rápido*, y cuando corro, siento que le agrado. Renunciar a ello sería como despreciarlo. Tenías razón; no es solo divertirse. Ganar es darle honra».

Liddell fue un hombre centrado y fervoroso porque buscó un sentido cada vez mayor del propósito de Dios para su vida. *Cuando corro, siento que le agrado.* ¿Qué hacemos que nos haga sentir el agrado de Dios? Frederick Buechner lo formula así en *Wishful Thinking: A Theological ABC*: «El lugar al que Dios lo llama es el lugar donde se dan la mano su alegría más profunda y el hambre más profunda del mundo». Al ir llegando a ser una persona de llamamiento y propósito, se llega a darse cuenta de que el agrado de Dios es también su propio agrado. Si buscamos satisfacción aparte de él, nunca la encontraremos; busquemos primero complacerlo a él, y descubriremos que la satisfacción es una consecuencia de la búsqueda de Dios.

La toma creciente de conciencia del propósito divinamente ordenado debería tener impacto en todas las facetas de la vida y espiritualizar la totalidad de la existencia. Nuestro llamamiento y propósito se expresan y refuerzan en una regla de intenciones para la vida. Adoptar una regla para la vida es buscar directrices positivas de conducta que ayuden a cumplir los propósitos de Dios. Esto es formación, no legalismo; es disciplina, no trabajo pesado. Una regla integral de vida ayuda a integrar los diversos componentes de la experiencia diaria, desde las actividades religiosas hasta el trabajo, bajo el señorío de Cristo. La regla nunca es un fin en sí mismo, sino un medio para el fin de expresar nuestros llamamientos primario y secundario. Por consiguiente, es aconsejable repasar y revisar las formas en que ordenamos nuestro tiempo y recursos.

Mi amigo Gayle Jackson me ha sido de gran ayuda en el área de discernir y expresar el propósito bíblico, y he adaptado su enfoque para la formulación de propósitos generales y de roles, metas y objetivos. Para ilustrar este proceso, propongo un esquema de los propósitos que se refieren a mi declaración personal de misión.

Propósitos generales y de roles

El propósito de mi vida es amar y servir a Dios y al prójimo.

De esta declaración personal de misión emanan tres propósitos generales:

- Propósito general 1 (amar a Dios de manera total): Conocer a Dios y su carácter e ir haciéndome más conforme a su Hijo en fe, esperanza y amor.
- Propósito general 2 (amarme a mí mismo de manera correcta): Verme a mí mismo a la luz del carácter de Dios y crecer en humildad y obediencia.
- Propósito general 3 (amar a otros con compasión): Ver al prójimo a la luz del carácter de Dios y crecer en amor y servicio.

Del propósito general 3 emanan siete propósitos de roles:

- Propósito de rol 1 (esposo): Amar y servir a mi esposa de tal forma que tenga la libertad de cumplir con su potencial total como mujer de Dios.
- Propósito de rol 2 (padre): Amar y servir a mi hija y yerno de tal forma que sepan que papá y mamá conocen y aman a Dios.
- Propósito de rol 3 (hijo): Amar y servir a mi madre y padre de tal forma que sepan que son respetados y queridos.
- Propósito de rol 4 (amigo): Amar y servir a mis amigos de tal forma que fomente el compromiso, la transparencia y la vulnerabilidad en relaciones de aceptación y estima mutuas.
- Propósito de rol 5 (vecino): Amar y servir a mis vecinos de tal forma que deseen conocer a Cristo (los que buscan) o crecer en él (creyentes).
- Propósito de rol 6 (ministro): Amar y servir a los no creyentes y a los creyentes de tal forma que quienes buscan sean evangelizados y los cristianos sean edificados.
- Propósito de rol 7 (escritor y editor): Amar y servir a lectores de una forma que los ayude a manifestar valores eternos en un terreno temporal conduciéndolos a la intimidad con Dios y a una mejor comprensión de la cultura en la que viven.

Reflexionen en oración acerca de sus propios propósitos generales y de roles. Luego piensen en metas y objetivos específicos que los ayudarían a cumplir estos propósitos en su vida.

Como apéndice a esta sección sobre espiritualidad integral, presento una lista de cuarenta principios y valores personales que he recopilado y revisado de vez en cuando. Leerlos de nuevo me hace sentir culpable, por cuanto todos ellos están más allá de mi experiencia. Esta lista les puede resultar útil en lo que tratan de integrar su vida en Cristo con su vida en el mundo.

1. Fe: una confianza radical en la soberanía y bondad de Dios. Dios tiene el control y en su corazón albergan mis mejores intereses.
2. Esperanza: fundamentada en las promesas de Dios.
3. Amor: un amor cada vez más profundo por Dios (mente, emociones, voluntad, acciones) basado en una creciente intimidad con él.
4. Lo temporal frente a lo eterno: debo tratar lo temporal como temporal y lo eterno como eterno mediante una apreciación mayor por lo invisible que por lo visible.
5. Más que nada, pasión por conocer a Dios.
6. Compasión por los perdidos.

7. Como no puedo vivir a partir de la fe de ayer, debo estar dispuesto a asumir mayores riesgos sobre la base del carácter y promesas de Dios.
8. Creciente conciencia de mi profunda necesidad de la gracia en todas las cosas.
9. Comprensión más clara de la verdad de que mis necesidades más profundas se satisfacen en Cristo, de modo que tenga suficiente seguridad en servir a otros sin relaciones manipuladoras para conseguir que se satisfagan mis necesidades.
10. Desarrollar un espíritu de humildad, de dependencia completa, de receptividad a la enseñanza.
11. Disposición de perdonar a otros como Cristo me ha perdonado.
12. Tratar a las personas con amabilidad, dignidad y posibilidad.
13. Mentalidad de mayordomía: conciencia creciente de que Dios es dueño de todas las cosas y actitud de contento en todas las cosas.
14. Compromiso con un ejercicio y una renovación constantes de espíritu, alma y cuerpo.
15. Integridad personal; congruencia entre lo interior y lo exterior.
16. Apertura y honestidad en las relaciones.
17. Compromiso radical con el Gran Mandamiento.
18. Compromiso radical con la Gran Comisión.
19. Permanecer firme en la guerra espiritual mediante la sumisión a Dios y la resistencia a las atracciones del mundo, la carne y el diablo.
20. Practicar la presencia de Cristo en todas las cosas y hacerlo todo para su gloria.
21. Responsabilidad ante el pueblo de Dios y voluntad de responder con humildad ante exhortaciones y censuras para no caer en el engaño propio.
22. Mantener como un niño un sentido permanente de sorpresa y temor reverencial.
23. Centrarse en el proceso y no en el producto; el ministerio genuino nace de ser una extensión de quien soy en Cristo.
24. Caminar en el poder del Espíritu y no poner la confianza en la carne.
25. Estar plenamente vivo para el presente y no vivir en el pasado o el futuro.
26. Vivir cada día como si fuera mi último, y tratar las relaciones de la misma forma. Cultivar la mentalidad de peregrino, residente temporal, extranjero y forastero mientras espero con anticipación mi verdadero hogar.
27. Creciente respuesta y sensibilidad ante las iniciativas amorosas de Dios.
28. Actitud permanente de acción de gracias y gozo que trasciende mis circunstancias. Voluntad de aferrarme al carácter de Dios en medio de los dolores y placeres de la vida.

29. Manifestar el fruto de Espíritu permaneciendo en Cristo.
30. Compromiso con una renovación constante de la mente para poder crecer en intimidad con Dios y no dejarse seducir por la cultura.
31. Voluntad creciente de vivir en la práctica la verdad de que todo lo que Dios me pide que haga es para mi bien último, y que todo lo que me pide que evite es perjudicial para mi alma.
32. Conciencia de que tanto el bien como el mal aumentan a un interés compuesto, y un deseo consiguiente de vivir a la luz de Lucas 16:10.
33. Deseo de entregar mi vida a cambio de las cosas que Dios dice que son importantes; voluntad de definir el éxito según el estándar de la Palabra (de relación) y no del mundo (funcional).
34. Búsqueda de mentores piadosos que se encuentran más avanzados en el itinerario espiritual.
35. Comprensión de que los hábitos de santidad se sustentan con disciplina y dependencia; los hábitos profanos se sustentan en la ausencia de las mismas.
36. Debo ser fiel al proceso y olvidar el sentido de propiedad de los resultados.
37. Una creencia firme que como el ministerio no se puede medir, debo contentarme con lo que Dios me ha dado y no comparar mi ministerio con el de otros.
38. Pedir a Dios las tres leales heridas de contrición, compasión y anhelo de Dios.
39. Cultivo continuo y responsable de los dones, aunque al mismo tiempo dependiendo menos del conocimiento y las habilidades y más del poder del Espíritu Santo.
40. Compromiso con la centralidad de Cristo en todo lo que hago.

Preguntas para aplicación personal

- ¿Cómo definimos la mayordomía bíblica? ¿Cuáles son los requisitos de un mayordomo?
- ¿Cómo nos calificaríamos en cuanto a mayordomía del tiempo? ¿De nuestros talentos? ¿De nuestros bienes materiales? ¿De nuestro conocimiento de la verdad? ¿De nuestro cuerpo? ¿De nuestro medio ambiente?
- ¿Cómo entendemos nuestros llamamientos primario y secundario? ¿Hemos preparado una declaración de propósito para nuestra vida y nuestros roles?

FACETA 8

ESPIRITUALIDAD DE PROCESO

Proceso o producto, ser o hacer

En nuestra cultura, tendemos cada vez más a ser hacedores humanos que seres humanos. El mundo nos dice que lo que logramos y realizamos determina quiénes somos, pero las Escrituras nos enseñan que quienes somos en Cristo debería constituir la base para lo que hacemos. La dinámica del crecimiento va de dentro a fuera y no de fuera a dentro. Esta sección habla de volverse fieles al proceso de la vida y no en vivir de un producto a otro. También se centra en qué significa morar en Cristo y practicar su presencia.

21

ESPIRITUALIDAD DE PROCESO

Proceso o producto

> **SÍNTESIS DEL CAPÍTULO**
>
> La espiritualidad de proceso se ocupa de la fidelidad durante el peregrinaje permanente más que de vivir de un producto al siguiente. En lugar de vivir en el futuro, se nos alienta a ser sensibles al presente a la luz de nuestra esperanza futura. Esto implica un proceso diario de crecer en gracia y de vivir en fe, esperanza y amor.
>
> **OBJETIVOS DEL CAPÍTULO**
>
> - Estima renovada por el valor de vivir en el presente
> - Comprensión de que el crecimiento es un proceso paulatino que requiere una serie constante de respuestas a las iniciativas del Señor
> - Visión nueva de que la fe, la esperanza y el amor bíblicos pueden liberarnos para ser sensibles a lo que Dios está haciendo en el presente.

En nuestra sociedad, tendemos cada vez más a ser hacedores humanos que seres humanos. El mundo nos dice que lo que logramos y realizamos determina quiénes somos, pero las Escrituras nos enseñan que quienes somos en Cristo debería constituir la base para lo que hacemos. La dinámica del crecimiento va de dentro a fuera y no de fuera a dentro. La espiritualidad de proceso se ocupa de la fidelidad durante el peregrinaje permanente y no en vivir de un producto a otro. También se centra en qué significa morar en Cristo y practicar su presencia

Recordemos que en la introducción al libro establecí doce categorías para reflejar las diversas dimensiones de la verdad bíblica en cuanto a experiencia práctica a un nivel personal y también colectivo. Algunas de ellas, incluyendo la espiritualidad disciplinada y de devociones, tienen sus raíces en tradiciones históricas, en tanto que otras describen aplicaciones prácticas de principios cristianos. Este es especialmente el caso de la **espiritualidad de proceso**, de la paradigmática y de la integral. La espiritualidad de proceso se ocupa de ser sensibles al momento presente y del proceso paulatino de responder a las iniciativas amorosas de Dios en nuestras vidas.

VIVIR EN EL FUTURO

Para muchas personas, la vida se les ha llenado tanto con los «si-solos» del futuro que el hoy se convierte en un obstáculo inconveniente en el camino de alcanzar el mañana. Como Walker Percy lo comentó en su novela *Lancelot*, «Vivir en el pasado y el futuro resulta fácil. Vivir en el presente es como insertar un hilo en un alfiler». Durante la mayor parte de nuestra vida, tenemos la tendencia natural de invertir nuestras energías en metas y logros que esperamos alcanzar en los días venideros. El problema radica en que incluso cuando llegamos a alcanzar estos fines, ya estamos pensando en el siguiente. Así pues, al pasar de un producto a otro, rara vez permanecemos sensibles a las realidades del presente. Somos muy capaces de seguir haciendo esto por décadas, pero llega un momento en que los días que nos quedan son pocos y los recuerdos del pasado son abundantes. Entonces, muchas personas hacen un cambio inconsciente hacia vivir en el pasado en vez de hacerlo en el futuro.

No estoy diciendo que ser sensibles al proceso permanente implica eliminar la planificación y establecimiento de metas. Sin una clara visión de los resultados que deseamos, no avanzaremos en la dirección de conseguirlos, ya sea en negocios o en desarrollar una habilidad. En *The Path of Least Resístance*, Robert Frita distingue entre opciones primarias, secundarias y fundamentales. Las opciones primarias son elecciones acerca de resultados importantes, y las opciones secundarias ayudan a dar un paso adelante hacia el resultado primario. Una opción fundamental es una escogencia en la que uno se compromete a una orientación básica de la vida o a un estado básico de ser. Fritz arguye que es fácil para las personas pasar por la vida por rutina sin una idea clara de lo que en realidad quieren:

«¿Qué quiere?», pregunté a un hombre durante un taller.
«Quiero entrar en contacto conmigo mismo», respondió.
«¿Qué obtendrá una vez que esté en contacto con usted mismo?» pregunté, tratando de ayudarlo a centrarse en el resultado que quería.
«Entonces podré ver qué me frena», replicó.
«¿Qué sucederá una vez que vea qué lo frena?»
«Entonces podré superar la forma en que me saboteo».
«Una vez sepa esto», pregunté de nuevo, «¿entonces qué?»
«Entonces podré dejar de hacerlo».
«¿Qué sucederá cuando deje de hacerlo?»
«Bueno, no sé», fue su respuesta.

Este intercambio ilustra dos cosas: primera, muchas personas no saben a donde los conduce su proceso, y segundo, es mejor escoger lo que queremos crear que centrarse en evitar lo que no queremos.

Desde una perspectiva bíblica, nuestra escogencia fundamental debería ser conocer al Señor Jesús y llegar a ser como él, y esto a su vez moldearía nuestras escogencias primarias y secundarias. Esta escogencia fundamental es compatible con vivir en el presente, el único punto donde el tiempo se cruza con la eternidad. Esta inspiración es lo que anima nuestro presente, nos hace sensibles al proceso de la experiencia diaria y contribuye a nuestra planificación.

Por el contrario, una escogencia fundamental no bíblica, ya sea por inercia o a propósito, nunca nos colmará porque no abordará nuestra necesidad más profunda como personas creadas de conocer y disfrutar de su Creador. En esta situación, nuestra falta de contentamiento en el presente nos inducirá en forma engañosa a pensar que se encontrará en el futuro; de ahí el vivir de producto en producto.

UN PEREGRINAJE PASO A PASO

La mejor metáfora para la vida como un todo y para la vida espiritual en particular es que es un peregrinaje. Abunda esta imagen en las publicaciones (p. ej., *El progreso del peregrino* de John Bunyan). Como seguidores del Camino (Hechos 9:2; 19:9, 23; 22:4; 24:14, 22), somos viajeros que vamos buscando, en un viaje, una odisea, un peregrinaje. Si seguimos a Cristo, vamos hacia el hogar, pero hay etapas a lo largo del camino y lecciones que deben aprenderse. Por esa razón es un error ver la vida espiritual como una condición estática o un estado de existencia que se puede alcanzar con una combinación de técnica e información. Seguir a Cristo es entrar en un territorio que nos es desconocido y contar con su guía determinada, con su gracia cuando nos salimos del camino, y con su presencia cuando nos sentimos solos. Es aprender a responder al cuidado providencial de Dios en formas penetrantes y aceptar el carácter de peregrinaje de la existencia terrenal con sus incertidumbres, retrocesos, desengaños, sorpresas y alegrías. Es recordar que nos encontramos en un proceso de ir conformándonos gradualmente a la imagen de Cristo de manera que podamos amar y servir a otros a lo largo del camino.

Visto así, el punto primario de esta existencia terrenal es la preparación para nuestra ciudadanía eterna en el cielo (ver DeVern F. Fromke, *The Ultimate Intention*, y Paul E. Billheimer, *Destined for the Throne*). En esta vida tropezamos de muchas formas (Santiago 3:2) porque todavía estamos en el proceso. Nuestra santificación todavía no es completa. La santificación es tanto un evento (fuimos santificados cuando nos entregamos a Cristo [1 Corintios 6:11] como un proceso (estamos siendo santificados [Romanos 12:2; Filipenses 2-3; 1 Juan 2:28]). La formación espiritual es un proceso de toda la vida de llegar a ser, en nuestro carácter y acciones, las nuevas creaciones que ya somos en Cristo (2 Corintios 5:17); es la realización de lo que Dios ya ha hecho en nosotros (Filipenses 2:12-13).

La vida cristiana no consiste en conformarse a los estándares prevalentes de santidad, sino en un proceso paso a paso. Este proceso de respuesta genuina a lo que Dios está haciendo en nuestras vidas es más fundamental que el producto visible. Recuerdo a un creyente nuevo que, en su entusiasmo por haber encontrado a Cristo, a veces decía malas palabras cuando oraba. Legalismos detallados con su inventario de «no hacer» (los cinco obscenos, los nueve procaces, la docena sucia) y los «hacer» definirían a una persona como carnal y desobediente. Pero propongo que este nuevo converso, que sabía poco pero aplicaba lo poco que sabía, resultaba más agradable al corazón de Dios con sus torpes oraciones que una persona que es elocuente al orar en público pero que da cabida a un pecado no confesado. En este caso, el primero da la impresión de desobediencia cuando en realidad es obediente al nivel en que se encuentra en su peregrinar; el segundo da la impresión de obediencia cuando es desobediente a lo que sabe. Las apariencias externas con frecuencia resultan engañosas, y por esto Dios mira al corazón.

Rajab la prostituta conocía poco del Dios de Israel pero aplicó el conocimiento que tenía (Hebreos 11:31; Santiago 2:25); los fariseos conocían las Escrituras pero rechazaban los propósitos de Dios. La vida espiritual no es asunto de conformidad externa y no se puede medir. En lugar de compararnos con otros (2 Corintios 10:12), es mejor buscar ser fieles en nuestro propio peregrinaje. La santidad tiene que ver con donde nos encontramos ahora, no con donde debemos encontrarnos más adelante.

Somos llamados a ser aprendices de Jesús en la vida del reino, y esto requiere tiempo, desarrollo y paciencia. Como lo ilustran los Evangelios, conocer a Cristo y creer en él es un proceso dinámico (piénsese en los discípulos en Juan 1, 2:11, y 16:30-31; la mujer en el pozo en Juan 4; el hombre ciego de nacimiento en Juan 9; y Nicodemo en Juan 3:7 y 19). La formación espiritual es gradual y llegamos a ser más sólidos y reales al cooperar con el proceso durante años de pequeñas decisiones a favor de los propósitos de Dios. Cada decisión, ya sea de obedecer o resistir, hace posible la siguiente.

CRECER EN GRACIA

Crecer en virtudes cristianas, como obediencia, paciencia, valor, sabiduría, servicio, humildad, amabilidad y amor, nunca es automático o fácil. Para usar la metáfora de Teresa de Ávila, el alma es un castillo interior al que invitamos a Dios para que vaya ocupando habitación tras habitación. Esto requiere una larga serie de muertes a lo largo del camino: «Si alguien quiere ser mi discípulo ... que se niegue a sí mismo, lleve su cruz y me siga.

PROCESO O PRODUCTO

Porque el que quiere salvar su vida, la perderá; pero que pierda su vida por mi causa y por el evangelio, la salvará» (Marcos 8:34-35). El avance en seguir al Camino exige un compromiso consciente y permanente con un recorrido prolongado de formación espiritual.

Nuestra tarea es colocarnos en las condiciones favorables para crecer y buscar a Dios para nuestra formación espiritual. Él utiliza diferentes ritmos y métodos con cada persona. Como la vida interior madura y se vuelve fructífera según el principio de crecimiento (1 Pedro 2:2; 2 Pedro 3:18), el tiempo constituye una parte importante del proceso. Como nos lo enseña la naturaleza, el crecimiento no es uniforme; como una cepa o un árbol, puede producirse más crecimiento en un mes que en el resto del año. Si no llegamos a aceptar este proceso de crecimiento desigual, nos impacientaremos con Dios y con nosotros mismos mientras esperamos el siguiente brote de crecimiento o infusión especial de gracia.

En una cultura que fomenta la gratificación instantánea, nos puede resultar molesto esperar con paciencia el tiempo de Dios. Muchos de nosotros experimentamos la tentación de dejar de lado la gracia y tomar el asunto en nuestras manos mediante la búsqueda de algún método, técnica, seminario o experiencia que nos vaya a producir los resultados que deseamos cuando los deseamos. Pero somos tan incapaces de cambiarnos a nosotros mismos por medio de nuestros esfuerzos como de manipular a Dios para que nos transforme más rápido.

En su gracia, el Señor nos invita a cooperar con la obra formadora de su Espíritu Santo en nuestras vidas por medio de la aplicación de las disciplinas de fe, arrepentimiento y obediencia y de confiar en sus caminos y en sus tiempos. Es inevitable que los tiempos de Dios nos parezcan dolorosamente lentos, pero, a medida que vamos creciendo en sabiduría, aprendemos a ser más pacientes con el proceso divino, sabiendo que solo él conoce lo que necesitamos y cuando lo necesitamos. Así pues, la formación espiritual se va alimentando durante años de fidelidad disciplinada al llamamiento soberano de Dios. En realidad, fracasaremos y desobedeceremos y haremos muchas tonterías y cosas graves a lo largo del proceso, pero fidelidad quiere decir que nos levantamos y volvemos a Jesús cada vez que fracasamos. «Cada día tiene ya sus problemas» (Mateo 6:34) Permitamos que las exigencias ordinarias de la vida diaria nos conduzcan a la gracia de Jesús, al amor del Padre y a la comunión del Espíritu (2 Corintios 13:14).

FE, ESPERANZA Y AMOR

«Ahora, pues, permanecen estas tres virtudes: la fe, la esperanza y el amor. Pero la más excelente de ellas es el amor» (1 Corintios 13:13). Las grandes virtudes teológicas de fe, esperanza y amor encierran la dinámica de la vida espiritual en Cristo. Aunque las tres se refieren a los propósitos creativos de Dios de eternidad a eternidad, la fe en concreto se centra en la obra redentora de Cristo por nosotros en el pasado, la esperanza mira hacia la terminación final de esta obra en el futuro, y el amor manifiesta la vida de Cristo por medio nuestro en el presente.

Fe

La fe bíblica está intrínsecamente ligada con la esperanza porque se fundamenta en una Persona que todavía no hemos visto (ver Romanos 8:24-25; 1 Pedro 1:7-9). «La fe es la garantía de lo que se espera, la certeza de lo que no se ve ...sin fe es imposible agradar a Dios, ya que cualquiera que se acerca a Dios tiene que creer que él existe y que recompensa a quienes lo buscan» (Hebreos 11:1, 6). La fe agrada a Dios porque es la medida del riesgo que aceptamos en su carácter y promesas. Quienes confiamos en Cristo esperamos que lo que ha prometido lo cumpla (Romanos 4:21).

La esencia del caminar en fe es actuar a partir del convencimiento de que solo Dios sabe lo que es mejor para nosotros y que solo él puede cumplirlo. El problema con la fe es que va en contra de la inclinación y cultura humanas porque se basa en lo invisible e incontrolable. Podemos decir de los dientes hacia afuera que aceptamos la afirmación de que solo Dios conoce lo que es mejor para nosotros, pero en la práctica nos inclinamos a seguir nuestros puntos de vista, en especial cuando las cosas se ponen difíciles.

Los riesgos de la fe agradan a Dios por cuanto honran su testimonio a pesar de las apariencias en contra. A. W. Tozer lo formuló así en *The Root of the Righteous*:

> Un cristiano verdadero es, de todos modos, alguien raro. Siente un amor excelso por Alguien a quien no ha visto nunca; habla cada día de manera familiar con Alguien a quien no puede ver; espera ir al cielo por los méritos de Otro; se vacía a sí mismo para llenarse; admite que está equivocado para poder ser declarado justo; se rebaja para levantarse; es más fuerte cuando es más débil; más rico cuando es más pobre y más feliz cuando se siente peor. Muere para poder vivir; abandona para tener; da para poder guardar; ve lo invisible; escucha lo inaudible; y conoce lo que da conocimiento.

Esta fe que agrada a Dios implica tres componentes: conocimiento, confianza y acción.

Primer componente: Conocimiento

A no ser que conozcamos la verdad, la verdad no nos puede hacer libres. Fe en el sentido bíblico no se basa en nuestros sentimientos y opiniones o en los de otros, sino en la autoridad de la revelación divina. Como el corazón no puede alegrarse en lo que la mente rechaza, es importante entender que la fe bíblica no es un salto a la oscuridad, sino un paso hacia la luz. Es una fe basada en hechos, y hay respuestas creíbles para las barreras intelectuales que con frecuencia se levantan contra el cristianismo. Por ejemplo, *I am Glad You Asked*, libro del que soy coautor con Larry Moody, propone las respuestas a doce objeciones básicas al cristianismo. El componente de conocimiento en nuestra fe se enriquecerá cuando renovemos nuestras mentes con la verdad de Dios, y esto exige la disciplina de dedicar tiempo personal regular a las Escrituras.

Segundo componente: Confianza

La fe solo vale lo que vale el objeto en la que se pone. Si el objeto es merecedor de nuestra fe, nos sustentará incluso cuando nuestra fe sea débil. Cuando estaba en el seminario, uno de mis profesores contó la historia de su abuelo, quien quería atravesar el helado río Susquehanna. No estaba seguro del grosor del hielo, de modo que comenzó a cruzarlo con cautela a gatas. Cuando estaba más o menos a mitad del recorrido, escuchó un gran estruendo. Al mirar por encima del hombro, se sintió azorado al ver un gran carruaje tirado por cuatro caballos que pasaba junto a él ¡sobre el hielo! Su fe había sido débil, pero su objeto valía la pena. No hay fundamento más confiable para nuestra fe que Cristo, la Roca y Ancla de nuestra alma. Cuando ponemos nuestra confianza en él, podemos estar seguros de que nos conducirá a salvo hacia la otra orilla.

Tercer Componente: Acción

La mejor manifestación de conocimiento y confianza es la acción. A pesar de lo que digamos, lo que hacemos pondrá al descubierto lo que nuestros corazones verdaderamente creen y en qué confían. La fe en Cristo tiene la característica de crecer por medio de actos de obediencia, y una fe obediente desemboca en un mayor conocimiento de Dios. Hay, pues, una relación recíproca entre estos dos componentes de la fe: conocimiento y acción; cuanto mejor lo conocemos, tanto más deseamos obedecerlo, y cuanto más lo obedecemos, tanto mejor lo conocemos. Todo gira en torno en qué confiamos. Si confiamos en nuestra sabiduría, nuestras manos estarán demasiado llenas de nosotros mismos como para recibir los dones de Dios. Cuando vaciamos nuestras manos de depender de nosotros mismos, de considerarnos justos, de sentir lástima propia y de otros pecados de egoísmo, quedarán lo suficientemente vacías para recibir la vida de Cristo en nosotros y mostrar su vida a otros.

Esperanza

Hace unos años, asistí al funeral de una de las personas más extraordinarias que jamás conocí. Varios meses después de entregar su vida a Cristo, se le diagnosticó a Emily Meredith un tumor cerebral. Durante los cinco años siguientes, el valor, amor, esperanza y paz que mostró solo se podían explicar por el poder del Espíritu Santo en su vida. A pesar de su dura prueba, nunca se supo que se quejara. La cualidad cristiana de su vida produjo un impacto imborrable en centenares de personas, y a los veintiún años de edad ya había cumplido el propósito para el que fue enviada y estaba lista para su acogida celestial. Aunque su familia está apenada por su muerte, mitigaba su dolor una esperanza resuelta en las promesas y carácter de Dios (1 Tesalonicenses 4:13-18).

La esperanza es un poderoso motivador bíblico porque tiene relación con la promesa de una ganancia a largo plazo. Acabamos de comentar que la fe y la esperanza están vinculadas; la fe asume el riesgo del compromiso antes del conocimiento, y la esperanza nos proporciona la razón para asumir los riesgos de la fe. Todos los hombres y mujeres de fe que se mencionan en Hebreos 11 entendieron que Dios recompensa a quienes lo buscan y arriesgan lo temporal con el fin de ganar lo eterno. Moisés, por ejemplo, decidió aceptar los malos tratos de parte del pueblo de Dios en vez de disfrutar de los placeres pasajeros del pecado, porque consideró que el oprobio por causa de Cristo era una mayor riqueza que los tesoros de Egipto; porque miraba hacia la recompensa (Hebreos 11:25-26).

La esperanza terrenal nos dice que busquemos placeres pasajeros, en tanto que la esperanza bíblica nos advierte que no nos vendamos a tan bajo precio. Dios nos llama a entregarnos a las cosas que perdurarán y al final no nos defraudarán. Si centramos nuestros corazones en lo eterno, disfrutaremos también de lo temporal; pero si nuestra búsqueda primera es lo temporal, perderemos no solo lo eterno sino también lo temporal.

En *A Layman's Guide to Applying the Bible*, Walt Henrichsen y Gayle Jackson describen cuatro clases de personas: las que no tienen esperanza, las que han puesto la esperanza en algo equivocado, los que tienen una esperanza mal definida, y los que tienen una esperanza adecuada.

Los que no tienen esperanza. Pocas personas pueden vivir por mucho tiempo sin alguna clase de esperanza. El venerable Beda describió la existencia humana sin la resurrección como un pájaro que sale volando saliendo de la oscuridad hacia una ventana de un salón de banquetes muy iluminada, solo para volar por unos instantes a través del salón e ir a salir por otra ventana hacia la oscuridad de la noche. Si esta tierra es lo único que hay, la vida es un episodio pasajero; se burla de nuestra aspiraciones y anhelos más profundos por algo más que lo que este planeta ofrece. Algunos existencialistas nos aconsejan que aceptemos la idea de que la vida no tiene sentido y que vivamos con valor a pesar de lo absurdo de la existencia. Pero nadie puede vivir siempre con una filosofía sin esperanza como esta.

Los que han puesto la esperanza en algo equivocado. Casi todas las personas que conocemos viven con alguna clase de esperanza, alguna razón para levantarse por la mañana y seguir viviendo. Pero no haría falta indagar mucho para poner al descubierto lo superficial e inadecuado de las cosas en las que la mayor parte de las personas ponen su fe y esperanza. Cuando los hombres ponen su esperanza en dinero, poder y posición para que les proporcione un sentido de valía y realización, descubrirán, como un sinnúmero de personas antes, que estas cosas los decepcionarán. Cuando las mujeres esperan primero en su familia, sus posesiones o su estatus social para satisfacer su deseo de seguridad e importancia, también se desilusionarán.

Quienes conocen a Jesús no están inmunes al problema de la esperanza puesta en algo equivocado. Creo que la razón de que muchas personas se traguen el camello de la eternidad y acepten los mosquitos de lo temporal es que esta tierra les parece real en tanto que el cielo les parece vago y lejano. Con esta mentalidad, se necesita menos fe para confiar en Cristo para la vida eterna que la que se necesita para esta vida.

Los que tienen una esperanza mal definida. Bob Hope contó una vez una historia acerca de un vuelo en el que viajaba y que encontró una gran turbulencia. «¡Hagan algo religioso!» gritó una señora mayor al otro lado del pasillo. «Yo lo hice», continuó en forma graciosa. «Hice una colecta». Las personas tienden a hacer algo religioso en situaciones que amenazan la vida. Escuché el testimonio de un hombre de negocios de Atlanta que describió una experiencia que vivió antes de creer en Cristo. Se hospedaba en el Hilton en Las Vegas cuando se desencadenó un incendio en el hotel. Pensando en que iba a morir, pidió a Dios que lo librara. Al reflexionar más tarde acerca de esta experiencia aterradora, comentó, «No oré a los dioses del trabajo, del dinero, del golf o de la familia». En momentos de tribulación y adversidad, aclaramos la naturaleza de nuestra esperanza (ver Romanos 5:3-5). La esperanza que se desarrolla en circunstancias buenas tiende a ser poco confiable porque no ha sido sometida a prueba. Pero Dios utiliza tiempos de adversidad y de pocas alternativas para conducirnos a tener contacto con una esperanza que no nos defraudará.

Los que tienen una esperanza adecuada. El único fundamento sólido para nuestra esperanza es el carácter inmutable del Dios vivo. Cuando nos refugiamos en Cristo, hacemos nuestra una esperanza de que es un pilar del alma, una esperanza que no nos defraudará porque es a la vez segura y permanente (Hebreos 6:18-19; 1 Pedro 2:6). La esperanza bíblica nos da estabilidad y orientación porque nos conduce hacia las promesas de Dios. Como estas promesas son una prolongación del carácter de Dios, una esperanza adecuada se basa en la voluntad de confiar en él. El apóstol Pablo vivió en la práctica la verdad de que «lo que se ve es pasajero, mientras que lo que no se ve es eterno» (2 Corintios 4:18). De la misma forma, los paladines de la fe enumerados en Hebreos 11 reconocieron las promesas de Dios desde lejos y buscaron una recompensa que los ojos terrenales no veían. Su fe era la garantía de las cosas que esperaban y la certeza de lo que no veían (Hebreos 11:1).

Pablo reveló su deseo de una relación completa con Cristo cuando escribió a los santos en Filipos: «Hermanos, no pienso que yo mismo lo haya logrado ya. Más bien, una cosa hago: olvidando lo que queda atrás y esforzándome por alcanzar lo que está delante, sigo avanzando hacia la meta para ganar el premio que Dios ofrece mediante su llamamiento celestial en Cristo Jesús» (Filipenses 3:13-14). El apóstol eludió la ciénaga de la complacencia y satisfacción en sí mismo mediante su comprensión de la vida espiritual como un proceso que conduce siempre más alto y más profundo en el conocimiento personal de Jesucristo, Creador y Sustentador de todas las cosas en los cielos y en la tierra, visibles e invisibles (Colosenses 1:16-17). En su mente, enfocada en una sola cosa («una cosa hago»), se concentró en la meta de una creciente conformidad con Cristo.

La agenda del mundo nos agobia con una multiplicidad de preocupaciones y «deseos de otras cosas» (Marcos 4:19) que nunca pueden satisfacer el hambre espiritual del corazón humano. Pero nuestro Señor quiere que dejemos de lado todo obstáculo y el pecado que con tanta facilidad nos atrapa, de modo que podamos correr con resistencia la carrera que tenemos frente a nosotros si fijamos los ojos en Jesús, Autor y Perfeccionador de nuestra fe (Hebreos 12:1-2).

Pablo nos introduce a una disciplina que puede revolucionar nuestras vidas: «una cosa hago: olvidando lo que queda atrás y esforzándome por alcanzar lo que está delante». A. W. Tozer escribió que «debemos enfrentar el hoy como hijos del mañana. Debemos hacer frente a las incertidumbres de este mundo con la certeza del mundo que vendrá».

Somos demasiados los que permitimos que el presente esté bajo el dominio de los pesares y éxitos del pasado. Pablo se negó a permitir que el pasado controlara el presente. Si hubiera hecho hincapié en sus éxitos en el judaísmo, se habría inclinado a poner su confianza en los esfuerzos de la carne más que en la gracia de Dios. Si hubiera seguido recordando sus fracasos y deficiencias, lo habría paralizado un sentido de insuficiencia y desaliento.

Todos nosotros hemos dicho y hecho cosas que desearíamos poder retractar. En diferentes niveles, también hemos vivido los dolores del maltrato y del rechazo. Aunque no podemos cambiar el pasado, sí podemos cambiar nuestra comprensión del pasado al aceptar el amor incondicional de Cristo, quien nos bendice con el perdón, la curación y la restauración. Las Escrituras nos exhortan a superar la esclavitud del pasado viviendo a la luz del futuro al que hemos sido llamados. El pasado es inalterable, pero nuestras vidas en el presente tienen una relación directa con la calidad de la eternidad. Cuando aprendemos a ver nuestro pasado a la luz de nuestro futuro, constatamos que nuestro pasado es relevante pero nuestro futuro reforma nuestro pasado y determina quiénes somos. De esta forma, evitamos las trampas comunes de detenernos permanentemente en la negación o de detenernos permanentemente en el pesar.

PROCESO O PRODUCTO

Por esto Pablo agregó, «esforzándome por alcanzar lo que está delante, sigo avanzando hacia la meta para ganar el premio que Dios ofrece mediante su llamamiento celestial en Cristo Jesús». Es la metáfora del corredor que fuerza a su cuerpo en su determinación de ganar la carrera. La vida del apóstol la movía un solo propósito que moldeaba todas sus actividades. Como el atleta en una carrera, tenía una meta bien definida, y se disciplinaba para alcanzarla. Pero el premio que tenía en mente no era una corona de laurel caduca; era el premio del llamamiento celestial de Dios en Cristo Jesús. En otro lugar escribió que «todos los deportistas se entrenan con mucha disciplina. Ellos lo hacen para obtener un premio que se echa a perder; nosotros, en cambio, por uno que dura para siempre. Así que yo no corro como quien no tiene meta; no lucho como quien da golpes en el aire» (1 Corintios 9:25-26; ver Hechos 20:24; 2 Timoteo 4:7-8).

Si aplicáramos el mismo celo en nuestro caminar con el Señor que el que empleamos en nuestros deportes y aficiones, muchos de nosotros iríamos más adelantados en la carrera. Toma tiempo y disciplina para «correr con resistencia la carrera que tenemos frente a nosotros», pero esta disciplina debe estar colocada en el contexto de una esperanza trascendente y en una dependencia del Espíritu de Cristo que mora en nosotros y que hace posible que corramos en su victoria.

Así pues, el significado del presente lo moldea en gran parte nuestra comprensión de nuestro destino. Dos versos sugerentes en *La Ilíada* de Homero encierran la cosmovisión de la mitología griega: «Esta es la manera en que los dioses tejen la vida para infortunados mortales, que vivamos en infelicidad, pero los dioses mismos no tienen pesares». Vivimos en infelicidad y con la muerte acaba todo; con semejante perspectiva no sorprende que muchos pensadores griegos buscaran protegerse de esta situación absurda con diversas modalidades de Estoicismo y Epicureismo. Pero para el creyente en Cristo, el contexto final de significado y propósito es nuestra participación en el Reino eterno de Dios. Cada día que pasamos en Cristo recibe aliento de una espiritualidad escatológica de esperanza. Como nuevas criaturas, ya no nos define nuestro breve pasado, sino nuestro futuro sin límites.

Amor

El evangelio se ocupa en forma decisiva de los dos problemas paralelos de la culpa por el pasado y la ansiedad acerca del futuro. En Cristo, disponemos del perdón de pecados (pasado) y anticipación del cielo (futuro). Ahí es donde a menudo nos detenemos, pero el evangelio es más que perdón y vida eterna; es también el poder de manifestar la vida del reino en el presente. Como le escuché formularlo a Darrell Bock, el evangelio es la oferta de la capacidad de Dios de convertirnos en quienes deberíamos haber sido desde siempre. En Cristo, hemos sido liberados del yugo del pasado y de la preocupación por el futuro de modo que podamos disfrutar de la libertad de estar sensibles a las oportunidades del presente. El evangelio no es algo negativo de mantener el pecado a distancia, sino una forma positiva de caminar con Cristo y de amar y servir a las personas por medio de él.

La sangre de Cristo pagó la pena del pecado, la cruz de Cristo derrota el poder del pecado, y nuestra resurrección en Cristo eliminará la presencia del pecado. Vivimos entre la cruz y la resurrección, pero incluso ahora la vida resucitada de Cristo nos otorga poder para vivir y amar. Hemos sido injertados en la vida del Señor ascendido y, como tenemos «parte en la naturaleza divina» (2 Pedro 1:4), nuestra «vida está escondida con Cristo en Dios» (Colosenses 3:3). Esto posibilita que tengamos una conexión íntima entre fe y práctica, entre ser y hacer, de modo que lo que Dios ya ha hecho en nuestra vida interior se vaya haciendo cada vez más visible por medio de su obra transformadora en nuestra vida externa. De esta forma, la esperanza de nuestro glorioso futuro se puede incorporar por fe a nuestras relaciones y circunstancias presentes.

La vida *en* Cristo es la vida *de* Cristo en nosotros, apropiada en el pasado, activa en el presente y anticipando el futuro. «Ahora, pues, permanecen estas tres virtudes: la fe, la esperanza y el amor. Pero la más excelente de ellas es el amor» (1 corintios 13:13). El amor es la mayor de las virtudes porque es la aplicación de la fe y de la esperanza a nuestras relaciones en el presente (ver cuadro 21:1).

FE	← AMOR →	ESPERANZA
Apropiada en el PASADO	Activa en el PRESENTE	Anticipa el FUTURO
Perdón y gracia (Evangelios)	Amor y comunidad (Hechos)	Propósito y esperanza (Epístolas)
Salvación	Santificación	Glorificación
Posicional (liberación del castigo del pecado)	Progresivo (liberación del poder del pecado)	Final (liberación de la presencia del pecado)
Importancia	Satisfacción	Seguridad
Retrospección	Percepción	Perspectiva
Historia	Nuestra historia	Su historia
Humildad	Obediencia	Confianza
Conocer	Hacer	Ser
Mente	Voluntad	Emociones
Ver	Actuar	Esperar
Vida	Amor	Luz

Cuadro 21.1

PROCESO O PRODUCTO

Como la vida eterna es una cualidad nueva y constante en nosotros que permanecerá para siempre, el peregrinaje de transformación espiritual con sus dolores y alegrías y sus fracasos y avances es un proceso de conseguir que esta nueva creación se haga cada vez más visible.

Preguntas para aplicación personal

- ¿Hasta qué punto nos encontramos viviendo en el futuro o en el pasado?
- ¿Cuál es la diferencia práctica entre conformarse a los estándares predominantes de santidad y un proceso paso a paso?
- ¿Qué significa crecer en la gracia? ¿Qué condiciones son favorables para nuestro crecimiento espiritual? ¿Qué ha utilizado Dios para irnos formando en el camino?
- ¿Cómo definimos la fe bíblica?
- ¿Luchamos a veces con una esperanza mal ubicada o mal definida?
- ¿Cómo puede una visión bíblica de la fe, la esperanza y el amor liberarnos para que seamos más sensibles al presente?

22

ESPIRITUALIDAD DE PROCESO

Ser o hacer

> ### SÍNTESIS DEL CAPÍTULO
>
> El dilema moderno de estar muy ocupados nos tienta a colocar el hacer por encima del ser, y este capítulo ofrece varias sugerencias que pueden mejorar el esfuerzo diario de vivir delante del Señor. Otra tentación es centrarse más en causas que en Cristo y con ello enfatizar la actividad por el Señor más que la intimidad con él. El capítulo concluye con algunas sugerencias para practicar la presencia de Jesús.
>
> ### OBJETIVOS DEL CAPÍTULO
>
> - Un sentido más claro de cómo enfrentarse en nuestras vidas al problema de estar muy ocupados
> - Toma de conciencia de que nuestra tentación natural será sustituir la devoción y la intimidad con Dios con el servicio y la actividad.
> - Mayor destreza en la práctica de la presencia de Jesús

Quizás la mayor de las amenazas para la aplicación de estas verdades acerca de la espiritualidad de proceso es el estar muy ocupados, lo cual nace de la forma en que nos definimos en función de logros y resultados. Vivimos en una cultura orientada hacia el futuro que relaciona el tiempo casi siempre con eficiencia y productividad. Estamos más inclinados que nunca a emplear el tiempo más para alcanzar resultados que para mejorar relaciones.

EL PROBLEMA DE ESTAR MUY OCUPADOS

La religión civil de los Estados Unidos rinde culto al dios del progreso y nos incita a competir, lograr y ganar solo por el motivo de competir, lograr y ganar. La vida de muchas personas en el mundo de los negocios se ha descrito en forma pintoresca como un asunto de «resoplar y seguir adelante», «trazar y planificar», «evadir y sumergirse», «correr y disparar», «golpear e interferir», «remover y sacudir», «desvainar y embaucar».

El filósofo estibador Eric Hoffer escribió, «Se nos advierte que no perdamos tiempo, pero se nos educa para desperdiciar nuestras vidas». Esto resulta evidente en la tragedia de muchas personas que en la primera mitad de sus vidas desgastan su salud buscando la riqueza y en la otra mitad gastan su fortuna buscando la salud.

Mi colega Len Sykes relaciona el problema de estar muy ocupados con cinco áreas.

En nuestro hogar. Perdemos oportunidades de relaciones cuando el exceso de actividades nos domina. Pensemos en hacer un inventario de actividades como televisión, lecciones y deportes de los hijos, reuniones o tiempo dedicado al computador para ver cómo algunas de ellas se pueden reducir. Deuteronomio 6:5-9 exhorta a los padres a conocer y amar a Dios y a enseñar a sus hijos acerca de él «cuando estés en tu casa y cuando vayas por el camino, cuando te acuestes y cuando te levantes». Dios quiso que el hogar fuera un santuario para el desarrollo espiritual y personal en un entorno de relaciones de amor y aceptación.

En nuestro trabajo. El error de depender de nuestro trabajo en vez de depender de Dios para tener seguridad e importancia junto con la búsqueda bajo presión de más bienes de este mundo nos conduce a la idolatría del materialismo y de estar siempre ocupados. Si no tenemos tiempo suficiente para cultivar una relación de calidad con Dios, con nuestro cónyuge y nuestros hijos, estamos trabajando demasiado tiempo y demasiado duro. Como lo dice Gordon Dahl, «La mayor parte de los estadounidenses de clase media tienden a rendir culto a su trabajo, a trabajar cuando juegan, y a jugar cuando rinden culto».

En nuestro recreo. Asumir actitudes de acometer con intensidad actividades de ocio y vacaciones pueden debilitarnos e impedirnos disfrutar de una renovación personal y en nuestras relaciones. El principio del sabbat de restauración por medio de tener tiempo de ser uno mismo proporciona un ritmo equilibrado de trabajo y descanso.

En nuestro trabajo o ministerio en la iglesia. Este puede ser otro campo de estar muy ocupados y de frustración, en especial cuando asumimos actividades y responsabilidades para agradar a personas y a cumplir sus expectativas. No todas las necesidades y peticiones son llamamientos de Dios.

En nuestro caminar con Dios. La actividad excesiva nos aparta del tiempo que toma cultivar la intimidad con Dios. Con frecuencia nos sentimos inclinados a definir nuestra relación con Dios en función de hacer cosas por él que en pasar tiempo con él.

Unas cuantas sugerencias que mejorarán el proceso diario de vivir delante del Señor.

- Como Jesús, debemos desarrollar un sentido claro de nuestra misión de forma que podamos invertir nuestro tiempo teniendo presente el llamamiento de Dios. También deberíamos desarrollar una comprensión de nuestros límites de modo que reservemos tiempo con el Padre para restaurar nuestros recursos interiores. Hay muchas cosas buenas que podríamos hacer, pero lo bueno puede convertirse en enemigo de lo mejor.
- Liberarnos de ser esclavos de las opiniones, agendas y expectativas de otros. Aprender a decir no a invitaciones y solicitudes que pueden halagarnos pero también agotar tiempo y energía.
- Buscar un equilibrio entre descanso y trabajo, recargar y descargar, profundidad y amplitud, interior y exterior, reflexión y práctica, pensar y aplicar, contentamiento y realización.
- Preguntarse cuánto es suficiente. Los deseos sin freno matan el contentamiento y nos empujan hacia ocuparnos más.
- Resistir la tentación de permitir que el trabajo lo invada todo.
- Buscar formas de disminuir los compromisos para así no realizar un trabajo deficiente en numerosas tareas en lugar de un trabajo excelente en unas pocas. Existe una tensión entre los deseos de agradar a Dios y la búsqueda del éxito, y tendremos la tentación de resolver esta tensión encubriendo con una capa espiritual la búsqueda de éxito. Es mejor buscar la excelencia en lo que hacemos para la gloria de Dios (1 Corintios 10:31) que el éxito para que las personas nos honren.
- Darse cuenta de que el descanso exige fe, porque parece improductivo desde el punto de vista del mundo. Como no podemos medir el producto del tiempo que dedicamos a desarrollar nuestras relaciones con Dios y con las personas, es un riesgo invertir una cantidad importante de tiempo en ello.
- Reservar tiempo por adelantado para las cosas importantes que pudieran verse absorbidas en el trabajo diario. Si no aprendemos a que lo urgente gire en torno de lo importante, lo importante se verá arrollado por lo urgente.
- Estar conscientes de la tendencia humana a eludir un examen sincero de nosotros mismos en la presencia de Dios. Muchas personas buscan diversiones, distracciones y trabajo para eludir este encuentro.
- Tratar de vivir minuto a minuto y depender menos de los planes a largo plazo. «En la vida nuestro gran asunto no es ver que nos espera en la penumbra a lo lejos, sino hacer lo que está claramente frente a nosotros» (Thomas Carlyle).

SER O HACER

- Tener conciencia de la distinción entre *cronos* (eventos cronológicos, cotidianos) y *kairós* (oportunidades y situaciones especiales). Tratar de estar disponibles para aprovechar al máximo las oportunidades o los momentos *kairós* que Dios en su providencia nos concede (Efesios 5:16; Colosenses 4:5), ya que lo más importante que hacemos en el curso de un día quizás no figure en el calendario del día. «persiste... sea o no sea oportuno» (2 Timoteo 4:2) para redimir los momentos especiales que Dios pone en nuestro camino. Buscar gestionar el tiempo con la suficiente flexibilidad para mejorar las relaciones más que lograr rigurosamente resultados.
- «Dondequiera que estés, trata de estar totalmente. Vive hasta lo máximo cualquier situación que creas que es la voluntad de Dios» (Jim Elliot).

LAS CAUSAS O CRISTO

Todos nosotros tenemos un hambre innata de seguridad, significado y satisfacción, pero nuestro mundo nos enseña a buscar estas cosas en los lugares equivocados. No debería sorprendernos, pues, que los sueños y metas que nuestra cultura promueve también hayan contaminado todo nuestro enfoque hacia la vida espiritual. Hay libros, seminarios e iglesias cristianos que han bautizado la agenda de los medios de comunicación de orientación propia, éxito y ambición con una capa de espiritualidad. Se anima a muchos creyentes a poner todo su empeño en metas que de hecho los alejan de Cristo. Por el contrario, las Escrituras enseñan que nuestro significado no se encuentra en la búsqueda del yo, sino en un llamamiento a conocer a Dios.

Intimidad o actividad

Todo pez muerto flota río abajo, pero para nadar contra la corriente de nuestros tiempos, debemos estar espiritualmente vivos. Tal como la describe el Nuevo Testamento, la vida real en Cristo es contracultural. El mundo define quiénes somos por lo que hacemos, pero la Palabra se centra en quiénes somos en Cristo y nos dice que manifestemos esa nueva identidad en lo que hacemos. Ser y hacer están interrelacionados, pero el orden bíblico es fundamental: lo que hacemos debería provenir de quiénes somos, no al revés. De lo contrario nuestro valor e identidad las determinarían nuestros logros y resultados, y cuando dejamos de hacer, ya no somos valiosos. Cuando las personas responden a la pregunta ¿Quién eres? Hablando de lo que hacen, el mundo tiene una forma de responder, ¿Así que, qué has hecho recientemente?

En Cristo tenemos una base segura y estable de valía y dignidad, porque se basan en lo que Dios ha hecho por nosotros y en nosotros. Cuando hemos sido recreados e incorporados a la vida glorificada del Cristo ascendido, Dios ha llegado hasta las raíces de nuestro ser y nos ha dado una nueva naturaleza. Por ello ser debería tener prioridad sobre hacer, aunque ser debería expresarse en hacer. Esta interacción equilibrada se perdería si desconectamos los dos componentes. Mi amigo Skip Kazmarek nos advierte en cuanto a esta disyunción e ilustra esta preocupación con una caricatura que muestra a un hombre acostado en un diván, con un Psicólogo Ladrón (como lo indica el diploma que cuelga de la pared) sentado junto a él. El psicólogo dice, «Bueno, solo porque robas, matas y violas no quiere decir que seas una mala *persona*». No somos seres separados, desconectados, aislados. Mente, cuerpo y espíritu existen en un todo integrado. Cómo actuamos afecta cómo pensamos, y cómo pensamos afecta nuestra relación con Dios. A veces pensamos que somos de una forma cuando seguimos haciendo lo opuesto, pero esto es una interpretación peligrosa.

La acción externa debería provenir de la realidad interna, y esto requiere un ritmo de soledad y compromiso, restauración y aplicación, intimidad con Cristo y actividad en el mundo. La vida de Jesús ilustra esta pauta de buscar tiempo importante para estar a solas con el Padre (Lucas 5:16; Marcos 1:35; 6:31) de modo que pudiera tener la fuerza y serenidad internas para enfrentarse con las presiones externas que le imponían sus amigos y enemigos. Quienes trabajan y ministran sin la debida restauración por medio de la oración y la meditación no tienen los recursos internos para manifestar el fruto del Espíritu en un mundo lleno de estrés. Durante los tiempos serenos de prácticas de devoción, conseguimos la perspectiva y la fuerza que necesitamos para vivir con carácter y compostura en el contexto de las exigencias diarias (ver cuadro 22:1). «En el arrepentimiento y la calma está su salvación, en la serenidad y la confianza está su fuerza» (Isaías 30:15).

SER	HACER
Intimidad con Cristo	Actividad en el mundo
Soledad	Trabajo
Permanecer	Servir
Interior	Exterior
Llamamiento a relación	Llamamiento a dominio
Llamamiento	Carácter
Invisible	Visible
Vida real	Vida refleja
Restauración de energía espiritual	Aplicación de energía espiritual
Perspectiva	Práctica
Descanso	Trabajo

Cuadro 22.1

SER O HACER

En el cuadro 22:1, la vida real (columna a la izquierda) debería vitalizar la vida refleja (columna a la derecha). El problema es que las personas suelen acercarse a la vida espiritual en función de la columna a la derecha, suponiendo que sus acciones y servicio conducirán a intimidad en su relación con Dios. Si bien el gran mandamiento nos exhorta a amar al Señor con todo nuestro corazón, alma, mente y fuerza (Marcos 12:30), tendemos a invertir el orden, pensando que podemos ir de fuera a dentro en vez de dentro a fuera. En lugar de que el ministerio surja de nuestra relación con Dios, muchas personas suponen que el ministerio determinará su relación con Dios.

De esta visión de la vida espiritual como una serie de deberes y tareas que deben cumplirse emanan los perennes problemas del perfeccionismo y el legalismo. El legalismo es una enfermedad espiritual que ha afectado a la iglesia desde sus comienzos. No puedo recordar haber conocido a ningún cristiano legalista que se caracterice por un profundo gozo. Esto es así porque los legalistas intentan alcanzar, por medio de sus propios esfuerzos, un estándar externamente impuesto de desempeño con la esperanza de que esto les ganará méritos a los ojos de Dios y de otros. Esto genera inseguridad, frustración, denegación y fracaso por diversas razones:

- Las Escrituras nos dicen que no podemos hacer nada para ganarnos el favor a los ojos de Dios, ya que todos nuestros esfuerzos quedan muy lejos de su carácter y justicia (Romanos 3:23; Tito 3:5-7).
- Así como ninguna de nuestras acciones harán que Dios nos ame más, de igual modo es verdad que nada de lo que pensemos, digamos o queramos hacen que Dios nos ame menos de lo que nos ama (Romanos 5:6-10).
- El crecimiento espiritual se logra por la vida de Cristo en nosotros, no por nuestros intentos por crear vida. Nuestra responsabilidad es caminar por el poder del Espíritu y no dependiendo de la carne (Gálatas 2:20; 5:16-25).
- El punto focal de la vida cristiana deberían ser no las obras y acciones sino una relación; se centra no en un producto sino en una Persona. Se trata de permanecer en Cristo Jesús (Juan 15:1-10) y no en cumplir con un conjunto de fórmulas religiosas.

El Nuevo Testamento enseña que la fidelidad a Cristo ha desplazado a la devoción a un código (Romanos 7:3-4), pero hay una tendencia humana a eludir a Dios por medio de sustitutos religiosos. Muchas personas no caen en la cuenta de que si bien la intimidad con Cristo conduce a la santidad, los esfuerzos por ser santos no conducen por necesidad a la intimidad. La santificación la genera no un comportamiento moral, sino la gracia de una relación con Cristo. Si no entendemos esto, nos sentiremos empujados a causas en vez de llamados a Cristo, y se preferirán las actividades a la intimidad. Llegará el momento en que las personas que se comportan de esta forma queden exhaustas. «Si solo me dedico a la causa de la humanidad, pronto quedaré exhausto y llegaré a un lugar donde mi amor flaqueará; pero si amo a Jesucristo en forma personal y fervorosa, puedo servir a la humanidad aunque haya personas que me traten como una estera» (Oswald Chambers).

Josué y Joás

Las vidas de Josué y Joás ilustran de manera aguda el contraste entre ser llamados y ser impelidos. Cuatro escenas de la vida de Josué captan el corazón de este hombre fiel. En la primera, Josué se encuentra con Moisés en la Tienda de la reunión. Cuando Moisés entra, la columna de nube descendía y tapaba la entrada a la misma, mientras el Señor le hablaba a Moisés (Éxodo 33:7-10). La clave de la vida de Josué se revela en Éxodo 33:11: «Y hablaba el Señor con Moisés cara a cara, como quien habla con un amigo. Después de eso, Moisés regresaba al campamento; pero Josué, su joven asistente, nunca se apartaba de la Tienda de reunión». Josué permanecía en la Tienda de reunión porque sentía deseo profundo de conocer a Dios y de estar con él. Este conocimiento personal de Dios le sirvió de mucho en la segunda escena, cuando él y Caleb eran dos de los doce espías que fueron enviados desde Cades para explorar la tierra de Canaán (Números 13-14). Aunque los doce espías vieron las mismas cosas, diez de ellos interpretaron lo que vieron desde una perspectiva humana y se sintieron abrumados por el tamaño y la cantidad de las personas. Solo Josué y Caleb vieron a la oposición a través de una perspectiva divina, y animaron al pueblo a confiar en el Señor: «Así que no se rebelen contra el Señor ni tengan miedo de la gente que habita en esa tierra. ¡Ya son pan comido! No tienen quién los proteja, porque el Señor está de parte nuestra» (Números 14:9). Por desgracia, el pueblo creyó las conclusiones temerosas de la mayoría de los espías, y los israelitas quedaron consignados a vagar por el desierto, matando literalmente el tiempo por treinta y ocho años hasta que la generación del Éxodo pereció en el desierto.

En la tercera escena, el Señor prepara a Josué para liderar la generación de la conquista hacia la tierra de Canaán. En Josué 1:1-9, el Señor lo anima a ser una persona valiente y obediente de la Palabra que medita en ella día y noche. Como conocía y amaba a Dios y renovaba su mente con el libro de la ley de Dios, Josué acabó bien. En la cuarta escena, Josué se acerca al final de su morada terrenal cuando se reúne con el pueblo de Israel y lo exhorta a servir solo al Señor y a descartar todas las formas de idolatría. Concluye su exhortación con esta famosa afirmación: «Por mi parte, mi familia y yo serviremos al Señor» (Josué 24:15). Como comenta Bob Warren en su carta «Thoughts from the Hill», «Como Josué dedicó más tiempo a ser

SER O HACER

amigo de Dios que a ser amigo de otros, eludió la trampa de quedar esclavizado a una actividad improductiva. Pero como entendió la necesidad de la intimidad por encima de la actividad, su actividad se vio fortalecida más allá de lo que pudo haber imaginado».

Por el contrario, el rey Joás (2 Crónicas 22:10-24:27) pareció comenzar bien pero acabó mal. Era el único descendiente real de la casa de Judá que pudo huir de la trama asesina de Atalía para tomar el trono. Después de que el sacerdote Joyadá protegió y educó a Joás en el templo, mataron a Atalía y Joás, de siete años, se convirtió en rey de Judá. «Mientras el sacerdote Joyadá vivió, Joás hizo lo que le agradaba al SEÑOR» (24.2) y promovió el proyecto de restaurar el templo en Jerusalén. Pero cuando Joyadá murió, Joás prestó oído a consejos necios, abandonó la casa del Señor, y cayó en la idolatría. Incluso mandó matar al hijo de Joyadá cuando censuró a Joás por haber olvidado al Señor.

Joás estuvo involucrado en actividades religiosas (el proyecto de la restauración del templo), pero nunca desarrolló una relación el Dios de Joyadá. Lo motivaron causas pero dejó de lado el llamamiento fundamental de conocer al Señor. Como la actividad religiosa de sus primeros años nunca se debió a intimidad con el Señor, al final fracasó lamentablemente.

Es fácil llegar a preocuparse por buenas causas que por conocer a Cristo. Como comenta Oswald Chambers en *En pos de lo supremo*, «Cuidado con todo lo que compita por la lealtad a Jesucristo ...El más grande competidor de la devoción a Jesús es servirle a él ... Consideramos como servicio lo que hacemos a modo de trabajo cristiano; Jesucristo llama servicio a lo que somos para él, no a lo que hacemos por él ... El único propósito del llamamiento de Dios es la satisfacción de Dios, no un llamamiento a hacer algo por él». Nuestro propósito primario no es hacer algo por Cristo sino conocerlo; nuestras actividades y destrezas de nada sirven para el reino a no ser que él las motive, y esto no sucede si toman precedencia sobre la intimidad con él. Nos cansamos cuando intentamos realizar más ministerio público que el que podemos abarcar con nuestro crecimiento en privado.

Incluso las causas más valiosas —como educar a niños religiosos, crear una compañía para Cristo, conocer las Escrituras, conducir a personas a Cristo, ministerio de discipulado— no nos sustentarán si no estamos cultivando una relación personal con Jesús. Muchos creyentes caen en la trampa de esforzarse por alcanzar metas que están por debajo de su propósito de conocer y gozar de Dios. Cuando esto sucede, tratamos de hacer la obra de Dios con nuestro propio poder y caemos en la rutina de actividades externas sin vida interior.

Es crucial que creamos el hábito de ocio santo, de lugares y tiempos en silencio a solas con el Señor, de modo que podamos restaurar nuestro fervor e intimidad con Cristo. De esta forma, el servicio brotará de nuestra vida con él, y nuestras actividades y destrezas se vivificarán con la dependencia de su poder que mora en nosotros. La restauración y la renovación son especialmente importantes después de períodos de intensa actividad. Cuando buscamos y atesoramos las intenciones y llamamiento de Dios, nuestro conocimiento personal de él (conocer) moldea nuestro carácter (ser) y conducta (hacer). Aunque nos sintamos más inclinados a seguir a Jesús hasta el servicio más que hasta la soledad, el tiempo que le dediquemos en «lugares solitarios» (Marcos 1:35; 6:31) vigorizarán nuestro servicio.

PRACTICAR SU PRESENCIA

Nuestros tiempos de soledad con Jesús no deberían limitarse a lugares recluidos; podemos escoger disfrutar de la soledad con él incluso en medio de las actividades de la vida cotidiana. La oración privada consiste en oración mental (meditación y contemplación, analizada en la espiritualidad de devociones), coloquio (oración a modo de conversación con Dios, analizada en la espiritualidad disciplinada, y la oración de recuerdo (practicada en la presencia de Dios). Este recuerdo de Dios puede ser habitual o actual. El *recuerdo habitual* es análogo al amor de un hombre o una mujer por el cónyuge o hijos y no requiere una toma permanente de conciencia. De la misma forma que desarrollamos una identidad habitual de ser marido, esposa, o padre, de igual modo podemos pedir la gracia de desarrollar un estado mental habitual como seguidor de Jesucristo. El *recuerdo actual* implica acudir a Dios en momentos periódicos durante el día. Se asemeja más a lo que el Hermano Lawrence, Frank Laubach y Thomas Kelly trataron de conseguir en su búsqueda de una percepción más consciente de Dios en medio de las rutinas de la vida cotidiana.

Nótese las imágenes del proceso en la Escritura que subrayan una toma permanente de conciencia de la presencia de Cristo: permanecer en Jesús y que sus palabras permanezcan en nosotros (Juan 15:4-7); fijar la mente en las cosas del Espíritu (Romanos 8:5-6); andar en el Espíritu (Gálatas 5:16, 25); buscar las cosas de arriba donde está Cristo (Colosenses 3:1-2); estar siempre alegres, orar sin cesar, dar gracias a Dios en toda situación (1 Tesalonicenses 5:16-18); correr con perseverancia la carrera que tenemos por delante, la mirad fija en Cristo (Hebreos 12:1-2). La vida espiritual no es un producto mensurable sino un proceso dinámico.

Podemos practicar la presencia de Dios de las siguientes maneras:

- Enviar «oraciones instantáneas» en varios momentos durante el día. Se trata de oraciones breves o de notas mentales que reconocen la presencia de Dios o elevan otras. Pueden ofrecerse al despertar, al estar sentados para comer, al caminar, al conducir, al esperar, al escuchar, y así sucesivamente.
- Tratar de utilizar la misma oración breve durante el curso de un día, tal como la Oración de Jesús («Señor Jesucristo, Hijo de Dios, ten compasión de mí, pecador») u otra cualquiera (p. ej., «Te amo,

SER O HACER

Señor», «Te doy las gracias en todo», «Con tu gracia, Señor», «Gracias, Jesús»).
- Ore y trabaje (*ora et labora*). Haga el trabajo con un oído conectado con la voz de Dios. Cuando se combinan la oración y la acción, incluso las tareas más triviales se pueden espiritualizar por medio de una orientación divina. Invite al Señor a vigorizar el trabajo de modo que lo ordinario se convierta en lo eterno.
- Actúe ante una Audiencia de uno: viva «coram Deo» (delante del corazón de Dios). Busque la oscuridad y el anonimato más que la aprobación pública de modo que desee agradar a Dios más que impresionar a las personas.
- Pida a Jesús que vigorice sus actividades y cultive una actitud de dependencia de él, incluso en esferas en las que posee conocimiento y destrezas.
- Monitoree sus tentaciones cuando se vayan presentando (el deseo de la carne, el deseo de los ojos, el orgullo de la vida) y convierta estos momentos en oportunidades para volver los ojos a Jesús. No derrotamos el pecado tratando de eludirlo, sino centrándonos en Jesús.
- Haga experimentos con la oración. Por ejemplo, trate de orar por personas extrañas que ve cuando camina o espera o conduce. Pida al Señor que dirija sus oraciones y escuche sus inspiraciones e impresiones. Vaya más allá de las preocupaciones propias para convertirse en canal de la gracia y misericordia de Dios para otros.
- Desarrolle el ojo que busca la belleza de Dios y su obra en la naturaleza cuando camina o conduce: plantas, flores, pájaros, árboles, el viento, las nubes, el color del firmamento, y así sucesivamente. Aprenda a saborear las maravillas del orden creado, ya que apuntan más allá de sí mismas hacia la presencia y mente asombrosa del Creador.
- Convierta los otros placeres de esta vida (tiempos con amigos cercanos, disfrute de buena música y comida) en fuentes de adoración para Aquel que las hizo posibles. Cultive un sentido de gratitud por la bondad de la vida y tiernas misericordias de Dios que a menudo se pasan por alto.
- Pida la gracia de ver a cada persona que encuentra y a cada circunstancia con la que se enfrenta como un don de Dios. Sean estas experiencias amargas o buenas, reconózcalas como provenientes de su mano para un propósito. Busque lo sagrado en todas las cosas, y tome en cuenta a los desagradables y a los que se suele pasar por alto. Recuerde que aquellos que exigen gracia extra en nuestras vidas están ahí por un propósito.
- Como tendemos a adelantarnos pensando demasiado en el futuro, pruebe de vez en cuando ejercicios que frenen el tiempo, deteniéndose y saboreando el presente. Dése cuenta de que Jesús está con

nosotros y en nosotros en este momento y dele gracias por nunca dejarnos ni abandonarnos incluso en las cosas más pequeñas (Deuteronomio 31:6; Hebreos 13:5).

La intimidad y la actividad, la soledad y el compromiso, lo interior y lo exterior, el llamamiento y el carácter, el descanso y el trabajo; ambos lados de estos espectros son importantes. Una vida equilibrada de ser y hacer alimentará la restauración y la aplicación.

Preguntas para aplicación personal

- ¿Qué medidas prácticas puede tomar para disminuir el problema de estar demasiado ocupados en la vida?
- ¿Por qué las personas se sienten naturalmente más atraídas a causas en el nombre de Cristo que a Cristo mismo? ¿En qué formas hemos lidiado con este problema?
- ¿Cómo podemos avanzar en la dirección de atesorar la intimidad con Jesús? ¿Por qué solemos sustituir o confundir la actividad para el Señor con conocerlo?
- ¿Qué podemos hacer para enriquecer nuestra práctica de la presencia de Cristo?

23

ESPIRITUALIDAD DE PROCESO

Confianza, gratitud y contentamiento

SÍNTESIS DEL CAPÍTULO

La espiritualidad de proceso pone de relieve una formación espiritual progresiva que pasa de dentro hacia fuera en vez de lo opuesto. Dejar de lado el control y resultados y cultivar un corazón agradecido (por la liberación de Dios en el pasado, beneficios en el presente y promesas para el futuro) son también importantes para vivir en el presente. Este capítulo concluye con el secreto del contentamiento, que se relaciona con el tema de si es Cristo o el yo quien determina el contenido (p. ej., bienes materiales, posición, familia, circunstancias) de nuestras vidas.

OBJETIVOS DEL CAPÍTULO

- Comprensión de que la santidad es una cualidad nueva de la vida que emana de manera progresiva de lo interior hacia lo exterior
- Voluntad creciente de confiar en Dios dejando de lado control y resultados
- Más destreza en el cultivo de un corazón agradecido
- Mejor comprensión de los aspectos que se relacionan con el contentamiento

Nuestra cultura nos enseña que las personas son básicamente buenas y que los problemas internos son el resultado de circunstancias externas. Pero Jesús enseñó que ningún programa de fuera hacia dentro corregirá la condición humana, ya que nuestros problemas básicos provienen de dentro (Marcos 7:20-23). Nunca se logra la santidad procurando con nuestros actos llegar a una nueva forma de ser. Por el contrario, es un don que Dios implanta de manera gratuita en la médula de quienes han confiado en Cristo. Toda santidad es la santidad de Dios dentro de nosotros, la vida de Cristo que mora en nosotros. Por ello el proceso de santificación es la difusión gradual de esta vida desde dentro (ser) hacia fuera (hacer), de modo que nos convirtamos de hecho en lo que somos en esencia. Nuestros esfuerzos revelan de manera inconfundible lo que hay dentro de nosotros, de modo que cuando nos domina la carne realizaremos las acciones de la carne, y cuando caminamos por el Espíritu daremos el fruto de Espíritu (Gálatas 5:16-26).

UN PROCESO DE DENTRO HACIA FUERA

La santidad es una cualidad nueva de la vida que va emanando de manera progresiva de dentro hacia fuera. Como la describe J. I. Packer en *Keep in Step with the Spirit*, la naturaleza de la santidad es transformación por medio de consagración; el contexto de la santidad es justificación por medio de Jesucristo; la raíz de la santidad es la co-crucifixión y la co-resurrección con Jesucristo; el agente de la santidad es el Espíritu Santo; la experiencia de la santidad es de conflicto; la regla de la santidad es la ley revelada de Dios; y el corazón de la santidad es el espíritu de amor. Cuando aceptamos a Jesús quedamos destinados para el cielo porque él ya ha implantado su vida celestial en nosotros. El proceso de dentro hacia fuera de la vida espiritual es el desarrollo gradual de esta justicia del reino. Esto implica un sinergismo divino-humano de dependencia y disciplina de forma que el poder del Espíritu se manifiesta por medio de la formación de hábitos santos. Como lo dijo Agustín, «Sin Dios no podemos; sin nosotros, él no podrá». La gracia disciplinada y la disciplina de la gracia van de la mano de tal forma que la santidad que Dios da se expresa por medio de las acciones de obediencia. La formación espiritual no es asunto de pasividad total o de esfuerzo moral sin ayuda, sino una creciente sensibilidad a las iniciativas de la gracia de Dios. Los hábitos santos de inmersión en la Escritura, reconocimiento de Dios en todas las cosas y obediencia aprendida nos hacen más receptivos al influjo de la gracia y purifican nuestras aspiraciones y acciones.

«Queridos hermanos, si el corazón no nos condena, tenemos confianza delante de Dios» (1 Juan 3:21). Es sabio formar el hábito de invitar a Dios a que escudriñe nuestro corazón y revele cualquier «mal camino» (Salmo 139:23-24) dentro nuestro. La atención constante al corazón, la fuente de la acción, es esencial para el proceso formativo. Al invitar a Jesús a que examine nuestras intenciones y prioridades, nos abrimos a esa labor buena, pero a veces dolorosa, de poner de manifiesto nuestras estrategias manipuladoras y egoístas, nuestra dureza de corazón (a menudo oculta detrás de actividades religiosas), nuestros resentimientos que se originan en la competitividad, y nuestro orgullo. «Una humilde comprensión de uno mismo es un camino más seguro hacia Dios que una búsqueda profunda de conocimiento», aconseja Tomás de Kempis en *La Imitación de Cristo*. La oración para examinarnos a nosotros mismos o llevar un diario con el mismo fin en la presencia de Dios hará posible que penetremos debajo de la superficie de nuestras emociones y acciones para discernir pautas pecaminosas que requieren arrepentimiento y renovación. Como la formación espiritual es un proceso, es una buena práctica comparar donde estamos ahora en relación

CONFIANZA, GRATITUD Y CONTENTAMIENTO

a donde hemos estado. ¿Estamos avanzando en cualidades de semejanza a Cristo, como amor, paciencia, amabilidad, perdón, compasión, comprensión, espíritu de servicio y esperanza? Para ayudar, presento una secuencia de oraciones para examen y estímulo que incluyen los Diez Mandamientos, la Oración del Señor, las Bienaventuranzas, los siete pecados capitales, las cuatro virtudes cardinales y las tres virtudes teológicas y el fruto del Espíritu. Esto puede servir como una especie de instrumento para diagnóstico espiritual.

Examíname, oh Dios, y sondea mi corazón;
ponme a prueba y sondea mis pensamientos.
Fíjate si voy por mal camino,
y guíame por el camino eterno.

Salmo 139:23-24)

Por sobre todas las cosas cuida tu corazón,
porque de él mana la vida

Proverbios 4:23

Los diez mandamientos
No tengas otros dioses además de mí.
No hagas ningún ídolo.
No pronuncies el nombre del Señor tu Dios a la ligera.
Acuérdate del sábado, para consagrarlo.
Honra a tu padre y a tu madre.
No mates.
No cometas adulterio.
No robes.
No des falso testimonio en contra de tu prójimo.
No codicies

El padrenuestro
Padre nuestro que estás en el cielo,
santificado sea tu nombre,
venga tu reino,
hágase tu voluntad,
en la tierra como en el cielo.
Danos hoy nuestro pan cotidiano.
Perdónanos nuestras deudas,
como también nosotros hemos perdonado a nuestros deudores.
Y no nos dejes caer en tentación,
sino líbranos del maligno.
Porque tuyo es el reino y el poder y la gloria para siempre.

Las bienaventuranzas
Pobres de espíritu (nada aparte de la gracia de Dios)
Los que lloran (contrición)
Amabilidad (mansedumbre, humildad)
Hambre y sed de justicia
Compasión
Pureza de corazón (desear a Cristo por encima de todo)
Hacedores de paz
Soportar ser perseguidos por causa de la justicia.

Los siete pecados capitales
Soberbia
Avaricia
Envidia
Ira
Pereza
Lujuria
Gula

Las cuatro virtudes cardinales y las tres teológicas
Prudencia (sabiduría, discernimiento, pensamiento claro, sentido común)
Templanza (moderación, dominio propio)
Justicia (equidad, honestidad, veracidad, integridad)
Fortaleza (valor, convicción)
Fe (creencia y confianza en el carácter y obra de Dios)
Esperanza (expectación de las promesas de Dios)
Amor (querer el bien más elevado para otros, compasión)

El fruto del Espíritu
Amor
Alegría
Paz
Paciencia
Amabilidad
Bondad
Fidelidad
Humildad
Dominio propio

OLVIDARSE DEL CONTROL Y DE LOS RESULTADOS

Uno de los grandes enemigos de la espiritualidad de proceso es el deseo de controlar nuestro entorno y de determinar los resultados de nuestros

CONFIANZA, GRATITUD Y CONTENTAMIENTO

esfuerzos. Muchos de nosotros tenemos una inclinación natural a ser manipuladores, posesivos, dueños, controladores. Cuanto más tratemos de dirigir nuestro mundo, tanto más nos resistiremos al gobierno de Cristo; quienes quieren poseer tienen miedo de que Dios los posea. Pero hasta que abandonemos ser dueños de nuestras vidas, no experimentaremos el alivio santo de entregarnos a los propósitos buenos y amorosos de Dios. Thomas Merton lo dijo de la siguiente manera en *New Seeds of Contemplation*:

> Esta es una de las principales contradicciones que el pecado ha traído a nuestras almas: tenemos que violentarnos a nosotros mismos para impedir esforzarnos inútilmente por conseguir lo que es amargo y no contiene gozo, y tenemos que forzarnos a nosotros mismos para tomar lo que es fácil y está lleno de felicidad como si fuera contra nuestros intereses, porque para nosotros la línea de menor resistencia sigue la senda de las mayores adversidades y a veces para nosotros hacer lo que es, en sí mismo, más fácil, puede resultar lo más difícil del mundo.

Nuestra resistencia al gobierno de Dios abarca nuestros intentos en oración de persuadir al Señor que bendiga nuestros planes y satisfaga nuestras necesidades en las formas que consideramos como mejores. En lugar de buscar la voluntad de Dios en oración, esperamos persuadirle a que haga nuestra voluntad. Así pues, incluso en nuestras oraciones podemos adoptar la mentalidad de un consumidor más que la de un siervo.

Quizá le lección más dolorosa para los creyentes es aprender la sabiduría de ser fieles al proceso y olvidarse de los resultados (ver cuadro 23:1).

OPORTUNIDAD	OBEDIENCIA	RESULTADO
Soberanía divina	Responsibilidad humana	Soberanía divina

CUADRO 23.1

Tenemos poco control sobre las oportunidades que se nos presentan y los resultados de nuestros esfuerzos, pero podemos ser obedientes al proceso.

Deben morir los sueños distorsionados y las ambiciones egoístas antes de que podamos conocer el camino de la resurrección. No podemos ser sensibles a los propósitos de Dios hasta que abandonemos nuestras estrategias para controlar y reconozcamos que es el dueño exclusivo de nuestras vidas. Esta entrega a la vida de Cristo en nosotros parece ser la senda de la renuncia, pero descubrimos que es la senda de la afirmación. «Porque el que quiera salvar su vida, la perderá; pero el que pierda la vida por mi causa, la salvará» (Lucas 9:24). Cuanto mejor hagamos nuestra la pobreza y humildad espirituales, tanto más estaremos dispuestos a querer invitar a Jesús para que crezca para que así nosotros podamos menguar (Juan 3:30).

Otra clave para permanecer en el proceso es aprender a recibir cada día y lo que traiga consigo como venido de la mano de Dios. Como el carácter de Dios es inmutable y bueno, sean cuales fueren las circunstancias que permite en la vida de sus hijos, son para su bien, incluso cuando en el momento puede no parecer así. Su voluntad para nosotros es «buena, agradable y perfecta» (Romanos 12:2), de modo que las pruebas, desengaños, retrocesos, tareas y adversidades que encontremos son, desde el punto de vista eterno, el lugar del reino y de la bendición de Dios. Esta perspectiva (Romanos 8:28-39) puede modificar la forma en que oramos. En lugar de pedir al Señor que cambie nuestras circunstancias para que se acomoden a nosotros, podemos pedirle que utilice nuestras circunstancias para cambiarnos. Dándonos cuenta de que «en nada se comparan los sufrimientos actuales con la gloria que habrá de revelarse en nosotros» (Romanos 8:18), podemos experimentar «participar en sus [de Cristo] sufrimientos» por medio del «poder de su resurrección» (Filipenses 3:10). Por ello Blaise Pascal oró en sus *Pensamientos*:

> Con perfecta firmeza de mente, ayúdame a acoger toda clase de eventos. Porque no sabemos qué pedir, y no podemos pedir por un evento en lugar de otro sin ser presuntuosos. No podemos desear una acción específica sin presumir ser jueces, y sin asumir responsabilidad por lo que en Tu sabiduría puedes tenerme oculto. Oh Señor, solo sé una cosa, y es que es bueno seguirte y perverso ofenderte. Además de esto, no sé lo que es bueno para mí, si salud o enfermedad, riqueza o pobreza, o cualquier otra cosa en el mundo. Este conocimiento sobrepasa tanto la sabiduría de los hombres como la de los ángeles. Permanece oculta en los secretos de Tu providencia, la cual adoro, y no me atreveré a abrir.

Somos esencialmente seres espirituales, y cada día que se recibe con gratitud de la mano de Dios contribuye a nuestra preparación para nuestro destino glorioso y eterno en su presencia. En «el sacramento del momento presente», como Jean-Pierre de Caussade lo describe en *Abandonment to Divine Providence*, «solo es justo que si estamos descontentos con lo que Dios nos ofrece en cada momento, deberíamos ser castigados con no encontrar nada más que nos contente». Cuando aprendemos a amar la voluntad de Dios, podemos aceptar el presente como una fuente de formación espiritual.

A medida que vamos creciendo en dependencia de la vida de Cristo y disminuyendo en dependencia de nosotros mismos, el cumplimiento de recibir su vida en forma gradual reemplaza la frustración de tratar de crear la nuestra. En este lugar de dependencia consciente, Dios nos moldea a la imagen de su Hijo. En esto debemos confiar en él en cuanto al resultado, porque no podemos medir o cuantificar la vida espiritual. Sabemos que estamos en un proceso formativo y que Dios todavía no ha acabado con nosotros, pero también debemos recordar que no podemos controlar ni crear el resultado. Además, no podemos medir nuestro ministerio o impacto en otros en esta vida. Si lo olvidamos, tendremos prisa por lograr cosas importantes según el estándar que tiene el mundo para calcular. François Fénelon comentó en *Christian Perfection* que «el alma, si va descuidando cosas pequeñas, se llega a acostumbrar a la infidelidad». Fidelidad en las cosas pequeñas, cotidianas, conduce a fidelidad en lo mucho (Lucas 16:10). Henri Nouwen solía pedir a Dios poder librarse de interrupciones para así poder seguir adelante con su ministerio. «Entonces caí en la cuenta de que las interrupciones *son* mi ministerio». Como siervos y embajadores del Rey debemos ser obedientes en el proceso cotidiano, incluso cuando no podamos ver qué diferencia hace la obediencia.

CULTIVAR UN CORAZÓN AGRADECIDO

Un joven con la mano vendada se acercó al empleado de la oficina de correos. «Perdone, ¿podría por favor escribir en esta tarjeta la dirección que le daré?» El empleado lo hizo con gusto y luego aceptó escribir también un mensaje.

Entonces preguntó «¿Puedo ayudarlo en algo más?» El joven miró la tarjeta por unos instantes y luego dijo, «Sí, agregue un P. S.: "Por favor, perdona la letra"».

Somos personas desagradecidas. En *Notes from the Underground*, Dostoevsky escribió acerca del ser humano, «Si no es estúpido, ¡es monstruosamente desagradecido! Fenomenalmente desagradecido. De hecho, creo que la mejor definición del hombre es el bípedo desagradecido». El relato de Lucas de la curación de los diez leprosos subraya la tendencia humana a esperar el favor como derecho propio y a olvidar dar gracias a Dios por sus beneficios. «¿Acaso no quedaron limpios los diez? —preguntó Jesús—. ¿Dónde están los otros nueve? ¿No hubo ninguno que regresara a dar gloria a Dios, excepto este extranjero?» (Lucas 17:17-18).

Recordemos: la liberación por parte de Dios en el pasado

El calendario del país asigna un día para dar gracias a Dios por sus muchos beneficios, e incluso ese día se gasta más en atiborrarse que en mostrar gratitud. El calendario del antiguo Israel incluía varias fiestas anuales para recordar al pueblo los actos de liberación y de provisión de parte de Dios para que así pudieran renovar su sentido de gratitud y dependencia del Señor.

A pesar de ello, se olvidaron: «Pero fueron desobedientes: se rebelaron contra ti ... no tomaron en cuenta tus maravillas ... muy pronto olvidaron sus acciones» (Nehemías 9:26; Salmo 106:7, 13). El profeta Oseas captó la esencia de esta caída en la ingratitud: «Les di de comer, y quedaron saciados, y una vez satisfechos, se volvieron arrogantes y se olvidaron de mí» (Oseas 13:6). Cuando las cosas nos van bien, tendemos a pensar que nuestra prosperidad la hemos conseguido por nuestros medios. Este engaño nos conduce a la necedad del orgullo, y el orgullo nos hace olvidar a Dios y nos induce a depender de nosotros mismos en lugar de nuestro Creador. Este olvido siempre conduce a la ingratitud.

Siglos antes, Moisés advirtió a los hijos de Israel que pasarían por la tentación de olvidar al Señor una vez comenzaran a disfrutar de las bendiciones de la Tierra Prometida. «No te vuelvas orgulloso ni olvides al SEÑOR tu Dios, quien te sacó de Egipto, la tierra donde viviste como esclavo ... No se te ocurra pensar: "Esta riqueza es fruto de mi poder y de la fuerza de mis manos» (Deuteronomio 8:14, 17). El antídoto para este veneno espiritual se encuentra en el siguiente versículo: «Recuerda al SEÑOR tu Dios,... porque es él quien te da el poder para producir esta riqueza» (8:18).

Nuestra propensión a olvidar es un distintivo de nuestra condición caída. Debido a ello, deberíamos practicar el recordar y la gratitud como una disciplina, un acto cotidiano e intencional, una elección consciente. Si lo limitamos a momentos espontáneos de gratitud emocional, irá erosionándose poco a poco, y olvidaremos todo lo que Dios ha hecho por nosotros y daremos por sentada su gracia.

Recordemos: los beneficios de Dios en el presente

«La rebelión contra Dios no comienza con el puño cerrado del ateísmo, sino con el corazón complacido en sí mismo de aquel para quien 'gracias' es superfluo», escribe Os Guinness en *In Two Minds*. El apóstol Pablo denuncia el error de esta forma de pensar cuando pregunta, «¿Qué tienes que no hayas recibido? Y si lo recibiste, ¿por qué presumes como si no te lo hubieran dado?» (1 Corintios 4:7). Incluso como creyentes en Cristo, resulta natural pasar por alto la verdad de que todo lo que tenemos y somos, nuestra salud, nuestra inteligencia, nuestras destrezas, nuestras vidas, son dones de la mano de Dios, y no hechura nuestra. Lo entendemos, pero pocos de nosotros reconocemos de manera activa nuestra total dependencia del Señor durante el curso de la semana. Rara vez pasamos revista a los muchos beneficios que disfrutamos en el presente. Y por ello olvidamos.

Tendemos hacia dos extremos cuando olvidamos recordar los beneficios de Dios en nuestras vidas. El primer extremo es la arrogancia, que es el error que hemos venido mencionando. Cuando las cosas van como queremos, podemos olvidar a Dios o reconocerlo de una manera superficial o mecánica. El otro extremo es el resentimiento y amargura debidos a circunstancias difíciles.

CONFIANZA, GRATITUD Y CONTENTAMIENTO

Cuando sufrimos contrariedades o pérdidas, nos preguntamos por qué no nos va tan bien como a otros y desarrollamos una mentalidad de murmuración y quejas. Podemos atribuirlo a mala suerte o infortunio o a falta de oportunidades, pero se reduce a insatisfacción con la provisión y cuidado de Dios. Esta falta de contentamiento y gratitud proviene en parte de nuestros esfuerzos por controlar el contenido de nuestras vidas a pesar de lo que Cristo puede o no puede desear que tengamos. También proviene de nuestra tendencia a centrarnos en lo que no tenemos más que en todas las cosas maravillosas que ya hemos recibido.

«Estén siempre alegres, oren sin cesar, den gracias a Dios en toda situación, porque esta es su voluntad para ustedes en Cristo Jesús» (1 Tesalonicenses 5:16-17). No podemos dar gracias y quejarnos al mismo tiempo. Dar gracias es recordar las bendiciones espirituales y materiales que hemos recibido y contentarnos con lo que nuestro amado Señor provee, incluso cuando no corresponde a lo que teníamos en mente. La gratitud es una elección, no un simple sentimiento, y exige esfuerzo en especial en tiempos difíciles. Pero cuanto más escogemos vivir en la disciplina de una acción de gracias consciente, tanto más natural se vuelve, y tanto más nuestros ojos se abren a las pequeñas cosas durante el curso del día que antes pasábamos por alto. G. K. Chesterton tenía una forma de reconocer estos abundantes pequeños beneficios: «Dan gracias antes de las comidas. Está bien. Pero yo doy gracias antes del concierto y de la ópera, y gracias antes de la obra de teatro y de la pantomima, y gracias antes de abrir un libro, y gracias antes de estirarme, pintar, nadar, hacer esgrima, boxear, caminar, jugar, bailar y gracias antes de mojar la pluma en el tintero». Henri Nouwen comentó que «todo don que reconozco revela otro y otro, hasta que, por fin, incluso el evento o encuentro más normal, obvio y al parecer mundano demuestra estar lleno de gracia».

Recordemos: las promesas de Dios para el futuro

Si no nos mostramos agradecidos por la liberación de Dios en el pasado y por sus beneficios en el presente, no mostraremos gratitud por sus promesas para el futuro. La Escritura nos exhorta a aferrarnos a la esperanza en Cristo y a renovarla con frecuencia de modo que mantengamos la perspectiva de Dios en nuestro peregrinaje actual. Sus planes para sus hijos exceden nuestra imaginación, y su intención es renovar todas las cosas, enjugar toda lágrima, y «mostrar en los tiempos venideros la incomparable riqueza de su gracia, que por su bondad derramó sobre nosotros en Cristo Jesús» (Efesios 2:7).

Hagamos de ello un ejercicio diario, ya sea al comenzar el día o al final del mismo, para pasar revista a los beneficios de Dios en nuestro pasado, presente y futuro. Esta disciplina agradará a Dios, porque cultivará un corazón agradecido y una acción de gracias permanente.

EL SECRETO DEL CONTENTAMIENTO

«Queremos toda una carrera siempre a la búsqueda del final del arco iris, nunca honesta, ni amable, ni feliz *ahora*, sino siempre utilizando como un simple combustible con el cual acumular en el altar del futuro todo don verdadero que se les ofrece en el Presente». El diabólico consejo del tío Screwtape a su sobrino Wormwood en *The Screwtape Letters* de C. S. Lewis es un recordatorio de que la mayor parte de nosotros vivimos más en el futuro que en el presente. Pensamos que los días por venir compensarán lo que percibimos como nuestra carencia presente. Pensamos, «Cuando consiga esto o cuando suceda esto, entonces seré feliz», pero este ejercicio de engaño de uno mismo pasa por alto el hecho de que incluso cuando conseguimos lo que queremos, nunca nos proporciona lo prometido.

La mayoría de nosotros no sabemos muy bien qué queremos, pero estamos seguros de que no lo tenemos. Movidos por la insatisfacción, perseguimos el tesoro al final del arco iris y rara vez bebemos a fondo del pozo del momento presente, que es todo lo que jamás tendremos. La verdad es que si nos sentimos satisfechos con lo que tenemos, nunca nos sentiremos satisfechos con lo que deseamos.

El verdadero problema del contentamiento es si es Cristo o nosotros mismos quienes determinamos el contenido (p. ej., dinero, posición, familia, circunstancias) de nuestras vidas. Cuando intentamos controlar el contenido, es inevitable que se convierta en el criterio de comparación para medir cómo debería ser. El problema es que la comparación es la enemiga del contentamiento; siempre habrá personas que poseen en mayor medida la calidad y cantidad de lo que pensamos que deberíamos tener. Por esta razón, la comparación conduce a la codicia. En lugar de amar a nuestros semejantes, nos encontramos que amamos lo que poseen.

La codicia a su vez conduce a un espíritu competitivo. Nos encontramos compitiendo con otros por los recursos limitados a los que pensamos que tenemos derecho. La competencia con frecuencia se convierte en un vehículo con el cual buscamos autenticar nuestra identidad o demostrar nuestra capacidad. Esta clase de competencia nos tienta a entrar en compromisos con nuestro carácter. Cuando deseamos algo lo suficiente, podemos estar dispuestos a ahogar nuestras convicciones para conseguirlo. Nos encontramos tomando atajos, deformando la verdad, engañando o utilizando a personas como objetos para alcanzar los propósitos que nos mueven.

Solo cuando permitimos que Cristo determine el contenido de nuestras vidas podemos descubrir el secreto del contentamiento. En lugar de compararnos con otros, debemos darnos cuenta de que solo el Señor sabe lo que es mejor para nosotros y nos ama lo suficiente como para utilizar nuestras circunstancias presentes para que alcancemos el bien eterno. Podemos experimentar contentamiento cuando ponemos nuestra esperanza en su carácter más que en nuestro propio concepto de cómo deberían ser nuestras vidas.

CONFIANZA, GRATITUD Y CONTENTAMIENTO

Escribiendo desde la cárcel a los creyentes en Filipos, Pablo afirmó que «he aprendido a estar satisfecho en cualquier situación en que me encuentre. Sé lo que es vivir en la pobreza, y lo que es vivir en la abundancia. He aprendido en todas y cada una de las circunstancias, tanto a quedar saciado como a pasar hambre, a tener de sobra como a sufrir escasez» (Filipenses 4:11-12). El contentamiento no se encuentra en tenerlo todo, sino en estar satisfecho con todo lo que tenemos. Como le dijo el apóstol a Timoteo, «porque nada trajimos a este mundo, y nada podemos llevarnos. Así que, si tenemos ropa y comidas, contentémonos con eso» (1 Timoteo 6:7-8). Pablo reconocía el derecho de Dios a determinar sus circunstancias, incluso si esto significaba bajarlo a la nada. Su contentamiento se basaba no en cuánto tenía, sino en Aquel que lo poseía a él. Job entendió esto cuando dijo, «Desnudo salí del vientre de mi madre, y desnudo he de partir. El Señor ha dado, el Señor ha quitado. ¡Bendito sea el nombre del Señor!» (Job 1:21). Cuando más nos desprendemos de las posesiones temporales, tanto más podemos hacer nuestros los tesoros eternos. Hay veces en que Dios puede retirarnos nuestros juguetes para obligarnos a transferir nuestros afectos a Cristo y a su carácter.

Una comprensión bíblica del contentamiento conduce a un sentido de nuestra capacidad en Cristo. «Todo lo puedo en Cristo que me fortalece» (Filipenses 4:13). Como lo dijo Pedro, «Su divino poder ...nos ha concedido todas las cosas que necesitamos para vivir como Dios manda» (2 Pedro 1:3). «No es que nos consideremos competentes de nosotros mismos. Nuestra capacidad viene de Dios» (2 Corintios 3:5). El contentamiento no es el cumplimiento de lo que deseamos, sino la toma de conciencia de cuánto poseemos ya en Cristo.

¿QUIÉN DETERMINA EL CONTENIDO DE NUESTRA VIDA?	
YO	CRISTO
Comparación ⇩ Codicia ⇩ Competencia ⇩ Compromiso	Contentamiento ⇩ Competencia ⇩ Compasión ⇩ Carácter

Cuadro 23.2

La visión de nuestra capacidad en Cristo nos hace posible responder a otros con compasión más que con competencia, porque entendemos que nuestras necesidades fundamentales se satisfacen en la seguridad y significado que hemos encontrado en él.

Como en Cristo somos completos, estamos libres de servir a otros en lugar de utilizarlos en un esfuerzo por satisfacer nuestras necesidades. Así, somos liberados para buscar carácter más que comodidad y convicciones más que hacer concesiones.

Adviértase el contraste entre los cuatro pares horizontales en el cuadro 23:2.

Al aprender el secreto del contentamiento, nos impresionarán menos los números, estaremos menos deseosos de conseguir, menos apurados, y más abiertos a la gracia del momento presente.

Preguntas para aplicación personal

- ¿Qué experiencia tenemos con la oración de examen propio y con llevar un diario? Experimentemos con la secuencia de oración para examen y aliento con el fin de mejorar la comprensión de dónde estamos en el proceso formativo.
- ¿Cómo se pueden dejar de lado el control y los resultados? ¿Qué áreas de la vida se resisten a ser entregadas a Dios?
- ¿Qué pasos podemos dar para mejorar nuestro sentido de gratitud para con Dios por el pasado, el presente y el futuro?
- ¿Quién determina el contenido de nuestra vida? ¿Qué podemos hacer para pasar de la columna izquierda a la columna derecha (cuadro 23:2)?

FACETA 9

ESPIRITUALIDAD LLENA DEL ESPÍRITU

Caminar en el poder del Espíritu

Aunque hay ideas divergentes acerca de los dones espirituales, los creyentes centrados en el Espíritu y en la Palabra concuerdan en que hasta hace poco el papel del Espíritu Santo no se ha tomado muy en cuenta como una fuerza dinámica central de la vida espiritual. Esta sección examina cómo apropiarse del amor, la sabiduría y el poder del Espíritu y pone de relieve las implicaciones bíblicas del Espíritu Santo como presencia personal y no como una simple fuerza.

24

ESPIRITUALIDAD LLENA DEL ESPÍRITU

Caminar en el poder del Espíritu

SÍNTESIS DEL CAPÍTULO

Después de un repaso acerca de la persona y obra del Espíritu Santo, este capítulo pasa a analizar el caminar en el poder del Espíritu y la necesidad de una espiritualidad balanceada llena del Espíritu que procure unir la mente y el corazón en lugar de situarlos en oposición. El capítulo prosigue con una sinopsis de tres movimientos centrados en el Espíritu y examina los aspectos relacionados con el bautismo y la plenitud del Espíritu.

OBJETIVOS DEL CAPÍTULO

- Mayor reconocimiento por la persona y ministerios del Espíritu Santo
- Una mejor comprensión de qué es caminar en el poder del Espíritu
- Una perspectiva más clara de los tres movimientos centrados en el Espíritu del siglo veinte
- Creciente comprensión del bautismo y la plenitud del Espíritu Santo.

«El Espíritu Santo por mucho tiempo ha sido la cenicienta de la Trinidad. Las otras dos hermanas pueden haber ido al baile teológico; el Espíritu Santo fue dejado atrás todas las veces». Hasta hace muy poco, esta observación de Alister E. McGrath en *Christian Theology: An Introduction* caracterizaba la experiencia de la mayoría de las personas en la iglesia. Gran parte de los creyentes se habían limitado a reconocer la existencia del Espíritu Santo pero, en la esfera de un encuentro personal, su relación se había limitado en gran parte al Padre y al Hijo. Pero los aires de cambio han estado soplando, y un movimiento sin igual en el siglo veinte ha generado una nueva toma de conciencia de la persona y ministerio del Espíritu Santo. Las últimas décadas han sido testigos de una explosión de crecimiento de la iglesia en todo el mundo, y las iglesias que han crecido con más celeridad son las que se han centrado en la plenitud del Espíritu. Al mismo tiempo que una serie de denominaciones protestantes principales han experimentado una pérdida significativa de miembros, los movimientos de renovación pentecostales y carismáticos han alcanzado decenas y ahora centenares de millones de personas en todo el mundo.

La **Espiritualidad llena del Espíritu**, aunque recibió poca atención por parte de las iglesias cristianas principales hasta el siglo veinte, ha constituido una parte esencial de la formación espiritual desde los tiempos de la iglesia primitiva, como consta en el libro de Hechos. Pero se ha visto afectada negativamente debido a la tendencia de muchas personas de situarse en los polos opuestos del repudio o la obsesión. El extremo del repudio se debe al temor de excesos en experiencias o de pérdida de control y a rigidez teológica. El extremo de la obsesión lleva el sello del emocionalismo, el sensacionalismo y la vulnerabilidad hasta llegar a la manipulación y falsas enseñanzas. Una perspectiva más equilibrada combina la apertura a la obra sorprendente del Espíritu con el discernimiento que somete a prueba la experiencia a la luz de las Escrituras y del fruto que produce.

LA PERSONA Y OBRA DEL ESPÍRITU SANTO

El papel del Espíritu Santo como fuerza dinámica central de la espiritualidad cristiana es una expresión de la vida trinitaria del Espíritu. El Padre envió al Hijo al mundo y le otorgó poder ungiéndolo con el Espíritu. Cuando el Hijo ascendió al Padre después de concluir su misión terrenal de redención y reconciliación, envió al Espíritu para que continuara su obra por medio de aquellos que habían recibido su vida en el mundo. El Dios trino es un Ser de relación, cuya obra cósmica de creación, redención y reconciliación implica en forma integral a las tres personas de la Divinidad. En el Antiguo Testamento, el Espíritu de Dios participó en la creación de los cielos y de la tierra, reveló la palabra y voluntad de Dios inspirando a mensajeros proféticos y dotó a personas concretas de habilidad, liderazgo y fortaleza. Pero mientras que la presencia del Espíritu en Israel fue selectiva y temporal, como en los casos de Sansón y Saúl, después del día de Pentecostés en Hechos 2, fue universal para todos los creyentes y permanente.

El ministerio del Espíritu Santo es multifacético, pero tres aspectos esenciales de este son dar testimonio de Jesucristo, aplicar la obra redentora de Cristo en los corazones humanos y actuar en forma personal y progresiva para ir formando similitud a Cristo en las vidas de los creyentes. Nos dota de poder para vivir una nueva calidad de vida, nos purifica y limpia al someternos a su autoridad y control, y nos pertrecha con **dones espirituales** y oportunidades para edificar a otros en la fe. Pero como lo comenta J. I. Parker en *Keep in Step with the Spirit*, hay limitaciones en ver la doctrina del

CAMINAR EN EL PODER DEL ESPÍRITU

Espíritu como esencialmente en relación con poder, pureza o desempeño. Aunque todos ellos son componentes vitales de la obra del Espíritu, es mejor ver al Espíritu como una presencia activa y personal en nuestras vidas. El Espíritu Santo glorifica a Jesucristo siendo mediador de la presencia de Cristo para nosotros. El Espíritu nos da seguridad del amor y cuidado del Padre, nos conduce a comunión personal con Jesús y transforma nuestro carácter de manera que lleguemos a ser más como él.

Es un error hablar del Espíritu Santo como un «ello»; es una persona viva y amorosa, no una fuerza para utilizarla. Jesús lo llamó el Paracleto, nombre que significa «alguien llamado junto a» para ayudar (Juan 14:16, 26; 15:26; 16:7). *Paracletos* se traduce de diversas formas como Ayudador, Consolador, Consejero, Abogado, Intercesor, Sustentador y Fortalecedor, y cada uno de estos términos contiene un matiz diferente del ministerio del Espíritu para nosotros. El Paracleto nos conduce a la verdad (Juan 16:13) y hace realidad en nuestras vidas la provisión de Cristo por nuestro pecado y su presencia personal. Hace posible que el pueblo de Dios se vaya progresivamente conformando a la imagen de Cristo y transformándose en ella (2 Corintios 3:17-18).

Las Escrituras emplean una gama de imágenes para comunicar las múltiples riquezas de la obra del Espíritu Santo, y parte de esa acción incluye estos doce ministerios.

1. *Convencer.* El Espíritu convence a los incrédulos de pecado, justicia y juicio (Juan 16:8-11). Sin este ministerio, las personas nunca caerían en la cuenta de su condición pecaminosa y de su desesperada necesidad de la gracia salvadora de Dios.
2. *Regenerar.* El Espíritu otorga vida eterna por medio del nuevo nacimiento, y esto a su vez implanta la naturaleza divina en el hijo de Dios (Tito 3:5; 2 Pedro 1:4). Nosotros que antes estábamos muertos (Efesios 2:1-3) nos hemos convertido en nuevas criaturas vivas para Dios (2 Corintios 5:17; Romanos 6:3-11; Efesios 2:4-6).
3. *Bautizar.* Por el Espíritu, todos los creyentes en Cristo han sido «bautizados...para constituir un solo cuerpo» (1 Corintios 12:13), y de esta forma hemos sido adoptados por el Espíritu Santo en la familia de Dios (Romanos 8:9, 15; Efesios 1:5). Hay ideas diferentes respecto al bautismo del Espíritu, de lo cual trataremos más adelante.
4. *Sellar.* El Espíritu Santo de promesa es la prueba de nuestra herencia, y sella a todos los que confían en Cristo para el día de la redención (Efesios 1:13-14; 4:30; 2 Corintios 1:22). El Padre nos da el Espíritu como prueba o como pago inicial que garantiza el cumplimiento de sus promesas.
5. *Morar.* El Espíritu de Dios mora en forma permanente en todos los creyentes en Cristo (Juan 14:16-17; Romanos 8:9) de modo que nuestros cuerpos son templos del Espíritu Santo que está en nosotros (1 Corintios 6:19).

6. *Llenar.* Cuando el Espíritu Santo nos llena, estamos bajo su control (Efesios 5:18). La llenura del Espíritu produce el fruto del carácter y madurez cristianos (Hechos 6:3, 5; Gálatas 5:22-23).
7. *Otorgar poder.* Este es otro aspecto de la llenura del Espíritu, y se relaciona con su poder soberano y sorprendente para el ministerio de palabra y obra (Hechos 4:8, 31; 13:9-10).
8. *Asegurar.* El Espíritu testifica de la verdad de nuestra vida en Cristo y da testimonio a nuestros espíritus de que somos hijos de Dios (Romanos 8:16; 1 Juan 3:24; 5:7-8).
9. *Iluminar.* El Espíritu de Dios que inspiró las Escrituras (2 Pedro 1:21) también ilumina las Escrituras «para que entendamos lo que por su gracia él nos ha concedido» (1 Corintios 2:10-16). Como las cosas del Espíritu se disciernen espiritualmente, el Espíritu da a los creyentes comprensión del significado y aplicación de la Palabra de Dios.
10. *Enseñar.* Jesús prometió a sus discípulos que el Espíritu de verdad «nos guiará a toda verdad» y «les anunciará las cosas por venir» (Juan 16:13). La unción divina nos enseña (1 Juan 2:27) y el Espíritu glorifica al Hijo dándonos a conocer las palabras de Jesús (Juan 16:14).
11. *Orar.* Como no sabemos orar como deberíamos, «el Espíritu mismo intercede por nosotros con gemidos que no pueden expresarse con palabras» (Romanos 8:26). El Espíritu Santo escudriña nuestros corazones y habla al Padre por medio nuestro (Romanos 8:27). Cuando oramos en el Espíritu (Efesios 6:18), tenemos acceso al Padre por medio de Cristo (Efesios 2:18).
12. *Dar.* Como veremos, los múltiples dones del Espíritu Santo se otorgan a la comunidad de fe para edificación mutua de todos los miembros del cuerpo. Estos dones los dinamiza y dirige el Espíritu para ejercerlos en amor centrado en otros (1 Corintios 13).

CAMINAR EN EL PODER DEL ESPÍRITU

La vida cristiana es la vida de Cristo en nosotros; sin una dependencia del Espíritu Santo momento tras momento, resulta imposible este nivel de vida. La santificación es tanto un estado como un proceso; cuando llegamos a Jesús, el Espíritu aplica la obra de Cristo en nuestras vidas para separarnos para Dios. Somos llamados a hacer realidad este estado de santificación (la acción interna de Dios [Filipenses 2:13]) en una forma progresiva mediante una conformidad obediente al carácter de Cristo que mora en nosotros (nuestra obra externa [Filipenses 2:12]). Esto se logra al avanzar en armonía con el Espíritu: «si el Espíritu nos da vida, andemos guiados por el Espíritu» (Gálatas 5:25). Ser santificados consiste en que el Espíritu de Dios nos posea, para responder a sus propósitos de transformación en fe obediente, para dar el fruto del Espíritu al permanecer en Cristo (Gálatas 5:22-23), y para proseguir el proceso de maduración en santidad en nuestras relaciones con Dios, con su pueblo y con las personas del mundo.

La madurez espiritual es directamente proporcional al estar centrados en Cristo. Estar más preocupados por los beneficios subjetivos de la fe que por la persona y el agrado de Cristo es una señal de inmadurez. El Espíritu da testimonio de Jesucristo y lo glorifica; las experiencias espirituales, sean estas personales o colectivas, deberían centrarse en Cristo y no en nosotros mismos. La tendencia de algunas personas y los movimientos para glorificar los dones del Dador más que al Dador de los dones es incompatible con la descripción bíblica del ministerio del Espíritu Santo.

Sin embargo, muchos creyentes tratan de vivir la vida cristiana con su propio poder en vez de con el poder del Espíritu. Como lo comentaba A. W. Tozer en *Paths to Power*, «el cristiano promedio vive una vida tan mundana y descuidada que resulta difícil distinguirlo de la persona no convertida». Pero incluso entre estudiosos dedicados de la Palabra se da la tentación de depender más de la iniciativa y esfuerzo humanos que del poder del Espíritu de Dios que mora en nosotros. Resulta fácil y consolador reducir a Dios a un conjunto de declaraciones bíblicas y de inferencias teológicas más que a una persona viva que no puede encasillarse, controlarse ni manipularse con nuestras agendas. Hay formas comunes de deísmo bíblico que asumen (irónicamente, sin garantía bíblica) que Dios ya no se comunica con su pueblo ni lo guía en forma personal aparte de las palabras de la Escritura. Cuando formulamos supuestos que están cerrados a la obra sorprendente del Espíritu Santo, actúan de forma que determinan y limitan nuestra experiencia del poder de Dios.

Los intentos personales de vivir la vida espiritual con el poder humano se encuentran en abundancia en los intentos colectivos de rendir culto y servir con el poder humano. Aunque la iglesia comenzó y avanzó en el poder del Espíritu, muchos en la iglesia hoy día están condicionados a pensar en términos de sus experiencias más que de las del pueblo de Dios en la Escritura. Esto conduce a una expectativa colectiva carente de sobrenaturalidad que en ciertas formas está más influida por la cosmovisión naturalista, cerrada del universo que por la cosmovisión bíblica que está abierta a actos soberanos impredecibles de Dios. La iglesia no es primordialmente una institución socioeconómica, sino un organismo espiritual que debe depender de visitas personales y colectivas del Espíritu Santo para poder seguir teniendo vitalidad. En *Fresh Wind, Fresh Fire*, Jim Cymbala arguye que, a no ser que las congregaciones en forma permanente recurran al Señor, su reserva de poder espiritual se irá disipando con el tiempo. Sin la unción del Espíritu, la Presencia divina no será evidente en nuestro culto y servicio.

ESPÍRITU Y VERDAD

Necesitamos tanto el fuego del Espíritu como la luz de la Palabra, pero muchos creyentes e iglesias han hecho de ello un «o esto o lo otro» en lugar de un «tanto esto como lo otro», tendiendo a estar centrados en el Espíritu o centrados en la Palabra. El poder sin enseñanza sana es vulnerable a superficialidad y falta de discernimiento; la doctrina sin poder es vulnerable a la sequedad y apatía espirituales. Pero cuando el poder y la verdad, las obras y la palabra, la experiencia y la explicación, la manifestación y la madurez, se amalgaman en nuestras vidas colectivas y personales, el Espíritu es bien acogido y Cristo es glorificado.

Una espiritualidad equilibrada llena del Espíritu busca unir la mente y el corazón en vez de situarlos en lados opuestos. Cuando amamos a Dios con nuestra mente y nuestro corazón, la fe y el sentimiento se unen y se refuerzan mutuamente (ver 1 Pedro 1:8-9). Tanto la frialdad y dureza de la palabra sin amor como el sentimentalismo y descuido del amor sin la verdad quedan lejos ambos de la visión de Pablo en Efesios 4:15: «Más bien, al vivir la verdad con amor, creceremos hasta ser en todo como aquel que es la cabeza, es decir, Cristo». Una teología adecuada de la gracia incluye el cultivo de la mente y la formación del corazón; afirma no solo el intelecto y la voluntad, sino también la dimensión de captación intuitiva y por experiencias. El cuerpo de Cristo consiste en creyentes que encuentran al Espíritu Santo en formas diferentes debido a sus temperamentos y experiencias únicos. Todos nosotros nos beneficiamos cuando adoptamos el equilibrio que ofrece esta diversidad.

TRES MOVIMIENTOS CENTRADOS EN EL ESPÍRITU

El siglo veinte fue testigo de tres fenómenos distintos centrados en el Espíritu: el movimiento pentecostal, el movimiento de renovación carismática (protestante y católico) y el movimiento de la Tercera Ola.

El movimiento pentecostal

El pentecostalismo tiene sus raíces en el movimiento de santidad del siglo diecinueve con su énfasis en una segunda obra del Espíritu Santo, después de la conversión, para fomentar la santificación. En 1901, Charles Parham dirigió un avivamiento en el que la mayoría de los estudiantes en el Bethel Bible College en Topeka, Kansas, experimentaron el don de lenguas. Relacionó el hablar en lenguas con los eventos del día de Pentecostés (Hechos 2) y lo vio como evidencia inicial del bautismo con el Espíritu Santo. En 1906, William J. Seymour, ministro negro de la Santidad quien había estado bajo la influencia de las enseñanzas de Parham, fue a Los Angeles y predicó acerca del bautismo con el Espíritu y del hablar en lenguas. Se produjo un avivamiento en su misión de fe en la calle Azusa, y esto condujo a un movimiento importante que se difundió con rapidez por toda Norteamérica y luego se apoderó de Asia, América Latina y África. Este movimiento pentecostal fue objeto de repudio por parte de la corriente principal del cristianismo y produjo sus propias denominaciones, incluyendo las Asambleas de Dios, las Iglesias de Dios y la Iglesia Pentecostal de Santidad. La Asociación de Hombres de Negocios del Evangelio Completo también ha promovido doctrina y práctica pentecostales.

El movimiento de renovación carismática

Para sorpresa de ambos lados de la valla pentecostal, surgió en forma simultánea, en diversas partes de Norteamérica a comienzos de la década de 1960, un movimiento repentino neopentecostal dentro de la corriente principal de las iglesias protestantes. Este movimiento insistió en el bautismo y los dones del Espíritu como medio de renovación espiritual dentro de las iglesias institucionales, y entre sus líderes se contaron Dennis Bennett y Rita Bennett, John L. Sherrill y Agnes Sanford (episcopales); Larry Christenson (luterano); Tommy Tyson /metodista); Don Basham (Discípulos de Cristo); y Rodman Williams (presbiteriano). Libros como *Nine O'Clock in the Morning* y *The Holy Spirit and You Today* de los Bennett, *They Speak with Other Tongues* de Sherrill y *The Gift of the Spirit Today* de Williams han influido en muchos en cuanto a lo que llegó a llamarse el movimiento de renovación carismática. A diferencia de los pentecostales, la mayoría de los cristianos carismáticos decidieron permanecer dentro de la corriente principal de denominaciones cristianas y adaptar su experiencia a una amplia gama de modelos eclesiásticos.

La renovación carismática llegó a la Iglesia Católica Romana en 1966 cuando miembros del profesorado de la Universidad Duquesne buscaron el poder del Espíritu Santo descrito en *La cruz y el puñal* de David Wilkerson. Esto condujo a una experiencia importante de renovación entre estudiantes (el Fin de Semana Duquesne) que influyeron en otras comunidades católicas en Notre Dame y Michigan State. Este movimiento se difundió por medio de conferencias, seminarios Vida en el Espíritu, el movimiento de Cursillos, la Comunidad Palabra de Dios y numerosas publicaciones. Escritores católicos como Ralph Martin (revista *New Covenant*), Kilian McDonnell (*The Holy Spirit and the Power*) y el cardenal Léon Joseph Suenens (*A New Pentecost?*) trataron de relacionar la vitalidad de los dones espirituales con la teología bíblica y la espiritualidad histórica e insistieron en el uso colectivo de los dones en la comunidad cristiana.

El movimiento Tercera Ola

Desde la década de 1970 una cantidad creciente de iglesias y ministerios que son independientes tanto de las denominaciones pentecostales como de las de la corriente principal han buscado el poder y los dones del Espíritu. Muchos de estos evangélicos dejan de lado los términos *pentecostal* y *carismático*, y para distinguir este tercer fenómeno centrado en el

Espíritu, C. Peter Wagner acuñó el término «la Tercera Ola» en *The Third Wave of the Holy Spirit*. La expresión más notoria de este movimiento ha sido el crecimiento de la Fraternidad Vineyard, que fundó el difunto John Wimber, quien insistió en la importancia de la apertura a señales y prodigios en *Power Evangelism* y *Power Healing*.

No sorprende que estos tres movimientos hayan producido mucha controversia en cuanto a la naturaleza y alcance de los dones espirituales, el significado del bautismo del Espíritu y el problema de discernir la validez de una amplia gama de experiencias personales y colectivas. Ha habido una tendencia a convertir las descripciones en recetas y a enfatizar la experiencia por encima de la explicación. Muchos en los dos primeros movimientos han aceptado el desacertado supuesto de que las personas no han sido bautizadas con el Espíritu Santo si no han hablado en lenguas. Esto ha conducido a un énfasis exagerado en este don, que ha polarizado a muchos en el cuerpo de Cristo. En años recientes, sin embargo, ha visto la luz un conjunto de publicaciones que tratan de la manifestación del Espíritu desde una perspectiva más académica y basada en la Biblia. Escritores como Michael Greene (*Creo en el Espíritu Santo*), Charles E. Hummel (*Fuego en la chimenea*), Gordon D. Fee (*God's Empowering Presence* y su comentario sobre *The First Epistle to the Corinthians*), Wayne A. Grudem (*The Gift of Prophecy* y *Teología Sistemática*), Jack Deere (*Surprised by the Power of the Spirit* y *Surprised by the Voice of God*), Zeb Bradford Long y Douglas McMurry (*Receiving the Power* y Doug Banister (*The Word and Power Church*) han elaborado una teología carismático-evangélica más estructurada y responsable.

Estos tres movimientos centrados en el Espíritu siguen floreciendo, y aunque se da una cierta superposición entre ellos, conservan su carácter peculiar (la debilidad de la metáfora de las «tres olas» es que podría dar a entender que las olas anteriores han desaparecido). A pesar de sus diferencias, los movimientos pentecostal, carismático y de la Tercera Ola están centrados todos ellos en el ministerio y las manifestaciones del Espíritu. Debido a ello, me referiré a todos los que participan en estos tres movimientos como creyentes centrados en el Espíritu (CCE) y los distinguiré de los creyentes centrados en la Palabra (CCP), que no son carismáticos en doctrina y práctica. Como veremos, hay fortalezas y debilidades a ambos lados, y una espiritualidad equilibrada centrada en el Espíritu debería buscar las fortalezas de ambos.

BAUTISMO DEL ESPÍRITU

Ha habida una amplia gama de interpretaciones, incluso entre CCEs, en cuanto al significado del bautismo del Espíritu. Hacia finales del siglo diecinueve, el movimiento Santidad-Wesleyano lo asoció con una «segunda bendición», después de la conversión, que produce la santidad de «santificación completa». Líderes evangélicos como Dwight L. Moody y Reuben A. Torrey también vieron el bautismo del Espíritu como una experiencia pos-conversión pero relacionada con un otorgamiento divino de poder para el ministerio. No fue sino hasta el movimiento pentecostal que el bautismo del Espíritu se asoció con la experiencia de lenguas. Muchos en el movimiento carismático adoptaron un concepto neo-pentecostal de las lenguas como la señal inicial del bautismo del Espíritu, pero una cantidad cada vez mayor de cristianos carismáticos han llegado a la conclusión de que el don de lenguas es uno de los muchos carismas posibles que podrían acompañar al bautismo del Espíritu. Otros en la renovación carismática se han acercado a un modelo sacramental del bautismo del Espíritu como una «liberación» del Espíritu, ya que la gracia del Espíritu ya se había recibido en la iniciación cristiana. Los cristianos de la Tercera Ola hablan más en términos de ser llenos con el Espíritu o de apertura al poder y dones del Espíritu, y esto puede conllevar experiencias «decisivas» de renovación espiritual personal y colectiva.

Hay siete referencias en el Nuevo Testamento al bautismo del Espíritu (Mateo 3:11; Marcos 1:8; Lucas 3:16; Juan 1:33; Hechos 1:5; 11:16; 1 Corintios 12:13), y las seis primeras se cumplieron el día de Pentecostés. Algunos distinguen el pasaje en 1 Corintios de los otros traduciéndolo como bautismo «por» el Espíritu (en el cuerpo de Cristo) en contraposición al bautismo «en» el Espíritu (en el poder del Espíritu). Pero todos estos versículos utilizan la misma preposición griega (*en*), que se puede traducir como «con», «en» o «por». No hay base bíblica para distinguir dos clases de bautismo del Espíritu. Las experiencias de los discípulos en Pentecostés (Hechos 2:1-4), los samaritanos (Hechos 8:14-17), el hogar gentil de Cornelio (Hechos 10:44-47) y los discípulos de Éfeso de Juan el Bautista (Hechos 19:1-7) se relacionan todos con la llegada inicial del Espíritu Santo en la vida de una persona que Pablo asocia más adelante con llegar a ser miembro del cuerpo de Cristo (1 Corintios 12:13). Es, pues, mejor no equiparar las experiencias pos-conversión de ser llenos del Espíritu, recibir poder o manifestaciones de él, con la palabra *bautismo*, sino con las obras maravillosas de Dios de renovación por medio del poder del Espíritu que mora en el creyente.

Desde el tiempo de Pentecostés, el nuevo ministerio de pacto del Espíritu de bautizar, morar y sellar se otorga a todo creyente en el momento de la regeneración. Pero experiencias posteriores de ser llenos del Espíritu, derramar el Espíritu y revestirse de su poder se otorgan a muchos creyentes de acuerdo con los propósitos soberanos de Dios. No hay una sola receta o pauta para las experiencias pos-conversión de renovación, y sería cometer un error convertir la experiencia de una persona en norma para otros.

LLENURA INTERNA Y EXTERNA

Las manifestaciones del Espíritu son múltiples, pero el Nuevo Testamento distingue dos formas primarias en las que los creyentes pueden ser llenos con el Espíritu. La *acción interna del Espíritu* produce un carácter semejante a Cristo y madurez espiritual. La palabra griega *plêroô* y su afín *plêrês* se refieren a llenar como un estado de crecimiento del ser. Estas palabras se utilizan para creyentes espiritualmente maduros, como Esteban y Bernabé, que están bajo el control del Espíritu (ver Lucas 4:1-2; Hechos 6:3, 5; 7:55; 11:24; 13:52; Efesios 5:18-19). La *acción externa del Espíritu* tiene que ver con el otorgamiento divino de poder para el ministerio y el servicio. El verbo griego *pimplêmi* se refiere a llenar como una experiencia temporal del poder soberano de Dios que se evidencia en acción. Esta palabra se utiliza para manifestaciones específicas del Espíritu Santo en las vidas de personas como Elisabet, Pedro y Saúl (ver Lucas 1:41-42, 67; Hechos 2:4; 4:8, 31; 9:17-20; 13:9-10; ver también el cuadro 24:1).

LA ACCIÓN INTERNA DEL ESPÍRITU	LA ACCIÓN EXTERNA DEL ESPÍRITU
Llenar: *plêroô* and *plêrês*	Llenar: *pimplêmi*
Estado de crecimiento del ser	Experiencia temporal
Produce carácter y sabiduría	Otorga poder para el ministerio y el servicio
El fruto del Espíritu	Los dones del Espíritu
El Espíritu dentro	El Espíritu sobre
Pureza	Poder
Madurez	Manifestaciones
Llegar a ser	Actuar

Cuadro 24.1

Una espiritualidad sana llena del Espíritu requiere ambas clases de llenura, pero existe una tendencia lamentable entre los CCPs a insistir en la acción interna del Espíritu y olvidar la acción externa del Espíritu, y entre los CCEs lo contrario. Cuando esto sucede, un CCP puede ser sólido en conocimiento y/o carácter y superficial en poder y acción. Las iglesias y las personas individuales que sofocan la acción externa del Espíritu se vuelven inefectivas en ministerio de transformación. Su explicación supera su experiencia.

Por otro lado, un CCE puede ser sólido en poder y acción y superficial en conocimiento y/o carácter. Cuando la experiencia va por delante de la explicación bíblica, la persona es vulnerable al engaño y a la manipulación emocional. Y cuando la experiencia sobrepasa el carácter, el Espíritu se aflige y eventualmente se pierde el poder. El poder sin carácter se convierte más en una maldición que en una bendición y conduce al error de confundir las manifestaciones espirituales con la madurez espiritual.

Tanto el carácter como los dones son importantes; necesitamos el fruto del Espíritu (la acción interna) al igual que el poder del Espíritu (la acción externa). La pureza y el poder operan mejor juntos y se refuerzan mutuamente. También es importante que relacionemos la espiritualidad llena del Espíritu con los aspectos y retos ordinarios de la vida y que no limitemos la acción del Espíritu a fenómenos extraordinarios.

Una espiritualidad bien completa implica basarse en la verdad bíblica y la sana doctrina (conocer), un carácter y experiencia personal con Dios en desarrollo (ser) y desarrollar dones y habilidades en el servicio de otros (hacer), como lo ilustra el gráfico 24:1.

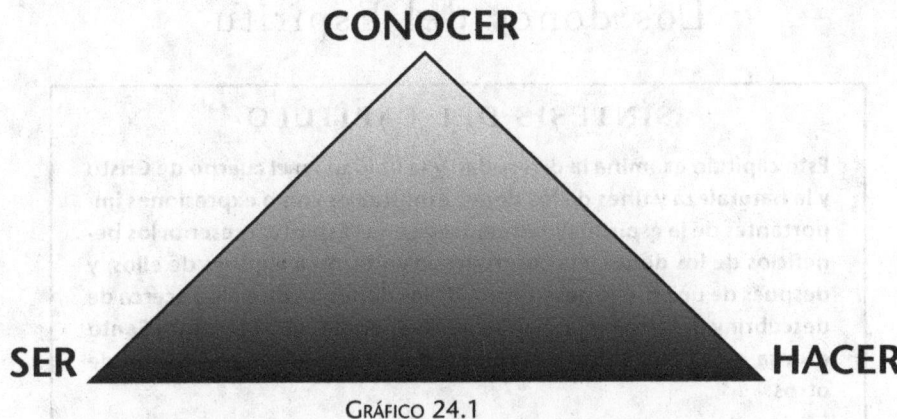

Gráfico 24.1

Cuando una persona o grupo descuida cualquiera de estas tres áreas, es inevitable que se den distorsiones. Debido a nuestros trasfondos y temperamentos, algunos de nosotros nos sentiremos naturalmente más atraídos a conocer, otros a ser y otros a hacer. Es prudente discernir nuestras tendencias personales para buscar el equilibrio en nuestro pensamiento, afectos y elecciones a través de estar expuestos a personas en el cuerpo de Cristo que nos ayudarán a ampliar nuestros horizontes y nos exhortarán.

Preguntas para aplicación personal

- Al analizar los doce ministerios del Espíritu Santo que se describieron en este capítulo, ¿cuáles de ellos son los más significativos para nosotros, y cuáles parecen más lejanos?
- ¿Por qué pensamos que los tres movimientos centrados en el Espíritu surgieron cuando lo hicieron, y qué experiencia hemos tenido con alguno de ellos?
- ¿Dónde nos situamos en cuanto al espectro CCP/CCE?
- ¿Nos sentimos más atraídos hacia la acción interna del Espíritu o a la acción externa del Espíritu?

25

ESPIRITUALIDAD LLENA DEL ESPÍRITU

Los dones del Espíritu

> ### SÍNTESIS DEL CAPÍTULO
>
> Este capítulo examina la diversidad y la unidad en el cuerpo de Cristo y la naturaleza y fines de los dones espirituales como expresiones importantes de la espiritualidad centrada en el Espíritu. Presenta los beneficios de los dones y la controversia en torno a algunos de ellos, y después de una breve descripción de los dones, se dice algo acerca de descubrir y desarrollar las habilidades especiales que el Espíritu Santo otorga a cada miembro del cuerpo de Cristo para la edificación de otros.
>
> ### OBJETIVOS DEL CAPÍTULO
>
> - Mayor claridad en cuanto a la naturaleza y fines de los dones del Espíritu
> - Reconocimiento de los beneficios de los dones espirituales
> - Mejor comprensión en cuanto a descubrir y desarrollar nuestros dones
> - Conocimiento de cómo se pueden utilizar y abusar los dones

Dios ha dado a cada creyente una combinación de oportunidades y dones que se adecúan perfectamente a su situación respectiva en la vida. Todo cristiano es un ministro con una contribución única que debe hacer al cuerpo de Cristo. La orientación central de nuestros ministerios depende de los dones espirituales que hemos recibido. Como veremos, el ejercicio de estros dones en un contexto de comunidad contribuye a la formación y edificación del cuerpo. Por ello los dones del Espíritu forman parte integral de nuestra formación espiritual.

LOS DONES DEL ESPÍRITU

DIVERSIDAD Y UNIDAD EN EL CUERPO DE CRISTO

Cuando el Espíritu Santo descendió el día de Pentecostés en Hechos 2, se creó un nuevo organismo. Este organismo se compone de todos aquellos que han recibido el don de la vida eterna en Cristo Jesús. En Romanos 8:14-17, Gálatas 4:4-7 y Efesios 2:19, se describe como un hogar o *familia* espiritual. En virtud tanto de la adopción como del nuevo nacimiento, nos hemos convertido en hijos e hijas de Dios. Este organismo también recibe el nombre de *templo* santo en Efesios 2:20-22 y 1 Pedro 2:4-5, y los creyentes son sus piedras vivas. Pero la metáfora que se utiliza más para esta nueva creación es la del *cuerpo* de Cristo (ver Romanos 12:4-5; 1 Corintios 12:12-27; Efesios 1:22-23; 3:6; 4:4-16; 5:23-30; Colosenses 1:18; 2:19).

Las tres listas principales de los dones en el Nuevo Testamento van precedidas de una descripción de la unidad y diversidad en este cuerpo espiritual. La metáfora de Pablo para la iglesia no podría ser más apropiada, porque tanto la iglesia universal (todos los creyentes) como la iglesia local (grupos de creyentes geográficamente ubicados) son unidades compuestas de elementos diversos. Cristo es la cabeza del cuerpo y quien lo gobierna (Efesios 1:22; 4:15; Colosenses 1:18), y los creyentes son los miembros o componentes individuales. Según esta analogía, cada cristiano ha recibido una función especial que debe desempeñar y la habilidad para cumplirla en una forma que sea beneficiosa a los otros miembros. Hay crecimiento cuantitativo y cualitativo cuando los creyentes descubren y utilizan de manera activa sus dones espirituales. Cada parte del cuerpo depende del resto para su bienestar, y no hay órganos inútiles. Por esto la edificación por medio de la enseñanza y la comunión es tan necesaria en la iglesia local. El concepto bíblico de *koinonia* o comunidad comunica el hecho de que el aislamiento conduce a la atrofia. Del mismo modo que ningún órgano puede funcionar de manera independiente de los otros, así ningún creyente puede disfrutar de vitalidad espiritual en un vacío de relaciones. El Espíritu ha distribuido en forma soberana los dones espirituales a cada uno de los miembros del cuerpo, y ningún miembro posee todos los dones. Por ello el crecimiento no se produce aparte del ministerio y dependencia mutuos.

El cuerpo de Cristo es un organismo, no una dictadura o democracia. Como tal, la mejor estructura de la iglesia local se da en torno de la distribución y función de los dones espirituales que hay en sus miembros.

Como ejercicio, examinemos cómo describe Pablo el papel de los dones que Dios da en la edificación del cuerpo en Efesios 4:4-16. ¿Cuáles son los siete puntos de unidad que se encuentran en los versículos 4-6? Según 4:7-10, ¿cuál es la base para otorgar dones a la iglesia? El versículo 12 habla de crecimiento cuantitativo (colectivo), en tanto que el versículo 13 habla de crecimiento cualitativo (individual). ¡Cómo se relacionan 4:11-13 con 4:14-16?

LA NATURALEZA Y FINALIDAD DE LOS DONES ESPIRITUALES

La palabra griega que se emplea con más frecuencia para los dones espirituales es *carismata*, término que se refiere a la gracia (*caris*) de Dios. En cuanto a estos dones, Pablo escribe, «a cada uno de nosotros se nos ha dado gracia en la medida en que Cristo ha repartido los dones» (Efesios 4:7). Otra palabra, *pneumatikos*, significa «espiritualidades» o «cosas espirituales». Como la obra de Dios solo se puede llevar a cabo con el poder de Dios, un don espiritual es la dotación por parte del Espíritu Santo de una habilidad especial a cada miembro del cuerpo de Cristo para la edificación de otros.

Doce principios tienen que ver con el designio de Dios para los dones espirituales.

1. *Todo cristiano tiene uno o más dones espirituales.* «A cada uno se le da una manifestación especial del Espíritu para el bien de los demás... Todo esto lo hace un mismo y único Espíritu, quien reparte a cada uno según él lo determina» (1 Corintios 12:7, 11). «Pero a cada uno de nosotros se nos ha dado gracia en la medida en que Cristo ha repartido los dones» (Efesios 4:7). «Cada uno ponga al servicio de los demás el don que haya recibido, administrando fielmente la gracia de Dios en sus diversas formas» (1 Pedro 4:10).
2. *Muchos creyentes han recibido más de un don espiritual.* Como hay una variedad tan grande de dones, la cantidad de combinaciones posibles es inmensa. Cada cristiano con múltiples dones ha recibido una combinación de habilidades espirituales que se adecúa perfectamente al ministerio que Dios le ha dado. Hay diferencias de opinión en cuanto a si estos dones se invisten, o residen en creyentes individuales, o son ocasionales, es decir, dones del Espíritu para situaciones y necesidades particulares. Algunos también consideran que los dones enumerados en Romanos 12 y Efesios 4 son dones inductores que residen de forma permanente y los distinguen de los dones más ocasionales enumerados en 1 Corintios 12. Aunque este concepto parece algo forzado, hay un sentido de expectativa y espontaneidad en 1 Corintios 12 y 14 (ver 14:26) que puede explicar la dotación dinámica de poder para creyentes en formas imprevistas así como maneras que son coherentes con dones recibidos en el pasado. Según mi modo de ver, un creyente puede tener dones tanto permanentes como ocasionales.
3. *Los dones espirituales se pueden otorgar en el momento de la regeneración, pero pueden permanecer ocultos y en letargo por un largo período de tiempo.* Los cristianos con múltiples dones con frecuencia descubren la combinación de dones que poseen por medio de un proceso gradual.

LOS DONES DEL ESPÍRITU

4. *Los dones espirituales pueden ser objeto de abuso o descuidarse, pero si se reciben en la regeneración, parecería que no se pueden perder.* La iglesia de Corinto ilustra que los creyentes podían tener muchos dones y sin embargo ser espiritualmente inmaduros.
5. *Los dones espirituales no son lo mismo que el don del Espíritu.* El don del Espíritu se ha otorgado a todos los creyentes (Juan 14:16; Hechos 2:38), y todos los miembros del cuerpo deberían andar en el poder de esta Persona divina. Los dones del Espíritu, por otro lado, se distribuyen «a cada uno según él lo determina» (1 Corintios 12:11).
6. *Los dones espirituales no son lo mismo que el fruto del Espíritu.* El fruto del Espíritu se produce desde dentro; los dones espirituales se imparten desde fuera. El fruto tiene que ver con el carácter semejante a Cristo; los dones tienen que ver con el servicio cristiano. El fruto del Espíritu, sobre todo el amor, debería ser el contexto para la aplicación de los dones del Espíritu. Pablo dejó bien claro en 1 Corintios 13 que los dones espirituales sin el fruto espiritual de nada valen. El fruto es eterno, pero los dones son temporales (1 Corintios 13:8); aquel es una verdadera medida de la espiritualidad, pero los últimos no.
7. *Los dones espirituales no son lo mismo que los talentos naturales.* A diferencia de las habilidades naturales que todos tenemos de nacimiento, los dones espirituales pertenecen de manera exclusiva a los creyentes en Cristo. En algunos casos, los dones del Espíritu coinciden con dotes naturales, pero trascienden estas habilidades naturales al agregarles una calidad divinamente infundida. Ambos los da Dios (Santiago 1:17) y deberían desarrollarse y utilizarse de acuerdo con su propósito para la gloria de Dios (1 Corintios 10:31).
8. *Todos los cristianos son llamados a un ministerio, pero no todos son llamados a un cargo.* El ministerio lo determinan dones y oportunidades que Dios otorga (Efesios 3:7). Los cargos (evangelista, maestro, diácono, anciano) son esferas humanamente reconocidas y nombradas de ministerio dentro del cuerpo.
9. *Algunos dones espirituales son más útiles en iglesias locales que otros porque conducen a una mayor edificación del cuerpo.* Pablo exhortó a la iglesia de Corinto a que «ambicionen los mejores dones» (1 Corintios 12:31; cf. 14:5).
10. Carismata *significa literalmente «dones de la gracia».* Estos dones los otorga el Espíritu Santo de manera soberana e inmerecida. No hay razón de vanagloriarse ni de envidiar. Todos los miembros del cuerpo ocupan un lugar y propósito especiales. Tengan más o menos visibilidad a los ojos de otros, se aplica a todos el mismo estándar: se les exige a los que reciben un encargo que demuestren ser fieles (1 Corintios 4:2). Trabajemos con lo que Dios nos ha dado (2 Timoteo 1:6) y tratemos de agradarlo a él y no a las personas (Gálatas 1:10; 1 Tesalonicenses 2:4).

11. *Los dones son aptitudes que Dios da para un servicio y edificación efectivos del cuerpo.* No se otorgan para exaltación propia ni como prueba de una concesión especial por parte del Espíritu, sino para el provecho y edificación del cuerpo de Cristo. Quien los posee es solo un instrumento y no el receptor de la gloria. Los dones se otorgan para que Dios sea «alabado por medio de Jesucristo» (1 Pedro 4:11).
12. *La gran movilización de dones espirituales fue la clave para la rápida expansión de la iglesia en el Nuevo Testamento.* En *Christ Loved the Church*, William MacDonald ilustra este principio de la expansión con dos diagramas. El primero (gráfico 25:1) representa el propósito de los dones tal como se dice en Efesios 4:12 («a fin de capacitar al pueblo de Dios para la obra de servicio, para edificar el cuerpo de Cristo»). El segundo diagrama (gráfico 25:2) representa la dinámica en 2 Timoteo 2:2 que se produce cuando muchos creyentes utilizan de manera activa sus dones.

LOS BENEFICIOS DE LOS DONES DE DIOS

Es importante que descubramos y desarrollemos los dones espirituales que Dios nos ha otorgado. Estos dones son deseables por tres razones básicas.

Nos satisfarán. Conocer y utilizar nuestros dones nos dará una comprensión del ministerio único e indispensable a cuya realización hemos sido llamados en el cuerpo de Cristo. Descubriremos una parte importante de nuestro propósito para estar en este planeta y caer en la cuenta de que Dios nos ha hecho competentes para producir algo que durará por la eternidad. Tendremos un sentido de realización y gozo en el servicio de otros al ir convirtiéndonos en un instrumento disponible por medio del cual el Espíritu Santo puede actuar.

Además, el conocimiento de nuestros dones espirituales nos ayudará mucho a discernir y afirmar la voluntad de Dios en diversos momentos de nuestra vida. Dios no nos llamará a realizar algo sin darnos el poder y la capacidad para llevarlo a cabo. Podremos tomar decisiones más inteligentes acerca de nuestra posible participación en oportunidades y capacitación concretas a la luz de la función que Dios nos ha asignado en el cuerpo (Romanos 12:4). También utilizaremos el tiempo de manera más efectiva al centrarnos en cosas para las que estamos preparados para realizar en lugar de gastar las energías en áreas con un potencial mínimo.

Otros serán edificados. Recordemos que el propósito primordial de los dones espirituales es eclesial; se otorgan para edificar y purificar a la iglesia como el cuerpo y la esposa de Cristo. Al aplicar nuestros dones espirituales, desempeñaremos un papel importante en servir a otros y en conducirlos hacia la madurez (Efesios 4:12-16). Si no llegamos a desarrollar nuestros

LOS DONES DEL ESPÍRITU

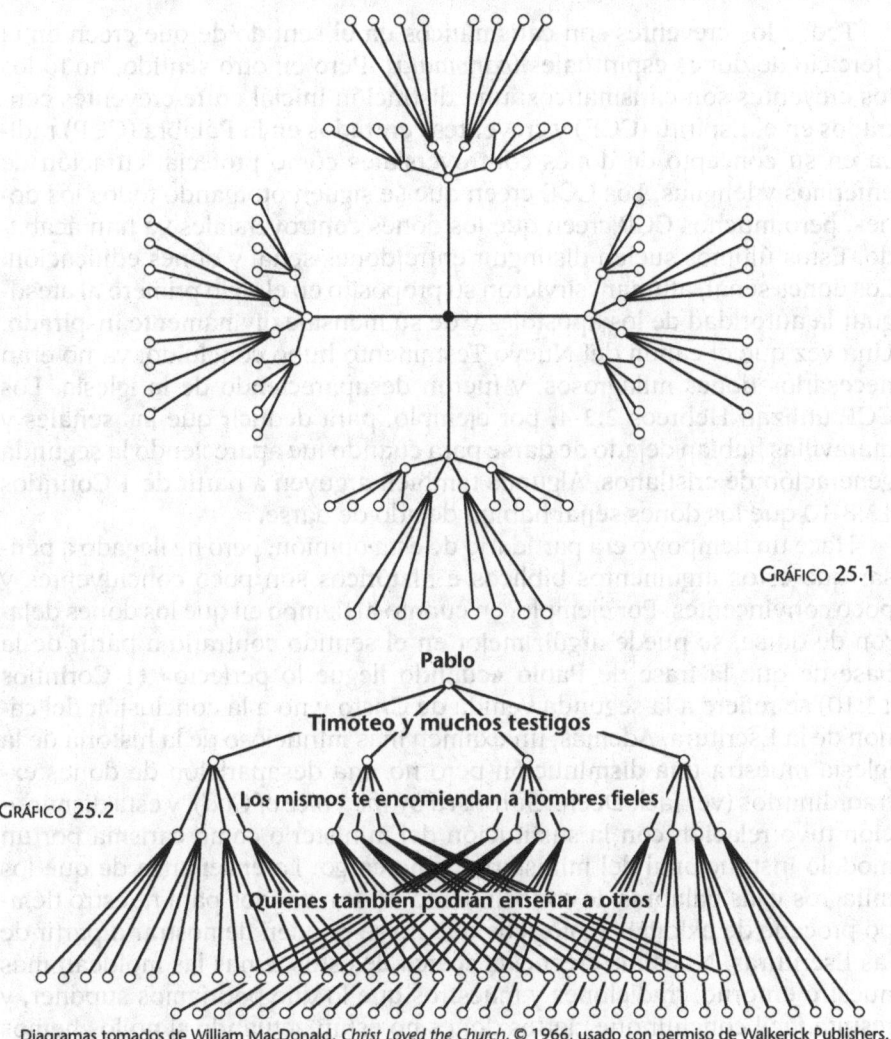

GRÁFICO 25.1

GRÁFICO 25.2

Pablo
Timoteo y muchos testigos
Los mismos te encomiendan a hombres fieles
Quienes también podrán enseñar a otros

Diagramas tomados de William MacDonald, *Christ Loved the Church*, © 1966, usado con permiso de Walkerick Publishers.

dones o permitimos que se deterioren por falta de uso, nuestros hermanos y hermanas en Cristo se resentirán porque se verán desprovistos del ministerio único que solo nosotros podríamos desempeñar en sus vidas.

Dios será glorificado. Según 1 Pedro 4:10-11, nuestros dones espirituales tienen como fin último dar gloria a Dios. Este es nuestro llamamiento más elevado, y se relaciona con las tres personas de la Divinidad. Al utilizar nuestros dones espirituales junto con el poder y el fruto (en especial el amor) del Espíritu Santo y en nombre de Jesucristo, el Padre recibe la gloria.

DEBATE SOBRE LOS DONES

Todos los creyentes son carismáticos en el sentido de que creen en el ejercicio de dones espirituales (*carismata*). Pero en otro sentido, no todos los creyentes son carismáticos; una distinción inicial entre creyentes centrados en el Espíritu (CCE) y creyentes centrados en la Palabra (CCP) radica en su concepto de dones controversiales como profecía, curación de enfermos y lenguas. Los CCE creen que se siguen otorgando todos los dones, pero muchos CCP creen que los dones controversiales ya han acabado. Estos últimos suelen distinguir entre dones señal y dones edificación. Los dones señal, afirman, sirvieron su propósito en el siglo primero al atestiguar la autoridad de los apóstoles y de su mensaje divinamente inspirado. Una vez que el canon del Nuevo Testamento hubo concluido, ya no eran necesarios dones milagrosos, y fueron desapareciendo de la iglesia. Los CCP utilizan Hebreos 2:3-4, por ejemplo, para deducir que las señales y maravillas habían dejado de darse para cuando fue apareciendo la segunda generación de cristianos. Algunos también arguyen a partir de 1 Corintios 13:8-10 que los dones señal habían dejado de darse.

Hace un tiempo yo era partidario de esta opinión, pero he llegado a pensar que estos argumentos bíblicos e históricos son poco concluyentes y poco convincentes. Por ejemplo, en cuanto al tiempo en que los dones dejaron de darse, se puede argüir mejor en el sentido contrario a partir de la base de que la frase de Pablo «cuando llegue lo perfecto» (1 Corintios 13:10) se refiere a la segunda venida de Cristo y no a la conclusión del canon de la Escritura. Además, un examen más minucioso de la historia de la iglesia muestra una disminución pero no una desaparición de dones extraordinarios (ver Jack Deere, *Surprised by the Voice of God*), y esta disminución tuvo relación con la sustitución del ministerio como carisma por un modelo institucional del ministerio como cargo. La enseñanza de que los milagros y las palabras de conocimiento no son válidos para nuestro tiempo procede de axiomas teológicos que no se pueden demostrar a partir de las Escrituras. Nuestras creencias acerca de estos temas las moldean más nuestro entorno, tradiciones y maestros que lo que podríamos suponer, y resulta fácil concluir que ciertos dones no están actuando si no los hemos visto o si oímos hablar solo de cómo fueron mal utilizados.

BREVE DESCRIPCIÓN DE LOS DONES

Como el ejercicio de los dones espirituales es fundamental en la espiritualidad llena del Espíritu, revisaremos en forma concisa la naturaleza de los dones y haremos un breve comentario en cuanto a descubrirlos, desarrollarlos y utilizarlos.

«Cada uno ponga al servicio de los demás el don que haya recibido, administrando fielmente la gracia de Dios en sus diversas formas. El que habla, hágalo como quien expresa las palabras mismas de Dios; el que presta

LOS DONES DEL ESPÍRITU

algún servicio, hágalo como quien tiene el poder de Dios. Así Dios será en todo alabado por medio de Jesucristo, a quien sea la gloria y el poder por los siglos de los siglos. Amén» (1 Pedro 4:10-11). Estos versículos implican una clasificación doble: dones de habla, o ministerio de la Palabra, y dones de servicio, o ministerio de servicio práctico. Los siguientes son los dones según se enumeran en Romanos 12, 1 Corintios 12 y Efesios 4:

Profecía (Romanos 12:6; 1 Corintios 12:10, 28-29; 14:1-40; Efesios 4:11). La capacidad de recibir y proclamar un mensaje de parte de Dios podría conllevar predecir eventos futuros, aunque su propósito primordial tal como aparece en 1 Corintios 14:3 es que «el que profetiza habla a los demás para edificarlos, animarlos y consolarlos». En este sentido, este don se manifiesta cuando la predicación va acompañada de autoridad y poder dirigido por el Espíritu para animar y amonestar. Muchos CCE afirman que la profecía también puede incluir una revelación de Dios (1 Corintios 14:26), ya sea por medio de un sueño, de una visión o de un mensaje. Esto no debería confundirse con la Palabra de Dios normativa para todos los creyentes, o profecía canónica. La profecía para la congregación, a diferencia de la profecía canónica de la Escritura, es un mensaje de parte de Dios para un grupo específico de personas, para un lugar y tiempo específicos y debería ser sometido al examen de líderes en la iglesia (1 Corintios 14:14.29). ¡Se enuncia con amor? ¿Edifica a la congregación? ¿Es coherente con la Escritura? ¿Honra a Dios?

Servicio (Romanos 12:7). La capacidad para identificar y cuidar de las necesidades físicas de personas por toda una serie de medios. La palabra griega para este don es la misma que para «ministerio» o «diácono», pero el don no debería confundirse con el oficio.

Enseñanza (Romanos 12:7; 1 Corintios 12:28-29; Efesios 4:11). La capacidad para explicar con claridad y para aplicar las verdades de la Palabra de Dios de manera que otros puedan aprender. Esto requiere la capacidad de interpretar con precisión la Escritura, dedicarse a la investigación que haga falta y organizar los resultados en formas que se comuniquen de manera efectiva a otros.

Exhortación (Romanos 12:8). La capacidad de motivar a personas para que respondan a la verdad mediante palabras oportunas de consejo, aliento y consuelo. Cuando se ejercita este don, otros se sienten desafiados para estimular su fe poniendo a prueba la verdad de Dios en sus vidas.

Dar (Romanos 12:8). La capacidad para contribuir recursos materiales con generosidad y alegría para beneficio de otros y la gloria de Dios. Los cristianos con este don espiritual no necesitan ser ricos.

Liderazgo (Romanos 12:8). La capacidad para discernir el propósito de Dios para un grupo, para establecer y comunicar metas apropiadas, y para motivar a otros para que colaboren para cumplirlos en el servicio de Dios. La persona con este don es efectiva en delegar tareas a otros sin manipulación o coerción.

Misericordia (Romanos 12:8). La capacidad para sentir empatía profunda y dedicarse a actos compasivos a favor de personas que están sufriendo angustias físicas, mentales o emocionales. Quienes tienen este don manifiestan preocupación y amabilidad a personas que a menudo nadie tiene en cuenta.

Sabiduría (1 Corintios 12:8). La capacidad de aplicar los principios de la Palabra de Dios de manera práctica a situaciones específicas y recomendar el mejor curso de acción en el momento más oportuno. El ejercicio de este don convierte perspicacia y discernimiento en consejo excelente con destreza.

Conocimiento (1 Corintios 12:8). La capacidad para descubrir, analizar y sistematizar la verdad para beneficio de otros. Con este don, uno habla con comprensión y perspicacia. Pero «la palabra de sabiduría» también puede conllevar percepción y discernimiento espirituales para el propósito de ministrar a otros.

Fe (1 Corintios 12:9). La capacidad para tener una visión de lo que Dios desea que se haga y creer con confianza que se logrará a pesar de circunstancias y apariencias a lo contrario. El don de la fe transforma la visión en realidad.

Curación de enfermos (1 Corintios 12:9, 28, 30). La capacidad para servir como instrumento humano por medio del cual Dios sana enfermedades y restaura la salud. Quien posee este don no es la fuente del poder, sino un instrumento que puede sanar solo las enfermedades que el Señor escoge sanar. Este don espiritual no debería confundirse con las señales y maravillas que Jesús y los apóstoles realizaron, y no debería desacreditarse por causa de los abusos de sanadores ostentosos por fe. Al igual que otros *carismata*, como enseñar y evangelizar, el don de sanidad implica varios niveles de desarrollo y efectividad. La oración por salud no se limita a enfermedades físicas, sino que también puede aplicarse a preocupaciones emocionales, de relaciones y espirituales. Así la curación interna, o curación de recuerdos, tiene que ver con heridas emocionales, como temores reprimidos, ira, humillación y rechazo.

Milagros (1 Corintios 12:10, 28, 29:). La capacidad para servir como instrumento por medio del cual Dios realiza actos que manifiestan poder sobrenatural. Los milagros dan testimonio de la presencia de Dios y de la verdad de su Palabra proclamada, y parece que se dan con mayor frecuencia en asociación con la actividad misionera. El mensaje del evangelio conlleva su propia autoridad, pero Dios a veces en forma gratuita utiliza milagros para autenticar y abrir puertas para la proclamación de perdón y vida en Cristo.

Discernimiento de espíritus (1 Corintios 12:10). La capacidad para discernir el espíritu de verdad y el espíritu de error (cf. 1 Juan 4:6). Con este don, se puede distinguir la realidad de lo falso, lo divino de lo demoníaco, la enseñanza verdadera de la falsa y, en algunos casos, los motivos espirituales de los carnales.

LOS DONES DEL ESPÍRITU

Lenguas (1 Corintios 12:10, 28, 30; 14:1-40). La capacidad para recibir e impartir un mensaje espiritual en una lengua que el receptor nunca aprendió. Para que otros miembros del cuerpo sean edificados, este mensaje lo debe interpretar sea el receptor (1 Corintios 14:13) o sea otra persona que tenga el don de interpretación (1 Corintios 14:26-28).

La naturaleza controversial de este don amerita varias observaciones. Primero, Pablo calificó el empleo público de este don, afirmando que en una reunión de la iglesia, solo dos o, a lo más, tres podían hablar en lenguas, debía hacerse por turno, y una persona con el don de interpretación debía estar presente de manera que el cuerpo pudiera ser edificado (1 Corintios 14:26-28). Segundo, hay una serie de diferencias entre la manifestación de lenguas en Pentecostés (Hechos 2:1-13) y su empleo en Corinto (1 Corintios 14), y estas diferencias sugieren que las dos no son idénticas. Se ha alegado que en el segundo caso no se trata de mensajes a la congregación sino de alabanzas dirigidas a Dios (1 Corintios 14:2) que edifican a la congregación como tal cuando se interpretan. Si esto es así, tienen un carácter de devociones más que profético. Sin embargo, Pablo sí se refirió a «diversas lenguas» en su presentación de los dones espirituales en 1 Corintios 12:10 y 12:28, y la afirmación de Pablo en el sentido de que las lenguas son una señal para los incrédulos (1 Corintios 14:22) sugiere que eran lenguas conocidas que requerían interpretación. Tercero, la aceptación por parte de Pablo de diversas lenguas, junto con sus afirmaciones en 1 Corintios 14:2, 4, 14-15, 28, ha llevado a muchos a distinguir un uso privado de lenguas, que con frecuencia recibe el nombre de lengua de oración (14:14-15), del empleo público de lenguas, que deben ser interpretadas. Pablo escribió que «Si no hay intérprete, que guarden silencio en la iglesia y cada uno hable para sí mismo y para Dios» (14:28). Las personas utilizan esa lengua de oración para facilitar la adoración y la intercesión, pero la utilización primordial del don de lenguas es para edificación mutua. Cuarto, el don de lenguas se puede falsear y con frecuencia también abusar. Puede ser fuente de orgullo espiritual, de excesiva preocupación y de división, y por esta razón los dones de discernimiento e interpretación son importantes para el cuerpo. Quinto, el don de lenguas se ha visto corrompido porque se asumió que era el pasaporte al poder o la señal clave del Espíritu Santo. Pero una cantidad creciente de CCE han llegado a constatar que las lenguas no son la única señal de la llenura del Espíritu y que no todos los creyentes deben manifestar este don (1 Corintios 12:17-19, 30).

Interpretación de lenguas (1 Corintios 12:10, 30; 14:5, 13, 26-28). La capacidad para traducir a una lengua vernácula un mensaje expresado en público en otra lengua. Este don puede combinarse con el don de lenguas (1 Corintios 14:13) o puede funcionar en forma separada (1 Corintios 14:26-28).

Apostolado (1 Corintios 12:28, 29:; Efesios 4:11). En el Nuevo Testamento, los apóstoles no fueron solamente los Doce, sino que incluyeron a Pablo, Bernabé, Andrónico, Junías y también otros (Hechos 14:14; Romanos 16:7; 1 Corintios 15:5, 7; 1 Tesalonicenses 2:6). Si lo que se requiere para el oficio de apóstol incluye haber visto a Jesús resucitado (Hechos 1:22; 1 Corintios 9:1) este oficio dejó de existir para el siglo segundo. Sin embargo, muchos creen que el don de apostolado sigue otorgándose. Como don espiritual, es la capacidad de comenzar y/o supervisar nuevas iglesias y ministerios cristianos con una autoridad reconocida de manera espontánea.

Los que ayudan (1 Corintios 12:28). La capacidad para mejorar la efectividad del ministerio de otros miembros del cuerpo. Este es el único uso de esta palabra en el Nuevo Testamento, y parece distinguirse del don de servicio. Algunos autores sugieren que si bien el don de servicio está más orientado hacia el grupo, el don de la ayuda está más orientado hacia la persona individual.

Administración (1 Corintios 12:28). Esta palabra, como la anterior, solo se encuentra una vez en el Nuevo Testamento, y se emplea fuera de la Escritura para un timonel que dirige un barco hacia su destino. Esto sugiere que el don espiritual de administración es la capacidad para dirigir a la iglesia o a una organización cristiana hacia el cumplimiento de sus metas mediante la gestión de sus asuntos y la realización de planes necesarios. Una persona puede tener el don de liderazgo sin el don de administración.

Evangelización (Efesios 4:11). La capacidad para ser un instrumento especialmente efectivo para conducir a no creyentes a un conocimiento salvador de Cristo. Algunos que tienen este don son sumamente efectivos en evangelización personal, en tanto que a otros Dios los puede utilizar para evangelización grupal o evangelización transcultural.

Pastorear (Efesios 4:11). Pedro recibió de Cristo el encargo de pastorear a sus ovejas (Juan 21:16) y Pedro exhortó a los ancianos en las iglesias de Asia Menor a hacer lo mismo (1 Pedro 5:2; cf. Hechos 20:28). Una persona con este don espiritual tiene la capacidad para dirigir, formar, proteger y cuidar en forma personal de las necesidades de un «rebaño» de creyentes. No todas las personas con el oficio de pastor (anciano, supervisor) tienen o necesitan el don de pastorear, y muchos con este don no tienen o no necesitan el oficio.

OTROS DONES

Ninguna de las listas en Romanos 12, 1 Corintios 12 y Efesios 4 son completas, y es evidente que hay otros dones espirituales aparte de los que hemos enumerado antes. C. Peter Wagner en *Your Spiritual Gifts* sugiere siete más: celibato (la capacidad para disfrutar ser soltero y mantener un autocontrol sexual) [1 Corintios 7:7-9]); pobreza voluntaria (la capacidad de renunciar a la comodidad material y de adoptar un estilo de vida de relativa pobreza [1 Corintios 13:3]); martirio (la capacidad de desplegar una actitud de gozo en medio de sufrimientos o incluso de morir por la fe [1 Corintios 13:3]); hospitalidad (la capacidad para acoger y atender a quienes necesitan comida y techo [Romanos 12:13; 1 Pedro 4:9]); misionero (la capacidad de llevar a cabo un ministerio efectivo en una cultura que no es la propia); intercesión (la capacidad de orar por largos períodos de tiempo en forma regular por los ministerios y necesidades de otros); y exorcismo (la capacidad de discernir y expulsar demonios con autoridad). Otros dones espirituales (p. ej., música, artesanía) también se otorgan a miembros del cuerpo de Cristo para edificación mutua.

COMBINACIONES Y VARIACIONES DE DONES

Muchos creyentes, si no todos, tienen combinaciones de dos o más dones espirituales. Algunas combinaciones son inusuales, en tanto que otras son comunes. Los dones que actúan juntos incluyen pastorear-enseñar, liderazgo-administración, evangelización-enseñar, lenguas-interpretación y discernimiento-exorcismo. Además, Pablo distingue tres parámetros en 1 Corintios 12:4-6: «dones» (*carismaton*), «ministerios» (*diakonion*) y «efectos» (*energematon*). En *Body Life*, Ray Stedman relaciona los dones con el Espíritu, diciendo que un don es una capacidad o función específica; relaciona los ministerios con Jesús, afirmando que un ministerio es una esfera en la que se desempeña un don; y relaciona los efectos o activadores con el Padre, diciendo que un activador es «el grado de poder con el cual se manifiesta o ministra un don en una ocasión específica». Hay variantes no solo en los dones y combinaciones de dones, sino también en las esferas y manifestaciones de dones. Por ejemplo, hay muchas variantes en el don espiritual de enseñar. Algunos son más efectivos con grupos pequeños, otros con grupos grandes; algunos pueden comunicar con jóvenes de manera efectiva, en tanto que otros son mejores en enseñar a adultos.

DESCUBRIR NUESTROS DONES ESPIRITUALES

Tres prerrequisitos

Al tratar de descubrir nuestro don o dones espirituales, hagámonos las preguntas siguientes: ¿He recibido el don de salvación en Cristo? A diferencia de los talentos naturales, los dones espirituales se otorgan solo a creyentes. ¿Estoy caminando en comunión con el Señor? Para ser efectivos, los dones espirituales deben manifestarse en el contexto del fruto del Espíritu Santo. Este fruto se ve obstruido si hay algún pecado no confesado y no se permanece en Cristo Jesús (Juan 15:4). ¿Deseo desarrollar mis dones? Esto no se da por accidente.

Seis sugerencias

1. *Pedir*. Comenzar pidiendo a Dios que nos muestre nuestros dones (ver Filipenses 4:6-7; Santiago 1:5). Dios desea que descubramos y apliquemos los dones que nos ha dado, y esta es una petición que podemos hacer con confianza y expectativa.

2. *Toma de conciencia*. Estemos conscientes de la enseñanza bíblica sobre dones espirituales con el estudio de Romanos 12, 1 Corintios 12-14 y Efesios 4: Examinemos uno o más libros útiles, que encontremos disponibles, que tratan de los dones espirituales. Busquemos a otros cristianos que sin duda saben y utilizan sus dones espirituales. Preguntémosles acerca de sus dones y de cómo los descubrieron.
3. *Aspiración*. Dios está comprometido con nuestro gozo, no con nuestra infelicidad. «Deléitate en el SEÑOR, y él te concederá los deseos de tu corazón» (Salmo 37:4). Al orar y aprender acerca de los diversos dones, preguntémonos qué es lo que más desearíamos hacer. «Dios es quien produce en ustedes tanto el querer como el hacer para que se cumpla su buena voluntad» (Filipenses 2:13). Nuestros sentimientos no deberían ser el único criterio, pero sí pueden indicar la dirección que deberíamos tomar. Por ejemplo, Pablo le dijo a Timoteo, «se dice, y es verdad, que si alguno desea ser obispo, a noble función aspira» (1 Timoteo 3:1).
4. *Actividad*. Así como descubrimos nuestros talentos naturales intentando numerosas cosas, del mismo modo podemos descubrir nuestros dones espirituales experimentando con varios de los dones disponibles. Si no probamos, nunca lo sabremos. Esto requiere disponibilidad y voluntad de aprender cuáles son nuestras debilidades y también nuestras fortalezas.
5. *Capacidad*. La actividad en cierto momento apunta hacia la capacidad. No hay que apresurarse en nuestra evaluación personal, porque la capacidad aumenta con la práctica. Hay que ser sensibles a áreas de mejora. Busquemos oportunidades dentro de la comunidad de creyentes de la que formamos parte, y busquemos la evaluación de creyentes inmaduros que conozcan bien nuestras actividades. Debido al peligro de engañarse a uno mismo, otros miembros del cuerpo son quienes mejor reconocen los dones espirituales.
6. *Afirmación*. La afirmación final de un don espiritual es la bendición que debería resultar de su práctica. Al ir utilizando nuestro don o la combinación de dones en el poder del Espíritu, Dios nos confirmará y afirmará en nuestro ministerio, y seguirá habiendo retroalimentación positiva de parte de aquellos a quienes se brinda el ministerio. Se ha dicho que «el deseo lo puede sugerir, la capacidad lo confirmará y la bendición lo acompañará».

DESARROLLAR LOS DONES ESPIRITUALES

Una vez descubiertos el don o combinación de dones que tenemos, se es responsable ante uno mismo, ante otros y ante Dios de desarrollar y cultivar lo que el Espíritu ha colocado dentro de nosotros. En *The Dynamics of*

LOS DONES DEL ESPÍRITU

Spiritual Gifts, William McRae sugiere que los dones del Espíritu se desarrollan de tres formas.

Con práctica. Al igual que los talentos naturales, los dones espirituales se desarrollan con la práctica, no solo con el deseo. Sin un ejercicio regular de los mismos, se atrofiarán. Busquemos oportunidades y perseveremos en la utilización de nuestros dones. Quizá el mejor laboratorio para practicar y experimentar dones espirituales son grupos domésticos pequeños, y deberíamos pensar en la posibilidad de unirnos a uno de estos grupos en nuestra iglesia o de crear uno.

Con evaluación. Estemos abiertos a la evaluación y consejo de otros creyentes. En forma periódica pidamos a personas piadosas que evalúen nuestro ministerio en cuanto a sus fortalezas, debilidades y formas de mejorarlo.

Con educación. En la actualidad hay más que nunca muchos materiales educativos y formativos disponibles. Aprovechemos libros, clases o grabaciones que puedan ayudarnos a mejorar las capacidades que Dios nos ha dado.

PELIGROS DE ABUSO

La práctica de dones espirituales es decisiva para el crecimiento cualitativo y cuantitativo del cuerpo de Cristo. Por ello, debemos tener cuidado de evitar muchas trampas relacionadas con este tema crucial. He aquí diez:

1. *Los dones espirituales no son solo para uso personal*. Tienen como fin la edificación de otros. El beneficio primario deberían obtenerlo otros; el usuario debería beneficiarse de forma secundaria.
2. *Los dones espirituales no se logran por mérito o con súplicas*. El término [carismata] nos dice que se otorgan solo por la gracia de Dios (ver Efesios 4:7). El Espíritu Santo los distribuye «a cada uno según él lo determina» (1 Corintios 12:11).
3. *Se puede abusar de los dones espirituales al ejercerlos en el poder de la carne*. Si no se utilizan en el poder del Espíritu y por medio del amor de Cristo, de nada valen (1 Corintios 13:1-3).
4. *El descubrimiento y empleo de dones espirituales no es un juego o una opción*. Nuestros dones moldearán nuestro ministerio, y nuestro ministerio puede tener consecuencias eternas. Dios nos ha llamado a comprometernos con él y a serle fieles, y esto se refleja en parte en nuestra mayordomía de las capacidades y oportunidades que nos ha dado.
5. *Los dones espirituales no deberían ser causa de desaliento*. Como norma, se desarrollan en forma gradual, y esto requiere tiempo y esfuerzo.

No hay que tener prisa, ni volverse celosos de los dones otorgados a otros. Como hemos visto, los dones varían en naturaleza, combinación, alcance e intensidad. Dios es soberano en su distribución, y nos ha otorgado los dones que se adecúan perfectamente a nuestra personalidad y circunstancias. No hay razón para envidiar el ministerio de otra persona. Dios nos ha llamado a ser fieles, no a obtener resultados.

6. *Los dones espirituales no deberían ser motivo de orgullo.* Como se distribuyen en forma soberana según la gracia de Dios, deberían verse como responsabilidades divinamente confiadas, no como símbolos de estatus, logros o trofeos. El carácter y la madurez cristianos se miden según el fruto del Espíritu (Gálatas 5:22-23), no según los dones espirituales.
7. *Los dones espirituales no deberían buscarse como fines en sí mismos.* En algunos círculos, existe la tendencia a exaltar los dones por encima del Dador.
8. *Evitar posiciones extremas en cuanto a los dones que no se justifican en la Escritura.* Ejemplos de tales enseñanzas son que no deberíamos tratar de descubrir dones espirituales o que el cristiano lleno del Espíritu puede tener todos los dones.
9. *Los dones del Espíritu los pueden simular no solo la carne, sino también las fuerzas satánicas y demoníacas.* La Escritura nos aconseja ser sensibles a este problema. Ver Mateo 7:22-23; 24:24; 2 Corintios 11:13-15; 1 Timoteo 4:1; 2 Pedro 2:1.
10. *Evitar la tentación de proyectar nuestros dones en otros.* Nuestra forma de pensar se ve naturalmente influida por los dones que nos han sido otorgados, y si no tenemos cuidado, tomaremos la receta que funciona en nuestro caso para convertirla en norma para todos. Esto puede conducir a una perspectiva crítica por parte nuestra y a un sentimiento de culpa de parte de otros, que no tienen los mismos dones.

ORIENTACIONES PARA SU APLICACIÓN

Cuatro principios deberían regir nuestra aplicación de los dones espirituales.

1. *Recordar que el Espíritu Santo es la verdadera fuerza dinámica detrás de los dones.* Deben aplicarse con dependencia de su poder.
2. *Los dones espirituales funcionan mejor en la esfera del amor, el «camino más excelente» de 1 Corintios 12:31.* Pablo situó su gran descripción del amor (1 Corintios 13) a la mitad del pasaje bíblico más extenso acerca de los dones espirituales (1 Corintios 12-14). No es accidental que las otras dos listas principales de dones espirituales (Romanos 12 y Efesios 4) incluyan también exhortaciones a amar (ver Romanos 12:9-10; Efesios 4:15-16).

LOS DONES DEL ESPÍRITU

3. *En nuestro ministerio, concentremos nuestra energía en áreas productivas.* Es prudente maximizar el tiempo en actividades relacionadas con dones y minimizar el tiempo en actividades para las que no se está dotado.
4. *La Escritura ordena a todos los creyentes que desempeñen ciertos ministerios sin tomar en cuenta dones individuales.* Ciertos papeles propios del ministerio, como intercesión, fe, servicio, ayudas, misericordia y dar son responsabilidad de todos los creyentes, no solo de quienes tienen específicamente dones en estas áreas. Por ejemplo, algunos tienen el don espiritual de la evangelización, pero todos los cristianos tienen un papel que desempeñar en evangelización que corresponde a las oportunidades que les han sido dadas.

Preguntas para aplicación personal

- ¿Cuáles de los doce principios relacionados con el designio de Dios para los dones espirituales encuentran más eco en nosotros?
- ¿Dónde nos situamos en el debate acerca de los dones? ¿Hemos estado expuestos a ambos lados del debate?
- ¿Qué combinación de dones espirituales pensamos que hemos recibido? Si no nos resulta claro, apliquemos en oración las seis sugerencias para descubrir nuestros dones espirituales y tratemos de desarrollarlos con práctica, evaluación y educación.
- ¿Cuáles de los diez peligros de abuso nos preocupan más?
- ¿Cuál de las cuatro orientaciones para la aplicación es la más importante para nosotros?

26

ESPIRITUALIDAD LLENA DEL ESPÍRITU

Apertura y discernimiento: Un equilibrio

SÍNTESIS DEL CAPÍTULO

Este capítulo examina las fortalezas y debilidades del movimiento centrado en el Espíritu y analiza el equilibrio tanto entre verdad y poder como entre palabra y Espíritu. También examina los aspectos de antecedentes y temperamento, la forma en que las verdaderas manifestaciones del Espíritu glorifican a Cristo y las maneras de apropiarnos del poder del Espíritu.

OBJETIVOS DEL CAPÍTULO

- Reconocimiento de una combinación equilibrada de apertura y discernimiento en cuanto a la obra del Espíritu
- Deseo de abrazar las fortalezas de los enfoques centrado en la Palabra (verdad) y centrado en el Espíritu (poder)
- Mejor comprensión de cómo apropiarse del poder del Espíritu

---

Una espiritualidad llena del Espíritu debe evitar por una parte el extremo de una receptividad ingenua, incondicional, hacia cualquier experiencia nueva y por otra una rigidez cerrada e hipercrítica. En vez de ello, deberíamos buscar un equilibrio entre apertura a las obras sorprendentes del Espíritu y el discernimiento bíblico del espíritu de verdad frente al espíritu de error (1 Juan 4:6). Se trata de verdaderos abusos y excesos entre creyentes centrados en el Espíritu (CCE), como palabras proféticas inexactas, manipuladoras y condenatorias; emocionalismo; énfasis indebido en lo demoníaco; o el empleo de manifestaciones externas como distintivos de espiritualidad. Pero los creyentes centrados en la Palabra (CCP) lo que hacen a veces es descartar lo bueno con lo malo. Tales distorsiones no invalidan los

APERTURA Y DISCERNIMIENTO: UN EQUILIBRIO

dones como tampoco el peligro siempre presente de legalismo, farisaísmo e hipocresía invalidan el evangelio. En lugar de criticar mediante caricaturas y de centrarse en conductas extrañas, es mejor practicar discernimiento espiritual aceptando siempre la obra del Espíritu. Es saludable no solo mantener las ventanas abiertas sino también tener puestos los tamices.

Un ejemplo excelente de este equilibrio se puede encontrar en *Religious Affections* de Jonathan Edwards. En esta lúcida obra, Edwards adopta una actitud cautelosa, no cínica, respecto a afirmaciones basadas en experiencias extraordinarias, dado que las manifestaciones externas son ambivalentes. Los fenómenos externos pueden deberse a acciones naturales o a poder espiritual. Por ello, las operaciones sobrenaturales verdaderas deben distinguirse no a partir solo de las experiencias, sino del contexto más amplio del carácter centrado en Cristo y permanente («afectos gratuitos»).

La combinación equilibrada de apertura y discernimiento resulta evidente en la exhortación de Pablo en 1 Corintios 14:39-40: «Así que, hermanos míos, ambicionen el don de profetizar, y no prohíban que se hable en lenguas. Pero todo debe hacerse de una manera apropiada y con orden». Una «manera apropiada y con orden» no excluye manifestaciones físicas, ya que con frecuencia las encontramos en las Escrituras, y sería una equivocación de limitar las palabras de Pablo de una forma tan rigurosa que sofocáramos el fuego del Espíritu. Sin embargo, las manifestaciones son secundarias respecto al fruto, ya que el reino de Dios es «justicia, paz y alegría en el Espíritu Santo» (Romanos 14:17).

FORTALEZAS Y DEBILIDADES DE AMBOS LADOS

Como hemos visto, hay un continuo (gráfico 26:1) de posiciones totalmente opuestas de Espíritu sin Palabra (A) y Palabra sin Espíritu (E). Ningún creyente carece de Palabra o Espíritu, pero hemos descrito a los CCE como situados a la izquierda de C (más o menos alrededor del punto B) y a los CCP como situados a la derecha de C (más o menos alrededor del punto D). El punto central C representa una afirmación equilibrada de Espíritu y Palabra que trata de incluir las fortalezas de ambos lados

GRÁFICO 26.1

Entre las fortalezas de los CCP están la insistencia en la doctrina bíblica, la profundidad de la predicación y enseñanza y la preocupación por crecer en carácter y conducta semejante a Cristo. Pero el lado de CCP puede ser proclive a las siguientes debilidades (estos problemas potenciales son generalizaciones y no son ciertas de todos los CCP): un prejuicio antisobrenatural y racionalista que se ha visto influido por una cosmovisión pos-Ilustración, una mentalidad de control que le teme a la distorsión de la forma en que «deberían» hacerse las cosas, una actitud crítica hacia otras expresiones de culto y práctica, un espíritu arrogante y de superioridad, y una inclinación a amar la doctrina más que a Dios o a las personas.

Como la espiritualidad llena del Espíritu se preocupa por la obra del Espíritu Santo en el pueblo de Dios, ofreceremos una descripción más detallada de las fortalezas y debilidades del lado de los CCE. Recordemos que estos nueve puntos positivos y negativos son generalizaciones que no son ciertas para todos los CCE.

Fortalezas de los CCE
- énfasis trinitario y afirmación de la realidad del Espíritu Santo
- universalidad de los dones y del ministerio de todos los miembros
- insistencia en la edificación mutua dentro del cuerpo de Cristo
- dependencia del poder de Dios; vida con el poder del Espíritu
- reconocimiento de la necesidad legítima de expresar emoción y entusiasmo
- alegría en el culto y la vida; nuevas dimensiones del culto
- amor de la Escritura
- valentía en compartir a Cristo; entusiasmo por la evangelización
- compromiso con el ministerio a pequeños grupos

Debilidades de los CCE
- dones sin gracias; se puede insistir en los *carismata* más que en el carácter; el énfasis en lo externo puede conducir a descuido de lo interno
- búsqueda peligrosa de experiencias dramáticas; algunos se convierten en adictos a conferencias que buscan exaltaciones espirituales; espiritualidad basada en experiencias inusuales o emocionantes; demanda de resultados inmediatos
- orgullo y elitismo respecto a experiencias espirituales
- discontinuidad exagerada de lo sobrenatural respecto a lo natural; minimizar dones menos espectaculares
- excesivo emocionalismo y exhibicionismo
- superficialidad en doctrina y enseñanza bíblicas; tendencia anti-intelectual
- vulnerables a manipulación, engaño y autoritarismo
- pueden ser susceptibles al evangelio de la prosperidad y a la enseñanza de fe-palabra con su concepto simplista y no bíblico de las bendiciones y el sufrimiento
- excesiva fijación en actividad demoníaca

APERTURA Y DISCERNIMIENTO: UN EQUILIBRIO

VERDAD Y PODER, PALABRA Y ESPÍRITU, INTERNO Y EXTERNO

Con demasiada frecuencia, el debate CCE/CCP se da entre quienes practican y los teólogos. Cada lado aporta una perspectiva limitada que debe equilibrarse con el otro. Deberíamos procurar combinar la experiencia práctica con la profundidad doctrinal, la llenura repetida del Espíritu Santo con exégesis bíblica responsable, testimonio con poder y servicio con comprensión de la Escritura en contexto, oración ferviente para pedir el poder de Dios con amor ferviente por la verdad de Dios. Deberíamos escuchar la voz autoritativa de Dios en la Escritura sin estar cerrados a otras formas en que Dios puede comunicarse por medio de dones del Espíritu. Los CCE no deberían centrarse tanto en el poder, las señales y maravillas que despersonalizan al Espíritu Santo. Este fue el pecado de Simón el mago, quien trató de manipular el poder sobrenatural (Hechos 8:9-24). Los CCP deberían tratar de hacer avanzar el reino de Dios no solo con palabras sino con el poder y autoridad del Espíritu, quien cambia a las personas y las libera. Todos nosotros necesitamos el viaje interior en el que nos vamos enraizando y fundamentando cada vez más en el terreno de la verdad y amor de Dios y el viaje externo en el que expresamos esta verdad y amor en acción divinamente dinamizada.

EXPERIENCIA Y EXPECTATIVA, ANTECEDENTES Y TEMPERAMENTO

Nuestras expectativas en cuanto a la naturaleza y alcance de la actividad de Dios hoy las moldean nuestros supuestos y concepto del mundo. Esas expectativas tienen mucho que ver con nuestra experiencia. Los CCP acusan a los CCE por tener experiencias moldeadas por sus expectativas que a su vez son conformadas por una subcultura orientada hacia lo milagroso. Pero este argumento opera en ambas direcciones, ya que un condicionamiento no milagroso puede hacer que las personas se cierren a la obra sorprendente del Espíritu. Si no deseamos, oramos y esperamos que Dios extienda su mano para hacer cosas extraordinarias (ver Hechos 4:29-31), no es probable que vayamos a ver manifestaciones del poder de Dios. Pero estas cosas extraordinarias pueden ocurrir en formas ordinarias, y haríamos bien en no distinguir en forma total entre lo natural y lo sobrenatural, para que no eliminemos lo segundo de la vida cotidiana y no acertemos a ver la mano de Dios en todo ministerio y dones espirituales, ya sea curaciones o enseñanza. Del lado centrado en la Palabra, la enseñanza y predicación de la Escritura deberían tener contenido, hondura y relevancia, pero del lado centrado en el Espíritu, deberían también ser dinamizadas y ungidas por el Espíritu.

Al igual que otros enfoques de la vida espiritual (p. ej., espiritualidad disciplinada y espiritualidad de devociones), la espiritualidad llena del Espíritu se ve muy afectada por los factores personales de antecedentes y temperamento. Debido a estas diferencias, algunas personas se sentirán atraídas hacia un énfasis centrado en la Palabra en cuanto a la verdad y el fruto espiritual, en tanto que otros se sentirán atraídos de manera espontánea a un énfasis centrado en el Espíritu en cuanto a la experiencia y los dones espirituales. A la luz de esto, el cuerpo de Cristo necesita la clase de polinización cruzada que evita las faltas del otro lado pero que hace suyas sus fortalezas.

RENOVACIÓN Y AVIVAMIENTO

En muchos casos, los movimientos de renovación centrados en el Espíritu han aportado vida y vitalidad nuevas en un nivel colectivo y personal. Pero por beneficiosos que puedan ser este gozo y exuberancia, con frecuencia esta forma de renovación no es lo mismo que avivamiento. Este implica la obra gratuita y efusiva del Espíritu de revelar la santidad de Dios y la necesidad consiguiente de dolor piadoso, arrepentimiento radical y humildad personal. En el avivamiento, Dios confronta a las personas por medio de sus mensajeros ungidos con su pureza y Palabra, y esto conduce al grave territorio del arrepentimiento, regreso y restauración. La renovación, por tanto, debe profundizarse por medio de una constatación creciente de la santidad de Dios y de la pecaminosidad del pecado.

EL ESPÍRITU APUNTA A CRISTO

Cualquier movimiento que comience con el Espíritu debería acabar en Cristo. Hablando del Espíritu Santo, Jesús dijo, «él me glorificará porque tomará de lo mío y se lo dará a conocer a ustedes» (Juan 16:14). El Espíritu otorga poder a los dones, no como fines en sí mismos, sino como medios de madurar el cuerpo a imagen de Cristo de manera que este sea glorificado y honrado. Adviértase que las oraciones de Pablo por las iglesias de Éfeso, Filipos y Colosas no tienen nada que ver con deleitarse en desempeño y experiencias; en lugar de ello, estas oraciones tratan de su comprensión creciente de la relación en Cristo. Ora para que conozcan a Cristo, manifiesten su carácter y crezcan en su conocimiento y seguridad del amor y poder interno de Dios (ver Efesios 1:17-19; 3:16-19; Filipenses 1:9-11; Colosenses 1:9-12).

APROPIARSE EL PODER DEL ESPÍRITU

El poder del Espíritu fue fundamental en la vida de Cristo Jesús. Fue concebido por el poder del Espíritu; el Espíritu descendió sobre él en el bautismo; el Espíritu lo condujo al desierto; regresó a Galilea en el poder del Espíritu; el Espíritu lo ungió para que predicara el evangelio, sanara y liberara al pueblo de la esclavitud demoníaca; habló de la necesidad de nacer de nuevo del Espíritu; se regocijó en gran manera en el Espíritu

APERTURA Y DISCERNIMIENTO: UN EQUILIBRIO

Santo; prometió el don del Espíritu de verdad a sus discípulos; e insufló en ellos después de la resurrección diciendo, «Reciban al Espíritu Santo». Cristo estuvo sumergido en el Espíritu de Dios y lo hizo todo por medio de su dependencia del poder del Espíritu. Este mismo poder mora en todos los seguidores de Jesús, tanto judíos como gentiles, y dinamiza la vida del reino. El reino de Dios existe ya y todavía no; la presencia futura y el poder de Dios mora ahora en su pueblo (1 Corintios 4:20). En un sentido, sufrimos y gemimos en espera de la consumación del reino de Dios (Romanos 8:23), pero en otro sentido, nos regocijamos en nuestro sufrimiento como vencedores por medio de la vida del reino ya presente y del poder de Cristo (Romanos 5:3-5; Filipenses 4:4-5; 1 Pedro 4:13).

Nos resulta imposible vivir la vida cristiana con nuestro propio poder; el acceso a la nueva vida del reino de Dios es por medio de Cristo mismo, y ha prometido vivirla en nosotros cuando caminamos en el poder del Espíritu que mora en nosotros. Somos llenados con el Espíritu cuando dejamos de depender de nuestros propios recursos para permitirle que nos controle (Efesios 5:18). Recordemos que necesitamos tanto estar llenos internamente del Espíritu para tener carácter y sabiduría como ser llenados externamente del Espíritu para el ministerio y el servicio.

¿Cómo buscamos que el Espíritu nos visite? Si bien la Escritura no nos presenta una fórmula detallada, la experiencia de los santos así como los principios bíblicos apuntan a ciertos requisitos que preparan el camino.

Admitir nuestra debilidad. Cuando acudimos a Dios con espíritu de humildad, contrición y quebranto, reconocemos la necesidad desesperada que tenemos de él. El poder de Dios se perfecciona en nuestra debilidad (2 Corintios 12:9-10).

Entregar nuestra voluntad. Si un campesino quiere cultivar una parcela, la debe arar y desherbar antes de que pueda recibir la semilla que luego madurará y dará fruto. Es un proceso doloroso y molesto, pero Dios utiliza tiempos de crisis para conducirnos al punto de entregarle nuestra voluntad. Cuando nos sentimos cansados de nuestros propios recursos y esfuerzos, nuestro sentido creciente de inadecuación frustrante nos conduce a Dios. Al caer en la cuenta de nuestra impotencia, nuestra dependencia creciente hace que nos resulte más real el Espíritu de Dios. En lugar de hacer cosas para Dios, aprendemos a invitarlo a que actúe en nosotros y por medio de nosotros.

Confesar nuestra desobediencia. La pureza conduce al poder. Apenamos y ahogamos al Espíritu cuando toleramos pecados inconfesos, comportamientos cuestionables, pensamientos impuros, falta de integridad, deshonestidad, egoísmo, inmoralidad y otras formas de desobediencia. La Escritura nos invita a presentarnos ante Dios como quienes hemos vuelto de la muerte a la vida y a nuestros miembros como instrumentos de justicia ante Dios (Romanos 6:13). En lugar de centrarnos en poseer al Espíritu Santo, deberíamos estar más preocupados en que el Espíritu Santo nos posea a nosotros. «El que obedece sus mandamientos permanece en Dios, y Dios en él. ¿Cómo sabemos que él permanece en nosotros? Por el Espíritu que nos dio» (1 Juan 3:24).

Santificar nuestros deseos. Quienes de manera consciente anhelan la purificación, el empoderamiento y el avivamiento del Espíritu, clamarán a Dios con deseo santo. Este es el tema del clásico espiritual de Jean-Pierre de Caussade *Abandonment to Divine Providence*; un corazón puro y contrito y un abandono fundamental a los propósitos amorosos de Dios nos conducen a los tesoros de su gracia. La oración y la comunión con Cristo conducen a poder espiritual.

Confiar en la promesa de Dios de llenarnos. La Escritura nos ordena que seamos llenos del Espíritu (Efesios 5:18) y nos exhorta a que andemos guiados por el Espíritu (Gálatas 5:16, 25), a que nos guíe el Espíritu (Romanos 8:14-16; Gálatas 5:18), a vivir por el Espíritu (Romanos 8:11-13; Gálatas 5:25) y a fijar nuestra mente en el Espíritu (Romanos 8:5-9). De este modo podemos tener la seguridad de que el deseo de Dios es que sus hijos estén llenos del Espíritu. Cuando confiamos en su promesa de llenarnos y la hacemos nuestra, podemos confiar en que es una petición que nuestro Padre se complacerá en conceder.

Preguntas para aplicación personal

- ¿Nos sentimos más inclinados hacia el lado de la apertura o hacia el lado del discernimiento? ¿Qué podemos hacer para mantener un equilibrio en esta área?
- ¿Cómo valoramos las fortalezas y debilidades de los CCE?
- ¿Qué papel ha desempeñado nuestra combinación de experiencia y expectativas en nuestra comprensión de la espiritualidad llena del Espíritu?
- ¿Cómo nos valoraríamos en los cinco requisitos de admitir la debilidad, entregar la voluntad, confesar la desobediencia, santificar los deseos y confiar en la promesa de Dios de llenarnos?

FACETA 10

ESPIRITUALIDAD DE GUERRA

El mundo, la carne y el diablo

La guerra espiritual no es opcional para quienes creen en Cristo. La Escritura enseña e ilustra la dinámica de esta guerra en los frentes del mundo, la carne y el diablo. Los sistemas mundanos y demoníacos están al exterior del creyente, pero seducen y brindan oportunidades para la carne, que es lo que inclina al pecado dentro del creyente. Esta sección describe una estrategia bíblica para hacer frente a cada uno de estos obstáculos al crecimiento espiritual.

27

ESPIRITUALIDAD DE GUERRA

Guerra con la carne y el mundo

SÍNTESIS DEL CAPÍTULO

La espiritualidad de guerra se centra en la dinámica del conflicto espiritual en los tres frentes del mundo, la carne y el diablo. Nuestra percepción de esta guerra la moldea nuestra concepción del mundo, pero el Antiguo y el Nuevo Testamentos revelan la existencia de un mundo espiritual sumamente ordenado que existe entre Dios y nosotros. Este capítulo examina la guerra espiritual en los dos frentes de la carne y el mundo.

OBJETIVOS DEL CAPÍTULO

- Tomar conciencia de que nuestra comprensión de la guerra espiritual tiene relación con nuestra cosmovisión
- Una perspectiva acerca del conflicto espiritual del que informan tanto el Antiguo como el Nuevo Testamento
- Mejor comprensión de la naturaleza de la guerra con la carne y de los recursos para hacer frente a las tentaciones
- Una estrategia más clara para nuestra guerra con el mundo

Como seguidores de Cristo, estamos enfrascados en un conflicto cósmico, lo sepamos o no. La Escritura enseña e ilustra la dinámica de esta guerra en los tres frentes del mundo, la carne y el diablo. Los sistemas mundanos y demoníacos son externos a los creyentes, pero seducen y ofrecen oportunidades para la carne, que es la capacidad para pecar dentro de nosotros. Este panorama de la espiritualidad de guerra describirá una estrategia bíblica para hacer frente a cada una de estas trabas para el crecimiento espiritual.

COSMOVISIONES DEL MUNDO Y LA GUERRA

Nuestra cosmovisión consiste en cuatro supuestos básicos acerca de la realidad. Casi todas las culturas primitivas reconocen una realidad que han pasado por alto aquellos cuya forma de pensar ha sido moldeada por la cosmovisión occidental. Esta cosmovisión desarrolló una forma lógica y coherente de enfocar aspectos de la realidad, pero excluye aspectos espirituales por considerarlos imaginarios o no científicos. Como resultado de ello, los cristianos occidentales con frecuencia aceptan una idea de la realidad en dos estratos en la cual hay una esfera intermedia entre la religión y la ciencia que queda excluida. Responden a las preguntas fundamentales en términos teístas y se relacionan con el mundo en términos empíricos y naturalistas, pero suelen excluir el territorio intermedio entre estas dos esferas que consiste de poderes espirituales angélicos y demoníacos. Por el contrario, muchas personas en culturas del mundo en desarrollo (africanas, asiáticas y latinoamericanas y los habitantes de Oceanía) conocen en forma intuitiva la realidad del mundo de los espíritus pero no han contextualizado esta realidad dentro de un marco teísta. Los extremos de animismo y espiritismo por un lado y de racionalismo y materialismo por el opuesto pasan por alto ambos aspectos de la realidad que se afirma en la cosmovisión en la Escritura.

Con más frecuencia que la que pensamos, nuestros supuestos subconscientes y axiomas no cuestionados influyen en nuestra teología. Cada uno de nosotros tenemos un conjunto de filtros teológicos, culturales y emocionales que afectan nuestra percepción e interpretación de las cosas que vemos y experimentamos. Parecemos atrapados en un círculo vicioso: nuestra experiencia influye en nuestra teología y nuestra teología influye en nuestra experiencia. Además, nuestra teología afecta la forma en que interpretamos la Biblia, y la forma en que interpretamos la Biblia afecta nuestra teología. Debido a ello, es necesario volver a ponderar tanto nuestra experiencia como nuestra teología en forma permanente; si no lo hacemos, quedamos encerrados en un sistema que no permite que nuevas nociones penetren. Quienes utilizan la Escritura para defender y no para cuestionar sus supuestos culturales pueden dejar de lado o resistir la afirmación bíblica de la realidad del mundo de los espíritus.

LA REALIDAD DE LA GUERRA

Desde el comienzo del Antiguo Testamento hasta el final del Nuevo, la Biblia revela la existencia de un mundo espiritual vasto, muy ordenado y complejo que existe entre Dios y nosotros. En lugar de una dicotomía rígida entre lo natural y lo sobrenatural, las Escrituras muestran la participación directa de lo sobrenatural en la esfera de lo natural. Un análisis cuidadoso de la Biblia revela una dimensión de guerra «sobrenatural» incisiva que implica un conflicto cósmico-terrenal actual. Quienes pasan por alto o rechazan esta realidad están mal preparados para hacer frente a los poderes espirituales del mal en el mundo.

GUERRA CON LA CARNE Y EL MUNDO

Conflicto espiritual en el Antiguo Testamento

- El Antiguo Testamento afirma la existencia de seres espirituales invisibles que se corrompieron para convertirse en agentes malévolos y en enemigos de la persona y de los propósitos de Dios. La serpiente (Génesis 3; Salmo 74:14; Isaías 27:.1), espíritus malos (1 Samuel 16:14-23; 18:10; 19:9), espíritus engañosos (1 Reyes 22:21-23), demonios (Levítico 17:7; Deuteronomio 32:17; Salmo 106:37), y seres territoriales poderosos opuestos a los ángeles de Dios (Daniel 10:13, 20-21), son todos fuerzas del mal.
- El relato de la tentación y Caída (Génesis 3) revela que la rebelión humana contra el gobierno de Dios la incitó un ser malvado poderoso que con anterioridad se había vuelto contra Dios. Como consecuencia, la rebelión cósmica llegó a la tierra, y la tragedia de la maldición solo se puede superar mediante la redención de la naturaleza por parte de Dios (Romanos 8:19-23). Utilizando las tácticas de la duda y el engaño, la serpiente (luego identificada en Apocalipsis 12:9 como el dragón, el diablo y Satanás) instigó la caída de la raza humana.
- La caída de quienes habían sido creados a imagen y semejanza de Dios condujo a una enemistad permanente entre la humanidad y Satanás junto con la profecía de que la simiente de la mujer aplastaría a la serpiente (Génesis 3:15). Esto se cumple en la obra redentora de Cristo y su derrota del Malvado para bien nuestro.
- La guerra entre las dos simientes se ilustra en la historia de Caín y Abel (Génesis 4) y en el relato del aumento en la maldad humana (Génesis 6). El pecado de Babel (Génesis 11) ilustra una pauta recurrente de autonomía humana y desafío de Dios. Las naciones crean religiones idólatras que sirven sus propios intereses y no al verdadero Creador, y esto resulta evidente en la historia de las plagas y del Éxodo de Israel de Egipto. En las diez plagas, Dios demostró su persona y poder como opugnación a todos los dioses de Egipto (Éxodo 7:4-5; 9:14-16; 12:12; 15:11).
- Cerca del fin de su vida, Josué tuvo que exhortar al pueblo a que temiera al Señor y dejara de lado a los dioses foráneos de Mesopotamia, Egipto y Canaán (Josué 24:14-24). El pueblo de Israel con frecuencia sucumbió a prácticas idólatras de las naciones contiguas durante los años de los jueces y los reyes. Estos rituales paganos incluían sacrificios de niños a demonios (2 Reyes 3:27; 16:3; Salmo 106:37-38; Ezequiel 16:20-21; 23:37).
- Las historias de la demonización progresiva de Saúl (1 Samuel 16:14-23; 18:10-11; 19:9-10; 20:33; 28:7-19), del culto a Baal por parte de Acab (1 Reyes 16:30-33), y el reto de Elías a los profetas de Baal (1 Reyes 18:20-40) ilustran un conflicto espiritual permanente.

- Este conflicto también resulta evidente en las denuncias de idolatría, de ceremonias paganas en lugares altos, de imágenes de Baal y Astarté, y de culto de la prostitución en los oráculos proféticos de Isaías (p. ej., 57), Ezequiel (p. ej., 8:14), Oseas (p. ej., 2:13; 4:12-14), y otros profetas a Israel y Judá.

Conflicto espiritual en el Nuevo Testamento

- El Nuevo Testamento describe un cuadro mucho más claro de la guerra espiritual que se da en el cielo y en la tierra. Jesús identifica a Satanás como el origen del mal (Juan 8:44) y se enfrenta directamente con él durante los cuarenta días de tentación en el desierto (Lucas 4:1-13).
- El ministerio de Jesús topó con la oposición de espíritus demoníacos (Marcos 1:23-27) y demostró su autoridad sobre ellos expulsándolos en numerosas ocasiones (Marcos 1:34, 39). Cuando Jesús expulsaba demonios por el Espíritu de Dios, liberaba a personas que estaban bajo esclavitud espiritual y manifestaba el poder del reino de Dios (Mateo 12:22-29; Lucas 13:10-16).
- La historia de la liberación del endemoniado geraseno (Marcos 5:1-20) describe de manera gráfica la realidad y alcance potencial del control demoníaco. Un breve repaso de los Evangelios revela que una parte importante del ministerio de Jesús que se relata consistió en liberar a personas de espíritus malignos. Resulta fácil pasar por alto este aspecto del ministerio del Señor por medio de una «manipulación del texto», pero los Evangelios a menudo atribuyen la desgracia humana a actividad demoníaca.
- Cuando Jesús escogió a los Doce, les dio autoridad para expulsar demonios (Marcos 3:14-15; 6:7, 13; Mateo 10:7-8), y cuando comisionó a los setenta, también recibieron autoridad para dedicarse a un ministerio de liberación (Lucas 10:17-20).
- Algunos escritores afirman que, después de la resurrección y ascensión del Señor, sus discípulos prestaron menos atención al mundo de los espíritus. En realidad, el ministerio de Cristo fue la invasión decisiva del reino de las tinieblas por parte del reino de Dios, y no sorprende que la confrontación de Jesús con la oposición demoníaca fuera tan intensa. Además, derrotó a Satanás y a sus demonios, y si bien la guerra ha proseguido, los seguidores de Jesús se enfrentan a un enemigo derrotado. Pero es importante que haya más referencias al mundo de los espíritus en Hechos, las Epístolas y Apocalipsis (unas 178) que en los cuatro Evangelios (unas 150). También hay más referencias a espíritus malignos en el Nuevo Testamento (208) que a Satanás (120).

GUERRA CON LA CARNE Y EL MUNDO

- Hechos contiene una serie de enfrentamientos demoníacos en el ministerio de los discípulos (Hechos 5; 8; 16; 19). La guerra espiritual es también un tema que se repite en las Epístolas y en Apocalipsis (p. ej., Romanos 16:17-20; 1 Corintios 5:5; 7:5; 2 Corintios 2:11; 10:3-5; 11:13-15; 12:7-10; Efesios 2:2; 6:10-20; 1 Tesalonicenses 2:18; 3:5; 2 Tesalonicenses 2:1-12; 1 Timoteo 1:18-20; 4:1; 5:15; 2 Timoteo 2:26; 2 Pedro 2:4; 1 Juan 4:1-6; 5:19; Judas 6; Apocalipsis 2:9, 13, 24; 9:11, 20; 12–13; 16:13-14; 20:1-3, 7-10).
- Del mismo modo que Dios tiene a sus ángeles santos, el diablo tiene su propia jerarquía de poderes y autoridades (Efesios 3:10; Apocalipsis 12:3-4, 7-9), pero Satanás y sus ángeles están destinados al fuego eterno (Mateo 25:41).
- El Nuevo Testamento describe a la humanidad no regenerada como bajo la esclavitud del sistema del mundo, de los deseos de la carne y de Satanás, «el que gobierna las tinieblas» (Efesios 2:1-3). Sin Cristo, las personas están espiritualmente muertas, cegadas por «el dios de este mundo» a la verdad del evangelio (2 Corintios 4:3-4), y mantenidas cautivas por el diablo para que hagan su voluntad (2 Timoteo 2:26).
- Los no redimidos son llamados «hijos del maligno» (Mateo 13:37-39) «hijos del diablo» (1 Juan 3:8-10; Juan 8:44). Están bajo el dominio de Satanás (Hechos 26:18) y sujetos al dominio de la oscuridad (Colosenses 1:13). «El mundo entero está bajo el control del maligno» (1 Juan 5:19) al que Jesús llamó «el príncipe de este mundo» (Juan 12:31; 14:30; 16:11).

GUERRA EN TRES FRENTES

«Cuando los setenta y dos regresaron, dijeron contentos: "Señor, hasta los demonios se nos someten en tu nombre". "Yo veía a Satanás caer del cielo como un rayo", respondió él» (Lucas 10:17-18). «El Hijo de Dios fue enviado precisamente para destruir las obras del diablo» (1 Juan 3:8b).

Cristo ya ha logrado la victoria, pero hasta que regrese, la batalla todavía sigue en tres frentes: el mundo, la carne y el diablo (Efesios 2:2-3).

El mundo. «En este mundo afrontarán aflicciones, pero ¡anímense! Yo he vencido al mundo» (Juan 16:33b). «Porque todo el que ha nacido de Dios vence al mundo. Ésta es la victoria que vence al mundo: nuestra fe» (1 Juan 5:4b).

La carne. «Así que les digo: Vivan por el Espíritu, y no seguirán los deseos de la naturaleza pecaminosa. Porque ésta desea lo que es contrario al Espíritu, y el Espíritu desea lo que es contrario a ella. Los dos se oponen entre sí, de modo que ustedes no pueden hacer lo que quieren» (Gálatas 5:16-17).

El demonio. «El príncipe de este mundo ya ha sido juzgado» (Juan 16:11b). «La palabra de Dios permanece en ustedes, y han vencido al maligno ... el que está en ustedes es más poderoso que el que está en el mundo» (1 Juan 2:14b; 4:4b).

Las Escrituras abundan en imágenes militares de conflicto, guerra y adversidades en la vida del creyente. No es cuestión de si estamos o no enfrascados en una guerra espiritual; la cuestión es con qué eficacia estamos luchando. En el momento en que pusimos nuestra confianza en Jesucristo fuimos alistados como soldados de su ejército. Por esto Pablo le dice a Timoteo, «Comparte nuestros sufrimientos, como buen soldado de Cristo Jesús. Ningún soldado que quiera agradar a su superior se enreda en cuestiones civiles» (2 Timoteo 2:3-4). Como nuevas criaturas en Jesucristo (2 Corintios 5:17), nos enfrentamos en una batalla diaria contra las fuerzas opositoras del sistema del mundo, de los deseos de la carne y de «fuerzas espirituales malignas» (Efesios 6:12b). Para que seamos vencedores, necesitamos disciplina, resistencia, el empleo hábil de armas espirituales y dependencia del poder de Dios.

Es importante que mantengamos un equilibrio bíblico cuando pensamos en la lucha. «Hay dos errores iguales y opuestos en los que podemos caer respecto a los demonios. Uno es no creer en su existencia. El otro es creer y sentir un interés excesivo y nocivo por ellos. A ellos les agradan por igual ambos errores» (C. S. Lewis, prefacio de *The Screwtape Letters*). Quienes pasan por alto la enseñanza bíblica acerca de la realidad del enemigo y de las armas de la guerra se colocan en una posición peligrosa de vulnerabilidad.

El otro extremo de preocupación excesiva por las fuerzas demoníacas es igualmente riesgoso. Resulta fácil buscar demonios detrás de toda compulsión, deseo y calamidad. El hecho es que la carne es plenamente capaz de esas acciones; nadie necesita que lo fuercen a ser egoísta, orgulloso, glotón, compadecerse de sí mismo, lujurioso o de mal carácter. «El diablo me lo hizo hacer» puede convertirse en una excusa que nos impide aceptar responsabilidad por nuestras actitudes y acciones. Se crea un problema cuando el cristiano se vuelve más consciente del reino del demonio que de la persona y obra del Señor Jesucristo.

GUERRA CONTRA LA CARNE

La guerra con la carne está directamente relacionada con la sección sobre espiritualidad de vida cambiada, por lo que los siguientes pensamientos respecto a este frente serán concisos.

La palabra *carne* se utiliza con diferentes sentidos en la Escritura. A veces se refiere al cuerpo físico, como en Gálatas 2:20 y Colosenses 2:24. En otros pasajes se refiere a lo que Pablo llama «la ley del pecado que están en mis miembros». «Porque en lo íntimo de mi ser me deleito en la ley de Dios; pero me doy cuenta de que en los miembros de mi cuerpo hay otra ley, que es la ley del pecado. Esta ley lucha contra la ley de mi mente, y me tiene cautivo» (Romanos 7:22-23).

En la historia de Víctor Hugo «Noventa y tres», los miembros de la tripulación de un barco se enfrentan a una violenta tempestad y se sienten más aterrorizados por un sonido estrepitoso que proviene del interior de la embarcación que por la tempestad misma. Saben que es el ruido de un cañón que ha quedado suelto y que está chocando contra los costados del barco con cada ola violenta. Dos de los hombres arriesgan la vida al bajar para sujetar el cañón antes de que rompa los costados y el barco se hunda.

Somos como ese barco: nuestras almas corren más peligro por el poder interior del pecado que por las tempestades externas del mundo y del demonio. Debido a la insistencia bíblica en la responsabilidad personal, esta «ley del pecado» que radica en nosotros es el territorio primordial de la guerra espiritual.

A nuestro nivel espiritual más profundo, somos nuevas criaturas que viven para Dios debido a nuestra salvación en Cristo. Pero en nuestros niveles anímico y físico, seguimos esperando la plenitud de nuestra redención (Romanos 8:23). Hasta ese momento, los viejos apetitos, actitudes, recuerdos y hábitos pueden salir a flote en cualquier momento y desencadenar una guerra contra la vida de Cristo en nosotros. El conflicto es lo interno frente a lo externo (Romanos 7:22-23), es decir, entre el Espíritu Santo, que mora en nuestro espíritu, y nuestra carne. Este conflicto no disminuye con la conversión, sino que se vuelve más intenso en lo que buscamos una vida dirigida por el Espíritu y con su poder.

Pablo contrasta las obras de la carne con el fruto del Espíritu en Gálatas 5:19-23. La carne se manifiesta en «inmoralidad sexual, impureza y libertinaje; idolatría y brujería; odio, discordia, celos, arrebatos de ira, rivalidades, disensiones, sectarismos y envidia; borracheras, orgías y otras cosas parecidas». Esta lista comienza con pecados morales (inmoralidad sexual, impureza, libertinaje), pasa a pecados religiosos (idolatría y brujería), y concluye con pecados sociales (odio, discordia, celos, arrebatos de ira, rivalidades, disensiones, sectarismo, envidia) y pecados de intemperancia (borracheras, orgías). Por el contrario, el fruto del Espíritu es «amor, alegría, paz, paciencia, amabilidad, bondad, fidelidad, humildad y dominio propio», y ninguno de ellos procede de la carne. En lugar de amor, la carne produce falta de perdón, odio, rechazo y hostilidad. En lugar de gozo, la carne produce amargura, resentimiento, desesperanza, depresión, inseguridad y preocupación. En lugar de paz, la carne produce temor, discordia, disensiones, celos y ansiedad. En lugar de paciencia, la carne produce intolerancia, impaciencia e inquietud. En lugar de amabilidad, la carne produce crueldad, dureza y agresión. En lugar de bondad, la carne produce malicia, maldad y depravación. En lugar de fidelidad, la carne produce deslealtad, infidelidad y deshonestidad. En lugar de humildad, la carne produce pertinacia, orgullo y maledicencia. En lugar de dominio propio, la carne produce rebelión, lujuria y gula.

No hay dos personas que tengan una combinación idéntica de disposiciones carnales. Algunos tienen más problema con la ira o la envidia, en tanto que otros pueden tener más dificultades con la falta de perdón o la lujuria. Antes de poder abordar los problemas de la carne, debemos ser lo suficientemente honestos con nosotros mismos como para determinar nuestra forma particular de carnalidad.

A modo de ejercicio, repasemos las listas de manifestaciones carnales que se encuentran en 1 Corintios 6:9-10, Gálatas 5:19-21, Efesios 4:25-31 y Colosenses 3:5, 8-9. Utilicémoslas para identificar las áreas en las que experimentamos tentaciones frecuentes. Al hacer este diagnóstico, pidamos al Espíritu Santo que nos convenza de cualquier pecado no confesado en nuestra vida. A no ser que nos arrepintamos de nuestros pecados, no disfrutaremos de intimidad con Dios.

La guerra con la carne, al igual que el conflicto con el mundo y con las fuerzas de la oscuridad, proseguirá durante todo el tiempo que pasemos en la tierra. La carne nunca puede ser reformada o mejorada; solo puede ser crucificada. «Los que son de Cristo Jesús han crucificado la naturaleza pecaminosa, con sus pasiones y deseos» (Gálatas 5:24).

Cuando confiamos en Cristo, fuimos transferidos del dominio de la oscuridad al reino de Dios (Colosenses 1:13). Dios nos sacó de la descendencia de Adán para colocarnos en la de Cristo. Nuestra nueva identidad la tenemos en él: morimos con él, fuimos sepultados con él, fuimos resucitados con él, y estamos sentados con él en las regiones celestiales (Romanos 6:3-11; Efesios 2:5-6). El viejo yo murió y el nuevo yo recibió vida. «Sabemos que nuestra vieja naturaleza fue crucificada con él para que nuestro cuerpo pecaminoso perdiera su poder, de modo que ya no siguiéramos siendo esclavos del pecado; porque el que muere queda liberado del pecado...De la misma manera, también ustedes considérense muertos al pecado, pero vivos para Dios en Cristo Jesús» (Romanos 6:6-7, 11).

Debido a nuestra unión con Cristo en su muerte y resurrección, podemos enfrentar la guerra espiritual desde una posición de victoria. Es cierto, como nos lo dice Romanos 7, que la carne o el poder del pecado sigue en nosotros, pero ya no tiene por qué tener dominio sobre nuestras vidas. Romanos 6-8 nos dice dos cosas que podemos hacer para derrotar la fuerza de la carne. Primero, debemos reconocer que estamos muertos al pecado pero vivos para Dios. Debemos creer que lo que Dios ha dicho es cierto en nosotros, sin tener en cuenta cómo nos sintamos. Esta convicción debe conducir a la acción: «Por lo tanto, no permitan ustedes que el pecado reine en su cuerpo mortal, ni obedezcan a sus malos deseos. No ofrezcan los miembros de su cuerpo al pecado como instrumentos de injusticia; al contrario, ofrézcanse más bien a Dios como quienes han vuelto de la muerte a la vida, presentando los miembros de su cuerpo como instrumentos de justicia» (Romanos 6:12-13). Debemos presentarnos en obediencia a Dios como personas que ya no son más esclavas del pecado sino esclavas de la justicia (Romanos 6:19).

Lo segundo que podemos hacer se encuentra en Romanos 8:12-13: «Por tanto, hermanos, tenemos una obligación, pero no es la de vivir conforme a la naturaleza pecaminosa. Porque si ustedes viven conforme a ella, morirán; pero si por medio del Espíritu dan muerte a los malos hábitos del cuerpo, vivirán».

Pablo agrega en Gálatas 5:16, 25, «Así que les digo: Vivan por el Espíritu, y no seguirán los deseos de la naturaleza pecaminosa... Si el Espíritu nos da vida, andemos guiados por el Espíritu». Con el poder del Espíritu, la carne ha sido crucificada con sus pasiones y deseos. La carne cae derrotada no debido a resoluciones o esfuerzos propios, sino cuando andamos sometidos a la guía del Espíritu Santo.

Si no hacemos nuestros estos recursos, estaremos bajo el dominio de la carne. Esto a su vez nos hace vulnerables a las otras dos fuerzas en la guerra espiritual, el mundo y el demonio. El mundo y sus placeres atraen a la carne y agregan combustible al fuego. Las fuerzas demoníacas también utilizan a la carne como medio de invasión en la vida del creyente. Así, el consentimiento voluntario en pecados carnales puede conducir a otras formas de esclavitud. El pecado comienza en los pensamientos (estos pueden provenir de la carne, del mundo o de sugerencias demoníacas) y, si no se controlan, se van deslizando cuesta abajo por una secuencia a escogencia, a hábito, a pérdida de control, y por fin a un control casi total. Como lo comenta Ed Murphy en *Manual de guerra espiritual*, las dos últimas fases implican un supernaturalismo diabólico.

Afirmaciones para hacer frente a las tentaciones

El conjunto de afirmaciones que sigue se puede utilizar, con la gracia de Dios, como medicina preventiva para cuatro áreas principales de tentación. Elaboré estas afirmaciones porque sentí la necesidad de una forma más concreta de pensar en el campo de tentaciones y luchas habituales. Esto puede ser especialmente útil en esa fracción de segundo que transcurre entre la tentación y la respuesta que ilumina en forma misteriosa toda la dinámica de escoger caminar con el poder del Espíritu o con el poder de la carne. Puede ayudar utilizar ejercicios e instrumentos espirituales que nos reconduzcan a una forma bíblica de pensar en tiempos en que la lucha se vuelve más intensa. Así como en el judo se contrarresta la fuerza de un oponente para sacar ventaja, así estas afirmaciones pueden convertir la fuerza de la tentación en un recordatorio espiritual positivo.

Recordemos que no se trata de fórmulas automáticas. Deben formar parte de un proceso divino-humano que implica dependencia de la gracia de Dios en nuestra vida.

Tentación de ira

1. Es pecado. «La ira humana no produce la vida justa que Dios quiere» (Santiago 1:20). (No se trata de la ira contra el pecado [cf. Ezequiel 7:3; Marcos 3:5] sino de ira pecaminosa [Gálatas 5:20]).
2. No quiero pecar. El pecado va contra la dignidad de la persona en la que me he convertido en Cristo Jesús (Efesios 2:4-7).
3. No tengo que pecar. Ya no estoy bajo el poder del pecado, sino que vivo para Dios en Cristo Jesús (Romanos 6:11; 8:12-14).
4. Entonces, ¿por qué tengo la tentación de airarme? Porque he aceptado pensamientos equivocados. Me he comprometido a planes poco realistas. (Utilizo «planes poco realistas» en el sentido de planes que, por la razón que fuera, no se lograron. Por ejemplo, me he comprometido con un plan a corto plazo de tomar un vuelo concreto para poder llegar a tiempo a una reunión. Si se me desinfla una llanta y con ello no puedo cumplir el plan, no fue realista— no se pudo realizar. El problema no radica en desear llegar a tiempo, sino en hacer que mi sentido de bienestar dependa de ello. Como la depresión es ira interiorizada, estas afirmaciones también son pertinentes para la depresión).
5. La forma correcta de pensar es recordar que Dios está en control y tiene en su corazón mis mejores intereses (Romanos 8:28).
6. Mi respuesta a esta verdad es primero confiar en el Señor y no depender de mi propia comprensión (Proverbios 3:5-6). Como el punto 5 es cierto, Dios debe tener intenciones en esta situación que no puedo comprender en la actualidad.
7. Segundo, andaré en el Espíritu y no complaceré el deseo de la carne (Gálatas 5:16). El fruto del Espíritu es amor, gozo, paz, paciencia, amabilidad, bondad, fidelidad, humildad y dominio propio (Gálatas 5:22-23).

Tentación de venganza

1. Esto es pecado. «No paguen a nadie mal por mal ... Si es posible, y en cuanto dependa de ustedes, vivan en paz con todos. No tomen venganza» (Romanos 12:17-19).
2. No quiero pecar. El pecado va en contra de la dignidad de la persona en la que me he convertido en Cristo Jesús (Efesios 2:4-7).
3. No tengo que pecar. Ya no estoy bajo el poder del pecado, sino que estoy vivo para Dios en Cristo Jesús (Romanos 6:11; 8:12-14).
4. Entonces ¿por qué tengo la tentación de buscar venganza? Porque deseo que se haga justicia. (Esto puede ser tan trivial como que alguien trate de bloquear mi automóvil en pleno tráfico o tan profundo como alimentar resentimiento contra otra persona por años.)
5. Pero Dios no me hizo justicia (que merecía); me trató con misericordia (no me dio lo que merecía) y gracia (me dio más de lo que merecía).

6. Porque he sido perdonado, perdonaré a otros y los trataré con misericordia y gracia (Colosenses 3:12-15). (Cuanto mejor entienda la misericordia y gracia de Dios en mi vida, tanto más deseoso y dispuesto estaré a perdonar a otros cuando pequen contra mi.)
7. Andaré en el Espíritu y no daré satisfacción al deseo de la carne (Gálatas 5:16). El fruto del Espíritu es amor, gozo, paciencia, amabilidad, bondad, fidelidad, humildad y control propio (Gálatas 5:22-23).

Tentación sexual

1. En esto no hay futuro. Perjudicaría mi relación con Dios y podría destruir mi relación con mi esposa e hijos, además de dañar mi reputación y desacreditar mi ministerio (1 Corintios 6:18).
2. No degradaré a esta persona, sino que la trataré con dignidad y honor. La trataré como una persona, no como un objeto; ha sido creado o creada a imagen de Dios.
3. Permitiré que la atracción me dirija a alabar la grandeza de su Creador (Esta es una especie de «judo espiritual» en el que se emplea un movimiento rápido y un punto de apoyo para derribar al oponente; en este caso, uno reorienta la fuerza que entra por la tentación hacia la alabanza.)
4. Ya no estoy bajo el poder del pecado, sino que estoy vivo para Dios en Cristo Jesús (Romanos 6:11). No soy un paquete de glándulas envuelto en una delgada piel, sino una nueva creación en Cristo (2 Corintios 5:17).
5. Andaré en el Espíritu y no daré satisfacción al deseo de la carne (Gálatas 5:16; 2 Timoteo 2:22).
6. Pondré mis ojos en Jesús, el Autor y Perfeccionador de la fe (Hebreos 12:2).

Tentación de codiciar

1. Esto es pecado. «No codicies» (Éxodo 20:17).
2. No quiero pecar. El pecado va en contra de la dignidad de la persona que he llegado a ser en Cristo Jesús (Efesios 2:4-7).
3. No tengo que pecar. Ya no estoy bajo el poder del pecado, sino que estoy vivo para Dios en Cristo Jesús (Romanos 6:11; 8:12-14).
4. Entonces ¿por qué experimento la tentación de codiciar? Porque no estoy contento con lo que tengo.
5. Mi falta de contentamiento proviene de compararme con otras personas. (Siempre habrá personas que tienen más bienes, mejores posiciones, matrimonios, hijos o ministerios que yo. Cuanto más me centre en ello, tanto más me consumirán los celos, la envidia y el resentimiento.)
6. Apartaré mis ojos de los bienes ajenos para fijarlos en Jesús, el Autor y Perfeccionador de la fe (Hebreos 12:2).

7. Dios tiene el control y en su corazón tiene mis mejores intereses (Romanos 8:28). Por tanto, me contentaré y agradeceré lo que me da.

Como cada persona tiene una única «firma carnal» (las personas son tentadas de diferentes formas e intensidades), se pueden adaptar estas estructuras de afirmaciones a otras esferas de tentación. Es prudente referirse por su nombre en forma honesta y concreta a los pecados que nos asedian con cierta regularidad de modo que podamos estar mejor preparados para responder a las tentaciones en dichas áreas. La lista por tantos siglos respetada de los siete pecados capitales puede constituir un diagnóstico útil: orgullo, envidia, ira, pereza, avaricia, gula y lujuria. El orgullo, con su sentido de importancia propia, desprecio de otros, ambición personal, presunción y vanidad, es el pecado cardinal del que se derivan otros pecados. Por ello, la búsqueda en oración de la humildad es decisiva para el avance espiritual y la victoria en la guerra con la carne. En lenguaje bíblico, la humildad se refiere a una conciencia creciente delante de Dios de que, aparte de él, no somos nada y no podemos hacer nada de valor duradero; todas las cosas «proceden de él, y existen por él y para él» (Romanos 11:36). Proverbios 3:5-7 viene al caso aquí, sobre todo la exhortación en el versículo 7, «No seas sabio en tu propia opinión; más bien, teme al Señor y huye del mal».

GUERRA CON EL MUNDO

La sección sobre espiritualidad paradigmática trata de la guerra con el mundo, de manera que el material que sigue acerca de este aspecto de la guerra espiritual será breve.

Hay tres palabras en el Nuevo Testamento para «mundo», y cada una de ellas se utiliza de diferentes modos. Adviértase cómo se emplea en estos tres versículos la palabra principal, *kosmos*.

> Porque tanto amó Dios al mundo, que dio a su Hijo unigénito, para que todo el que cree en él no se pierda, sino que tenga vida eterna.
>
> *Juan 3:16*

> Si fueran del mundo, el mundo los querría como a los suyos. Pero ustedes no son del mundo, sino que yo los he escogido de entre el mundo. Por eso el mundo los aborrece.
>
> *Juan 15:19*

> No amen al mundo ni nada de lo que hay en él. Si alguien ama al mundo, no tiene el amor del Padre.
>
> *1 Juan 2:15*

En el primero de estos versículos, «mundo» se refiere a personas, los objetos del amor de Dios. Pero en los otros dos, el mundo es nuestro enemigo.

GUERRA CON LA CARNE Y EL MUNDO

En esos contextos, es el sistema organizado de valores temporales que se oponen a la vida de Cristo en el creyente. En *The Adversary*, Mark Bubeck define el mundo como «una expresión compuesta de la depravación del hombre y de las intrigas del dominio de Satanás, combinadas en oposición al dominio soberano de Dios». Como tal, el mundo promueve una actitud de independencia respecto a Dios.,

Efesios 2:1-3 revela la interrelación de los tres frentes del mundo, la carne y el diablo: «Ustedes estaban muertos en sus transgresiones y pecados, en los cuales andaban conforme a los poderes de este mundo. Se conducían según el que gobierna las tinieblas, según el espíritu que ahora ejerce su poder en los que viven en la desobediencia. En ese tiempo también todos nosotros vivíamos como ellos, impulsados por nuestros deseos pecaminosos, siguiendo nuestra propia voluntad y nuestros propósitos. Como los demás, éramos por naturaleza objeto de la ira de Dios».

El sistema del mundo agrava la batalla con la carne por cuanto promueve y proporciona oportunidades para permitir la complacencia de la carne (Gálatas 5:19-21). Al mundo a su vez lo moldean las manifestaciones de la carne y la lucha satánica contra los planes de Dios. «Porque nada de lo que hay en el mundo —los malos deseos del cuerpo, la codicia de los ojos y la arrogancia de la vida— proviene del Padre sino del mundo» (1 Juan 2:16). Además, «el que gobierna en las tinieblas» (Efesios 2:2) es «el príncipe de este mundo» (Juan 12:31) y «el mundo entero está bajo el control del maligno» (1 Juan 5:19).

De las tres fuerzas, el mundo quizás es la más olvidada. Sin embargo es una fuerza poderosa que ha programado gran parte de nuestro pensamiento desde que nacimos. El mundo es un imán seductor que constantemente nos invita a conformarnos a sus estándares. Nos tienta a buscar la aprobación y el aplauso de las personas y no los de Dios. Nos empuja a involucrarnos más con el sistema de valores temporales con su búsqueda de riqueza, poder, prestigio, posición y popularidad y nos aparta del sistema de valores eternos revelados en la Escritura. La mundanalidad no es solo cuestión de actividades cuestionables. También es una actitud del corazón. Cuando los cristianos son esclavos de «los principios de este mundo» (Colosenses 2:8), no pueden disfrutar de la libertad y victoria que hay en Cristo.

Como ciudadanos del cielo y peregrinos en este planeta, experimentamos una tensión constante entre los terrenos temporal y eterno. Somos llamados a estar en el mundo pero no ser de él; debemos andar en el mundo sin que nos moldee. La clave para superar los valores del mundo es renovar la mente con las verdades de la Escritura. «No se amolden al mundo actual, sino sean transformados mediante la renovación de su mente. Así podrán comprobar cuál es la voluntad de Dios, buena, agradable y perfecta» (Romanos 12:2). Necesitamos interiorizar valores bíblicos por medio de un programa diario de lectura, memorización, meditación en la Escritura y personalizarla. Esto tiene un precio: toma tiempo y disciplina. Pero vale mucho más que el costo, porque nada cambia más la vida. No hay paso mayor que podamos dar para llegar a ser vencedores en la guerra espiritual («Les he escrito a ustedes, jóvenes, porque son fuerte, y la palabra de Dios permanece en ustedes y han vencido al maligno» [1 Juan 2:14b]). Solo de este modo se convertirá la Palabra en la base para nuestro pensamiento. La mente es un campo de batalla en el que dos cosmovisiones opuestas, la material frente a la espiritual, contienden por nuestra adhesión. Juan nos dice que la fe es «la victoria que vence al mundo» (1 Juan 5:4), y nuestra fe es proporcionada al nivel en que hemos asimilado la verdad de Dios. Debemos renovar nuestras mentes con la realidad de nuestra unión con Cristo (Gálatas 2:20; 6:14). Jesús ha derrotado al mundo (Juan 16:33) y a su príncipe (Juan 16:11; Colosenses 2:15). Su vida garantiza nuestra victoria, y puede liberarnos de esta perversa era presente (Gálatas 1:4; Hebreos 2:14-15; 1 Juan 4:4).

No todos los aspectos de las culturas humanas se oponen al evangelio; algunas son compatibles (p. ej., la fidelidad conyugal, el amor y cuidado de los niños), algunos son neutrales (p. ej., la comida, la ropa, la casa), y otros son incompatibles (p. ej., religión y espiritualismo). El evangelio trasciende límites temporales y culturales, de modo que deben rechazarse y sustituirse solo los componentes incompatibles de una cultura. El problema es que muchos creyentes en culturas diferentes no han roto de manera total con prácticas culturales que se oponen al señorío de Cristo. El atractivo del sincretismo hace que los creyentes en algunas partes del mundo mantengan su temor y obediencia precristianos a los espíritus («los que en realidad no son dioses» [Gálatas 4:8]). En Occidente, hay un movimiento creciente entre cristianos culturales que tiene una idea limitada de la autoridad bíblica a combinar el evangelio con creencias tomadas de religiones tradicionales o magia espiritual. Las poderosas fuerzas del relativismo cultural, pluralismo, secularización, pragmatismo, naturalismo, panteísmo, y sincretismo de la Nueva Era son totalmente incompatibles con la visión bíblica de verdad y vida en Cristo. Además, el materialismo es cada vez más un punto de ingreso a la influencia demoníaca en Occidente.

Se requiere disciplina y discernimiento para resistir a la tentación de conformarse a lo que otros piensan y hacen (Romanos 12:1-2). La influencia penetrante de la educación, los medios de comunicación y la industria del entretenimiento nos seduce para que trivialicemos y condonemos muchas expresiones culturales de pecado. En el pasado, los cristianos tenían una forma de externar la mundanalidad evitando ciertos lugares, cosas y actividades. En época más reciente, la tendencia ha sido ir demasiado lejos en la dirección opuesta debido a una profunda pérdida de discernimiento que incorpora una mentalidad de consumismo y acumulación.

Como la mundanalidad es tanto externa como interna, debemos cultivar un mayor sentido de separación. Haríamos bien en regresar a la antigua práctica de meditar sobre la vanidad del mundo, la brevedad de la vida y la

GUERRA CON LA CARNE Y EL MUNDO

eternidad de la vida venidera. Puede resultar ser un proceso doloroso de rendición y renovación el tener que arrancar nuestra esperanza e identidad de aquello que es transitorio para transferir nuestra esperanza e identidad a promesas duraderas de Dios. Si no servimos al Señor con todo el corazón, serviremos a los dioses de este mundo: «elijan ustedes mismos a quiénes van a servir» (Josué 24:14-23). La Escritura nos recuerda que el mundo, con su trío de malos deseos, codicia de los ojos y arrogancia de la vida, se acaba (1 Juan 2:15-17; 1 Corintios 7:29-31) y que la amistad con el mundo es hostilidad hacia Dios (Santiago 4:4). No hay término medio, ni territorio neutral. Debemos escoger a nuestro amo (Lucas 16:13), y si es el Señor Jesús, exigirá el gran costo de negarnos a nosotros mismos, tomar nuestras cruces y seguir a nuestro Maestro donde quiera que nos ordene ir (Mateo 16:24-26). Parte de este costo es que el mundo odiará a los que siguen a Cristo de cerca del mismo modo que lo odiaron a él (Juan 15:18-21; 16:20; 17:14; 1 Juan 3:13). Mientras busquemos «las cosas de arriba, donde está Cristo» (Colosenses 3:1), podremos utilizar al mundo sin que el mundo nos utilice.

Como ejercicio, meditemos acerca de los siguientes pasajes para ver cómo se relacionan con nuestro conflicto con el sistema del mundo: Lucas 9:23-25; Juan 15:18-19; 17:14-17; 2 Corintios 4:17-18; 5:7; 10:3-5; Filipenses 4:8; Colosenses 2:8; 3:1-4.

PREGUNTAS PARA APLICACIÓN PERSONAL

- ¿Cómo han influido nuestra cultura y cosmovisión en nuestra comprensión de la esfera intermedia de poderes espirituales angélicos y demoníacos?
- ¿Cómo entendemos el conflicto cósmico terrenal actual?
- ¿Cómo describiríamos nuestra propia lucha en los tres frentes del mundo, la carne y el diablo?
- ¿Qué recursos utilizamos en la guerra con la carne? ¿Podemos identificar nuestra firma única de la carne? Tratemos de adaptar las estructuras de afirmación que se presentaron en este capítulo a nuestras propias áreas de tentación.
- ¿Qué recursos empleamos en la guerra con el mundo? ¿En qué formas se han visto influidas nuestra mente, nuestras emociones y nuestra voluntad por las atracciones de la riqueza, el poder, el prestigio, la posición, la popularidad y el placer?

28

ESPIRITUALIDAD DE GUERRA

Guerra con el demonio y sus ángeles

SÍNTESIS DEL CAPÍTULO

Este capítulo desarrolla el tercer frente de la guerra espiritual con Satanás y sus huestes demoníacas. Describe la naturaleza y obra de Satanás y de los demonios, examina los grados, síntomas y causas de la actividad demoníaca y estudia la liberación de la actividad demoníaca.

OBJETIVOS DEL CAPÍTULO

- Una comprensión más bíblica de la naturaleza y obra de nuestros adversarios espirituales
- Un entendimiento más práctico de la actividad demoníaca y de los recursos para la liberación

«Por último, fortalézcanse con el gran poder del Señor. Pónganse toda la armadura de Dios para que puedan hacer frente a las artimañas del diablo. Porque nuestra lucha no es contra seres humanos, sino contra poderes, contra autoridades, contra potestades que dominan este mundo de tinieblas, contra fuerzas espirituales malignas en las regiones celestiales. Por lo tanto, pónganse toda la armadura de Dios, para que cuando llegue el día malo puedan resistir hasta el fin con firmeza» (Efesios 6:10-13).

Como miembros del cuerpo de Cristo, desempeñamos un papel crucial en un conflicto universal con «fuerzas espirituales malignas en las regiones celestiales». Las «artimañas del diablo» implican una estructura sumamente organizada que está haciendo una guerra constante a los creyentes. El ejército invisible de Satanás consiste de grandes cantidades de seres espirituales en una jerarquía de autoridades, poderes, potestades que dominan este mundo y fuerzas espirituales. A diferencia de David, quizás tengamos pocos enemigos humanos, pero sus experiencias en los Salmos son pertinentes para nosotros dado que abundan nuestros enemigos espirituales.

GUERRA CON EL DEMONIO Y SUS ÁNGELES

El Nuevo Testamento nos exhorta a darnos cuenta de que se da una guerra, a reconocer las estrategias del enemigo, y a saber cómo luchar. Últimamente ha habido una conciencia renovada de la necesidad de ser agresivos en la guerra espiritual, y esto es especialmente verdad en el caso de muchos que están involucrados en la espiritualidad llena del Espíritu. Pero sigue habiendo un extendido problema de pasividad. Demasiados creyentes son o escépticos o ingenuos en cuanto a considerar la realidad de la actividad satánica y demoníaca en las vidas de los creyentes.

Los dos extremos de fascinación morbosa y de temor son incluso peores. Algunas personas llegan a obsesionarse con el tema, estudiando y pensando más acerca de los demonios que acerca de Cristo. Otros se vuelven temerosos, convenciéndose de que han sido derrotados. En lugar de recurrir a las verdades de la Escritura, se han desorientado debido a experiencias de fracaso hasta llegar a sentir o pensar que Satanás es invencible y que no pueden hacer nada para triunfar. El temor es lo opuesto de la fe, y conduce a la derrota. El blanco principal de Satanás es la mente (2 Corintios 4:4; 10:3-6; 11:3). Como hijos de Dios, se nos ha dado autoridad, poder y victoria en Cristo. Pero es responsabilidad nuestra asumir en forma agresiva la verdad de la Escritura sin tener en cuenta nuestros sentimientos y de mantenernos firmes en el hecho de que hemos muerto al dominio del pecado y de Satanás en nuestras vidas (Romanos 6:12-14). No podemos esperar hacer frente a los poderes espirituales con nuestra propia fortaleza. Solo Cristo es invencible, y «somos más que vencedores por medio de aquel que nos amó» (Romanos 8:37). Él puede conservar todo nuestro ser hasta su venida, capacitarnos en todo lo bueno para cumplir su voluntad, y guardarnos para que no caigamos (1 Tesalonicenses 5:23-24; Hebreos 13:20-21; Judas 24). «Así que sométanse a Dios. Resistan al diablo, y él huirá de ustedes» (Santiago 4:7).

LA NATURALEZA Y OBRA DE SATANÁS

Tanto el Antiguo Testamento como el Nuevo reconocen repetidas veces la existencia de Satanás. La Escritura enseña que es un ser personal que posee inteligencia, emoción y voluntad (Zacarías 3:1-2; Lucas 4:1-13; 2 Corintios 11:3; Apocalipsis 20:7-8). Lo creó Dios como ángel (Isaías 14:12-13; Mateo 25:41; Apocalipsis 12:9), y como «querubín protector» tuvo originalmente una belleza perfecta y se condujo en forma irreprochable hasta que se rebeló contra Dios (Ezequiel 28:12-15). Es sin duda la criatura más poderosa que Dios jamás hizo (Judas 9). Su corazón se llenó de orgullo debido a su belleza; su esplendor corrompió su sabiduría, y se levantó contra Dios en un acto de afirmación satánica de sí mismo (Ezequiel 28:16-17; Isaías 14:12-15; estos pasajes proféticos se refieren a personajes históricos, pero parece que la poesía también utiliza estas imágenes para aludir a una dimensión cósmica del mal espiritual).

CONFORMADOS A SU IMAGEN

Debido a su rebelión, el carácter de Satanás se deformó, y se convirtió en una poderosa fuerza de mal en el universo. Tiene dominio sobre un vasto ejército de ángeles caídos y rige sobre el sistema del mundo. Sus títulos y nombres revelan su posición, poder y prácticas.

Nombres que revelan su posición y poder

- Príncipe de este mundo (Juan 12:31; 16:11), del sistema del mundo.
- El príncipe que gobierna las tinieblas (Efesios 2:2), sus fuerzas rodean la tierra.
- El dios de este mundo (2 Corintios 4:4), influye en las filosofías y políticas cambiantes de este planeta.
- Príncipe de los demonios (Mateo 12:24; Lucas 11:15), lidera una hueste de fuerzas demoníacas.
- Lucifer (Isaías 14:12; cf. 2 Corintios 11:14), en su estado original era portador de luz, y desde su caída, se disfraza como ángel de luz.
- La serpiente antigua (Apocalipsis 12:9), ha estado actuando desde el comienzo de la historia humana.
- El gran dragón (Apocalipsis 12:3-4, 7, 9), es un enemigo furioso y destructor.

Nombres que revelan sus prácticas

- Satanás, o adversario (Zacarías 3:1; Lucas 22:3; 1 Pedro 5:8), es oponente incansable de los creyentes.
- Diablo, o calumniador (Lucas 4:2; 1 Pedro 5:8; Apocalipsis 12:9), se esfuerza por difamar a Dios y a sus hijos.
- El maligno (Juan 17:15; 1 Juan 5:18), es completamente corrupto.
- El destructor (Apocalipsis 9:11), trata de destruir la vida física y espiritual.
- El tentador (Mateo 4:3; 1 Tesalonicenses 3:5), seduce a las personas para que actúen mal.
- El acusador (Apocalipsis 12:10), nos acusa delante de Dios y se esfuerza para que nos condenemos.
- El engañador (Apocalipsis 12:9; 20:3), promueve falsas filosofías y falsificaciones espirituales.
- Asesino (Juan 8:44), busca la muerte de sus víctimas.
- Mentiroso, y el padre de la mentira (Juan 8:44), sus promesas y seducciones son falsas.

Ningún creyente puede permitirse hacer caso omiso de las actividades de un adversario tan poderoso. La obra del diablo es estratégica y de largo alcance. Sus artimañas y métodos (2 Corintios 2:11; Efesios 6:11) son sutiles y astutos. Una de las estrategias cruciales de la lucha del diablo y de sus fuerzas demoníacas es el camuflaje, el ocultamiento, la ilusión, el engaño y la decepción.

Su programa contra toda la humanidad

- Se opone a la persona y programa de Dios. Su deseo es convertirse en «semejante al Altísimo» (Isaías 14:14). Por ello busca la adoración y servicio que solo Dios merece.
- Oculta su identidad disfrazándose de ángel de luz y falsificando la verdad (2 Corintios 11:13-15). Ofrece cosas buenas pero con medios malos y por las razones malas (Mateo 4:3-10).
- Engaña a las naciones (Apocalipsis 20:3) e influye en gobiernos para que impidan la difusión del evangelio.
- Actúa en contra de los que no son salvos quitándoles la palabra de sus corazones (Lucas 8:12) y cegando sus mentes al evangelio (2 Corintios 4:3-4).
- Inspira falsificaciones espirituales; falsas religiones y falsos profetas (1 Juan 2:18, 22; 4:3).
- Promueve la búsqueda de lo oculto para alcanzar conocimiento y poder abominables (Deuteronomio 18:9-13)
- Implanta pensamientos y planes malvados en las mentes de las personas (Juan 13:2; Hechos 5:3).
- Puede infligir enfermedad y muerte (Job 2:1-7; Hechos 10:38; Hebreos 2:14).

Su programa contra los creyentes

- Trata de destruir la reputación y ministerios de los creyentes (Lucas 22:31; 1 Timoteo 3:7). Si no puede derrotar de manera directa el ministerio de un cristiano, puede tratar de lograrlo de forma indirecta atacando a un ser amado.
- Incita a la persecución de los santos (Apocalipsis 2:10).
- Obstaculiza los planes de los creyentes (1 Tesalonicenses 2:18).
- Trata de conseguir que los cristianos duden del amor de Dios; trata de difamar a Dios y conseguir que las personas cuestionen la bondad de Dios (Génesis 3:1-5).
- Acusa a los creyentes delante de Dios (Apocalipsis 12:10).
- Acumula culpa y condena propia en los cristianos por razón de sus pecados y los induce a creer la mentira de que deben pagar por ellos.
- Promueve el olvido de la confesión de pecados (Efesios 4:26-27) y derrota a los cristianos haciéndoles sentir que Dios no los perdonaría porque han cometido muchas veces antes el mismo pecado.

- Estimula a los creyentes a que confíen en su propio esfuerzo en la formulación de planes y en actuar en forma independiente de Dios (2 Crónicas 16:7-10).
- Tienta a los cristianos de varias formas: mintiendo (Hechos 5:3), pecados sexuales (1 Corintios 7:5), falta de perdón (2 Corintios 2:10-11), orgullo y exaltación propia (1 Timoteo 3:6), desaliento (1 Pedro 5:6-10) y preocupación mundana (1 Juan 2:15-17; 5:19).

LA NATURALEZA Y OBRA DE LOS DEMONIOS

La Biblia sustenta con abundancia la existencia de los demonios. Se mencionan en el Antiguo Testamento (Levítico 17:7; Deuteronomio 32:17; Salmo 106:37) y en la enseñanza de Cristo y de los apóstoles (Marcos 1:23-27; 1 Timoteo 4:1; 2 Pedro 2:4). En los Evangelios, a los demonios se les llama «espíritu maligno» (Marcos 7:25-26; Lucas 8:2) y también ángeles del diablo (Mateo 25:41). La palabra para «demonio» (*daimonion*) no significa «diablo». Esta palabra proviene de *diabolos*, o «calumniador», nombre de Satanás. Evidentemente, los demonios son seres angélicos que siguieron a Satanás en su rebelión contra Dios (Mateo 25:41; Judas 6; Apocalipsis 12:4). Satanás es el «príncipe de los demonios» (Mateo 12:24), y están organizados para llevar a cabo su plan de derribar el reino de Dios (Efesios 6:11-12; Apocalipsis 12:7).

Al igual que Satanás, los demonios son seres personales; no son supersticiones, fuerzas impersonales o estados psicológicos. Tienen inteligencia (Marcos 1:23-24; Lucas 8:27-33), emoción (Lucas 8:28; Santiago 2:19) y volición (Mateo 12:44; Lucas 8:32). Difieren en cuanto a rango y poder (Efesios 6:12) y también en grado de maldad (Mateo 12:45). Algunos demonios parecen producir necedad y desatino; otros buscan degradar y destruir.

Propiedades de los demonios

- Son depravados en sus personas y obras. En su estado caído, los demonios son maliciosos y perversos. Son criaturas de oscuridad, radicalmente opuestos al carácter santo de Dios.
- Son seres espirituales (Mateo 8:16; Lucas 10:17, 20). No los limitan obstáculos físicos normales (p. ej., una legión de demonios en un hombre [Lucas 8:30]). Los demonios son incorpóreos pero, como criaturas, son finitos y limitados (Mateo 12:43).
- Son invisibles pero capaces de manifestarse (Apocalipsis 9:7-10; 16:13-14).
- Tienen el poder del habla por medio de las personas en las que habitan (Marcos 1:24).

- Poseen inteligencia sobrehumana. Conocen la verdadera identidad de Cristo (Marcos 1:24, 34; 5:7) e hicieron posible que una niña predijera eventos futuros (Hechos 16:16).
- Tienen poder sobrenatural. Los demonios pueden derrotar y afligir físicamente a los humanos (Mateo 8:28; Hechos 19:13-16). También pueden afligir la mente y las emociones.

Programa de los demonios
- Obedecen a Satanás (Mateo 12:24; Apocalipsis 12:7) y difunden mucho su poder e influencia sobre personas, naciones y el sistema del mundo (Daniel 10:13, 20; Juan 12:31; Efesios 2:2; 1 Juan 5:19).
- Inducen dolencias físicas y mentales (Mateo 12:22; Marcos 9:17-29; Lucas 8:27-33; 2 Corintios 12:7). Por ejemplo, Jesús expulsó un espíritu de enfermedad, un espíritu de sordera, un espíritu de ceguera y un espíritu de mudez.
- Promueven la idolatría (Levítico 17:7; Deuteronomio 32:17; Salmo 96:5).
- Buscan esclavizar a las personas a lo oculto. Esto incluye espiritismo, predecir el futuro, fenómenos físicos y psíquicos, magia y brujería (Levítico 19:31; Deuteronomio 18:9-12; Hechos 13:6:11).
- Apoyan los sistemas temporales de valores y sus filosofías (2 Corintios 10:3-5).
- Fomentan el desorden, la inmoralidad y la rebelión entre las personas (2 Tesalonicenses 2:3-4, 7). Como su amo, los demonios tratan de robar, matar y destruir.
- Pervierten el evangelio de la gracia (1 Timoteo 4:1-3; Colosenses 2:18).
- Inspiran a falsos maestros y a falsificadores espirituales (2 Corintios 11:13-15; 2 Pedro 2:1-2; 1 Juan 4:1-4). Forman parte de la dinámica que está detrás de religiones paganas y de cultos pseudocristianos.
- Se oponen a los creyentes y tratan de derrotar su vida espiritual (Efesios 6:10-11). Los demonios actúan para promover contiendas, celos, ambición personal y divisiones en la iglesia (1 Timoteo 4:1-3; 2 Timoteo 3:1-8; Santiago 3:14-16). El diablo y sus demonios tratan de mantenernos cautivos para que hagamos su voluntad (2 Timoteo 2:26).

Grados de actividad demoníaca

Negar la existencia e influencia de los demonios sería ignorar o convertir en mitos los muchos relatos de los Evangelios acerca del ministerio de Cristo de liberar a personas de la esclavitud demoníaca. Se trataba de algo más que de engaños o alucinaciones psicológicas. Desde la iglesia del siglo primero en el libro de Hechos hasta el presente ha habido evidencias claras de opresión y control demoníacos.

La Biblia no utiliza el término «posesión diabólica». La expresión usual es que una persona «tiene» un demonio o un espíritu impuro. La palabra griega *daimonizomenoi* significa «estar demonizado». Este término permite diferentes grados de 'demonización', desde influencia hasta opresión hasta control.

Influencia. Todos los cristianos son blancos para las fuerzas de Satanás. Nos pueden atacar en los niveles físico y psicológico, procurando corromper nuestras vidas y derrotar nuestros ministerios. Los demonios intentan plantar pensamientos en nuestra mente, influir en nuestras emociones y debilitar nuestras voluntades. Inyectan pensamientos y actitudes engañosos, acusadores y condenadores que se oponen a la verdad de la Escritura (2 Corintios 10:3-6; 11:3). Los poderes satánicos están siempre activos para tentar y seducir a los creyentes (1 Corintios 7:5; 12:2-3; 1 Timoteo 5:14-15). Pueden poner obstáculos en nuestro camino para sofocar nuestro crecimiento y el avance del evangelio (1 Tesalonicenses 2:18; Romanos 15:22). La actividad demoníaca en este nivel puede conducir a la apostasía y a la corrupción doctrinal (1 Timoteo 4:1-3).

La represión que Jesús le hace a Pedro en Mateo 16:22-23 ilustra por lo menos el primer grado de influencia por parte de las fuerzas satánicas en la vida del creyente. En este nivel, el ataque procede de afuera, pero puede ser intenso. Sin embargo, los demonios no pueden derrotar ninguna parte de la vida de un creyente que se ha puesto en manos del Espíritu Santo. Si uno no ha permitido que los poderes de la oscuridad construyan un baluarte en su vida, los ataques no pueden avanzar.

Opresión. Del mismo modo que hay diferentes grados en que el cristiano puede entregarse a Dios y recibir poder del Espíritu, así también hay grados diversos de esclavitud a los poderes demoníacos. Los cristianos, al igual que los no cristianos, pueden ser acosados, oprimidos, deprimidos y atormentados por espíritus impuros. Cuando los creyentes ceden ante las sugerencias y tentaciones demoníacas, esto puede conducir a niveles de ataque más intensos que una simple influencia.

La opresión demoníaca se caracteriza por pensamientos y conducta obsesivos. Durante los tiempos de ataque intenso, toda la personalidad puede ser distorsionada y esclavizada a impulsos irracionales, mal humor, ira incontrolable y mentir compulsivo.

La demonización pasa de lo externo a lo interno cuando uno o más espíritus malignos invaden el cuerpo y la personalidad. La historia de Ananías y Safira ilustra la influencia interna por parte de fuerzas satánicas. «Ananías —le reclamó Pedro— ¿cómo es posible que Satanás haya llenado tu corazón para que le mintieras al Espíritu Santo y te quedaras con parte del dinero que recibiste por el terreno?» (Hechos 5:3). Otro punto de entrada pueden ser el enojo y la ira injustos: «Si se enojan, no pequen. No dejen que el sol se ponga estando aún enojados, ni den cabida al diablo» (Efesios 4:26-27).

Control. El grado más severo de actividad demoníaca es el dominio de la mente, de la palabra y de la conducta. En esta condición, la víctima está sujeta a episodios de control por parte de demonio o demonios dentro de la persona que cambian la personalidad y utilizan el cuerpo como vehículo. Cuando hablan a través de alguien, se refieren a él o ella en tercera persona.

El control demoníaco puede ser voluntario (p. ej., sesiones, canalización, brujería) o involuntario (p. ej., transferencia por medio de genealogía). La «demonización» puede contribuir a enfermedad mental, pero debería distinguirse la una de la otra. La enfermedad mental puede deberse a una serie de causas, incluyendo química cerebral, trauma emocional, enfermedad depresiva, culpa persistente, obsesión con el mal y desobediencia consciente a la Palabra. Por esta razón es prudente aplicar el discernimiento antes de utilizar un ministerio, en particular en el caso del ministerio de liberación.

¿Puede un cristiano estar bajo el control demoníaco? Es un tema que se debate. Algunos autores arguyen que la presencia personal del Espíritu Santo (Juan 14:17; Romanos 8:9; 1 Corintios 6:19-20) impide la invasión de demonios en el cuerpo de un creyente. Pero el Espíritu presente no excluye la presencia del mal dentro de la persona santa, porque la carne, o el poder del pecado en sus miembros, es muy real (Romanos 7:15-24; Gálatas 5:16-17). La Biblia no enseña que los cristianos sean inmunes al ingreso de demonios, y resulta claro por la experiencia de muchos misioneros y consejeros que los creyentes pueden estar internamente oprimidos. Sin embargo, esto no es lo mismo que lo que se llama popularmente posesión, en la que la persona está totalmente bajo el control o dominio de fuerzas demoníacas.

El Espíritu Santo mora en el cristiano en un nivel más profundo que ningún espíritu maligno puede alcanzar. Sin embargo, la práctica de pecados habituales pudiera dar a los demonios base para invadir el cuerpo y la psique (mente, emociones y voluntad) de un creyente. Un demonio puede tratar de conseguir que otros ingresen para incrementar su dominio sobre aspectos de la personalidad. Al influir en el pensamiento, sentimiento y elecciones de la persona, puede resultar difícil distinguir los pensamientos e impulsos propios de los de ellos. Pero los demonios son invasores temporales cuyo dominio puede superarse cuando se elimina la base de su permanencia.

Síntomas de actividad demoníaca

¿Cómo podemos discernir si un problema se debe a la carne, el mundo o el diablo? Una serie de desórdenes físicos y psicológicos pueden tener causas orgánicas (p. ej., alergias severas e hipoglicemia), y es prudente considerar primero esta posibilidad. Un examen físico puede revelar una condición que se puede tratar con dieta o medicación.

La mayor parte de los problemas los causa el andar en la carne (recordemos la lista de pecados de la carne en el capítulo previo). Es absurdo suponer que somos peones en la guerra cuando somos responsables por escoger el pecado y no a Dios. Muchas cosas que atribuimos al mundo y a Satanás son resultado de concesiones a la carne. Pero al ceder ante el poder del pecado en nuestros miembros y a las tentaciones del mundo, podemos abrir la puerta a la esclavitud demoníaca. Si no triunfamos después de procurar de manera activa hacer nuestros los recursos que tenemos en Cristo, de confesar nuestros pecados y de renovar nuestras mentes, deberíamos pedir discernimiento espiritual y considerar la posibilidad de influencia demoníaca.

Recordemos la importancia de evitar el primer extremo de pasar por alto la enseñanza bíblica en cuanto a la realidad de la «demonización» y el segundo extremo de atribuir todos los problemas y tentaciones a los demonios. Los síntomas comunes en la lista que sigue son solo indicadores de *posible* actividad demoníaca. No los examinemos en forma aislada, porque también pudieran deberse a problemas físicos, psicológicos o espirituales. Pero la evidencia de la «demonización» puede ser más significativa si varios están presentes al mismo tiempo.

- Pensamientos autodestructores, suicidas u homicidas
- Enojo incontrolable o arrebatos de ira y violencia
- Maldiciones y blasfemias compulsivas
- Fuerte animadversión al nombre de Jesús, a la lectura de la Biblia o a la oración
- Profunda depresión, melancolía o desesperanza
- Amargura y odio intenso e irracional
- Tentaciones obsesivas o deseos excesivos
- Sentimientos abrumadores de culpa y reproche
- Incapacidad de renunciar a un pecado dominante
- Síntomas físicos repentinos e inexplicables (p. ej., presión, sofocos, ataques, episodios de pérdida de conciencia)
- Temor o pavor incontrolable
- Pesadillas recurrentes
- Conocimiento sobrenatural; poderes de clarividencia o de médium
- Cambios y distorsiones repentinos de expresiones faciales o de voz
- Desórdenes de personalidad múltiple
- Fuerza física no natural
- Fenómenos y apariciones de duendes

Esta lista no es completa. En sí mismos, ninguno de estos síntomas indica una actividad demoníaca. Debemos evitar la mentalidad de «en caso de duda, echarlo» de los que se consideran inspectores de demonios.

GUERRA CON EL DEMONIO Y SUS ÁNGELES

Causas de actividad demoníaca

Como vivimos en una sociedad cada vez más inmoral e irreligiosa, las presiones y oportunidades para conformarnos son mayores que nunca. La televisión, la radio, las revistas, los periódicos, las películas y millares de sitios en Internet están siempre a punto para exponernos a valores, actitudes y sistemas de creencias que distorsionan nuestro pensamiento y debilitan nuestra voluntad. La carne es el puerto de entrada para las influencias del mundo y del demonio. En la mayor parte de los casos, la «demonización» en la vida del cristiano proviene de la práctica repetida de pecados en la mente o el cuerpo (p. ej., los enumerados en Marcos 7:21-22 y Gálatas 5:19-21).

Cuando los creyentes no responden a las advertencias de la conciencia y de la Escritura y a la convicción del Espíritu Santo, están esclavizados a la carne. Hay una tal afinidad entre las obras de la carne y los poderes de la oscuridad que las concesiones en las primeras pueden conducir a la esclavitud por parte de los segundos. Las Escrituras ven el pecado de una manera más seria que lo que solemos pensar, ya que, de hecho, al desobedecer, abandonamos al Señor (2 Crónicas 24:20). Es peligroso albergar pecados no confesados (ver Salmo 32:1-6) ya que los cristianos que no se arrepienten y renuncian a los pecados no pueden andar en victoria. En vez de ello, son cada vez más vulnerables a la tentación; los pensamientos y acciones pecaminosos se vuelven obsesivos y dominantes a medida que su voluntad se va debilitando en forma gradual. En este estado, siguen cediendo terreno al enemigo y volviéndose más susceptibles al sometimiento demoníaco. Las fuerzas del mal van apoderándose del terreno que se les concede con el pecado en la vida del creyente. No se retirarán hasta que se renuncie a su terreno.

Al hacerse cristiano no se superan de forma automática todos los baluartes del pasado. Por ejemplo, la práctica del ocultismo en cualquiera de sus formas con frecuencia conduce a residuos de problemas de «demonización» que deben ser resueltos. El ocultismo es una abominación a los ojos de Dios (Levítico 20:6) y resultan peligrosas las concesiones en cosas como magia, astrología, mesas Guija, cartas tarot, leer la mano, espiritualismo (espiritismo), fenómenos psíquicos, técnicas de la Nueva Era y prácticas religiosas no cristianas.

No todos los baluartes demoníacos en la vida de la víctima los produce el pecado; algunos pueden deberse a traumas de la infancia, como abusos sexuales, físicos, psicológicos y religiosos. En otros casos la «demonización» se produce como resultado de una herencia espiritual. Pecados como el ocultismo, las maldiciones y la brujería en las vidas de los padres o abuelos pueden afectar a generaciones posteriores (esta puede haber sido la razón de por qué el muchacho en Marcos 9:17-29 estuvo demonizado desde la niñez). Después de prohibir la idolatría, el Señor declaró, «Yo, el SEÑOR tu Dios, soy un dios celoso. Cuando los padres son malvados y me odian, yo castigo a sus hijos hasta la tercera y cuarta generación» (Éxodo 20:5).

Liberación de la actividad demoníaca

Es una necedad ignorar los métodos y el poder del enemigo. Esto hace que nuestras familias y nosotros seamos vulnerables en tanto que Satanás y sus fuerzas trabajan en forma imperceptible y sin cuestionamientos. Muchos pasan por alto el hecho de que cerca del 25 por ciento del ministerio de Jesús tal como se narra en los Evangelios tuvo que ver con la liberación de aflicciones demoníacas. Las fuerzas del mal no desaparecieron cuando Jesús abandonó la tierra.

Los creyentes deben aprender a cómo derribar los baluartes (2 Corintios 10:4), a luchar contra los principados y potestades (Efesios 6:12), y a resistir al demonio (Santiago 4:7). Merrill F. Unger comentó en *What Demons Can Do to Saints* que la armadura del cristiano es para enemigos externos, no internos. «Pero si el cristiano no utiliza su armadura ¿acaso el enemigo dejará de invadir la ciudadela del creyente? Si invade, es precisamente porque los creyentes pueden llegar a esclavizarse y deben recurrir a guerreros cristianos para que acudan a rescatarlos en batalla de oración para poder en algún momento ser liberados de las trampas de Satanás en las que han quedado "cautivos, sumisos a su voluntad"» (2 Timoteo 2:26).

Debemos reconocer que hemos recibido autoridad y victoria en la guerra espiritual (Mateo 10:1; Lucas 9:1; 10:19). Como lo observa C. Fred Dickason en *Angels, Elect and Evil*, «Los apóstoles y sus seguidores expulsaron demonios en su día (Hechos 5:16; 16:16-18), y Pablo afirma que los cristianos tienen todo lo que necesitan para librar la guerra contra Satanás (Efesios 6:10-18) Aunque no tenemos recursos propios, tenemos todo lo que necesitamos en Cristo en virtud de nuestra unión con Él (Colosenses 2:9-15). Debido a la cruz, Satanás es un enemigo derrotado (Juan 12:31). Cristo «desarmó a los poderes y a las potestades» (Colosenses 2:15) y es exaltado «muy por encima de todo gobierno y autoridad, poder y dominio» (Efesios 1:21; Filipenses 2:9-11; 1 Pedro 3:22). Además, como creyentes en Cristo, hemos sido resucitados con él en los lugares celestiales (Efesios 2:6). El Señor «nos libró del dominio de la oscuridad y nos trasladó al reino de su amado Hijo» (Colosenses 1:13). En nuestra nueva posición, tenemos autoridad en Cristo y poder en el Espíritu.

El problema radica en que muchos creyentes no ejercen su autoridad, y con esto cuentan las fuerzas de la oscuridad. Debemos no solo saber que hemos sido liberados de la autoridad del demonio por medio de la sangre de Jesucristo; también debemos actuar en consecuencia.

Si los síntomas de la actividad demoníaca continúan después de utilizar los recursos bíblicos para hacer frente a la carne, quizá sea necesaria una confrontación directa con las fuerzas de la oscuridad. Una vez más, la influencia demoníaca es solo una de las varias causas posibles de enfermedad física y mental, y debería tenerse cuidado en no enfatizar en exceso dicha influencia ni en sacar conclusiones con demasiada premura.

Hay ciertas condiciones para la liberación de la influencia u opresión demoníacas.

Salvación. Sin Cristo, no hay esperanza de victoria sobre los poderes del mal. Solo por medio del Hijo de Dios podemos ser liberados de la esclavitud del pecado y de Satanás (Juan 8:36). Debemos afirmar nuestra fe en Jesucristo.

Disposición. Debemos desear ser liberados. Si los síntomas continúan después de ocuparnos de la carne, debemos estar dispuestos a admitir la posibilidad de actividad demoníaca.

Confesión. Los creyentes que no llegan a reconocer sus pecados se apartan de la comunión con Dios y se vuelven vulnerables al ataque satánico. La restauración de la comunión requiere arrepentimiento, porque el pecado es rebelión contra el Dios santo (Mateo 3:8; Santiago 4:8-9). Debemos examinarnos con honestidad y confesar cualquier pecado conocido de pensamiento, palabra u obra (Salmo 32:5; 139:23-24; 1 Corintios 11:31; 1 Juan 1:9). De esta forma, recuperamos terreno que hemos concedido al adversario (Efesios 4:27). La confesión debería ser lo más específica posible, en especial cuando se refiere a pecados de participación en lo oculto. Pidamos al Señor que saque a la luz dichos pecados en nuestro pasado.

Renuncia. Debemos renunciar a Satanás y romper en forma definitiva con sus obras (2 Corintios 4:2). Rompamos de manera verbal con cualquier maldición o conexiones con los pecados de generaciones anteriores en nuestra familia, en particular en la esfera de lo oculto y de falsas religiones (Éxodo 20:3-5). Renunciemos a todo contacto con médiums y destruyamos cualquier accesorio relacionado con lo oculto (horóscopos, tableros ouija, libros sobre magia, cartas tarot; ver Hechos 19:18-19).

Perdón. Debemos estar dispuestos a perdonar a todos los que nos hayan ofendido (Mateo 6:14-15; 18:21-35). Pidamos al Señor que nos muestre cualquier área de falta de perdón y pidámosle su gracia que nos haga posible perdonarnos a nosotros mismos y a otros. Solo de esta forma quedaremos libres de la raíz de amargura, con su odio, resentimiento e ira, que pueden convertirse en terreno para baluartes demoníacos. Puede ser necesario reconciliar el pasado invitando a Dios que ponga al descubierto áreas ocultas de dolor, injusticia, rechazo y abuso a la luz de su presencia y verdad. Como lo observa Leanne Payne en *The Healing Presence* y *Restoring the Christian Soul*, esta necesidad de curación interior, o curación de las emociones, puede estar directamente relacionada con la guerra espiritual. La mejor forma de alcanzar la salud interior es en presencia de creyentes que son diestros en esta área de ministerio.

Sumisión a Dios. Debemos humillarnos delante de Dios y reconocer nuestra completa dependencia de él. «Pero él nos da mayor ayuda con su gracia. Por eso dice la Escritura: «"Dios se opone a los orgullosos, pero da gracia a los humildes". Así que sométanse a Dios. Resistan al diablo, y él huirá de ustedes» (Santiago 4:6-7). No podemos obtener victoria sobre Satanás sin antes someternos a la persona y voluntad de Dios (Romanos 12:1-2).

Resistencia. Cuando se cumplen las condiciones de salvación, confesión, renuncia, perdón y sumisión a Dios, el diablo y sus demonios no tienen ningún derecho legal a acosarnos. Utilicemos la autoridad que nos ha sido dada en Cristo para permanecer firmes contra los poderes del maligno. La persistencia en recurrir al Señor derribará los baluartes espirituales. «Practiquen el dominio propio y manténganse alerta. Su enemigo el diablo ronda como león rugiente, buscando a quién devorar. Resístanlo, manteniéndose firmes en la fe» (1 Pedro 5:8-9a).

Si los espíritus de maldad han conseguido una cabeza de puente en nuestra vida, podemos necesitar confrontarlos en forma directa. En el nombre de Jesús (Marcos 16:17; Lucas 10:17; Hechos 16:18; Filipenses 2:9-10) y en dependencia del poder del Espíritu Santo (Mateo 12:28), ordenémosles que se vayan. En casos de severa opresión, puede requerirse la ayuda de otros creyentes con destrezas en esa esfera de ministerio para combatir las fuerzas de la oscuridad.

PREGUNTAS PARA APLICACIÓN PERSONAL

- En nuestra experiencia en cuanto a fuerzas espirituales negativas, ¿hemos inclinado más hacia el sentido de escepticismo/indiferencia o hacia el de fascinación/temor? ¿Qué podemos hacer para sustentar un equilibrio bíblico?
- ¿Cuál es nuestro nivel de conciencia de la obra de Satanás y de los demonios? ¿Hasta qué punto afecta esto nuestro peregrinaje en la formación espiritual?
- ¿Hemos encontrado «demonización» evidente en nuestra vida y en la de otras personas?
- Las siete condiciones de salvación, disposición, confesión, renunciación, perdón, sumisión a Dios y resistencia son beneficiosas incluso cuando la actividad demoníaca no es evidente. Tratemos de repasar estos siete elementos en nuestro próximo tiempo de oración

29
ESPIRITUALIDAD DE GUERRA
Las armas de nuestra guerra

> **SÍNTESIS DEL CAPÍTULO**
>
> Este capítulo completa la sección acerca de la espiritualidad de guerra con una mirada positiva a los recursos que Dios nos ha proporcionado para prevalecer en la triple lucha con el mundo, la carne y el diablo. Además de la armadura de Dios, se enumeran doce recursos más, y el capítulo concluye con la necesidad de equilibrio y discernimiento en la lucha, la acción de los ángeles elegidos de Dios y el futuro de la guerra en los tres frentes.
>
> **OBJETIVOS DEL CAPÍTULO**
>
> - Un reconocimiento renovado de la armadura de verdad, justicia, paz, fe, salvación, la Palabra y oración
> - Conciencia de los recursos que están a nuestra disposición para librar la guerra espiritual contra el mundo, la carne y el diablo.

Pues aunque vivimos en el mundo, no libramos batallas como lo hace el mundo. Las armas con que luchamos no son del mundo, sino que tienen el poder divino para derribar fortalezas.
2 CORINTIOS 10:3-4

La guerra espiritual es un proceso permanente; aunque varían en intensidad, las batallas ocurren a diario. La experiencia del conflicto a menudo aumenta cuando los creyentes toman en serio el andar con el Señor. Por esto es importante que crezcamos y maduremos en áreas en que hemos experimentado curación y liberación. Como nuestro adversario es incansable, la Escritura nos exhorta: «fortalézcanse con el gran poder del Señor» (Efesios 6:10). Debemos estar preparados para escaramuzas repentinas esgrimiendo las armas que Dios ha provisto para nuestra victoria.

Esto requiere disciplina y dependencia; la vida espiritual es tanto una batalla en tres frentes como una fe que descansa en las promesas de Dios. Del lado de la *disciplina*, Jesús nos dice que nos neguemos a nosotros mismos, que tomemos la cruz a diario y que lo sigamos (Lucas 9:23). Ya no estamos bajo el dominio de la carne; por medio de Cristo podemos crucificar la carne con sus pasiones y deseos (Gálatas 5:24). Ceder ante los apetitos carnales y sentirse cómodos con las cosas que Dios detesta (Gálatas 5:19-21) conducen a la vulnerabilidad espiritual.

Del lado de la *dependencia*, Dios desea que andemos no con nuestra propia fortaleza sino en el poder del Espíritu. «Si el Espíritu nos da vida, andemos guiados por el Espíritu» (Gálatas 5:25). Demasiados creyentes consideran que la vida llena del Espíritu es una opción. La plenitud del Espíritu es esencial para una victoria y ministerio genuinos (Efesios 5:18). El pecado no confesado contrista y sofoca al Espíritu (Efesios 4:30; 1 Tesalonicenses 5:19). Debemos reconocer nuestros pecados de haber confiado en nuestros propios esfuerzos y entregar todas las esferas de nuestra vida a Dios (Romanos 6:13, 19). Al depender del Espíritu para que nos guíe y dé poder, Cristo es glorificado en nuestra vida.

LA ARMADURA DE DIOS

Pablo nos exhorta a que nos pongamos «toda la armadura de Dios» para que podamos «hacer frente a las artimañas del diablo» (Efesios 6:11). Esta metáfora da a entender con claridad que la guerra espiritual es proactiva; debemos estar preparados, dispuestos a resistir, y con poder recibido para avanzar hacia territorio enemigo. Cristo es el Vencedor que nos llama a permanecer firmes en el terreno que él ha ganado con su sangre. Siempre que estemos preparados para la batalla, no tenemos por qué retroceder ante ningún intruso. Es sabio orar y pedir la armadura de Dios cada mañana, porque sin ella estamos expuestos a ataques. Las oraciones de Mark Bubeck en *The Adversary* y *Overcoming the Adversary* son excelentes para este fin. Esto reviste una importancia especial para las personas que tienen personalidades introspectivas y pasivas, por cuanto pueden ser más susceptibles en la lucha si no desarrollan la disciplina de apoyarse en forma activa en la verdad de la autoridad de Cristo.

Como hemos visto, la clave para la lucha con la carne es considerar; la clave para la lucha contra el mundo es renovarse; y la clave para la lucha con el diablo es resistir. La armadura espiritual en Efesios 6:14-18 se relaciona con nuestra victoria sobre estas tres fuerzas.

El cinturón de la verdad

El cinturón del soldado romano se utilizaba para sostener su túnica y la vaina de la espada. Satanás y sus fuerzas son embusteros, y el cinturón de la verdad bíblica nos defenderá contra sus mentiras. Cuanto más entendamos acerca de la persona de Cristo y de nuestra posición invencible en él, tanto más podremos permanecer firmes en la autoridad de Cristo contra las fuerzas del mal. No deberíamos temer al adversario, porque somos más que vencedores en Cristo. El Señor Jesús derrotó a Satanás en el Calvario, y estamos unidos con él en su crucifixión, sepultura, resurrección, ascensión y reino. Nos ha dado su vida, y en él estamos seguros. Al centrarnos en nuestra relación en Cristo y pedirle a Dios que la haga no solo una teología, sino una realidad en nuestro pensamiento y conducta, la Palabra de Dios permanecerá en nosotros, y venceremos al Maligno (1 Juan 2:14).

La coraza de la justicia

La coraza del soldado protegía los órganos vitales que de lo contrario hubieran quedado expuestos. Del mismo modo, somos vulnerables a no ser que estemos revestidos con la justicia de Cristo. Esta justicia se nos adjudicó, o colocó en nuestra cuenta, en el momento en que confiamos en Cristo.

El Señor desea que seamos justos no solo en nuestra posición, sino también en nuestra práctica. Pablo nos dice que nos protejamos «por la coraza de la fe y del amor» (1 Tesalonicenses 5:8), y esto es la actualización de la justicia en la conducta del cristiano. Debemos tener cuidado de caminar en dependencia de la justicia de Cristo y no en nuestra propia bondad. Cuando fallamos, debemos de inmediato abordar el pecado en nuestras vidas y estar dispuestos a perdonar con rapidez a quienes han pecado contra nosotros de modo que no seamos víctimas de la falta de perdón, odio, amargura y resentimiento.

Las sandalias de la paz

Las sandalias del soldado protegían sus pies y le permitían mantenerse firme o moverse con rapidez porque las suelas tenían tachuelas. La «disposición de proclamar el evangelio de la paz» habla de un talante de entrar a la lucha y de compartir el único mensaje que conduce a la paz con Dios (Romanos 5:1) Esta paz con Dios (reconciliación) es la base de la paz de Dios (Filipenses 4:7) en la experiencia del creyente. Cuando caminamos en comunión con Dios, humillándonos y depositando nuestras ansiedades en él (1 Pedro 5:6-7), disfrutamos de paz interior incluso en medio de la adversidad (Romanos 16:20).

Tenemos comunión con Dios si nos sometemos a sus propósitos para nuestra vida. De igual modo, tenemos comunión y paz con otros creyentes cuando hacemos lo que Pablo dice, «sométanse unos a otros, por reverencia a Cristo» (Efesios 5:21). Necesitamos la fortaleza que proviene del cuerpo de Cristo; las ovejas que se descarrían del rebaño son las más vulnerables. Hebreos nos alienta a «preocupémonos los unos por los otros, a fin de estimularnos al amor y a las buenas obras. No dejemos de congregarnos» (Hebreos 10:24-25). Esto también conlleva sumisión a la autoridad espiritual (Hebreos 13:17).

El escudo de la fe

Los grandes escudos oblongos que utilizaban los soldados romanos se entrelazaban y los protegían contra lanzas y flechas llameantes. El Señor es nuestro escudo y protector en todas las circunstancias; nuestra fe debería ponerse en él, no en nuestras circunstancias o esfuerzos. A medida que confiamos en él, él se convierte en la fuente de nuestra seguridad y esperanza. Adoptar una posición de fe revela a Satanás como enemigo derrotado y nos capacita caminar en la victoria que Cristo ha logrado por nosotros. Es importante que estemos preocupados con nuestro Señor y que mantengamos nuestros ojos fijos en él, no en el enemigo. Nos invita a someternos a sus propósitos soberanos incluso cuando no podemos entender nuestras pruebas y aflicciones. Cuando afirmamos su voluntad y nos apegamos a Cristo en tiempos de adversidad, se produce el fruto del Espíritu. La entrega total significa que Dios es el centro de nuestra existencia, no nuestras familias, carreras o aspiraciones (Mateo 22:37; Juan 12:26).

El casco de la salvación

Un soldado prudente jamás pensaría en salir a la batalla sin protegerse la cabeza. Como cristianos, deberíamos cubrir y proteger en forma regular nuestras mentes estando conscientes de nuestra nueva posición en Cristo. Esto incluye monitorear nuestra vida mental rechazando aquellas cosas que no son de Dios (p. ej., murmuraciones, críticas, pensamientos inmorales, censura propia, temor), y pensando en lo que es verdadero, respetable, justo, puro, amable, digno de admiración, excelente y merecedor de elogio (Filipenses 4:8). Esto también significa evitar ambientes, programas de televisión, películas, sitios de Internet y libros que distorsionarían nuestro pensamiento y nos inducirían al mal.

En 1 Tesalonicenses 5:8, Pablo describe el casco como «la esperanza de salvación». Cuando llegan momentos difíciles, deberíamos centrarnos no en nuestros sentimientos, sino mantenernos por fe en la verdad de la bondad y amor de Dios. Tenemos esperanza segura en Cristo, y en él podemos superar los pensamientos negativos de desesperanza y desaliento que provienen del enemigo.

La espada del Espíritu

La espada de doble filo es el arma ofensiva en la armadura del creyente. Al esgrimir la espada de la Escritura, los creyentes son combatientes agresivos, no espectadores pasivos. Pero la espada de poco sirve si no la sabemos utilizar bien. Para que sea efectiva, debemos adquirir destreza en el manejo de la Palabra de manera que podamos aplicar su sabiduría a todas las circunstancias. Esto requiere la disciplina de una inversión diaria de tiempo en lectura bíblica en oración y expectante. Nuestras mentes se renuevan cuando de manera regular memorizamos y meditamos acerca de la Palabra. De esta forma, asumimos la mente de Cristo.

Durante su tentación, Jesús usó las Escrituras para combatir al adversario (Lucas 4:1-13). ¿Cómo podemos esperar superar las tentaciones y obstáculos si no hacemos lo mismo? La Palabra de Dios es lámpara (Salmo 119:105), agente purificador (Salmo 119:11; Efesios 5:26), fuente de alimento espiritual (Mateo 4:4; 1 Pedro 2:2), y espejo para el alma (Santiago 1:23-25). Cuando la conozcamos y entendamos, podremos usar las palabras de Dios para poner al descubierto las mentiras y trampas del enemigo. También podremos discernir «entre el Espíritu de la verdad y el espíritu del engaño» (1 Juan 4:6).

Oración y petición

Al igual que la Palabra, la oración es un arma ofensiva disponible para todo creyente. Nada consigue tanto como la oración; es el medio por el cual obtenemos nuestra fortaleza en el Señor. Por medio de la oración nos revestimos de la armadura de Dios y caminamos en el poder del Espíritu Santo. Por medio de la alabanza y de la acción de gracias acallamos al enemigo y entramos en la presencia de Dios (Salmo 100). Esto es lo opuesto a gruñir y a quejarse, que nacen de la falta de fe.

Debemos perseverar en la oración. La calidad de nuestra vida de oración determinará el grado de nuestra vitalidad espiritual. «Estén siempre alegres, oren sin cesar, den gracias a Dios en toda situación, porque esta es su voluntad para ustedes en Cristo Jesús» (1 Tesalonicenses 5:16-18). Al igual que la lectura y el estudio de la Biblia, la perseverancia en la oración requiere disciplina: seguir confiando, aferrarnos a nuestra posición y a las promesas de Dios, negarse a dudar o a ser superados por retrocesos.

Pablo nos dice no solo que oremos por nosotros mismos, sino también que intercedamos como guerreros de la oración a favor de otros según el Espíritu nos vaya dirigiendo (Efesios 6:18-19).

OTROS RECURSOS

• Resulta fácil descuidar la dimensión colectiva de la guerra espiritual, y esto incluye el hecho de que Pablo describe la armadura de Dios en Efesios 6 en términos colectivos. Los pertrechos espirituales se diseñan para un ejército, no para un grupo de individuos aislados. Así pues, el cuerpo de Cristo funciona como comunidad de creyentes que utilizan sus dones

espirituales para rendir culto, servir, dar testimonio y luchar juntos contra un enemigo común.
- La guerra espiritual es más que un encuentro entre verdad y error; implica tanto la proclamación de la verdad como la demostración del poder del Espíritu Santo (Lucas 24:49; Hechos 1:8; 1 Corintios 2:4).
- La liberación de fortalezas espirituales puede darse en un nivel personal, con la ayuda de un hermano o hermana, en un nivel pastoral, o por medio de aquellos que han sido llamados a un ministerio especial de discernimiento y liberación.
- La fuente última de victoria sobre fuerzas espirituales de maldad en los lugares celestiales es la realidad de que Cristo ya ha derrotado a Satanás y a sus demonios en la cruz (Lucas 10:18; Juan 12:31-32; 16:11).
- El Señor nos confía los recursos de autoridad delegada y de ministerio colectivo para pertrecharnos y con ello superar la oposición del reino de la oscuridad a la obra de ganar personas para Cristo y de conducirlas al reino de Dios.
- Como los no redimidos están espiritualmente perdidos y bajo el dominio de Satanás, Dios nos ha dado el poderoso recurso de intercesión por los perdidos por medio de la autoridad del poderoso nombre del Señor Jesús.
- La mente renovada y la voluntad comprometida son recursos críticos en la lucha. C. S. Lewis ilustra en forma creativa la batalla de la mente en *The Screwtape Letters*, y esta perceptiva obra nos recuerda la importancia de la vida del pensamiento. Haríamos bien en monitorear nuestros pensamientos en una forma específica y honesta, y una manera de hacerlo es escribir una lista de pensamientos negativos que nos vienen regularmente a la mente. No veo evidencia bíblica de que el diablo y los demonios puedan leer nuestros pensamientos, pero sí parece que pueden llenar nuestras mentes con ideas vanas y falsas. Es posible llegar a ser excesivamente escrupulosos si no acertamos a distinguir tentación de pecado. Pero es igualmente posible pasar por alto la distinción entre pensamientos involuntarios y obsesivos. La mejor forma de superar pensamientos malos y negativos es practicar la destreza de poner nuestra mente en el Espíritu (Romanos 8:5-9) y en la verdad (Filipenses 4:8; Colosenses 3:2).
- En cuanto a la voluntad, la secuencia en Santiago 4:7 es significativa: «Así que sométanse a Dios. Resistan al diablo, y él huirá de ustedes». No se puede resistir con éxito a Satanás a no ser que primero sometamos nuestra voluntad al plan y propósito de Dios para nuestra vida. Cuando escogemos «acercarnos a Dios» él «se acercará a ustedes» (Santiago 4:8).
- La espiritualidad disciplinada tiene una influencia directa sobre la espiritualidad de lucha. Las disciplinas espirituales de oración, estudio (lectura y memorización de la Escritura), meditación, ayuno, confesión, comunión y culto pueden ser recursos importantes en la lucha con la carne, el mundo y el diablo. Recordemos cómo Jesús utilizó las Escrituras que había memorizado para resistir las tentaciones del diablo (Lucas 4:2-13).

- Muchas personas han descubierto que la Afirmación Diaria de Fe y la Oración para la Lucha (que compusieron Victor M. Matthews en *Guerra espiritual* y que adaptó Mark Bubeck en *El adversario* y Ed Murphy en *Manual de guerra espiritual*) son recursos poderosos para conseguir fortaleza y renovación.
- La Coraza de San Patricio es una oración que ha superado la prueba del tiempo y que ha estimulado a millones de creyentes durante siglos. Patricio, el gran misionero del siglo quinto en Irlanda, se inspiró en la Divinidad trina y en la Encarnación de Cristo cuando compuso esta oración para protección espiritual:

Me ciño hoy el poderoso nombre de la Trinidad,
    invocándola, los Tres en Uno, y Uno en Tres.
Me ciño hoy para siempre, por el poder de la fe,
    la Encarnación de Cristo; su bautismo en el río Jordán;

su muerte en la cruz por mi salvación,
    su salida de la tumba perfumada; su ascensión por el camino celestial;
su venida el día del juicio;
    Me lo ciño el día de hoy.

Me ciño hoy el poder de Dios para sostener y conducir,
su ojo para vigilar, su poder para permanecer, su oído prestando atención a mi necesidad;
La sabiduría de mi Dios para enseñar, su mano para guiar, su escudo para proteger,
La Palabra de Dios para darme el habla, su huésped celestial para ser mi custodio.

Contra todos los sortilegios y ardides de Satanás, contra falsas palabras de herejía,
contra conocimiento que contamina, contra la idolatría de corazón,
Contra la habilidad perversa del hechicero, contra la herida mortal y el fuego que consume,
la ola que anega, el dardo del veneno, protégeme Cristo, hasta que regreses.

Cristo permanece conmigo, Cristo dentro de mí, Cristo detrás de mí, Cristo delante de mí,
Cristo a mi lado, Cristo para ganarme, Cristo para consolarme y restaurarme,
Cristo debajo mío, Cristo por encima de mí, Cristo en el silencio, Cristo en el peligro,

> *Cristo en los corazones de todos los que me aman, Cristo en la boca de amigos y extranjeros.*
>
> *Me ciño tu nombre, el poderoso nombre de la Trinidad,*
> *Por invocación de la misma, los Tres en uno, y Uno en Tres,*
> *de quien toda la naturaleza recibió la creación, Padre Eterno, Espíritu, Verbo.*
> *Loa al Señor de mi salvación; la salvación es de Cristo mi Señor.*

- Elaboré las Afirmaciones para la mañana para ayudar a que las personas renueven su mente al empezar el día. Estas afirmaciones nos orientan, a través de una perspectiva bíblica, sobre los aspectos fundamentales de la vida: ¿Quién soy? ¿De dónde vengo? ¿Por qué estoy aquí? ¿Hacia dónde voy? De esta forma, pasamos revista a la perspectiva de Dios en cuanto a nuestra fe, nuestra identidad, nuestro propósito y nuestra esperanza. Estas afirmaciones pueden servir como instrumento útil en la triple guerra espiritual.

Afirmaciones para la mañana
1. Someterse a Dios
- Debido a todo lo que has hecho por mí, te presento mi cuerpo como sacrificio vivo para este día. Deseo ser transformado mediante la renovación de mi mente, afirmando que tu voluntad para mí es buena y aceptable y perfecta (Romanos 12:1-2).

2. Adoración y acción de gracias
- Ofrecer una breve palabra de alabanza a Dios por uno de sus *atributos* o más (p. ej., amor y compasión, gracia, misericordia, santidad, bondad, omnipotencia, omnipresencia, omnisciencia, veracidad, carácter inmutable, eternidad) y/o *obras* (p. ej., creación, cuidado, redención, propósitos amorosos, segunda venida).
- Darle gracias por las cosas buenas en nuestra vida.

3. Examen
- Pedir al Espíritu que escudriñe nuestro corazón y revele cualquier esfera de pecados no confesados. Reconocerlos ante el Señor y darle gracias por su perdón (Salmo 139:23-24).

4. Mi identidad en Cristo
- «He sido crucificado con Cristo, y ya no vivo yo sino que Cristo vive en mí. Lo que ahora vivo en el cuerpo, lo vivo por la fe en el Hijo de Dios, quien me amó y dio su vida por mí» (Gálatas 2:20).
- Tengo *perdón* del castigo del pecado porque Cristo murió por mí (Romanos 5:8; 1 corintios 15:3).

- Tengo *libertad* respecto al poder del pecado porque morí con Cristo (Colosenses 2:11; 1 Pedro 2:24).
- Tengo *plenitud* para este día porque Cristo vive en mí (Filipenses 1:20-21)
- Por *fe*, permitiré que Cristo manifieste su vida por medio mío (2 Corintios 2:14).

5. Lleno del Espíritu
- Pedir al Espíritu que controle y llene este día.
- Deseo ser lleno del Espíritu (Efesios 5:18). Cuando camino por el Espíritu, no llevaré a cabo los deseos de la carne (Gálatas 5:16). Si vivo por el Espíritu, también andaré guiados por el Espíritu (Gálatas 5:25).

6. Fruto del Espíritu
- Pedir por el fruto del Espíritu: amor, gozo, paz, paciencia, amabilidad, bondad, fidelidad, humildad y dominio propio (Gálatas 5:22-23).
- «El amor es paciente, es bondadoso. El amor no es envidioso ni jactancioso ni orgulloso. No se comporta con rudeza, no es egoísta, no se enoja fácilmente, no guarda rencor. El amor no se deleita en la maldad sino que se regocija con la verdad. Todo lo disculpa, todo lo cree, todo lo espera, todo lo soporta» (1 Corintios 13:4-7).

7. Propósito de mi vida
- Deseo amar al Señor mi Dios con todo el corazón, y con toda el alma, y con toda la mente y deseo amar al prójimo como a mí mismo (Mateo 22:37, 39). Mi propósito es amar a Dios en forma total, amarme a mí mismo de manera correcta y amar a otros con compasión.
- Buscaré primero el reino de Dios y su justicia (Mateo 6:33).
- He sido llamado a seguir a Cristo y a ser pescador de hombres (Mateo 4:19).
- Seré testigo ante aquellos que no lo conocen y participaré en la Gran Comisión de ir y hacer discípulos (Mateo 28:19-20; Hechos 1:8).
- Deseo glorificar al Padre llevando mucho fruto, y así demostrar que soy discípulo de Cristo.

8. Circunstancias del día
- Confiaré en el Señor con todo mi corazón, y no me apoyaré en mi propia inteligencia. En todos mis caminos lo reconoceré, y él allanará mis sendas (Proverbios 3:5-6).

- «Dios dispone todas las cosas para el bien de quienes lo aman, los que han sido llamados de acuerdo con su propósito» (Romanos 8:28; ver también 8:29).
- Reconozco que tú tienes el control de todas las cosas en mi vida y que tienes en tu corazón mis mejores intereses. Por ello confiaré en ti y te obedeceré hoy.
- Pasar revista a los eventos de este día y ponerlos en las manos de Dios.

9. Protección en la lucha

Contra el mundo: renovar
- Pondré mi mente en las cosas del Espíritu (Romanos 8:5).
- Como he sido resucitado en Cristo, buscaré siempre las cosas de arriba, donde Cristo está, sentado a la diestra de Dios. Pondré la mente en las cosas de arriba, no las que son de la tierra (Colosenses 3:1-2; ver también 3:3-4; Hebreos 12:1-2).
- No me inquietaré por nada, pero en todo, con oración y súplica con acción de gracias daré a conocer mis peticiones a Dios. Y la paz de Dios, que sobrepasa todo entendimiento, cuidará mi corazón y mi mente en Cristo Jesús. Todo lo verdadero, todo lo respetable, todo lo justo, todo lo puro, todo lo amable, todo lo digno de admiración, todo lo excelente y digno de admiración y todo lo que merezca elogio, permitiré que mi mente considere estas cosas (Filipenses 4:6-8; ver también 4:9).

Contra la carne: considerar
- Sé que mi viejo yo fue crucificado con Cristo, de modo que ya no soy esclavo del pecado, porque quien murió está liberado de pecado. Me consideraré muerto al pecado pero vivo para Dios en Cristo Jesús. No presentaré los miembros de mi cuerpo al pecado como instrumentos de injusticia, sino que me presentaré a Dios como alguien que ha vuelto de la muerte a la vida, y mis miembros como instrumentos de justicia para Dios (Romanos 6:6-7, 11, 13).

Contra el diablo: resistir
- Al someterme a Dios y resistir al diablo, éste huirá de mí (Santiago 4:7).
- Seré sobrio de espíritu y estaré alerta. Mi adversario, el demonio, ronda como león rugiente, buscando a quién devorar. Pero lo resistiré, firme en mi fe (1 Pedro 5:8-9).
- Me pondré toda la armadura de Dios para poder resistir y mantenerme firme. Me ciño el cinturón de *verdad* y la coraza de *justicia*; pongo en mis pies la preparación del evangelio de *paz*, y me coloco

el escudo de la *fe* con la que podré apagar todos los misiles llameantes del malvado. Tomo el casco de *salvación* y la espada del Espíritu, que es la *Palabra* de Dios. Con *oración* y petición suplicaré en todo tiempo en el Espíritu y estaré alerta con toda perseverancia y petición por todos los santos (Efesios 6:13-18).

10. La venida de Cristo y mi futuro en él
- Venga tu reino, hágase tu voluntad (Mateo 6:10).
- Tú has dicho, «Sí, vengo pronto». Amén. Ven, Señor Jesús (Apocalipsis 22:20).
- Considero que los sufrimientos de este tiempo presente no son nada comparados con la gloria que me va a ser revelada (Romanos 8:18).
- No me desanimaré; aunque mi hombre exterior se vaya desgastando, mi hombre interior se renueva día tras día. Porque las aflicciones ligeras y efímeras producen para mí una carga eterna de gloria más allá de toda comparación, en tanto que me fijo no en las cosas visibles, sino en las invisibles; porque lo que vemos es pasajero, mientras que lo que no se ve es eterno (2 Corintios 4:16-18).
- Mi ciudadanía está en el cielo, desde el que también espero con ansia a un Salvador, el Señor Jesucristo (Filipenses 3:20).
- (Examinar también 2 Timoteo 4:8; Hebreos 11:1, 6; 2 Pedro 3:11-12; 1 Juan 2:28; 3:2-3).

EQUILIBRIO Y DISCERNIMIENTO

Una idea equilibrada de la guerra espiritual no se limita a espíritus malignos o a la carne o al sistema del mundo, sino que reconoce la realidad de los tres elementos en diversas combinaciones. Ha habido una tendencia en diferentes partes de la iglesia a centrarse algunos en el mal personal interno (la carne), en tanto que otros lo han hecho en el mal estructural externo (el mundo), y todavía otros en el mal espiritual. Cualquiera de estos componentes se puede exagerar o minimizar, y esto ha sido así en particular en el caso del mal espiritual. La Escritura afirma que la guerra con el mal es multidimensional; en lugar de dividirlo en compartimentos, deberíamos tomar en cuenta las influencias físicas, personales, culturales y espirituales que nos impactan. Un problema cualquiera puede tener componentes orgánicos, psicológicos y espirituales, y sería un error excluir cualquiera de ellos desde un principio.

Los dos enfoques básicos referentes a las fuerzas espirituales de oscuridad han tenido la tendencia al descuido y la negación por una parte, y a paranoia y sensacionalismo por otra. Los primeros deben reexaminar su teología a la luz de la experiencia permanente de una cantidad creciente de obreros cristianos tanto aquí como en muchos otros países, y los segundos deben evaluar e interpretar su experiencia a la luz de la verdad bíblica. Un mejor enfoque en este tema es afirmar la realidad de Satanás y de los espíritus impuros, aplicar las armas de la lucha, y equilibrarlo con otras facetas de la espiritualidad. Si bien la iglesia es un ejército, también es una familia, un hospital, una escuela, un centro misionero y un organismo.

Otro aspecto que requiere equilibrio y discernimiento es la práctica relativamente nueva de enfrentar a espíritus territoriales, es decir, fuerzas demoníacas que tienen autoridad sobre áreas geopolíticas (p. ej., ciudades, regiones y naciones). Esta práctica se basa en relatos como el conflicto espiritual entre el arcángel Miguel y los poderosos príncipes de Persia y Grecia (Daniel 10:12-21; 12:1), referencias en el Antiguo Testamento a «lugares elevados» y deidades regionales (Deuteronomio 12:2; 1 Reyes 18:18-19) y el culto de la diosa Artemisa en toda la provincia de Asia (Hechos 19:24-37). Diseñar mapas espirituales, como a veces se los llama, implica investigar acerca de obstáculos espirituales al avivamiento (los pecados de grupos de personas; p. ej., racismo, pornografía, terrorismo o abuso de drogas) así como oración intercesora por la lucha para el avance estratégico del reino en ciudades y países. Este movimiento que va en aumento ha sido objeto de críticas por centrar su energía en un enfoque que no se justifica con la Escritura y por un énfasis excesivo en lo demoníaco. Clinton E. Arnold ofrece una perspectiva mejor en *Three Crucial Questions about Spiritual Warfare* al distinguir entre oraciones contra demonios que afligen a individuos y oraciones contra espíritus territoriales. En el primer caso, los creyentes pueden orar a Dios y ordenar a espíritus malignos que salgan de la persona afligida; en el segundo caso, pueden pedir a Dios que impida y frustre espíritus territoriales, pero los creyentes no tienen autoridad para ordenar a los espíritus territoriales a que abandonen el área geográfica. En ambos casos, el énfasis primordial se pone en la práctica de la presencia de Dios, no en la presencia de los demonios.

LA OBRA DE LOS ÁNGELES

Los ángeles elegidos (no caídos) de Dios desempeñan un papel importante en la guerra espiritual que incluye y trasciende a la raza humana. El Señor utiliza a sus ángeles para llevar a cabo ministerio a los seres humanos en diversas formas (p. ej., protección, provisión y respuestas a la oración).

La existencia y obra de los ángeles no es asunto de especulación. La palabra para «ángel» se encuentra más de 27:0 veces en la Escritura, y se menciona a los ángeles en diecisiete libros del Antiguo Testamento y en diecisiete del Nuevo. Desempeñan un papel en tantas historias bíblicas que no pueden dejarse de lado sin distorsionar gravemente las narraciones históricas así como las enseñanzas de Cristo y de los apóstoles.

Antes de que existiera la tierra, Dios creó a los ángeles como seres espirituales perfectos (Job 38:7). Como no procrean (Mateo 22:28-30), todos los ángeles fueron sometidos al mismo tiempo a la misma prueba: rebelarse con Satanás o permanecer leales a Dios. Los que cayeron tomaron una decisión consciente y no pueden ser redimidos. Son confirmados en su depravación y son destinados al «fuego eterno preparado para el diablo y sus ángeles» (Mateo 25:41). Los que reconocieron el gobierno del Señor son confirmados en su santidad y lo servirán para siempre como mensajeros y ministros suyos.

Los ángeles elegidos son una hueste innumerable (Hebreos 12:22; Apocalipsis 5:11) que está muy organizada para reflejar la sabiduría y el poder de Dios (p. ej., los rangos de tronos, poderes, principados y autoridades [Colosenses 1:16]. Son seres personales con inteligencia (Mateo 28:5), emociones (Job 38:7; Isaías 6:3) y volición (Hebreos 1:6). Como criaturas, están localizados (Hebreos 1:14) y son limitados en poder y conocimiento (1 Pedro 1:12). Los ángeles son inmortales (Lucas 20:36) y responsables ante Dios. Aparecen en la Biblia bajo la forma de hombres (Génesis 18:1-8; Lucas 24:4) y en formas inusuales caracterizadas por la majestad y la dignidad (Ezequiel 1:5-21; Daniel 10:5-6; Apocalipsis 4:6-8). En nuestra fragilidad humana, estamos por debajo de los ángeles (Salmos 8:4-6), pero en nuestra posición en Cristo estamos por encima de ellos, como resultará evidente cuando recibamos nuestros cuerpos resucitados glorificados (1 Corintios 6:3; Filipenses 3:21).

Las palabras hebrea y griega para «ángel», *malak* y *angelos*, significan ambas «mensajero». Otros nombres para ángeles son hijos del poderoso, hijos de Dios, *elohim*, santos, estrellas, ministros y huestes. La Escritura alude a tres clasificaciones de ángeles: querubines (Ezequiel 1:5-8; 10:18-22), serafines (Isaías 6:2, 6) y seres vivientes (Apocalipsis 4:6-9), y menciona a dos ángeles por su nombre, Gabriel y el arcángel Miguel.

Los ángeles adoran a Dios y lo sirven llevando a cabo su voluntad (Salmo 103:20-21). Durante la vida terrenal de Cristo, predijeron y anunciaron su nacimiento, lo protegieron como niño, y lo fortalecieron después de su tentación y después de su prueba en Getsemaní. De manera parecida, los ángeles sirven, protegen, fortalecen y alientan a quienes confían en el Señor. Dios utilizó a ángeles en la Escritura para mediar su palabra y voluntad a su pueblo, para dirigir a su pueblo, para proveer a su pueblo y para liberarlos de peligros físicos y espirituales. Son «espíritus dedicados al servicio divino, enviados para ayudar a los que han de heredar la salvación» (Hebreos 1:14). Pocos de nosotros nos damos cuenta de la obra importante que los ángeles realizan por nuestro bien.

EL FUTURO DE LA LUCHA

El Padre ha delegado todo juicio en el Hijo (Juan 5:22). Algunos demonios ya han sido juzgados y atados (2 Pedro 2:4; Judas 6). Otros serán soltados durante el período de tribulación (Apocalipsis 9:1-11; 16:13-14).

Por medio de la cruz, Cristo derrotó al reino de Satanás (Juan 12:31; Lucas 10:18). «Desarmó a los poderes y a las potestades» y le «están sometidos los ángeles, las autoridades y los poderes» (Colosenses 2:15; 1 Pedro 3:22). «El Hijo de Dios fue enviado precisamente para destruir las obras del diablo» (1 Juan 3:8b). «El príncipe de este mundo ya ha sido juzgado» (Juan 16:11), y la sentencia se aplicará cuando el Señor regrese. Antes del fin, la lucha se volverá incluso más intensa cuando se termine el ministerio limitante del Espíritu Santo y Satanás dará poder al hombre de la maldad (2 Tesalonicenses 2:6-12). Por medio del Anticristo y del falso profeta, Satanás perseguirá a los creyentes (Apocalipsis 13:4-8). Miguel y sus ángeles lucharán con Satanás y sus ángeles y los arrojarán del cielo (Daniel 12:1; Apocalipsis 12:7-9). Con el regreso de Cristo, Satanás quedará sujetado (Isaías 14:15; Apocalipsis 20:1-3). Después de ese tiempo, habrá un conflicto final, y Satanás y sus fuerzas quedarán permanentemente arrojados al lago de fuego (Mateo 25:41; Apocalipsis 20:7-10).

La lucha con la *carne* terminará cuando seamos resucitados y glorificados (Romanos 8:18-25; 1 Corintios 15:50-58); 1 Tesalonicenses 4:17). La venida del Señor Jesús también concluirá la lucha con el *mundo*, ya que derrotará el sistema mundial actual con sus atrocidades, crueldades e injusticia para establecer su reino en justicia (Mateo 25:31-34). La lucha con el *diablo* y sus ángeles también cesará cuando Cristo regrese. Nuestra esperanza es escatológica; esperamos la venida segura de nuestro Señor y el nuevo cielo y la nueva tierra donde Dios morará entre su pueblo y «les enjugará toda lágrima de los ojos. Ya no habrá muerte, ni llanto, ni lamento ni dolor» (Apocalipsis 21:3-4).

«Por lo tanto, mis queridos hermanos, manténganse firmes e inconmovibles, progresando siempre en la obra del Señor, conscientes de que su trabajo en el Señor no es en vano» (1 Corintios 15:58; cf. 2 Corintios 4:16-18; Tito 2:13; Apocalipsis 22:20).

PREGUNTAS PARA APLICACIÓN PERSONAL

- ¿Con qué frecuencia oramos por los siete elementos de la armadura de Dios?
- ¿Cuáles tres de los doce recursos adicionales pensamos que pueden ayudarnos más?
- Oremos con la ayuda de la Coraza de San Patricio. ¿Qué parte es la que más significado tiene para nosotros?
- Tratemos de incorporar las Afirmaciones de la mañana cada día durante la semana siguiente.
- ¿Con qué frecuencia pensamos en la obra múltiple de los ángeles?
- ¿Cómo nuestro entendimiento del futuro de la lucha afecta nuestra práctica actual?

FACETA 11

ESPIRITUALIDAD FORMATIVA

Un estilo de vida de evangelización y discipulado

El llamamiento más sublime del creyente en cuanto a ministerio es reproducir la vida de Cristo en otros. La reproducción asume la modalidad de evangelización para quienes no conocen a Cristo y de edificación para quienes sí lo conocen. Esta sección elabora una filosofía del discipulado y de la evangelización y considera la edificación y la evangelización como una forma de vida; el discipulado y la evangelización como estilo de vida constituyen el acercamiento más efectivo y realista tanto a quienes no creen como a creyentes por igual dentro de nuestra esfera de influencia.

30

ESPIRITUALIDAD FORMATIVA

Una filosofía del discipulado

SÍNTESIS DEL CAPÍTULO

La espiritualidad formativa implica un estilo de vida de discipulado y evangelización, y estos dos procesos se refuerzan mutuamente. El discipulado tiene que ver con la mitad del espectro de la espiritualidad que es la posconversión. El capítulo describe once principios basados en la Biblia que pueden orientar y enriquecer la práctica del discipulado.

OBJETIVOS DEL CAPÍTULO

- Mayor voluntad de crecer con la formación de otros por medio de la edificación y la evangelización
- Una filosofía más completa del discipulado como forma de vida

En el primer nacimiento recibimos el don de la *bios*, la vida biológica. En el segundo nacimiento recibimos el don mayor de la *zoê*, la vida espiritual. Al igual que maduramos y nos reproducimos en el nivel biológico, Dios quiere que seamos «fructíferos y multiplíquense, llenen la tierra» (Génesis 1:28; 9:1) en el nivel espiritual. Este proceso ordenado por Dios de crecimiento y reproducción de nosotros mismos es una faceta importante de la vida espiritual, porque tiene relación directa con el propósito que Dios tiene para nosotros de llegar a ser como su Hijo y de reproducir la vida de Jesús en otros. Nos llama a formar a las personas espiritualmente enriqueciendo su vida, alimentándolos, protegiéndolos, estimulándolos, capacitándolos y acompañándolos en su maduración de manera que puedan aprender a hacer lo mismo con otros.

UN ESTILO DE VIDA DE FORMAR A OTROS

La **espiritualidad formativa** se refiere a un estilo de vida de evangelización y discipulado. Cuando formamos parte del proceso de introducir a las personas a Jesús y de estimularlas a crecer después de que lo han llegado a conocer, descubrimos que nuestra propia pasión y vitalidad espirituales mejoran. Pocos gozos se comparan con la experiencia de ver a un amigo que llega a tener una nueva vida en Cristo. Y una de las satisfacciones más profundas en la vida es ser testigo del milagro gradual de transformación personal en los conversos que toman en serio el llegar a ser discípulos. Por el contrario, la mediocridad de la ausencia de discipulado trunca el fruto del Espíritu y conduce a falta de amor, gozo y paz. Dallas Willard lo dice así en *The Spirit of the Disciplines*:

> El costo de la ausencia de discipulado es no tener paz permanente, ni una vida profundamente llena de amor, ni una fe que lo ve todo a la luz del gobierno total de Dios para el bien, ni una plenitud de esperanza que se mantiene firme en las circunstancias más desalentadoras, ni el poder para hacer lo justo y resistir a las fuerzas del mal. En resumen, cuesta exactamente no tener esa abundancia de vida que Jesús dijo que vino a traer (Juan 10:10).

La evangelización y el discipulado son expresiones concretas de amor y propósito. Como el amor de *ágape* infundido por Dios se relaciona con la intención sólida de la voluntad propia hacia el mayor bien de otro, escoge buscar el bien supremo tanto para no creyentes como para creyentes. Sin duda, el bien mayor para quienes no conocen a Cristo es ser liberados del dominio de la oscuridad, muerte y condenación para ser transferidos al reino de la luz, la vida y el amor de Dios (Colosenses 1:13-14). Y el mayor bien para quienes conocen a Cristo es madurar en su semejanza por medio de una creciente transformación a imagen suya (Romanos 8:29). Así pues, la espiritualidad formativa expresa en forma personal el *ágape* de Dios por medio de la evangelización (para los no creyentes) y de la edificación (para los creyentes). El Gran Mandamiento se refiere a la dimensión vertical de amar a Dios con todo nuestro corazón, alma, mente y fuerza, y a la dimensión horizontal de amar a nuestro prójimo como a nosotros mismos (Marcos 12:30-31). Este Gran Mandamiento es como un arco que da impulso a la flecha de la Gran Comisión que apunta a hacer discípulos de todas las naciones (Mateo 28:18-20). Nuestro amor por Dios nos da el poder de amar a otros como él querría que los amáramos, y este amor centrado en otros se expresa en evangelización y edificación. Así pues, tenemos la comisión divina de manifestar y reproducir la vida de Cristo en las vidas de las personas en nuestras esferas de influencia. Tenemos el encargo de ser embajadores del Rey (2 Corintios 5:14-21), y cuando tomamos en serio esta comisión, descubrimos que nuestras almas se agrandan al abrazar un claro sentido de destino y propósito. Cuando nos ocupamos de los asuntos del Rey como agentes de reconciliación, desarrollamos una mentalidad del reino y ordenamos nuestras vidas de acuerdo con los propósitos de Dios.

UNA FILOSOFÍA DEL DISCIPULADO

Todos nosotros damos la vida a cambio de algo, ya sea temporal o eterno. «¿De qué sirve ganar el mundo entero si se pierde la vida? ¿O qué se puede dar a cambio de la vida?» (Mateo 16:26). Si somos sabios, seguiremos a Jesús entregando nuestra vida a cambio de personas. El apóstol Pablo sabía que esta era la forma más significativa de vivir: «Así nosotros, por el cariño que les tenemos, nos deleitamos en compartir con ustedes no solo el evangelio de Dios sino también nuestra vida. ¡Tanto llegamos a quererlos!» (1 Tesalonicenses 2:8). Como comentó Dag Hammarskjöld, «Es más noble entregarse por completo a una persona que trabajar diligentemente para la salvación de las masas».

UN ESPECTRO DE ESPIRITUALIDAD

El espectro completo de la formación espiritual va de la resistencia incluso a considerar las afirmaciones de Cristo hasta la madurez espiritual de un discípulo que se reproduce (ver gráfico 30:1).

No dispuesto a considerar las afirmaciones de Cristo	Dispuesto a considerar las afirmaciones de Cristo	Nuevo creyente	Respondiendo y creciendo	Discípulo que reproduce
-10	-5	✝	+5	+10

GRÁFICO 30.1

La evangelización se preocupa por la mitad izquierda del espectro, y la edificación se refiere a la mitad derecha. En esta escala, nadie llega a +10 en esta vida: el proceso formativo nunca se completa durante nuestra vida en la tierra. El problema es que muchos que llegan a Cristo logran apenas un ápice de avance en madurez espiritual. Como los planetas alrededor del sol, algunos creyentes recorren una órbita más próxima que otros. Los que son como Mercurio, Venus y la Tierra permanecen en estrecho nexo con el Hijo, en tanto que otros, como Urano, Neptuno y Plutón, se desplazan prácticamente por los límites del sistema solar. Algunos que profesan ser cristianos son como cometas remotos que llegan y se desplazan cada cierto número de años. O para utilizar otra analogía, en el Medio Oriente los rebaños de ovejas van detrás del pastor. Algunas ovejas siguen de cerca al pastor, en tanto que otras avanzan solo porque las ovejas que van al frente han ido caminando. Y otras están en la periferia del rebaño. Al igual que estas ovejas distantes, la mayoría de los creyentes viven en el nivel de experiencia de segunda mano y no en la de primera mano del Pastor.

Del lado de la gracia soberana, es un misterio por qué algunos creyentes avanzan en formación espiritual y otros no. Pero del lado de la responsabilidad humana, una serie de piedras de tropiezo impiden avanzar en el Camino. Algunas personas llegan a Jesús como solución para sus problemas de relaciones, físicos, emocionales o financieros. Cuando él no les soluciona sus dificultades de la forma que habían esperado, estas expectativas no materializadas pueden paralizar que sigan creciendo. No podemos seguir a Jesús cuando lo que pedimos es que él nos siga. Limitamos nuestro desarrollo espiritual cuando no acertamos a hacer la transición de ver a Jesús como quien soluciona problemas a verlo como nuestra vida.

Otras personas se dedican a actividades religiosas como fines en sí mismas o desarrollan mentalidades de espectador o consumidor en la iglesia. La devoción al deber y a la seguridad y comodidad disipa la pasión por la persona de Cristo.

Muchas personas retroceden cuando degustan por primera vez el costo del discipulado. Cuando llegan a sospechar que el costo de vivir en Cristo es morir a sí mismos (Juan 12:24-26), pueden defender sus derechos en lugar de abrazar la Cruz. En una cultura que fomenta nuestras aspiraciones carnales naturales por medio de la promoción de la realización de uno mismo, de actualizarse, de la satisfacción propia y de la estima por sí mismos, resulta poco atractivo el principio bíblico de la negación de uno mismo (Marcos 8:34-38). La idea de que renunciamos a nuestros derechos cuando llegamos a Jesús y que la vida toda es acerca de él y no acerca de nosotros no cae bien en un mundo que valora los bienes temporales por encima de lo eterno.

El mundo, la carne y el diablo son fuerzas poderosas que conspiran para obstaculizar el avance en aprender los caminos de Jesús. Pero el punto de la Gran Comisión es hacer discípulos, no simplemente conversos. En Mateo 28:19-20, los tres participios de ir, bautizar y enseñar modifican el imperativo de hacer discípulos. Por esto esta sección sobre espiritualidad formativa analiza el discipulado antes de la evangelización. Existe, sin embargo, una relación integral entre los dos: el discipulado debería conducir a la multiplicación de conversos, y la evangelización debería ir de la mano de una intención de hacer discípulos.

Yo formo parte de un equipo de ministerio llamado Ministerios de reflexiones cuya declaración de intenciones es «brindar lugares seguros para que las personas consideren las exigencias de Cristo y para ayudarlas a madurar y dar fruto en su relación con él». Nuestra intención es no solo procurar que las personas lleguen a Cristo, sino ayudarlas a que pasen de la infancia espiritual a la madurez de un carácter semejante a Cristo y de reproducción espiritual. El Padre es glorificado cuando los creyentes se vuelven semejantes a Cristo («transformados según la imagen de Cristo» [Romanos 8:28]) y dar mucho fruto (Juan 15:8), y la gloria del Padre es el propósito último del discipulado.

UNA FILOSOFÍA DEL DISCIPULADO

En la mitad derecha del espectro de espiritualidad, LeRoy Eims distingue cuatro fases en la transición de la conversión a la madurez en *El arte perdido de discipular*: conversos, discípulos, obreros y líderes. Estos cuatro niveles se pueden asociar con las actividades de evangelizar, establecer, capacitar y facultar (ver cuadro 30:1).

Antes de analizar este proceso de discipulado, deberíamos verlo en el contexto de una filosofía bíblica del discipulado.

EVANGELIZAR	ESTABLECER	CAPACITAR	FACULTAR
Conversos	Discípulos	Obreros	Líderes

Cuadro 30.1

UNA FILOSOFÍA BÍBLICA DEL DISCIPULADO

Si no comenzamos con una filosofía del discipulado, el proceso o producto del discipulado dirigirá nuestra filosofía por omisión. Como nuestra perspectiva debería moldear nuestra práctica, comenzaremos con un breve repaso de unos cuantos principios basados en la Biblia que pueden orientar y enriquecer la práctica del discipulado.

Debemos ser discípulos para hacer discípulos

Enseñamos lo que creemos, pero reproducimos lo que somos. Aunque Dios en su gracia con frecuencia nos puede utilizar a pesar de nosotros mismos, normalmente no podemos dar lo que no poseemos. El discipulado no se da por accidente; es un proceso motivado por una intención permanente del corazón. Nadie se topa de repente con la espiritualidad, y si no decidimos situarnos como aprendices ante la autoridad de Jesús, no llegaremos a ser sus discípulos. De igual modo, si no intentamos de manera consciente reproducir la vida de Cristo en otros, no cumpliremos con nuestro llamamiento a hacer discípulos.

Cuanto más conozcamos a Cristo, tanto mejor podremos darlo a conocer. Cuando Pablo dijo a los corintios «Me propuse más bien, estando entre ustedes, no saber de cosa alguna, excepto de Jesucristo, y de éste crucificado» (1 Corintios 2:2), se vio como mensajero que era enviado a introducir a las personas de Corinto a una Persona con la que él tenía una relación íntima. Deseaba que ellos se sintieran más impresionados con Jesús que con lo que lo estaban con él, pero esto requería una introducción personal a Jesús, no una lista de atributos. Debemos conocer a Cristo como persona antes de que podamos guiar a otros a este nivel de intimidad espiritual.

El avivamiento espiritual emana de compromisos renovados con una obediencia radical y se expresa en la presencia focalizada de la vida de Cristo en nosotros y por medio de nosotros. Al igual que los labradores

(2 Timoteo 2:6), recogemos lo que sembramos; la formación espiritual de otros no se puede separar de la nuestra, ya que reproducimos según nuestra propia especie.

El discipulado es un proceso dependiente

El discipulado no es un evento, sino un proceso permanente que requiere dependencia consciente de la presencia y poder del Espíritu Santo (Juan 16:8-14). «Nosotros no hemos recibido el espíritu del mundo sino el Espíritu que procede de Dios, para que entendamos lo que por su gracia él nos ha concedido. Esto es precisamente de lo que hablamos, no con las palabras que enseña la sabiduría humana sino con las que enseña el Espíritu, de modo que expresemos verdades espirituales en términos espirituales» (1 Corintios 2:12-13). Aparte de la obra del Espíritu, somos impotentes para lograr nada que sea bueno en forma duradera. Dios es quien produce el crecimiento espiritual, no nosotros (1 Corintios 3:6). Discipulado es santificación, el conocimiento creciente por experiencia de la persona de Cristo.

Nuestra tendencia natural es depender más de destrezas, conocimiento, programas y materiales escritos que del ministerio del Espíritu de Dios. Debemos aprender el secreto de llevar a cabo el ministerio a partir de nuestras debilidades, quebrantos y humildad, de manera que el poder de Cristo pueda morar en nosotros (2 Corintios 12:9-10). Al igual que en otras esferas de nuestra vida, no tenemos nosotros el control, aunque solemos pensar que sí lo tenemos. «El corazón del hombre traza su rumbo, pero sus pasos los dirige el Señor ... Pon en manos del SEÑOR todas tus obras, y tus proyectos se cumplirán» (Proverbios 16:9, 3). La humildad de dependencia ferviente de los recursos divinos más que de los humanos debería penetrar todo el proceso de discipulado.

La concentración es crucial para la multiplicación

Si bien Jesús llevó a cabo su ministerio para las masas, centró su tiempo y capacitación en un pequeño grupo de discípulos. Estuvo más cerca de los Doce que de los setenta, y más cerca de los tres (Pedro, Santiago y Juan) que del resto de los Doce. En lugar de disipar gran parte de su energía en las multitudes curiosas, nuestro Señor se concentró en un puñado de personas que estaban abiertas a recibir enseñanza y estaban comprometidas. Al desarrollar su vida en estos hombres, los capacitaba para alcanzar un círculo siempre más amplio de personas por medio de la multiplicación en vez de la suma. Como lo dice Robert E. Coleman en *El plan maestro de la evangelización*, «Es mejor dedicar un año a una o dos personas que aprendan qué significa ganar para Cristo que dedicar una vida entera a una congregación cumpliendo con un programa». Haríamos bien en invitar a Dios a que

UNA FILOSOFÍA DEL DISCIPULADO

escoja y que nos envíe a las personas que quiere que formemos en lugar de reclutar a personas por nuestra cuenta. El discernimiento paciente y en oración desde un principio nos hará mucho más efectivos a largo plazo. El verdadero discipulado requiere una inversión significativa de tiempo y energía, y queremos que nuestros limitados recursos den la mayor cantidad posible de fruto.

Las personas no son nuestros discípulos

Quienes están trabajando en ministerios de discipulado se enfrentan al peligro siempre presente de suponer que las personas a las que están formando son sus discípulos. Cuando esto sucede, pueden darse varias consecuencias negativas. Los que forman discípulos tratan de controlar el producto, pueden encontrar su identidad más de su producto que de su relación con Cristo, y pueden tender a hacer que sus discípulos dependan demasiado de su ministerio y combinación de dones. Esta mentalidad posesiva puede impedirles exponer a sus discípulos a otros recursos valiosos. Estos errores congénitos pueden minimizarse cuando entendemos que el concepto de todo el ministerio forma parte de una matriz más grande.

El verdadero discipulado emana de una multiplicidad de influencias, algunas más pequeñas y otras mayores. Cuando caemos en la cuenta de que las personas a las que amamos, servimos y formamos son discípulos de Cristo y no nuestros, podemos desempeñar nuestro ministerio con ellos con una mano abierta. Como parte de una matriz más amplia de ministerios, somos invitados a participar en una tajada de lo que Espíritu Santo está haciendo en sus vidas, pero nunca tenemos todo el pastel. El Señor puede llamarnos a formar a algunas personas por un período breve o por uno más largo, pero nunca fueron ni nunca serán nuestras. Son siempre suyas. La disposición de exponer a las personas a otros dones y recursos es un distintivo de la humildad de la auténtica seguridad en Cristo. Dondequiera que estemos involucrados en el proceso de formación, la meta siempre es que nosotros disminuyamos y que Jesús crezca.

Al examinar el discipulado a través de la lente de paternidad espiritual, hay un proceso de desarrollo (cf. 1 Juan 2:12-14) en el que las necesidades del discípulo y el papel requerido de quien forma van cambiando en forma gradual. He adaptado el cuadro 30:2 de ideas que me compartió mi amigo Bruce Witt.

Ningún formador de discípulos por sí solo puede desempeñar en forma efectiva todos estos papeles en la vida de un discípulo. Pero donde quiera que estemos en este proceso con varios creyentes, deberíamos recordar que deberíamos formarlos en un contexto de relación de amor, atención, paciencia y aliento.

NIVEL DE DESARROLLO	DESARROLLO		PAPEL DEL FORMADOR DE DISCÍPULOS	PUNTO FOCAL ESPIRITUAL DEL DESARROLLO
	Necesidades	Metas		
Infantes (nuevos conversos)	Amor, protección, alimento	Salud, crecimiento	Madre	Nueva vida
Niños (discípulos)	Límites, obediencia	Capacitación, aprendizaje	Padre	Vida en Cristo
Adultos jóvenes (obreros)	Creciente independencia y actividad	Contribución, madurez	Instructor	Vida de Cristo en nosotros
Adultos (líderes)	Relaciones	Multiplicación	Pares	Vida de Cristo por medio nuestro

CUADRO 30.2

Reproducirse es un distintivo del discipulado

«Lo que me has oído decir en presencia de muchos testigos, encomiéndalo a creyentes dignos de confianza, que a su vez estén capacitados para enseñar a otros» (2 Timoteo 2:2). Al igual que Timoteo y «muchos testigos» fueron receptores de la enseñanza y capacitación del apóstol, Pablo los exhorta a transmitir estas cosas a una tercera generación de «creyentes dignos de confianza». Pero el proceso de recepción y transmisión todavía no es completo sino hasta que estos hombres dignos de confianza aprendan a enseñar todavía a una cuarta generación de «otros». El discipulado bíblico capacita a las personas para que excaven sus propios pozos y desarrollen las destrezas para desempeñar un ministerio para otros. Nos convertimos en nexos generacionales cuando mostramos a discípulos cómo capacitar a personas que a su vez alcanzarán a otros.

No hay madurez sin ministerio

Para el seguidor de Cristo, el ministerio nunca es opcional; es un llamamiento para todos los creyentes, no solo para un subconjunto de profesionales. Los laicos dejan pasar oportunidades abundantes de ministerio cuando tropiezan con el supuesto de que si no saben enseñar o predicar, están limitados a un ministerio indirecto por medio de su apoyo financiero de quienes sí saben. Esta mentalidad de espectador hace que las personas pasen por alto las circunstancias y destrezas que Dios otorga y que les han sido confiadas. Todos los creyentes pueden involucrarse en algún aspecto de discipulado, incluso si se limita a sus familias. Ningún terreno es insignificante, dado que la recompensa se basa en fidelidad a la oportunidad y no en las dimensiones de nuestro ministerio. Frenamos nuestro crecimiento cuando no servimos a otros con valores eternos en el corazón.

UNA FILOSOFÍA DEL DISCIPULADO

No podemos medir nuestro ministerio

Aunque las personas con frecuencia lo intentan, la verdadera esencia del ministerio formativo no puede valorarse en esta vida. Los intentos humanos de contar conversos y cuantificar discipulado yerran el blanco porque la dimensión de nuestro impacto en este mundo está oculta y que solo Dios conoce la verdadera naturaleza de nuestros ministerios. Muchos que parecen tener una gran repercusión en este mundo pueden ser mucho menos efectivos desde el punto de vista celestial que muchos santos desconocidos pero fieles. Podemos participar en la obra de Dios, pero no podemos medir ni controlar lo que está haciendo en nosotros y por medio de nosotros. Por ello, siempre es imprudente determinar la efectividad mediante comparaciones con otra persona o de un ministerio con otro.

Desde un punto de vista humano, los ministerios de evangelización y discipulado son menos visibles y cuantificables que los ministerios sociales y, por ello, más difíciles de financiar. Pero incluso en el caso de ministerios formativos, las personas con frecuencia parten de un supuesto no bíblico de que lo mayor es mejor. Por esto a las personas las impresionan más ministerios que adaptan modelos del mundo de los negocios que ministerios que están más orientados hacia relaciones. Esto no quiere decir que uno sea mejor que otro, ya que el Señor puede utilizar ambos modelos. Pero a este lado de la eternidad, no podemos medir el impacto último de una persona o ministerio. En su lugar, somos llamados a vivir con una ambigüedad que nos induce a caminar por fe y no por lo que se ve. Alguna que otra vez, Dios en su bondad puede dejar vislumbrar que estamos avanzando en la dirección correcta por medio de una palabra de aliento o una expresión de gratitud, pero si nos dan demasiada retroalimentación, corremos el peligro de vivir para los resultados y de utilizar nuestro impacto en las personas para justificar nuestra existencia. Cuando redefinimos nuestra idea de éxito a la luz de lo que contará para la eternidad, nos motivará más lo que agrada al corazón de Dios que lo que es impresionante a los ojos de las personas.

El discipulado es más que un programa

Los enfoques programáticos y basados en currículos ocupan un lugar en el caso de discipulado, pero una visión bíblica del ministerio formativo implica a la persona toda. El discipulado es más que verter conocimientos; la enseñanza y la capacitación son componentes importantes, pero deberían impartirse en un contexto de asociación personal y de comunidad. Lo que somos a menudo habla más claro que lo que decimos. Por ello nada puede sustituir a la dimensión de relaciones de invitar a personas a que estén con nosotros (Marcos 3:14) en una diversidad de entornos de modo que la formación se vuelva encarnada y multidimensional. Esto requiere un compromiso mayor de tiempo y esfuerzo, pero la reproducción espiritual por medio de la transformación personal es el camino más efectivo y total.

Aludiendo a su ministerio de relación en el discipulado, Pablo utilizó la metáfora de crecimiento formativo: «Queridos hijos, por quienes vuelvo a sufrir dolores de parto hasta que Cristo sea formado en ustedes» (Gálatas 4:19). El discipulado bíblico no puede reducirse a un programa o ni siquiera a un proceso; es también la presencia creciente de una Persona.

El discipulado exige una actitud de servicio

«El que tiene a la novia es el novio. Pero el amigo del novio, que está a su lado y lo escucha, se llena de alegría cuando oye la voz del novio. Ésa es la alegría que me inunda. A él le toca crecer, y a mí menguar» (Juan 3:29-30). Cuando los que forman discípulos caen en un papel autoritario o se ven como gurús espirituales, pierden el espíritu de ser un amigo del novio. Juan el Bautista no atrajo la atención hacia sí sino hacia Jesús, el novio. Como Juan estaba cerca de Jesús y lo oía, y se regocijó con su voz, Juan pudo deleitarse en ser acompañante de Jesús y en su llamamiento como siervo de aquellos que fueron invitados a la boda. Jesús dijo a sus discípulos, «cuando hayan hecho todo lo que se les ha mandado, deben decir: "Somos siervos inútiles; no hemos hecho más que cumplir con nuestro deber» (Lucas 17:10). Cuando cultivamos la actitud de siervos, discernimos que Jesús considera nuestro servicio sacrificado para beneficio de otros como servicio prestado a él («todo lo que hicieron por uno de mis hermanos, aun por el más pequeño, lo hicieron por mí» [Mateo 25:40]).

La amistad espiritual es un componente del discipulado

Así como Pablo y Silas dieron a conocer sus vidas con las personas a las que sirvieron en Tesalónica (Hechos 17:1-9; 1 Tesalonicenses 2:7-12), debemos ponernos personalmente a disposición de las personas a las que formamos y ser transparentes con ellas. La amistad espiritual se basa en una mutualidad que existe con el propósito de ayudarse unos a otros a crecer en gracia y carácter. (Esto no es lo mismo que dirección espiritual o ser mentores; esto lo examinaremos en la sección sobre espiritualidad colectiva.) Si bien nuestro Señor nos manda amar a todos, solo podemos ser amigos de unos pocos. Esta dimensión de amistad santa hace que el discipulado sea una calle de doble dirección donde quien forma al discípulo y el discípulo dan y reciben a la vez. La amistad espiritual va más allá del nivel de satisfacción personal para llegar al cultivo de la virtud a semejanza de Cristo (2 Pedro 1:5-9) y requiere una intención consciente de abrirse el uno al otro y a los propósitos formativos de Dios. Orar el uno por el otro y el uno con el otro es parte esencial de esta relación mutua.

UNA FILOSOFÍA DEL DISCIPULADO

El discipulado efectivo requiere más de un método

Cuando se trata de formación espiritual, no hay una talla única para todos. Existe la tendencia en los ministerios de discipulado de convertir modelos y métodos en soberanos. El supuesto es que si un método funciona bien para algunos, debe ser apropiado para todos. Como resultado, personas cuyos temperamentos no resuenan con el método utilizado pueden llegar a la conclusión de que hay algo deficiente en su compromiso espiritual.

Esta tendencia descaminada hacia la homogeneidad puede reducir el discipulado a un proceso de clonación: «Cuando hayan completado nuestro programa, serán así», Cuando no se toma en cuenta la rica diversidad de temperamentos personales y factores culturales (ver el apéndice A, «La necesidad de diversidad»), el discipulado se convierte en algo que se basa en un programa y no específico para cada persona. Un método de enseñanza o capacitación que inspire a una persona puede resultar poco realista e inadecuado para otra. Los formadores de discípulos que no llegan a entender esto pueden crear expectativas que, de manera inevitable, conduzcan a algunas personas a un sentido de insuficiencia y frustración. Se requiere una variedad de instrumentos, y por esta razón hay una multiplicidad de ministerios y enfoques para el discipulado. Algunos son más programáticos, y otros más de relación; algunos insisten en lo cognoscitivo, y otros en lo afectivo o lo volitivo. Así como Dios creó el cosmos como una unidad a partir de una profunda diversidad, así el cuerpo de Cristo es una unidad en la diversidad.

PREGUNTAS PARA APLICACIÓN PERSONAL

- En nuestro peregrinaje, ¿en qué formas nos ha ayudado el formar a otros para nuestra formación espiritual?
- ¿Cómo se relacionan la evangelización y el discipulado con el amor y el propósito?
- Recordando la metáfora del rebaño de ovejas, ¿dónde nos situaríamos como seguidores del Pastor?
- ¿Cuáles de los once principios del discipulado nos hablan en forma más directa?

31

ESPIRITUALIDAD FORMATIVA

El proceso, el producto y el contexto del discipulado

SÍNTESIS DEL CAPÍTULO

El proceso de discipulado debería incorporar tres dinámicas básicas de exponer, capacitar y estimular/exhortar. Se refieren no solo a conocer (enseñar) y a hacer (capacitación) sino también a ser (carácter). El capítulo concluye con un análisis tanto del producto del discipulado como de los contextos en los que se da el discipulado.

OBJETIVOS DEL CAPÍTULO

- Comprensión práctica del proceso de discipulado de exponer, capacitar, animar y exhortar
- Entendimiento de las metas del discipulado y de los contextos en los que se da el discipulado

---

EL PROCESO DEL DISCIPULADO

Hay tres dinámicas principales en el proceso de discipulado: exponer, capacitar y animar/exhortar. La primera se centra en el ejemplo y carácter de quien forma discípulos, el segundo en la naturaleza de la enseñanza y capacitación y el tercero en la responsabilidad y carácter del discípulo (cuadro 3:1).

Es importante advertir que estas dinámicas no son cronológicas sino concurrentes.

Las columnas izquierda y derecha tienen que ver con encarnarse y se centran en el corazón de quien forma discípulos y del discípulo. Si bien conocer, ser y hacer (Esdras 7:10) son todos importantes, el componente ser-carácter-corazón es el que se suele pasar más por alto en el proceso de discipulado.

EL PROCESO, EL PRODUCTO Y EL CONTEXTO DEL...

EXPONER	CAPACITAR		ANIMAR Y EXHORTAR
Ejemplo (modelar)	Enseñar	Capacitar	Obediencia y responsabilidad
	Pensar	Hábitos	
	Teoría	Técnica	
	Verdad	Destrezas	
	Principios	Práctica	
Ser (discípulo)	Saber	Hacer	Ser (discípulo)
Carácter	Convicciones	Conducta	Carácter
Corazón	Cabeza	Manos	Corazón

CUADRO 31.1

Exponer

Como hemos visto, para hacer discípulos debemos ser discípulos. Cuando quienes forman discípulos crecen en la forma en que encarnan la gracia y verdad de la vida en Cristo, crecen también en autenticidad y autoridad personal. Su aspiración santa y su pasión personal se vuelven contagiosas ya que hacen que el discipulado resulte atractivo. Sus palabras contienen el poder de su ejemplo, y su visión de la vida del reino galvaniza a otros para que hagan suyas la misma visión y pasión. Pero cuando los que forman discípulos, en su caminar con el Señor, descienden de crecimiento a mantenimiento o a regresión, ejercen el ministerio con capital prestado de su antigua vitalidad y dependen de su conocimiento y destreza más que de la plenitud del Espíritu. Su autenticidad y carisma espiritual se erosionan, y ya no pueden animar a otros para que hagan las cosas que escuchan y ven en ellos (Filipenses 4:9).

Estar expuestos a personas que muestran un caminar luminoso con Dios es un empuje poderoso en la vida del discípulo, porque constituye una demostración tangible de la pertinencia de la verdad bíblica para la labor diaria. Tales personas inspiran compartiendo palabras y obras, boca y vida, actitudes y acciones. Entregan su experiencia de Cristo a otros al enseñarles por medio tanto de preceptos como de ejemplos. Esta combinación de tutelar y de imitación alimenta y adorna el proceso de formación.

Capacitar

La capacitación es la segunda dinámica primordial en el proceso de discipulado y debería incluir enseñar y adiestrar. Es de lamentar que la mayor parte de los programas de discipulado parece que se limitan a esta dimensión, y muchos de ellos enfatizan o bien impartir conocimiento (enseñar) o desarrollar destrezas (adiestrar).

El propósito de capacitar es mostrar a las personas cómo aprender y aplicar la Palabra de tal forma que se entienda la verdad y se la aplique en el contexto de la vida cotidiana. De esta forma, los discípulos avanzan en principios y en práctica, en teoría y en técnica, en convicciones y en conducta.

Enseñar

La Palabra viva de Dios, Jesucristo, se da a conocer por medio de la Palabra escrita de Dios, y esta se revela por medio de la Palabra proclamada de Dios en predicación y en enseñanza. La enseñanza sólida ayuda a renovar la mente y hace posible que los creyentes vayan ajustando su pensamiento a la luz de la cosmovisión que se revela en la Escritura. Nuestro pensamiento moldea nuestras vidas, y el avance en verdadera espiritualidad requiere el desarrollo de un sistema de filtro bíblico. Al ir conformando nuestro pensamiento a la Palabra más que al mundo, vamos confiando cada vez más en los propósitos soberanos y amorosos de Dios, y este nivel creciente de confianza penetra nuestras prioridades y las decisiones que emanan de ellas. No hay cambio permanente sin un cambio en la perspectiva, dado que nuestra perspectiva moldea nuestras prioridades, y nuestras prioridades moldean nuestra práctica.

Disponemos de abundantes instrumentos de enseñanza, y mencionaremos luego algunos de ellos. Los programas básicos de enseñanza suelen ofrecer una síntesis de temas básicos como salvación, elementos de crecimiento espiritual, lectura de la Biblia, oración, matrimonio y paternidad, evangelización y mayordomía. Los programas intermedios y avanzados de enseñanza a menudo incluyen apologética, estudios de libros de la Biblia, panoramas del Antiguo Testamento y del Nuevo, teología bíblica y sistemática e historia de la iglesia.

Sin embargo, en los programas de discipulado con frecuencia se pasan por alto algunas áreas cruciales, y esto es de lamentar, dado que muchas de ellas tienen implicaciones prácticas de largo alcance. Estas áreas incluyen:

- una idea clara de la autoridad y verdad de la Escritura
- un sistema bíblico de valores
- una idea bíblica de la esperanza
- una idea bíblica del propósito
- una idea bíblica de la motivación
- una idea bíblica del contentamiento y gratitud
- el desarrollo de convicciones personales
- el papel de la tribulación en nuestras vidas
- una idea bíblica del trabajo y el ocio
- los desafíos de nuestra cultura para la aplicación de la verdad bíblica
- la naturaleza de la guerra espiritual y de nuestros recursos espirituales
- el proceso de formación espiritual

Cuando se enseña a laicos a reflexionar acerca de estros temas, se preparan mejor para relacionar verdades atemporales con las preocupaciones de la vida diaria.

Adiestramiento

Los programas de discipulado que se limitan a impartir conocimiento corren el riesgo de la ortodoxia sin la ortopraxis, de pensar en forma correcta sin la debida aplicación. La enseñanza prepara a los discípulos con la verdad, pero el adiestramiento los prepara con destrezas. Los programas de adiestramiento se centran en la formación de hábitos santos y de destrezas prácticas de forma que los discípulos adquieran respuestas arraigadas ante las oportunidades, desafíos y tentaciones que encuentran a diario. La enseñanza sin adiestramiento puede conducir a una creciente disparidad entre lo que las personas dicen que creen y lo que de verdad creen según se transparenta en sus acciones. Cuando las personas experimentan creciente tensión entre sus creencias y su conducta, de ordinario optarán por modificar sus creencias y no su conducta. Como este proceso suele ser inconsciente, las personas pueden vivir con una discrepancia muy grande entre lo que profesan y lo que practican. Por ello, es de igual manera importante centrarse en la práctica que en los principios.

Adiestrar en la formación de hábitos positivos y destrezas para la vida tiene que ver con las disciplinas de la vida espiritual. Estas a su vez tienen como modelo las disciplinas que practicó Jesús (p. ej., soledad, silencio, estudio, meditación, oración y ayuno). De esta forma, se muestra a los discípulos cómo convertirse en aprendices del Maestro en sus hábitos de pensar, sentir y actuar. Estas destrezas y hábitos para el desarrollo los preparan para responder, de manera inmediata y en formas bíblicamente apropiadas, a las personas y las circunstancias.

Los programas de adiestramiento para discipulado insisten en destrezas y técnicas diferentes, pero los objetivos más comunes del adiestramiento incluyen destrezas para el estudio de la Biblia (p. ej., lectura, métodos de estudio inductivo, memorización, meditación), cultivo de un tiempo diario de quietud (de devociones), métodos de oración, cómo compartir la fe con otros, discernir la voluntad de Dios, identificación y empleo de dones espirituales, apropiarse recursos espirituales, hacer frente a la tentación y desarrollo de liderazgo.

Como existe una relación recíproca entre pensamiento y hábitos, actitudes y acciones, creencia y conducta, es importante evitar los dos extremos de o todo teoría o todo práctica. La dinámica de capacitar en el proceso de discipulado debería buscar una combinación equilibrada de enseñanza y adiestramiento.

Si bien hay cosas básicas que todos los creyentes deberían conocer y practicar, es útil familiarizarse con más de uno de los muchos recursos para enseñanza y adiestramiento de los que se dispone. Si nos limitamos a un solo enfoque, seremos menos capaces de adaptar de manera efectiva el proceso de discipulado a la disposición de una persona o de un grupo.

Animar y exhortar

La tercera dinámica primordial en el proceso de discipulado tiene que ver con el carácter y el corazón del discípulo. El avance en crecimiento espiritual requiere que el aprendiz crezca para ser más receptivo y sensible. Sin la humildad de un espíritu que desea ser enseñado y de una disposición a responder a la enseñanza, a la reprensión, corrección y capacitación en la justicia (2 Timoteo 3:16), la persona no llegará muy lejos en la senda del discipulado. Y como la formación efectiva se ocupa de la persona toda, la relación en el discipulado requiere sinceridad, autenticidad y candor. Como lo dicen algunos grupos, tanto el que forma discípulos como el discípulo necesitan ser fieles, estar disponibles, ser receptivos a la enseñanza y también honestos, abiertos y transparentes.

Para muchas personas, la formación en estas cualidades no se produce en forma fácil, ya que son ajenas a una cultura que ensalza la autonomía y el individualismo. Ahí es donde entran la obediencia progresiva a la Palabra y la responsabilidad personal. Quien forma a discípulos debería crear una atmósfera en la que la norma que se espera es la obediencia y la sumisión al señorío de Cristo. Enseñar y adiestrar nunca deberían verse como fines en sí mismos, sino como siervos del motivo central del discipulado: un compromiso radical con la persona de Jesús. Este nivel de compromiso viene con el precio de la dedicación personal, la negación de uno mismo y la obediencia de la Cruz. Sin responsabilidad, estas normas bíblicas y el resto de la Escritura se vuelven negociables.

Siempre es prudente asignar tareas especiales a los aprendices espirituales de modo que puedan tener oportunidades tangibles para poner en práctica e interiorizar lo que están aprendiendo. Estas tareas pueden ayudarlos a no caer en la complacencia, y ofrecen un contexto concreto para el ánimo, la exhortación, la supervisión, la revisión y la evaluación. De esta forma, quien forma discípulos puede ayudarlos en su pensamiento y visión, animarlos en tiempos de derrota y desánimo y exhortarlos a proseguir en la formación de carácter y convicción.

EL PRODUCTO DEL DISCIPULADO

Antes mencionamos que la esencia del ministerio formativo no puede evaluarse en esta vida. No podemos medir la dimensión ser-carácter-corazón del discipulado, ya que esta dinámica interna no la puede cuantificar la observación humana (ver 1 Corintios 4:3-5). Solo Dios «sacará a la luz lo que está oculto en la oscuridad y pondrá al descubierto las intenciones de cada corazón. Entonces cada uno recibirá de Dios la alabanza que le corresponda» (1 Corintios 4:5).

Podemos, sin embargo, valorar la dimensión de capacitación (enseñanza y adiestramiento), y debido a ello, se da una tendencia natural a medir el resultado del discipulado en términos de niveles específicos de conocimiento y/o destreza. La propensión humana a contar, controlar, medir y manipular nos hace sentir más cómodos con reducir el discipulado a un programa que crea un producto cuantificable. Si pasamos por alto esta tendencia, nos sentiremos inclinados a definir el discipulado en términos de conformidad externa y no de transformación interna. De hacerlo así, perdemos de vista la esencia de la formación espiritual, a saber, llegar a ser como el Maestro pasando de la fe *en* Cristo a la fe *de* Cristo.

Dicho esto, hay una serie de atributos y virtudes que la Escritura nos exhorta a que emulemos y encarnemos. Algunos de estos atributos son amor (Juan 13:35; 1 Juan 3:23), pureza de corazón (1 Timoteo 1:5; 2 Timoteo 2:22), negación de uno mismo (Mateo 16:24-26; Marcos 8:34-37), obediencia (Juan 14:21; 15:10), disposición a sufrir por la justicia (2 Timoteo 3:12; 1 Pedro 4:1-2, 12-16), responsabilidad (Lucas 12:42-48), compasión, amabilidad, humildad, bondad y paciencia (Colosenses 3:12; Santiago 5:7-11).

Una rápida mirada a la oración sacerdotal del Señor en Juan 17 pone de relieve algunas señales más del discipulado: deseo de glorificar a Dios (vv. 1, 4-5); buscar cumplir el propósito del Padre (v. 4), manifestar el nombre de Dios a otros (vv. 6, 26), impartir palabras de Dios a otros (v. 8); oración de intercesión (vv. 9, 20), participación activa en el mundo (vv. 11, 15, 18), unidad con otros creyentes (vv. 11, 21-23), deseo de formar a otros (v. 12), estar aparte del mundo (vv. 14, 16), ser santificados por medio de la Palabra (vv. 17, 19), pasión por la presencia y gloria de Dios (v. 24) y anhelo de conocer al Padre (v. 25).

Sid Buzzell, Bill Perkins y yo estructuramos *The Leadership Bible* alrededor de cuarenta y tres cualidades de liderazgo que se relacionan con desarrollo personal, destrezas y relaciones. Como el discipulado implica ser modelos de liderazgo y desarrollo del mismo, parece apropiado presentar la lista de estas cualidades con un pasaje clave para cada una:

Desarrollo personal
carácter (Proverbios 2:1-11).
compromiso (Romanos 12:1-2)
valor/asumir riesgos (Josué 1:1-9)
dependencia de Dios (Mateo 6:25-34)
humildad (Filipenses 2:1-11)
integridad (1 Samuel 12:1-4)
cualidades de líder (1 Timoteo 3:1-12)
obediencia a Dios (1 Samuel 15)
prioridades (Lucas 12:16-21)
propósito/pasión (Filipenses 3:7-9)

disciplina personal (1 Corintios 9:24-27)
valores (Salmo 15)
visión (2 Corintios 12:1-6)
sabiduría (Proverbios 8)

Destrezas
responsabilidad (2 Samuel 11:1-5, 27:)
cambio/motivación (Marcos 2:18-22)
comunicar visión (1 Crónicas 28)
habilidades para comunicar (Proverbios 18:13)
gestión de conflictos (Mateo 5:23-24; 18:15-17)
toma de decisiones (Nehemías 1)
aprendizaje de doble circuito (aprendizaje que se ocupa de las causas básicas de los problemas [Juan 21:15-19])
adquisición de poder (Hechos 1:8)
justicia (Amós 5:24)
desarrollo de liderazgo (Lucas 10:1-24)
la organización que aprende (Jueces 2:1-11)
planificación de largo plazo (Génesis 3:15)
gestión de recursos humanos/desarrollo de recursos humanos (Efesios 4:11-16)
resolución de problemas (Nehemías 6:1-14)
calidad/excelencia (Colosenses 3:23-24)
recompensas (Hebreos 11)
liderazgo situacional (Lucas 6:12-16)
mayordomía (Mateo 25:14-30)
gestión del estrés (1 Samuel 18:6-11)
estructura/organización (Éxodo 18)
pensamiento sistémico (1 Corintios 12:12-29)
desarrollo de equipo (2 Samuel 23:8-17)
gestión del tiempo (Salmo 90:12)

Relaciones
ánimo (Hechos 9:27)
exhortación (2 Timoteo 2:14-21)
alianzas sanas (1 Samuel 22:1-5)
relaciones interpersonales (Oseas 2)
poder e influencia (Salmo 82)
liderazgo de servicio (Juan 13:1-17)

En *El arte perdido de hacer discípulos*, LeRoy Eims ha elaborado perfiles específicos de un converso, un discípulo, un obrero y un líder. Perfiles como estos pueden resultar útiles para evaluar el producto del discipulado siempre que recordemos que no podemos medir la dimensión ser-carácter-corazón del ministerio formativo.

EL CONTEXTO DEL DISCIPULADO

Matrimonio, paternidad, amistades, trabajo y sociedad

Cuando encontramos a personas que están involucradas en ministerio de discipulado, solemos oír hablar de programas y métodos que se utilizan en ambientes específicos de grupos o de individuos. Si bien los enfoques en grupo pequeño y de uno a uno en el discipulado son aspectos estratégicos de la formación espiritual, con frecuencia se confunden por el todo. Es posible trabajar activamente en un ministerio de discipulado y pasar por alto las oportunidades más obvias. Por ejemplo, es un riesgo ocupacional de los obreros jóvenes discipular a los hijos de otros y descuidar los propios.

En el análisis anterior acerca de espiritualidad integral, echamos un vistazo rápido al matrimonio, paternidad, amistades, trabajo y sociedad. Si podemos realizar el cambio mental de relacionar la espiritualidad formativa con la espiritualidad integral, comenzaremos a ver que los ambientes más obvios para el discipulado están ante nuestros ojos. Los casados, por ejemplo, harían bien en ver su matrimonio como una relación de discipulado mutuo. No debería sorprender que entre las parejas que oran y leen las Escrituras juntas de forma consistente, la tasa de divorcios sea mínima. Cuando los esposos toman la iniciativa de cultivar a sus esposas en una forma amable y de apoyo, promueven un ambiente en el que la unidad espiritual va creciendo y mejora la unidad psicológica y física.

De igual modo, deberíamos ver la relación padres-hijos como otro contexto básico de discipulado. Cuando los padres son modelos de amor y de andar con Jesús, desarrollan una autenticidad que les otorga autoridad a la hora de enseñar y adiestrar a sus hijos. La formación espiritual de los hijos no debería dejarse para los momentos espontáneos; es mejor verla como un proceso consciente que se basa en un deseo de que nuestros hijos lleguen a amar a Jesús incluso más de lo que nos aman a nosotros.

Cuando mantenemos los ojos abiertos a oportunidades de discipulado, descubriremos que estas se dan no solo en nuestras relaciones de matrimonio y paternidad sino también en nuestras amistades y nuestras relaciones en el trabajo. Debemos evitar el error tan común de separar nuestra vocación y nuestro ministerio. Nuestro trabajo nos ofrece una esfera de influencia e interacción, y el cultivo de un carácter piadoso, sabio y agradable puede abrir puertas a un ministerio personal como embajadores de Cristo. De igual modo, nuestras amistades asumen una nueva dimensión cuando las vemos como un contexto en el que amamos y servimos a personas con propósitos eternos en el fondo.

La sociedad también es un campo potencial para espiritualidad formativa cuando reconocemos una responsabilidad específica de estar activos en el mundo como un llamamiento a expresar el amor y la misericordia de Cristo para quienes están en necesidad. La acción en respuesta al momento presente requiere la voluntad de ser sensibles y abiertos a oportunidades cotidianas que, de lo contrario, podrían pasar desapercibidas.

Discipulado en grupo pequeño y de uno a uno

Siempre vale la pena la inversión de tiempo y esfuerzo para comprometerse en forma personal a reunirse con regularidad con un grupo pequeño o con personas individuales para fines de desarrollo espiritual. Cualquiera de estas dos formas de discipulado pueden llevarse a cabo en un nivel básico o más avanzado, pero el componente de relación siempre debería ser tan fundamental como el contenido. Nunca deberíamos minimizar la dinámica de encarnación de la espiritualidad formativa. La dinámica de capacitar con enseñanza y adiestramiento puede incluirlo todo, desde apologética hasta capacitación para liderazgo, pero el proceso de discipulado funciona mejor cuando el exponer, preparar y animar/exhortar funcionan todos en sincronía.

En *The Disciplemaker: A Reference for Mentors*, John Musselman aboga por cinco elementos de vida grupal:

1. aspectos de responsabilidad (vida personal, vida familiar y vida colectiva)
2. disciplinas espirituales (culto, tiempo de quietud, vida de oración, estudio bíblico, memorizar la Escritura y dar testimonio)
3. estudio/discusión de la Biblia
4. compartir juntos (buenas nuevas/victorias, tentaciones/derrotas, peticiones de oración e información general
5. oración

Adviértase que el componente de capacitación en el discipulado (estudio/discusión de la Biblia) va acompañado del componente ser-carácter-corazón del discipulado. Normalmente se dedica más tiempo al estudio y discusión de la Biblia que a cualquiera de los otros elementos, pero todos ellos contribuyen a la efectividad óptima del grupo.

En el discipulado con grupo pequeño o uno a uno, nuestra visión debería ser conducir a aprendices hasta el punto en que quieran y sean capaces de hacer lo mismo en las vidas de otros.

Ministerio en equipo

Una forma de contrarrestar nuestra tendencia natural hacia el individualismo es formar parte de un ministerio en equipo, asociado con una iglesia o con una organización con ministerios. Los Evangelios nos cuentan del equipo que Jesús formó a su alrededor y Hechos y las Epístolas muestran que los apóstoles siguieron el ejemplo de Jesús desarrollando su ministerio en unión con otros.

El ministerio en equipo proporciona comunión, interdependencia, ánimo, división del trabajo, cooperación, sinergismo y una amplia mezcla de dones. Los miembros de un equipo ministerial se comprometen a una causa común acordando juntos cumplir una visión y una misión. También se comprometen con una comunidad (unos con otros) y esta confraternidad crea un entorno de gracia y de nexo mutuo en su propósito de caminar juntos en paz y confianza.

En cualquier ministerio en equipo, es normal encontrar una tensión creativa entre el individuo y la comunidad. Pero la diversidad de muchos proyectos puede situarse en la unidad de una visión más amplia que contextualiza estos proyectos y que es demasiado grande para que una sola persona la logre.

Es prudente calcular el costo de formar parte de un equipo, y esto incluye la escogencia consciente de centrarse en los atributos positivos de otros a la luz de un compromiso con una relación permanente. Un equipo requiere la química interpersonal de mentalidades parecidas, espíritu colectivo cordial y respeto mutuo. Cuando los miembros se reúnen, se animan unos a otros y se estimulan «al amor y a las buenas obras» (Hebreos 10:24-25). El ministerio en equipo tiene que ver con la necesidad de una espiritualidad colectiva, y analizaremos esta faceta de la joya de la espiritualidad en la sección siguiente de este libro.

Preguntas para aplicación personal

- ¿Hemos encontrado un ministerio de discipulado que sea vigoroso en las tres dinámicas de exponer, capacitar y animar/exhortar? ¿Por qué es tan raro, y qué elemento es el que más comúnmente se olvida?
- ¿Nos sentimos atraídos en forma más natural a conocer, a ser o a hacer?
- Regresemos a los atributos y virtudes que la Escritura nos exhorta a que emulemos y encarnemos. ¿Cómo nos evaluaríamos en cada una de estas cualidades?
- ¿En qué contexto(s) hemos realizado discipulado? ¿Qué áreas hemos pasado por alto?

32
ESPIRITUALIDAD FORMATIVA
Una filosofía de la evangelización

SÍNTESIS DEL CAPÍTULO

Comenzando con la importancia de la evangelización, este capítulo describe luego una filosofía de la evangelización mediante el análisis de ocho principios basados en la Biblia: evangelización es un proceso; los resultados pertenecen a Dios; cultivar exige más tiempo que cosechar; la evangelización en gran parte se relaciona con la iglesia dispersa; la evangelización es una inversión eterna; podemos evangelizar por razones equivocadas; la evangelización implica una combinación de palabras y obras; y la evangelización y el discipulado deberían estar integrados.

OBJETIVOS DEL CAPÍTULO

- Pasión creciente por involucrarse en un estilo de vida de evangelización de relaciones
- Una filosofía más completa de la evangelización como forma de vida

Hacia el final de su vida, Aldous Huxley, autor de *Brave New World*, llegó a la siguiente conclusión: «Es un poco embarazoso haber estado preocupado con el problema humano durante toda la vida de uno para descubrir al final que el único consejo que se puede ofrecer es "Traten de ser un poco más amables"». Sin Dios, las respuestas humanistas a las preguntas sobre la existencia terrenal se reducen en última instancia a trivialidades y a perogrulladas.

LA IMPORTANCIA DE LA EVANGELIZACIÓN

Perspectiva

Las Escrituras describen un cuadro sobrio y realista de la condición humana. Las personas se engañan con aspiraciones y placeres a corto plazo,

UNA FILOSOFÍA DE LA EVANGELIZACIÓN

pero un análisis descarnadamente honesto de la vida a este lado de la sepultura sin esperanza en el otro lado conduciría a la desesperación. Si todo acaba con la muerte, la vida humana es un simple incidente en un universo indiferente, un parpadeo insignificante en el tiempo cósmico.

En «Mi discurso a los Graduados», Woody Allen se enfrentó a este dilema con humor irónico: «Más que en ningún otro tiempo en la historia, el género humano se enfrenta a una encrucijada. Un camino lleva a la desesperación y total desesperanza. El otro, a la extinción total. Pidamos tener la sabiduría de escoger correctamente. A propósito, hablo no con ningún sentido de futilidad sino con una convicción aterrorizada del sin sentido absoluto de la existencia humana que podría muy fácilmente interpretarse mal como pesimismo». Esta declaración irónica es a la vez humorística y trágica, al describir como lo hace la condición humana individual y colectiva sin un fundamento trascendente y atemporal que le dé significado.

Eclesiastés 3:11 nos dice que Dios ha puesto la eternidad en nuestros corazones. Como esto es así, las personas tienen deseos profundamente enraizados de encontrar significado y realización que ninguna felicidad natural satisfará. En *The Weight of Glory*, C. S. Lewis observa que «casi toda nuestra educación se ha encaminado a acallar esta voz interna, tímida, persistente; casi todas nuestras filosofías modernas se han concebido para convencernos de que el bien del ser humano debe encontrarse en la tierra». Alguien ha comentado que mientras que las personas en nuestra cultura están leyendo el *Times*, nosotros deberíamos estar leyendo las eternidades. Cuanto más desarrollemos una perspectiva bíblica, tanto más claro vemos el vacío y desesperanza reales de quienes no tienen a Cristo.

Propósito

Aquellos a quien Jesús ha encontrado saben que la vida sí tiene un propósito. Pero incluso los creyentes tienden a olvidar lo importante debido al clamor de lo urgente. Al igual que los israelitas que no creyeron a Dios en Cades Barnea y anduvieron por el desierto por años, nuestras vidas pueden convertirse en un desierto de rutinas y de horarios apretados. Aun cuando las tareas urgentes exijan atención inmediata, no podemos pasar por alto las cosas importantes, porque siempre se pueden postergar. Racionalizamos este aplazamiento de lo importante dejando que lo bueno se convierta en enemigo de lo mejor.

Necesitamos un corazón sabio (Salmo 90:12); si nos cegamos a la realidad, todo nuestro sistema de valores se distorsionará («Como si pudiéramos matar el tiempo sin dañar la eternidad», Thoreau). Lo eterno da sentido a lo temporal. Cuando vivimos a la luz de nuestro verdadero destino, vemos nuestro llamamiento y propósito desde una perspectiva bíblica. En lugar de preguntar, «¿Qué dejaré detrás de mí?» es mejor preguntar «¿Qué voy a enviar por adelantado?» Como embajadores de Cristo, se nos ha confiado un ministerio de reconciliación (2 Corintios 5:16-21) en un mundo perdido y moribundo.

El Señor Jesús resumió el propósito de esta vida terrenal en estas afirmaciones rotundas: «El Hijo del hombre vino a buscar y a salvar lo que se había perdido ... Porque ni aun el Hijo del hombre vino para que le sirvan, sino para servir y para dar su vida en rescate por muchos» (Lucas 19:10; Marcos 10:45). Cuando nos hacemos eco de los propósitos de nuestro Señor, hacemos nuestro un legado permanente.

En la exposición sobre el discipulado vimos que el propósito de nuestra presencia en la tierra como «extranjeros y peregrinos» (1 Pedro 2:11) es el crecimiento y la reproducción espirituales. Somos llamados a conformarnos cada vez más a Cristo, y las pruebas y obstáculos de esta vida tienen como fin producir un carácter semejante a Cristo a medida que vamos aprendiendo a depender más y más de él. También somos llamados al sublime privilegio de reproducir la vida de Cristo en otros. Dios ha considerado conveniente utilizar a personas ordinarias como nosotros para llevar a cabo su obra extraordinaria de crear vida eterna donde antes había oscuridad y muerte. Hubiera sido más fácil comunicar la palabra de vida de manera directa a quienes conoció de antemano, pero en lugar de ello nos confió el invaluable mensaje de las Buenas Nuevas. ¿Qué llamamiento mayor podemos recibir que el Dios vivo nos use como obstetras y pediatras espirituales?

Prioridad

Las obras humanas se erosionan y evaporan muy rápido, pero las obras a las que invitamos a Dios que haga en y por medio de nosotros permanecen para siempre. La Escritura nos insta a invertir en la eternidad haciendo de los propósitos de Dios nuestra más elevada prioridad. En sus palabras de despedida a sus discípulos, Jesús insistió en la prioridad de la multiplicación espiritual (Mateo 28:19-20; Hechos 1:8). Buscar a los perdidos fue clave en la enseñanza y ministerio de nuestro Señor (Lucas 15) y quiso que esto también fuera clave en la vida de sus seguidores.

El deseo de alcanzar a los perdidos constituyó también el corazón de la enseñanza y ejemplo del apóstol Pablo (ver 1 Corintios 9:19-27; 2 Corintios 5:16-21). Al final de su vida le dijo a Timoteo que había librado la buena batalla y concluido su carrera (2 Timoteo 4:7-8). Al igual que Jesús, se ocupó de los asuntos de su Padre poniendo como prioridad procurar que otros entraran en el reino. Incluso llegó a decir que estaría dispuesto a ser maldecido si con ello se consiguiera la salvación de sus compatriotas judíos (Romanos 9:1-3). Muchos creyentes no están dispuestos a cruzar la calle por sus amigos no salvos. A no ser que la evangelización sea prioritaria en nuestras vidas, no es probable que ni siquiera forme parte de nuestras vidas.

UNA FILOSOFÍA BÍBLICA DE LA EVANGELIZACIÓN

La evangelización es un proceso

Con el permiso de los Search Ministries, he adaptado muchos de los conceptos siguientes de dos de sus seminarios sobre estilos de vida de evangelización. Deseo reconocer mi deuda con Larry Moody, Dave Krueger, Bill Kraftson, Ed Idas, Bob Shelley y con los otros miembros de equipo de Search Ministries.

La mayor parte de las personas asocian la evangelización con un evento (conversión) pero desde una perspectiva bíblica, es más un proceso. De hecho, la Biblia utiliza metáforas agrícolas para describir el proceso dinámico de la evangelización (p. ej., Juan 4:35-39); 1 Corintios 3:6-9). Las cosechas no simplemente suceden; la recolección es el resultado de una larga serie de eventos que no pueden obviarse ni dejarse de lado.

La primera fase en esta serie es la preparación del terreno. A no ser que se limpie y are la tierra, no estará en condiciones de recibir la semilla. Después de que se grada y surca el terreno, se produce la segunda fase, esparcir la semilla. El cultivo, la tercera fase, es la parte más larga del proceso agrícola; conlleva irrigar, abonar y controlar la mala hierba. Solo cuando la cosecha ha madurado está lista para pasar a la cuarta fase, muy breve, de recolección.

Si sustituimos «terreno» por «alma», resulta obvia la analogía espiritual de estas cuatro fases con el proceso de evangelización (ver gráfico 32:1).

Preparar el terreno	**Esparcir la semilla**	**Cultivar el terreno**	**Recolectar la cosecha**
✳ - - ✳ - - ✳	✳ - - ✳ - - ✳	✳ - - ✳ - - ✳	✳ - - ✳ - †

GRÁFICO 32.1

Antes de que las personas estén listas para recibir la semilla de la Palabra, deben prepararse sus almas y hay muchas formas de hacerlo. Con frecuencia Dios utiliza adversidades y retrocesos para sacar a las personas de sus ilusiones de autonomía de modo que puedan comenzar a ver su verdadera condición de necesidad espiritual. Esparcir la semilla es exponer a las verdades de la Palabra de Dios, y el proceso de cultivo es la toma gradual de conciencia de que estas verdades hablan a sus necesidades más profundas. El Señor utiliza a sus siervos en cada una de esas fases a medida que piden por las personas que no tienen a Cristo, desarrollan relaciones con ellas en áreas de interés común y comparten sus propios peregrinajes cuando resulta apropiado.

Jesús preparó el terreno cuando le pidió a la mujer samaritana agua del pozo (Juan 4:7-10). Al hablar con ella, Jesús salvó tres obstáculos: primero, el racial (los judíos no se trataban con los samaritanos), segundo, el de género (los rabinos judíos no se dirigían a mujeres), y tercero, el social (esta mujer tenía una mala reputación entre los suyos). Jesús sabía todo lo que había hecho y, con todo, de manera amable y amorosa le ofreció el agua viva de la vida eterna.

La parábola de los terrenos en Mateo 13:3-9 y Marcos 4:1-20 ilustra la fase de esparcir la semilla y subraya la necesidad de la receptividad a la Palabra de vida. La semilla no echa raíces permanentes cuando el terreno no está preparado.

La fase de cultivo se ilustra en el hecho de que a Jesús lo llamaban «amigo de recaudadores de impuestos y de pecadores» (Mateo 11:19) y en el deseo de Pablo de encontrar áreas de terreno común con el fin de ganar a judíos y gentiles para Cristo (1 Corintios 9:19-23).

La fase final de recolectar la cosecha se describe en la metáfora que Jesús usó de los Samaritanos como un campo maduro para la cosecha (Juan 4:35-38). Esta imagen va seguida de inmediato por un relato de los samaritanos que llegan a creer en Jesús (Juan 4:39-42).

El concepto clave que debe extraerse de este principio de proceso es la verdad liberadora de que si participamos en alguna de estas cuatro fases, estamos llevando a cabo evangelización. Los creyentes que preparan el terreno, dispersan la semilla o cultivan el terreno ya sembrado son tanto parte del proceso de evangelización como los que reciben el privilegio de recolectar la cosecha. Además, cuando somos sensibles a las oportunidades que Dios coloca en nuestro camino y respondemos a las mismas, nos encontraremos participando en diferentes fases del proceso, dependiendo de la persona y de los propósitos de Dios. En el caso de una persona concreta, podemos recibir la oportunidad de participar en la fase de esparcir la semilla compartiendo verdades tomadas de la Escritura. En otro caso, podemos tener la oportunidad de regar o abonar la verdad espiritual que ya ha sido sembrada. Si bien nuestro deseo es ver a nuestros amigos llegar a Cristo (la recolecta de la cosecha), podemos tener la seguridad de que si hemos estado implicados sean en la preparación, o la siembra, o el riego o la recolección, formamos parte del mismo proceso.

Los resultados pertenecen a Dios

En cualquier área de la vida y del ministerio, deberíamos entender que no *contribuimos* en nada a los propósitos de Dios. Él no tiene carencias ni

UNA FILOSOFÍA DE LA EVANGELIZACIÓN

deficiencias, y si nosotros contribuyéramos en algo significaría que ponemos algo sobre la mesa que él todavía no posee. Dios nos invita a *participar* en sus propósitos formando parte de lo que su Espíritu está realizando en las vidas de las personas. Esto significa que en la evangelización, como en otras esferas de la vida, somos llamados a ser fieles al proceso y a dejar los resultados a Dios. Cuando renunciamos a nuestros intentos de controlar el resultado y buscamos ser obedientes a las iniciativas del Espíritu, podemos confiar en el hecho de que Dios nos utilizará como crea conveniente en las vidas de los de afuera con los que nos encontramos y por los que oramos. La imagen de «los de afuera» y «los que están afuera» se utiliza en la Escritura para describir a personas que no han llegado a la fe en Jesús (ver Marcos 4:11; Colosenses 4:5). Nuestro deseo en el proceso de evangelización es que los de afuera pasen a formar parte de los de adentro en la familia de Dios.

Somos incapaces de cambiar a otros, aunque con frecuencia cometemos el error de intentarlo. Cuando adoptamos la meta de cambiar a personas, nos estamos comprometiendo a manipularlas y a coaccionarlas. Pero cuando caemos en la cuenta de que todo el proceso de evangelización comienza y termina con Dios, podemos consolarnos con el hecho de que él está en control y que nos otorga el privilegio de la participación.

«Yo sembré, Apolos regó, pero Dios ha dado el crecimiento. Así que no cuenta ni el que siembra ni el que riega, sino Dios, quien es el que hace crecer. El que siembra y el que riega están al mismo nivel, aunque cada uno será recompensado según su propio trabajo. En efecto, nosotros somos colaboradores al servicio de Dios; y ustedes son el campo de cultivo de Dios, son el edificio de Dios» (1 Corintios 3:6-9). Dios hace crecer, no nosotros; no podemos conducir más a una persona a que se convenza y nazca de nuevo que podemos conseguir que una planta crezca después de arrancarla de la tierra. A pesar de ello, el Señor escoge usar a sus hijos en el proceso de evangelización. La soberanía divina y la responsabilidad humana de una forma misteriosa se entrelazan en la empresa de evangelización del mismo modo que en otras esferas, como la oración. Así como el agricultor piadoso con paciencia y dignidad crea las condiciones adecuadas por medio de la preparación, la siembra y el cultivo mientras Dios cuida del crecimiento de la cosecha, así debemos ver la evangelización como una proceso divino-humano.

Si pasamos por alto estas verdades, podemos fácilmente caer en uno de dos errores opuestos. El primero consiste en pensar que hemos fracasado si una persona con la que hemos estado trabajando no llega a creer en Cristo. También podemos tomar como un rechazo personal cuando las personas repudian o no hacen caso a nuestro mensaje acerca de las Buenas Nuevas. Entender que la evangelización es un proceso y que los resultados le pertenecen a Dios nos ayudará a evitar esta forma equivocada de pensar.

El segundo error consiste en atribuirse el crédito cuando experimentamos el gozo de conducir a alguien a Jesús. Suelen hacer falta varios encuentros y descubrimientos del evangelio antes de que las personas estén listas para responder, y el creyente que recoge la cosecha es solo una de varias influencias. Cuando escuchamos que alguien ha llegado a Cristo, podemos asumir con razón que hubo una historia de intercesión y descubrimiento antes de que la persona aceptara la fe. Además, Dios nos da oportunidades para proclamar el evangelio, pero nuestra proclamación nada puede aparte del poder del Espíritu Santo. Cuando caemos en la cuenta de que nuestra tarea es amar, servir y orar por los de afuera y compartir las Buenas Nuevas cuando se presenta la oportunidad, podemos descansar en la soberanía de Dios y dejar el resultado en sus manos.

Cultivar requiere más tiempo que recolectar la cosecha

La mayor parte de los modelos de evangelización se centran, dentro del espectro agrícola, en el lado de recolectar la cosecha, y es comprensible, ya que recoger la cosecha es el resultado deseado del proceso entero. El problema, sin embargo, radica en que esto tiende a promover un estilo de más confrontación que la mayor parte de las personas preferirían, y también podría fomentar una técnica superficial de «atropellar y salir corriendo» que conduce a conversiones cuestionables y a una ausencia general de seguimiento (ver gráfico 32:2). La configuración inestable a la izquierda representa el problema de tratar de cosechar con un cultivo mínimo. Hay excepciones, pero deberíamos esperar que la fase de cultivo en evangelización tome más tiempo que la fase de recoger la cosecha. Si no, podríamos inclinarnos a magullar el fruto al tratar de recogerlo demasiado pronto. El triángulo estable a la derecha ilustra la importancia de plantar la semilla del evangelio en terreno bien preparado de tal forma que la recolecta sea el producto derivado de un cultivo fiel y paciente.

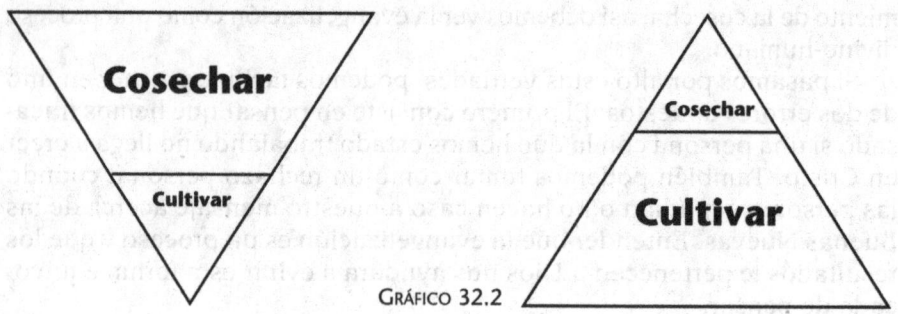

GRÁFICO 32.2

UNA FILOSOFÍA DE LA EVANGELIZACIÓN

Esta serie de contrastes adaptado de *Finding Common Ground* de Tim Down resulta instructiva (cuadro 32:3)

EL RECOLECTOR SE CENTRA EN	MIENTRAS QUE EL SEMBRADOR EN
El resultado final	Preparar el terreno
Proclamación	Persuasión
Resultados inmediatos	Cambio gradual
Esfuerzo individual	Impacto del equipo
Puntos de desacuerdo	Terreno común
Respuestas	Preguntas
Justicia	Amor
Valentía	Sabiduría

Cuadro 32.3

La evangelización se relaciona en gran parte con la iglesia dispersa

El punto focal primario de la iglesia reunida es la edificación. Este es el propósito de los dones espirituales y del ministerio de la Palabra al reunirse los creyentes para edificarse mutuamente en un contexto de compasión, amabilidad, humildad, cordialidad, paciencia y amor (Colosenses 3:12-14). La evangelización se da en iglesias, pero la mayor parte del mismo debería darse en el contexto de la iglesia dispersa (esto incluye actividades como grupos domésticos en los que la comunidad centrada en Cristo alcanza a los de afuera, en vecindarios, por medio del testimonio de creyentes que se aman unos a otros). A medida que los creyentes crecen en su fe, debería resultarles natural desear presentar a Cristo en su comunidad, sus lugares de trabajo, sus vecindarios, y sus amistades. En algunos entornos, sin embargo, se presupone que los de afuera deberían ser traídos a la iglesia para que el pastor los pueda conducir a Cristo. Cuando esto sucede, la iglesia se convierte en un «acuario de vidrios de color» en la que el ministro es quien pesca en tanto que los laicos desempeñan un papel pasivo. En contraposición, es importante que las iglesias y los ministerios preparen a los laicos para que sean embajadores efectivos de Cristo en los entornos naturales en los que ejercen alguna influencia. La edificación (el cuerpo reunido) forma a los creyentes de manera que estén mejor preparados para evangelizar (el cuerpo disperso).

La evangelización es una inversión eterna

Las parábolas de la oveja perdida, la moneda extraviada y el hijo perdido en Lucas 15 constituyen una sola parábola en tres movimientos. En cada caso se pierde algo de valor, se hace un esfuerzo por encontrarlo, y cuando se encuentra, el resultado es alegría y celebración. La aplicación de estas historias es que «se alegra Dios con sus ángeles por un pecador que se arrepiente» (v. 10). Toda persona es de gran valor para Dios, y cuando participamos en el proceso de ayudar a personas a que vengan al hogar del Padre, compartimos el gozo del Padre. En la parábola del administrador astuto que sigue en el capítulo 16, Jesús enseña que podemos compensar los bienes temporales de tiempo, talento, bienes materiales y verdad con la ganancia eterna. «Por esto les digo que se valgan de las riquezas mundanas para ganar amigos, a fin de que cuando éstas se acaben haya quienes los reciban a ustedes en las viviendas eternas» (v. 9). Esto es lo que el apóstol Pablo preveía cuando dijo a los tesalonicenses, «En resumidas cuentas, ¿cuál es nuestra esperanza, alegría o motivo de orgullo delante de nuestro Señor Jesús cuando él venga? ¿Quién más sino ustedes? Sí, ustedes son nuestro orgullo y alegría» (1 Tesalonicenses 2:19-20). Cuando invertimos nuestras vidas y recursos en el servicio espiritual de otros en nuestro caminar y en nuestras palabras, estamos invirtiendo en relaciones eternas. En efecto, estamos desarrollando un portafolio en el cielo y enviando nuestros bienes con anticipación. También estamos buscando lo que agrada al Padre y participando en sus propósitos.

Hay una variedad de cosas que podremos hacer mejor en el cielo que lo que podemos posiblemente hacer en la tierra. Entre ellas están la música, la oración, la comunión, el culto y el estudio de la revelación general y especial. Pero tendemos a pasar por alto la única cosa que no podremos hacer en el cielo y que sí podemos hacer en la tierra, a saber, servir a los que están en necesidad apremiante. Cuando salgamos de este planeta nunca más tendremos el privilegio de compartir el evangelio y de servir a los perdidos.

Quienes deseen ser ricos delante de Dios entregarán sus vidas a cambio de las cosas que él afirmó que son importantes. Jesús dijo en Lucas 16:15, «Ustedes se hacen los buenos ante la gente, pero Dios conoce sus corazones. Dense cuenta de que aquello que la gente tiene en gran estima es detestable delante de Dios». Quienes buscan el corazón del Padre responderán al llamado de su Hijo: «Vengan, síganme... y los haré pescadores de hombres» (Mateo 4:19).

Podemos evangelizar por las razones equivocadas

En su carta a los filipenses, Pablo les dijo que algunos «predican a Cristo por envidia y rivalidad, pero otros lo hacen con buenas intenciones» (1:15). Los primeros la hacían por ambición egoísta, en tanto que los segundos lo hacían por amor (1:16-17). Pero la respuesta de Pablo fue, «Al fin y al cabo, y sea como sea, con motivos falsos o con sinceridad, se predica a Cristo. Por eso me alegro» (1:18). Independientemente de nuestras intenciones, si se proclama el evangelio, la Palabra de Dios logrará su propósito, aunque sea a pesar de los motivos de los mensajeros (Isaías 55:10-11). Sin embargo,

UNA FILOSOFÍA DE LA EVANGELIZACIÓN

como embajadores de Cristo, hacemos bien en examinar nuestras razones para compartir nuestra fe, de modo que armonicemos nuestros corazones con lo que agrada al Padre.

Dos motivaciones de mal gusto para proclamar el evangelio son la culpa y el orgullo. Se ha enseñado a muchos creyentes a sentirse culpables cuando no comparten su fe con los de afuera. Cuando esto sucede, la carga puede aumentar tanto que pueden de repente acorralar a una víctima confiada y soltarle el evangelio antes de retroceder a toda prisa para esconderse hasta que la culpa se deje sentir de nuevo. Esta clase de experiencia de «proyectil del evangelio» es penosamente embarazosa para todos los involucrados.

Otros han caído en el error del orgullo compartiendo su fe para colgarse más medallas en el pecho espiritual o hacer más muescas en su Biblia. Quienes se enorgullecen por los números y por compartir resultados con otros tienen una forma de tratar de imponer la decisión, como un vendedor que no quitaría el pie de la puerta hasta que la persona firme al pie del contrato.

Por el contrario, en 2 Corintios 5 Pablo menciona tres motivaciones bíblicas para proclamar las Buenas Nuevas. Primera, lo hace porque procura agradar al Padre. «Por eso nos empeñamos en agradarle, ya sea que vivamos en nuestro cuerpo o que lo hayamos dejado» (v. 9). Le agrada al Padre que hablemos bien de su Hijo a otros. Segunda, desea recibir la recompensa del Señor ante el tribunal de Cristo por haber sido fiel en las oportunidades que se le han dado (v. 10). «Por tanto, como sabemos lo que es temer al Señor, tratamos de persuadir a todos» (v. 11). Es una rica recompensa tener amigos que pasarán la eternidad con nosotros porque tuvimos el privilegio de participar en los propósitos de Dios para ellos. Tercera, lo mueve el amor de Dios y su amor por Cristo a ser embajador de Cristo en este mundo (vv. 14-20). El secreto de amar a los que no son amados es que nos mueva el amor de Cristo por ellos.

La evangelización incluye palabras y acciones

En años recientes, se ha venido enseñando en una cantidad cada vez mayor de iglesias y ministerios el concepto de evangelización mediante el estilo de vida, las relaciones o la amistad. Este enfoque de relaciones en evangelización como forma de vida tiene la ventaja de subrayar el proceso de cultivo y de resultar menos amenazador para la mayoría de los creyentes que los métodos que insisten en la confrontación. Pero es importante evitar los dos extremos de todo amistad sin evangelización y de todo evangelización sin amistad. Dependiendo del Espíritu y siendo sensibles a las oportunidades que nos brinda, podemos buscar el justo equilibrio entre encarnación y proclamación (cuadro 32:4).

La evangelización bíblica es un estilo de vida que hay que vivir, no una lección que hay que aprender; es un proceso más que un programa.

AMISTAD	EVANGELIZACIÓN
Amor	Verdad
Acciones	Razones
Caminar	Hablar
Vida	Labios
Encarnación	Proclamación
Intención	Información

Cuadro 32.4

La evangelización y el discipulado deberían integrarse

Al igual que el discipulado debería conducir a la evangelización, la evangelización a su vez debería conducir al discipulado. La evangelización es el inicio del viaje de conocer a Jesús, no el fin. Nuestro Señor nos encargó hacer discípulos, no tomar decisiones (Mateo 28:18-20). El gozo del viaje empieza con la conversión y aumenta con la madurez. Como padre espiritual, Pablo deseaba que sus conversos en Tesalónica crecieran hasta alcanzar la plenitud de formación en la imagen de Cristo. «Dios y ustedes me son testigos de que nos comportamos con ustedes los creyentes en una forma santa, justa e irreprochable. Saben también que a cada uno de ustedes lo hemos tratado como trata un padre a sus propios hijos. Los hemos animado, consolado y exhortado a llevar una vida digna de Dios, que los llama a su reino y a su gloria» (1 Tesalonicenses 2:10-12).

La obstetricia espiritual debería en forma natural y tranquila pasar a ser pediatría espiritual. Este proceso de seguimiento requiere amor, paciencia y aceptación, ya que el crecimiento es gradual y los niños tienden a ser desordenados.

PREGUNTAS PARA APLICACIÓN PERSONAL

- ¿Cuán motivados estamos para involucrarnos en un estilo de vida de evangelización?
- ¿Cuáles de los ocho principios de evangelización nos ha hablado en forma más directa?
- ¿Cómo respondemos a los principios de que la evangelización es un proceso y que los resultados le pertenecen a Dios? ¿En qué forma nos libera esto?
- ¿Por qué es típico que muchos que se dedican a la evangelización se centren más en cosechar que en cultivar?
- ¿Hemos intentado alguna vez evangelizar por las razones equivocadas? ¿Cómo afectó esto nuestra actitud hacia la evangelización?

33

ESPIRITUALIDAD FORMATIVA

Superar los obstáculos a la evangelización

SÍNTESIS DEL CAPÍTULO

Hay obstáculos a los dos lados de la puerta de la evangelización. Los obstáculos para los creyentes incluyen métodos agresivos de venta, temor, inadecuación, indiferencia, limitación de tiempo y aislamiento respecto a los no creyentes. Los tres obstáculos para los no creyentes son emocionales, intelectuales y volitivos. Se pueden superar mediante el desarrollo de relaciones de confianza, respondiendo con amabilidad a las objeciones y con oración. Este capítulo concluye con una mirada a los contextos en que se da la evangelización.

OBJETIVOS DEL CAPÍTULO

- Comprensión más profunda de los obstáculos que impiden que la mayoría de los creyentes compartan su fe
- Toma de conciencia de los obstáculos emocionales, intelectuales y volitivos que mantienen a las personas alejadas de una relación con Cristo
- Ánimo ante el hecho de que se nos han provisto entornos naturales en los que podemos cultivar relaciones agradables con no creyentes

En la práctica, tanto creyentes como no creyentes no se sienten cómodos con la evangelización. James Stuart, profesor de Nuevo Testamento en la Universidad de Edimburgo, lo formula así: «La amenaza para el cristianismo no es el ateísmo, el materialismo o el comunismo. La mayor amenaza para el cristianismo son los cristianos que tratan de entrar al cielo de incógnito sin nunca haber compartido su fe».

OBSTÁCULOS PARA LOS CREYENTES

Jesús dijo a sus discípulos, «La cosecha es abundante, pero son pocos los obreros ... Pídanle, por tanto, al Señor de la cosecha que envíe obreros a su campo» (Mateo 9:37-38). Diversos obstáculos impiden que vayan obreros al campo.

El obstáculo del método

Encontré una tira cómica que presenta a tres personas en la oficina de una iglesia que discuten sobre evangelización. Una de ellas dice, «Cuando era niño iba al porche de alguien, tocaba el timbre, y salía corriendo como el demonio. Todavía lo hago, excepto que ahora nuestra iglesia lo llama "capacitación para alcanzar"». En otra tira, un evangelista se yergue en el púlpito y toda la audiencia se encuentra fuera de la iglesia, todos excepto una persona atemorizada que se esconde en un banco tapándose la cabeza con un himnario. El evangelista dice, «En lo que cantamos la estrofa 314 de "Tal como soy", ¿no hay UNO MÁS que quiera venir?» Todavía otra tira presenta a un barbero afilando la navaja en una correa de cuero y le pregunta al cliente sentado en el sillón, «¿Está preparado para la muerte?»

Muchas personas asocian la evangelización con métodos agresivos de venta y con tácticas de miedo. Hay una serie de estereotipos no bíblicos que han mantenido a las personas alejadas de la verdad.

El cazador de cabeza. Es la persona que trata de salvar almas para agregar a su colección de trofeos espirituales.

El método calzador. No importa lo inapropiado que sea, esa persona utilizará cualquier oportunidad que se presente para introducir el evangelio.

El método estafador. En este método, se introduce el evangelio bajo falsos pretextos.

El método de la estaca. El evangelista ejerce presión indebida en el no creyente en lo que trata de bombardearlo con bendiciones y a fuerza de golpes introducirlo al reino.

Ya hay bastante tropiezo en el evangelio (1 Corintios 1:18-24) sin que le agreguemos más. Pablo insta a sus lectores, «No hagan tropezar a nadie, ni a judíos, ni a gentiles ni a la iglesia de Dios. Hagan como yo, que procuro agradar a todos en todo. No busco mis propios intereses sino los de los demás, para que sean salvos» (1 Corintios 10:32-33).

La Escritura ilustra diferentes métodos de evangelización, y tres de ellos son el de proclamación, el de confrontación y el de relaciones. El apóstol Pedro utilizó el de *proclamación* en su sermón el día de Pentecostés (Hechos 2). Unas tres mil almas se agregaron a la familia de Dios ese día

(v. 41). Este método de proclamación pública requiere un don y unción especiales, y solo un pequeño porcentaje de creyentes lo pueden hacer bien.

Felipe el diácono ilustra un método de *confrontación* en su encuentro de una sola vez con el eunuco etíope (Hechos 8:26-39). Todos somos llamados a presentar a Cristo, pero unos pocos creyentes reciben el don concreto de la evangelización personal que les permite ser efectivos en compartir el evangelio sin antes desarrollar un historial de relaciones con los de afuera.

El método *de relaciones* se describe en las palabras de Pablo acerca de su compromiso personal íntimo con personas en Tesalónica (1 Tesalonicenses 2:1-12). «Así nosotros, por el cariño que les tenemos, nos deleitamos en compartir con ustedes no sólo el evangelio de Dios sino también nuestra vida. ¡Tanto llegamos a quererlos!» (v. 8). A diferencia de los dos primeros métodos, el de relaciones es accesible a cualquiera que esté dispuesto a cultivar relaciones personales con los de afuera. Para la mayor parte de nosotros, la mejor forma de hacer evangelización es cuando emana de relaciones en una manera espontánea y conversacional.

En *Conviértase en un cristiano contagioso*, Mark Mittelberg y Bill Hybels sugieren que por lo menos seis estilos de evangelización se encuentran ilustrados en el Nuevo Testamento y que las personas en la actualidad se sienten más cómodas utilizando principalmente uno de esos estilos. Los estilos son interpersonal, testimonial, intelectual, de invitación, de confrontación y de servicio. Mittelberg relaciona estos estilos con la iglesia en *Edifique una iglesia contagiosa*.

El obstáculo del temor

Aunque hemos sido llamados a desparramar la sal y a hacer brillar la luz, la mayor parte de nosotros diluimos la sal y cubrimos la luz. Dos motivos principales de que la mayor parte de los creyentes no compartan su fe son el temor del rechazo y el temor del fracaso. A nadie le gusta no agradar, sentirse apartado, etiquetado o que lo marginen. Muchos cristianos temen hablar a otros acerca de Cristo porque piensan que se los rechazará como personas si su audiencia no responde en forma positiva. Este temor proviene de una idea inadecuada de Dios. Como creyentes en Cristo, debemos reconocer que nuestra seguridad e identidad se encuentran en él, no en nuestras relaciones fluctuantes con otros. Debemos también tener en cuenta que cuando las personas rechazan nuestro mensaje, esto no quiere decir que nos estén rechazando a nosotros. Más bien, están diciendo no al ofrecimiento que Dios les hace de vida en Cristo.

Si bien el temor del rechazo con frecuencia es el resultado de una idea inadecuada de Dios, el temor del fracaso, en general, proviene de una idea inadecuada de la evangelización. Como hemos visto, el modelo típico de evangelización es de confrontación y no de conversación. Pocas personas se sienten cómodas ante un método que insiste solo en concluir una venta o en recoger resultados. El modelo de relaciones ofrece un método alternativo que ve la evangelización como un proceso que puede tomar días, semanas o años. Cuando participamos en el proceso en cualquier punto y dejamos los resultados en las manos de Dios, podemos descansar en la relación y depender del poder de Dios. «Dios no nos ha dado un espíritu de timidez, sino de poder, de amor y de dominio propio» (2 Timoteo 1:7; ver Salmo 56:3-4; Nehemías 4:14). Cuando recordamos que somos hijos de Dios y que nos ha prometido su presencia y poder cuando comunicamos las Buenas Nuevas (Mateo 28:20), podemos descansar en él.

El obstáculo de la insuficiencia

El problema de las personas que se sienten temerosas o culpables en cuanto a evangelización se complica con el obstáculo de la insuficiencia. Muchos que, a no ser por ello, desearían compartir su fe, no se sienten preparados para hacerlo. Podemos superar este obstáculo si recordamos dos cosas. Primera, nuestra suficiencia proviene de Jesús, no de nosotros mismos. Aparte de él, somos incapaces de cambiar a otras personas, y mucho menos de conducirlas a Cristo. «Esta es la confianza que delante de Dios tenemos por medio de Cristo. No es que nos consideremos competentes en nosotros mismos. Nuestra capacidad viene de Dios. El nos ha capacitado para ser servidores de un nuevo pacto» (2 Corintios 3:4-6a). Cuando nos involucramos en el proceso de evangelización, nos estamos comprometiendo a algo que no puede darse a no ser que Dios lo haga por medio nuestro.

Segunda, si no estamos preparados para compartir el evangelio o para responder a las objeciones que las personas puedan tener, la solución es «esfuérzate por presentarte a Dios aprobado, como obrero que no tiene de qué avergonzarse y que interpreta rectamente la palabra de verdad» (2 Timoteo 2:15). La mayoría de los creyentes no saben cómo hacer una sencilla presentación del evangelio con una Biblia sin anotaciones, pero esto no resulta difícil de hacer. De igual modo, la mayoría no sabe cómo responder a las preguntas comunes que con toda probabilidad surgirán cuando tratamos de plantar la semilla de la Palabra. Sin embargo, esta necesidad no nos impide ir al campo, ya que ya disponemos de buenas respuestas, como veremos. Como lo dice Howard Hendricks, si uno no se prepara, hay que estar preparado para fallar.

El obstáculo de la indiferencia

Se cuenta la historia de que cuando se le pidió a William Jennings Bryan que hablara ante una pequeña congregación en Virginia Occidental, comenzó diciendo, «Hoy tengo tres puntos. Primero, millones de personas están muriendo y se van al infierno. Segunda, a ustedes parece no importarles una maldita nada. Tercera, algunos de ustedes están más preocupados de

SUPERAR LOS OBSTÁCULOS A LA EVANGELIZACIÓN

que dije "maldita" que de los millones que mueren y se van al infierno». Servimos a Dios, quien envió a su Hijo para que buscara y salvara a los perdidos, pero resulta más fácil para nosotros estar más preocupados por asuntos marginales que por lo que está cercano al corazón del Padre.

Es extraordinario que a los dos años de haberse convertido al cristianismo, la mayor parte de los creyentes tengan pocos amigos no creyentes o quizás ninguno. Los estudios hechos en iglesias indican que cuanto más tiempo ha sido creyente una persona, tantos menos amigos no creyentes tiene. A menudo las únicas personas con las que tratamos de compartir nuestra fe son los nuevos conversos, los infantes en Cristo. Los cristianos más maduros y mejor preparados no buscan alcanzar a no creyentes en la forma que podrían y deberían.

Me gusta contar la historia del avión que llevaba cuatro personas y solo tres paracaídas. Iban el piloto, un genio, un ministro y un explorador juvenil. Cuando se comenzó a incendiar el motor y el avión comenzó a perder altura, salió el piloto de la cabina, agarró uno de los paracaídas y se arrojó. El genio se levantó y dijo, «¡Soy la persona más inteligente del mundo! El mundo necesita lo que le puedo ofrecer». Asió uno de los paracaídas y saltó, dejando al ministro y al explorador juvenil en el avión. El ministro le dijo al muchacho, «Tú tienes toda la vida por delante, toma el último paracaídas». El explorador juvenil respondió, «Ni se preocupe, señor; ¡el hombre más inteligente del mundo acaba de saltar con mi mochila!» En un sentido real, el mundo está consumiéndose en llamas, y las personas están poniendo su esperanza en las mochilas de obras, mérito, bienes, posición y poder. Pero el evangelio nos dice que el único paracaídas genuino es Jesucristo.

Debemos recordar lo que está en juego. «El que tiene al Hijo, tiene la vida; el que no tiene al Hijo de Dios, no tiene la vida» (1 Juan 5:12). Lo que está en juego en relación con el mensaje que compartimos es muy valioso, porque implica nada menos que el destino eterno de las personas.

El obstáculo del tiempo

Incluso cuando queremos involucrarnos, descubrimos que estamos más ocupados que nunca. Entonces es cuando debemos recordar que nuestra perspectiva moldea nuestras prioridades y que nuestras prioridades moldean nuestra práctica. Si deseamos acumular tesoros en el cielo, debemos buscar «primeramente el reino de Dios y su justicia» (Mateo 6:33) y confiar en que Dios vigorizará nuestras energías. La Biblia nos recuerda con frecuencia la brevedad de nuestro tiempo en la tierra y nuestra necesidad de invertir este recurso en la mejor forma posible. «Así que tengan cuidado de su manera de vivir. No vivan como necios sino como sabios, aprovechando al máximo cada momento oportuno, porque los días son malos» (Efesios 5:15-16; ver también Salmo 90:12; Eclesiastés 8:5; Colosenses 4:5; Santiago 4:14-17).

Jesús nunca anduvo apurado por cumplir la voluntad de su Padre, pero sí tuvo tiempo para completar la tarea para la cual había venido. «Yo te he glorificado en la tierra, y he llevado a cabo la obra que me encomendaste» (Juan 17:4). También a nosotros se nos ha dado tiempo suficiente para cumplir los propósitos de Dios para nuestras vidas.

Si examináramos la forma en que invertimos las 168 horas que se nos han asignado cada semana organizando nuestras actividades en bloques de 15 minutos, es probable que encontráramos una cantidad importante de tiempo desperdiciado, agendas desordenadas y compromisos excesivos. Debemos volver a examinar nuestros calendarios a la luz de las prioridades bíblicas para ver cuán bien reflejan las cosas importantes, como el tiempo dedicado a la familia y a amigos cristianos y no cristianos. Si no cultivamos una perspectiva eterna, será inevitable que nuestras prioridades y práctica estén distorsionadas.

El obstáculo del aislamiento

No hay impacto sin contacto, pero algunos creyentes han abrazado la mentalidad de que deben mantenerse al margen de relaciones con los de afuera. Por temor a que su forma de pensar y su conducta puedan verse contaminadas con dichos contactos, esas personas han confundido la enseñanza bíblica acerca de la separación con la práctica no bíblica del aislamiento. Ser distinto no es lo mismo que disociarse, y la Escritura no nos enseña que nos aislemos de los de afuera. En lugar de ello, nos dice que nos disociemos de cristianos que, con su comportamiento inmoral, deshonran el testimonio de Cristo. «Por carta ya les he dicho que no se relacionen con personas inmorales. Por supuesto, no me refería a la gente inmoral de este mundo, ni a los avaros, estafadores o idólatras. En tal caso, tendrían ustedes que salirse de este mundo. Pero en esta carta quiero aclararles que no deben relacionarse con nadie que, llamándose hermano, sea inmoral o avaro, idólatra, calumniador, borracho o estafador. Con tal persona ni siquiera deben juntarse para comer» (1 Corintios 5:9-11).

De hecho, no deberíamos participar con nadie en la práctica del mal o de la impureza (2 Corintios 6:14-18), pero es posible tener esferas amplias de terreno común sin concesiones en nuestras relaciones con los no creyentes (1 Corintios 9:19-23). No debemos ser amigos con el sistema del mundo (Santiago 4:4; 1 Juan 2:15-17), sino que deberíamos seguir a Jesús en ser amigos de las personas del mundo (Mateo 11:19). Al igual que nuestro Señor, deberíamos amar a los pecadores pero odiar el pecado; con demasiada frecuencia amamos el pecado y odiamos a los pecadores. Nuestra misión no es ayudar a que las personas se enmienden, sino conducirlas a Aquel que puede cambiarlas de dentro hacia fuera.

Otra causa de aislamiento es la «reunión santa» o el síndrome sentarse, empaparse y agriarse. En el Mar de Galilea abunda la vida porque el agua fluye hacia él y desde él. El Mar Muerto, por el contrario, tiene el nombre que le corresponde, porque el agua que fluye hacia él no tiene salida. La edificación y la *koinonia* son importantes para la salud espiritual y para la formación de los creyentes, pero el ingreso de enseñanza y comunión (Hechos 2:42) debería equilibrarse con salir en busca de la comunidad (Hechos 2:47). Conocer a Cristo (edificación) debería siempre ir acompañado de darlo a conocer (evangelización).

OBSTÁCULOS PARA LOS NO CREYENTES

El obstáculo emocional

Muchos no creyentes tienen una actitud negativa hacia la religión organizada o hacia los cristianos debido a experiencias dolorosas que han vivido. Quienes han sido educados en hogares opresores o legalistas o cuya única asociación con el cristianismo es hipocresía y explotación, desarrollarán de manera natural un obstáculo emocional hacia el evangelio. La única manera efectiva para superar este obstáculo es construir puentes de relaciones mediante el amor y el servicio a los de afuera en esferas de interés común. Es más fácil levantar muros que construir puentes, pero las personas nunca creerán que queremos que vayan al cielo cuando no deseamos verlos en nuestra sala. La desconfianza y los estereotipos negativos se van superando en forma gradual cuando se ofrece amistad segura, no manipuladora, amorosa y digna de confianza. Se ha dicho que a las personas no les interesa tanto lo que sabemos hasta que conocen cuánto nos preocupamos por ellas. Al orar por nuestros amigos no cristianos y cultivar relaciones basadas en actividades comunes, comienzan a ver en nosotros una calidad de vida y una esperanza que requieren una explicación.

No podemos introducir en forma efectiva una tensión ideológica (el mensaje de Jesucristo a un no creyente) cuando existe una tensión en la relación. Solo por medio de nuestro amor y preocupación ganaremos el derecho a ser escuchados. La amistad expresada por medio de actividades en común con no creyentes es un puente que nos permite entrar en su mundo para atraerlos hacia el nuestro. Cultivar amistades toma tiempo y esfuerzo, pero es con mucho el instrumento más efectivo para la comunicación del mensaje de la vida en Jesús.

Muchos creyentes temen que si dedican demasiado tiempo a los de afuera, llegarán a comprometer sus convicciones. Pero Pablo escribió que «Entre los débiles me hice débil, a fin de ganar a los débiles. Me hice todo para todos, a fin de salvar a algunos» (1 Corintios 9:22; ver vv. 19-27). A pesar de cómo eran las personas o de donde se encontraban en su peregrinaje espiritual, Pablo buscó identificarse con ellos lo más posible. Su procedimiento primordial para ayudarlos a llegar a Cristo fue establecer bases comunes sin compromisos. Aplicó de forma constante el principio de comunicación sin contaminación.

Si siempre hablamos en términos generales acerca de alcanzar al mundo para Cristo, podemos desaprovechar alcanzar el mundo en el que vivimos. Nuestra tarea es ser fieles en concentrar nuestra atención en las personas que Dios ha colocado en nuestras esferas de influencia. La parábola de la oveja perdida en Lucas 15:3-7 ilustra la necesidad de atención individualizada y de esfuerzo combinado para buscar lo que está perdido (cf. Lucas 19:10). Resulta fácil gastar nuestro tiempo en mantener confortables a las noventa y nueve y olvidar a la que está perdida. El pastor dejó al rebaño pastando para buscar con dedicación a la oveja que faltaba hasta que la encontró. Centró su atención en una porque cada individuo es de gran valor. Por esto el cielo se regocija por un pecador que se arrepiente (Lucas 15:7, 10, 32).

El obstáculo intelectual

Sócrates observó que la vida que no se somete a examen no vale la pena vivirla; también es verdad que la fe que no se somete a examen no vale la pena creerla. John Stott de manera atinada afirmó que, si bien no podemos satisfacer la arrogancia intelectual, debemos cuidar de la integridad intelectual. Hay intenciones diferentes detrás de las preguntas que las personas hacen, pero si alguien está buscando de forma genuina una respuesta, tenemos la responsabilidad de proporcionársela. Si un profesor informa a la clase de todas las preguntas que se incluirán en el siguiente examen, los estudiantes no tienen excusa si no conocen las respuestas. Parte de nuestra preparación para una evangelización efectivo es tener una respuesta para las preguntas que sabemos que con toda probabilidad encontraremos. Si se presenta una nueva pregunta y no sabemos la respuesta, deberíamos admitirlo con toda honestidad. Esto nos dará la oportunidad de encontrar la respuesta para luego regresar donde nuestro amigo. Pero si nos vuelven a hacer la misma pregunta y no nos hemos preparado, somos responsables.

Muchos creyentes piensan que nunca podrían aprender a defender su fe de forma inteligente, porque debe haber miles de objeciones a las que habría que responder. Pero en la práctica, la gran mayoría de las objeciones contra el cristianismo son variantes y combinaciones de solo doce preguntas básicas. En *I'm Glad You Asked*, Larry Moody y yo esbozamos las respuestas a estas objeciones comunes:

1. ¿Existe realmente Dios?
2. ¿Por qué creer en milagros?
3. ¿Acaso el cristianismo no es solo una muleta psicológica?
4. ¿Es confiable la Biblia?
5. Si Dios es bueno, ¿por qué existen el mal y el sufrimiento?
6. ¿Cómo puede Cristo ser el único camino a Dios?
7. ¿Juzgará Dios a los que nunca han oído acerca de Cristo?

SUPERAR LOS OBSTÁCULOS A LA EVANGELIZACIÓN

8. Si el cristianismo es verdadero, ¿por qué hay tantos hipócritas?
9. ¿No es suficiente una vida moralmente buena para ir al cielo?
10. ¿No es demasiado fácil solo creer en Cristo?
11. ¿Qué quiere decir creer?
12. ¿Pueden las personas estar seguras de su salvación?

Cuando aprendemos a afrontar estos temas, cada una de estas objeciones se convierte en una oportunidad para explicar el mensaje acerca de Cristo. Si las personas hacen subpreguntas específicas para las cuales no tenemos buenas respuestas, no hay razón para sentirse amenazados. Simplemente afirmemos que han hecho una buena pregunta y que cuando hayamos encontrado la respuesta volveremos a hablar. De esta forma aumentaremos la habilidad y el conocimiento por estar involucrados en el proceso.

El corazón no se puede regocijar en lo que la mente rechaza. Como muchos de los obstáculos intelectuales provienen de una formación distorsionada, estamos tratando de ayudar a nuestros amigos a que lleguen a una respuesta bien informada ante las pretensiones de Cristo. Pero también es importante que lo hagamos en una forma amable y atenta, ya que «un siervo del Señor no debe andar peleando; más bien, debe ser amable con todos, capaz de enseñar y no propenso a irritarse. Así, humildemente, debe corregir a los adversarios, con la esperanza de que Dios conceda el arrepentimiento para conocer la verdad» (2 Timoteo 2:24-25).

Pedro también nos ofrece una indicación clara acerca de cómo hacer frente al obstáculo intelectual: «Honren en su corazón a Cristo como Señor. Estén siempre preparados para responder a todo el que les pida razón de la esperanza que hay en ustedes. Pero háganlo con gentileza y respeto» (1 Pedro 3:15-16a). Este versículo presupone que la calidad de nuestras vidas hará que las personas nos pidan que expliquemos por qué somos diferentes. Esto requiere preparación espiritual («honren en su corazón a Cristo como Señor») así como preparación espiritual («siempre preparados para responder») y preparación en cuanto a relación («con gentileza y respeto»). Necesitamos tanto conocimiento (qué decir) como destreza (cómo decirlo).

Pedro nos dice que defendamos sin estar a la defensiva. De igual modo, el libro de Judas nos dice que tomemos la ofensiva: «Queridos hermanos, he deseado intensamente escribirles acerca de la salvación que tenemos en común, y ahora siento la necesidad de hacerlo para rogarles que sigan luchando vigorosamente por la fe encomendada una vez por todas a los santos» (Judas 3).

Cuando surge la oportunidad, es importante poder presentar de manera simple y clara el mensaje de salvación en la Escritura. Pueden ayudarlos para ello una serie de instrumentos útiles, y uno de los más efectivos es el material que se encuentra en «The Search», un librito que ha publicado Search Ministries. En él se examina la posición de Dios, nuestra condición, la provisión de Dios y nuestra decisión. Otros instrumentos útiles están disponibles en Evangelismo Explosivo y en la Asociación Evangelística Billy Graham.

Aprendamos a escuchar con amor (Proverbios 18:2, 13; Santiago 1:19) haciendo preguntas útiles y escuchando de manera activa para encontrar expresiones de necesidades sentidas y de preocupaciones así como de obstáculos emocionales e intelectuales. Al brindar a nuestros amigos los dones centrados en otros de atención focalizada y al mostrar un interés genuino por ellos, creamos una atmósfera de amor y aceptación en la que se puede plantar la semilla del evangelio.

El obstáculo volitivo

Vimos que el obstáculo emocional se establece debido a experiencias y a asociaciones negativas con la religión en general y con el cristianismo en particular y que la clave para superar este obstáculo de sentimientos es el puente de la amistad. Segundo, el obstáculo intelectual se establece debido a malentendidos y a un sesgo conceptual contra una cosmovisión bíblica, y este obstáculo en el pensamiento se supera convirtiendo las objeciones en oportunidades para compartir la verdad acerca de Jesús. Tercero, el obstáculo volitivo se establece debido a una naturaleza pecaminosa que está en enemistad con Dios, y este obstáculo de la voluntad se podrá superar solo con oración y el ministerio convincente del Espíritu Santo (Juan 16:8-11).

La evangelización no será efectiva gracias al método que se emplee ni a las destrezas, sino por razón del sólido fundamento de la oración. Todo el proceso de cultivar relaciones de calidad para Cristo debe comenzar con oración, sustentarse con oración y acabar con oración al producir Dios el fruto. La verdadera batalla se libra en el terreno de la oración. Por ello, cuando la oración se reduce a una idea tardía en la evangelización, se coloca la proverbial carreta delante del caballo.

El apóstol Pablo reconoció la relación crítica entre oración y la difusión del evangelio y la describió en Efesios y Colosenses:

> Oren en el Espíritu en todo momento, con peticiones y ruegos. Manténganse alerta y perseveren en oración por todos los santos. Oren también por mí para que, cuando hable, Dios me dé las palabras para dar a conocer con valor el misterio del evangelio, por el cual soy embajador en cadenas. Oren para que lo proclame valerosamente, como debo hacerlo.
>
> *Efesios 6:18-20*

> Dedíquense a la oración: perseveren en ella con agradecimiento y, al mismo tiempo, intercedan por nosotros a fin de que Dios nos abra las puertas para proclamar la palabra, el misterio de Cristo por el cual

SUPERAR LOS OBSTÁCULOS A LA EVANGELIZACIÓN

estoy preso. Oren para que yo lo anuncie con claridad, como debo hacerlo.

Colosenses 4:2-4

Si se combinan estos dos pasajes, podemos encontrar la respuesta a las tres preguntas acerca de la oración en relación con una evangelización efectiva: cómo orar, qué orar y por quién orar.

Cómo orar

Primero, debemos dedicarnos a la oración (Colosenses 4:2). Deberíamos perseverar y no desalentarnos al orar por otros. Segundo, deberíamos orar «en el Espíritu en todo momento» (Efesios 6:18). Debemos asegurarnos de que no exista ningún obstáculo de algún pecado no confesado o motivos impropios en nuestro corazón. Tercero, Pablo nos dice en ambos pasajes que nos mantengamos alerta en nuestras oraciones. Donde lo que prevalece es la oración, el poder sucumbe. Cuarto, debemos orar «con agradecimiento» (Colosenses 4:2). Se trata de una actitud expectante que cree que Dios está actuando en nuestras vidas y en las vidas de aquellos por quienes oramos.

Qué orar

Primero, deberíamos orar por puertas abiertas para la palabra, es decir, por oportunidades adecuadas para compartir el evangelio. Segundo, deberíamos orar por palabras adecuadas (Efesios 6:19) de modo que aprovechemos las oportunidades que el Espíritu prepara. Tercero, deberíamos orar por claridad en nuestra presentación (Colosenses 4:4). Cuarto, deberíamos orar por valor en proclamar el misterio del evangelio (Efesios 6:19-20). Esto no es lo mismo que descaro o impetuosidad; antes bien, significa hablar con libertad, en forma abierta y sin vergüenza cuando se presenta la oportunidad.

Por quién orar

En Colosenses 4:3, Pablo dice, «y, al mismo tiempo, intercedan por nosotros». Los creyentes dedicados a actividades en primera línea de evangelización de relaciones deben orar unos por otros. Y también necesitamos orar de manera específica por los de afuera que Dios ha traído a nuestras vidas.

La oración es el preludio de toda evangelización efectiva. El proceso de cultivo comienza sobre nuestras rodillas, y como D. L. Moody nos recordó, debemos hablar a Dios acerca de las personas antes de hablar a las personas acerca de Dios.

Algunos cristianos han desarrollado una mentalidad de «nosotros frente a ellos», pensando que los no creyentes son el enemigo. Pero los no creyentes no son el enemigo; son víctimas del enemigo.

> Pero si nuestro evangelio está encubierto, lo está para los que se pierden. El dios de este mundo ha cegado la mente de estros incrédulos, para que no vean la luz del glorioso evangelio de Cristo, el cual es la imagen de Dios.
>
> *2 Corintios 4:3-4*

> En otro tiempo ustedes estaban muertos en sus transgresiones y pecados.
>
> *Efesios 2:1*

> Así, humildemente, debo corregir a los adversarios, con la esperanza de que Dios les conceda el arrepentimiento para conocer la verdad, de modo que se despierten y escapen de la trampa en que el diablo los tiene cautivos, sumisos a su voluntad.
>
> *2 Timoteo 2:25-26*

Según estos textos, quienes no tienen a Cristo están espiritualmente ciegos, espiritualmente muertos, y cautivos de Satanás. Debemos evitar las reacciones equivocadas de tratarlos con desprecio, evitándolos como una peste, y juzgándolos. Tendemos a juzgar al mundo y hablar con nosotros mismos cuando deberíamos juzgarnos a nosotros y hablar al mundo.

Es importante que nos demos cuenta de que los no creyentes tendrán dificultad en entender y responder al evangelio. El fruto proviene de la raíz, y no deberíamos esperar un comportamiento regenerado de personas no regeneradas. Por último, deberíamos recordar su condición espiritual y recordar cuando en otro tiempo estuvimos en la misma situación.

EL CONTEXTO DE LA EVANGELIZACIÓN

Los medios visuales y orales pueden ser efectivos, pero nada puede compararse con el poder del toque personal. Cristo, la expresión visible del Dios invisible, vino a revelar el corazón, la esencia y el ser del Dios eterno en la forma más clara de todas, la revelación personal. Y ha llamado a la iglesia a manifestar de manera personal su vida al mundo. Son cartas de Cristo, «conocidas y leídas por todos» (2 Corintios 3:2-3). Debemos ser comunicadores de un mensaje que el mundo necesita desesperadamente oír, y esta comunicación debe darse no solo con nuestra boca, sino también con nuestras vidas. Nuestras palabras deben ir refrendadas por la calidad de nuestro carácter, por la autenticidad de nuestro amor y servicio a las personas, y por el amor colectivo dentro de la comunidad cristiana.

Nuestros amigos que no tienen a Jesús necesitan saber que son importantes para nosotros por quienes son y no debido a que son una cuantos seres más que queremos persuadir. Esto se reflejará en nuestras palabras, actitudes y acciones. Cuando existe una discrepancia entre lo que decimos y cómo nos comportamos, nuestra conducta hablará con tanta elocuencia que los otros no oirán lo que decimos. Las personas buscan lo real, no representaciones de papeles.

Colosenses 4:5-6 equilibra los dos aspectos de nuestras palabras y nuestras obras (cuadro 33:1).

COMPORTARSE SABIAMENTE	CONVERSACIÓN AMENA
Colosenses 4:5	Colosenses 4:6
Compórtense sabiamente con los que no creen en Cristo, aprovechando al máximo cada momento oportuno.	Que su conversación sea siempre amena y de buen gusto. Así sabrán cómo responder a cada uno.
De relación	Evangelismo

Cuadro 33.1

Como las dos alas de un avión, hablar y actuar deben estar equilibrados y en simetría. Debemos evitar los dos extremos de solo hablar y no actuar y solo actuar y no hablar. El primero es evangelización sin amistad; el segundo es amistad sin evangelización.

Tanto Colosenses 4:5 como Efesios 5:15-16 nos hablan de actuar con sabiduría aprovechando al máximo el *kairon* (los tiempos, las oportunidades) que el Señor pone en nuestro camino. Somos llamados a una vida de alerta permanente a las oportunidades para dar testimonio de la esperanza que hay en nosotros. Necesitamos ojos para ver estos momentos y una voluntad capacitada para actuar. Es asunto de nuestro tiempo interno que controla nuestro tiempo externo, y no viceversa.

La mayoría de nosotros tenemos muchas más oportunidades de ministerio que lo que pensamos. Dios en su soberanía nos ha dado redes de relaciones en cuatro áreas:

1. Familia — nuestra red biológica
2. Amigos — nuestra red social
3. Colegas de trabajo — nuestra red vocacional
4. Vecinos — nuestra red geográfica

Dentro de cada una de estas esferas, experimentamos diferentes grados de cercanía, que van desde contactos ocasionales a amistades íntimas. Un ejercicio útil es pensar acerca de las personas en cada una de estas cuatro redes y pedir la dirección de Dios para saber cuáles de estas relaciones querría que cultiváramos para sus propósitos. Al identificar a las personas que el Señor querría que amáramos y sirviéramos de esta forma, ponderemos en forma creativa qué intereses tenemos en común con cada una de ellas

(p. ej., deportes, hijos, excursiones, recreo, las artes, clubes, comida, viajes). Luego comencemos a programar actividades en común con los no creyentes por los que estamos orando.

Recordemos que las personas no son proyectos. Es bueno desear y orar por su salvación, pero este resultado nunca debe convertirse en una meta personal. Si se degenera para convertirse en una meta, trataremos de manipular la relación para que suceda, y esto tendrá consecuencias negativas. La parte que nos corresponde es amarlas y servirlas en forma incondicional y dejar los resultados a Dios.

Cuando se presentan oportunidades espontáneas para pasar de conversaciones informales a cosas espirituales, tratemos de evitar clichés y jerga teológica y seamos lo suficientemente sensibles como para no ser insistentes o discutidores. Tratemos a los de afuera con «gentileza y respeto» (1 Pedro 3:16) y utilicemos respuestas que estimulen en vez de ahogar una discusión abierta.

Recordando el espectro de espiritualidad que analizamos antes, hay una serie de métodos que son apropiados para las personas en diferentes puntos al lado izquierdo del espectro (-10 a -1). Estos incluyen cultivo uno a uno, foros abiertos (reuniones de discusión en hogares), evangelización en grupo pequeño, estudios exploratorios de la Biblia con individuos o grupos, y eventos especiales de evangelización.

Nuestro Señor nos enseña que la necesidad es apremiante y las recompensas son eternas.

¿No dicen ustedes: «Todavía faltan cuatro meses para la cosecha»? Yo les digo: ¡Abran los ojos y miren los campos sembrados! Ya la cosecha está madura; ya el segador recibe su salario y recoge el fruto para vida eterna. Ahora tanto el sembrador como el segador se alegran juntos.

Juan 4:35-36

«La cosecha es abundante, pero son pocos los obreros —les dijo a sus discípulos—. Pídanle, por tanto, al Señor de la cosecha que envíe obreros a su campo».

Mateo 9:37-38

Jesús comenzó y acabó su ministerio terrenal con evangelización. Comenzó llamando a sus discípulos a ser pescadores de hombres (Mateo 4:19) y concluyó comisionándolos para que fueran testigos suyos en el mundo (Hechos 1:8).

Al desarrollar una perspectiva eterna, irnos involucrando en el proceso, dependiendo del poder de Dios, y confiando en Dios para el resultado, tendremos el gozo de formar parte de los propósitos eternos del Dios vivo.

Preguntas para aplicación personal

- ¿Cuáles de los obstáculos para los creyentes han sido los que más han debilitado nuestra vida? ¿Qué podemos hacer para superarlos?
- ¿Qué experiencias hemos tenido con la evangelización de proclamación, confrontación y de relaciones?
- ¿Cuán cómodos nos sentimos con desarrollar relaciones no manipuladoras con no creyentes?
- ¿Cómo calificaríamos nuestra capacidad para responder a las doce objeciones básicas? Si somos débiles en algunas de ellas, sería aconsejable consultar algunos de los recursos que se han incluido en este capítulo.
- ¿Cuán específicos y constantes somos en nuestras oraciones de intercesión por no creyentes en nuestras esferas de influencia?

FACETA 12

ESPIRITUALIDAD COLECTIVA

Ánimo, responsabilidad y culto

Llegamos a creer como individuos, pero crecemos como comunidad. Esta sección examina la necesidad de comunidad, desafíos y generadores de comunidad, la naturaleza y el propósito de la iglesia, cuidado de almas, liderazgo de servicio, responsabilidad ante otros y renovación.

34

ESPIRITUALIDAD COLECTIVA

La necesidad de comunidad

> ### SÍNTESIS DEL CAPÍTULO
>
> La espiritualidad colectiva se centra en la dinámica de la vida juntos en el Espíritu como fuente esencial de salud y madurez espirituales. La formación espiritual implica dimensiones tanto personales como colectivas, y las Escrituras ofrecen sólidos fundamentos para la comunidad. El ministerio debería emanar tanto de la soledad como de la comunidad, pero hay una serie de retos a la comunidad en nuestra cultura.
>
> ### OBJETIVOS DEL CAPÍTULO
>
> - Una mejor valoración de la dimensión colectiva de la formación espiritual
> - Una mejor conciencia de la interacción entre soledad, comunidad y ministerio en nuestro caminar espiritual
> - Comprensión de las amenazas a la comunidad en nuestra cultura y de formas de desarrollar dimensiones colectivas de la vida espiritual

Como Dios nos ha creado a su imagen, somos seres de relaciones que crecen más en comunidad. La espiritualidad colectiva se centra en la dinámica de la vida juntos en el Espíritu como una fuente esencial de salud y madurez espirituales, pero también reconoce la fragilidad de este proceso y las muchas formas en que puede socavarse.

La comunidad se ha venido deteriorando en el mundo occidental, y se la viene desafiando en muchos frentes. Hemos sido testigos de una búsqueda creciente de autonomía y de autodeterminación. Nuestra cultura se ha destacado por una búsqueda de independencia, de preservación propia, de control, de privatización, de evitar la responsabilidad, de relaciones superficiales y de enajenación. Parece que las personas están más ocupadas que nunca y más solas que nunca (esto se ilustra en *The Saturated Self* de Kenneth J. Gergen y en *Bowling Alone* de Robert Putnam). La tecnología, la movilidad, los medios, el entretenimiento, las distracciones, los viajes, la sobrecarga de información y la transitoriedad contribuyen todos ellos a la condición creciente de inestabilidad social y de tensión interpersonal. Los inventos para ahorrar tiempo solo han conseguido que nuestras vidas sean más hiperactivas y llenas de estrés, y nuestras adicciones a lo urgente y al desempeño hacen que nos mueva más lo externo que lo interno. Ese exceso de énfasis cultural en el individualismo se ha visto agravado con la desconfianza creciente por las instituciones, tradiciones y autoridad.

No podemos regresar al pasado, pero podemos aprender cómo apreciar las relaciones como fines más que como medios, y podemos recapturar una visión bíblica trascendente de compromiso y de comunidad que nos hará más humanos y menos sometidos al control de nuestra cultura.

PERSONAL Y COLECTIVO

Llegamos a la fe como individuos, pero crecemos en comunidad. La vida en Jesús no está destinada a ser solitaria e individualista sino compartida y colectiva. De hecho, cuando estemos frente a Cristo, seremos juzgados individualmente de acuerdo con nuestras obras (2 Corintios 5:10; Romanos 14:12), pero el cultivo de la comunidad de fe tiene como fin prepararnos para nuestra vida eterna con el Señor y de unos con otros.

Los evangélicos suelen insistir en el lado individual del espectro, en tanto que los liberales tienden a enfatizar el lado colectivo del mismo. Para la derecha teológica, el punto focal de atención es la justificación delante de Dios y la esperanza de la vida eterna. En la izquierda teológica, se acentúan la justicia y la relevancia sociales en el entorno actual. El peligro de la derecha es que el evangelio puede privatizarse y volverse socialmente irrelevante; el peligro de la izquierda es que el evangelio puede verse reducido a la ética social, al inclusivismo y al pluralismo.

El plan completo de la Escritura ofrece una forma mejor que equilibra lo personal y lo colectivo. Lo hace afirmando las buenas nuevas de la vida del reino en el tiempo presente. El perdón de pecados y la esperanza del cielo nos liberan para caminar con Jesús hoy y para encontrar nuestra vida en él en el contexto de nuestras tareas y encuentros diarios. Esta relación actual con Jesús nos hace estar alerta a las oportunidades, exigencias y retos de la vida nuestra que se está desarrollando. La vida espiritual es tanto personal como social; es tanto dependiente de Dios (trascendental) como activa en el mundo (inmanente). Une la santidad personal con la santidad social y fusiona la devoción a Jesús con el servicio a los demás.

FUNDAMENTOS BÍBLICOS DE LA COMUNIDAD

En la historia cósmica más general de la Escritura, la salvación no es un fin, sino el medio necesario para superar la enajenación en la relación con

LA NECESIDAD DE COMUNIDAD

Dios, con nosotros mismos, con otros y con la naturaleza, que se debió a la trágica introducción del pecado. Dios es un ser de relaciones cuyo costoso don de la salvación hizo posible poder superar nuestra condición pecaminosa de separación de manera que pudiéramos disfrutar de una relación con él como hijos queridos y no como foráneos condenados. En otras partes de este libro mencionamos que el misterio que llamamos Dios es una comunidad de ser: el Amante, el Amado y el Amor que fluye entre ellos. Esta visión trinitaria del Uno y de los Muchos, la Unidad en diversidad, los Tres en Uno, se encuentra solo en la Biblia. En el desarrollo de la revelación, el Antiguo Testamento pone la base para la expresión ulterior del Dios tripersonal del Nuevo Testamento. Se ha dicho que «el Antiguo es el Nuevo revelado; el Nuevo es el Antiguo ocultado». Los pronombres en plural («Hagamos al ser humano a nuestra imagen y semejanza» [Génesis 1:26]; «Será mejor que bajemos a confundir su idioma» [Génesis 11:7]), así como la variedad de otros pasajes que distinguen a las personas de Dios (p. ej., Yahveh y Adonai en el Salmo 110:1; el Venerable Anciano y Alguien con aspecto humano en Daniel 7:9-14), apuntan hacia el misterio del Nuevo Testamento de Dios como una esencia que subsiste como tres personas eternas e iguales entre sí.

Como Dios nos hizo a su imagen y semejanza, hemos sido creados para formar sociedad con él y unos con otros. La Biblia es única en su descripción de Dios como el hacedor y mantenedor de un pacto. Al incorporarnos a los beneficios del nuevo pacto por medio de la sangre de Cristo (Jeremías 31:31-33; Lucas 22:20), nos volvemos miembros de una nueva comunidad que está llamada a reflejar la gloria de la Divinidad en su unidad colectiva (Juan 17:22-26). Los dos mayores mandamientos son amar a Dios y a nuestro prójimo (Marcos 12:30-31), y la expresión más clara de nuestro amor por Dios es nuestro amor por otros (1 Juan 4:7, 11, 20-21). En efecto, nuestro Señor nos dice, «Si me amas, amarás a las personas a las que amo».

La consecuencia devastadora de la Caída (Génesis 3) fue la enajenación cuádruple de Dios, de nosotros mismos, de otros y de la naturaleza. Para quienes están en Cristo, ha comenzado una restauración significante en cada uno de estos niveles, pero no se completará hasta la redención de nuestro cuerpo y la redención del orden creado (Romanos 8:19-23). En esta tensión tanto-como entre el ahora y el todavía no, los que hemos sido renovados en Cristo ya nos hemos convertido en nuevas criaturas (2 Corintios 5:17). El plan redentor de Dios es restaurar relaciones en todos los niveles, con Dios, con el yo, con otros y con la creación, de modo que experimentemos y expresemos el *shalom* (paz, amor, unidad, armonía) de la Trinidad. Como lo expresa John D. Zizioulas en *Being as Communion*, hemos sido trasladados de una hipóstasis (sustancia o esencia) de existencia biológica a una hipóstasis de existencia eclesial. En el nuevo nacimiento, ya no nos identificamos más con la necesidad natural sino con la libertad de la vida en Cristo en comunión con Dios y con la comunidad de fe.

ACEPTAR LAS POLARIDADES

Hablando en términos de comparación, el Antiguo Testamento insiste más en la vida colectiva en tanto que el Nuevo Testamento desarrolla en forma más plena la dimensión personal además de la dimensión social de vida en comunidad. Pero ambos Testamentos afirman lo personal y lo colectivo así como la relación inextricable entre los dos. La transformación personal de dentro hacia fuera que se lleva a cabo por medio de la presencia y acción de Jesús tiene como fin reconciliar y renovar nuestras relaciones con otros. Como la espiritualidad no florece en aislamiento, el proceso colectivo de discipulado debería informar y complementar el discipulado personal. Desafortunadamente, se da una tendencia natural a desplazarse hacia los extremos del individualismo y del institucionalismo. El extremo individualista minimiza el valor de la vida en comunidad, en tanto que el extremo institucional lleva a la persona a perderse en el servicio de la institución.

Es mejor evitar las dos astas de este dilema adoptando la tensión tanto-como entre soledad y comunidad. Dietrich Bonhoeffer lo dijo muy bien en *Life Together*:

> *Que quien no puede estar solo tenga cuidado con la comunidad.* Lo único que conseguirá será perjudicarse a sí mismo y a la comunidad. Cuando Dios te llamó, estuviste solo delante de él; a solas tuviste que responder a ese llamamiento; a solas tuviste que luchar y orar; y a solas morirás y rendirás cuentas a Dios. No puedes huir de ti mismo; porque Dios te ha escogido. Si te niegas a estar a solas estás rechazando el llamamiento que Cristo te hace, y no tendrás parte en la comunidad de quienes son llamados... *Que quien no está en comunidad tenga cuidado con estar solo.* Fuiste llamado a la comunidad, el llamamiento no fue para ti solo; en la comunidad de los llamados cargas con tu cruz, luchas, oras. No estás solo, incluso en la muerte, y en el Último Día serás solo un miembro de la gran congregación de Jesucristo. Si desprecias la comunión de los hermanos, rechazas el llamamiento de Jesucristo, y por ello tu soledad solo puede perjudicarte.

Cuando aceptamos las polaridades de soledad y comunidad, descubrimos que nuestro caminar personal con Dios se alimenta en comunión con otros y que esta vida de unidad en diversidad y de unidad en pluralidad es un reflejo de la vida trinitaria.

SOLEDAD, COMUNIDAD Y MINISTERIO

En una serie sobre «Pasar de la Soledad a la Comunidad al Ministerio», Henri Nouwen utiliza Lucas 6:12-19 para ilustrar la combinación de estas tres disciplinas en la vida de nuestro Señor. Jesús pasó la noche en soledad con Dios, y en la mañana formó comunidad al reunir a sus discípulos a su

LA NECESIDAD DE COMUNIDAD

alrededor. Luego, en la tarde, Jesús atendió con su ministerio con sus discípulos las necesidades físicas y espirituales de las personas que acudieron a escucharlo. De la misma forma, deberíamos imitar este orden de dentro hacia fuera que fluye de la dedicación a Cristo (soledad), a la dedicación a la comunidad, a la dedicación al evangelio (ministerio). La comunidad es el puente que conecta la soledad (intimidad con Dios) con el ministerio a los creyentes y no creyentes.

Compromiso con Cristo y con la cruz (Soledad)

Como vimos en el estudio de la espiritualidad integral, cuando nuestras vidas se centran en Cristo, cada uno de sus componentes (p. ej., familia, trabajo, finanzas y amigos) encuentran su lugar adecuado. Cuando analizamos la espiritualidad de vida cambiada, vimos que nuestra identidad como seres a los que el Padre ama y como participantes en la vida de su Hijo, nos hace seguros e importantes. En la sección sobre espiritualidad de devociones mencionamos que la intimidad interna con Cristo vigoriza nuestras actividades externas. La espiritualidad disciplinada se centra en las formas en que podemos cultivar esta intimidad con el Señor, y la espiritualidad de proceso pone de relieve la necesidad de estar alerta al precioso presente permitiendo que el hacer fluya del ser. La espiritualidad de relaciones subraya el orden de amar a Dios en forma completa como la clave para amarse a uno mismo de manera correcta y de amar a otros con compasión. La espiritualidad llena del Espíritu y la espiritualidad de lucha nos recuerdan que libramos una lucha contra el mundo, la carne y el diablo por medio de las armas del Espíritu y de que el Espíritu Santo nos da poder para vivir vidas que requieren una explicación. La espiritualidad formativa expresa la vida interior de Cristo en nuestro ministerio externo de evangelización y edificación. La espiritualidad motivada nos anima a que nos muevan las cosas que Dios declara que son importantes, y la espiritualidad paradigmática nos dice que aprovechemos lo temporal para ganancias eternas.

Cada una de esas facetas de la espiritualidad se centra en Cristo y en nuestro caminar personal con él. Al llegar a conocerlo y al abrazar su cruz perdiendo nuestras vidas para encontrar la suya, aprendemos a atesorar a la Divinidad. Por medio de un encuentro personal, por medio de confianza, admiración y temor crecientes, y por medio de la toma de conciencia del amor de Dios y de nuestra aceptación en Cristo, aprendemos a dejar que Dios se ame a sí mismo en nosotros por medio de su Espíritu que mora en nosotros.

Compromiso con la comunidad

A medida que como creyentes crecemos en la soledad de la intimidad con el Señor, así también nuestra capacidad para vivir en comunidad va en aumento. La verdadera comunidad en Cristo no es una colección de individuaos solitarios o aislados, sino una interacción dinámica de personas que saben que son aceptadas y amadas en Cristo. Dios no nos llama a ser cristianos libres o una colonia de eremitas, sino un organismo vital de personas centradas en otros del que Cristo es la cabeza. La soledad y la comunidad verdaderas se enriquecen mutuamente por medio de la interacción creativa de las dimensiones vertical y horizontal de nuestro amor por Dios y de nuestro amor por su pueblo.

La vida colectiva del cuerpo de Cristo no es opcional. Aunque la comunidad nunca resulta fácil, sin ella nos empobrecemos, y los beneficios superan en mucho los inconvenientes. Entre otras cosas, la comunidad provee el contexto para

- enriquecimiento en relaciones y compromiso con las mismas
- confianza, amor y aceptación
- sumisión mutua por reverencia a Cristo
- ánimo y responsabilidad
- perdón y confesión recíproca bajo la cruz
- curación física, psicológica y espiritual
- alimento en la vida de la Escritura, meditación y oración
- participación en un llamamiento y propósito colectivos
- amor por el prójimo como expresión esencial de la vida espiritual
- ministerio y servicio
- expresión de unidad en la diversidad
- guía y sustentación en disciplinas espirituales
- apoyo para quienes se encuentran en necesidad física, emocional y económica
- un entorno de crecimiento y transformación
- celebración de los dones de cada uno
- existencia para otros

Nuestra vida personal juntos con Cristo debería tanto apoyar nuestra vida colectiva juntos en Cristo como alimentarse de ella. Cada uno de nosotros necesita un ritmo de soledad y comunidad, de aislamiento y participación, de intimidad y actividad, de ser servido por otros y de servir a otros, y de crecimiento personal y colectivo.

Compromiso con el ministerio

No somos llamados a destacar en el ministerio sino a dedicarnos a Cristo. Pero esta intimidad con él (soledad) se expresa y enriquece en la comunión de los santos al reunirse los creyentes para servir y apoyarse unos a otros (comunidad). El ministerio al cuerpo de creyentes (edificación) y a los de afuera (evangelización) debería emanar de la combinación de estar conectados con Dios (soledad) y conectados unos con otros (comunidad). El

LA NECESIDAD DE COMUNIDAD

compromiso con la persona de Dios (Romanos 12:1-2) se manifiesta en el compromiso con los propósitos de Dios (Romanos 12:3-8) y en el compromiso con el pueblo de Dios (12.9-21). El ministerio externo no determina la intimidad personal y colectiva pero debería encontrar su fuente en esta intimidad con Dios y con su pueblo. Como hemos experimentado la aceptación, perdón y amor de Dios, podemos ser mediadores de gracias para quienes sufren. El quebranto, la contrición y la entrega a Jesús así como el cuidado de la comunidad de fe nos preparan para dar fruto en nuestro ministerio a creyentes y no creyentes.

RETOS A LA COMUNIDAD

La iglesia nunca ha carecido de manipuladores, controladores, disidentes y promotores de facciones. Quienes crean confusión en el cuerpo de Cristo manifiestan pautas carnales que todos nosotros estamos en condiciones de practicar. Para empeorar las cosas, pocas de estas personas jamás se dan cuenta del daño colectivo que causan, porque resulta fácil justificar el comportamiento manipulador revistiéndolo con un barniz espiritual de preocupación por los mejores intereses del grupo.

La iglesia en Corinto tenía miembros que estaban destruyendo la comunidad debido a sus desavenencias, orgullo, comparaciones, carnalidad, competencia, envidia, críticas, inmoralidad, pleitos, idolatría, quejas, egoísmo y errores doctrinales. Cuando tratamos de contar, controlar, comparar y competir estamos intentando justificarnos a nosotros mismos y a nuestros intereses en lugar de buscar los intereses de Cristo y de los otros. En su instancia a los filipenses para que buscaran la unidad de mente, amor y propósito, el apóstol Pablo los exhortaba a «no hagan nada por egoísmo o vanidad; más bien, con humildad consideren a los demás como superiores a ustedes mismos. Cada uno debe velar no solo por sus propios intereses sino también por los intereses de los demás» (Filipenses 2:3-4). Esto resulta posible solo cuando caminamos en el Espíritu y basamos nuestra identidad en Cristo y no en las opiniones fluctuantes de los demás. Mencionamos antes en este libro que cuando somos liberados de la esclavitud a las expectativas y opiniones de las personas, el resultado irónico es que estamos en condiciones de servirlos mucho mejor. El deseo de complacer a Cristo nos da poder para servir a su pueblo.

Mientras los feligreses de la iglesia se dedican a desarrollar la institución, las personas centradas en Cristo se centran en amar a Cristo y en desarrollar el cuerpo de creyentes. Como lo dice un amigo mío, un feligrés puede llegar a ser presidente de la junta de la iglesia si hace cuatro cosas: da mucho, asiste mucho, apoya el liderazgo de la iglesia en la dirección que quiera tomar, y mantiene su perfil de pecado lo suficientemente discreto como para no causar vergüenza. Cuando se le impide ser elegido o se siente disgustado, emite el voto decisivo con ya no asistir más ni dar más.

Así como la amenaza fundamental a la comunidad es egocentrismo, la contribución vital a desarrollar la comunidad se logra al estar centrado en otros. El infierno está centrado en sí mismo y aislado; el cielo está centrado en otros y relacional. La espiritualidad colectiva conlleva un elevado precio porque nos exige ir contra corriente de nuestro instinto caído a favor de la privatización y el control. Pero la Escritura nos enseña que vale mucho más la pena, ya que las experiencias más intensas de gozo se producen cuando se comparten con otros. El gozo se atrofia muy pronto cuando se esconde. La vida espiritual no es tan solo algo entre una persona y Dios; nunca tuvo como fin privatizarse o ser individualista, sino ser compartida en comunidad con el pueblo de Dios. Nuestra relación personal con Jesucristo se revela y se expresa en las formas que nos relacionan con quienes están a nuestro alrededor.

Mi amigo Bill Smith ha elaborado una útil comparación entre una cosmovisión moderna y individualista y una cosmovisión comunal y bíblica (cuadro 34:1).

	COSMOVISIÓN MODERNA (individualista)	COSMOVISIÓN BÍBLICA (comunal)
BASE	Contractual	De pacto
CONCEPTO DEL YO	Autónomo (refleja el yo)	Interdependiente (social, de relaciones)
CONCEPTO DE LAS RELACIONES	Intercambio (contractual)	Comunal (de pacto)
FUENTE DE LA AUTORIDAD MORAL	Relativista (elaborada por uno)	Trascendente (establecida por Dios)
RAZÓN PARA INVOLUCRARSE EN LA IGLESIA	Según las necesidades	Dar y tomar en relaciones
VIRTUD MÁS ELEVADA	Autoestima	Amor
ENFOQUE EN LA RESOLUCIÓN DE CONFLICTOS	Comunicación (negociación)	Enfoque moral (reintegración o reconciliación)
PROPÓSITO DE LA VIDA	Realizarse	Transcenderse (amor)
BASE PARA EL PERDÓN	Generar perdón de sí mismo	Recibir perdón
MOTIVACIÓN PRIMORDIAL PARA PERDONAR	Salud personal (arreglárselas funcional)	Gloria a Dios y armonía comunal

Cuadro 34.1

LA NECESIDAD DE COMUNIDAD

Esos contrastes también ilustran las orientaciones y estrategias del corazón anterior y las del corazón nuevo. He adaptado los gráficos en el cuadro 34:2 a partir de dos diagramas en *Connecting* de Larry Crab.

EL CORAZÓN ANTERIOR O DE LA CARNE De dónde provienen los malos deseos		
Problemas personales		
Desconexión de otros	Estrategia básica de vida: Hacer lo que le sirve a uno; evitar lo que no.	¡Mi valor final soy yo!
Desconexión de otros	Dinámica de preservación de sí mismo en tanto encontramos la vida	¿Me bastó? ¿Cooperarás?
Desconexión del yo	Deseos denegados	Egoísmo justificado	¡Conseguiré lo que pueda!
Desconexión de Dios	Incredulidad: ¡No puede ser *tan* bueno!	Independencia de Dios/dependencia del yo

EL CORAZÓN NUEVO O EL ESPÍRITU De dónde provienen los buenos deseos		
Fidelidad en las pruebas		
Conexión con otros	Estrategia básica de vida: Entregarse a lo bueno; resistir lo malo.	¡Mi valor final es Dios! Él es la razón.
Conexión con otros	Dinámica espiritual (negación de sí mismo) en tanto encontramos la vida	¡Mi suficiencia está en Cristo! Estoy aquí para dar.
Conexión con el yo	Deseos aceptados	Conciencia piadosa	Deseo vivir para él.
Conexión con Dios	Creer: ¡Así es *de* bueno!	Dependiente de Dios para vivir.

CUADRO 34.2

En cualquier momento, el creyente puede caminar en el poder y búsquedas de la carne o en el poder y propósitos del Espíritu. Es asunto no solo de conocimiento sino también de voluntad. Solo cuando nos entregamos al control del Espíritu (Efesios 5:18) caminamos en el poder de tomar en cuenta las necesidades de otros por encima de las nuestras. Cuando esto sucede, contribuimos a la salud y bienestar del cuerpo de creyentes.

CREADORES DE COMUNIDAD

El psicólogo Alfred Adler comentó que «al final parecerá que los únicos problemas que tenemos en nuestra vida son los sociales; y esos problemas solo se pueden solucionar si estamos interesados en otros».William James de manera parecida exhortó a sus lectores a que se entregaran a «la visión más elevada de la importancia interna de las personas». La Escritura, sin embargo, nos enseña que no podemos hacer por completo estas cosas sin un nuevo corazón en Cristo. Quizás Thomas Merton resumió de la manera más sucinta la condición humana: «No estamos en paz unos con otros porque no estamos en paz con nosotros mismos. Y no estamos en paz con nosotros mismos porque no estamos en paz con Dios». Pero «Ya que hemos sido justificados mediante la fe, tenemos paz con Dios por medio de nuestro Señor Jesucristo» (Romanos 5:1), y esta nueva condición nos hace posible estar en paz con nosotros mismos y unos con otros. El solaz de la dulce entrega y negación de uno mismo en Cristo es la clave para la comunidad bíblica. Al hacer nuestra morada en Jesús, descubrimos la verdad de las palabras de Agustín: «Señor, tus mejores siervos son los que desean moldear su vida a partir de tus respuestas en lugar de moldear tus respuestas a partir de sus deseos». Cuando perdemos nuestras vidas en Cristo, nos vamos transformando gradualmente de estar absorbidos en nosotros a ser «ex céntricos» que se preocupan por otros. Cuando esto sucede, caemos en la cuenta de que la afirmación «esta iglesia no me ayuda» no es necesariamente una buena razón para abandonarla. Quizás hemos sido llamados a dicha comunidad para ayudar a otros.

La verdadera comunidad en Cristo no se origina en intentos para lograrlo; en vez de ello, es un producto derivado de estar centrados en otros, y esto a su vez es un producto derivado de encontrar nuestras vidas al perderlas por amor a Jesús (Mateo 16:25). Si el enemigo principal de la espiritualidad colectiva es el egoísmo, el factor que más contribuye a la comunidad es el espíritu de servicio que se origina en la negación de sí mismo. En tanto que el mundo festeja a los famosos, la Palabra valora a los siervos. Cuando Jesús se convirtió en siervo para sus discípulos al arrodillarse con una toalla y un recipiente (Juan 13:3-17), mostró que la grandeza en el reino de Dios no es como la grandeza a los ojos del mundo. Para ser como Dios, debemos ir conformándonos a su Hijo. «Dios es como Cristo, y en él no hay para nada ausencia de semejanza a Cristo» (Adaptación de 1 Juan 1:5 por Michael Ramsey).

Después de convertiros a Cristo, debemos convertirnos a su cruz. La conversión a la cruz es un proceso permanente que conlleva una serie de muertes: muerte a vivir la vida en nuestros propios términos, muerte a la búsqueda de comodidad y felicidad, muerte a nuestros propios sueños y muerte a la autonomía en independencia. La muerte es el único camino a la resurrección, y ninguna de estas muertes es mayor que Dios. En el Nuevo Testamento, el concepto cruciforme de la vida espiritual no es ni foráneo ni opcional. Es una norma para el discípulo tomar la ruta del Calvario (ver François Fénelon, *Christian Perfection*, Roy Hession, *The Calvary Road* y John White, *The Cost of Commitment*.

La conversión a Cristo y a la cruz debería conducir a su vez a la conversión a la comunidad. La vida del reino consiste en amar y servir a Dios y a los otros, y su encarnación más clara se encuentra en las ocho bienaventuranzas que inician el Sermón del Señor en el Monte (Mateo 5:1-12):

1. «Dichosos los pobres en espíritu, porque el reino de los cielos les pertenece». La pobreza de espíritu es tomar conciencia de nuestra bancarrota ante el Señor y nuestra necesidad consiguiente de su gracia.
2. «Dichosos los que lloran, porque serán consolados». La conciencia creciente de la profundidad de nuestro pecado conduce a la contrición y al arrepentimiento.
3. «Dichosos los humildes, porque recibirán la tierra como herencia». Quienes entienden su verdadera condición delante de Dios no tienen nada de qué jactarse; por el contrario, caminan en la humildad de una dependencia radical de Dios para todas las cosas.
4. «Dichosos los que tienen hambre y sed de justicia, porque serán saciados». Quienes cultivan la pasión por Dios y su carácter descubren que la satisfacción es un producto derivado de buscar la aprobación de Dios por encima de la de los demás.
5. «Dichosos los compasivos, porque serán tratados con compasión». Cuanto más constatamos con cuánta misericordia nos ha tratado Dios en el pasado y el presente, tanto mayor es nuestra capacidad para mostrar misericordia y gracia a quienes nos ofenden.
6. «Dichosos los de corazón limpio, porque ellos verán a Dios». Quienes son puros de corazón quieren una cosa por encima de todo. Debido a esto, tienen un solo propósito, no varios, y caminan en sencillez, no en doblez.
7. «Dichosos los que trabajan por la paz, porque serán llamados hijos de Dios». Quienes disfrutan de paz con Dios y consigo mismos se convierten en constructores de paz en sus relaciones con otros.
8. «Dichosos los perseguidos por causa de la justicia, porque el reino de los cielos les pertenece». Quienes son serios en cuanto a servir a los mejores intereses de creyentes y de los de afuera corren el riesgo de ser rechazados, incomprendidos y traicionados. Pero siguen adelante a través del dolor con los ojos puestos en Jesús.

Nótense las implicaciones colectivas de las Bienaventuranzas. Cuando nuestro carácter se centra en Cristo, nuestra conducta con otros se distingue por la humildad, la compasión, la amabilidad, la sinceridad, la misericordia, la veracidad, la reconciliación y la seguridad.

El cuerpo de Cristo es el contexto del Nuevo Testamento para la unidad de relaciones en la diversidad y la unanimidad en la pluralidad. Examinaremos la naturaleza y propósito del organismo vivo de la iglesia en el capítulo siguiente.

Preguntas para aplicación personal

- ¿Nos sentimos atraídos a la comunidad o distanciados? ¿Dónde nos ubicaríamos en el espectro de lo personal a lo colectivo? ¿Necesitamos más equilibrio?
- ¿Cuáles son las bases bíblicas de la comunidad?
- ¿Cómo estamos integrando en la actualidad las tres dimensiones de soledad, comunidad y ministerio? ¿Cuál es la más vigorosa en nuestra vida? ¿Y la más débil?
- ¿Qué retos a la comunidad hemos encontrado en nuestra propia experiencia con el cuerpo de Cristo?
- ¿Qué podemos hacer para apartarnos más de una mentalidad individualista en nuestra formación espiritual?

35

ESPIRITUALIDAD COLECTIVA

La naturaleza y propósito de la iglesia

> **SÍNTESIS DEL CAPÍTULO**
>
> Este capítulo describe un enfoque bíblico de la naturaleza de la iglesia y examina siete propósitos de la iglesia: amor y compasión colectivos; identidad y propósito colectivos; cultivo y servicio colectivos; discernimiento colectivo; perdón y reconciliación colectivos; autoridad y sometimiento colectivos; y culto y oración colectivos.
>
> **OBJETIVOS DEL CAPÍTULO**
>
> - Un sentido más profundo de la naturaleza y papel del cuerpo de Cristo en la formación espiritual
> - Una comprensión más sólida de los propósitos bíblicos para la comunidad

La vida espiritual nunca estuvo concebida para vivirla a solas, sino en el contexto de una comunidad de creyentes que compartían las mismas ideas. Sin el aliento, apoyo, enseñanza, amor, exhortación y oraciones de otros miembros del cuerpo de Cristo, no podríamos crecer en la fe y hacer nuestros valores que son diametralmente opuestos a los de nuestra cultura. Como nos enseña la carta de Santiago (1:27), «la religión pura y sin mancha delante de Dios nuestro Padre» no es algo compartimentado ni privado. En su lugar, una relación vertical creciente con Cristo debe verterse en todas las facetas de nuestras vidas y producir un efecto en cada una de nuestras relaciones horizontales. La madurez cristiana no surge del aislamiento, sino que se alimenta al involucrarse uno.

Sin embargo, para utilizar la frase de Luke Timothy Johnson, la iglesia es «una gracia complicada». Está llena de toda una gama completa de cualidades humanas desde las agradables hasta las odiosas. Personas que parecen perfectamente normales en un estudio bíblico o en un grupo de compañerismo de repente cambian en cuanto los llamamos iglesia. Se inflan las expectativas, aparecen los que quieren controlar, los medidores de críticas personales se elevan inusualmente, y unas cuantas personas se vuelven totalmente raras. A pesar de ello, con todas sus faltas e idiosincrasias colectivas, la participación en la vida de la iglesia es una disciplina y gracia necesaria, en particular en una cultura que se mueve por la independencia y el individualismo.

LA NATURALEZA DE LA IGLESIA

Las metáforas que se utilizan en el Nuevo Testamento para la iglesia incluyen el cuerpo de Cristo (1 Corintios 12:27; Efesios 5:29-30; Colosenses 1:18), la esposa de Cristo (2 Corintios 11:2; Efesios 5:23-32; Apocalipsis 19:7), el templo del Espíritu Santo (1 Corintios 3:16-17; Efesios 2:19-22; 1 Pedro 2:5), miembros de la familia de Dios (Efesios 2:19) y pueblo que pertenece a Dios (1 Pedro 2:9). Estas imágenes muestran que la iglesia es más como un organismo vivo que como una organización. Las dimensiones institucionales necesarias de este organismo deberían estar al servicio de las dimensiones comunitarias y relacionales, aunque suele operar al revés. Esto se debe en gran parte a que la organización es más tangible, mensurable y controlable que el organismo.

El Nuevo Testamento habla de la iglesia como una *ekklesia*, una asamblea, congregación o comunidad. Como lo comenta Stanley J. Grenz en *Created for Community*, esta palabra habla de personas en una relación más que de un edificio u organización. Hechos y las Epístolas enseñan que hay una iglesia en muchos lugares y que los creyentes que se reúnen para edificación en diversos lugares forman parte de un solo cuerpo cuya cabeza es Cristo. La iglesia es una familia espiritual de hermanos y hermanas cuya identidad personal y colectiva tiene su raíz y base en el amor de Cristo (Efesios 3:17). Cuando la iglesia se reúne como familia, los miembros se ministran unos a otros por medio de la enseñanza, la *koinonia* (comunión), el compartir, la oración (Hechos 32:42), el servicio y el estímulo mutuos (Hebreos 10:23-25), el ejercicio de dones espirituales (Romanos 12; 1 Corintios 12-14; Efesios 4), la Cena del Señor (1 Corintios 11:17-30), y el dar gracias y rendir culto (Efesios 5:19-21; Colosenses 3:16).

La imagen orgánica en Efesios 4:16 de un cuerpo que es «sostenido y ajustado por todos los ligamentos, según la actividad propia de cada miembro» muestra que la iglesia es una realidad colectiva más que una colección de individuos separados. Para que la iglesia prospere, las células deben funcionar juntas para crear tejidos, los tejidos deben actuar juntos para formar órganos, los órganos deben operar juntos para crear sistemas, y los sistemas deben operar juntos en sincronía por medio de las indicaciones del cerebro. Del mismo modo que las células están al servicio del cuerpo, así el cuerpo por medio de su sistema capilar vascular alimenta y sustenta las células. La iglesia es una comunidad dinámica y sinérgica en la que el todo es mayor que la suma de sus partes.

LA NATURALEZA Y PROPÓSITO DE LA IGLESIA

Para utilizar otra imagen, la iglesia es una colonia de residentes foráneos que conforman una sociedad alternativa como ciudadanos de una *polis* (ciudad; Hebreos 11:10; Apocalipsis 21:2, 10) no terrenal. Es una familia de personas cuya verdadera ciudadanía está en el cielo (Filipenses 3:20) y cuya permanencia en la tierra como peregrinos, extranjeros y exiliados (Hebreos 11:13; 1 Pedro 2:11) debería caracterizarse por anhelo de la patria, por nostalgia del cielo, ya que «ya se acerca el fin de todas las cosas» (1 Pedro 4:7). A esta comunidad familiar se le llama sal y luz en el mundo en general. Es una comunidad de personas que están conectadas por medio de su soledad con Cristo y que también están conectadas por medio de sus sufrimientos y por medio de su celebración del Dios trino.

EL PROPÓSITO DE LA IGLESIA

Seis distorsiones

La visión bíblica del cuerpo de Cristo como organismo comunal se ha visto distorsionada a lo largo de los siglos debido a las agendas humanas de adueñarse del poder, el control y la riqueza. Además, la enfermedad del institucionalismo ha osificado al organismo hasta el punto de que se ha venido a identificar a la iglesia con el caparazón de edificios y no con un cuerpo vivo de creyentes. Una tercera fuente de distorsión en años recientes es la proliferación de pastores cuyas iglesias son prolongaciones de su identidad y cuyo «complejo de edificios» responde a la búsqueda de importancia. Esas tres distorsiones conducen a que el organismo sirva a la organización en vez de que la organización sirva al organismo. Cuando una comunidad se reduce a lugares, programas y desempeños, la vitalidad colectiva se convierte en una capa superficial. Esto no es hablar en contra de iglesias grandes per se; muchas iglesias grandes se centran en Cristo y en la vida colectiva. Además, las iglesias pequeñas pueden ser culpables en miniatura de los mismos errores.

Una cuarta distorsión de la visión bíblica del cuerpo de Cristo ha sido el surgimiento del liberalismo pos-Ilustración y, en años más recientes, el surgimiento del pos-modernismo en varias denominaciones e iglesias locales. Cuando los líderes religiosos revisten agendas culturales con lenguaje espiritual, los feligreses ya no reciben la leche y la carne de la Palabra, sino que se alimentan de los residuos del mundo y se demacran espiritual y moralmente.

Una quinta distorsión del propósito del Nuevo Testamento en cuanto a la vida corporal tiene relación con el rápido crecimiento de los suburbios. La proliferación de automóviles ha cambiado las reglas; el modelo de parroquia ya no tiene aplicación en el caso de los residentes de esos lugares. Esto ha conducido a una mayor fluidez de opciones. Las personas escogen iglesias más por factores subjetivos y menos según la distancia, las denominaciones y la teología. Una mayor movilidad en contextos no parroquiales también ha incrementado el problema de excesiva homogeneidad social, económica y étnica. La movilidad ha conducido no solo a una menor diversidad, sino también a un nivel menor de compromiso. Para algunas personas, las iglesias son como restaurantes; si se cansan de una cocina, siempre hay otra.

Una sexta distorsión de la verdadera comunidad la produce la tendencia actual de imponer en el crecimiento de la iglesia, en su liderazgo, cuidado de las almas y programas, el mercadeo, la gestión, modelos psicológicos y de entretenimiento. Un empleo sin sentido crítico de estas técnicas conduce a la manipulación más que al ministerio. La iglesia debería depender de lo que Dios dice y no de la personalidad de alguien o de la cultura local.

Siete propósitos

Hemos visto que la visión de la iglesia en el Nuevo Testamento como el cuerpo de Cristo, la esposa de Cristo, el templo del Espíritu Santo, miembros de la familia de Dios y un pueblo que pertenece a Dios, es orgánica y no se puede definir en términos de independencia o confianza en sí misma. La interdependencia de la comunidad, compartida con Dios y unos con otros, se expresa en una multiplicidad de tareas nobles y mundanas que se mezclan para desarrollar madurez personal y colectiva en Cristo.

La comunidad de fe debería ministrar a la persona toda: intelecto (conocimiento sensato), emoción (experiencia espiritual) y voluntad (acción obediente). Esta trilogía de conocimiento, ser y hacer se desarrolla mediante el fomento, en el ámbito de la relación, de creencias confiables, afectos piadosos y carácter semejante a Cristo.

De la visión de la iglesia en el Nuevo Testamento como una comunidad orgánica de creyentes emergen siete propósitos.

Amor y compasión colectivos

Es más fácil hablar acerca de la importancia de amar a las personas que llevarse bien con ellas a diario. Alguien lo ha planteado así: «Vivir arriba con los santos que amamos, oh, esto será la gloria. Pero vivir abajo con los santos que conocemos, bueno, esto es otra historia». Sin embargo, Dios nos ha llamado a una unidad en la diversidad mostrando la única clase de amor que la hace posible.

> Por lo tanto, como escogidos de Dios, santos y amados, revístanse de afecto entrañable y de bondad, humildad, amabilidad y paciencia, de modo que se toleren unos a otros y se perdonen si alguno tiene queja contra otro. Así como el Señor los perdonó, perdonen también ustedes. Por encima de todo, vístanse de amor, que es el vínculo perfecto.

Colosenses 3:12-14

LA NATURALEZA Y PROPÓSITO DE LA IGLESIA

El amor bíblico es un compromiso volitivo, que Dios hace posible, con los mejores intereses de los otros. El amor de Cristo expresado a través nuestro es desinteresado (1 Corintios 13:4-7), de servicio de corazón (Gálatas 5:13-14; Filipenses 2:3-4) y cubre una multitud de pecados (Santiago 5:20). Ese amor promueve una atmósfera de aceptación, confianza y voluntad de revelar nuestras verdaderas necesidades a otros miembros del cuerpo. Valora el arco iris de personalidades que conforman el pueblo de Dios y de manera recíproca es mediador del cuidado, compasión y gracia de Dios.

Identidad y propósito colectivos

No descubrimos nuestras identidades en aislamiento; estamos conectados por una historia común. En el contexto de relaciones, primero con Dios y luego con otros, se definen nuestro propósito e identidad. Esta identidad común proviene de la toma de conciencia de que vivimos no para nosotros mismos, sino para el Señor y unos para otros. Nos hemos convertido en un «pueblo que pertenece a Dios» de modo que podamos proclamar las excelencias de aquel que nos ha trasladado de las tinieblas a su luz admirable (1 Pedro 2:9) sobre dos ejes: hasta el final de la tierra y el final de esta era.

Cuanto más nos entregamos a Jesús, tanto mayor es nuestra capacidad de buscar los intereses de otros por encima de los nuestros (Filipenses 2:4). Nuestra fe, esperanza y amor se vuelven posesión colectiva cuando se expresan y fomentan en la vida del cuerpo creyente (1 Corintios 13:13), Nótese cómo estas tres virtudes cardinales están enmarcadas en un contexto comunitario:

> Acerquémonos, pues, a Dios con corazón sincero y con la plena seguridad que da la *fe*, interiormente purificados de una conciencia culpable y exteriormente lavados con agua pura. Mantengamos firme la *esperanza* que profesamos, porque fiel es el que hizo la promesa. Preocupémonos los unos por los otros, a fin de estimularnos al *amor* y a las buenas obras. No dejemos de congregarnos, como acostumbran hacerlo algunos, sino animémonos unos a otros, y con mayor razón ahora que vemos que aquel día se acerca.
>
> *Hebreos 10:22-25 (énfasis agregado)*

Los sacramentos del bautismo y la comunión son expresiones de nuestra identidad colectiva, siendo el primero el sello y el segundo la reafirmación permanente de nuestra identidad como miembros de la comunidad de fe. El bautismo es una demostración de identificación con la historia que cuenta el evangelio, y la comunión es volver a contar esta historia.

Así como cada uno de nosotros debería elaborar una declaración de propósito personal, toda iglesia y ministerio locales deberían formular en oración una declaración de propósito colectivo de modo que los miembros puedan adoptar una visión común para su lugar y tiempo en la historia. De esta forma, pueden comprometerse más con un propósito que trasciende a cualquiera de ellos. «Por tanto, si sienten algún estímulo en su unión con Cristo, algún consuelo en su amor, algún compañerismo en el Espíritu, algún afecto entrañable, llénenme de alegría teniendo un mismo parecer, un mismo amor, unidos en alma y pensamiento» (Filipenses 2:1-2; cf. 1:27).

El Nuevo Testamento a menudo pone de relieve la importancia de la unidad entre hermanos y hermanas en Cristo. La iglesia debe ser una comunidad de unidad dentro de la diversidad, en la que deben derribarse los muros de racismo, sexismo, nacionalismo y elitismo (Gálatas 3:28). Nuestro Señor dijo que la unidad de los hijos de Dios demostraría al mundo que el Salvador había venido. En su oración sacerdotal por sus discípulos y por los que creerían en él por medio de la palabra de aquellos, Jesús pidió «que todos sean uno. Padre, así como tú estás en mí y yo en ti, permite que ellos también estén en nosotros, para que el mundo crea que tú me has enviado» (Juan 17:21).

Cultivo y servicio colectivo

Uno de los propósitos primordiales para que los creyentes se reúnan es crear un contexto significativo en el que puedan animarse mutuamente y edificarse unos a otros por medio del ejercicio de los dones espirituales que han sido dados al cuerpo. En la espiritualidad llena del Espíritu, analizamos el propósito y la dinámica de los dones del Espíritu y vimos que son gracias que se centran en otros, dadas «a fin de capacitar al pueblo de Dios para la obra de servicio, para edificar el cuerpo de Cristo» (Efesios 4:12). La rica diversidad de dones y de tipos de temperamentos en el cuerpo fomenta la madurez y la integridad cuando esa diversidad la mueve el Espíritu.

Cuanto más caemos en la cuenta de que somos aliados en el peregrinaje y no agentes independientes, tanto más claramente veremos que el crecimiento espiritual personal no se da en un vacío de relaciones. En este mundo, formamos parte de una comunidad de peregrinos que van caminando hacia Dios, y tenemos como fin ayudarnos, cultivarnos y animarnos unos a otros en el camino. El compromiso con una comunidad local de fe mejora el crecimiento personal al proveer un contexto colectivo para la identidad, la participación y el ministerio. Este compromiso con el cultivo y servicio mutuos se expresa con suma claridad en los mandatos de reciprocidad «unos a otros» en el Nuevo Testamento:

Exhortaciones positivas
- lavar los pies unos a otros (Juan 13:14)
- amarse los unos a los otros (Juan 13:34)
- amarse unos a otros con amor fraternal (Romanos 12:10a)
- respetarse u honrarse mutuamente (Romanos 12:10b)
- vivir en armonía los unos con los otros (Romanos 12:16; 15:5)
- esforzarse a la mutua edificación (Romanos 14:19)

LA NATURALEZA Y PROPÓSITO DE LA IGLESIA

- aceptarse unos a otros (Romanos 15:7)
- instruirse unos a otros (Romanos 15:14)
- saludarse unos a otros (Romanos 16:16; 1 Corintios 16:20)
- esperarse unos a otros (1 Corintios 11:33)
- preocuparse unos por otros (1 Corintios 12:25)
- servirse unos a otros con amor (Gálatas 5:13)
- ayudarse unos a otros a llevar las cargas (Gálatas 6:2)
- tolerarse unos a otros (Efesios 4:2)
- ser bondadosos y compasivos unos con otros (Efesios 4:32a)
- perdonarse unos a otros (Efesios 4:32b)
- animarse unos a otros con salmos, himnos y canciones espirituales (Efesios 5:19)
- someterse unos a otros (Efesios 5:21)
- considerarse unos a otros como superiores (Filipenses 2:3)
- instruirse y aconsejarse unos a otros (Colosenses 3:16)
- consolarse unos a otros (1 Tesalonicenses 4:18)
- animarse unos a otros (1 Tesalonicenses 5:11a; Hebreos 3:13)
- edificarse unos a otros (1 Tesalonicenses 5:11b)
- vivir en paz unos con otros (1 Tesalonicenses 5:13)
- esforzarse por lo que es bueno unos por otros (1 Tesalonicenses 5:15)
- estimularse al amor y a las buenas obras (Hebreos 10:24)
- confesarse unos a otros sus pecados (Santiago 5:16a)
- orar unos por otros (Santiago 5:16b)
- amarse los unos a los otros profundamente (1 Pedro 4:8)
- practicar la hospitalidad unos con otros (1 Pedro 4:9)
- utilizar los dones para servirse unos a otros (1 Pedro 4:10)
- revestirse de humildad en el trato unos con otros (1 Pedro 5:5)

Exhortaciones negativas
- no juzgarse unos a otros (Romanos 14:13)
- no morderse ni devorarse unos a otros (Gálatas 5:15)
- no dejar que la vanidad lleve a irritarse unos con otros (Gálatas 5:26a)
- no envidiarse unos a otros (Gálatas 5:26b)
- no mentirse unos a otros (Colosenses 3:9)
- no hablar mal unos de otros (Santiago 4:11)
- no quejarse unos de otros (Santiago 5:9)

El espíritu bíblico de servicio se puede expresar de diversas formas. Se ve en la preocupación por otros como personas, como orar por ellos por su nombre. Se comunica en la ayuda en las necesidades físicas o emocionales de otros. Se hace visible en una preocupación real por la condición espiritual de otros. Se manifiesta en palabras que transmiten amor y ánimo. Y se demuestra en la corrección amable y gentil de quienes están en el error.

Hemos visto que en Cristo, se satisfacen de forma plena nuestras necesidades más profundas. Esta es una verdad liberadora, y cuanto más la hacemos nuestra, tanto más eludimos la esclavitud natural que nos induce a buscar lo nuestro en forma egoísta. Los creyentes que crecen en esta comprensión se sienten menos inclinados a exprimir y manipular las relaciones con el fin de legitimar su seguridad e importancia. No necesitan comparar, dominar ni competir con otros porque su valor se basa en una relación, sin límite de tiempo e inquebrantable, con el Dios vivo. En lugar de acaparar, pueden dar en forma incondicional a otros. Así como Cristo nunca vivió para sí mismo, sino que se rebajó y humilló por otros (Filipenses 2:5-8), así nosotros, que somos importantes y estamos seguros en él, podemos seguir el requerimiento de Pablo de centrarnos en los intereses de otros (Filipenses 2:3-4). Jesús resumió su misión terrenal en Marcos 10:45: «Ni aun el Hijo del hombre vino para que le sirvan, sino para servir y para dar su vida en rescate por muchos». Al manifestarse su vida en nosotros, nos convertimos en verdaderos siervos de Dios y de los otros.

La comunión con Dios debería generar comunión con seguidores de Jesús de igual mente. La santidad no prospera en aislamiento; necesitamos el entorno de un cuerpo de creyentes unidos por el amor y el espíritu de servicio mutuo. Cuando el pecado inconfeso levanta barreras en nuestra comunión con Dios, distorsiona nuestras relaciones con otros. El pecado lleva a fingimiento, a falta de transparencia y a un deseo de ser servidos en lugar de servir. Caminar a la luz de Dios conduce a humildad, apertura y deseo de dar en lugar de apropiarse.

Discernimiento colectivo

Discernir la voluntad de Dios no se da en forma aislada sino en comunidad. La autenticidad, ánimo, afirmación y apoyo de otros miembros del cuerpo de Cristo pueden constituir ricas fuentes de ideas espirituales para hermanos y hermanas que desean escoger bien. Sin embargo, deberíamos tener presente una serie de obstáculos internos respecto al discernimiento en comunidad. En *Listening to God in Times of Choice*, Gordon T. Smith menciona algunos de estos impedimentos: expectativas comunes, personas que tratan de controlar y forzar, personas que utilizan chantajes emocionales, y los que halagan o son deshonestos en alguna otra forma. Cuando estamos conscientes de ese aspecto manipulador de la comunidad, podemos centrarnos en los recursos positivos de la misma.

La comunidad sólida puede crear un entorno de autenticidad en el que nos sentimos alentados a ser honestos con Dios, entre nosotros y con nosotros mismos. Un entorno como este mejora el conocimiento al animarnos a ser honestos en cuanto a nuestros deseos y sentimientos. La comunidad también puede crear un entorno de ánimo y esperanza mutuos, ya que no podemos discernir bien en tiempos de desaliento y depresión. Los dones de escuchar con empatía igual que las palabras de bendición y afirmación son recursos invaluables en nuestra búsqueda de discernimiento religioso.

Perdón y reconciliación colectivos

La exhortación de nuestro Señor a ser misericordiosos, al igual que lo es nuestro Padre (Lucas 6:36) se refiere no solo al perdón personal, sino también al colectivo en el cuerpo de Cristo. Pablo exhortó a los corintios a que perdonaran y consolaran al hermano que se arrepentía después de ser disciplinado por la iglesia (2 Corintios 2:6-11). El fundamento bíblico para el perdón y reconciliación personales y colectivos es la obra gratuita de Cristo por nosotros: «sean bondadosos y compasivos unos con otros, y perdónense mutuamente, así como Dios los perdonó a ustedes en Cristo» (Efesios 4:32).

En nuestra exposición previa de la espiritualidad de relaciones, mencionamos que el perdón no es olvidar ni pretender que el mal que se nos hizo no tuviera importancia. Más bien, el perdón es una elección; es una decisión deliberada de tratar al otro con misericordia y gracia. Cuesta reconocer el daño y vivir con las consecuencias de los pecados de otros, pero el perdón personal y colectivo es la senda necesaria para sanar y reconciliarse. Sin esta elección, llevaremos la carga de la amargura y aminoraremos el amor y el perdón de Dios.

«Si es posible, y en cuanto dependa de ustedes, vivan en paz con todos» (Romanos 12:18). Debido a la riqueza de la diversidad humana, algunas formas de conflicto interpersonal son naturales y beneficiosas; podemos crecer por medio de la diversidad, y es por esto que unidad no es lo mismo que uniformidad (Efesios 4:1-13). En la economía de Dios, las aristas ásperas de las personas pueden ser fuentes involuntarias de nuestra santificación.

Otras formas de conflicto provienen de motivos y acciones pecaminosas (Marcos 7:20-23; Santiago 4:1-2). Incluso entonces, el conflicto nos puede brindar la oportunidad de amar y servir a otros y de transformarnos más en la imagen de Cristo. Cuando una situación amerita atención, es saludable intentar la reconciliación buscando con valor e integridad a la otra persona en lugar de hablar a otros acerca de dicha persona (Mateo 18:15). Si lo hacemos así, con amabilidad, humildad, preocupación, compasión y deseo genuino de entender la perspectiva de la otra persona, es mucho más probable llegar a una solución. Incluso podemos descubrir que se requieren de nuestra parte arrepentimiento y confesión.

En situaciones graves, cuando la resolución no se logra por medio de un careo personal, puede ser necesario pasar a la segunda y tercera fase descritas en Mateo 18:16-17 involucrando a otros miembros de la comunidad. La intención bíblica detrás de la disciplina colectiva nunca debería ser el castigo sino la reconciliación.

Autoridad y sometimiento colectivos

Dios ha establecido diferentes esferas de autoridad en el hogar, el lugar de trabajo, la iglesia y el estado. Por nuestro propio bienestar y protección, es importante que todos nosotros estemos bajo alguna forma de autoridad (Mateo 8:5-10). Cuando la autoridad y la igualdad tienen como modelo la divina Trinidad, resulta posible evitar dos extremos, el autoritarismo, que minimiza la igualdad, y el igualitarismo, que minimiza la autoridad. Como el papel de los ancianos y diáconos en la iglesia local (1 Timoteo 3:1-13; Tito 1:5-9) es servir a los miembros del cuerpo con orientación, enseñanza y atención pastoral, el sometimiento a esta influencia religiosa debería ser una fuente de libertad y seguridad. Someternos a las fortalezas de quienes han sido colocados en liderazgo en la comunidad de fe, nos protege contra nuestras debilidades.

Culto y oración colectivos

El Nuevo Testamento dice sorprendentemente poco acerca del culto en la iglesia. De hecho, el libro de Apocalipsis dice más acerca del culto a Dios que Hechos y las Epístolas juntos. Los pasajes más explícitos en las Epístolas acerca del culto colectivo son Efesios 5:19-20 y Colosenses 3:15-16.

> Anímense unos a otros con salmos, himnos y canciones espirituales. Canten y alaben al Señor con el corazón, dando siempre gracias a Dios el Padre por todo, en el nombre de nuestro Señor Jesucristo.

> Que gobierne en sus corazones la paz de Cristo, a la cual fueron llamados en un solo cuerpo. Y sean agradecidos. Que habite en ustedes la palabra de Cristo con toda su riqueza; instrúyanse y aconséjense unos a otros con toda sabiduría; canten salmos, himnos y canciones espirituales a Dios, con gratitud de corazón.

Incluso en estos pasajes, parte del propósito de los «salmos, himnos y canciones espirituales» es enseñar y amonestarse unos a otros. La dimensión del culto está mucho más claramente relacionada con la acción de gracias colectiva a Dios.

Sin embargo, el culto ha sido siempre un componente básico de la espiritualidad colectiva, y la iglesia primitiva muy pronto asimiló y adaptó elementos de la liturgia de las sinagogas. Para el siglo segundo, la liturgia de la Eucaristía (derivado de *eucharisteô*, «dar gracias») o Santa Cena se convirtió en el instrumento central de culto colectivo y todavía se utilizan partes de esta antigua liturgia.

Muchos cristianos en el siglo veinte han equiparado en forma equivocada el culto con la música y en general con una clase particular de música, sea esta tradicional o contemporánea. La música es un componente importante del culto, pero otros elementos, tales como la oración colectiva, el

LA NATURALEZA Y PROPÓSITO DE LA IGLESIA

ministerio de la Palabra y la comunión, siempre han sido componentes importantes del culto, y es un error reducir el todo a una de sus partes.

En años recientes, una cantidad creciente de evangélicos han descubierto el valor y el poder del culto litúrgico. La liturgia nos inserta en la tradición y práctica históricas, y puede promover un sentido de temor reverencial, maravilla, misterio y majestad. Implica una participación más activa de los asistentes (sentarse para aprender, ponerse de pie para rendir culto, arrodillarse para orar) y también puede invitar a una participación sensorial muy rica (p. ej., el gusto [el pan y el vino], el tacto [darse la paz], el olfato [flores o incienso], el sonido [la salmodia, la música, el canto] y la vista [piezas decorativas]). La liturgia también anima a tomar conciencia colectiva y a celebrar las temporadas anuales de adviento, navidad, epifanía, cuaresma, pascua y pentecostés.

El culto y la oración colectivos también implican la mezcla creativa de los diversos temperamentos (ver apéndice A). Por ejemplo, la función de sentir se expresa en la experiencia de la comunidad en la celebración; la función de pensar valora la recepción de la Palabra, la función de percibir disfruta la conmemoración de la obra de Cristo en el pasado, y la función intuitiva subraya la dimensión del anhelo del retorno de Cristo. (*Prayer and Temperament* de Chester P. Michael y Marie C. Norrisey, *How We Belong, Fight, and Pray* de Lloyd Edwards, y *Who We Are Is How We Pray* de Charles J. Keating son recursos que relacionan la personalidad con la dinámica colectiva de la congregación.)

«Cuando no tenemos ganas de rendir culto, la comunidad debería tomarnos consigo en su culto. Cuando parece que no podemos orar, la oración comunitaria debería envolvernos. Cuando la Escritura parece que se nos cierra, la comunidad debería seguir leyéndola, afirmándola y encarnándola alrededor nuestro» (M. Robert Mulholland Jr., *Invitation to a Journey*).

Hemos visto que la visión que ofrece el Nuevo Testamento del cuerpo de Cristo implica amor, compasión, identidad, propósito, cultivo, servicio, discernimiento, perdón, reconciliación, autoridad, sometimiento, culto y oración colectivos. En el capítulo siguiente examinaré las preocupaciones colectivas del cuidado de almas, liderazgo, responsabilidad ante otros y renovación.

PREGUNTAS PARA APLICACIÓN PERSONAL

- ¿Por qué se ha preferido a la iglesia como organización que a la iglesia como organismo? ¿Cómo difiere esto de las imágenes del Nuevo Testamento acerca de la iglesia?
- ¿Cuáles de las seis distorsiones de la visión bíblica del cuerpo de Cristo hemos podido observar?
- De los siete propósitos de la iglesia, ¿cuáles son los más significativos para nosotros? ¿Cuáles de ellos piensan que son los menos aplicados en las iglesias hoy?

36

ESPIRITUALIDAD COLECTIVA

Cuidado de almas, liderazgo, responsabilidad ante otros y renovación

> **SÍNTESIS DEL CAPÍTULO**
>
> Este capítulo examina el espectro del cuidado de almas, desde la amistad espiritual hasta la orientación espiritual hasta la mentoría espiritual hasta la dirección espiritual, y pondera la relación entre consejería clínica, consejería pastoral y ministerios de cuidado de almas. También dice algo acerca de la curación interior, del liderazgo de servicio, de la responsabilidad ante otros, de la renovación y del futuro de la comunidad.
>
> **OBJETIVOS DEL CAPÍTULO**
>
> - Reconocimiento de los ministerios de cuidado de almas de amistad espiritual, orientación, mentoría y dirección
> - Perspectiva más clara acerca del papel de la consejería, la curación interior, el liderazgo de servicio, la responsabilidad ante otros y la renovación colectiva

La espiritualidad colectiva afirma que el crecimiento implica a la persona toda y que mejora en las relaciones más que en aislamiento. El crecimiento en madurez espiritual es un proceso gradual de transformación según la imagen y el carácter de Jesucristo que se fomentan con el poder del Espíritu Santo, las disciplinas espirituales y el apoyo amoroso de una comunidad genuina. Desarrollamos nuestro pensamiento, nuestro carácter y nuestra aplicación cuando estamos en conexión con personas auténticas que comparten el peregrinaje con nosotros, en particular cuando algunas de ellas han avanzado más que nosotros en ese recorrido. De esta forma aprendemos a responder en forma bíblica a los requerimientos y demandas de la realidad.

Ha habido, sin embargo, una constatación creciente de que ir a la iglesia no es necesariamente lo mismo que experimentar la dinámica de vivir en comunidad (ver *The Connecting Church: Moving Beyond Small Groups to*

Authentic Community de Randy Frazee). Es más que frecuente que las personas se relacionen más con la iglesia como organización (edificios, programas, presupuestos, administración) que como organismo. Una comunidad que sana, por el contrario, se centra en conectarse con Dios, con otros y con uno mismo, y dicha comunidad puede existir tanto dentro como fuera de las estructuras de la iglesia local. Grupos de oración grandes y pequeños, grupos de estudio, grupos de comunión y grupos de culto (oración y alabanza) ofrecen dinámicas comunitarias a sus participantes. Muchos de estos grupos no están asociados con iglesias o denominaciones específicas en tanto que otros los organizan iglesias locales.

CUIDADO DE ALMAS Y CONSEJERÍA

Al ir percibiendo cada vez más los pastores y líderes de iglesias la necesidad de una verdadera comunidad, muchos han tratado de establecer nuevas estructuras de congregación para satisfacer dicha necesidad. Algunas iglesias han desarrollado un modelo que se estructura en torno a cuatro componentes: celebración, congregaciones, células y núcleos (p. ej., Bill Hull, *The Disciple-Making Pastor* y *The Disciple-Making Church*. En la celebración, toda la iglesia se reúne para rendir culto, predicar y orar; en las congregaciones, la iglesia se reúne en grupos de tamaño moderado para compartir y aprender. Las células son grupos pequeños para apoyo, instrucción, oración y responsabilidad ante otros. Los núcleos constituyen las unidades familiares individuales dentro de la iglesia. No todos estos grupos proporcionan con éxito la dinámica de comunidad a sus participantes, en particular cuando tienen como fin cumplir con objetivos que no sean proveer un ambiente de gracia para la expresión de la vida del cuerpo.

Además de las experiencias en grupos grandes y pequeños, otra dimensión importante de vida juntos en Cristo es el ministerio de uno con uno. La interacción de persona a persona puede ser un producto derivado de la vida grupal, o puede darse fuera de estructuras de grupo. Como lo menciona Bruce Demarest en *Satisfy Your Soul*, hay una gama de ministerios personales de cuidado de almas que van desde un ministerio informal, sin estructuras y recíproco, hasta un ministerio formal, estructurado y unidireccional (ver cuadro 36:1).

INFORMAL NO ESTRUCTURADO RECÍPROCO			FORMAL ESTRUCTURADO UNIDIRECCIONAL
→	→	→	→
Amistad espiritual	Orientación espiritual	Mentoría espiritual	Dirección espiritual

Cuadro 36.1

No hay límites rígidos entre estos ministerios, y pueden superponerse en diferentes grados. Pero ayuda distinguir estos cuatro grados de ministerio personal, ya que siempre han estado presentes entre el pueblo de Dios.

Amistad espiritual

Esta es la forma más natural y espontánea de cuidado personal del alma, y conlleva el dar y recibir interacción no estructurada entre amigos que caminan juntos en paz y confianza. Estas personas han descubierto que sus necesidades de salud y crecimiento espiritual no se satisfacen buscándolo en ningún grupo o yendo de relación en relación, sino por medio del cultivo de relaciones más profundas con ciertas personas que Dios, en su soberanía, ha puesto en nuestras vidas. La participación en el cuidado y el servicio personal entre amigos espirituales alcanza su nivel más profundo por medio de su experiencia compartida con Jesús. Esta clase de alianza espiritual debería ser también un componente básico en todo matrimonio.

Orientación espiritual

La siguiente forma de cuidado de almas implica la interacción informal entre personas que pueden diferir en cuanto a su madurez espiritual aunque no necesariamente en autoridad espiritual. La orientación puede darse por medio de correspondencia, de lecturas recomendadas y de oferta de consejería espiritual de ser necesario. Las personas que sirven a otros como guías espirituales pueden brindar ayuda y cura por medio de palabras de ánimo, exhortación y consejo.

Mentoría espiritual

Esta dimensión más formal y estructurada de cuidado de almas conlleva el ministerio de pastorear por parte de personas que utilizan su conocimiento y experiencia espirituales para capacitar a otros. Los mentores con frecuencia son formadores de discípulos que exponen, capacitan, animan y exhortan a otros en su caminar con Cristo (ver los dos primeros capítulos en la sección sobre espiritualidad formativa). Muchos de ellos enseñan y adiestran a personas que responden con la intención de conducirlas al punto de poder hacer lo mismo con otros. Los mentores se complacen en encontrar potencial en otros y disfrutan del proceso de prepararlos para que lo desarrollen.

Como Paul D. Stanley y J. Robert Clinton mencionan en su libro sobre mentoría *Connecting* (ver también Keith R. Anderson y Randy D. Reese, *Spiritual Mentoring*, James Houson, *The Mentored Life* y Howard y William Hendricks, *As Iron Sharpens Iron*, hay varias formas y grados de mentoría que difieren en cuanto a participación, desde intensiva a ocasional a pasiva. Los mentores pueden actuar como formadores de discípulos, guías espirituales, consejeros, maestros, padrinos o pares. Además, hay mentores históricos cuyos escritos nos hablarán y guiarán incluso si estas personas ya están con el Señor.

Las personas que toman en serio el crecimiento y ministerio espirituales deben formar parte de una red de relaciones que incluye relaciones verticales (mentores) y horizontales (pares o co-mentores). Las relaciones de mentoría son más efectivas cuando hay compatibilidad, propósito claro, regularidad, responsabilidad ante otros, comunicación abierta, confidencialidad, un ciclo de vida definido, evaluación periódica y revisión de expectativas y finalización.

Dirección espiritual

Hasta época reciente, los protestantes han tenido una baja opinión del antiguo arte de la dirección espiritual, el nivel más formal y unidireccional de los cuatro que conforman los ministerios de cuidado de almas. La mayor parte de las personas están cayendo en la cuenta de los beneficios de esta forma de cuidado pastoral que se centra en el cultivo de la oración, el discernimiento y la puesta en práctica de la verdad espiritual.

En los primeros siglos de la iglesia, la dirección espiritual se asociaba con la vida monástica en el desierto y siguió desarrollándose dentro de contextos monásticos como medio para proveer orientación personal intensiva. Como «médicos del alma» que ayudan a que las personas entiendan las acciones de Dios en sus vidas, los directores espirituales deben ser personas de sabiduría, profundidad, destreza y oración. Para ser efectivos en esta forma de cuidado de almas, deben distinguirse por una combinación de *conocimiento* (Escritura, clásicos espirituales y teología espiritual, psicología, la naturaleza de las maquinaciones de la psiquis), *discernimiento* (la capacidad para percibir la naturaleza de las almas, sensibilidad a la diferencia entre la obra del Espíritu y la obra de la carne y/o de los falsos espíritus) y *carácter* (vitalidad en la fe y en la oración, santidad de vida, humildad y vulnerabilidad en medio del sufrimiento personal, preocupación amorosa, apertura al ministerio del Espíritu).

Los directores espirituales ayudan a que las personas disciernan las operaciones de la gracia en sus vidas y les ofrecen orientación y ayuda en lo que buscan avanzar en la oración y la obediencia. Su relación con quienes buscan su ministerio no es autoritaria ni la de servicio profesional (p. ej., el modelo consejero-cliente), sino como colegas en el itinerario espiritual que mejoran el deseo interior y aclaran el movimiento del Espíritu. Cuidan del alma por medio de la purificación, discernimiento, clarificación, armonización e implementación.

Estos directores deben buscarse, pero no es fácil encontrarlos. Cuando los conseguimos, no deberíamos esperar que nos halaguen ni que cultiven nuestras ilusiones. En su lugar, debemos acercarnos a ellos en un espíritu de humildad y permitirles que conozcan cómo pensamos, sentimos y deseamos. Los buenos directores harán preguntas apropiadas, escucharán con perspicacia, revelarán obstáculos al crecimiento, ayudarán en la confesión y arrepentimiento, mostrarán cómo escuchar a Dios y cómo poner en práctica disciplinas espirituales, reprenderán y animarán según convenga y ofrecerán su presencia y compasión. Los directores espirituales tienen habilidad para distinguir entre problemas espirituales y psicológicos (p. ej., aridez espiritual en vez de enfermedad psicosomática o humores cambiadizos infantiles).

Dios utiliza a compañeros creyentes como instrumentos de crecimiento, y esto es verdad de la amistad, orientación, mentoría y dirección espirituales. Estamos demasiado cercanos a nosotros mismos para ver las cosas como son, y a veces el engañarnos y la insensibilidad nos hacen vulnerables a que nuestro corazón «se endurezca por el engaño del pecado» (Hebreos 3:13). Todos nosotros necesitamos la perspicacia, esperanza, afirmación e implicación benévola que pueden ofrecer amigos del alma.

El papel de la consejería

El desarrollo de diversas escuelas en los campos de la psicología, psicopatología y psicoterapia en el siglo veinte han influido en la iglesia de varias formas. La teoría de la personalidad ha cambiado nuestra idea de la psiquis humana, y el enfoque clínico-terapéutico en el tratamiento se ha centrado en un modelo médico para la cura de desórdenes psicológicos en pacientes. Estas «curaciones por medio de hablar» las han adoptado consejeros profesionales que se reúnen con clientes en clínicas u oficinas y, cada vez con más frecuencia, en iglesias.

En tiempo reciente, una serie de observadores (p. ej., Larry Crabb, *Connecting* han cuestionado los supuestos detrás de este enfoque terapéutico. Primero, el movimiento de consejería está en gran parte disociado de un contexto de comunidad y de la participación continua con las personas. Promueve un modelo clínico desarrollado en torno a terapeutas profesionales que tratan a las personas individuales y no un modelo orgánico desarrollado alrededor de los recursos de la comunidad de fe (Romanos 15:1; Gálatas 6:1-2). Segundo, se centra primariamente en la curación de enfermedades y no en el cuidado de almas. Enfatiza el tratamiento de desórdenes psicológicos a lo largo de un período de tiempo en lugar de la curación de las heridas del alma teniendo en cuenta la formación y salud espirituales. Tercero, asume que el poder para sanar problemas profundos se deriva más de capacitación técnica y competencia clínica que de recursos relacionales, (participación compasiva, empatía al escuchar, interés concienzudo) y recursos espirituales (la vida de Cristo en nosotros, la obra santificadora del Espíritu, afirmación de la bondad y esperanza en Jesús).

Sería irresponsable sugerir que no hay cabida para los consejeros profesionales. La prudencia nos insta a adoptar un curso entre dos extremos. El primer extremo denigra toda psicología como engañosa y demoníaca; el extremo opuesto reduce el alma y el espíritu a categorías psicológicas corrientes. Por un lado, los profesionales calificados están mejor preparados para tratar problemas relacionados con factores orgánicos, como química cerebral; desórdenes cognitivos, conductuales y de ansiedad; y dificultades que se pueden aliviar por medio de técnicas de comunicación y de relaciones con base empírica. La psicología como disciplina puede enseñarnos mucho acerca de fuerzas que motivan y conductuales, como temperamentos, mecanismos de defensa, las implicaciones de heridas emocionales y de falsas imágenes de Dios, comportamientos adictivos, las causas de perfeccionismo y otras conductas compulsivas, y la dinámica de la falsa culpa.

Por otro lado, el mejor ambiente para sanar una amplia gama de problemas y desórdenes es el contexto más natural y de relación de la comunidad atenta. Se puede capacitar a muchos creyentes maduros en iglesias y otros contextos colectivos para convertirse en proveedores efectivos de atención que combinen la consejería con recursos espirituales.

La consejería clínica, la consejería pastoral y los ministerios de cuidado de almas (p. ej., dirección espiritual) tienen áreas características y superpuestas, y cada una tiene sus fortalezas y limitaciones. Como somos seres integrales e integrados, la comunidad de creyentes debería aprovecharse de las fortalezas de las dos primeras y desarrollar de manera más activa lo tercero.

Curación interior

El ministerio de curación interior, llamado también sanidad de recuerdos, conlleva la aplicación en oración del poder y presencia de Cristo para sanar las causas de emociones dañadas. Quienes tienen dones y habilidad en esta área exploran recuerdos profundos por medio de la guía del Espíritu Santo y ofrecen oración e imágenes bíblicas sanadoras que contribuyen a la restauración del alma herida.

La realidad del pecado nos ha hecho tanto víctimas como agentes, y las heridas del alma que experimentamos las infligen no solo otros (p. ej., abuso físico, sexual, verbal o emocional); legalismo, perfeccionismo, rechazo, traición, aceptación basada en desempeño) sino también el yo (p. ej., negación, racionalización, proyección, rencor, falta de perdón, odio, prejuicio). La curación del alma se basa en la identificación de Jesús en la cruz con nuestro sufrimiento inmerecido y también con nuestro castigo merecido.

El ministerio de Jesús de sanar enfermos, que abarca alrededor de una quinta parte de los textos de los evangelios, deja bien claro que servimos a un Dios que está preocupado por la persona toda y que además de las implicaciones espirituales de la Expiación, también hay implicaciones físicas y psicológicas (Isaías 53:4-5; Mateo 4:24; Marcos 1:34; Lucas 4:18). El Señor aplica su gracia y poder sanadores por medio de su pueblo (Lucas 9:1; 10:9; Hechos 3:1-10; 4:7-10; 5:14-16; 8:6-7; 9:32-41; 14:8-10; 19:11-12; 28:8-9; 1 Corintios 12:9, 28; Santiago 5:14-16), y puede transformar a aquellos que han sufrido heridas en restaurados proveedores de cuidado.

LIDERAZGO DE SERVICIO

Como comentan Walter A. Henrichsen y William N. Garrison en *Layman, Look Up! God Has a Place for You*, no existe una base neotestamentaria para la dicotomía de clérigos/laicos en cuanto al ministerio que relega a los laicos a un papel secundario en el mismo. Del mismo modo que la Reforma puso las Escrituras en las manos de los laicos, se ha producido ahora una toma de conciencia de que necesitamos colocar el ministerio en las manos de los laicos. El hecho de que todos los creyentes en Cristo comparten en un sacerdocio santo y de linaje escogido (1 Pedro 2:5, 9) significa que todos nosotros tenemos el mismo acceso al Lugar Santísimo (Hebreos 10:19-22) para ofrecer sacrificios de alabanza, acción de gracias y servicio (Hebreos 13:15-16; Romanos 12:1; 1 Pedro 4:10-11). La doctrina bíblica del sacerdocio de los creyentes nos enseña que todos somos llamados a un ministerio de tiempo completo en nuestras esferas de influencia. Al cultivar nuestro caminar personal con Dios y alimentar a otros por medio del discipulado y el testimonio, participamos en la obra perdurable de Dios.

Al mismo tiempo, Dios ha nombrado a ciertas personas para puestos de pastores y líderes en iglesias y ministerios. Son personas cuyos dones y carácter demuestran un nivel de madurez que los convierte en modelos que otros deben seguir (1 Corintios 11:1; 1 Timoteo 3:1-13; Tito 1:5-9; 1 Pedro 5:1-5; Hebreos 13:17). Ese liderazgo en el cuerpo se aprende con la capacitación y la experiencia, obtenida por medio del servicio, y que la comunidad discierne. «Acuérdense de sus dirigentes, que les comunicaron la palabra de Dios. Consideren cuál fue el resultado de su estilo de vida, e imiten su fe» (Hebreos 13:7). Estos líderes que sirven desarrollan una visión de lo que Dios está haciendo en las vidas de otros y disfrutan ayudándolos a madurar y a lograr todo su potencial. Están más interesados en discipular a las personas que en dirigir programas. A medida que estos líderes sirven de modelos, enseñan, adiestran y desarrollan a nuevos líderes, sirven a las personas ayudándolas a pasar de una orientación centrada en ellos mismos a otra centrada en otros y centrada en Cristo. De esta forma, están involucrados en sanar a los heridos, madurar a los sanados y liberar a los maduros.

A través de experiencias dolorosas, Henri J. M. Nouwen encontró y advirtió acerca de tres tentaciones que pueden impedir que los líderes sean servidores. Sus ideas en *In the Name of Jesus* deberían leerlas todos los que aspiran a liderazgo en el cuerpo de Cristo. La primera tentación es ser relevante, es decir, hacer contribuciones significativas al mundo contemporáneo. La disciplina en este caso es pasar de la relevancia a la oración escuchando la voz de Dios y amando a Jesús más que a lo que hacemos o logramos. La segunda tentación es ser espectacular, o sea, ganarse los aplausos y alabanzas de las personas. La disciplina en este caso es pasar de la popularidad al ministerio al ir involucrándose en una comunidad de fe que se preocupa por los unos por los otros. La tercera tentación es la de ser poderoso, tener el control y utilizar el poder de este mundo en el nombre de servir a Dios. La disciplina en este caso es pasar de liderar a ser liderado escogiendo el amor por encima del poder y buscando la movilidad hacia abajo de la entrega al liderazgo de Jesús para que él crezca y nosotros disminuyamos.

RESPONSABILIDAD Y REGLA

Responsabilidad ante otros

El tema de la responsabilidad ante otros de uno a uno y en grupo, ha sido objeto de discusión de muchos desde hace unos cuantos años y, como tantas otras áreas, un enfoque desequilibrado puede conducir a uno de dos extremos. El primer extremo es la ausencia de responsabilidad ante otros ante otras personas. A veces esto se formula en una declaración que suena piadosa, «Solo soy responsable ante Dios». El otro extremo es un enfoque duro, autoritario, en el que se utiliza la responsabilidad ante otros para presionar a las personas para que se sometan a lo que uno define como obediencia. En esta situación, la exhortación eclipsa la afirmación del mismo modo que la ley con frecuencia pasa por encima de la gracia.

Un enfoque equilibrado en el tema de la responsabilidad ante otros aprecia el valor de estar en relación con personas que nos aman lo suficiente como para asumir los riesgos de la honestidad y del candor cuando hace falta.

La responsabilidad ante otros bíblica no es un asunto de imposición externa sino de sumisión voluntaria. «Obedezcan a sus dirigentes y sométanse a ellos, pues cuidan de ustedes como quienes tienen que rendir cuentas. Obedézcanlos a fin de que ellos cumplan su tarea con alegría y sin quejarse, pues el quejarse no les trae ningún provecho» (Hebreos 13:17). Hay pocas iglesias en las que los ancianos en verdad «cuiden» de su rebaño, y con todo necesitamos esta clase de ministerio en nuestras vidas.

La responsabilidad ante otros puede tener que ver con pecados manifiestos (1 Samuel 13:13), con impureza doctrinal (Gálatas 2:14), con las impresiones que creamos ante otros (Romanos 14:15-16) y con la toma de decisiones (1 Reyes 22:6-8). El propósito de la responsabilidad ante otros es protegernos de los pecados de presunción, engaño de sí mismo y racionalización. Además, la responsabilidad ante otros comunica que «soy un hombre sujeto a órdenes superiores» (Mateo 8:9). Si somos sabios, no pondremos nuestra confianza en nosotros mismos sino en Cristo (Filipenses 3:3; 2 Corintios 3:5). La verdadera responsabilidad ante otros es inversamente proporcional a la confianza en la carne. Por ello, necesitamos un cambio mental para pasar de ver la responsabilidad ante otros como opcional a verla como un nutriente necesario para la salud espiritual. Si adaptamos la historia de la represión de Natán a David debido a su adulterio y homicidio (2 Samuel 12), deberíamos encontrar a un Natán con quien podemos compartir nuestras luchas antes de que Natán nos encuentre para confrontarnos con nuestro pecado.

El problema es que es fácil transmitir la apariencia de responsabilidad ante otros sin que sea real. Cuando los líderes cristianos, por ejemplo, «rinden cuentas» ante las personas que los respaldarán en todo lo que dicen o hacen, la apariencia prevalece sobre la sustancia. Otra forma de fingir rendición de cuentas es retener información. Por esto es necesario conservar la honestidad y la transparencia así como una interacción regular con aquellos ante quienes debemos rendir cuentas.

La responsabilidad ante otros no debería imponerse sino venir por una invitación y no es necesario que sea recíproca. Cuando buscamos los beneficios de la rendición personal y grupal de cuentas, deberíamos buscar en oración personas que caminen en verdad con Dios, que se distingan por su integridad, honestidad y carácter, y que puedan ser objetivas en cuanto a las decisiones que se deberán tomar. De esta forma, el apoyo de la comunidad nos sostiene en nuestras disciplinas y nos anima a permanecer en la senda del discipulado.

Regla

Otro enfoque que ha superado la prueba del tiempo en cuanto a responsabilidad ante otros es la *Regla*, palabra derivada del latín *regula*, que significa «regla, pauta, modelo, ejemplo». El cristiano reglado es el que adopta alguna forma de Regla en su vida espiritual. La regla tiene que ver con una pauta de disciplinas que una comunidad practica (p. ej., la *Regla* de San Benito), aunque también la puede adoptar una persona o un grupo pequeño. La regla tiene que ver con el orden en una vida de oración, estudio, silencio, soledad y otras disciplinas, y su intención debería ser la de verdadera libertad y destreza más que la de rigidez o legalismo. La Regla personal se puede definir en consulta con un director espiritual, y la Regla común se puede establecer entre amigos que desean estar unidos en un vínculo común de amor y apoyo espirituales. Cuando hay grupos que se comprometen con una Regla y oración colectivas, pueden llegar a ser remanentes dentro de la iglesia visible y agentes de renovación.

RENOVACIÓN

Como hemos visto, la formación espiritual personal mejora en el contexto comunitario con creyentes de pensamiento parecido. Hay también una dinámica mutua entre la renovación personal y la colectiva, y esto se evidencia en las pautas de avivamientos en la historia de la iglesia. Varios movimientos de renovación y reforma precedieron a la Reforma (ver apéndice B, «La riqueza de nuestra herencia»). Luego de la Reforma, los puritanos ingleses y los pietistas alemanes insistieron en la necesidad de ir más allá de ser seguidores nominales de la iglesia hasta llegar al arrepentimiento y a la fe salvadora. Ambos grupos se dieron cuenta de la futilidad de doctrinas e instituciones reformadas en la iglesia sin una revitalización personal. Deseaban ver una *ecclesia reformata semper reformanda*, una iglesia reformada siempre reformándose.

Los comienzos del siglo dieciocho fueron testigos de la notable aparición de tres movimientos concurrentes de renovación: el Primer Gran Avivamiento en los Estados Unidos de América (p. ej., Jonathan Edwards), el Avivamiento Evangélico en Inglaterra (p. ej., John Wesley, George Whitefield) y el Pietismo Continental (p. ej., el conde Ludwig von Zinzendorf). A pesar de su diversidad (calvinismo puritano, arminianismo wesleyano y luteranismo pietista), todos estos movimientos iban en busca de la aplicación de la verdad bíblica en la práctica por medio del encuentro tanto con la Palabra como con el Espíritu.

El Segundo Gran Avivamiento a finales del siglo dieciocho y comienzos del diecinueve lo lideraron Lyman Beecher y otros evangelistas en los Estados Unidos de América y los evangélicos William Wilberforce y Charles Simeon en Inglaterra. Otros movimientos de renovación evangélica posteriores en los siglos diecinueve y veinte los promovieron principalmente evangelistas laicos sin capacitación teológica formal (p. ej., Charles Finney, D. L. Moody, Billy Sunday). Durante este tiempo, los avivamientos vinieron a asociarse con nuevos métodos de evangelización de masas. Pero también se insistía en el derramamiento del Espíritu Santo, como en el Avivamiento de Oración de 1857-59 (movimiento espontáneo, dirigido por laicos, de reuniones diarias de oración) y el avivamiento galés de 1904-1905.

El movimiento Vida más Profunda y el movimiento pentecostal a comienzos del siglo veinte insistieron en diferentes aspectos del encuentro empírico con el Espíritu de Dios. En años recientes, el movimiento paraeclesiástico de evangelización y discipulado en la segunda mitad del siglo veinte, el movimiento de Jesús en las décadas de 1960 y 1970, el movimiento carismático, y el movimiento posterior de la Tercera Ola ilustran todos ellos la diversidad de la renovación colectiva.

Los términos *avivamiento y renovación* se basan en metáforas bíblicas para la infusión del Espíritu Santo en la experiencia cristiana (p. ej., Romanos 6:4; 8:2-11; Efesios 1:17-23; 3:14-19; 5:14). En general se utilizan como sinónimos para la revitalización espiritual colectiva.

J. Edwin Orr trató de encontrar una pauta unificadora en estos diversos movimientos utilizando la secuencia de Hechos 1 y 2: La oración colectiva de dependencia del Espíritu Santo en Hechos 1 va seguida en Hechos 2 de la animación y crecimiento de la iglesia por medio del ministerio, bajo el poder del Espíritu, de predicación, enseñanza, evangelización y curación. Una pauta alternativa de avivamiento se basa en el retorno de la Palabra de Dios bajo los reyes Josías y Ezequías. Además, Richard F. Lovelace distingue modelos cíclicos y continuos de renovación.

La espiritualidad de renovación se centra en el arrepentimiento y la conversión personal así como en la preparación en oración y en la espera para el movimiento soberano y repentino del Espíritu Santo. La renovación es obra soberana de Dios, y no depende de la puesta en práctica de un conjunto particular de principios o de esfuerzos humanos para hacerla realidad. La inicia el Espíritu de Dios en formas soberanas y sorprendentes al inducir a su pueblo a una vigilancia continua de oración colectiva concertada. En *Dynamics of Spiritual Life* y *Renewal as a Way of Life*, Richard F. Lovelace describe las precondiciones, elementos primordiales y elementos secundarios de la renovación. He adaptado el cuadro 36:2 de la descripción de Lovelace.

I. PRECONDICIONES DE LA RENOVACIÓN: PREPARACIÓN PARA EL EVANGELIO	
A. Conciencia de la santidad de Dios	• Su justicia • Su amor
B. Conciencia de la gravedad del pecado	• En nuestra propia vida • En nuestra comunidad
II. ELEMENTOS PRIMORDIALES DE LA RENOVACIÓN: PRESENTACIÓN A FONDO DEL EVANGELIO	
A. Justificación: somos aceptados	
B. Santificación: somos liberados de la esclavitud del pecado	• En Cristo
C. El Espíritu que mora en nosotros: no estamos solos	
D. Autoridad en el conflicto espiritual: tenemos autoridad	
III. ELEMENTOS SECUNDARIOS DE RENOVACIÓN: ACCIÓN DEL EVANGELIO EN LA VIDA DE LA IGLESIA	
A. Misión: seguir a Cristo hacia el mundo, presentar su evangelio	• En proclamación • En demostración social
B. Oración: expresando dependencia del poder de su Espíritu	• Individualmente • Colectivamente
C. Comunidad: estando unidos con su cuerpo	• En microcomunidades • En macrocomunidades
D. Integración teológica: teniendo la mente de Cristo	• Hacia la verdad revelada • Hacia nuestra cultura

CUADRO 36.2

La verdadera renovación comienza con la convicción que da el Espíritu de la santidad de Dios y la gravedad del pecado (Juan 16:8). Conduce debidamente a la cuádruple constatación personal de la aceptación en Cristo (justificación, Romanos 5:1-11), libertad de la esclavitud del pecado (santificación, Romanos 6:1-18), el poder de Dios (el Espíritu Santo que mora en nosotros, Romanos 8:1-27) y la autoridad del creyente (permanecer firme en la guerra espiritual, Efesios 6:10-18; Santiago 4:7). Estos elementos primordiales de la renovación espiritual deberían conducir a los creyentes más allá del nivel individual al nivel colectivo. Esto se expresa en los elementos secundarios de la renovación colectiva: participación en la misión (Hechos 1:8), esperar en Dios en oración colectiva (Hechos 1:13-14), participación en la comunidad (Hechos 2:42-47) y renovación teológica de la mente para reflejar la mente de Cristo (1 Corintios 2:1-16). Así, tanto la formación espiritual personal como la renovación colectiva son movimientos centrífugos (dirigidos de afuera hacia adentro).

En la práctica, los movimientos de renovación son en realidad variaciones de este plan ideal; con frecuencia algunos de los elementos tanto primordiales como secundarios o se dejan de lado o se acentúan en exceso. Además, los avivamientos pueden ser formas aberrantes por medio de las fuerzas corruptoras del mundo, la carne y el diablo. Una teología defectuosa es otra fuente de distorsión en los movimientos de avivamiento; sin embargo, una buena teología no siempre produce renovación colectiva, y una teología simplista no siempre impide la renovación colectiva. Algunos de estos movimientos parecen detenerse tan repentinamente como empezaron, en tanto que otros tienen efectos que permanecen por mucho tiempo.

Una cantidad creciente de iglesias y ministerios han llegado a la conclusión de que tanto la verdad de las Escrituras como la presencia del Espíritu deben ser liberadas totalmente dentro de la comunidad de creyentes. Se describen dos ejemplos en *Fresh Wind, Fresh Fire* de Jim Cymbala y *The Word and Power Church* de Douglas Banister. Estas iglesias, sin embargo, no indican que hayan tenido pautas idénticas de experiencia, y sería erróneo tratar de convertir lo que Dios hace en una iglesia en una receta para todas las demás.

La verdadera renovación no es asunto de reorganización institucional o de atractivo público; antes bien, se centra en el poder del Espíritu (fuego), la autoridad de la Palabra (combustible) y la unidad en oración (comunión) dentro del remanente de creyentes comprometidos en el cuerpo de Cristo. Cuando la oración todo lo penetra, cuando la pasión se vuelve contagiosa y cuando el poder de Dios se hace evidente, la comunidad de fe crece tanto en calidad (discipulado) como en cantidad (evangelización).

EL FUTURO DE LA COMUNIDAD

La Biblia es un grandioso relato acerca de la creación de un orden cósmico perfecto, de la Caída y de sus distorsiones en ese orden, del programa redentor de Dios para crear un nuevo orden por medio de la obra de su Hijo, y de la plena realización del reino de Dios en el que habrá armonía, seguridad y gozo completos en la comunidad de todos los que han encontrado libertad en la voluntad del Amante divino de sus almas. Como describe Tom Sine, esta comunidad venidera en *Wild Hope*, las intenciones de Dios son:

- crear un nuevo pueblo en el que las personas de toda lengua y tribu y nación estén reconciliadas con el Dios vivo
- establecer una nueva comunidad de justicia en la que no haya ya más pecado, personal o estructural
- formar un nuevo orden de justicia en el que ya no haya opresión de los pobres
- construir una nueva comunidad internacional de paz en la que los instrumentos de guerra se transformen en implementos de paz
- establecer una nueva sociedad de integridad en la que los ciegos vean, los sordos oigan y los poseídos sean liberados
- ofrecer una enorme fiesta de celebración en la que los pueblos de todos los trasfondos étnicos y culturales festejen con gozo el reinado de Dios en medio nuestro
- iniciar un nuevo futuro en el que somos reconciliados no solo con nuestro Dios y unos con otros sino también con todo el orden creado

Preguntas para aplicación personal

- ¿Qué experiencia hemos tenido en amistad espiritual? ¿En orientación espiritual? ¿En mentoría espiritual? ¿En dirección espiritual? ¿Cuáles de ellas serían las más beneficiosas en este punto de nuestro peregrinaje espiritual?
- ¿Por qué piensan que pocos protestantes han acogido la dirección espiritual?
- ¿Qué experiencia hemos tenido en curación interior?
- Aunque a veces se habla del liderazgo de servicio, ¿por qué pensamos que el genuino se practica tan pocas veces en las iglesias y organizaciones cristianas?
- ¿Se da en nuestra vida una rendición genuina de cuentas? ¿Por qué es tan fácil tener la apariencia de responsabilidad ante otros sin que sea real?
- ¿Cuál es la naturaleza de nuestra Regla personal en nuestra formación espiritual?
- ¿Hemos encontrado algunos de los elementos de renovación colectiva?

CONCLUSIÓN

CONTINUAR CON EL PEREGRINAJE

Lo que se requiere para acabar bien

> **SÍNTESIS DEL CAPÍTULO**
>
> ¿Qué hace falta para seguir en la carrera? Este capítulo final examina una serie de temas relacionados con acabar bien, incluyendo intimidad con Cristo, fidelidad en las disciplinas espirituales, una perspectiva bíblica de las circunstancias de la vida, estar abiertos a que se nos enseñe, propósito personal, relaciones buenas y ministerio constante.

El actor Lee Marvin, quien murió de un ataque al corazón en 1987 a la edad de sesenta y tres años, en cierta ocasión hizo este comentario desesperanzado: «Ponen tu nombre en una estrella en el Boulevard Hollywood, y luego encuentras un montón de estiércol de perros en él. Esta es toda la historia, cariño». Si somos ciudadanos de este mundo solo, Marvin tenía razón; los logros de fama, posición, bienes y poder no durarán ni satisfarán. Nuestros monumentos y logros se derrumbarán en torno nuestro y nos ofrecerán escaso consuelo al final de nuestra breve permanencia en esta tierra.

Por el contrario, pensemos en las palabras de Peter Kreef en *Three Philosophies of Life*:

> El oro más puro del mundo es solo estiércol sin Cristo. Pero con Cristo, el metal más humilde se transforma en el oro más puro. Las esperanzas de la alquimia pueden volverse realidad, pero en un nivel espiritual, no se trata de algo químico. Hay una «piedra filosofal» que cambia todas las cosas en oro. Su nombre es Cristo. Con él, la pobreza es riqueza, la debilidad es poder, el sufrimiento es gozo, ser despreciado es gloria. Sin él, la riqueza es pobreza, el poder es impotencia, la felicidad es desdicha, la gloria es desprecio.

Una vez que hemos dedicado nuestras vidas a Cristo, no debería haber marcha atrás; de hecho, si lo pensamos bien, no hay nada de valor real y duradero a lo que podamos recurrir aparte de él. A pesar de esta verdad, hay una epidemia de creyentes que abandonan la carrera durante sus años intermedios. Muchos comienzan bien pero acaban mal. Puede ser una erosión gradual a través de una serie de pequeños compromisos o un punto de partida más repentino, pero toda una serie de cosas nos pueden desviar de la carrera que hemos sido invitados a correr.

¿Qué se requiere para acabar bien? ¿Cómo podemos correr de tal forma que podamos decir con Pablo, «He peleado la buena batalla, he terminado la carrera, me he mantenido en la fe» (2 Timoteo 4:7; Hechos 20:24; 1 Corintios 9:24-27)? Una serie de observadores han examinado las características de las personas que corren «con perseverancia la carrera que tenemos por delante» (Hebreos 12.1). He llegado a un conjunto de siete características:

1. *Intimidad* con Cristo
2. Fidelidad en las *disciplinas* espirituales
3. Una *perspectiva bíblica* acerca de las circunstancias de la vida
4. Un espíritu *abierto a que se le enseñe*, que responde, humilde y obediente
5. Un claro sentido de *propósito* y llamamiento personales
6. *Relaciones* buenas con personas con recursos
7. Inversión de un *ministerio* permanente en las vidas de otros

Las siete palabras clave son intimidad, disciplina, perspectiva, enseñable, propósito, relaciones y ministerio, y es importante notar que estas características van de dentro hacia fuera. Las dos primeras tiene que ver con nuestra relación vertical con Dios (ser), los tres siguientes con nuestro pensamiento y orientación personales (conocer) y las dos últimas con nuestras relaciones horizontales con otros (hacer). A continuación unas palabras acerca de cada una de estas características cruciales.

INTIMIDAD CON CRISTO

La exhortación, «corramos con perseverancia la carrera que tenemos por delante» en Hebreos 12:1 va seguida de inmediato de estas palabras en 12:2: «fijemos la mirada en Jesús, el iniciador y perfeccionador de nuestra fe». Si queremos correr con perseverancia y acabar bien nuestra carrera, debemos seguir mirando a Jesús y no a las circunstancias o a los otros corredores. Recordemos las fuertes palabras de Jesús en Lucas 14:26: «Si alguno viene a mí y no sacrifica el amor a su padre y a su madre, a su esposa y a sus hijos, a sus hermanos y a sus hermanas, y aun a su propia vida, no puede ser mi discípulo». Las Escrituras nos invitan a amar y servir a estas personas, pero nuestro Señor nos dice que él debe ocupar el primer lugar en nuestros afectos. Nuestro amor y el ir tras él deben hacer que todas las otras relaciones parezcan odio en comparación.

CONTINUAR CON EL PEREGRINAJE: LO QUE SE REQUIERE...

Las fotografías telescópicas del sol con frecuencia revelan enormes áreas en la fotoesfera solar llamadas manchas solares. Son regiones temporalmente frías que parecen oscuras al contrastarlas con la fotoesfera más caliente que las rodea. Pero si pudiéramos ver una mancha solar en sí misma, sería brillante. De la misma manera, nuestro amor por otros debería brillar excepto cuando se compara con nuestro amor por el Señor Jesucristo. Aunque todavía no hemos visto a Jesús, podemos amarlo y esperar en él quien nos amó primero y se entregó por nosotros (1 Pedro 1:8; Efesios 5:2).

Nuestro llamamiento más elevado es crecer en nuestro conocimiento de Cristo y darlo a conocer a otros. Si se coloca a alguna persona, bien material o posición por encima del Señor Jesús en nuestras mentes y afectos, no podremos cumplir este gran llamamiento. En su lugar, nos venderemos a bajo costo por las promesas vacías de un mundo efímero.

Sería prudente hacernos la siguiente pregunta de vez en cuando para examinar nuestro corazón y la dirección de nuestra vida: ¿Supera mi deseo de conocer a Cristo todas mis otras aspiraciones? Si no, lo que ocupe su lugar en el centro de nuestros afectos debe ceder ante él si queremos conocer el gozo de dar fruto espiritual como discípulos suyos.

Un secreto clave de quienes acaban bien es centrarse más en amar a Jesús que en evitar el pecado. Cuanto más amamos a Jesús, tanto más aprenderemos a poner nuestra confianza solo en él. Para citar otra vez a Kreeft (*Christianity for Modern Pagans*),

> la gran divisoria, la divisoria eterna, no es entre teístas y ateos, o entre felicidad y desdicha, sino entre buscadores (amantes) y no buscadores (no amantes) de la Verdad (porque Dios es Verdad) ... Podemos buscar la salud, la felicidad o la santidad; la salud física, la salud mental o la salud espiritual como nuestro *summum bonum*, nuestro bien sumo ... La primera pregunta de Cristo en el evangelio de Juan es la crucial: «¿Qué buscan?» (Juan 1:38). Esta pregunta determina qué encontraremos, determina nuestro destino eterno, lo determina todo.

FIDELIDAD EN LAS DISCIPLINAS ESPIRITUALES

En la sección sobre disciplinas espirituales, vimos que las mismas no son fines en sí mismas, sino medios para el fin de lograr la intimidad con Cristo y la formación espiritual. El problema es que cualquier cosa, si se deja a sí misma, tiende a declinar y a deteriorarse. La segunda ley de termodinámica, que dice que la cantidad de energía útil en cualquier sistema cerrado disminuye gradualmente, puede aplicarse en general a otros sistemas, desde la teoría de la información a las relaciones. Sin una infusión de energía ordenada, aumenta la entropía (una medida de casualidad y desorden). En el caso de objetos y relaciones, se requiere una infusión de intencionalidad y esfuerzo dirigidos para sustentar el orden y el crecimiento.

Las veinte disciplinas que explicamos antes (soledad, silencio, oración, llevar un diario, estudio, meditación, ayuno, castidad, confidencialidad, confesión, comunión, sumisión, guía, sencillez, mayordomía, sacrificio, culto, celebración, servicio y testimonio) pueden mejorar nuestro carácter, nuestro pensamiento y nuestra práctica. Nadie practica en forma constante todas estas disciplinas, y algunas son menos importantes para unas personas que para otras, pero la fidelidad a las disciplinas que necesitamos más en nuestros itinerarios espirituales nos mantendrán en el camino y aportarán tiempos repetidos de renovación espiritual.

UNA PERSPECTIVA BÍBLICA DE LAS CIRCUNSTANCIAS DE LA VIDA

Sin un sentido creciente de desesperanza, no mantendremos nuestro punto focal en Dios. El Señor, por amor, utiliza en nuestras vidas pruebas y adversidades en una serie de formas creativas, y parte del propósito de nuestro sufrimiento es conducirnos a depender solo de él. Esto es parte del proceso a mitad de nuestra vida, cuando nos enfrentamos a una combinación de capacidad que va en disminución y de mayor responsabilidad. Solemos abordar nuestra mortalidad en una forma vivencial cuando tenemos entre treinta y ocho y cuarenta y cinco años, aunque algunos la enfrentan antes y otros consiguen diferirlo por unos cuantos años más.

Como hijos de Dios, nuestro dolor nos hace pedir, buscar y tocar a la puerta (Mateo 7:7-8), y en su tiempo, Dios responde revelándonos más de sí mismo. Este conocimiento personal aumenta nuestra fe y nuestra capacidad de confiar en su carácter y sus promesas. Solo cuando por experiencia comprendemos que no podemos sobrevivir sin Dios nos someteremos de buena gana a sus propósitos en medio de la aflicción. Una fe en aumento implica confiar en Dios en los tiempos en que no entendemos sus propósitos y sus caminos.

La tribulación desempeña un papel importante en aclarar la esperanza (ver Romanos 5:3-5), porque nos puede obligar a ver el panorama más general. Como vimos en la sección acerca de espiritualidad paradigmática, debemos cultivar una perspectiva eterna en este escenario temporal para entender que «en nada se comparan los sufrimientos actuales con la gloria que habrá de revelarse en nosotros» (Romanos 8:18). Cuando vemos nuestra circunstancias a la luz del carácter de Dios y no el carácter de Dios a la luz de nuestras circunstancias, llegamos a percibir que Dios nunca es indiferente respecto a nosotros y que utiliza el sufrimiento para nuestro bien de manera que estemos más unidos a Cristo (Hebreos 12:10-11); 1 Pedro 4:12-17). Además, nos consuela en nuestras aflicciones (2 Corintios 1:3-5) y nos recuerda que no continuarán para siempre (1 Corintios 4:16-18).

En *El problema del dolor*, C. S. Lewis arguye que Dios permite el dolor en nuestras vidas no porque nos ama menos, sino porque nos ama *más* que lo que desearíamos:

> En un dibujo hecho a la ligera para entretener a un niño, el artista no se preocupará mucho: se puede contentar con dejarlo tal como le salió de buenas a primeras, aunque no sea exactamente lo que quiso que fuera. Pero en el gran cuadro de su vida, la obra que ama, aunque de una forma diferente, con la misma intensidad que un hombre ama a una mujer o una madre a su hijo, se preocupará constantemente, y, sin duda *no dejaría tranquilo* al cuadro si fuera sensible. Uno puede imaginar un cuadro que siente, que después de ser raspado y desechado y vuelto a pintar por décima vez, desea que fuera solo un esbozo conciso que no tomó más de un minuto terminarlo.

Al renovar nuestras mentes con una perspectiva bíblica creciente acerca de las experiencias y circunstancias de la vida, llegamos a ver que esta vida es un tiempo de sembrar las semillas de la eternidad y no de multiplicar tesoros efímeros en la tierra. Esta perspectiva disminuye nuestras ansiedades (Mateo 6:25-34), aumenta nuestro contentamiento (Filipenses 4:11-13; 1 Timoteo 6:6-8) y fortalece nuestra confianza y esperanza (Hebreos 6:13-20). Al reducirse los espacios y acelerarse el tiempo en una era posmoderna, necesitamos ritmo y cadencia o correremos el peligro de ir descendiendo y al final desapareciendo. Siempre es sabio revisar y adaptar nuestro ritmo a la historia más general.

UN ESPÍRITU ENSEÑABLE, SENSIBLE, HUMILDE Y OBEDIENTE

Las personas que terminan bien mantienen una postura de aprendizaje constante a lo largo de la vida. La actitud orgullosa y el aire de suficiencia hacen que las personas se estanquen o declinen en su curva de aprendizaje, y esto es contrario a la vitalidad espiritual. En nuestra juventud, tenemos problemas de tonterías y falta de concentración; en nuestra edad media, luchamos con las indecisiones y los enredos; en nuestros postreros años, nuestro gran reto es ser enseñable. Los que mantienen un sentido hasta infantil de asombro, sorpresa y sobrecogimiento no sucumben a la rigidez y el endurecimiento de las categorías. Tales personas que continúan creciendo en gracia «florecen en los atrios de nuestro Dios. Aun en su vejez, darán fruto; siempre estarán vigorosos y lozanos» (Salmo 92:13-14).

La humildad y la obediencia sensible son clave para mantener un espíritu enseñable. Humildad es la disposición del alma a comprender que todo en la vida tiene que ver con confiar en Dios, y que «todas las cosas proceden de él, y existen por él y para él» (Romanos 11:36). El misterio de la gracia de Dios nos humilla más que nuestra pecaminosidad, porque la gracia nos enseña a estar preocupados por Dios y no por nosotros. Cuando nos rendimos a esta gracia e invitamos a Dios a ser nuestro todo en todo, desplazamos el yo mediante la entronización de Cristo. Haríamos bien hacer de la siguiente oración, adaptada del final del libro de Murray sobre *humildad*, una parte de nuestra vida devocional:

> Señor Dios, te pido que en tu gran bondad me hagas conocer, y saques de mi corazón, *todo tipo y forma y grado de orgullo*, ya sea de espíritus malignos o de mi propia corrupta naturaleza; y que despiertes en mí la *más honda profundidad y verdad de esa humildad* que pueda hacerme apto para tu luz y Santo Espíritu.

Como el Señor en los días en que estaba en la carne, tenemos que aprender obediencia a través de las cosas que sufrimos (Hebreos 5:7-8). Como lo expresó Thomas Merton en *Spiritual Direction and Meditation*, tenemos que estar prestos a cooperar no solo con gracias que consuelan, sino con gracias que nos humillan. No solo con luces que nos exaltan, sino con luces que hacen estallar nuestra autocomplacencia.

La obediencia implica riesgos, porque es la aplicación de fe bíblica en lo que no se ve y todavía no es (Hebreos 11:1). Al madurar en Cristo, aprendemos a vivir con ambigüedad en este mundo confiando en el carácter y las promesas de Dios a pesar de las apariencias contrarias.

UN SENTIDO CLARO DE PROPÓSITO Y LLAMAMIENTO

La vida sin una fuente trascendente de propósito sería un ejercicio en futilidad. Como lo formula Malcolm Muggeridge,

> Nunca me ha resultado posible persuadirme de que el universo pudo haber sido creado, y nosotros, *homo sapiens*, así llamados, haber hecho de alguna manera, generación tras generación, nuestra aparición para permanecer brevemente en nuestra diminuta tierra, solo para organizar la interminable novela televisiva, con los mismos personajes y situaciones que se repiten una y otra vez, que llamamos historia. Sería como construir un gran estadio para una exposición de títeres, o un gran teatro de la ópera para un recital de armónica. Debe haber, en otras palabras, otra razón para nuestra existencia y la del universo que solo ir pasando los días de nuestra vida lo mejor que podamos; algún otro destino que meramente utilizar semejante creatividad física, intelectual y espiritual que se nos ha confiado.

Aunque nos damos cuenta de que nunca llegaremos a ello en esta vida, Dios ha llamado a cada uno de nosotros a un peregrinaje que tiene un propósito que conlleva riesgos a lo largo del camino y se sustenta con fidelidad y esperanza creciente. Este llamamiento o vocación trasciende nuestras ocupaciones y continúa más allá del fin de nuestras carreras. Al buscar la dirección del Señor para el desarrollo de una visión personal y claridad de misión, vamos más allá del nivel de tareas y logros para llegar al nivel del propósito para el que «vivimos, nos movemos y existimos» (Hechos 17:28). Primero somos llamados a una Persona, y luego somos llamados a expresar esta relación decisiva en las cosas que emprendemos, dándonos cuenta de que el resultado final de nuestras vidas está en las manos de Dios. Tenemos un sentido de destino, pero nuestra ignorancia de la geografía invisible de la nueva creación significa que debemos confiar en Dios para lo que él quiere que lleguemos a ser. Reinhold Niebuhr la expresa muy bien:

> Nada que valga la pena hacerse puede lograrse en nuestra vida; por lo tanto debemos ser salvos por esperanza. Nada que es verdadero o hermoso o bueno tiene todo su sentido en algún contexto inmediato de la historia; por tanto, debemos ser salvos por fe. Nada de lo que hacemos, por virtuoso que sea, se puede lograr a solas; por tanto somos salvos por el amor.

Siempre hay un abismo entre nuestras aspiraciones y nuestros logros, entre nuestras capacidades y nuestras contribuciones. Esta discrepancia convierte una ocasión para la desesperanza en una oportunidad para la esperanza cuando la vemos como nuestra nostalgia de nuestro verdadero hogar. Esta esperanza es la toma de conciencia de que nuestro propósito no es mensurable y que nuestro llamamiento terrenal no es sino el prefacio de la actividad creativa inacabable y de la comunidad del cielo.

RELACIONES BUENAS CON PERSONAS CON RECURSOS

En la sección sobre espiritualidad colectiva, examinamos el espectro de las relaciones que apoyan el cuidado de almas y que van desde la amistad espiritual a la guía espiritual a la mentoría espiritual a la dirección espiritual. También analizamos las importantes dimensiones del liderazgo de siervo así como la responsabilidad ante otros personal y de grupo. Cada una de estas relaciones es un recurso valioso que puede animarnos, prepararnos y exhortarnos a permanecer en la carrera que hemos sido llamados a correr. Quienes acaban bien no lo logran sin el apoyo amoroso de otros miembros del cuerpo de Cristo. Estas relaciones nos ayudan a crecer en intimidad con Cristo, a mantener las disciplinas necesarias, a aclarar nuestra perspectiva a largo plazo, a sustentar una actitud abierta a que se le enseñe y a desarrollar nuestro propósito y llamamiento.

INVERSIÓN EN MINISTERIO CONTINUO EN LA VIDA DE OTROS

Vimos en la sección de espiritualidad de vida cambiada que Jesucristo dio su vida por nosotros (salvación) de manera que pudiera darnos su vida (santificación), para así poder dar su vida por medio nuestro (servicio). La espiritualidad llena del Espíritu subrayó la importancia de descubrir y desarrollar los dones espirituales que hemos recibido y de ejercerlos en el poder del Espíritu para la edificación de otros. La espiritualidad formativa se centró en cultivar un estilo de vida de evangelización y discipulado de forma que seamos parte del proceso de introducir a personas a Jesús y de ayudarlos en su crecimiento espiritual después de que han llegado a conocerlo. La vida que Dios implanta dentro de nosotros es para que penetre no solo en todo nuestro ser sino también en la vida de otros. Los creyentes que acaban bien se distinguen todos ellos por una continua captación de otras personas y ministerio sacrificial por el bien de otros. Quienes dilapidan los recursos, dones, experiencias e ideas que les ha tomado tiempo aprender que Dios les ha dado debido a que ya no los invierten en las vidas de otros pronto se marchitan y se apartan.

OBSTÁCULOS PARA ACABAR BIEN

Es obvio que cuando volvemos al revés estas siete características de los que acaban bien, llegamos a una lista equivalente de obstáculos para correr la carrera. En lugar de ello, permítanme mencionar que no saber mantener la primera característica (intimidad con Cristo) es el obstáculo clave para el avance en las otras seis. En realidad, las otras contribuyen a nuestra intimidad con Cristo, pero el retroceso en nuestra relación con Jesús muy pronto irá erosionando la fidelidad en las otras. La verdadera pregunta es, ¿qué nos hace no permanecer en Jesús? De una u otra forma, el pecado espiritual del orgullo y la autonomía suelen encabezar la lista. Esto puede asumir muchas formas, tales como ambición bajo el impulso del ego (con frecuencia inspirada en la inseguridad), falta de voluntad de aprender de otros, comparación y envidia, negativa a someterse a la autoridad, estrategias concebidas para evitar el dolor y la vulnerabilidad, y rencor con Dios por permitir aflicciones y pérdidas personales.

Los pecados y los fallos más visibles de compromiso moral o ético suelen ser productos derivados de la desintegración espiritual interna: la pérdida de visión clara (Mateo 6:22-23) y de corazón puro (Mateo 5:8; 1 Timoteo 2:22). La pasión decreciente por Cristo poco a poco va socavando el llamamiento y el carácter.

MÁS PENSAMIENTOS ACERCA DE LA PERSPECTIVA, LA SENSIBILIDAD Y EL PROPÓSITO

Una perspectiva acerca de los problemas

¿Hemos visto alguna vez a una persona que crezca en carácter y madurez en tiempos de aparente éxito? Sería mucho más sencillo si, cuando las cosas salen a nuestro gusto, también nos resultaran beneficiosas a largo plazo, pero debido a nuestro egoísmo y miopía, rara vez es así. Hasta que el Señor regrese, seguiremos aprendiendo y creciendo más en medio de reveses y fracasos que en medio de éxitos según el mundo los define. Escuchemos las observaciones de alguien que disfrutó de una larga carrera sumamente exitosa a los ojos de sus pares:

> Contrariamente a lo que se podría esperar, vuelvo la vista atrás con particular satisfacción hacia las experiencias que en su momento parecieron especialmente desoladoras y dolorosas. De hecho, puedo decir con total veracidad que todo lo que he aprendido en mis setenta y cinco años de vida en este mundo, todo lo que de verdad ha mejorado e iluminado mi existencia, ha ocurrido por medio de la aflicción y no por medio de la felicidad, sea ésta buscada o alcanzada.
>
> *Malcolm Muggeridge*

Si a cualquiera de nosotros le fuese dado ser transportado al cielo para una visita aunque fuera solo de cinco minutos, nunca volveríamos a ser los mismos después de regresar a la tierra. Por primera vez, tendríamos una verdadera idea de la fragilidad y brevedad de la vida en la tierra y de lo absurdo de entregar nuestro corazón a cosas que no durarán.

John White comentaba que «es la falta de fe lo que nos hace preferir los tesoros terrenales en vez de los celestiales. Si creyéramos de verdad en los tesoros celestiales, ¿quiénes de entre nosotros seríamos tan estúpidos como para comprar oro? Simplemente no creemos. El cielo es un sueño, una fantasía religiosa que aceptamos porque somos ortodoxos. Si las personas creyeran en el cielo, dedicarían el tiempo a prepararse para residir permanentemente allá. Pero nadie lo hace».

Nuestra perspectiva en cuanto a la vida, sea temporal o eterna, determinará el conjunto de reglas bajo las que jugamos, los estándares y carácter que buscamos, la fuente de nuestra esperanza y la diferencia entre obediencia y desobediencia a los preceptos y principios de Dios.

En su «Meditation in a Toolshed», C. S. Lewis describió la diferencia entre *mirar a* un rayo de luz y mirar *junto con* el rayo. Al entrar en un cobertizo oscuro, no podía ver sino un rayo de luz que penetraba por una rendija en el dintel de la puerta. Al principio, miró el rayo de luz con millares de partículas de polvo que flotaban en él, pero hizo algo que la mayoría de nosotros hemos hecho en un momento u otro. Se fue moviendo hasta que el rayo le dio directamente en los ojos, y en ese momento, tanto el cobertizo como el rayo de luz desaparecieron. Cuando miró junto con el rayo, vio verdes hojas que se balanceaban en las ramas de un árbol en el exterior y, más allá de esto, el sol mismo. La perspectiva hace toda la diferencia.

Imaginemos un mundo en el que los problemas de las personas desaparecen en el momento en que ponen su fe en Cristo. De repente están inmunes a enfermedades corporales, disfrutan de completa armonía en sus relaciones personales y profesionales, y consiguen éxito y bienestar material con solo quererlo. Este estado de cosas libre de problemas no se aleja mucho del escenario que ofrecen los vendedores del evangelio de la prosperidad.

Al principio puede parecer muy bueno, pero pensemos en algunas de las implicaciones. Pueden confiar en Cristo en cuanto a su salvación, pero les resultaría sumamente difícil no buscar en el mundo todo lo demás. Como no hay obstáculos, pronto tomarían a Dios en serio y presumirían de su gracia; sus oraciones se convertirían más en trucos para conjurar que en reconocimientos de amor y dependencia del Señor. Y como les sale según sus deseos, sería casi imposible que cultivaran un verdadero carácter cristiano. Nunca desarrollarían cualidades como paciencia (Santiago 1:3), fortaleza (1 Corintios 15:58), agradecimiento (1 Tesalonicenses 5:18), diligencia, excelencia moral, control propio, perseverancia, piedad (2 Pedro 1:5-6), compasión, humildad, amabilidad, paciencia (Colosenses 3:12) y fidelidad (Gálatas 5:22), ya que todas están relacionadas con esperar en Dios en un contexto de adversidad.

Lejos de prometer una vida fácil y próspera, el Nuevo Testamento afirma que quienes siguen a Cristo se enfrentarán con una nueva dimensión de obstáculos y luchas que no conocían antes de que le entregaran su vida. De hecho, la intensidad de la guerra espiritual es proporcional a la seriedad de la respuesta del creyente a los términos del discipulado. «Así mismo serán perseguidos todos los que quieran llevar una vida piadosa en Cristo Jesús» (2 Timoteo 3:12). Por esto Pablo animaba a los discípulos en Asia Menor a continuar en la fe, diciendo, «Es necesario pasar por muchas dificultades para entrar en el reino de Dios» (Hechos 14:22). Al final de su último discurso a sus discípulos, Jesús les aseguró, «Yo les he dicho estas cosas para que en mí hallen paz. En este mundo afrontarán aflicciones, pero ¡anímense! Yo he vencido al mundo» (Juan 16:33).

Nuestras respuestas a las pruebas que encontramos ponen de manifiesto nuestro nivel de confianza en la soberanía y bondad del Señor. En una exposición especial de cuadros de Rembrandt, un custodio oyó a alguno de los visitantes del museo que hacía comentarios críticos sobre la obra del gran artista. Con mucha tranquilidad comentó, «No es el artista sino los visitantes quienes son puestos a prueba».

Confieso que cuando paso por tiempos de conflicto y adversidad, me es demasiado fácil desarrollar una actitud equivocada hacia Dios, y no es tan fácil darle gracias por lo que puede lograr por medio del problema. Pero también puedo reconocer con gratitud que, cuando dejo de rebelarme contra él y comienzo a confiar en su soberanía, amor, bondad y sabiduría, nunca me abandonará. Si piensan en el pasado, creo que podrán decir lo mismo.

Responder a las iniciativas de Dios

«No me escogieron ustedes a mí, sino que yo los escogí a ustedes y los comisioné para que vayan y den fruto, un fruto que perdure» (Juan 15:16).

CONTINUAR CON EL PEREGRINAJE: LO QUE SE REQUIERE...

La gracia de Dios siempre es anterior a nuestra respuesta; siempre que lo buscamos es porque él nos ha buscado primero. Siempre que lo amamos, es porque nos ha amado primero (1 Juan 4:8-21). Siempre que ofrecemos oraciones, es porque ya nos ha invitado a hacerlo.

Nuestras respuestas determinan nuestra dirección

Sin embargo, Dios nos pide cuentas de nuestras respuestas a sus iniciativas. De hecho, la calidad de nuestra relación con él y la dirección toda de nuestras vidas la determinan la naturaleza de nuestras respuestas a sus amorosos impulsos en nuestras vidas. Se nos ha dado capacidad para responder, capacidad para responder a estas iniciativas divinas o para descartarlas, y desde un punto de vista humano, nuestra relación con Dios la determina nuestra disposición a corresponder. Sin una respuesta continua de nuestra personalidad a la personalidad de Dios, nuestra relación con él será superficial o no existente.

La respuesta más significativa que daremos tiene relación con el evangelio, las buenas nuevas acerca del don de perdón y novedad de vida que Cristo nos ha otorgado. Este don no es nuestro a no ser que respondamos al mismo entregándonos a Cristo en sus términos, lo cual incluye no solo asentimiento intelectual sino recepción personal. Llegar a Cristo es un compromiso volitivo en el que nos apartamos de nuestra confianza previa en nuestros propios esfuerzos para lograr o merecer el favor de Dios y ponemos en su lugar una confianza exclusiva en Cristo y en su justicia por nuestro bien. Esta respuesta de fe es una afrenta a nuestro orgullo natural porque implica admitir nuestra acuciante necesidad y condición sin esperanza sin Jesús.

En 1938, un buque mercante alemán se encontró en medio de una tormenta en el Atlántico Norte. La presión del mar era tan grande que comenzaron a ceder las placas del casco, y en pocos minutos el barco se hundió. Casi por milagro, un marinero permaneció a flote agarrándose a una colchoneta que de algún modo no se había empapado y podía flotar algo. Luego, desde el sur llegó un guardacostas inglés. Ubicaron al marinero alemán cerca de los restos del barco hundido. El barco inglés se colocó cerca, aun cuando resultaba muy peligroso hacerlo en medio de la tempestad. El marinero alemán se levantó y cayó en las encrespadas olas. Un marino desde la cubierta arrojó un salvavidas. El salvavidas fue a dar cerca del marinero alemán, pero éste, al mirar hacia arriba vio la bandera británica y caras inglesas. Sabía que estas personas representaban al enemigo tradicional de Alemania. No hizo caso del salvavidas, y poco a poco la colchoneta que lo había mantenido a flote se hundió bajo las olas. El marinero desapareció.

Cuando leí esta historia, la ví como una parábola de la oferta que Dios hace de salvación. El don de Jesús de liberación de la muerte espiritual es el salvavidas, y algunos de nosotros, por instinto, nos resistimos a hacerla nuestra porque, sin Cristo, somos enemigos de Dios (Romanos 5:10). Al igual que el marinero alemán, podemos por tozudez rechazar la oferta de Dios, pero si lo hacemos, nunca podemos echarle la culpa de nuestra muerte. El juicio no es asunto de grados. Como lo observa Kreeft, «Hay solo dos clases de personas en el mundo; no son los buenos y los malos, sino los vivos y los muertos, los nacidos dos veces y los nacidos una vez, los hijos de Dios y los hijos de Adán, los fecundos y los estériles. Esta es la diferencia entre cielo e infierno» *Love Is Stronger Than Death*.

La respuesta más importante de nuestras vidas es decir sí al evangelio. Como lo comenta Brennan Manning en *The Lion and the Lamb*, «Hay dos elementos que son fundamentales en la experiencia cristiana. Primero, alguien oye que Dios dice, "Tú eres el hombre". Segundo, responde, "Tu eres mi Dios"». El primero es el punto de convicción (ver 2 Samuel 12:7) y el segundo es el punto de pasar del yo a Cristo.

Una serie permanente de respuestas

Una vez entregados a Cristo de esta manera, la vida espiritual se convierte en una serie continua de respuestas cotidianas a los impulsos del Señor en nuestras vidas. En cada caso escogeremos caminar por lo que vemos o por fe, por ley o por gracia, por la carne o por el Espíritu, por nuestra propia voluntad o por la voluntad de Dios, por sumisión o resistencia, por dependencia o por autonomía, por sabiduría del mundo o por sabiduría divina, por apostarlo todo basados en las promesas y carácter de Dios o por tratar de controlar nuestro mundo en nuestros propios términos, por lo temporal o por lo eterno, por tratar de salvar nuestras vidas o por perderlas en Cristo por su amor. Hasta que veamos a Cristo, estaremos siempre envueltos en esta lucha en la que somos tentados a diario a abandonar el proceso de la obediencia de fe.

Una de las cosas que me ayuda a conseguir un sentido de perspectiva durante tiempos de tentación o desaliento es revisar el hecho de que desde que llegué a Cristo en junio de 1967, nunca he lamentado un acto de obediencia, pero siempre he llegado a lamentar actos de desobediencia. No obstante, la obediencia todavía es difícil porque a veces va en contra de la intuición y de ordinario en contra de la cultura. Como lo dice G. K. Chesterton, «El problema con el Cristianismo no es que ha sido puesto a prueba y fallado, sino que ha sido encontrado difícil y dejado de lado sin ponerlo a prueba».

Un puño cerrado no puede recibir el don de lo que más se necesita. El pecado sofoca al Espíritu Santo y elimina nuestro gozo, certeza y paz. Por esto es prudente detenerse para pedir a Dios que nos revele todo lo que haya en nuestra vida que impida la obra del Espíritu de Dios. Démosle el nombre que le corresponde y entreguémoselo a Dios para que el bloqueo sea quitado.

Como lo dice bien claro Romanos 12:1-2, Dios no nos pide que hagamos nada por él hasta que nos haya informado de lo que él ha hecho por nosotros. Pero la abundancia de información y la falta de respuesta conducen a una mala conciencia. Dios se complace más con nuestra respuesta que con cuánto conocemos. La razón de que en Hebreos esté presente Rajab la prostituta como ilustración de la fe, es que, aunque sabía poco, aplicó lo poco que sabía. Los fariseos, por el contrario, sabían mucho pero no respondían en sus corazones a lo que sabían. Los magos tenían poco conocimiento acerca del Mesías pero realizaron un largo y tedioso viaje para encontrarlo, en tanto que los escribas en Jerusalén, que sabían que el Mesías nacería en Belén, ni se preocuparon de acompañar a los magos en el viaje de diez kilómetros desde Jerusalén a Belén.

Que el Señor nos conceda la gracia de responder en fe y obediencia a las cosas en las que nos invita a confiar y a aplicar.

Desarrollar un propósito bíblico

En los análisis de la espiritualidad motivada e integral, mencionamos la importancia del propósito. Los pensamientos que siguen son complementarios.

Perder el avión de la vida

¿Cómo ocurrió que ahora por primera vez en su vida lo pudo ver todo tan claro? Algo le había permitido vivir en el presente. Ni una sola vez en toda su vida se había permitido llegar a descansar en el tranquilo centro de sí mismo, sino que siempre había salido de algún pasado oscuro que no podía recordar para entrar a un futuro que no existía. Ni una sola vez había estado él presente por su vida. Así que su vida transcurrió como un sueño.

¿Es posible que las personas pierdan sus vidas de la misma forma que se pierde un avión?

La respuesta a esta pregunta que se plantea en la novela de Walker Percy *The Second Coming* es un rotundo «sí». Alguien dijo en cierta ocasión, «No teman que su vida llegue a su fin sino más bien que nunca haya tenido un comienzo».

En la película *Awakenings*, una serie de pacientes que habían vivido en un estado catatónico por unos treinta años fueron conducidos temporalmente a una plena conciencia gracias a una nueva medicación. Aunque algunos se sintieron exultantes, otros se sintieron amargados de que una parte tan grande de sus vidas hubiera transcurrido en el olvido. Pero todos ellos aprovecharon lo hermoso de cada día, en especial cuando se enteraron de que sus despertares serían solo temporales.

Hay un sentido en que muchas personas viven sin estar verdaderamente despiertas, sin pensar y cuestionar, sin un sentido de asombro y temor reverencial. Resulta fácil, incluso para quienes creen en Cristo, ir dando bandazos por la vida sin nunca desarrollar un cuadro claro del propósito único para el que Dios los puso en este planeta.

Personas sin un propósito

En palabras de Václav Havel, «La tragedia del hombre moderno no es que sepa cada vez menos acerca del significado de su propia vida, sino que le preocupa cada vez menos». Encuentro sorprendente que la mayor parte de las personas en nuestro planeta parecen transitar por años e incluso por décadas sin enfrentarse en serio a la pregunta fundamental de por qué estamos aquí y qué quieren que al final hayan significado sus vidas. Muchas personas del mundo de los negocios y profesionales caminan con celeridad hacia la búsqueda de una visión esquiva de éxito sin preguntarse si se están vendiendo demasiado barato al invertir sus preciosos años de vida en algo que, incluso si lo logran, nunca los satisfará. Es como la historia de dos filos del piloto de una línea aérea que anunció la buena noticia de que debido a un fuerte viento de cola, llegarían a su destino en menos tiempo de lo usual, pero la mala noticia era que debido a fallos en el avión, estaban perdidos sin remedio. Muchas personas parecen lograr muy buen tiempo en el viaje hacia la futilidad. Pueden experimentar la emoción del salto desde un puente, amarrados con una cuerda elástica en el tobillo, sin darse cuenta de que la cuerda no está amarrada a los tobillos o cinturas sino al cuello.

En una conversación de *Alicia en el país de las maravillas*, Alicia le pregunta al gato Cheshire, «¿Me dirías, por favor, por dónde tengo que seguir desde aquí?» «Esto depende mucho de a dónde quieras ir», respondió el gato. «No me interesa gran cosa dónde», dijo Alicia. «Entonces no importa qué camino tomes», dijo el gato. Si no hemos decidido a dónde vamos, cualquier camino servirá mucho o poco como cualquier otro. El problema es que el resultado de una vida no sometida a examen rara vez es satisfactorio. Si no buscamos el propósito de Dios para nuestras vidas, es probable que suframos de la enfermedad del destino, el descubrimiento de que cuando lleguemos al destino final, no resulte todo lo que pretendía ser (cf. Eclesiastés 2:17) Esta enfermedad se capta en la recapitulación que hace John Steinbeck de un personaje en *Al este del Edén* que dio su vida por lo que al final lo defraudó: «Nunca descansó, nunca se tomó un recreo, y llegó a ser rico sin placeres y respetado sin amigos».

Dejar que la meta determine el peregrinaje

Es mucho más sabio seguir el consejo de Kierkegaard de definir la vida hacia atrás y vivirla hacia delante; comenzar a partir de la meta y definir el viaje a la luz de la misma. Pocos de nosotros pensaríamos en tomarnos dos semanas de vacaciones sin ningún plan acerca de adónde iremos o qué haremos. Pero lo que muchos ni soñarían hacer en este nivel, lo hacen en el nivel más importante de todos; su entera existencia terrenal. Para evitar este error fatal deberíamos preguntarnos, «¿Qué sentido quiero que tenga mi vida, y por qué?» «Al final de mi estada en la tierra, ¿qué querré ver cuando le paso revista?» Desde una perspectiva bíblica, la verdadera pregunta no es qué dejaremos atrás (la respuesta a esto es siempre la misma, lo dejaremos todo atrás) sino qué enviaremos hacia delante (cf. Mateo 6:20).

Muchas personas se definen en función de sus actividades y logros. Pero los que han experimentado la gracia, el perdón y la novedad de vida en Cristo son receptores de una nueva fuente de identidad que redefine su misión y propósito en la tierra. En lugar de buscar el propósito en la comparación con otros, pueden descubrir el propósito de Dios para sus vidas en las páginas de su Palabra revelada.

El propósito supremo de Dios

Se ha comentado que hay tres dimensiones del propósito en la Escritura (ver el útil folleto de la Vision Foundation «Establishing Your Purpose»). La primera es el propósito último de Dios al crear todas las cosas. Antes de crear el tiempo, el espacio, la energía y la materia, solo Dios existía, completo y perfecto en sí mismo. Como una comunidad trina y amorosa de ser, no tenía necesidades, y no fue por soledad o aburrimiento que creó los reinos de los ángeles y de los seres humanos. Sabemos por la Escritura que parte del propósito último de Dios en la creación es la manifestación de su gloria a agentes morales inteligentes que llevan su imagen y que pueden responder en alabanza y asombro ante su persona, poderes y perfecciones sobrecogedoras. Pero en nuestro estado presente, apenas si podemos arañar la superficie de la sabiduría insondable del propósito último de Dios para el orden creado.

El propósito universal de Dios

La segunda dimensión del propósito bíblico es el propósito universal de Dios, la intención que tiene para todos los que reconocen el señorío de Jesús. Este nivel de propósito lo comparten todos los creyentes y se nos comunica en una serie de pasajes. Hay varias maneras de expresarlo, pero se puede resumir a dos áreas esenciales: conocer a Dios en forma empírica (crecimiento espiritual) y dar a conocer a Dios a otros (reproducción espiritual).

En su oración sacerdotal después del discurso en el aposento alto, Jesús dijo, «Y ésta es la vida eterna: que te conozcan a ti, el único Dios verdadero, y a Jesucristo, a quien tú has enviado» (Juan 17:3). Este conocimiento no es meramente asunto de formulaciones teológicas sino también personal y religioso. La vida eterna es el conocimiento empírico de Dios, e implica un proceso de crecimiento que comienza cuando una persona confía en Cristo y recibe el don del perdón y de una nueva vida. El mayor tesoro que una persona puede poseer es una intimidad creciente con el Señor vivo de toda la creación. Aunque esta debería ser la ambición mayor, muchos creyentes entregan su corazón a la búsqueda de bienes inferiores y se jactan y se recrean en cosas que están destinadas a perecer. Por esto deberíamos escuchar a menudo las poderosas palabras de Jeremías 9:23-24: «Así dice el Señor: "Que no se gloríe el sabio de su sabiduría, ni el poderoso de su poder, ni el rico de su riqueza. Si alguien ha de gloriarse, que se gloríe de conocerme y de comprender que yo soy el SEÑOR, que actúo en la tierra con amor, con derecho y justicia, pues es lo que a mí me agrada", afirma el Señor».

Las Escrituras de manera expresa comunican el propósito para el que hemos sido creados. «Porque a los que Dios conoció de antemano, también los predestinó a ser transformados según la imagen de su Hijo, para que él sea el primogénito entre muchos hermanos» (Romanos 8:29). ¡El propósito que tiene Dios para nosotros es nada menos que la semejanza a Cristo! Estas son cuatro observaciones acerca de este elevado y santo propósito. (1) Nos resulta imposible alcanzarlo. Solo cuando reconocemos nuestra debilidad e incapacidad de conformarnos a la imagen de Cristo estaremos listos para permitirle que viva su vida por medio de nosotros, porque esta es la esencia de la vida espiritual. (2) Del lado humano de la moneda, seremos tan espiritualmente maduros como decidamos serlo. Si no practicamos las disciplinas del discipulado, como un tiempo habitual dedicado a la Palabra de Dios y a la oración, no conseguiremos intimar más con Dios. (3) Una intimidad creciente con Dios es crucial para el carácter semejante a Cristo. El conocimiento personal, empírico, de Dios transforma el corazón y se expresa en actos, realizados en espíritu de sacrificio, de amor y servicio a otros. (4) Si el propósito de Dios para nosotros no es el punto focal de nuestras vidas, alguna otra cosa lo será, y sea lo que fuere, no merecerá nuestra lealtad definitiva. Por tanto, pidamos a Dios la gracia de que nuestra mayor ambición sea agradarle (2 Corintios 5:9).

Resumimos el propósito universal de Dios para todos los que conocen a Cristo como conocer a Dios en forma empírica (crecimiento espiritual) y darlo a conocer a otros (reproducción espiritual). La primera parte se relaciona con la pregunta ¿Quién quieres que sea, Señor? La segunda se relaciona con la pregunta, ¿Qué quieres que haga? Es prudente considerar la primera pregunta antes de entrar a la segunda, porque desde el punto de vista bíblico, el ser precede al hacer; quiénes somos en Cristo es básico para lo que hacemos. Lo usual, sin embargo, es colocar nuestras actividades y objetivos antes del propósito y definirnos más por logros mensurables que por el carácter piadoso. El resultado es que nuestras actividades determinan nuestros propósitos. Pero los propósitos establecidos de esta forma nacen de compararse con pares y con modelos de roles y nunca conducen a los propósitos universales y únicos para los que Dios nos creó. En su lugar, deberíamos adoptar una perspectiva bíblica a propósito y permitir que el mismo determine nuestros objetivos y actividades.

Desarrollar una visión de nuestro propósito único

Si el propósito universal de Dios es que crezcamos en el conocimiento de Cristo (edificación) y que lo demos a conocer (evangelización), ¿cómo desarrollamos una visión de las formas únicas en que él querría que aplicáramos este propósito en nuestras vidas? La respuesta es que, en oración, debemos iniciar un proceso de descubrimiento que implica una valoración reflexiva de lo que Dios nos ha dado, llamado y preparado para que hagamos. Todo creyente tiene una combinación única de experiencias, dones y redes de relaciones que conforman una esfera de oportunidades de ministerio. Podemos tener la seguridad de que el Señor no nos llamará a una tarea para la que no nos ha preparado (1 Tesalonicenses 5:24), pero también podemos estar seguros de que el desarrollo del mensaje y propósito para nuestra vida no sucede de repente.

El componente más crítico en el proceso de discernir nuestro propósito único es la oración. Haríamos bien en persistir en pedir a Dios que aclare la visión de nuestro llamamiento, ya que nunca podremos descubrirlo por nosotros mismos. Se trata de un proceso divino-humano de preparación e iluminación en el que cada una de nuestras experiencias positivas y negativas Dios las puede usar de manera soberana de tal forma que podamos, por medio de su poder, tener un impacto duradero en las vidas de otros. Pero el compromiso debe preceder al conocimiento (Juan 7:17); debemos confiar en Dios lo suficiente para comprometernos por adelantado a lo que nos llame a ser y a hacer.

Otro componente esencial en este proceso es el tiempo que dedicamos a las Escrituras. Dios utiliza su Palabra para adiestrarnos y capacitarnos para el ministerio, y nuestra efectividad está relacionada con la hondura de nuestra lectura, estudio y memorización de la Biblia. El precio que hay que pagar es tiempo y disciplina, pero los beneficios son siempre muy superiores a las inversiones. Si somos superficiales en la Palabra, también lo seremos en nuestro conocimiento de Dios y menos efectivos en nuestras relaciones con otros.

Otros componentes que se relacionan con nuestro propósito único son nuestras experiencias, destrezas, educación, temperamento y roles personales así como nuestros dones espirituales. Cada uno de estos elementos es relevante para nuestra visión de la realización específica del propósito universal de Dios en nuestra vida.

Comencemos por pedir a Dios que nos aclare nuestra visión y propósito personales. Esto no sucederá intensificando actividades, sino por medio de la oración, el contacto con la Escritura y tiempos de reflexión. Este proceso puede tomar meses o años, pero debería conducir a una declaración escrita concisa de propósito que se puede utilizar para definir y evaluar nuestros objetivos y actividades. De esta forma, nuestras actividades las determinará la Palabra y no las presiones externas del mundo.

Un propósito bíblico siempre es una razón inmutable para ser. Permanece válido, sin tomar en cuenta nuestras circunstancias o épocas de la vida. Cuando el propósito centrado en Cristo se convierte en el punto focal de nuestra vida, armoniza todas las otras áreas, tales como familia, trabajo, finanzas y ministerio.

UNA PALABRA FINAL SOBRE LAS DOCE FACETAS

Recordemos lo que dijimos en la introducción, a saber, que las doce facetas de formación espiritual son todas ellas parte de la misma piedra preciosa y por ello están inextricablemente unidas. Por ejemplo, la espiritualidad llena del Espíritu informa todas las otras porque solo en el poder del Espíritu Santo podemos ser transformados a la imagen de Cristo. La espiritualidad de relaciones afecta todas las otras, porque amar a Dios y a los otros es la expresión fundamental de nuestra fe. Y así sucesivamente con las otras diez.

Pero también observamos que debido a nuestros temperamentos tan disímiles, cada uno de nosotros tiene una pauta personal única que conlleva diferentes grados de atracción y resistencia a las diversas facetas. Conviene entender que, por naturaleza, nos sentimos más atraídos a unas que a otras, pero también resulta beneficioso forzarnos a una práctica deliberada de las que tendemos a resistir.

Mi oración es que se beneficien de esta diversidad de enfoques que se han utilizado para cultivar el crecimiento espiritual y que traten de practicar algunas de las facetas que pueden haberles resultado menos familiares.

El SEÑOR te bendiga y te guarde;
El SEÑOR te mire con agrado
Y te extienda su amor;
El SEÑOR te muestre su favor
Y te conceda la paz

Números 6:24-26

Preguntas para aplicación personal

- ¿Cómo nos clasificaríamos respecto a las siete características de personas que acaban bien? ¿Cuáles necesitan más atención?
- ¿Por qué la primera característica (intimidad con Cristo) es clave para las otras seis?
- ¿Qué perspectiva tenemos en cuanto a los problemas?
- ¿Cuán sensibles hemos sido a las iniciativas de Dios en nuestra vida? ¿Hemos identificado una pauta en la forma y tiempos de nuestras respuestas?
- ¿Por qué el tema de desarrollar un sentido bíblico de propósito y misión es tan crítico para la perseverancia?
- ¿Cuál es nuestra visión de nuestro propósito único?

APÉNDICE A
LA NECESIDAD DE DIVERSIDAD

> **SÍNTESIS DEL CAPÍTULO**
>
> Hay una diversidad de enfoques en la vida espiritual, pero no son sino facetas de una piedra preciosa mucho mayor que es mucho más que la suma de las partes. *Conformados a su imagen* asume un enfoque más amplio, más sintético, mediante el estudio de todas estas facetas y de ver cómo cada una de ellas puede contribuir al todo mayor. Algunas personas se sienten atraídas a diferentes facetas, y esto tiene que ver en parte con su perfil de personalidad (el Indicador de Tipo de Myers-Briggs es un instrumento valioso para este fin). Se pide a los lectores que identifiquen aquellos a los que se sienten más y menos atraídos y se los anima a que se esfuercen en probar uno que normalmente no utilizarían.

Las facetas de la espiritualidad que se analizan en *Conformados a su imagen* apuntan a la posición central del Señor Jesucristo, y cada uno de ellas agrega una dimensión única a la piedra preciosa de la vida espiritual. Sería, pues, un error reducir nuestra comprensión del proceso de santificación a alguno de estos enfoques, pero es lo que se suele hacer. Por ejemplo, una serie de autores que ponen de relieve las verdades de la vida cambiada pasan por alto la necesidad de las disciplinas de la fe o los aspectos colectivos del crecimiento espiritual. Otros están tan preocupados por la realidad de la guerra espiritual que no prestan atención al proceso de integrar nuestra relación con Cristo en nuestras rutinas cotidianas.

Cuando nos emociona pensar en el poder del Espíritu Santo o en el culto colectivo, o en las disciplinas espirituales, o en compartir nuestra fe con otros en una relación personal, resulta fácil centrarse tanto en las perspicacias que hemos adquirido en una de esas esferas que llegamos a ver ese enfoque específico como la panacea para la vida espiritual. Esto conduce a una asimetría que nos hace vulnerables a la debilidad latente en cualquiera de los enfoques cuando se lleva demasiado lejos. Por ejemplo, la espiritualidad de devociones puede conducir a un sentimentalismo individualista, en tanto que la espiritualidad disciplinada puede conducir a un exceso de énfasis en la fuerza de voluntad y el esfuerzo propio. Pero cuando estos enfoques se estructuran en un todo más total, se informan el uno al otro y se equilibran. Cuando los vemos como componentes que se complementan, nos sentimos menos inclinados a pensar en ellos como fórmulas o recetas. En su lugar, cada faceta es una dinámica simbiótica, divino-humana, que requiere tanto dependencia como disciplina. Cuando reducimos estos enfoques a técnicas, dejamos de lado la verdad agustiniana de que llegamos a Dios por amor y no mediante navegación. Es esencial reconocer la primacía de la gracia de Dios por encima de la actualización de uno mismo o nos engañaremos en pensar que nuestros esfuerzos y métodos son los medios del crecimiento espiritual. En cuanto sucumbamos a esta ilusión, trataremos de controlar a Dios con nuestras fórmulas y rutinas.

Aun cuando reconozcamos que hay varios enfoques legítimos y complementarios en el crecimiento en la vida espiritual, existe una tendencia natural a limitarnos al que más armonice con nuestra personalidad y a presumir que si a nosotros nos sirve, debería servir a otros. Y debido a esta tendencia, muchos creyentes nuevos se ven expuestos a solo uno o dos enfoques, ninguno de los cuales puede resultar particularmente útil según sean sus temperamentos y predisposiciones. En años recientes, algunos autores han abordado estas preocupaciones mediante el intento de identificar diversos tipos de espiritualidad cristiana y de relacionar estos tipos con rasgos mentales y emocionales del carácter. Por ejemplo, Allan H. Sager en *Gospel-Centered Spirituality* adaptó una fenomenología de espiritualidad que desarrolló Urban T. Holmes en *A History of Christian Spirituality*. Esta tipología incluye un continuo tanto horizontal como vertical. La escala vertical tiene que ver con la orientación de relación de la persona con Dios, y puede ir desde iluminación puramente cognoscitiva y especulativa de la mente en un extremo a iluminación puramente afectiva y emocional de la mente en el otro extremo del espectro. La escala horizontal tiene que ver con los medios preferidos de la persona de procurar la vida espiritual, y esto puede ir desde una orientación puramente **catafática** a otra puramente **apofática**. El término *catafático* proviene de una palabra griega que significa «afirmativo», y se refiere a la tradición conocida como *via afirmativa*, el camino de la afirmación. Esta tradición, más propia de Occidente, insiste en el conocimiento de Dios por medio de revelación general y especial. El término *apofático* procede de una palabra griega que significa «negativo», y habla de la tradición conocida como *via negativa*, el camino de la negación. Esta tradición, más característica de Oriente, subraya la trascendencia y misterio de Dios. Así pues, una estilo catafático de espiritualidad utiliza símbolos, imágenes y metáforas en tanto que un estilo apofática enfatiza lo oculto de Dios.

En realidad, nadie es puramente cerebral sin ninguna emoción o solamente corazón sin ninguna mente (la escala vertical). De igual modo,

APÉNDICE A: LA NECESIDAD DE DIVERSIDAD

ningún creyente se comporta como si Dios estuviera totalmente oculto o fuera completamente conocible (la escala horizontal). Más bien, como lo muestra el cuadro sobre Tipos de espiritualidad cristiana (A.1), existe una amplia gama de diversificación que incorpora elementos de cada uno de los tipos en múltiples formas.

TIPOS DE ESPIRITUALIDAD CRISTIANA

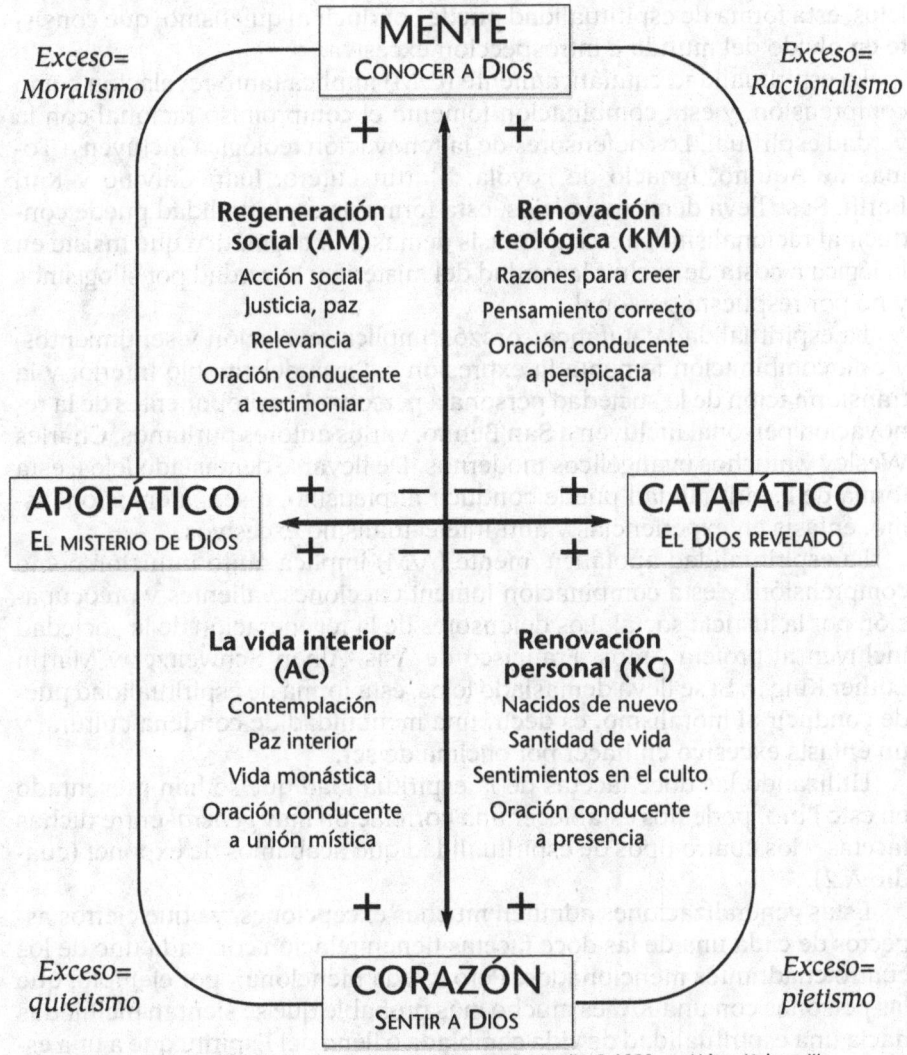

Basado en «A Circle of Sensibility» de *A History of Christian Spirituality* © 1980 por Urban Holmes III. Usado con permiso.

CUADRO A.1

Un K+/M+ (catafático alto/mente alta) es muy diferente en orientación y estilo de un A+/C+ (apofático alto/corazón alto). También hay diferencias dentro de cada cuadrante; por ejemplo, dentro del cuadrante K/C, hay nueve combinaciones que van desde K-/C- hasta K+C+.

La espiritualidad apofática/corazón (A/C) implica tanto intuición como sentimientos, y esta combinación anima a una búsqueda diligente de una conciencia interior de Dios que pone de relieve la oración y la soledad. Entre los teólogos de la vida interior están Bernardo de Clairvaux, Tomás de Kempis y monjes cistercienses como Tomás Merton. Si se lleva demasiado lejos, esta forma de espiritualidad puede conducir al quietismo, que consiste en olvido del mundo e introspección excesiva.

La espiritualidad catafática/mente (C/M) implica tanto revelación como comprensión, y esta combinación fomenta el compromiso racional con la verdad espiritual. Los defensores de la renovación teológica incluyen a Tomás de Aquino, Ignacio de Loyola, Martín Lutero, Juan Calvino y Karl Barth. Si se lleva demasiado lejos, esta forma de espiritualidad puede conducir al racionalismo, o sea, a énfasis demasiado dogmático que insiste en la lógica a costa de excluir la verdad del misterio y la verdad por silogismos y no por respuesta personal.

La espiritualidad catafática/corazón implica revelación y sentimientos, y esta combinación fomenta la expresión externa del cambio interior y la transformación de la sociedad persona a persona. Los proponentes de la renovación personal incluyen a San Benito, varios autores puritanos, Charles Wesley y muchos evangélicos modernos. De llevarse demasiado lejos, esta forma de espiritualidad puede conducir al pietismo, o sea, a emocionalismo, énfasis en experiencias y anti-intelectualismo excesivos.

La espiritualidad apofática /mente (A/M) implica tanto intuición como comprensión, y esta combinación fomenta acciones valientes y preocupación por la justicia social. Los defensores de la regeneración de la sociedad incluyen al profeta Amós, Francisco de Asís, Albert Schweitzer y Martin Luther King Jr. Si se lleva demasiado lejos, esta forma de espiritualidad puede conducir al moralismo, es decir, una mentalidad de condena cultural y un énfasis excesivo en hacer por encima de ser.

Utilizando las doce facetas de la espiritualidad que se han presentado en este libro, podemos establecer una correlación *muy general* entre dichas facetas y los cuatro tipos de espiritualidad que acabamos de exponer (cuadro A.2).

Estas generalizaciones admiten muchas excepciones, ya que ciertos aspectos de cada una de las doce facetas tienen relación con cada uno de los cuatro cuadrantes mencionados. Pero ayuda mencionar, por ejemplo, que las personas con una K/C es mucho más probable que se sientan inclinadas hacia una espiritualidad de vida cambiada o llena del Espíritu que a una espiritualidad colectiva o con énfasis en la justicia social, que es más característica de quienes tienen una orientación A/M.

APÉNDICE A: LA NECESIDAD DE DIVERSIDAD

APOFÁTICA/MENTE	CATAFÁTICA/MENTE
• Espiritualidad colectiva • Espiritualidad integral • Espiritualidad de lucha	• Espiritualidad paradigmática • Espiritualidad motivada • Espiritualidad formativa
APOFÁTICA/CORAZÓN	**CATAFÁTICA/CORAZÓN**
• Espiritualidad de devociones • Espiritualidad disciplinada • Espiritualidad de proceso	• Espiritualidad de relaciones • Espiritualidad de vida cambiada • Espiritualidad llena del Espíritu

Cuadro A.2

Una tipología diferente pero igualmente útil de las orientaciones espirituales se puede extraer del Indicador de Tipo de Myers-Briggs (MBTI). Ese indicador de preferencias lo adaptaron Katherine Briggs e Isabel Myers a partir de clasificaciones de personalidad de Carl G. Jung en *Psychological Types*. En años recientes, Jung se ha vuelto popular en círculos cristianos al igual que en círculos de la Nueva Era, y la utilización de sus ideas por parte de escritores y consejeros cristianos requiere más discernimiento que el que se suele practicar. La preocupación de Jung por el movimiento hacia la integridad e individuación y su fascinación con mandalas, misticismos orientales, alquimia y ocultismo, lo condujeron a desarrollar una teoría psicológica especulativa, compleja y esotérica con sugerencias metafísicas inevitables. A diferencia de la mayoría de los teóricos de la personalidad, Jung en forma explícita reconoció la importancia de las preocupaciones espirituales, pero su intento por resucitar un simbolismo espiritual desprovisto de contenido doctrinal lo condujo a una amalgama de psicología y espiritualidad que se aproxima a una religión alternativa que sustituye el dogma con los contenidos de lo inconsciente. Jung rechazaba la idea de Dios como realidad trascendente objetiva y recurría en su lugar a símbolos primarios desprovistos de sus referentes trascendentales. Por ello el empleo de la tipología de Jung en este apéndice no es un refrendo de su sistema de pensamiento.

El MBTI utiliza cuatro pares de preferencias, y cada uno de estos pares constituye un continuo.

1. La escala extraversión/introversión (E/I) tiene que ver con la preferencia relativa de una persona por recibir su estímulo del mundo exterior de personas y cosas en vez del mundo interior de ideas. Los extrovertidos son activos, sociables, participativos, abiertos y pensadores verbales. Los introvertidos son reflexivos, orientados hacia el interior, reservados y pensadores mentales.

2. La escala sentir/intuición (S/N) se refiere a la preferencia relativa de la persona por percibir y procesar información por medio de hechos conocidos y no por posibilidades y relaciones. Los sensoriales se orientan hacia datos externos tangibles, detalles y realidad presente. Los intuitivos se orientan hacia asociaciones ideales abstractas, posibilidades futuras y pautas teóricas
3. La preferencia pensar/sentir (P/S) tiene que ver con la forma en que las personas llegan a conclusiones. Los pensadores basan sus juicios más en análisis objetivo, impersonal y se preocupan por la justicia, la verdad y la lógica. Los sensibles basan sus juicios más en valores subjetivos, personales, y se preocupan por la armonía, el tacto y el trato humano.
4. La escala juzgar/percibir (J/P) se refiere a la orientación preferente de personas hacia lo exterior. Los juzgadores están más inclinados a un estilo de vida sistemático, organizado y planificado que conlleva metas, fechas límite y procedimientos controlados. Los perceptivos están más inclinados hacia un estilo de vida flexible y espontáneo que prefiere el cambio, la sorpresa y enfoques abiertos.

Cuando se combinan estos cuatro pares de preferencias, resultan dieciséis tipos básicos de personalidad que van desde ESPJ hasta INSP. Pero hay muchos matices dentro de cada uno de estos tipos de personalidad, ya que cada par constituye un continuo que puede ir, por ejemplo, de un E fuerte a un E o I marginal a un I fuerte. Por esto esta tipología da cabida al carácter único de cada individuo y al mismo tiempo ofrece ideas en cuanto a la forma en que se pueden agrupar las personas según pautas de preferencias. Debería mencionarse que no hay ningún indicio de superioridad o inferioridad en estas pautas, ya que se basan en preferencias personales. Otros factores más, como inteligencia, habilidades, destrezas, motivación y madurez agregan una enorme cantidad de matices de personalidad.

Quienes siguen a Cristo tienden a gravitar hacia las actividades espirituales que alimentan sus pautas de preferencias. Hasta cierto punto, esto resulta favorable, porque proporciona gran diversidad dentro de la unidad del cuerpo de Cristo. Pero como lo comenta M. Robert Mulholland Jr. en *Invitation to a Journey*, cada uno de los pares de preferencias, cuando se lleva a cualquier extremo (p. ej., todo P y nada de S o todo S y nada de P) puede conducir a una unilateralidad espiritualmente desfavorable. Por ejemplo, cuando se lleva demasiado lejos la extraversión, puede conducir a un énfasis tal en la dinámica social de la vida espiritual que no quede espacio para la profundidad que pueden proveer la soledad y la reflexión. Los muy introvertidos, por el contrario, pueden dejar de lado la comunidad y practicar el aislamiento espiritual. De igual modo, los muy pensadores pueden inclinarse hacia un enfoque muy analítico y sistemático en la vida espiritual, en tanto que los muy sensibles

APÉNDICE A: LA NECESIDAD DE DIVERSIDAD

pueden ser vulnerables al sentimentalismo, emocionalismo y la búsqueda de una autenticación reiterada con experiencias.

Earle C. Page, en conexión con el Centro para Aplicaciones de Tipos Psicológicos (Center for Applications of Psychological Type), ha desarrollado dos útiles cuadros que ilustran diversas conexiones entre las preferencias MBTI y la orientación espiritual propia. El primero de ellos, «Encontrar el camino espiritual propio» es un instrumento útil de diagnóstico (cuadro A.3).

El segundo cuadro, «Seguir el camino espiritual propio» especifica las expresiones espirituales positivas y negativas que se pueden asociar con los cuatro pares de preferencias (cuadro A.4).

Varios autores relacionan estos estilos de personalidad con la práctica de la espiritualidad y con enfoques peculiares en la oración. He sintetizado la tipología de oración que elaboró Charles J. Keating en *Who We Are Is How We Pray* (cuadro A.5).

Si combinamos el trabajo de Keating con otras fuentes, podemos crear un extracto de los dieciséis tipos de personalidad en función de orientación espiritual y oración (cuadro A.6).

Libros como *Type Talk* (Otto Kroeger y Janet M. Thuesen), *Please Understand Me* (David Kiersey y Marilyn Bates) y *Life Types* (Sandra Hirsch y Jean Kummerow) son recursos provechosos que ayudan a discernir y comprender nuestro tipo de personalidad. Con esta información, se puede ver por qué uno se puede sentir atraído a un enfoque concreto de la vida espiritual, en tanto que el cónyuge o un amigo puede no sentir ningún interés por dicho enfoque y atraído hacia otro. Los dos primeros libros toman los dieciséis tipos y los dividen en cuatro temperamentos básicos (cuadro A.7).

Esos cuatro temperamentos son generalizaciones más amplias que los dieciséis tipos, pero son instrumentos valiosos para distinguir estilos fundamentales de espiritualidad, como lo demuestran Chester P. Michael y Marie C. Norrisey en *Prayer and Temperament*. Michael y Narrisey asocian cuatro líderes espirituales clave en la historia de la iglesia con estos cuatro temperamentos: Ignacio de Loyola (SJ), Francisco de Asís (SP), Tomás de Aquino (NT) y Agustín de Hipona (NF). (La breve historia de la espiritualidad cristiana en el apéndice B contextualiza estos y otros personajes). En el cuadro A.8 he intentado especificar las características de los cuatro temperamentos y relacionarlos con la dimensión espiritual.

Aunque parece que hay una relación amplia entre estos cuatro temperamentos y el Sistema de Perfil Personal Preformax (DISC), debo insistir en que, como cada persona es única, hay muchas excepciones. Por ejemplo, una persona con un temperamento NT puede tener un D (predominio) alto en lugar de un C (conformidad) alto. También es importante recordar que ninguna persona tiene toda ella un solo temperamento, ya que cada uno de

Encontrar el camino espiritual propio

Nota: Estas palabras solo quieren sugerir, no definir ni limitar la interpretación

Actitud, función, estilo de vida preferido	EXTRAVERSIÓN E	INTROVERSIÓN I	DETECCIÓN S	INTUICIÓN I	PENSAMIENTO T	SENTIMIENTO F	JUICIO J	PERCEPCIÓN P
Esfera principal	Mundo/Otro	Ideas/Yo	Cuerpo	Espíritu	Mente	Corazón	Voluntad	Conciencia
Preferencia por	Acción	Reflexión	Realidad sensorial Detalles Status quo	Posibilidades Pautas Cambio	Valores objetivos	Valores subjetivos	Iniciativa	Respuesta
Aspectos significativos de la realidad	Exterior	Interior	Inmediatez Concreción	Anticipación Visión	Teoría Principios	Sentir, Memoria, Ideal	Producto Categórico	Proceso Condicional
Ventanas a través de la cuales se recibe la revelación de Dios	Personas Eventos Escritura Mundo natural	Individual Experiencia Inspiración Mundo interior	Sociedad Instituciones «Lo visto»	Perspicacia Imaginación «Lo no visto»	Razón Especulación	Relaciones Emociones	Orden «Debería»	Hallazgo no esperado «Es»
Aspectos significativos de Dios	Inmanencia Creador Imago Dei	Trascendencia Identidad de Dios y yo interior	Encarnación	Misterio Espíritu Santo	El Absoluto Principio Primera Causa	De relación Familiar (p. ej., Padre)	Juez Señor	Redentor Sanador
Enfoque bíblico Experiencia religiosa	Social	Solitario	Práctico Literal	Simbólico Metafórico	Analítico Abstracto	Personal Inmediato	Sistemático	Del momento
Evita (Infierno)	Exclusión Soledad	Intrusiones Confusión	Ambigüedad	Restricción Limitación	Incoherencia Ignorancia	Conflicto Enajenación	Impotencia Desorden	Regimentación Fechas límite
Busca (Cielo)	Participación Reunión	Incorporación Realización	Armonía física Fidelidad Obediencia	Armonía estética Unión mística	Armonía conceptual Iluminación Justicia, Verdad	Armonía personal Comunión Valoración	Conclusión Productividad Ética laboral	Apertura Receptividad Ética lúdica
Oración	Colectiva	Privada	Sensorial (ojos, oídos, nariz, manos, boca)	Intuitiva	Cognitiva	Afectiva	Planificada	No planificada
Camino espiritual natural	Acción	Reflexión	Servicio	Conciencia	Conocimiento	Devoción	Disciplina	Espontaneidad
Requerido para Integridad	Reflexión	Acción o Participación	Conciencia o comprensión	Servicio o encarnación	Devoción	Conocimiento	Espontaneidad	Disciplina

De Earle C. Page, Derechos de autor © 1982 Center for Applications of Psychological Types (Centro para Aplicaciones de Tipos Psicológicos), Gainesville, Florida, Utilizado con permiso.

CUADRO A.3

APÉNDICE A: LA NECESIDAD DE DIVERSIDAD

Seguir el camino espiritual propio

Nota: Nuestro objetivo es una espiritualidad centrada, compensada. Estas palabras tienen como fin facilitar la comprensión, no sofocar la individualidad.

CAMINO ESPIRITUAL	ACCIÓN E	REFLEXIÓN I	SERVICIO S	CONCIENCIA N	CONOCIMIENTO T	DEVOCIÓN F	DISCIPLINA J	ESPONTANEIDAD P
Algunas expresiones positivas	Asertividad Desarrollo de la comunidad	Independencia Profundizar la comunidad	Amor Placer	Éxtasis Expectación	Ecuanimidad Objetividad	Compasión Relación, Confianza	Discriminación Competencia	Aceptación Serenidad
Algunas expresiones negativas	Ira Ataque	Temor Retirada	Apego	Regocijo Depresión	Apatía Criticidad	Sentimentalismo Sobreprotección	Control inapropiado Juzgar a otros	No asumir responsabilidad
Subdesarrollo puede conducir a	Aislamiento Falta de circunspección	Vacuidad Dependencia	Abstracción Distracción	Monotonía	Confusión	Frialdad Desconfianza	Falta de propósito Indecisión	Finalización prematura Conclusiones sin base
Exceso de desarrollo puede conducir a	Impaciencia Superficialidad	Abstención Idiosincrasia Intensidad inapropiada	Idolatría Frivolidad Conformidad inapropiada	Ilusión No factible Tozudez Inconstancia	Reduccionismo Cinismo Dogmatismo Reflexión	Credulidad Personalizar Acusar	Rigidez Perfeccionismo	Pasividad Impulsividad Procrastinación
Tentaciones y vulnerabilidad especiales	Distracción Sugestionabilidad	Inacción Inclusión por otros	Superstición Sospecha Temor de cambio	Sensualidad primitiva Enfermedad psicogénica	Explosión, explotación, condescendencia emocionales Pensamiento contaminado	Autoridad idealizada Pseudo-objetividad Sentimientos heridos	Autorrectitud Escrupulosidad	Rebelión Negligencia
Requerido para la integridad	Reflexión	Acción o participación	Conciencia	Servicio o encarnación	Devoción	Conocimiento	Espontaneidad	Disciplina

CUADRO A.3

De Earle C. Page, Derechos de autor © 1982 Center for Applications of Psychological Types (Centro para Aplicaciones de Tipos Psicológicos), Gainesville, Florida, Utilizado con permiso.

LA PERSONALIDAD INTROVERTIDA	Oración interna — complejo, no conformista, personal
LA PERSONALIDAD EXTROVERTIDA	Oración pública — orientación hacia fuera, comunitaria
LA PERSONALIDAD INTUITIVA	Oración de esperanza — posibilidades, comunión espiritual, reflexión
LA PERSONALIDAD SENSORIAL	Oración práctica — contacto con el entorno, orientación al presente
LA PERSONALIDAD DE SENTIMIENTOS	Oración sentida — dinámica emocional, integración personal
LA PERSONALIDAD PENSANTE	Oración racional — enfoque ordenado y lógico, orientación hacia la verdad
LA PERSONALIDAD JUZGANTE	Oración ordenada — poca ambigüedad, orientación estructural
LA PERSONALIDAD PERCEPTIVA	Oración vivida — acepta ambigüedad, varios enfoques, entusiasta

CUADRO A.5

ISTJ Percibir introvertido con pensamiento	ISFJ Percibir introvertido con sentimiento
• Serio, sereno, meticuloso, ordenado, lógico, reservado • Sentido de responsabilidad • Espiritualidad privada • Disfruta la oración programada y coherente • Orientación conciencia; voluntad de Dios	• Confiable, conservador, sólido sentido deber a menudo no apreciado lo suficiente • Desea agradar a Dios • Atraído hacia régimen espiritual ordenado • Oración en silencio, privada • Orientación comunitaria; expresión presente de espiritualidad
ISTP Pensamiento introvertido con percepción	**ISFP** Sentimiento introvertido con percepción
• Práctico, preciso, reservado, objetivo • Acción por encima de oración; práctica de la presencia de Dios • Enfoque individual en la oración y crecimiento espiritual • Necesita tiempo para meditación privada • Pensamiento y concentración, pero necesita aplicación práctica	• Espíritu libre, impulsivo, sentimientos intensos, artístico, aprecio de la vida • Abierto a dimensiones sociales de espiritualidad personal • Formas flexibles de oración; necesita la disciplina de la reflexión privada • Tiempo presente, orientación hacia experiencias

APÉNDICE A: LA NECESIDAD DE DIVERSIDAD

ESTP Percibir extrovertido con pensamiento	**ESFP** Percibir extrovertido con sentimiento
• Orientado a la acción; pragmática, realista; impredecible y flexible • Experiencias de comunidad, alabanza, canto • Requiere estructura espiritual mínima • Oraciones espontáneas • Orientación teológica comunitaria	• Carismático, personalidades atractivas • Vive primordialmente para el momento • Espiritualidad orientada a las personas • Atraído a elementos religiosos externos • Servidor generoso, acepta a otros • Orientación comunitaria
ESTJ Pensamiento extrovertido con percepción	**ESFJ** Sentimiento extrovertido con percepción
• Responsable, ordenado, destrezas administrativas, realista, conservador • Enfoque organizado para crecimiento espiritual, coherente • Espiritualidad institucional • Orientación teológica práctica	• Muy sociable, amistoso, simpático, sentimental, preocupado • Atraído a grupos de oración • Oraciones de intercesión • Aplicación práctica de la espiritualidad • Atraído a misticismo en experiencias
INFJ Intuición introvertida con sentimiento	**INTJ** Intuición introvertida con pensamiento
• Amable, compasivo, acogedor, inspirador; puede ser tozudo • No atraído a oración formal o repetitiva • Necesita silencio; oración contemplativa y conversacional • Reflexión espiritual sobre eventos cotidianos • Orientación mística	• Confianza en sí mismo, decidido, pragmático, resuelto, independiente • Alcanza sus objetivos; controlador, decidido; orientado hacia la lógica • Atraído a nuevas ideas, sugerencias, inspiraciones, mejoras • Vida de oración introspectiva • Necesita tiempo para reflexión espiritual
INFP Sentir introvertido con intuición	**INTP** Pensar introvertido con intuición
• Idealista, interpretación subjetiva; servicio desinteresado para beneficio de otros • Oración solitaria y silenciosa • Respuesta espontánea, personal, a Dios • Reflexión espiritual sobre actividades diarias • Desea apoyo humano de desarrollo espiritual	• Buena memoria, inteligente, poder de concentración, soluciona problemas • Prefiere orar solo; lógico, forma coherente de oración • Necesita espacio para concentrarse y evaluación de percepciones espirituales • Atraído a conceptos teológicos; valora nuevas percepciones espirituales

ENFP	**ENTP**
INTUICIÓN EXTROVERTIDA CON SENTIMIENTO	INTUICIÓN EXTROVERTIDA CON PENSAMIENTO
• Optimista, entusiasta, imaginativo, muy intuitivo, hábil con las personas • Necesita bastante tiempo para reflexión en oración • Oración espontánea, no estructurada • No lo motiva lo institucional • Espiritualidad orientada hacia las personas; hábil con personas y eventos diferentes	• Ingenioso, abierto a nuevas posibilidades, listo, entusiasta, innovador • Disfruta lo novedoso, original y nuevas formas de oración • Oraciones espontáneas, improvisadas • No inclinado a regímenes espirituales • Atraído a conversaciones espirituales con otros
ENFJ	**ENTJ**
SENTIMIENTO EXTROVERTIDO CON INTUICIÓN	PENSAMIENTO EXTROVERTIDO CON INTUICIÓN
• Motiva a personas, persuasivo, líder natural • Cómodo con muchas clases de oración; necesita tiempo para reflexionar • Desagrado por repeticiones y rutinas • Orientación espiritual centrada en personas	• Líder eficaz, busca poder y competencia, organizador externa • Espiritualidad teológica • Necesita experiencias de comunidad • Atraído a formas estructuradas, lógicas, coherentes de oración

CUADRO A.6

nosotros manifiesta combinaciones y niveles únicos de todas estas cualidades de personalidad. Pero idealmente el proceso de maduración personal y espiritual debería conducirnos en la dirección de llegar a ser una síntesis fusionada de los cuatro temperamentos, de modo que podamos adaptarnos a personas y situaciones en formas cada vez más flexibles y apropiadas.

Como antes, utilizando las doce facetas de espiritualidad en este libro, podemos extraer una correlación *muy general* entre las doce facetas y estos cuatro temperamentos (cuadro A9).

Es importante valorar y afirmar nuestra disposición temperamental en cuanto a la espiritualidad y a la oración de modo que evitemos el desaliento

EL TEMPERAMENTO SJ	**EL TEMPERAMENTO SP**
ESTJ, ISTJ, ESFJ, ISFJ	ESFP, ISFP, ESTP, ISTP
EL TEMPERAMENTO NF	**EL TEMPERAMENTO NT**
ENFJ, INFJ, ENFP, INFP	ENTJ, INTJ, ENTP, INTP

CUADRO A.7

APÉNDICE A: LA NECESIDAD DE DIVERSIDAD

EL TEMPERAMENTO SJ	EL TEMPERAMENTO SP
• Espiritualidad disciplinada • Espiritualidad motivada • Espiritualidad integral	• Espiritualidad colectiva • Espiritualidad llena del Espíritu • Espiritualidad de lucha
EL TEMPERAMENTO NF	**EL TEMPERAMENTO NT**
• Espiritualidad de relaciones • Espiritualidad de devociones • Espiritualidad de vida cambiada	• Espiritualidad paradigmática • Espiritualidad de proceso • Espiritualidad formativa

CUADRO A.9

de pensar que somos poco espirituales si no seguimos una receta que funciona bien para otra persona. Por ejemplo, puede resultar liberador para los SP caer en la cuenta de que, como personas espontáneas e informales, no se sentirán naturalmente atraídas a los enfoques SJ más estructurados en cuanto a oración y crecimiento espiritual. De igual modo, como personas con orientación conceptual, los NT están menos inclinados a la espiritualidad colectiva y a la espiritualidad llena del Espíritu que los SP.

Al mismo tiempo, resulta prudente y espiritualmente saludable identificar nuestra preferencia, tipo y temperamento opuestos y entrar en la disciplina de proponerse utilizar un enfoque que normalmente no utilizaríamos. La participación voluntaria en un estilo o faceta de la espiritualidad que por inclinación se suele dejar de lado puede resultar ser una fuente importante de crecimiento espiritual y de mayor equilibrio. Utilizando los cuatro pares de preferencias, por ejemplo, resulta fácil ver que si lo dejamos a nuestra preferencia, tenderíamos a alejarnos del lado «opaco» de nuestra pauta de preferencias. Así, los extrovertidos tenderían a evitar la contemplación y la soledad, en tanto que los introvertidos tenderían a evitar el compromiso social en la comunidad espiritual. Los intuitivos tenderían a evitar el equilibrio y el realismo del insumo sensorial, en tanto que los que dependen más de los sentidos tenderían a evitar el valor de los aspectos contemplativo y reflexivo de la espiritualidad. Los pensadores tenderían a evitar el lado afectivo y emocional de la vida espiritual, en tanto que los sensibles tenderían a evitar los aspectos conceptual y racional de la fe. Los juzgadores tenderían a evitar una apertura espontánea a la acción del Espíritu, en tanto que los perceptores evitarían los beneficios del lado planificado y estructurado de la espiritualidad.

A modo de ejercicio, ponderemos dónde pensamos que encajamos mejor en cuanto a los cuatro pares de preferencias, los dieciséis tipos y los cuatro temperamentos. Luego podemos escoger un enfoque de la espiritualidad u oración que nos conduciría a una mayor profundidad y equilibrio al obligarnos a esforzarnos a adentrarnos en un territorio nuevo y poco familiar. Cuanto más aceptemos la necesidad de esta tensión dinámica entre afirmar nuestras disposiciones naturales e involucrarnos en modalidades menos preferidas de ser y hacer, tanto más completos y semejantes a Cristo llegaremos a ser en nuestro peregrinaje espiritual. El Señor Jesús gozó de la riqueza de una unión mística con su Padre celestial pero acompañó esta profunda experiencia personal con la pasión y compromiso sociales.

En *Rediscovering Holiness*, J. I. Parker aborda el problema de «rapsodia sin realismo» y de «guardar las reglas sin relacionarse», y arguye que todos nosotros, independientemente de temperamentos y aptitudes naturales, necesitamos un equilibrio saludable de doctrina, experiencia y práctica. Deberíamos pedir a Dios la gracia que nos genere el deseo y el poder de escoger esta combinación bíblica de conocer, ser y hacer.

APÉNDICE B
LA RIQUEZA DE NUESTRA HERENCIA

> **SÍNTESIS DEL APÉNDICE**
>
> Este apéndice esboza una breve historia de la espiritualidad mediante la identificación de enfoques destacados en la vida espiritual en la iglesia antigua, medieval y moderna. Esto brinda una perspectiva más amplia y un sentido de continuidad con otros que han buscado la intimidad con Dios antes de nosotros. De este repaso emanan doce temas y extremos recurrentes, y el apéndice concluye con una palabra acerca de la variedad de enfoques que pueden iluminar nuestro propio peregrinaje.

UNA PERSPECTIVA MÁS AMPLIA

La mayor parte de los protestantes se acercan a la historia de la iglesia y a la formación espiritual como si nada importante hubiera ocurrido entre la finalización del canon del Nuevo Testamento en el siglo primero y la Reforma protestante en el siglo dieciséis. E incluso entonces, suelen aparecer solo unos breves paréntesis a lo largo del recorrido para reconocer a Lutero, Calvino, Wesley, Edwards, Whitefield, Spurgeon y Moody antes de pasar con rapidez a nuestro tiempo. Además, solo un pequeño porcentaje de cristianos contemporáneos son lectores serios (me alegro si mis lectores forman parte de ese grupo) y de estos, solo una mínima fracción (espero que mis lectores sean parte de este grupo) leen a los grandes autores espirituales de siglos pasados. En consecuencia, la mayor parte de los creyentes son más pobres debido a una perspectiva provinciana y a no saber aprovechar el rico legado que nos han dejado los seguidores del Camino desde el nacimiento de la iglesia.

Este apéndice intenta presentar de manera concisa algunas de las personas y movimientos clave que han contribuido a nuestra herencia espiritual de modo que obtengamos una perspectiva más amplia y un sentido de continuidad con otros que han buscado la intimidad con Dios en siglos precedentes. Este apéndice pondrá de relieve la impresionante variedad de enfoques en el discipulado cristiano a lo largo del tiempo y de la geografía y mencionará las fortalezas y debilidades de algunos de estos estilos de espiritualidad. Este proceso puede ensanchar nuestra conciencia, cuestionar algunos de nuestros supuestos y animarnos a explorar otras facetas de la vida espiritual.

Como herederos de una cantidad extraordinaria de espiritualidades cristianas nacidas durante veinte siglos de desarrollo, disponemos de una mayor riqueza de recursos que ninguna generación anterior. En vista de ello, resulta irónico que en muchas de nuestras iglesias parece que se da una superficialidad sin precedentes y un apego a la agenda cultural del día. La insistencia en modelos de gestión, en técnicas tomadas de la psicología popular, y en la relevancia programática ha conducido a tener más interés por edificios, presupuestos y conteo de cuerpos que en un discipulado de relaciones y en la formación espiritual. Pero se están viendo señales esperanzadoras de desencanto con el status quo por cuanto más y más creyentes están buscando una mayor profundidad y raíces en una verdadera espiritualidad.

Fue apenas en los dos últimos siglos que los teólogos católico romanos distinguieron la teología mística o espiritualidad de la doctrina como una esfera de especialización. Como veremos, sin embargo, hay una relación integral entre teología y aplicación; las doctrinas no bíblicas y descompensadas conducen a distorsiones prácticas. Con todo, hay un espacio enorme dentro de los límites de la ortodoxia teológica para una variedad sorprendente de expresiones espirituales.

ESPIRITUALIDAD ANTIGUA, MEDIEVAL Y MODERNA: VISIÓN PRELIMINAR

Los historiadores de la iglesia hace tiempo han mencionado que la combinación de los períodos antiguo, medieval y moderno en la historia de la iglesia tiene la forma de un reloj de arena. La iglesia antigua (Pentecostés hasta alrededor del 600) se caracterizó por una rápida expansión hacia los continentes de Asia, África y Europa. La iglesia medieval (del 600 al 1500 aproximadamente) se distinguió por un retroceso ya que las divisiones internas y el surgimiento del Islam disminuyeron en gran manera la influencia cristiana en Asia y África. La iglesia moderna (del 1500 hasta hoy) vio una nueva expansión más allá de las fronteras de Europa, y en las últimas décadas, las iglesias del mundo en desarrollo han mostrado la mayor vitalidad, expansión y fervor misionero.

La iglesia antigua, después de que se convirtió en la religión oficial del Imperio Romano, se fue trasformando con rapidez de una red de creyentes sometidos a persecuciones frecuentes a una institución política y económicamente poderosa. Las iglesias locales estaban organizadas bajo obispos regionales, y estos obispos se reunían en concilios generales para debatir y aclarar asuntos doctrinales y prácticos. Si bien algunos de los padres de la iglesia se ocuparon de las herejías que iban surgiendo, como el montanismo, el gnosticismo y el neoplatonismo, otros desarrollaron estilos de vida cada vez más ascéticos y abandonaron las iglesias locales para cultivar su espiritualidad en el desierto. Estos eremitas y monjes del desierto desarrollaron un enfoque místico en la formación espiritual que se mezclaba con prácticas ascéticas en las comunidades monásticas cada vez más numerosas. Entre los miembros de las órdenes monásticas se fueron desarrollando y practicando las tres etapas espirituales de purgación, iluminación y unión.

En la Edad Media, el cristianismo se fue convirtiendo en un fenómeno predominantemente europeo, y durante este período se separaron formalmente las ramas occidental y oriental de la iglesia. La espiritualidad de la iglesia oriental se fue convirtiendo en cada vez más apofática y hesicástica (la práctica de la quietud y de la oración mística). El monasticismo floreció en la iglesia occidental medieval, y las órdenes benedictina, cartuja y cisterciense siguieron desarrollando un enfoque contemplativo en la espiritualidad. Se crearon nuevas órdenes mendicantes, como los dominicos y los franciscanos, y el surgimiento del escolasticismo fue paralelo al surgimiento de una espiritualidad de servicio y sacrificio. El misticismo alcanzó su apogeo en el continente europeo y en Inglaterra en la parte final de la Edad Media, y los notables escritos de estos místicos continentales e ingleses exploraron el territorio íntimo del peregrinaje del alma hacia Dios.

La sección sobre «Espiritualidad en la iglesia moderna» en este apéndice comienza con el impacto de las cuatro ramas de la Reforma protestante y se refiere a la espiritualidad luterana, reformada, anabaptista y anglicana. En la iglesia católica, aparecieron en España del siglo dieciséis y en la Francia de los siglos diecisiete y dieciocho importantes figuras espirituales.

La descripción de las diversas espiritualidades de una serie de movimientos protestantes pos-reforma (puritanos, cuáqueros, pietistas, evangélicos, avivamiento, metodistas, grupos de santidad y pentecostales) va seguida de varias figuras espirituales recientes. Esta sección concluye con una serie de desarrollos recientes (Vaticano II, el movimiento ecuménico, el movimiento carismático, la espiritualidad de los doce pasos, enfoques psicológicos y la espiritualidad centrada en la creación) y de una palabra acerca de la ortodoxia moderna y de desarrollos espirituales recientes en América Latina, África y Asia.

Al examinar la historia de la espiritualidad cristiana durante los períodos antiguo, medieval y moderno, debo insistir en que se trata solo de un esbozo sumamente selectivo en modo de compendio. Muchos libros estudian este rico tema en mucho más detalle.

LA ESPIRITUALIDAD EN LA IGLESIA ANTIGUA

El fundamento bíblico

Toda la Biblia apunta a Jesucristo como la revelación decisiva de Dios en la historia humana. Su obra redentora es la base para superar la Caída con sus cuatro enajenaciones entre las personas y Dios, consigo mismas, con otros y con el orden creado. Una espiritualidad bíblica completa aborda la curación fundamental disponible en Cristo en estas cuatro áreas y espera la armonía completa que llegará con el nuevo cielo y la nueva tierra. El discurso de Jesús en el aposento alto (Juan 13-17) describe los componentes esenciales de la vida espiritual, y las Epístolas (p. ej., Romanos 6-8) elaboran más el significado de «ustedes en mí, y yo en ustedes» (Juan 14:20).

La patrística inicial y tardía (Padres de la Iglesia)

La iglesia cambió con rapidez de ser una secta mesiánica dentro del judaísmo a constituir un movimiento sobre todo gentil que pasó por persecuciones frecuentes hasta el año 313, cuando Constantino declaró al cristianismo como religión legítima en el Imperio Romano. Mientras que los padres de la iglesia debatían y aclaraban las doctrinas de la Trinidad y de la persona y obra de Cristo, la iglesia como un todo se fue consolidando como institución con creciente poder político y económico.

Primer culto cristiano

Las primeras iglesias adaptaron los elementos de oración, cántico de salmos, lectura de la Escritura, enseñanza y predicación que se utilizaban en el culto de las sinagogas. En las primeras asambleas se enfatizaba el uso de los carismas, o dones espirituales, pero esto ya había disminuido para el siglo segundo.

La Didaqué

La *Didaqué*, o *Enseñanza de los Doce Apóstoles*, revela el rápido desarrollo de la estructura y organización jerárquica en la iglesia del siglo segundo.

Los montanistas

Los seguidores de Montano, influyente líder del siglo segundo en Asia Menor, insistieron en la inminencia de la *parusía*, o retorno, de Cristo y fueron objeto de críticas por excesos carismáticos y aberraciones doctrinales.

APÉNDICE B: LA RIQUEZA DE NUESTRA HERENCIA

Los mártires

Debido a la persecución de la iglesia en los siglos segundo y tercero, se desarrolló el tema del martirio como expresión del compromiso definitivo con Cristo. Ignacio, obispo de Antioquia (c. 35- c. 107), dirigió cartas a varias iglesias camino al martirio en el Coliseo durante el reinado del emperador Trajano. También fueron martirizadas muchas mujeres, entre ellas Perpetua, quien murió por su fe en Cartago alrededor del 200.

Gnosticismo

La iglesia estaba llena de herejes gnósticos que atribuían la creación del mundo material a una deidad inferior (el Demiurgo) y negaban que el Espíritu Absoluto se pudiera haber encarnado. Esto condujo a los dos extremos similares del ascetismo y del antinomianismo y a un énfasis en alcanzar la salvación por medio del conocimiento (*gnosis*) oculto. Los padres del siglo segundo Justino Mártir, Ireneo y Tertuliano refutaron la herejía del gnosticismo en sus escritos.

Ascetismo

La práctica espiritual del ascetismo asumió dos formas en la iglesia primitiva. La forma inadecuada negaba la bondad de la creación y reemplazaba la gracia de Dios con el esfuerzo humano. La forma mejor evitaba estos problemas y se dedicaba a la disciplina de uno mismo y no al castigo de uno mismo. Tertuliano (c.160-c.225), padre de la iglesia latina muy instruido en doctrinas teológicas, fue excesivamente riguroso en su práctica ascética de separación del mundo.

Influencias helenistas

Orígenes de Alejandría (c.185-284), con formación sólida en filosofía griega, influyó profundamente en la iglesia durante siglos con su interpretación alegórica de la Escritura. Él, y otros después de él, estuvieron bajo la influencia del neoplatonismo que se estaba desarrollando en esa época (su contemporáneo Plotino, filósofo clave del neoplatonismo, enseñaba que la meta normativa de la vida es la unión con el Absoluto, el Uno). Orígenes adaptó esta filosofía a tres niveles espirituales de desarrollo en el camino de las almas hacia Dios. El nivel moral corresponde a Proverbios y se refiere a la conducta; el nivel natural corresponde a Eclesiastés y se refiere al desarrollo intelectual; y el nivel contemplativo corresponde al Cantar de los Cantares y se refiere a la unión espiritual con Dios (escritos espirituales en siglos posteriores utilizarían la interpretación alegórica de Orígenes del Cantar de los Cantares).

Misticismo

Para el siglo cuarto, el misticismo se convirtió en el tema preponderante en la espiritualidad cristiana. Al igual que el término *ascetismo*, la palabra *misticismo* puede referirse a prácticas espirituales tanto buenas como no bíblicas. En su sentido más bíblico, el misticismo se refiere a una comprensión personal del Ser trascendente y último. Esta experiencia de la presencia de Dios transforma y da significado al orden creado. En contraposición, las formas no bíblicas del misticismo incluyen el misticismo de identificación, en el que el místico busca una absorción y pérdida completas de la identidad en Dios, y el misticismo de la naturaleza, en el que el místico busca la identificación con todas las cosas. La palabra *unión* puede referirse tanto a la forma teísta como a la forma panteísta del misticismo, en tanto que la palabra *comunión* se refiere a una relación amorosa Yo/Tú entre dos personas y afirma la distinción Creador-creación. Se requiere discernimiento, ya que algunos místicos cristianos quieren decir comunión cuando escriben acerca de unión, en tanto que otros no.

Espiritualidad del desierto

Desde comienzos del siglo tercero, una serie de hombres y mujeres se fueron a los desiertos de Egipto para vivir vidas solitarias y ascéticas en su búsqueda de una mayor intimidad con Dios. Antonio (c. 251-356), descrito en la *Vida de Antonio* de Atanasio, fue el más famoso de los primeros eremitas del desierto, y algunos de estos monjes y monjas practicaban métodos ascéticos extremos y extravagantes. También vivían anacoretas (eremitas) en el desierto de Siria, y entre ellos había eremitas en columna, como Simón el Anciano y Daniel el Estilita, quienes vivieron por décadas en pequeñas plataformas en lo alto de columnas. Efrén (c. 306-373), otro asceta cuyos escritos poéticos simbólicos fueron transcritos por monjes sirios, influyó en el cristianismo oriental con su idea de la vida espiritual como una progresión hacia la *tesis*, o divinización. Este concepto, basado en la imagen de llegar a «tener parte en la naturaleza divina» (2 Pedro 1:4), se convirtió en tema fundamental en la espiritualidad de la iglesia oriental.

Espiritualidad monástica

Pacomio (c. 29:0-346) estableció una serie de monasterios y conventos en el desierto y muchos de los padres y madres del desierto estuvieron asociados con estas comunidades monásticas, en tanto que otros vivieron como solitarios. Juan Casiano (c. 360-435), discípulo de Juan Crisóstomo, fue a Egipto a estudiar monasticismo del desierto, y allá entró en contacto con las enseñanzas de Evagrio de Ponto (c. 345-399). Evagrio era un platónico cristiano que enseñaba que había tres etapas en la vida (la práctica, la natural y la teológica). En sus *Institutos* y *Conferencias*, Juan Casiano trajo

APÉNDICE B: LA RIQUEZA DE NUESTRA HERENCIA

las enseñanzas de Evagrio y de otros monásticos del desierto a Occidente, donde produjeron un impacto en el monasticismo benedictino.

Benito (c. 480-547), fundador de la orden benedictina, desarrolló un sistema de gobierno monástico por medio de una Regla que estableció el *ora et labora*, combinación de oración y de trabajo manual. La *Regla* benedictina influyó en todo el sistema monástico occidental, al igual que lo hizo el establecimiento de la *lectio divina* diaria por parte de Benito, o lectura sagrada (la *lectio divina* se analiza en la sección sobre espiritualidad de devociones).

En Oriente, Evagrio conoció a los padres capadocios Basilio de Cesarea (c. 330-379), el hermano de Basilio, Gregorio Niceno (c. 330-c.395) y su amigo Gregorio Nacianceno. Basilio de Cesarea escribió dos reglas monásticas que insistían en la obediencia en contraposición a la voluntad propia, dar gracias por todo, y el proceso espiritual de restaurar la imagen divina. Gregorio Niceno desarrolló una doctrina mística de ascensión que implica un movimiento progresivo hacia la oscuridad de la toma creciente de conciencia de la incomprensibilidad de Dios.

Agustín

Agustín de Hipona (354-430), el mayor de los padres latinos, trató de reconciliar una relación personal con Dios con un profundo respeto por la autoridad de la iglesia. Como pensador, combinó una aguda inteligencia con una poderosa intuición; como practicante, combinó una forma contemplativa de vivir con una vida activa en el mundo. Sus *Confesiones*, relato autobiográfico del desarrollo de su vida espiritual, fue una obra pionera. El peregrinaje interno de Agustín recibió su impulso de un intenso anhelo de Dios («Nos has hecho para ti, y nuestro corazón no descansa hasta que reposa en ti») que se satisfacía cada vez más en sus reflexiones trinitarias y experiencias místicas ocasionales.

Pseudo-Dionisio

Teólogo místico, probablemente monje sirio que floreció alrededor del 500, escribió cuatro libros en griego con el pseudónimo de Dionisio el Areopagita (Hechos 17:34). Los escritos de Pseudo-Dionisio, como ha llegado a conocerse, son *Los nombres divinos, La Teología Mística, La jerarquía celestial, La jerarquía eclesiástica* y una colección de cartas. Estos escritos sufrieron la influencia del neoplatonismo y a su vez ejercieron una fuerte influencia en la espiritualidad cristiana oriental y occidental, en particular con su descripción de las tres fases espirituales. En la fase *purgativa*, el alma es purificada; en la fase *iluminativa*, el alma recibe la luz de Dios; y en la fase *unitiva*, el alma experimenta la identificación con Dios. Pseudo-Dionisio también tuvo influencia en el desarrollo de la teología apofática.

Siguió la *vía negativa*, o la forma negativa de despojarse de imágenes intelectuales y atributos de Dios, y arguyó que el enfoque catofático era útil solo para los principiantes espirituales.

Espiritualidad celta

Después de que Patricio (c.389-c.461) hubo evangelizado al pueblo celta, estableció monasterios para hombres y mujeres por toda Irlanda. Los abades y abadesas (como Brígida) de estos monasterios proveyeron la supervisión espiritual, y el contacto con los escritos de los padres del desierto indujeron a prácticas ascéticas rígidas. El martirio blanco del ascetismo a menudo incluía la recitación diaria de los 150 salmos; el martirio azul hablaba de la penitencia excepcional por el pecado (p. ej., prolongadas oraciones en agua helada); y el martirio rojo se refería al derramamiento de sangre. La práctica celta de la confesión privada con penitencias específicas se difundió más adelante por el resto de la iglesia occidental, y el concepto celta de *anamchara*, o amigo del alma, influyó en la práctica católica de la dirección espiritual. La tradición celta se distingue por hermosas oraciones, como La Coraza de San Patricio.

ESPIRITUALIDAD EN LA IGLESIA MEDIEVAL

Tendencias generales

El período que va más o menos del año 600 al 1500 se caracterizó por la difusión y consolidación de la iglesia en toda Europa septentrional y oriental. Durante estos siglos se cristianizaron las culturas anglosajona, germánica, escandinava, ucraniana y rusa. Ese mismo período, sin embargo, también fue testigo de una influencia cristiana decreciente en África y Asia. Además, el occidente latino, centrado en Roma, y el este griego, centrado en Constantinopla, se fueron enajenando cada vez más el uno del otro hasta llegar a una separación formal en el 1054. En Occidente, a la Alta Edad Media la siguió un periodo de intenso escolasticismo en la Iglesia Católica Romana, y la sistematización teológica en general se mantuvo separada del misticismo. Por el contrario, la Iglesia Ortodoxa Oriental nunca estableció semejante distinción entre teología y misticismo; en la Ortodoxia, estaban inextricablemente entrelazados el dogma de la iglesia y la experiencia personal de los misterios divinos.

La iglesia oriental

El énfasis trinitario de los siete concilios ecuménicos desde el año 325 al 787, las tradiciones de los teólogos griegos y la distancia geográfica y cultural entre las iglesias occidental y oriental condujeron a la Iglesia Ortodoxa a adoptar creencias y prácticas propias. La espiritualidad ortodoxa se caracteriza en gran parte por una teología apofática, como se ve con claridad en los escritos de teólogos místicos como Juan Clímaco (c. 570-c. 649), Simeón el Nuevo Teólogo (949-1022) y Gregorio Palamas (1296-1359). En *The Ladder of Divine Ascent*, Juan Clímaco, abad del monasterio en el Monte Sinaí antes de convertirse en anacoreta (solitario), describió las etapas de la ascensión mística del alma hacia Dios. Simeón y Gregorio propusieron el «hesicasmo», que se refiere a la práctica de la quietud, el silencio y la oración mística. Gregorio distinguió las fuerzas de Dios que los humanos pueden conocer y la esencia de Dios que no pueden. La visión de Dios, aunque imperfecta en esta vida, es posible por medio de una sinergia entre la gracia divina y la voluntad humana.

Todos estos teólogos pusieron de relieve la disciplina, que la gracia otorga, de oración incesante, o la oración del corazón. La forma más común de esta Oración continua de Jesús es «Señor Jesús, ten misericordia de mí», pero hay diversas variaciones de la misma. La Oración de Jesús se conoce también con una oración de respiración, ya que se asocia con esa función física; tiene como fin conducir más allá de los pensamientos a un estado de *hesuchia*, o quietud, ya que une la mente y el corazón. Otro atributo de la espiritualidad ortodoxa desde el período bizantino de la iglesia es el empleo de pinturas con un estilo peculiar como objetos de veneración. Esos iconos funcionan como ventanas a la eternidad y se supone que se utilizan como vehículos por medio de los cuales veneramos a la persona representada en la imagen.

Monasticismo

En la iglesia occidental durante la Edad Media, se reformó y expandió todo el sistema monástico. Resultó posible una vida comunitaria estable gracias a las disciplinas espirituales de la negación propia y la sumisión voluntaria que se encarnaban en los tres votos de pobreza, castidad y obediencia. El pensador escolástico Anselmo de Canterbury (c. 1033-1109), más conocido por sus contribuciones a la teología sistemática y filosófica, también participó en la vida monástica. Antes de llegar a ser arzobispo de Canterbury, Anselmo se desempeñó como abad del monasterio de Bec en Normandía, donde desarrolló la poesía de devoción personal, íntima, en sus *Prayers and Meditations*

La orden de cartujos era una orden estrictamente contemplativa de monjes que fundó Bruno (c. 1032-1101) en el año 1084. Este enfoque riguroso en la espiritualidad monástica exigía renuncia perfecta, mortificación, silencio y soledad.

Bernardo de Clairvaux (1090-1153) fue un reformador monástico que dirigió una vasta red de monasterios cistercienses en toda Europa Occidental. Ha sido llamado el Doctor Melifluo debido a la dulzura de sus enseñanzas en contraposición a la dureza y aridez de una serie de escritores medievales. Su libro sobre *El amor de Dios* distingue tres etapas de la vida espiritual (animal, racional y espiritual) y cuatro grados de amor (amarse uno mismo por el bien propio, amar a Dios por el bien propio, amar a Dios por el bien de Dios y amarse a sí mismo por el bien de Dios). Como sus contemporáneos, aceptó el método cuádruple de interpretar la Escritura que se había heredado de escritores anteriores, como Orígenes y Juan Casiano: literal (en el contexto histórico), alegórico (ver a Cristo en toda la Escritura), tropológico o moral (obediencia a la instrucción moral) y analógico (el nivel contemplativo). Así sus *Sermones sobre el Cantar de los Cantares* utiliza el lenguaje erótico de Cantar de los Cantares para desarrollar el tema espiritual de la intimidad del alma con Dios.

El amigo cercano de Bernardo, Guillermo de Saint-Thierry (c. 1085-1148) fue abad del monasterio benedictino de Saint-Thierry antes de renunciar a ese puesto para convertirse en monje cisterciense. Al igual que Bernardo, Guillermo escribió acerca del Cantar de los Cantares y lo describió como la unión contemplativa entre el alma y Cristo. En *La Carta Dorada*, Guillermo combina con elocuencia la iluminación intelectual con el amor espiritual ardiente cuando describe el peregrinaje de la gracia a través del cual uno encuentra, posee y disfruta a Dios.

Órdenes mendicantes

El siglo trece fue testigo del desarrollo de un nuevo enfoque en el monasticismo que suponía involucrarse más y servir en el mundo. Los mendicantes, o frailes que vivían pidiendo limosna, se organizaban en conventos bajo la dirección de priores. Domingo de Guzmán (c. 1170-1221) fundó la Orden de Predicadores, conocidos como dominicos, que se dedicaban al estudio teológico y a la predicación. Hasta el siglo quince, esta orden practicó la pobreza individual y colectiva, y la insistencia de los dominicos en la educación produjo grandes eruditos como Alberto Magno (c. 1200-1280) y su discípulo, Tomás de Aquino (1225-1274), conocido como el Doctor Angélico, que fue la culminación del escolasticismo. Obras como la *Summa Theologica* y la *Summa contra gentiles* ponen de manifiesto el genio de Aquino para sistematizar verdades teológicas, aunque sus escritos también estaban llenos de una comprensión experiencial del conocimiento espiritual empírico. Cuando hacia el final de su vida lo instaron a que completara su *Summa*, contestó que todo lo que había escrito parecía como una insignificancia en comparación con lo que le había sido revelado en su contemplación de Dios.

La orden franciscana, otra orden de mendicantes, la fundó Francisco de Asís (c. 1182-1226). La alegría, sencillez, amor de la naturaleza, generosidad, fe y pasión por Cristo de Francisco eran contagiosos, y sus colaboradores (conocidos como frailes menores) salieron a trabajar en misiones cada vez más amplias de servicio a otros. Las *Florecitas de San*

APÉNDICE B: LA RIQUEZA DE NUESTRA HERENCIA

Francisco, colección de leyendas y tradiciones acerca de Francisco, constituyen un hermoso retrato de la vitalidad y espíritu de los primeros franciscanos. Clara de Asís (1194-1253) fundó una segunda orden conocida como Clarisas, y una tercera orden conocida como Terciarios, o Hermanos de la Penitencia, la fundaron laicos que buscaban una espiritualidad consagrada en medio de las rutinas de la vida ordinaria. Buenaventura (1221-1274), conocido como el Doctor Seráfico, fue el mayor de los teólogos franciscanos. Buenaventura insistió en que, en comparación con la iluminación mística que Dios otorga en forma gratuita a quienes lo buscan, la sabiduría humana más brillante es necedad.

Otras órdenes mendicantes incluyen los carmelitas (reorganizados en el siglo trece), los eremitas o frailes agustinos, y los capuchinos (una rama de la orden franciscana que hizo hincapié en la pobreza, la austeridad y la predicación).

Misticismo continental

Tanto en el continente europeo como en Inglaterra, florecieron escritos muy místicos durante los siglos doce y quince. Estas obras deben leerse con esmerado discernimiento, ya que son mezclas en diversas proporciones de oro y arenilla. El oro son las ideas espirituales genuinas y las poderosas imágenes, en tanto que la arenilla son la enseñanza no bíblica, la histeria psicológica y diversos grados de panteísmo.

Hugo de San Víctor (c. 1096-1141) fue un teólogo místico que vivió en el monasterio agustino de San Víctor, cerca de París. En su obra se descubre una fuerte influencia de la tradición platónica, y escribió un comentario sobre *The Celestial Hierarchy* de Pseudo-Dionisio. Otro Victorino, Ricardo de San Víctor (m. 1173), fue el primer místico medieval que analizó de manera sistemática la psicología de la experiencia mística. Distingue las tres actividades mentales ascendentes de pensar, meditar y contemplar, y sus obras sobre la *Preparación del alma* y sobre la *Contemplación* presentan el progreso desde la contemplación de cosas visibles hasta la de cosas invisibles, y de ahí a la unión transformadora final.

Hildegarda de Bingen (1098-1179) fue la fundadora y primera abadesa de la comunidad benedictina de Bingen en el Rin. Esta notable mujer compuso música litúrgica, libros sobre ciencias naturales y medicina, el primer drama moral conocido (*Play of Virtues*) y literatura visionaria. En su obra más importante, *Scivias*, dictó una extenso relato de veintiséis visiones que recibió como una *summa* de doctrina cristiana acerca de temas como la naturaleza del universo, el reino de Dios, la caída de la humanidad, la santificación y el fin del mundo.

Amalrico de Bena (m.c.1207) fue un místico panteísta, profesor en la universidad de París. Enseñaba que el alma se eleva a Dios por medio del amor, pierde su condición distinta de Dios y se convierte en Dios mismo.

Aunque su enseñanza fue declarada herética, influyó en grupos pseudomísticos como los Hermanos del Espíritu Libre.

Mechtilda de Magdeburgo (c. 1210-c. 1280), como Hildegarda de Bingen, fue una mística alemana y escritora espiritual que vivió experiencias de vívidas visiones gráficas. En *The Flowing Light of the Godhead*, Mechtilda a veces utiliza el lenguaje del éxtasis y erotismo sublime para describir la presencia divina. Su visión del Sagrado Corazón contribuyó a esa devoción que se desarrolló más adelante en la Iglesia Católica Romana.

El místico dominico alemán Maestro Eckhart (c. 1260-c. 1327) hizo contribuciones importantes aunque defectuosas a la teología mística en sus comentarios sobre Génesis y Juan, en sus sermones, y en sus tratados (p. ej., *The Book of Divine Consolation*). Eckhart se describía a sí mismo como «intoxicado con Dios» y distinguía el Dios de la experiencia religiosa, que se revela bajo la forma de persona, y la Divinidad, que es una Unidad indiferenciada e irrevelable que trasciende la comprensión humana. Debido a sus tendencias panteístas, fueron condenadas como heréticas una serie de sus afirmaciones.

Las enseñanzas de Hildegarda, Mechthilda y Eckhart influyeron mucho en un movimiento místico y espiritual del siglo catorce que se llegó a conocer como *Gottesfreunde*, los Amigos de Dios. Quienes formaban parte del mismo contrastaban lo externo de las instituciones eclesiásticas con la transformación interna y personal que la unión espiritual con Dios hacía posible. La anónima *Theologia Germanica* cristalizó la espiritualidad de los Amigos de Dios, y esta importante obra influyó más adelante en Martín Lucero. La *Theologica* enseñaba que debe trascenderse el mundo temporal diferenciado antes de que el alma pueda conocer la Realidad divina indiferenciada.

Juan Tauler (c. 1300-1361), dominico alemán, fue un predicador y maestro inspirador dentro del movimiento de los Amigos de Dios. Influyó mucho en Tauler la teología mística del maestro Eckhart, y enseñó tres fases de la muerte de uno mismo: mortificación en esperanza del cielo, privaciones espirituales y físicas sin pensar en uno mismo y armonía completa con la voluntad de Dios. Su contemporáneo Enrique Suso (Heinrich Seuse; c. 1295-1366) fue otro dominico asociado con los Amigos de Dios. Su autobiografía *Life of the Blessed Henry Suso* describe sus visiones extáticas, y su *Book of Eternal Wisdom* contiene las insinuaciones panteístas de su mentor, el maestro Eckhart. La sumamente inestable espiritualidad de Suso se distinguió por su feroz mortificación y sufrimientos voluntariamente infligidos.

El místico flamenco Jan van Ruysbroeck (Juan Ruusbroec; 1293-1381), amigo cercano de Tauler y de Suso, sufrió la influencia de Agustín, del Pseudo-Dionisio, de Bernardo de Clairvaux y del maestro Eckhart. Sus tratados (*The Spiritual Espousals, the Sparking Stone, A Mirror to Eternal Blessedness* y *The Little Book of Clarification* causaron una

APÉNDICE B: LA RIQUEZA DE NUESTRA HERENCIA

profunda impresión en su tiempo al combinar las corrientes tanto intelectual como afectiva del misticismo. Ruysbroeck insistía en que las fases purgativa, iluminativa y unitiva tradicionales son acumulativas y no secuenciales. En *The Sparkling Stone*, elaboró una progresión desde una vida activa (una persona buena que sirve a otros) a una vida interior (una persona espiritual que anhela a Dios y purga la imaginación de imágenes mundanas) y por fin a una vida contemplativa (una persona contemplativa que vive una unión amorosa con Dios pero que puede permanecer activa en el mundo). La tercera fase la alcanzan solo unos pocos, y solo de manera momentánea.

Gerardo Groote (1340-1384), discípulo de Ruysbroeck, fue el fundador de los Hermanos de la Vida Común, asociación laica que tenía ciertos nexos con el movimiento de los Amigos de Dios. Los miembros vivían en comunidad y llamaban a su movimiento *Devotio Moderna*, Devoción moderna. La predicación de Groote contra la decadencia de la iglesia la potenció su profunda experiencia personal del Espíritu Santo.

Tomás de Kempis (c. 1380-1471), quien escribió una biografía de Gerardo Groote, fue el probable autor del clásico y duradero libro de espiritualidad *La imitación de Cristo*. La espiritualidad de los Hermanos de la Vida Común se basaba en la vida de Cristo como el verdadero centro del alma, pero reaccionó en demasía contra los abusos del escolasticismo y desvalorizó la vida intelectual. Esto se refleja en *La imitación de Cristo*, que también tiende a negar las cosas del orden creado.

Al igual que Tomás de Kempis, quien nació el día en que ella murió, Catalina de Siena (c. 1347-1380) reaccionó ante la corrupción y degeneración de la iglesia medieval. Aunque experimentó visiones, éxtasis y luchas demoníacas, Catalina difirió de muchos místicos en que cultivó una espiritualidad altruista que se ocupaba de las preocupaciones sociales. Practicaba austeridades estrictas, pero su amor por Cristo la llevaba a servir al enfermo y al pobre.

Nicolás de Cusa (c. 1400-1464), cardenal y filósofo alemán, fue un dotado pensador cuya teología mística de la espiritualidad *On Learned Ignorance, Dialogue on the Hidden God, On Seeking God, On the Vision of God, On the Summit of Contemplation* apuntaba más allá de los límites de la razón humana, Argüía que el camino a la verdad conduce a la *coincidentia oppositorum*, la «coincidencia de los opuestos» en la persona de Dios (p. ej., Dios es infinitamente grande e infinitamente pequeño, el centro y la circunferencia, está en todas partes y en ninguna parte).

Catalina de Génova (1447-1510) combinó una rigurosa disciplina espiritual con filantropía activa; creó el primer hospital en Génova. Después de una década de un matrimonio infeliz, vivió una profunda experiencia espiritual que transformó su vida. El misticismo de Catalina se centró más en el Dios infinito que en la persona de Cristo, y se sintió sumergida en la inmensidad del amor de Dios.

Misticismo inglés

Inglaterra, hacia finales de la Edad Media, produjo una serie de destacados contemplativos que buscaban la gracia de Dios para alcanzar conocimiento inmediato de Dios por medio de la oración trascendente. Richard Rolle (c. 1300-1349) estudió en Oxford, luego se volvió eremita, y escribió mucho tanto en inglés como en latín. Su vida mística incluyó experiencias periódicas de intenso afecto y la dulzura de la música celestial. Sus tratados (p. ej., *Meditations on the Passion, Ego Dormio, The Form of Living*) se centran en una devoción intensa a Cristo y animan a leer, orar y meditar.

El autor anónimo del clásico de prácticas piadosas del siglo catorce *The Cloud of Unknowing*, conocía los escritos de Rolle y también se inspiró en el Pseudo-Dionisio, la teología tomística y los místicos de la zona del Rin, como Juan Tauler. Esa obra desarrolla un misticismo apofático de oscuridad que pone de relieve la incomprensibilidad de Dios e imparte instrucciones al lector avanzado en el ordenamiento adecuado de la vida contemplativa.

Walter Milton (m. 1396) estuvo bajo la influencia de Richard Rolle y *The Cloud of Unknowing*, y en su principal obra, *The Scale of Perfection*, distinguió dos etapas de reforma en la fe y reforma en el sentimiento. Para él, el grado más elevado de contemplación fue una combinación de conocimiento y afecto.

Juliana de Norwich (c. 1342-c. 1416) vivió como anacoreta (solitaria) y en mayo del 1373 recibió dieciséis visiones, o demostraciones. Estas *Revelations of Divine Love* se describen en un texto más corto y anterior y en un texto posterior, más largo. Sus visiones de la pasión de Cristo y de la Santísima Trinidad condujeron a convencerse de que el amor divino es la respuesta a todos los misterios de la existencia, incluyendo el problema del mal.

LA ESPIRITUALIDAD EN LA IGLESIA MODERNA

La Reforma protestante

Una serie de reformadores, entre ellos John Wycliffe (c. 1329-1384), los Lollards, Juan Huss (c. 1369-1415) y William Tyndale (c. 1494-1536), se ocuparon de la creciente corrupción moral, doctrinal y espiritual de la iglesia. Pero la separación real del Protestantismo respecto a la autoridad romana se produjo en cuatro movimientos: el luterano y las ramas reformadas del protestantismo, los anabaptistas y los anglicanos.

Espiritualidad luterana

Después de que Martín Lucero (1483-1546) se convenció de que las personas son justificadas solo por gracia a través de solo la fe, eliminó prácticas que

APÉNDICE B: LA RIQUEZA DE NUESTRA HERENCIA

buscaban ganar méritos en lugar de recibir la gracia de Dios, como oraciones a los santos, indulgencias, reliquias, peregrinaciones y votos de celibato. También introdujo nuevos elementos a la espiritualidad colectiva, incluyendo el canto de himnos y el empleo de la Biblia vernácula. Aunque mostró aprecio por la tradición mística en su obra *Theologia Germanica*, Lutero se opuso al misticismo apofático heredado del maestro Eckhart y otros. Su espiritualidad más catafática de la Cruz se basaba en la revelación divina y en la recepción personal de la gracia de Dios que fue puesta a nuestra disposición por medio de la obra redentora de Cristo.

Johann Arndt (1555-1621) se preocupó más por comunicar la experiencia cristiana de Lutero que en codificar su teología. Sus sermones y escritos como *True Christianity*, promovieron la renovación espiritual y establecieron las bases para el pietismo luterano posterior. Por el contrario, Jacob Boehme (1575-1624) fue un místico luterano no ortodoxo cuya terminología tiene más en común con la química y la astrología que con las Escrituras.

Espiritualidad reformada

El reformador suizo Ulrico Zwinglio (1484-1531) fue más radical que Lutero en su rechazo de la tradición católica. La espiritualidad de Zwinglio de la Palabra minimizaba los aspectos estéticos, místicos y sacramentales del culto colectivo y eliminaba todas las prácticas que no estuvieran contenidas en el Nuevo Testamento (p. ej., vestiduras, arte visual e instrumentos musicales en la iglesia).

Juan Calvino (1509-1564) asumió una posición más moderada que Zwinglio. Después de huir de Francia para establecerse en Suiza, Calvino dirigió el nuevo orden religioso y político de Ginebra. En sus *Institutos de la Religión Cristiana*, Calvino insistió en que todas las personas que han sido llamadas por la gracia soberana de Dios a una relación de fe con Cristo poseen una unión mística en Cristo. Calvino entendió que esta unión era una posesión presente que provenía del don de santificación que acompaña a la justificación. Esto difiere mucho del usual enfoque místico medieval respecto a la unión con Dios como producto de una serie progresiva de etapas espirituales o contemplativas.

Espiritualidad anabaptista

Los anabaptistas, o rebautizados, en general afirmaban el bautismo de los creyentes, y esto conducía a la práctica de volver a bautizar a quienes habían sido bautizados de niños. Este fue el más radical e inestable de los movimientos de la Reforma, y la mayor parte de los protestantes así como los católicos se opusieron con vehemencia a estos grupos. Algunos sostenían que la inspiración directa de Dios reemplazaba la doctrina bíblica, y esta anarquía espiritual corrió parejo con la anarquía política. Por el contrario, Menno Simona (1496-1561), fundador de los menonitas, recogió fragmentos de estos grupos para formar un movimiento más estable y menos basado en emociones que animaba a sus miembros a evitar la inmoralidad y la falsa enseñanza. Por lo general, la espiritualidad de los anabaptistas se caracterizó por la dependencia de la inspiración del Espíritu Santo en el culto, por la vida en comunidad cerrada, por la simplicidad de estilo de vida, por una moralidad sin compromisos, por la separación de la cultura del mundo y por el pacifismo.

Espiritualidad anglicana

Thomas Cranmer (1489-1556) fue el principal arquitecto del *Libro de oración común* en 1549. Su genio estilístico le permitió sintetizar una liturgia que continúa, en forma revisada, utilizándose en todo el mundo. Las colectas, u oraciones en común, en este libro (algunas las escribió Cranmer, pero tomó la mayor parte del Misal y Breviario Sarum de la Edad Media) figuran entre las oraciones más hermosas en lengua inglesa.

La espiritualidad anglicana se ha enriquecido enormemente con la poesía metafísica de John Donne (1571/2-1631), George Herbert (1593-1633) y Henry Vaughan (1622-1695). Las poesías religiosas y sermones de Donne se distinguen por su sutileza y sorprendentes metáforas, y a menudo se centran en la pasión de Cristo, la pecaminosidad y mortalidad humanas, y la búsqueda de la salvación. La poesía espiritual de Herbert, sobre todo su colección de poemas intitulada *The Temple*, evoca una relación intensamente personal con Dios.

Otros escritores anglicanos destacados incluyen a Jeremy Taylor (1613-1667), autor de *The Rule and Exercise of Holy Living* y *The Rule and Exercise of Holy Dying*; William Law (1686-1761), autor de *A Serious Call to a Devout and Holy Life*; y el clérigo y poeta John Keble /1792-1866), autor de *The Christian Year*.

La Contrarreforma católica

La Contrarreforma Católica, centrada en el Concilio de Trento (1545-1563), fue una respuesta conservadora a los desafíos teológicos de los protestantes y a la necesidad de una reforma institucional significativa.

Espiritualidad española

Ignacio de Loyola (c. 1491-1556) fundó una nueva orden religiosa en 1540 a la que llamó La Compañía de Jesús, o los jesuitas. Esta orden se convirtió en la punta de lanza de la Contrarreforma y la fuente de actividades misioneras en América, África y Asia (p. ej., Francisco Xavier). Loyola escribió un manual para la dirección espiritual en retiros llamado *Ejercicios espirituales*, y este enfoque ignaciano muy estructurado para la oración y la espiritualidad ha seguido siendo utilizado hasta hoy.

Teresa de Ávila (1515-1582) fue una reformadora de la Orden de los Carmelitas y una intérprete perceptiva de la experiencia mística y del desarrollo espiritual. *El camino de la perfección*, su *Vida* y *El castillo interior* elaboran la espiritualidad de la oración, meditación y contemplación y describen el peregrinaje del alma hacia Dios a través de las etapas purgativa, iluminativa y unitiva. Las siete mansiones en *El castillo interior* son el conocimiento propio; el desprendimiento; la humildad y la sequedad; la oración afectiva; el comienzo de la unión con Dios; la experiencia mística y la oración de quietud; y la unión pacífica con Dios.

Juan de la Cruz (1542-1591) fue profundamente influido por Teresa y su desarrollo espiritual se forjó en una vida de dolor, conflicto y pasión por Dios. En *La subida al Monte Carmelo* y *La noche oscura del alma* describe la purificación del alma por la noche de los sentidos. Después de un período de descanso, a esta noche la puede seguir una segunda purificación dolorosa, la noche del espíritu, con el fin de preparar al alma para la unión transformadora de matrimonio espiritual descrita en *La llama vida del amor*.

Espiritualidad francesa

A Francisco de Sales (1567-1622) se le conoce mejor por su *Introducción a la vida devota*, producto de su dirección espiritual de una serie de personas. En sus escritos, de Sales subrayó que una vida de santidad no es solo para el clero o los religiosos, sino que también está a disposición de quienes están activos en el mundo. La espiritualidad de este autor enfatiza un compromiso volitivo decidido con Dios, sean cuales fueren las distracciones emocionales.

Pierre de Bérulle (1575-1629), amigo de de Sales, fundó una escuela distintiva de espiritualidad francesa que detallaba el cultivo de la vida interior. El hermano Lorenzo de la Resurrección (Nicholas Herman; c. 1611-1691) escribió un clásico de la vida devota, *La práctica de la presencia de Dios*, que relató su práctica de la presencia de Dios en las rutinas de las actividades cotidianas. El filósofo y matemático Blas Pascal (1623-1662) pasó por una experiencia espiritual transformadora en 1654 que lo condujo a una espiritualidad del corazón (descrita en su extraordinario *Pensamientos*) que se centró en la fe en la persona de Cristo como Salvador. En Pascal influyó el jansenismo, un movimiento moralmente riguroso con sugerencias de predestinación que desafió la teología y práctica jesuitas y fue censurado por la Iglesia Católica.

Otro movimiento, llamado quietismo, fue también censurado por la iglesia. Un sacerdote español de nombre Miguel de Molinos (c.1640-1697) fue condenado por defender la «santa indiferencia» de la pasividad espiritual y la entrega total de la voluntad en *La guía espiritual*. Madame Jeanne-Marie Guyon

(1648-1717) y su corresponsal espiritual François Fénelon (1651-1715) sufrieron la influencia de Molinos y fueron perseguidos por popularizar la oración pasiva del quietismo. Los libros de Guyon, *Método breve y muy fácil de orar* y *Los torrentes espirituales*, enseñaron que deberían evitarse en la oración mental todas las ideas distintivas, incluyendo los atributos de Dios y los misterios de la vida de Cristo. Las *Cartas espirituales* y *Perfección cristiana* de Fénelon ofrecen una guía práctica para el proceso de abandono del yo en Dios.

Jean Pierre de Caussade (1675-1751) trató de restaurar un enfoque equilibrado en el misticismo en vista de la exagerada reacción al quietismo, y su *Abandono a la providencia divina* insiste en el sólido tema del «sacramento del momento presente».

Charles de Foucauld (1858-1916) y la Florecilla, Teresa de Lisieux (1873-1897), son dos ejemplos más recientes de abandono espiritual y de la práctica de la renuncia en cosas pequeñas.

Movimientos protestantes

Luego del período de la Reforma, los movimientos luterano y reformado pasaron por tres períodos de desarrollo. En el período confesional, los líderes trataron de definir y defender sus posiciones doctrinales. El período pietista reaccionó ante esta preocupación por la ortodoxia dogmática e invitó a una fe viva y devoción personal. El período racionalista (que coincidió con el período pietista) reflejó la idea de la Ilustración de que la razón humana autónoma puede llegar a las verdades finales y puede someter a prueba lo que la revelación proclama. La influencia de la crítica bíblica radical, de la teoría de la evolución y del antisobrenaturalismo contaminó la espiritualidad de muchos líderes de iglesias históricas y con frecuencia redujo la práctica religiosa a la enseñanza de normas éticas universales.

Puritanos

Entre 1550 y 1700, los puritanos trataron de purificar a la Iglesia Anglicana por medio de una mayor conformidad con la teología y práctica reformadas. La espiritualidad puritana se centraba en el examen de uno mismo y en la fe personal, y minimizaba lo que se dio en llamar adornos «papistas», como los ornamentos, ropajes y órganos de las iglesias.

Pastores-teólogos como Richard Baxter (1615-1691) y John Owen (1616-1683) buscaron integrar la teología reformada, la experiencia espiritual y la acción externa efectiva. Sus muchos escritos, tales como *The Reformed Pastor; The Saints Everlasting Rest; Call to the Unconverted; A Christian Directory* de Baxter y *The Death of Death in the Death of Christ; Sin and Temptation; Indwelling Sin* y *Concerning the Holy Spirit* de Owen combinan la comprensión espiritual y la precisión teológica con la preocupación pastoral y la exhortación práctica.

APÉNDICE B: LA RIQUEZA DE NUESTRA HERENCIA

El bien conocido puritano John Bunyan (1628-1688) sufrió encarcelación debido a sus convicciones, y escribió algunas de sus obras en prisión. Después de escribir su autobiografía, *Grace Abounding to the Chief of Sinners*, escribió su obra clásica perdurable *El progreso del peregrino*, alegoría de la vida cristiana como una lucha entre los deseos que el mundo induce frente al llamamiento de Dios hacia lo alto.

Cuáqueros

La Sociedad de los Amigos, que fundó George Fox (1624-1691), descartaba muchas de las prácticas de religión externa para centrarse en un misticismo colectivo que implicaba esperar que el Espíritu Santo hablara por medio de su pueblo en sus reuniones. La vida y el *Journal* del activista antiesclavista John Woolman (1720-1772) ilustran la espiritualidad cuáquera de sacrificio, sencillez, justicia social y humanitarismo.

Pietistas

Philipp Jakob Spener (1635-1705) fue el fundador del Pietismo alemán, movimiento que sacó a los luteranos de su letargo espiritual para introducirlos a una espiritualidad vital. Su *Pia Desideria (Esperanzas piadosas)* defendía cosas tan radicales para la época como el activismo seglar, estudios bíblicos entre semana, sermones que edificaran en lugar de ser exhibiciones de erudición, y la enseñanza de atención pastoral en los seminarios. August Hermann Francke (1663-1727), maestro que expuso la Biblia con una orientación de devociones, extendió la reforma pietista a una espiritualidad socialmente sensible con la fundación de orfanatos, escuelas y otras instituciones.

El pietismo, con su insistencia en la conversión personal interna y la renovación práctica externa, se difundió más adelante hacia la Europa escandinava, donde desafió el convencionalismo de las iglesias estatales. El lado negativo de este movimiento fue su tendencia hacia el legalismo, fariseísmo y su anti-intelectualismo.

Ocupa una categoría propia Sören Kierkegaard (1813-1855) quien atacó el racionalismo hegeliano y el letargo espiritual de la iglesia danesa en sus profundos escritos existencialistas. En sus *Either/Or* y *Stages on Life's Way)*, desarrolló tres fases o esferas de existencia que llamó estética, ética y religiosa («religión A» o «religión en la esfera de inmanencia», y «religión B» o «religión en la esfera de trascendencia»). En muchos de sus libros, como *The Sickness Unto Death, Fear and Trembling* y *Christian Discourses* se desarrolla su espiritualidad de pasión interna y apropiación subjetiva.

Evangélicos

La iglesia de Inglaterra del siglo dieciocho fue testigo de un movimiento pietista similar en respuesta a la creciente apatía religiosa y moral de la época. Esta muerte espiritual la causó en parte la influencia del racionalismo de la Ilustración, y resultó alentador para muchos oír la ferviente predicación de evangélicos como John Newton (1725-1807). La espiritualidad evangélica (ilustrada en las conmovedoras *Cartas de John Newton*) animaba a la participación seglar y a la oración y lectura de la Biblia en familia. Newton influyó en otro evangélico. William Wilberforce (1759-1833) para que sirviera a Dios permaneciendo en el Parlamento en lugar de recibir las órdenes santas. Como resultado, Wilberforce promovió la reforma social y fue en gran parte responsable por la abolición del comercio de esclavos. Su *Practical View of the Prevailing Religious System of Professed Christians* invitó a los creyentes al arrepentimiento personal y a la responsabilidad cristiana.

El evangelicalismo también estuvo asociado con una creciente filantropía y preocupación por los pueblos no alcanzados, y esto condujo a la creación de organizaciones como la Church Mission Society, la British and Foreign Bible Society y la Sociedad Bautista Misionera, cuyo primer misionero fue William Carey (1761-1834). Esta espiritualidad con mentalidad misionera tuvo como características una perspectiva global, la oración de intercesión y el amor y preocupación por pueblos no alcanzados.

Avivamiento

Los dos Grandes Avivamientos en los Estados Unidos en el siglo dieciocho produjeron una espiritualidad orientada hacia el avivamiento, caracterizada por la convicción de pecado, arrepentimiento personal y lo que Jonathan Edwards (1703-1758) describió como *Religious Affections*. La tradición de los predicadores evangelísticos, como George Whitefield (1714-1770), la continuaron en el siglo diecinueve evangelistas como Charles G. Finney (1792-1875) y Dwight L. Moody (1837-1899). La espiritualidad de la evangelización insiste no solo en el arrepentimiento y la conversión personal, sino también en la preparación y expectativa en oración de la intervención soberana y repentina del Espíritu Santo (p. ej., el avivamiento laico de oración de 1857-1858 y el avivamiento galés de 1904-1905).

Metodistas

En John Wesley (1703-1791) y su hermano Charles (1707-1788) influyeron *La imitación de Cristo* y William Law. Su enfoque sumamente disciplinado en la vida espiritual condujo a la acusación de metodismo, pero solo después de una experiencia misionera sin éxito en Georgia experimentó John Wesley una verdadera conversión en una reunión de moravos en Aldersgate Street en Londres. La espiritualidad de Wesley de corazón ardiente y predicación ferviente hizo que no fuera bien aceptado en las iglesias anglicanas, pero solo después de su muerte se convirtió el metodismo en una denominación aparte.

APÉNDICE B: LA RIQUEZA DE NUESTRA HERENCIA

Grupos de santidad

El énfasis metodista inicial en la santidad personal y la posibilidad de una santificación total, o perfección cristiana, preparó el camino para movimientos y organizaciones de santidad inspirados en el wesleyismo, como el Ejército de Salvación, que fundó William Booth (1829-1912). Este enfoque a la espiritualidad se centra en la necesidad de una segunda obra del Espíritu Santo después de la conversión para hacer posible una vida de santidad. Las convenciones de vida victoriosa de Keswick en Inglaterra y Estados Unidos de América también enfatizaron la necesidad de una santidad práctica, aunque este movimiento tiene que ver más con la espiritualidad de vida cambiada.

Pentecostales

En el avivamiento de 1906 de la calle Azusa en Los Angeles, William Seymour (1870-1922), siguiendo a Charles Parham, relacionó la segunda bendición de los movimientos de santidad con la experiencia pentecostal del bautismo en el Espíritu Santo (Hechos 2). Hablar en lenguas era la manifestación de dicho bautismo, y este enfoque altamente vivencial en la espiritualidad se difundió con rapidez por nuevas denominaciones, como las Asambleas de Dios y la Iglesia de Dios. El pentecostalismo es en la actualidad el segmento de más rápido crecimiento del cristianismo en todo el mundo, en gran parte debido a que este enfoque a la espiritualidad recurre a las emociones y resulta muy accesible para los pobres y menos educados.

Personajes espirituales recientes

Everyn Underhill (1875-1941) recurrió al estudio de los místicos en sus luchas espirituales, y sus libros (p. ej., *Mysticism, The Life of the Spirit and the Life of Today* y *Worship*) han contribuido mucho a que sus audiencias del siglo veinte se vean expuestas a la riqueza espiritual del misticismo cristiano y al valor de la dirección espiritual.

Frank Laubach (1884-1970) fue un moderno hermano Lawrence en su práctica de permanecer en la presencia de Cristo en medio de las actividades de la vida diaria. Describió su experiencia de conciencia constante de Cristo en sus *Letters by a Modern Mystic* y *The Game With Minutes*. Al igual que Laubach, Thomas Nelly (1893-1941 creía que «hay una forma de ordenar nuestra vida mental en más de un nivel al mismo tiempo». En *Testament of Devotion*, argüía que es posible mantener el nivel más profundo de la presencia divina por medio de hábitos mentales de orientación interna.

A. W. Tozer (1897-1963) fue un místico evangélico que poseía un abundante conocimiento de las Escrituras y una extraordinaria intimidad con Dios. Fue casi único entre sus pares evangélicos conservadores en su familiaridad con las obras de escritores espirituales anteriores, incluyendo a los místicos católicos. Dos de sus obras, *The Knowledge of the Holy* y *The Pursuit of God* se están convirtiendo ya en clásicos espirituales debido a la manera en que entusiasman a sus lectores a que sigan a Dios.

C. S. Lewis (1898-1963), el apologista cristiano más importante del siglo veinte, manifiesta una espiritualidad notablemente integrada tanto de la mente como del corazón en obras como *Mere Christianity*, *The Screwtape Letters* y su autobiografía, *Surprised by Joy*.

Dietrich Bonhoeffer (1906-1945) fue martirizado por su denuncia de Hitler, y en sus importantes obras, *El costo del discipulado*, *Vida juntos* y *Cartas y documentos desde la cárcel* expuso una espiritualidad de comunidad cristiana y discipulado radical en un contexto colectivo.

Thomas Merton (1915-1968), monje cisterciense, ha hecho más que cualquier otra persona en la época moderna para comunicar las riquezas de la espiritualidad contemplativa. Su cautivadora autobiografía, *The Seven Storey Mountain* y sus muchos libros sobre formación espiritual (p. ej., *Contemplative Prayer* y *New Seeds of Contemplation*) han hecho que la práctica de la oración contemplativa resulte más atractiva y accesible para los lectores contemporáneos.

Martin Luther King Jr. (1929-1968) ilustró una espiritualidad de justicia social en su liderazgo en el movimiento de derechos civiles, y sus escritos (*Letters from Birmingham Jail*, *Strength to Love* muestran que su activismo social tenía sus raíces en sus convicciones cristianas.

Henri Nouwen (1932-1968) fue un hábil y perceptivo defensor de incorporar la espiritualidad a la vida diaria. Sus muchos libros (p. ej., *Making All Things New*, *The Genesee Diary*, *The Wounded Healer*, *The Way of the Heart* y *In the Name of Jesus* constituyen una defensa convincente de un estilo de vida de soledad, silencio y oración.

Dallas Willard (*The Spirit of the Disciplines*, *In Search of Guidance*, *The Divine Conspiracy* y *Renovation of the Heart*) y Richard J. Foster (*Celebration of Discipline*, *Freedom of Simplicity*, *Money, Sex, and Power*, *Prayer: Finding the Heart's True Home* y *Streams of Living Water*) son dos defensores recientes de los profundos beneficios de una espiritualidad disciplinada.

Desarrollos recientes

El Concilio Vaticano Segundo en 1962-1965 (Vaticano II) significó una diferencia importante en la espiritualidad católica y en las relaciones católico-protestantes. El catolicismo tridentino (Concilio de Trento, 1545-1563) y del Vaticano II (1868-1870) en general sostenía que solo los católicos romanos eran verdaderos cristianos, que el laicado tiene menos acceso a la perfección espiritual que los religiosos (miembros de órdenes religiosas, como los benedictinos, cistercienses, dominicos, franciscanos y jesuitas), y que la espiritualidad consiste en un avance hacia la visión mística de Dios.

APÉNDICE B: LA RIQUEZA DE NUESTRA HERENCIA

Estos supuestos han sido cuestionados desde Vaticano II, y la espiritualidad católica se ha vuelto más accesible para el laicado.

El movimiento ecuménico (p. ej., el Concilio Mundial de Iglesias, 1948) ha tratado de generar un espíritu de reconciliación y de unidad cristiana, aunque ha sido vulnerable al problema de reducir el mensaje cristiano a su menor denominador común. Con todo, se ha producido una mayor toma de conciencia de la necesidad de una espiritualidad más transcultural en la que una cultura compensa e informa otra, así como de los esfuerzos por lograr una espiritualidad ecuménica de culto (p. ej., la comunidad de Taizé en Francia, en la que católicos y protestantes rinden culto juntos).

Católicos y protestantes también han participado en el movimiento carismático que se fue desarrollando desde las décadas de los sesentas y setentas. A diferencia del pentecostalismo clásico, el movimiento carismático ha llegado a personas en denominación históricas, y el efecto por lo general ha sido conducir a las personas desde una posición teológica liberal a un enfoque más evangélico y bajo la dirección del Espíritu en cuanto a la fe.

También se ha desarrollado en décadas recientes la espiritualidad de los doce pasos, y este modelo, que está emparentado con los doce pasos de Alcohólicos Anónimos, lo han adoptado muchas iglesias. El movimiento de recuperación promueve una metodología con orientación espiritual para ayudar a las personas que han vivido hundidas en comportamientos adictivos. Libros como *The Twelve Steps for Christians* intentan relacionar estos pasos con principios bíblicos.

La incrustación cultural creciente de la psicología ha generado una serie de enfoques centrados en el yo (p. ej., autoayuda, autorealización, autoestima y autoactualización) en la espiritualidad que son más antropocéntricos que cristocéntricos. También ha aumentado el interés por técnicas espirituales para curación interior así como la interpretación de sueños, y si bien algunos de estos enfoques pueden resultar útiles, son susceptibles de ser mal empleados y de utilizar una teología no bíblica. Con frecuencia todavía mayor, la psicología de Carl Jung se ha aplicado en forma no crítica a una versión espiritualizada del proceso de «individualización». Estas influencias psicológicas en la espiritualidad cristiana han producido una mezcla de nuevas ideas y peligros profundos.

La reciente espiritualidad «centrada en la creación» debe verse con una cautela todavía mayor. El teólogo jesuita Pierre Teilhard de Chardin (1881-1955) tuvo experiencias de lo espiritual en la naturaleza y elaboró una espiritualidad panteísta cósmica. En libros como *The Phenomenon of Man* y *The Divine Milieu* arguyó que el cosmos está evolucionando hacia el Punto Omega, el cuerpo de Cristo. Con una tendencia parecida, el ex sacerdote dominico Matthew Fox (*Breakthrough: Meister Erhardt's Creation Spirituality in New Translation* y *The Coming of the Cosmic Christ*) ha desechado el tema caída-redención y lo ha reemplazado con una espiritualidad de creación divinizadora. Estos autores ilustran la tendencia creciente a combinar aspectos de la espiritualidad cristiana con el pensamiento de la Nueva Era, y esto también resulta evidente en los populares libros del ex monje católico Thomas Moore (p. ej., *Care of the Soul; The Re-Enchantment of Everyday Life*).

Ortodoxia

La práctica de la espiritualidad en la Iglesia Ortodoxa ha cambiado poco desde el período medieval (ver antes «la Iglesia Oriental»). Dos desarrollos importantes en el período moderno son una versión más nueva de la *Filocalia* y la popularidad mundial de *The Way of the Pilgrim*, La *Filocalia* original («el amor de la belleza», refiriéndose al amor de Dios como la fuente de todo lo hermoso) fue una pequeña colección de escritos espirituales que seleccionó Basilio de Cesarea (c. 330-379). Incluían pasajes de Orígenes de Alejandría y también de los padres del desierto. En el siglo dieciocho, Macario de Corinto (1731-1805) y Nicodemo del Monte Santo (1749-1809) editaron una amplia colección de textos desde el siglo cuarto al decimoquinto. Publicaron una versión más amplia de la *Filocalia* en 1782, y ha tenido un profundo impacto en la ortodoxia moderna. La espiritualidad de esta colección enfatiza la necesidad de dirección espiritual, vigilancia, atención, quietud y el recuerdo continuo de Dios.

Aunque la «Oración de Jesús» se desarrolló entre los siglos quinto y octavo, solo en el siglo veinte ha llegado a ser utilizada en gran escala por parte de seglares ortodoxos. Esto se debe en gran parte a un libro de un peregrino anónimo que apareció por primera vez en 1884. *The Way of the Pilgrim* es un relato sugestivo del contacto de un peregrino ruso con la *Filocalia* y su esfuerzo por aprender el secreto de orar sin cesar. *The Way of the Pilgrim* ha popularizado el empleo de «la oración del corazón» en todo el mundo como medio para lograr un estado de quietud y conciencia de la presencia del Señor.

América Latina, África y Asia

La extensa injusticia social en América Latina condujo al desarrollo de una teología de liberación de la opresión, y esta teología de liberación la han adoptado teólogos de todo el mundo. En contraposición a la espiritualidad católica tradicional, la espiritualidad de la liberación atrae a seglares y se centra en la acción comunitaria más que en misticismo interior. En muchas manos, esta teología se ha visto reducida a una revolución social y económica con un barniz espiritual, pero escritores como Gustavo Gutiérrez (*Bebemos de nuestros propios pozos: El peregrinaje espiritual de un Pueblo* y Jon Sobrino *Espiritualidad de la liberación: Hacia la santidad política*) han tratado de elaborar un fundamento bíblico y espiritual para este movimiento. Cuando este enfoque se enmarca en una relación personal y comunitaria con Dios, desafía el énfasis excesivo en la psicología individualista que es característica de la espiritualidad norteamericana.

Los conceptos de liberación también se han adoptado en el entorno africano, en particular en relación con los temas de manipulación foránea, pobreza, opresión y apartheid (p. ej., Bakole Wa Ilunga, *Paths of Liberation: A Third World Spirituality*; John de Gruchy, ed., *Cry Justice! Prayers, Meditations and Readings from South Africa*. Ha habido un esfuerzo creciente por contextualizar la fe cristiana de tal forma que sea más compatible con la cultura africana sin comprometer el mensaje del evangelio.

En años recientes, el cristianismo ha pasado por un crecimiento sin precedentes en Asia, y su encuentro con las culturas asiáticas ha conducido a enfoques peculiares en la espiritualidad. Los libros de Kosuke Koyama (*Waterbuffalo Theology, Three Mile an Tour God, Mount Fuji and Mount Sinai*) y A. J. Appasamy (*The Gospel and India's Heritage*) ilustran la necesidad de adaptaciones culturales en la formación espiritual.

DOCE TEMAS Y EXTREMOS REITERATIVOS

Al reflexionar acerca de la espiritualidad de las iglesias antigua, medieval y moderna, me resultó evidente que durante estos siglos hubo una serie de temas y aspectos que se repitieron. También hubo varios movimientos pendulares en relación con dichos temas. Estos extremos carentes de equilibrio son siempre no bíblicos, y obligan a un o-o en una serie de esferas que sería mejor ver como un tanto-como. Al examinar doce de estos temas recurrentes, pienso en cada uno de ellos como un continuo o un espectro que va desde todos x y ningún y a todos y ningún x. En algunos casos, lo ideal es una afirmación compensada de tanto x como y, mientras que en otros casos, no tienen cabida diferentes grados de x e y, con tal de que se eviten los extremos.

Religiosos o seglares

La mayor parte de los personajes mencionados en este apéndice son miembros solteros de comunidades monásticas o de órdenes religiosas. Las iglesias católica y ortodoxa han tendido a separar a los religiosos (refiriéndose a miembros de órdenes religiosas) de los seglares, y solo en época reciente se han cuestionado estas iglesias la premisa de que los seglares tienen menos acceso a la perfección espiritual que los religiosos. En un menor grado, esta distinción clero/seglares en cuanto a la espiritualidad se ha venido practicando también en el protestantismo, y esto ha conducido a la premisa no bíblica de que el avance hacia lo más alto de la espiritualidad es algo que debe dejarse a los profesionales.

Ha llegado el momento de que la iglesia afirme que el crecimiento espiritual es la intención de Dios para todo creyente. De hecho, la mayoría de los personajes más religiosos en la Biblia, como Abraham, David, Daniel y

Nehemías, fueron seglares, no sacerdotes. Sin embargo, sería prudente evitar el extremo opuesto, que es no ver ningún valor en el estilo de vida de castidad, pobreza y obediencia que tratan de aplicar quienes forman parte de las órdenes religiosas. Si bien Pablo afirmó el valor del matrimonio, también dejó bien claro que quienes permanecen solteros por amor al Señor disfrutan de la ventaja de vivir «plenamente dedicados al Señor» (1 Corintios 7:32-35).

Responsabilidad humana o soberanía divina

La iglesia ha visto frecuentes movimientos pendulares desde un exceso de insistencia en la responsabilidad humana que pasa por alto la soberanía divina a una insistencia tal en la soberanía de Dios que queda suprimida la responsabilidad humana.(Lo primero está asociado con los extremos del Arminianismo, en tanto que lo segundo con los extremos del calvinismo). Algunos de los personajes espirituales en la historia de la iglesia han dado tanta importancia a las obras humanas en su teología y espiritualidad que han pasado por alto la gracia de Dios en la salvación y el crecimiento espiritual. Esta tendencia aparece con mucha más frecuencia que su opuesta, dado que el corazón humano se siente más naturalmente inclinado a una orientación hacia las obras que a una orientación hacia la gracia (esto resulta evidente en las religiones no cristianas del mundo). Sin embargo, es posible subrayar el papel de la gracia soberana en el crecimiento espiritual de tal forma que debilite el valor de las obras realizadas en espíritu de obediencia.

Legalismo o libertinaje

Este contraste se parece al que acabamos de presentar, pero se centra más en el resultado práctico de la vida espiritual. En la sección sobre vida espiritual de cambio definimos el legalismo como esforzarse en los intentos de la carne de lograr un nivel humano de justicia, y definimos el libertinaje como una actitud que no aprecia lo suficiente la gracia de Dios y minimiza las consecuencias del pecado. En la historia de la espiritualidad, el primer extremo es más frecuente y está asociado con un exceso de énfasis en normas y regulaciones. El esfuerzo por cuantificar y medir la espiritualidad suele reducirla a conformarse a expectativas y estándares humanos. Sin embargo, hay casos del extremo opuesto, como las sectas místicas medievales como los Hermanos del Libre Espíritu.

Colectivo o personal

Es saludable tratar de llegar a un equilibrio entre la espiritualidad colectiva y la persona. En el mundo occidental moderno, la presencia de un individualismo excesivo y de un gran interés por la psicología del yo ha conducido a menudo a que los creyentes hayan quedado al margen de los beneficios espirituales de la vida en comunidad. Pero también resulta posible centrarse tanto en el lado institucional de la iglesia que se pasen por alto los aspectos personales e internos de la vida cristiana. Muchos grandes personajes en la historia de la espiritualidad han logrado un equilibrio entre el espíritu de servicio mutuo en la vida colectiva y la búsqueda personal de profundidad espiritual. Los extremos de la acción social sin una conciencia espiritual personal y del individualismo espiritual sin pertinencia social son ambos no bíblicos. El primero es la trampa del cristianismo liberal y el segundo es la celada del cristianismo conservador.

Negación de la creación o afirmación de la creación

La mayor parte de los enfoques en la espiritualidad cristiana en la historia de la iglesia han tendido a minimizar la maravilla, gloria y esplendor del orden creado. La influencia del gnosticismo y del neoplatonismo que negaban la creación moldearon en mucho la espiritualidad antigua y medieval, y esta filosofía dualista (la naturaleza y cuerpo como malos y el espíritu como bueno) sigue debilitando a muchos en el cuerpo de Cristo. Una teología encarnada que afirma la belleza y bondad de la obra de Dios en el orden creado es un correctivo necesario. En décadas recientes, sin embargo, ha habido un incremento en espiritualidades centradas en la creación que se están desplazando hacia el extremo opuesto de un panenteísmo o panteísmo total.

Negación de uno mismo o afirmación de uno mismo

Algunos de los personajes estudiados en este apéndice (p. ej., Henry Suso) condujeron al ascetismo a convertirse en un arte y practicó modalidades horrendas de abnegación de sí mismo. Esta práctica de mortificación física y de ascetismo riguroso con frecuencia sobrepasó en mucho las asociaciones bíblicas de arrepentimiento con ayuno y sayal y condujo a una correlación morbosa entre dolor infligido a uno mismo con avance espiritual. La Escritura enseña que Dios utiliza pruebas y adversidades en nuestras vidas para atraernos más a sí mismo, pero esto es muy diferente de las prácticas de mortificación propia de muchos en la historia de la iglesia. En época más reciente, el extremo opuesto de afirmación del yo, de la realización y actualización propias ha ido penetrando, y una cantidad creciente de personas andan en busca de un superficial sentirse bien, de una espiritualidad de ayuda propia. Resulta fácil perder el equilibrio bíblico de encontrar vida abundante por medio de una entrega cada vez mayor al señorío de Cristo. La verdadera negación propia se logra por medio de la renuncia a estrategias centradas en el yo y por medio de un cambio de paradigma espiritual y moral de un universo egocéntrico a otro teocéntrico.

Orientación técnica u orientación espontánea

Muchos han tratado de reproducir la vitalidad espiritual de otros por medio del desarrollo de conocimiento, destrezas y técnicas. Por ejemplo, un enfoque mal orientado en cuanto a los *Ejercicios espirituales* de Ignacio de Loyola puede conducir a una metodología movida por fórmulas de oración y meditación. Lo opuesto de la espiritualidad basada en destrezas es una espiritualidad que hace caso omiso de todas las disciplinas y estructuras. Un equilibrio más bíblico es una espiritualidad de relaciones que combina tanto la forma (estructura) como la libertad (espontaneidad) en la búsqueda de la madurez espiritual.

Contemplación cristocéntrica o contemplación teocéntrica

La **contemplación cristocéntrica** se refiere a la búsqueda de unión con el Dios trino por medio de la contemplación de la persona y obra de Cristo tal como se revela en los Evangelios y Epístolas del Nuevo Testamento. El enfoque cristocéntrico está patente en los escritos de Bernardo de Clairvaux y de Tomás de Kempis. Por el contrario, la senda de la **contemplación teocéntrica** implica el desplazamiento de la contemplación del reflejo de los atributos de Dios en el orden creado a una contemplación directa del Arquetipo celestial. El peligro de una espiritualidad exclusivamente cristocéntrica radica en minimizar en la práctica la atención del alma al Padre y al Espíritu Santo. El peligro de una espiritualidad exclusivamente teocéntrica que se centra en la co-inherencia del Creador y de lo creado es que se oscurece la distinción entre Dios y el cosmos. Tanto el Pseudo-Dionisio como el maestro Eckhardt tuvieron un problema en esta esfera; en sus escritos, las imágenes panteístas de la absorción eran más decisivas que la relación Yo/Tú.

Hacer o Ser

El péndulo que ha venido oscilando entre la realización de la identidad espiritual por medio de la acción externa y la reflexión interna no ha perdido impulso con el paso de los siglos de historia de la iglesia. En nuestro tiempo, es más fácil para muchos de nosotros relacionarnos con lo primero que con lo segundo, pero otras épocas y culturas enfatizan el ser por encima del hacer. Desde una perspectiva bíblica, lo que somos en Cristo debería determinar lo que hacemos, pero ambas cosas son cruciales ya que la acción concreta debería emanar del ser abstracto.

Activo o pasivo

Este espectro es similar al segundo y noveno espectros, pero se centra más en la dinámica de buscar en forma activa a Dios que en la respuesta pasiva a las iniciativas de Dios. El extremo activista deja de lado el hecho de que la gracia de Dios siempre precede a nuestra recepción de la misma. El extremo pasivo minimiza la realidad de la responsabilidad humana en el peregrinaje espiritual. La longitud de este continuo se puede ilustrar con la distancia entre el activismo social de hacer cosas para Dios y la pasividad espiritual de la enseñanza quietista de «santa indiferencia» ante la voluntad de Dios. Un equilibrio mejor es una serie permanente de elecciones (activo) para permitir que Cristo ame y sirva a las personas por medio nuestro (pasivo).

Catafático o apofático

La historia de la espiritualidad ilustra bien tanto la *vía positiva* como la *vía negativa* en cuanto al conocimiento de Dios. Como vimos en el apéndice A, la espiritualidad catafática afirma el conocimiento positivo de Dios por medio de su revelación general en la naturaleza y de su revelación especial en la Palabra escrita y encarnada o *logos*. Por el contrario, la espiritualidad apofática insiste en que la mente humana no puede conocer a Dios ya que trasciende todos los atributos temporales. El camino apofático distingue entre contemplación adquirida y contemplación infusa, y arguye que no se puede adquirir conocimiento de Dios pero que Dios puede escoger infundir conocimiento trascendental. La Escritura ofrece un equilibrio entre estos dos extremos al afirmar la riqueza de la revelación de Dios de muchas maneras (p. ej., Hebreos 1:1-3) y al mismo tiempo declarando que las verdades de Dios son «discernidas espiritualmente» por quienes tienen «la mente de Cristo» y son inaccesibles al hombre natural (1 Corintios 2:14-16).

Verdad objetiva o experiencia subjetiva

La turbulenta historia del desarrollo doctrinal y de la formación espiritual revela todavía otro continuo. Este espectro abarca desde una orientación totalmente objetiva en cuanto a la verdad revelada hasta una orientación totalmente subjetiva basada en experiencia personal. El escolasticismo católico y el confesionalismo de la Reforma ilustran un lado del espectro, y el misticismo medieval ilumina el otro. Cuando se lleva a un extremo la verdad objetiva, puede ir marchitándose al caer en un racionalismo basado en palabras y carente de compromiso personal. Cuando la experiencia personal se lleva a un extremo, puede degenerar en un emocionalismo sin freno, en engaño propio y en histeria. Así, hay iglesias que promueven la verdad sin el amor e iglesias que promueven el amor sin la verdad. Tanto la verdad como el amor son necesarios para una vida espiritual completa, pero la historia de la espiritualidad revela algo de división de trabajo. En *términos muy generales*, los místicos católicos y ortodoxos tienen una rica profundidad de comprensión y experiencia espirituales más que los protestantes porque este ha sido el punto focal de su atención. Los protestantes tienen una comprensión más elaborada de teología bíblica, sistemática y dogmática que los católicos y los ortodoxos debido a que en esto se ha centrado su atención. La superficialidad relativa de la espiritualidad protestante tanto liberal como conservadora ha ido generando entre una serie de protestantes un mayor interés en explorar los tesoros de la espiritualidad católica y ortodoxa. Si quienes lo hacen logran conservar una teología enraizada en la Biblia que les permita discernir el espíritu de la verdad y el espíritu del error, serán tanto más ricos gracias a esta experiencia.

LA ESCALA DE LA PERFECCIÓN

Las tres fases de la Escala de la Perfección (*Scala Perfectionis*) se presentaron por primera vez en los escritos del Pseudo-Dionisio y las elaboraron más místicos posteriores como Ian van Ruysbroeck y Teresa de Ávila. Las tres fases, o caminos, van precedidas por el Despertar, que se refiere a los encuentros iniciales del alma con Dios. Estas experiencias pueden ser lentas y que se van incrementando o repentinas e intensas, pero conducen a una conciencia creciente de la pecaminosidad del yo y de la santidad de Dios.

La primera fase es la vía purgativa, la cual implica un proceso de purificación del alma por medio de la renuncia, contrición y confesión de pecados patentes y de desobediencia voluntaria. Este proceso se vuelve más sutil a medida que salen a la superficie pecados de omisión y pecados inconscientes, y se renuncia a ellos delante de Dios. La purgación implica quebranto, muerte gradual al dominio tiránico del ego, y a veces transferencias dolorosas de confianza de la dependencia en uno mismo a la dependencia en Cristo solo para el bienestar del alma. La vía purgativa es un proceso doloroso pero necesario de encontrar la vida de Cristo perdiendo la propia (mortificación creciente) y de esta manera pasando de la ansiedad a la confianza.

La segunda fase es la vía iluminativa, que se refiere a la toma creciente de conciencia de la presencia de Dios en uno a medida que la persona se consagra cada vez más a Dios. En esta fase, la oración es menos una actividad o un apéndice que una realidad vital que fluye del ser de uno. La vida asume un aura del misterio de Dios a medida que uno avanza hacia lo que Nicolás de Cusa llamaba «ignorancia aprendida», una conciencia creciente de lo poco que conocemos. La vía iluminativa se caracteriza a menudo por un creciente amor y un centrarse en otros a medida que se expresa el amor a Dios por medio de actos de amor y servicio a otros.

La tercera fase es la vía unitiva, descrita también como contemplación y abandono a la gracia. Esta fase implica una comprensión empírica creciente del misterio del «ustedes en mí, y yo en ustedes» (Juan 14:20) y «ya no vivo yo sino que Cristo vive en mí» (Gálatas 2:20). En *Spiritual Passages*, Benedict J. Groeschel utiliza los escritos de Teresa de Ávila y de Juan de la

APÉNDICE B: LA RIQUEZA DE NUESTRA HERENCIA

Cruz para desarrollar la pauta general de la vía unitiva (ver su gráfico de las vías purgativa, iluminativa y unitiva que se incluye en el cuadro B.1). La primera fase de contemplación, o simple unión con Dios, comienza con la oración de quietud en la que uno se entrega a Dios por medio del deseo purificado y de la voluntad simplificada. Esto puede ir seguido de lo que Juan de la Cruz llamó noche oscura de los sentidos, un tiempo de sequedad y doloroso despojo de las seguridades intelectuales y emocionales de la presencia y cuidado de Dios. La segunda fase de contemplación, o unión plena con Dios, implica el desprendimiento del yo y una certeza de la presencia de Dios que mora en uno. Esta puede ir acompañada de alguna experiencia ocasional de éxtasis espiritual que Teresa llamó asombro o rapto. Juan de la Cruz describió una segunda noche, que llamó la noche oscura del espíritu, que Dios puede utilizar para purgar los últimos vestigios de voluntad propia. El nivel más elevado de la montaña espiritual que describen los místicos es la unión transformadora, o matrimonio espiritual. Esta unión de todo deseo y completa armonía con Dios implica una transmutación de la identidad personal en Cristo y la toma de conciencia de la unión descrita en Juan 17:20-23.

Este misticismo de experiencias de ascenso con su búsqueda de perfección y comunión con Dios debe compensarse con las ideas bíblicas que se desarrollaron en la teología de la Reforma. El creyente en Cristo ya ha recibido «toda bendición espiritual en Cristo» (Efesios 1:3) y el don de la unión espiritual con Dios se hace realidad en el misterio «es Cristo en ustedes» (Colosenses 1:27). Al pasar revista a los doce temas analizados antes, veremos que la Escala de la Perfección, con sus vías purgativa, iluminativa y unitiva, se centra más en experiencias subjetivas que en una verdad (bíblica) objetiva. El peligro de este enfoque es la premisa errónea de que la unión espiritual con Dios no existe hasta que se vive como experiencia. Esta premisa es incompatible con las muchas verdades bíblicas acerca de la identidad del creyente radicalmente nueva en Jesucristo. Aunque los mejores autores lo evitan, la Escala de la Perfección también se puede interpretar mal como producto más del esfuerzo y mérito humanos que de la gracia de Dios. Desde una perspectiva bíblica, la gracia soberana de Dios debe infundir el proceso todo de formación espiritual de tal forma que el crecimiento en santificación es por gracia por medio de la fe. La verdad objetiva de nuestra posición en Cristo no la determina nuestra experiencia subjetiva pero debería ir moldeándose de forma gradual y hacerse realidad en nuestra práctica basada en experiencias.

Mi amigo Bill Fagan describe seis etapas de crecimiento espiritual que se pueden hasta cierto punto comparar con las vías purgativa, iluminativa y unitiva. La primera etapa es el *nacimiento espiritual*. Este implica llegar a una comprensión de la pecaminosidad personal y de ser justificados en Cristo (Juan 3; Romanos 1-3). La segunda etapa es el *servicio*. Como resultado del amor y de la gratitud, el creyente utiliza talentos naturales en un

CONFORMADOS A SU IMAGEN

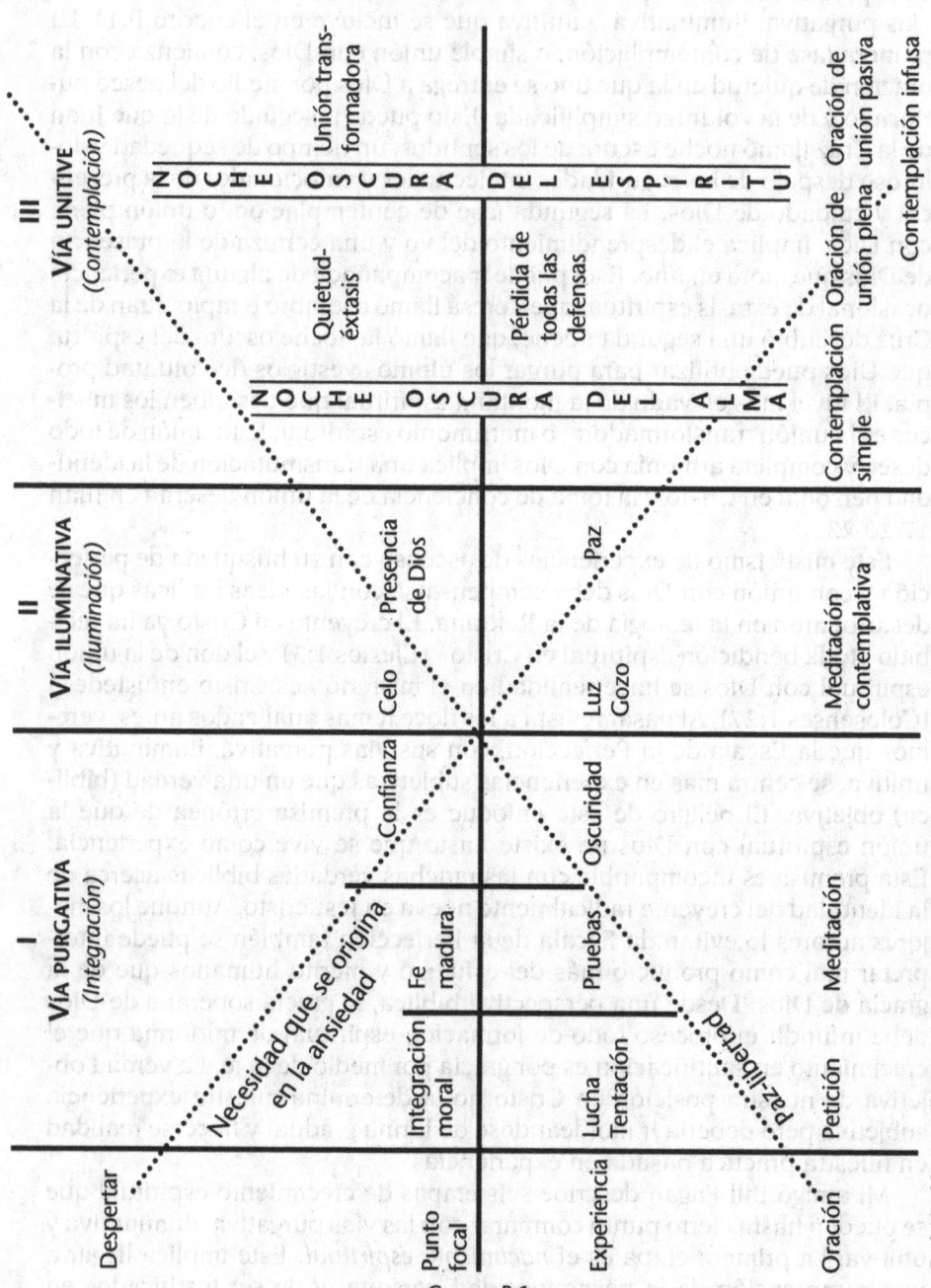

CUADRO B.1

De *Spiritual Passages: The Psychology of Spiritual Development* by Benedict J. Groeschel. The Crossroad Publishing Company. © 1984 Usado con permiso.

APÉNDICE B: LA RIQUEZA DE NUESTRA HERENCIA

esfuerzo por servir a Dios. Tercero, esto conduce a una *insuficiencia frustrante*, el descubrimiento doloroso de que no podemos vivir la vida espiritual con nuestras propias fuerzas (Romanos 7). La cuarta fase es la toma de conciencia mediante experiencias de nuestra *identidad con Cristo* en su muerte, sepultura y resurrección (Romanos 6) y la conciencia de que Cristo vive en nosotros por medio del poder del Espíritu Santo (Romanos 8). La quinta fase es un proceso permanente de reprogramación o *renovación de la mente* (Romanos 12) que implica muchos ciclos de entrega y confianza y de vaciarse y llenarse a medida que el Espíritu Santo sustituye las mentiras que hemos creído con la verdad de nuestra identidad en Cristo (Juan 8:32). La sexta fase es la *unión con Cristo* que se puede vivir de manera progresiva por experiencias ahora pero que solo se convierte en realidad plena en la vida futura.

UNA DIVERSIDAD DE ENFOQUES

La historia de la espiritualidad cristiana pone de manifiesto una gran diversidad de enfoques y estilos. Una serie de metáforas básicas predominan en las ideas y sistemas que fueron desarrollando los diversos autores y escuelas de espiritualidad a lo largo de los siglos. En *Thirsty for God*, Bradley P. Holt distingue seis conjuntos de estas imágenes fundamentales que se encuentran una y otra vez en diferentes contextos. El primer conjunto de metáforas describe la base de la vida cristiana como *rescate, redención y justificación*, las cuales son fundamentales en las tradiciones luterana y reformada (por el contrario, la tradición ortodoxa rara vez utiliza la imagen de justificación). El segundo conjunto, *crecimiento, unificación y sanidad*, se centra en el proceso de la vida cristiana, y lo utilizan de forma metafórica los místicos católicos y, en sus experiencias, los pentecostales y carismáticos. El tercer conjunto describe la vida espiritual como *caminar, transitar, ascender y volver a casa*, y estas imágenes de peregrinaje las utilizan una serie de escuelas y autores. El ejemplo más conocido es el *El progreso del peregrino* de John Bunyan. El cuarto conjunto de imágenes es *muerte y resurrección*, y esto alude al ciclo de partida y retorno, pecado y perdón, desesperanza y esperanza. La metáfora del avance hacia la resurrección en la vida de Dios es característica de la tradición ortodoxa. El quinto conjunto de metáforas básicas es *batalla y lucha*, y muchos pietistas y autores evangélicos las utilizan. El sexto conjunto, *sed y hambre*, pone de relieve la necesidad humana de vida y satisfacción en Dios.

En el apéndice A, examinamos de manera somera la gran diversidad de diferencias temperamentales y la relacionamos con la diversidad de enfoque en la espiritualidad. Como hemos visto en este apéndice, resulta evidente que estos estilos espirituales diferentes están bajo la fuerte influencia de factores culturales. Alguien que hubiera crecido en un contexto de pietismo germánico del siglo dieciocho vería la vida espiritual en una forma totalmente diferente que si hubiera crecido en la misma época en Francia o Rusia.

La combinación de nuestra naturaleza (temperamento) y educación (cultura) nos predispondrán a estilos concretos de espiritualidad pero, como argüimos antes, resulta útil adentrarse más en la disciplina de conocimiento voluntario de alguna faceta de la espiritualidad que de ordinario pasamos por algo o evitamos. Por ejemplo, la mayor parte de quienes lean este libro es probable que no conozcan la práctica de la oración contemplativa. Pero en la historia de la espiritualidad, se ha enfatizado mucho la importancia de esta forma de oración. Debido a ello, recomiendo que traten de desarrollar habilidad en la práctica de la *lectio divina*, o lectura sagrada, que se presenta en la sección sobre espiritualidad de devociones.

Muchos autores a lo largo de los siglos han distinguido tres enfoques en la vida cristiana: la vida activa, la vida contemplativa y la vida mixta. El primero se centra en hacer más que en ser, el segundo se centra en ser más que en hacer, y el tercero, que recomiendo, es una combinación equilibrada de ser y hacer en el que lo segundo emana de lo primero.

AYUDAS ADICIONALES

GLOSARIO

Apofático. Término que proviene de una palabra griega que significa «negativo», y se refiere a la tradición conocida como la *vía negativa*, el camino de la negación. Esta tradición, más característica de Oriente, subraya la trascendencia y misterio de Dios. Ver *catafático*.

Carne, la. El poder de la «ley del pecado» que está en nuestros miembros (Romanos 7:14-25). No es lo mismo que el «viejo yo» que fue crucificado (Romanos 6:6). Aunque recibimos un nuevo espíritu cuando llegamos a Cristo, seguimos todavía encasillados en el mismo cuerpo con sus necesidades y anhelos físicos. Tampoco se ha transformado de manera instantánea nuestra alma o personalidad (mente, emociones y voluntad).

Catafático. Este término procede de una palabra griega que significa «afirmativo», y se refiere a la tradición conocida como la *vía afirmativa*, el camino de la afirmación. Esta tradición, más característica de Occidente, subraya el conocimiento de Dios por medio de la revelación general y especial. Ver *apofático*.

Cesacionista. Una persona que distingue entre los dones como señales y los dones para edificación y cree que aquellos desaparecieron de la iglesia después de que se hubo completado el canon del Nuevo Testamento.

Compartimentación. La práctica común entre los creyentes de ver a Cristo como uno de varios compartimentos o componentes de la vida junto con el trabajo, las finanzas, los hijos, el matrimonio, la salud, los deportes, y así sucesivamente.

Compunción. Darnos cuenta con tristeza de nuestra preocupación por intereses egoístas; en este estado la verdad de nuestra condición pecaminosa y la lejanía de Dios nos conmueven e hieren.

Contemplación cristocéntrica. La búsqueda de unión con el Dios trino por medio de la contemplación de la persona y obra de Cristo según se revelan en los evangelios y las Epístolas del Nuevo Testamento. Ver *contemplación teocéntrica*.

Contemplación teocéntrica. La transición a partir de la contemplación del reflejo de los atributos de Dios en el orden creado hacia la contemplación directa del Arquetipo celestial. Ver *contemplación cristocéntrica*.

Contemplación. La oración de silencio y entrega en la presencia de Dios. Esta práctica antigua se asocia con frecuencia con el fruto de la *lectio divina*, o lectura sagrada.

Contemplativo. La óptica piadosa de comprender a Dios no por lo que se oye, sino debido a un encuentro personal. Es la forma que sigue el corazón en su búsqueda de su *summum bonum*, el bien más elevado para el cual fue creado.

Cosmovisión. La orientación primaria de la persona respecto al mundo, incluyendo las ideas propias acerca de la naturaleza de la realidad última y del origen, propósito y destino humanos.

Desprendimiento. Orientación del corazón que se *aparta* de la esclavitud narcisista a deseos, adquisiciones y ambiciones terrenales, hacia una búsqueda de Dios centrado en otros y de amor a las personas. Este cambio transformador de nuestro centro del Yo al Tú implica una purificación dolorosa y gradual del deseo por cosas perecederas que nos quitan la sensibilidad hacia el deseo celestial.

Dones espirituales. La dotación por parte del Espíritu Santo de capacidades especiales a cada uno de los miembros del cuerpo de Cristo para la edificación de otros.

El mundo. El sistema organizado de valores temporales que se oponen a la vida de Cristo en el creyente. Se ha definido como una expresión mixta de la depravación de la humanidad y de las intrigas del dominio de Satanás, combinándose en oposición a la regla soberana de Dios. Como tal, el mundo fomenta una actitud de independencia respecto a Dios.

Espiritualidad de proceso. Enfoque de la vida espiritual que se preocupa de estar alerta al momento presente y del proceso paso por paso de responder a las iniciativas amorosas de Dios en nuestras vidas.

Espiritualidad formativa. Enfoque de la vida espiritual que insiste en un estilo de vida de evangelización y discipulado. Cuando formamos parte del proceso de introducir a las personas a Jesús y de fomentar que crezcan después de que han llegado a conocerlo, descubrimos que mejoran nuestra propia pasión y vitalidad espiritual.

Espiritualidad integral. Un enfoque de la vida espiritual que subraya la posición central de Cristo y su pertinencia para cada componente de nuestras vidas. Esta alternativa bíblica a una mentalidad de compartimentación se centra en las implicaciones del señorío de Cristo sobre todos los aspectos de la vida de tal forma que incluso los componentes más mundanos de la vida pueden convertirse en expresiones de la vida de Cristo en nosotros.

Espiritualidad llena del Espíritu. Enfoque de la vida espiritual que combina idealmente la apertura a la labor sorprendente del Espíritu con discernimiento que somete a prueba la experiencia a la luz de las Escrituras y del fruto que produce.

Espiritualidad. Enfoques genuinos y bíblicamente ortodoxos a la vida espiritual.

Formación espiritual. El proceso de desarrollo movido por la gracia en el que el alma crece en conformidad con la imagen de Cristo.

Lectio divina. La práctica de lectura sagrada, que suele constar de los cuatro elementos de lectura de un texto, meditar sobre el mismo, convertirlo en una oración personalizada y contemplación.

Lectura formativa. Un proceso a fondo de lectura de la Escritura que se acerca al texto con humildad, apertura y sometimiento de manera que la verdad de Dios se pueda adueñar de nosotros en su desplazamiento de la mente al corazón. Ver *lectura informativa*.

Lectura informativa. Un proceso linear que procura analizar y entender el texto bíblico. Ver *lectura formativa*.

Legalismo. Insistencia en el esfuerzo de la carne por lograr un estándar humano de rectitud. El legalismo subraya un conjunto externo de reglas y prohibiciones más que la vida interna del Espíritu.

Libertad. La libertad en Cristo para hacer lo que agrada a Cristo más que lo que tenemos que hacer (legalismo) o que hacer lo que nos agrada (libertinaje).

Libertinaje. Mentalidad de hacer lo que uno quiera, que da por sentada la gracia de Dios y minimiza las consecuencias del pecado.

Llamamiento primario y secundario. El llamamiento primario de Dios en nuestras vidas es conocerlo y amarlo; nuestro segundo llamamiento es expresar esta relación en todo lo que hacemos y con todos los que entramos en contacto. Si el secundario no se relaciona con el primario, caemos en el error de dicotomizar lo espiritual y lo secular cuando deberían estar integrados. El error opuesto se da cuando el llamamiento secundario sustituye al primario. Cuando esto ocurre, nuestras obras se convierten en un fin en sí mismas.

Mayordomía. El mayordomo actúa como administrador de los asuntos y posesiones de otro. Los mayordomos son plenamente responsables ante sus amos y pueden actuar de manera justa o injusta. Las esferas de la mayordomía bíblica incluyen el tiempo, el talento, los bienes materiales, la verdad, las relaciones, nuestros cuerpos y el orden creado.

Meditación. A diferencia de la meditación oriental, que implica vaciar la mente de interpretaciones humanas, la meditación cristiana llena la mente con la verdad conseguida con la reflexión en torno a un texto bíblico.

Misticismo. Un enfoque intuitivo orientado al corazón en la formación espiritual, que explora el territorio más íntimo del peregrinaje del alma hacia Dios.

Motivación. Incentivo que nos induce a actuar. Entre los motivadores mundanos o temporales están el temor de pérdida, la culpa, el orgullo, la esperanza de obtener ganancias personales, la reputación, el prestigio y el placer. Los motivadores bíblicos incluyen no tener otra opción, el temor del Señor, el amor y la gratitud, las recompensas, nuestra identificación con Cristo, el propósito y la esperanza y el anhelo de Dios.

Naturalismo. Una cosmovisión que niega lo trascendente y considera que el universo natural es la realidad última.

Paradigma. Una forma de ver basada en normas implícitas o explícitas que moldean la perspectiva propia. Se produce un cambio de paradigma cuando se modifican las normas o límites, de modo que ya no vemos las cosas desde la misma perspectiva; cuando cambian las normas, se altera nuestra forma de ver.

Postmoderno. Un enfoque posterior a la Ilustración respecto al mundo que relativiza la verdad, la moralidad y la estética como formulaciones socialmente condicionadas.

Regla. Palabra derivada del latín *regula*, que significa «regla, patrón, modelo, ejemplo». Un cristiano centrado en las Reglas es el que adopta alguna modalidad de Regla en la vida espiritual. La regla tiene que ver con un patrón de disciplinas que practica una comunidad (p. ej., la Regla de San Benito), aunque también la puede adoptar una persona individual o un grupo pequeño.

Sabiduría. La destreza en el arte de vivir una vida en la que todas las esferas están bajo el dominio de Dios. Es la capacidad de utilizar los mejores medios en el momento mejor para alcanzar los mejores fines.

Sistema de valores eternos. Orientación de las prioridades personales en torno a una perspectiva bíblica que valora a Dios y sus promesas por encima de los placeres temporales de este mundo que están destinados a desaparecer. Ver *sistema de valores temporales*.

Sistema de valores temporales. Orientación de las prioridades propias en torno a una perspectiva cultural que busca las promesas de este mundo por encima de las promesas de la Palabra. Ver *sistema de valores eternos*.

GLOSARIO

Supuesto. Presupuesto fundamental acerca de la vida que se basa en la fe. Todas las personas, desde los escépticos a los teístas, adoptan supuestos, sea tácita o conscientemente.

Temor del Señor. El temor del Señor no solo significa cultivar un temor reverencial e incluso un terror de Dios, sino que también se refiere a la forma de pensar de una persona en un gran reino. Es el reconocimiento de que el Rey tiene todo el poder y autoridad en su mano y que la vida, ocupación y futuro del súbdito dependen de la benevolencia del Rey. También se puede referir al temor de desagradar a Dios.

Vida cambiada. Identificación con Cristo en su crucifixión y resurrección (Romanos 6; Gálatas 2:20) significa que la vida anterior se ha cambiado por la vida de Cristo. Esta óptica de la espiritualidad pasa de una orientación hacia las obras a una orientación de la gracia y del legalismo a la libertad, porque se centra en nuestro reconocimiento de que la vida de Cristo es nuestra vida.

Visión beatífica. La visión bienaventurada de Dios que se otorgará en el cielo a quienes lo han conocido en esta vida. Es la unión definitiva con Quien satisface verdaderamente los deseos más profundos del corazón.

ÍNDICES

ÍNDICE TEMÁTICO

(Las palabras en inglés y cursivas corresponden a títulos de revistas o libros citados)

Abandonment to Divine Providence, 306, 348
abstinencia y espiritualidad disciplinada, 91-94
Adams, Gordon, 73
Adler, Alfred, 454
Adler, Mortimer, 222
administración como don espiritual, 336
adoración y celebración: y espiritualidad colectiva, 466-67; y espiritualidad disciplinada, 90; y espiritualidad de llenura del Espíritu, 318-19; en la iglesia antigua, 516-17
Adversary, The, 363, 366, 380
agape, 263, 396
agricultura y evangelización, 259-260
Agustín, San, 96, 204, 209, 223, 302, 519
Alcohólicos Anónimos, 535
Alicia en el país de las maravillas, 494
Allen, Woody, 417
Amalrico de Bena, 523

amar a Dios de manera total, 31-33
amar a otros con compasión, 43-55
amarnos a nosotros mismos de manera correcta, 34-42
Ambrosio, San, 233
América Latina, África y Asia, espiritualidad en, 536-37
Amor de Dios, El, 181
amor: y aceptación, 115; y compunción de corazón, 183; y desprendimiento y deseo, 182-184; enemigos del amor, 207-08; y las épocas de aridez y oscuridad, 184; y la espiritualidad colectiva, 460-61; y la espiritualidad de proceso, 287-88; y la espiritualidad motivada, 144-47; grados de, 181; y gratitud, 144-47; y el matrimonio, 247; en la relación padres-hijos, 253-256

anabaptista, espiritualidad, 527-528
analítico, método de estudio, 95
Anders, Marx, 73
Anderson, Keith R., 470
Anderson, Neil T., 108
ángeles, 390-91
Angels, Elect an Evil, 376
anglicana, espiritualidad, 528
Antiguo Testamento: y anhelo 210-14; y conflicto espiritual, 353-54; y espiritualidad de proceso, 296-98; y Josué y Joás, 296-98; y sabiduría, 205-26; y temor del Señor, 140-42, 225-26; y lo temporal frente a lo eterno, 227-28
apofática, espiritualidad, 502, 541
apóstoles, los, 335
Appasamu, A. J., 503
Appleton, George, 212
Aquino, Tomás, 22, 505, 522
Arndt, Johann, 527
Arnold, Clinton E., 390

Arte Perdido de Hacer Discípulos, El, 412
As Iron Sharpens Iron, 470
Asambleas de Dios, 321
ascetismo, 517
ateísmo, 61, 308
avivamiento evangélico, 477, 532
avivamiento, 532
Awakenings, 493
ayudar, don de, 336
ayuno y castidad, 88

Banister, Doug, 322, 479
Basham, Don, 321
bautismo, 323, 461
Baxter, Richard, 497
Beecher, Lyman, 477
Beginning to Pray, 210
Benedicto, San, 188
Bennett, Dennis, 321
Bennett, Rita, 321
Benny, Jack, 156
Benson, Bob, 81
Benson, Michael, 81
Bernardo de Clairvaux, 96, 181, 521
Bérulle, Pierre de, 529
Bienaventuranzas, Las, 304
Billheimer, Paul E., 279
Blake, Eubie, 66
Bloom, Anthony, 210
Body Life, 337
Bonhoeffer, Dietrich, 91, 448, 534
Booth, General William, 262, 533
Boswell, James, 269
Bounds, E. M., 100
Bowling Alone, 445
Brand, Paul, 168
Breakthrough: Meister Erhardt's Creation

Spirituality in New Translation, 535
Briggs, Katherine, 503
Briscoe, Stuart, 108
Bryan, William Jennings, 430
Bubeck, Mark I., 363, 380, 385
Buechner, Frederick, 271
Bunyan, John, 96, 279, 531, 545
Buzzell, Sid, 411

Call to the Unconverted, 530
Call, The, 232
Calvary Road, The, 455
Calvino, Juan, 96, 527
Care of the Soul, 536
Carey, William, 532
casco de la salvación, 382
Casey, Michael, 102, 189
catafática, espiritualidad, 500-3
Catalina de Génova, 525
Católica, Iglesia, 528, 34-535
Caussade, Jean Pierre de, 306, 530
Celebration of Discipline, 534
Celta, espiritualidad, 520
Chambers, Oswald, 108, 297
Chaplin, Charlie, 154
Chapman, Dom, 194
Chardin, Pierre Teilhard de, 535
Chesterton, G. K., 309, 492
Christenson, Larry, 321
Christian Counter-Culture, 161
Christian Directory, 530

Christian Discourses, 531
Christian Perfection, 96, 530
Christian Proficiency, 235
Christian Theology: An Introduction, 315
Christian Year, The, 528
Christianity for Modern Pagans, 483
cielo y la espiritualidd motivada, 149
cinco clases de personas, 50
cinturón de la verdad, 380-381
Clímaco, Juan, 181
Clinton, J. Robert, 470
Cloud of Unknowing, The, 181, 184, 198, 526
Codiciar, 361
Coleman, Robert, 100, 400
Coming of the Cosmic Christ, The, 535
compartimientos, creación de, 220, 241-48
competencia y realización, 115-16
complacencia, 207
compromiso y disciplina, 93-102
compunción de corazón, 183
comunidad: amor y compasión colectivos, 460; Autoridad y sometimiento colectivos, 466; compromiso con el ministerio, 450-51; creadores de comunidad, 454-55; cultivo y servicio colectivo, 462; culto y oración colectivos,

ÍNDICE TEMÁTICO

466-67; dirección espiritual, 471-72; discernimiento colectivo, 464; distorsiones, 459-60; fundamentos bíblicos de la, 446-47; futuro de la, 479-80; identidad y propósito colectivos, 461; Perdón y reconciliación colectivos, 465; polaridades, 448; renovación, 476-79; retos a la, 451-52; sociedad occidental, 445-46; soledad, 448-49
Conferencias, 518
confesión: y espiritualidad disciplinada, 89; y guerra espiritual, 377
Confesiones, 96, 223, 519
conocer a Cristo, 121-22; y el diablo, 121; y entregarse a Cristo, 124-126; familia de Dios, 118-19
conocer a Dios, 31-32
conocimiento como don espiritual, 334
Contemplación cristocéntrica frente a contemplación teocéntrica, 540
contemplación, 102, 178-87; espiritualidad de devociones, 178-87, 196-200
Contemplative Prayer, 1890, 188, 534
contentamiento, 310-312
Conviértase en un cristiano contagioso, 429
Copérnico, 62

coraza de justicia, 388, 392
cosmovisión, judeo-cristiana, 16, 362-65; y comunidad, 454-56
Cost of Commitment, The, 455
Crabb, Larry, 253, 472
Cranmer, Thomas, 528
Created for Community, 458
Creo en el Espíritu Santo, 322
Crisóstomo, Juan, 186
Cruz y el puñal, La, 321
Cry Justice! Prayers, Meditations and Readings from South Africa, 537
Cuáqueros, 531
Cuatro Amores, Los, 256
cuatro virtudes cardinales y las tres teológicas, las, 304
cuidado del alma y consejería, 469-74
culpa: y la evangelización, 430; y el perdón, 52-53
Curtis, Brent, 160
Cusa, Nicolás de, 525, 542
Cymbala, Jim, 319, 479

Dahl, Gordon, 291
Death of Death in the Death of Christ, The, 530
Deere, Jack, 322, 332
definición, 20
Demarest, Bruce, 469
demonios, 370-78
Desiring God, 175
Destined for the Throne, 279

Devotional Classics, 191
diablo, el, 121, 126; y demonios, 370-78; naturaleza y obra de, 367-370
diario, llevar un, 87-88
Dickason, Fred, 376
Didaqué, 516
Dios: adoración de, 175; alabanzas a, 212-14; amor fiel de, 175-76; amor infinito de, 27-33; y su amor por nosotros, 30-33; y los ángeles, 390-91; anhelar a, 158-61; armadura de Dios, 380-83; bellos atributos de, 171-76; bondad de, 111-12, 210-12; carácter y plan de, 111-13, 304-07, 328-29, 484-85, 493-98; como persona, 208-9, 243-44; comprender a, 167; confianza en, 68-75, 117-18; 280-81; 282, 301-04, 348; Creador del universo, 28-29, 167-68; descubrir los dones que da, 337-38; y los dones espirituales, 328-29; fidelidad de, 176, 280-81, 307-8; gloria de, 28-29; gratitud del hombre hacia, 135-47, 307-09, guerra espiritual, 380-83; y la identidad del hombre, 34-42; y la moralidad, 138-40; necesidades que creó, 114-16; obediencia a, 31-33,

135-36, 279-280, 347-48, 485-86; perdón de, 51; rebelión del hombre contra, 113-14; relaciones del hombre con otros, 43-44, 486-87; relaciones, 27-28; responsabilidad humana frente a soberanía de Dios; sumisión a, 378, 386, 466, 488-92; temor del Señor, 140-42, 225-226. *Vea también* Jesucristo
discernimiento de espíritus, 334
Disciplemaker: A Reference for Mentors, The, 414
Disciple-Making Church, 469
Disciple-Making Pastor, 469
discipulado, 238-39, 336, 397; adiestramiento, 409-10; aliento y exhortación, 410; y capacitación, 407-08; contexto del, 413-15; y discipulado en grupo pequeño y de uno a uno, 414; y enseñanza, 408; evangelización, 426; y exponer, 407; una filosofía bíblica del, 399-405; ministerio en equipo, 414-15; proceso del, 406; producto del, 410-412; *Vea también* evangelización
discreción, 88-89
diversidad: y los cristianos, 21, 499-512; y el Espíritu Santo, 327
Divine Conspiracy, The, 171, 209, 238, 524, 534
Divine Milieu, 535
Don Quijote, 221, 222
Donne, John, 528
Downing, Jim, 98
Dubay, Thomas, 186
Dynamics of Spiritual Life, 478

Eckhart, Maestro, 524
Edwards, Jonathan, 48, 343, 476-78
Effective Father, The, 269
Ego Dormio, 526
Either/Or, 531
Ejército de Salvación, 262, 533
Eldredge, John, 160
Eliot, T. S., 92
enseñar, 310, 408-9
epithumia, 251
eros, 251
escudo de la fe, 382
espada del Espíritu, 382
esperanza: y espiritualidad motivada, 156-58; y la espiritualidad de proceso, 283-87
Espíritu Santo. *Véase* Espiritualidad de llenura del Espíritu Santo
espiritualidad: en América Latina, África y Asia, 536-37; anabaptista, 527-28; anglicana, 528; antigua, 514-20; apofática, 500-3, 541-42; y el ateísmo, 61; barreras a la, 488; catafática, 502-4; celta, 520; colectiva, 21, 538-39; y la concepción judeo-cristiana del mundo, 16; y contemplación cristocéntrica o teocéntrica, 540; y creación de compartimientos, 220; creciente interés en la, 16; y los cuáqueros, 530-31; y el cuerpo de Cristo, 119; y el cuidado de almas y la consejería, 469-74; de devociones, 20; del desierto, 518; disciplinada, 20; diversidad en la, 499-512; doce facetas de la, 18-21, 247-48; y la escala de la perfección, 542-45; española, 528-29; y los evangélicos, 531-32; y la familia de Dios, 118-19; fidelidad en l, 483; formativa, 21; francesa, 529-30; y hacer o ser, 540; y el humanismo, 61; integral, 20-21; y el legalismo, 127-28; y la libertad, 128-29; llena del Espíritu, 21; y el materialismo, 236-37; medieval, 520-26; y los medios de comunicación, 17; y el misticismo, 179, 518, 523-25; monástica, 518-19; motivada, 20; y naturalismo, 16, 61; y la negación o afirmación de la creación, 539; y la

ÍNDICE TEMÁTICO

negación o afirmación propia, 539; y las órdenes mendicantes, 522-23; y la orientación técnica o espontánea, 540; y ortodoxia, 536; paradigmática, 20; y los pentecostales, 533; y la perspectiva, 488-90; pietistas, 531; posmodernista, 14; de proceso, 21; y los puritanos, 530-31; y la Reforma protestante, 526; reformada, 527; relacional, 20; y religiosos o seglares, 537-38; y renovación, 476-788; y santificación, 130-31; y el templo espiritual, 119-121; y los tipos de personalidad, 502-12; como un viaje, 18, 59-67; 279-80; *Véase también* disciplinas individuales

espiritualidad colectiva: responsabilidad y regla, 475-76; autoridad y sometimiento colectivo, 466; fundamentos bíblicos de la, 446-47; retos a la comunidad, 451-53; compromiso con la comunidad, 449-50; compromiso con Cristo, 449; compromiso con el ministerio, 450-51; creadores de comunidad, 454-55; definición de, 21, 415-16; dirección, 468-69; discernimiento, 471; distorsiones, 459-60; amistad, 470; orientación, 470; identidad y propósito, 461; sanidad interior, 473-74; amor y compasión, 460; mentoría, 470-71; naturaleza de la iglesia, 458-59; cultivo y servicio, 462; frente a espiritualidad personal, 538-39; polaridades en la comunidad, 448; y los propósito de la iglesia, 459-467; renovación, 476-79; el papel de la consejería, 472-473; y el Sermón del Monte, 455-56; liderazgo de servicio, 443-44; soledad, comunidad y ministerio, 448-51; cuidado de almas y consejería, 469-474; Culto y oración colectivos, 466-67

espiritualidad de devociones: y anhelo, 210-14; y los hermosos atributos de Dios, 171-76; complacencia, 207; y compunción de corazón, 183; y contemplación, 178-87; definición de, 20; desprendimiento y deseo, 182-184; y desobediencia a Dios, 207; colocar el servicio y el ministerio por encima de Cristo, 208; enemigos del fervor espiritual, 207; erosión en disciplina, 207; y obediencia externa, 207; y enamorarse de Dios, 202-03; y una relación meramente funcional, 208; más compromiso con instituciones que con Cristo, 208; y la encarnación de Cristo, 205-07; y *lectio divina*, 188-189; y los límites de la razón humana, 186-87; y amar a Dios por sus caminos, 170-71; y amar a Dios por su palabra, 168; y amar a Dios por sus obras, 169; y amar a Dios por medio de su mundo, 167; y amar la verdad más que a Cristo, 207-08; y nuestra imagen de Dios, 165-177; y la meditación, 192-95; práctica de la lectura sagrada, 188-201; y la alabanza a Dios, 212-14; y la oración, 195-96; y la lectura, 188-92; y la escuela de la renuncia, 202-04; y épocas de aridez y oscuridad, 184-86; fuente de fervor espiritual, 208-09; y acción de gracias, 212

espiritualidad de guerra: y afirmaciones para la mañana, 386-89; y el Antiguo Testamento,

353-54; y la armadura de Dios, 380-83; y las armas, 379-92; y la carne, 356-61; y el casco de la salvación, 382; y las causas de la actividad demoníaca, 375; y el cinturón de la verdad, 380-81; y la codicia, 361; y el control demoníaco, 373; y la coraza de justicia, 381; cosmovisiones del mundo y la, 351-52; definición de la, 21; y el diablo, 366-78; y disciplina y dependencia, 379-80; y equilibrio y discernimiento, 389-90; y el escudo de la fe, 382; y la espada del espíritu, 382-83; y frente a las tentaciones, 359; y el futuro de la, 391-92; y la guerra con el mundo, 362-65; y guerra en tres frentes, 355-56; y la influencia de demonios, 372; y la ira, 360; y liberación de la actividad demoníaca, 376-78; y la naturaleza y obra de los demonios, 370-78; y la naturaleza y obra de Satanás, 367-370; y el Nuevo Testamento, 354-55; y la obra de los ángeles, 390-91; y la opresión demoníaca, 372; y oración y petición, 383; y las sandalias de la paz, 381; y los síntomas de actividad demoníaca, 373-74; y la tentación sexual, 361; y la venganza, 360-61

espiritualidad de llenura del Espíritu Santo: y el abuso de los dones espirituales, 339-40; y administración, 336; y apostolado, 335-36; y el don de ayudar, 336; y el bautismo del Espíritu, 322-23; y los beneficios de los dones de Dios, 330-31; y una combinación y variedad de dones, 337; y conocimiento, 334; y dar, 333; debate sobre los dones espirituales, 332; definición de la, 21, 315-16; y el desarrollo de los dones espirituales, 338-39; y descripción de los dones espirituales, 332-36; y el descubrimiento de los dones espirituales, 337-338; y el discernimiento de espíritus, 334; y diversidad y unidad en el cuerpo de Cristo, 327; y los dones del Espíritu Santo, 326-341; y enseñanza, 333; y equilibrio entre apertura y discernimiento, 342-48; y evangelización, 336; y exhortación, 333; y experiencia y expectativa, 345; extremos en la, 343-44; fe, 334; y las lenguas, 335; y liderazgo, 333; y madurez en, 318-19; manifestaciones del Espíritu Santo, 323-25; milagros, 334; misericordia, 334; y los movimiento de renovación carismática, 320-21; y el movimiento pentecostal, 320-21; y la naturaleza y finalidad de los dones espirituales, 328-30; y el pastorado, 336; y la persona y obra del Espíritu Santo, 316-18; y la profecía, 333; y renovación y avivamiento, 346; y sabiduría, 334; y sanar enfermos, 334; y servicio, 333; y la tercera ola, 321-22; y la verdad, 319-20

espiritualidad de proceso: y contentamiento, 310-12; y el crecimiento en gracia, 280-81; definición, 21, 277-79; y el discipulado en grupo pequeño y de uno a uno, 414-15; y el enemigo de la, 304-307; y el espectro de espiritualidad, 397-99; y esperanza, 283-84; y estar demasiado ocupados, 290-300; y la fe, 281-83; y la gratitud, 307-09; y la importancia de la evangelización, 416-18;

ÍNDICE TEMÁTICO

y Josué y Joás, 296-98; y el legalismo, 295; y las metas, 278-79; y el ministerio en equipo, 414-15; con la mira en el futuro, 391-92; y el obstáculo volitivo, 436; y olvidarse del control y los resultados, 304-7; y la oración, 298-300; y practicar la presencia de Cristo, 298-300; y las prioridades, 418; y el proceso de discipulado, 406-10; y el producto del discipulado, 410-12; y el recuerdo actual, 298-300; y el recuerdo habitual, 298-300; y la santidad, 301-4; y ser frente a hacer, 293-96; la vida como un peregrinaje, 279-80; y la vida cristocéntrica, 293-96

espiritualidad de vida cambiada: carácter y el plan de Dios, 111-13; y competencia y realización, 115-16

espiritualidad del desierto, 518-19

espiritualidad disciplinada: y ayuno y castidad, 88; y comunión, 89; y confesión, 89; y contemplación, 102; y culto y celebración, 90; y dependencia, 79-85; y discreción, 88-89; y equilibrio entre vida humana y divina, 79-80; y las disciplinas clásicas, 80-81; y estudio y meditación, 88; 93-96; y *lectio divina*, 102; y levar un diario, 87; y meditación, 88, 96-97; y oración, 88, 99-102; y servicio, 90-91; y soledad y silencio, 87, 91-93; y sumisión y orientación, 89

espiritualidad en la iglesia medieval, 520-26

espiritualidad española, 528-29

espiritualidad formativa: y adiestramiento, 409-10; y aislamiento, 432-33; y alentar y exhortar, 410; y capacitar, 407-8; y contexto del discipulado, 413-15; definición de, 21, 395-98; y el discipulado en grupos pequeños y de uno a uno, 414-15; y la enseñanza, 408-9; y espectro de espiritualidad, 397-99; y evangelizar, 407-8; y exponer, 407; y la filosofía bíblica de la evangelización, 419-26; y la filosofía bíblica del discipulado, 399-404; y la importancia de la evangelización, 416-18; y la indiferencia, 430-31; e insuficiencia, 430; y el ministerio en equipo, 414-15; y el obstáculo de la indiferencia, 430-31; y el obstáculo de la insuficiencia, 430; y el obstáculo del aislamiento, 432-33; y el obstáculo del método, 428-429; y el obstáculo del temor 429-30; y el obstáculo del tiempo, 431-32; y el obstáculo intelectual, 434-36; y el obstáculo para los incrédulos en la en la evangelización, 433-39; y el obstáculo volitivo, 436-37; y los obstáculos emocionales, 433-34; y los obstáculos para los creyentes en la evangelización, 427-33; y las prioridades, 418; y el proceso del discipulado, 406-409; y el producto del discipulado, 410-12. *Vea también* evangelización

espiritualidad francesa, 529-30

espiritualidad integral: y una búsqueda resuelta, 239-41; y las búsquedas falsas de felicidad, 221-23; y un corazón de sabiduría, 228-29; y la creación de compartimientos, 220, 241-248; y Cristo como un componente de la vida o centro de la vida, 241-48; Cristo, punto focal del corazón, 233-34; definición de la, 20-21, 219-20; y el discipulado, 238-39; y el hombre como parte de la familia de Dios, 247; y el hombre en su relación con los demás, 246; 250-257; y la imagen del yo, 244-45; y la interacción del hombre con la sociedad, 260-63; y el legalismo, 240; y el matrimonio, 247; 249-253; y la oración, 236; y el propósito de la vida, 237-38; y la relación padres-hijos, 253-56; y la sabiduría, 223-24; y el temor del Señor, 225-26; y temor reverencial y humildad, 226-227; lo temporal frente a lo eterno, 227-28; tentación de desenfocarnos, 236-37; vida centrada en Cristo, 232-248

espiritualidad luterana, 526-27
espiritualidad monástica, 518-19, 521-22
espiritualidad motivada: amor y gratitud, 144-47; y anhelo de Dios, 158-61; definición, 20; 140-42; y esperanza, 156-58; e identidad del hombre en Cristo, 153-56; y la moralidad, 139; y la naturaleza humana, 136-140; y propósito, 139; y recompensa, 147-52
espiritualidad paradigmática: y la brevedad de la vida, 60-61; y confianza en Dios, 68-75; y crisis a mitad de la vida, 64; definición de, 20, 62-63; y discrepancias entre la fe y la práctica, 71-72; y paradigmas temporales frente a paradigmas bíblicos, 62-63, 65-66, 69-71; y las prioridades, 72-75; y realismo y esperanza bíblicos, 61-62; y el sistema eterno de valores, 69-72; y el sistema temporal de valores, 69-71; la vida es un viaje, 59-67

estudio y meditación, 88, 93-96, 192-95; lectura, 189-90; lectura informativa o lectura formativa, 168-69

Evangelismo Explosivo, 436
evangelización, 398; y la agricultura, 419-20; aislamiento, 432-33; y el contexto de la, 438-441; discipulado, 426; don espiritual para la, 336; filosofía bíblica de la, 419-26; y la iglesia dispersa, 423
exhortación, 333, 462-63

Fagan, Bill, 543
fe como un don espiritual, 334
Fear and Trembling, 531
Fee, Gordon D., 322
felicidad, búsqueda falsa de la, 221-22
fileo, 263

Filocalia, 198
Finding Common Ground, 423
Fire Within, 186
First Epistle to the Corinthians, The, 322
Forgive and Forget, 52
Form of Living, The, 526
Forsythe, P. T., 180
Foster, Richard, 102
Foucauld, Charles de, 530
Fox, George, 531
Fox, Matthew, 535
Franciscanos, 522
Francke, August Hermann, 531
François Fénelon, 96, 181, 307, 455, 530
Frazee, Randy, 469
Freedom of Simplicity, 81, 534
Fresh Wind, Fresh Fire, 319, 479
Fromke, DeVern F., 279
fruto del Espíritu, 304
Fuego en la chimenea, 322
funerales, 53-54

Garrison, Bill, 74
Genesee Diary, The, 534
Gergen, Kenneth, 445
Gift of Prophecy, The, 322
Gillham, Bill, 108
gloria de Dios, 28-29
gnosticismo, 517
God's Empowering Presence, 297
Good Life, The, 73
Gospel and India's Heritage, The, 537
Gospel-Centered Spirituality, 500
Grace Abounding to the Chief of Sinners, 531

ÍNDICE TEMÁTICO

gracia, crecer en, 280-81
gratitud, 144-47; 307-9
Great Books of the Western World, 222
Great Divorce, The, 203
Greene, Michael, 322
Gregg, Douglas H., 81
Gregorio de Niza, 186
Grenz, Stanley J., 458
Groeschel, Benedict J., 542
Groote, Gerardo, 525
Gruchy, John de, 537
Grudem, Wayne, 322
Guinness, Os, 232, 308
Gutiérrez, Gustavo, 536
Guyon, Madam Jeanne-Marie, 529
Guzmán, Domingo de, 522

hacer frente a ser, 540
Hall, Thelma, 189
Hammarskjöld, Dag, 262
Havel, Václav, 494
Havergal, F. R., 108
helenista, influencia, 517
Hendricks, Howard, 108, 430, 470
Henrichsen, Walt, 284, 474
Hermano Lawrence, 298
Hession, Roy, 455
hijos, 253-256
History of Christian Spirituality, 500, 501
Hoffer, Eric, 291
Holt, Bradley P., 545
Holy Spirit and You, The, 321
hombre: amor de Dios hacia el, 30-31; y amor y compasión, 460-61; y amor y gratitud, 144-47, 287-88; y anhelos de Dios, 158-61; y la brevedad de la vida, 60-61; y la carne, 356-62; como Dios ve al, 36-42; como nos ve el Nuevo Testamento, 36-42; y competencia y realización, 115-16; y comunidades, 445-46; diferentes tipos de, 50-51; y la disciplina, 80-81; y el exceso de trabajo, 290-300; y la gracia del perdón, 49-53; identidad del, 34-35, 107-16, 153-56, 244-245, 386-87, 461-62; y su interacción con la sociedad, 260-63; y el matrimonio, 247, 249-53; y la mortalidad, 64-65; naturaleza humana y el, 28, 136-40; y las necesidades que Dios creó, 114-16; y la obediencia a Dios, 33, 124-25; y la oración, 99-102; como parte de la familia de Dios, 118-19, 247; y la profecía, 333; y sus propósitos en la vida, 238-39, 270-74, 387, 417-418, 484-87, 493-97; y las recompensas, 147-52; debe reconocer lo que es en Cristo, 122-23; relaciones con las personas en el cielo, 149-50; responsabilidad ante otros, 475-76; y el silencio, 92-93; y los sistemas de valores, 69-71, 227-28; y la soledad, 91-92; y las tentaciones, 359-62; tipos de personalidades en el, 502-512; y el trabajo, 257-60; y cómo valorar a otros, 49; vida de Cristo en el, 126-27
hombres como cuerpo de Cristo, 119; e identidad del creyente en Cristo, 107-16; e identificación con Cristo, 122-24; y legalismo, 127-29; y libertad, 127-29; y libertinaje, 127-29; y meditación, 88; y las necesidades que Dios creó, 114-116; y nuestra posición y nuestra práctica, 129-131; y pecado, 120; y plan de Dios para satisfacer nuestras necesidades, 117-32; y la rebelión del hombre contra Dios, 113-14; y el templo espiritual, 119-21; y la vida de Cristo en nosotros, 126-27
Hope, Bob, 285
Hugo, Víctor, 357
Hull, Bill, 469
humanismo, 61
Hummel, Charles E., 322
Huss, Juan, 526
Huxley, Aldous, 416

identidad personal: y afirmaciones para la mañana, 386-87; y

como Dios nos ve, 35-42; y la espiritualidad colectiva, 460-61; y la espiritualidad de vida cambiada, 117-16; y la espiritualidad integral, 220, 244-45; de Jesucristo, 44-45; y el Nuevo Testamento, 36-42; y la relación del hombre con Jesucristo, 46-50, 153-56; y la relación del hombre con los demás, 44-45; y la sociedad, 34-35
Iglesia Pentecostal de Santidad, 321
Iglesias de Dios, 321
Ignacio de Loyola, 528
Ilíada de Homero, 287
Ilunga, Bakole Wa, 537
I'm Glad you asked, 283
Imitación de Cristo, La, 96, 214, 302, 525, 532
In His Image, 168
In the Name of Jesus, 474, 534
Inch, Morris, 158
indiferencia, 430-31; y la insuficiencia. 430; como inversión eterna, 423-24; importancia de la, 416-18; métodos, 428-29; y el obstáculo emocional, 433-34; y el obstáculo intelectual, 434-36; y el obstáculo volitivo, 436; obstáculos a la, 427-33; obstáculos para los no creyentes, 433-38; razones equivocadas, 424; temor, 429-30; y el tiempo, 432. *Vea también* discipulado; espiritualidad formativa
inductivo, método de estudio, 95
Interpretación de lenguas, 335-36
Intimacy with God, 189
Invitation to a Journey, 467, 504
ira, 360

Jackson, Gayle, 271, 284
Jesucristo: amar la verdad más que a, 207-8; colocar el servicio y el ministerio por encima de, 208; como centro de la vida del hombre, 293-96; como componente de la vida del hombre, 241-48; conocer a, 121-22, 295-298, 482-83; distorsiones sobre, 459-460; encarnación de; entregarse a, 124-26; y el Espíritu Santo, 316-18; y la espiritualidad disciplinada, 82; y la espiritualidad motivada, 135-36; y la gratitud del hombre, 144-47; y la espiritual, 389-405; los hombres como cuerpo de Cristo, 119; implicaciones de la encarnación de, 205-7; más compromiso con instituciones que con, 207; y nuestra posición y práctica, 128-30; y nuestras relaciones con los demás, 44-45; y los propósitos de Dios, 495-96; y las recompensas, 147-52; reconocer a, 122-24; y el recuerdo actual y habitual, 298-300; una relación meramente funcional y, 208; y la renovación espiritual, 476-79; la sabiduría de buscar en todas las cosas a, 223-31; y la santidad, 301-4; y la soledad, 91-92; y el temor del Señor, 139-42; vida de Cristo en nosotros, 126-27. *Véase también* Dios
Johnson, Luke Timothy, 457
Johnson, Paul, 69
Johnson, Samuel, 260
Journey of Desire, The, 160
Julián de Norwich, 159
Jung, Carl G., 503-4

Kazmarek, Skip, 294
Keating, Thomas, 189, 198
Keble, John, 528
Keep in Step with the Spirit, 302, 316
Kempis, Tomás de, 96, 214, 302, 502, 525, 540
Kent, R. Kent, 81
Kierkegaard, Søren, 170, 494, 531
King, Martin Luther, 262, 534
Koyama, Kosuke, 537
Kraftson, Bill, 5376
Kreeft, Peter, 483, 492
Krueger, David, 419
Kubelski, Meyer, 156

ÍNDICE TEMÁTICO

Lancelot, 278
Laubach, Frank, 298, 533
Law, William, 96, 528, 532
Layman, Look Up!, 474
Leadership Bible, 411
Leclercq, Jean, 189
lectio divina, 106
lectura informativa o lectura formativa, 168-69
Lectura, 189-92. Vea también estudio y meditación
Leech, Kenneth, 261
legalismo, 127-29, 240, 295; frente a libertinaje, 538
lenguas como don espiritual, 335
Letters from Birmingham Jail, 534
Lewis, C. S., 29, 69-71, 125, 151, 203, 256, 263, 310, 356, 384, 417, 485, 489, 534
libertad, 128-29
Liddell, Eric, 270-71
Liderazgo, 333, 411-412, 474-75
Life of God in the Soul of Man, The, 166
Life of the Blessed Henry, 524
Life of the Spirit and the Life of Today, 533
Life Together, 91, 448
Lion and the Lamb, 492
Listening to God in Times of Choice, 464
Lloyd Edwards, 467
Lorenzen, Myles, 242
Louis, Joe, 153-55
Love is Stronger Than Death, 492
Lovelace, Richard F., 478
Lutero, Martín, 502

MacDonald, Gordon, 50
Maclaren, Alexander, 138
Madre Teresa, 262
manejo del tiempo, 290-300
Manning, Brennan, 492
Manual de Guerra Espiritual, 385
Martin, Ralph, 321
mártires, 517
Marvin, Lee, 481
Massey, James Earl, 81
materialismo, 236-37
matrimonio, 247, 249-253, y discipulado, 413-14
Matthews, Victgor M., 385
mayordomía, 149; y el dar, 333; y la espiritualidad disciplinada, 90; y la espiritualidad integral, 260-63; y la espiritualidad relacional, 47-48; de las finanzas, 267-68; y las relaciones, 269-70; de los talento, 267; del tiempo, 266-67; de la verdad, 269
McDonald, Gordon, 269
McDonnell, Killian, 321
McGrath, Alister E., 315
McMurry, Douglas, 322
McRae, William, 339
meditación, 88, 96-98; 192-95
Menninger, William, 198
menonitas, 494
Mere Christianity, 534
Merton, Thomas, 180, 181, 188, 194, 305, 454, 486, 502, 534
metodistas, 532
método biográfico de estudio, 96
método sintético de estudio, 95
milagros como don espiritual, 334
ministerio en equipo, 414-15
misericordia, 334
misticismo, 179, 518, 523-26
Mittelberg, Mark, 429
Molinos, Miguel de, 529
Money, Sex and Power, 534
montanistas, 516
Moody, D. L., 477, 513, 532
Moody, Larry, 283, 419, 434-35
Moore, Thomas, 536
Moren Than Meets the Eye, 168
Mount Fuji and Mount Sinai, 537
muerte, 53-54
muerte: comprender nuestra mortalidad, 64-65; y esperanza, 283-84
Muggeridge, Malcom, 486, 489
Mulholland, Robert, 168, 467, 504
Müller, George, 262
Murphy, Ed, 359, 385
Murray, Andrew, 108, 486
Musselman, John, 414
Myers, Isabel, 503
Myers-Briggs. indicadores de tipos (MBTI), 502-12

Nagel, Ernest, 139
naturaleza humana: y la espiritualidad relacional, 28; y la humildad, 226-27; y los límites de la razón humana, 186; y motivadores, 136-39; y las prioridades, 418; responsabilidad humana frente a soberanía divina, 538; y la santidad, 301-4
naturalismo, 16, 61
Nee, Watchman, 108, 209
negación o afirmación de uno mismo, 539
New Covenant, revista, 321
New Pentecost, A, 321
New Seeds of Contemplation, 188, 194, 305, 534
Newell, William, 129
Newton, John, 532
Niebuhr, Reinhold, 487
Nine O'Clock in the Morning, 321
Norrisey, Marie C., 467, 505
Notes from the Underground, 307
Nouwen, Henri J. M., 81, 93, 160, 181, 307, 309, 448, 474, 534
Nuevo Testamento: y el bautismo, 322; y cómo ve Dios al hombre, 36-42; y el conflicto espiritual, 354-355; y las disciplinas clásicas, 82; y esperanza, 284-87; y el Espíritu Santo, 323-25; y la espiritualidad de vida cambiada, 107-10; y la mayordomía, 265-70; y la meditación, 97-98; y la naturaleza de la iglesia, 458-59; y el propósito de la iglesia, 459-67; y la relación del hombre con los demás, 44-45; y el secreto del contentamiento, 310-12; y el temor del Señor, 140-42; 225-26

obediencia a Dios, 33, 124-26; 206-7, 454-55
On Grace and Free Will, 209
On Learned Ignorance, 525
On Seeking God, 525
On the Summit of Contemplation, 525
On the Vision of God, 525
Open Mind, Open Heart, 189
oración: colectiva, 466-67; contemplativa, 180; y desprendimiento y deseo, 182-83; en toda circunstancia, 235; en épocas de aridez y oscuridad, 184-86; y la espiritual integral, 244; y la espiritualidad de devociones, 178-87; y la espiritualidad de proceso, 298-300; y la espiritualidad disciplinada, 87, 99; y los hijos, 255-56; y nuestras peticiones, 383. *Vea también* meditación

órdenes mendicantes, 522-23
orientación técnica u orientación espontánea, 540
Orr, J. Edwin, 477
Ortberg, John, 81
Orthodox Way, The, 167
Ortodoxy, 536
Our Town, 65-66
Overcoming the Adversary, 380
Owen, John, 530
Oxford Book of Prayer, 212

Packer, J. I., 302
Padrenuestro, 303
Page, Earl C., 472
Parham, Charles, 320, 533
Pascal, Blaise, 28, 96, 181-82, 221, 529
pastor, don espiritual de, 336
Payne, Leanne, 377-78
pecado: y demonios, 375; y la curación interior, 473-74; y la encarnación de Cristo, 205-7; y la espiritualidad de proceso, 287-88; y la espiritualidad de vida cambiada, 113-14, 120-21; y el perdón, 465-66; y responsabilidad ante otros, 475-76; y los siete pecados capitales, 303-4; y el conflicto espiritual, 354-55
Pennington, Basil, 198
Pensamientos, 28, 96, 221, 306, 529

ÍNDICE TEMÁTICO

pentecostal, movimiento, 320, 477, 533
Percy, Walker, 278, 493
perdón de Dios, 50-51
perdón, el, 50-52, 377-78, 465-66
Perkins, Bill, 411
Pett, Mark, 74
Phenomenon of Man, The, 535
Pia Desideria, 531
pietismo continental, 477
pietismo, 531
Piper, John, 99, 175, 204
placer sexual: y la abstinencia, 91-93; y la guerra espiritual, 361; y el matrimonio, 249-53
Plan maestro de la evangelización, 400
Pleasure of God, 99
posmodernismo, 16
Power Evangelism, 322
Power Healing, 322
Practical View of the Prevailing Religious System of Professed Christians, 532
Prayer and Temperament, 467, 505
Prayer: Finding the Heart's True Home, 81, 534
Primer Gran Avivamiento, 477
profecía, 333
protestante, 493, 497, 534-35
Proust, Marcelo, 63
Pseudo-Dionisio, 519-20
Psychological Types, 503
Psychology in the Psalms, 158
purgación, 542
puritanos, 530-31

Putnam, Robert, 446-46

quietismo, 529-30

Rahner, Karl, 183
Ramsey, Michael, 154
recompensas, 147-52
recuerdo actual, 298
Recuerdo habitual, 298-300
Reese, Randy, 470
Reformed Pastor, 530
relaciones padres-hijos, 253-56; y el discipulado, 413-15
Release of the Spirit, The 209
Religious affections, 342, 532
Renewal as a Way of Life, 478
renovación carismática, movimiento de, 321
renovación, 476-79
renunciación, 203-04, 378
Responsabilidad ante otros y regla, 475-476
responsabilidad humana frente a soberanía divina, 538
Restoring the Christian Soul, 377-78
Revelation of Divine Love, 159
Ricardo de Chichester, 31
Rievaulx, Aelredo de, 181
Rolle, Richard, 181, 526
Rule and Exercise of Holy Dying, 528
Rule and Exercise of Holy Living, 528

sabiduría y espiritualidad, 19-20, 228-29; y amar a Dios, 31-33; y buscar a Cristo en todas las cosas, 223-26
Sacred Reading, 102, 189
sacrificio, 90
Sager, Allan H., 500
Sagrado Romance, El, 160
Saint-Exupéry, Antoine de, 178, 257
Sales, Francisco de, 96, 194, 529
salvación, 377, 382
sandalias de la paz, 381-82
Sanford, Agnes, 321
santificación, 130, 279
Satanás. *Véase* diablo, el
Satisfy Your Soul, 469
Saturated Self, The, 445
Scale of Perfection, The, 526
Schaeffer, Francis, 71, 270
Screwtape Letters, The, 70, 139-40, 263, 310, 356, 384, 534
Second Coming, The, 493
seguir a Dios, 33, 37-50
Segundo Gran Avivamiento, 477
sencillez, mayordomía y sacrificio, 90; y espiritualidad de devociones, 179
Serious Call to a Devout and Holy Life, A, 96, 528
Sermón del Monte, el, 455-56
servicio: colocado por encima de Cristo, 207; y espiritualidad colectiva, 463-64; y la espiritualidad disciplinada, 91; y

liderazgo de, 474-75, y la llenura del espíritu, 333
servidores, 47-50
Seymour, William J., 320, 533
Shakespeare, William, 63
Shaped by the Word, 168
Shaw, Bernard, 61
Shelley, Bob, 419
Sickness Unto Death, The, 531
siete pecados capitales, 303-4
silencio, 87
Simeon, Charles, 477
Simeón el Nuevo Teólogo, 181
Simona, Menno, 528
Simpson, A. B., 108
Sin and Temptation, 530
Sine, Tom, 480
sistema temporal de valores, 69-71, 227-28
Smedes, Lewis B., 52-53
Smith, Bill, 452
Smith, Gordon T., 464
Smith, James Bryan, 191
Sobrino, Jon, 536
Sociedad de los poetas muertos, La, 64
soledad y silencio, 87, 91-93; y la comunidad, 448-51
Solomon, Charles, 108
Sparkling Stone, The, 525
Spener, Philipp Jakob, 531
Spirit of the Discipline, 81, 396, 534
Spiritual Direction and Meditation, 189, 486
Spiritual Direction and Meditation, 81

Spiritual Discipline, 81
Spiritual Espousals, 524
Spiritual Mentoring, 470
Spiritual Passages, 542
Stedman, Ray, 337
storgê, 251
Stott, John, 161, 434
Stowell, Joe, 147
Stuart, James, 427
Suenens, Cardenal León Joseph, 321
sumisión y orientación, 89
Summa contra gentiles, 522-23
Sunday, Billy, 477
Surprised by he Voice of God, 322, 332
Surprised by Joy, 534
Surprised by the Power of the Spirit, 322
Suso, Henry, 539
Swenson, Richard A., 168
Sykes, Len, 291

Tan, Siang-Yang, 81
Tauler, Johann, 524
Taylor, Hudson, 108
Taylor, Jack R., 126
Taylor, Jeremy, 528
Temple, William, 175
tentación, resistir la, 359
Teresa de Ávila, 529
Testament of Devotion, 533
testimonio y la espiritualidad disciplinada, 91
Theologia Germanica, 524, 527
They Speak With Other Tongues, 321
Thomas, Ian, 108
Three Crucial Questions about Spiritual Warfare, 390

Three Philosophies, 481
Too Deep for Words, 189
Toward God, 102, 189
Tozer, A. W., 64, 150, 160, 171, 176, 181, 203, 282, 319, 533
trabajo: y discipulado, 413-14; y espiritualidad integral, 257-60
Trumbell, Charles, 108
Twelve Steps for Christians, The, 535
Two Minds, 308
Tyndale, William, 526
Tyson, Tommy, 321

Ultimate Intention, 279
Underhill, Evelyn, 112, 533
Undivided Heart, The, 189
Unger, Merrill F., 376

valores, sistema eterno de, 69-71, 228-28
van Ruysbroeck, Jan, 181, 524, 542
Vaughan, Henry, 528
venganza, 360-61
vía iluminativa, la, 542
Victoria sobre la oscuridad, 108
Vida más Profunda, Movimiento, 477
visión beatífica, 162
Vision Foundation, 495
von Zinzendorf, Ludwig, 477

Wagner, C. Peter, 322, 336
Ware, Kallistos, 167
Waterbuffalo Theology, 537
Watt, Isaac, 60

ÍNDICE TEMÁTICO

Way of a Pilgrim, 536
Way of he Heart, The, 81, 534
Weight of Glory, 151, 159-60, 417
What Demons Can Do to Saints, 376
White, John, 455
Whitefield, George, 489
Whitney, Donald S., 81
Who We Are Is How We

Pray, 467, 505
Wilberforce, William, 262, 532
Wild Hope, 480
Wilder, Thornton, 65
Wilkerson, David, 321
Willard, Dallas, 81, 83, 86, 171, 238, 396, 534
Williams, Robin, 64
Wind in the Willows, 142
Wishful Thinking: A

Theological ABC, 271
Woolman, John, 262, 531
Worship, 533
Wounded Healer, The, 534
Wycliffe, John, 526

Yancey, Philip, 168
Your Spiritual Gifts, 336

Zizioulas, John, D., 447
Zwinglio, Ulrich, 527

ÍNDICE DE ESCRITURAS

Génesis		2:23	258	13–14	296	24:14–23	365
1—2	266	3:6	182	14:9	296	24:14–24	353
1:26–27	250	7:4–5	353	18:20	210	24:15	247, 296
1:26	447	9:14–16	353				
1:27	250	12:12	353	**Deuteronomio**		**Jueces**	
1:28–30	270	15:11	353	5:29	141	2:1–11	412
1:28	395	18	412	6:4–5	254		
2:5	257	20:3–5	377	6:5–9	247, 291	**Rut**	
2:15	257	20:5	375	6:5	82	1:16	182
2:18	250	20:11	257	6:6	255		
2:20	250	20:17	361	6:7	255	**1 Samuel**	
2:23–25	250	20:20	141	6:8–9	255	12:1–4	411
2:24	250	33:7–10	296	6:13	141	13:13	475
3	353, 447	33:11	296	8:12	212	15	411
3:1–5	369	33:13–14	111	8:14	212, 308	16:14–23	353 (2)
3:8	172	33:14	260	8:17	268, 308	18:6–11	412
3:15	353, 412	33:18	158, 184	8:18	258	18:10	353
3:17–19	257	34:6–7	213	10:12	141	18:11	353
4	353	35—40	258	10:17–18	261	19:9	353
6	353			12:2	390	19:10	353
9:1	395	**Levítico**		14:22–26	260	20:33	353
11	353	16:29–31	260	17—18	212	22:1–5	412
11:7	447	17:7	353, 370, 371	18:9–12	371	26:19	210
18:1–8	391			18:9–13	369	28:7–19	353
18:14	101	19:15	261	31:6	300		
18:19	255	19:31	371	32:17	353, 370, 371	**2 Samuel**	
39:4–6	265	20:6	375			11:1–5	412
42—45	53					11:27	412
		Números		**Josué**		12	476
Éxodo		6:24–26	498	1:1–9	296, 411	12:7	492
1:11–14	258	11:2	99	1:8	97, 192	23:8–17	412

573

CONFORMADOS A SU IMAGEN

1 Reyes		Salmos		75:6-7	258	130:3-4	141
16:30-33	353	1:2	97, 192	77:11-12	169	139	171
18:18-19	390	1:3	97	77:13	170	139:13-14	167
18:20-40	353	8	28	77:14-15	169	139:23-24	51, 302,
18:36-37	99	8:2b	28	82	412		303, 377, 386
22:6-8	475	8:3	28	86:11	226	140:12	261
22:21-23	353	8:4	28	90	60, 228	145	173
		8:4-6	391	90:1-6	213	145:1-21	209
2 Reyes		8:5	29	90:2	228	145:8-9	112
3:27	353	8:6-8	29	90:7	228	146:9	261
6:17	235	15	412	90:9	228	148	167
16:3	353	16	210	90:12	266, 412,		
		19:1	167		417, 431	Proverbios	
1 Crónicas		19:1-6	167	90:17	49, 228,	1:7	226
28	412	19:7-9	168		229	2	82
29:10-13	214	19:14	191	92:13-14	485	2:1-5	225
		24:1	268	96:4	141	2:1-11	411
2 Crónicas		25:12	141	96:5	371	2:6	225
14-16	207	27:4	209	100	383	3:5-6	360, 387
16:7-10	370	27:8	183	103	212	3:5-7	262
22:10—24:27	297	31:15	267	103:6	261	3:7	141
24:20	375	32:1-6	375	103:7	170	3:13-15	224
32:25	212	32:5	377	103:12	51	3:18	224
		34:8	180	103:15-18	60	4:23	303
Esdras		37:3-6	99	103:20-21	391	6:6-11	258
7:10	406	37:7	187	103—107	212	6:22	98
		37:4	338	104	167	8	412
		37:6-7	245	104:24	167	8:22-31	224
Nehemías		37:7	198	106:7	308	9:10	142, 223,
1	412	39:4-7	60	106:13	308		225, 230
4:14	430	42:1-2	158, 182,	106:37	353, 370	9:10a	227
6:1-14	412		241	106:38	353	10:19	93
8:10-12	260	42:1-3	209	107:43	231	11:13	93
9:26	308	46:10	181	110:1	447	12:27	258
		50:10-11	268	110:11	226	13:4	258
Ester		56:3-4	430	115:3	259	14:31	261
4:13-14	259	63:1	182, 241	116:1-2	99	15:33	227
		63:1-8	99, 209	117	175, 176	16:3	400
Job		63:6	98	119:11	383	16:9	400
1:21	268, 311	66:3	169	119:18	168, 191	17:9	257
2:1-7	369	66:5	169	119:105	383	17:10	257
12:13	224	66:16	170	123:1-2	180	17:17	257
28:28	141, 225	66:19-20	170	127:1-2	259	18:2	436
38:7	390, 391	74:14	353	127:3-5	253	18:8	93

ÍNDICE DE ESCRITURAS

18:13	257, 412, 436	6:2	391	10:18–22	391	**MATEO**	
18:24	257	6:3	391	16:20–21	353	3:8	377
19:13	93	6:6	391	23:37	353	3:11	323
19:17	261	11:1–5	261	28:12–15	367	4:1–11	91
20:3	93	14:12	367, 368	28:16–17	367	4:3	368
20:4	258	14:13	266, 367	47:1–12	180	4:3–10	369
20:19	93	14:14	266, 369			4:4	383
21:9	93	14:15	367, 392	**DANIEL**		4:19	387, 424, 440
21:19	93	26:3	245	2:20	224	4:24	473
21:25–26	258	27:1	353	2:21	258	5:1–12	455
22:6	256	30:15	93, 294	2:22	224	5:6	125, 241
22:9	261	30:18	214	7:9–14	447	5:8	488
22:13	258	37:31	97	10:5–6	391	5:12	52
23:4–5	210	38:17	51	10:12	390	5:13–16	246
23:26	245	38:19	255	10:13	353, 371	5:23–24	412
24:30–34	258	40:6b–8	60	10:20	353, 371	6:10	266, 389
25:14	93	40:26	29	10:21	353, 390	6:14–15	377
26:13–16	258	43:25	51	12:1	392	6:19	49, 148, 267
26:21	93	46:9–10	259	12:2	269	6:20	148, 495
26:28	93	49:15	213	12:3	149	6:21	267
27:1–2	93	53:4–5	473			6:22–23	488
27:6	257	55:8–9	174	**OSEAS**		6:25–34	411, 485
27:9	257	55:10–11	424	2	412	6:33	161, 204,
27:10	257	58:6–10	261	2:13	354		233, 246,
27:15–16	93	64:6	136	4:12–14	354		387, 431
27:17	257			7:16	136	6:34	49, 267, 281
29:5	93	**JEREMÍAS**		9:10	166	7:7–8	484
		9:23–24	258, 261,	13:6	308	7:22–23	340
ECLESIASTÉS			496			8:5–10	466
2:4–11	257	17:5	142	**AMÓS**		8:9	475
2:17	494	17:7	142	2—8	261	8:16	370
2:18–23	257	17:9	136	5:24	412	8:28	371
2:24	258	31:31–33	447			9:37–38	428, 440
3:11	71, 116,	31:33	207	**MIQUEAS**		10:1	376
	417	31:34	51	6:8	227, 261	10:7–8	354
3:12–13	258	32:17	172	7:19	51	10:28	226
3:14	259	33:2–3	99			10:38–39	183
4:9–12	257	45:5	70	**ZACARÍAS**		11:19	46, 420, 432
5:18	258			3:1	367, 368	11:21–24	147
7:2	54	**EZEQUIEL**		3:2	367	11:27	244
8:5	267, 431	1:5–8	391			11:28	260
		1:5–21	391	**MALAQUÍAS**		11:29	245
ISAÍAS		7:3	360	3:16	141	11:30	260
1:17	261	8:14	354	4:2	141	12:22	354, 371

12:24	368, 370, 371	28:19–20	387, 398, 418	12:30	31, 82, 295, 396, 447	11:9–10	99
12:28	378	28:20	172, 396, 426, 430	12:31	396, 447	11:15	368
12:29	354			14:3	209	11:34	180
12:43	370			14:36	266	11:53–54	46
12:44	370	**Marcos**		16:17	378	12:4–5	140
12:45	370	1:8	323			12:15	246
13:3–9	420	1:23–24	370	**Lucas**		12:16–21	411
13:37–39	355	1:24	371	1:37	172	12:16–22	258
13:44	204	1:23–27	354, 370	1:41–42	324	12:21	48, 246
13:46	204	1:34	354, 371, 473	1:67	324	12:42	266, 411
14:23	91			3:16	323	12:42–44	148
16:22–23	372	1:35	91, 99, 294, 298	4:1	324	12:47	147
16:24	338, 382, 365, 411			4:1–13	354, 367, 383	12:48	147, 269, 411
		1:39	354	4:2–13	384	13:10–16	354
16:25	454	2:16	45	4:2	324, 368	14:26	238, 482
16:26	365, 397, 411	2:18–22	412	4:18	261, 473	14:27	238
		3:5	360	4:19	261	14:33	238
17:4–5	197	3:14	354, 403	5:16	91, 294	15	418, 423
18:15	465	3:15	354	6:12–13	91	15:3–7	434
18:15–17	412	4:1–20	420	6:12–16	412	15:7	434
18:16–17	465	4:11	421	6:12–19	448	15:10	434
18:21–25	52	4:19	137, 202, 246, 286	6:36	465	15:32	434
18:21–35	377			7:21–23	261	16:1–13	265
19:27–30	148	5:1–20	354	8:2	370	16:9	150
20:1–16	148	5:7	371	8:12	369	16:10	149, 274, 307
20:25–28	247	6:3	46	8:27–33	370, 371		
21:15–16	28	6:7	354	8:28	370	16:12	149
22:28–30	390	6:13	354	8:30	370	16:13	365
22:37	44, 239, 382, 387	6:31	260, 294, 298	8:32	370	16:15	65, 72, 150, 424
				9:1	376, 474		
22:39	44, 387	7:20	301, 465	9:18–20	121	16:15b	48
24:24	340	7:21–22	375	9:23	124, 365, 380	17:7–10	142
25:14–30	148, 265, 412	7:21–23	136	9:24	305	17:10	404
		7:23	301, 465	9:25	365	17:17–18	307
25:24–30	258	7:25–26	370	10:1–24	412	18:1	99
25:31–34	392	8:34–35	281, 398	10:9	474	19:10	157, 418, 434
25:34–40	262	8:34–37	411	10:17	354, 355, 370, 378		
25:40	404	8:36–37	246			19:11–27	148
25:41	355, 367, 370, 391, 392	8:38	398	10:18	355, 384, 392	19:17–19	149
		9:17–29	371, 375	10:19	376	20:35	240
26:36–46	91	10:37	45	10:20	29, 354, 370	20:36	391
28:5	391	10:45	45, 157, 418, 464	10:41	137	22:3	368
28:18	396, 426			10:42	137, 184, 204	22:20	447

ÍNDICE DE ESCRITURAS

22:27	45	7	235	14:21	146, 411	17:14	365
22:31	369	7:4–5	46	14:23–24	146	17:15	368
24:4	391	7:17	123, 497	14:26	317	17:17	269, 365
24:27	244	7:37–38	180	14:27	245	17:20–23	543
24:44	244	8:28	235	14:30	355	17:21	166, 462
24:49	384	8:29	209, 235	15	131, 206	17:22–26	447
		8:31–32	269	15:1	37	17:23	166
Juan		8:32	545	15:1–10	295	17:25	182
1	280	8:36	377	15:1–8	109, 127	17:31	183
1:1–18	244	8:41	46	15:4	80, 97, 298, 337	20:17	182
1:12	36, 226	8:44	354, 355,	15:4–11	80	21:15–19	53, 412
1:33	323		368	15:5	37, 80, 99, 227	21:16	336
1:38	483	8:48	46	15:7	244, 298		
1:46	45	9	280	15:8	97, 398	**Hechos**	
2:11	280	9:4	75	15:5	234	1	477
3	235, 543	10:10	396	15:7	229	1:5	323
3:7	280	12:24	209, 398	15:8	229	1:8	80, 384, 387,
3:8	186	12:25	148, 209	15:9	145		412, 418,
3:16	111, 362	12:26	148, 382,	15:10	33, 145, 411		440, 479
3:17	112		398	15:12	44	1:13–14	479
3:19	280	12:31	355, 363,	15:15	37	1:22	336
3:27	268		368, 371,	15:16	490	2	316, 320,
3:29	404		376, 384, 392	15:18–19	365		327, 428,
3:30	306, 404	12:32	384	15:18–21	365		477, 533
4	235, 280	12:43	209	15:19	362	2:1–13	335
4:7–10	420	13	45	15:26	80, 317	2:1–4	323
4:15	33	13:1	174	15:27	80	2:4	324
4:34	259	13:1–17	412	16:7	317	2:27–31	211
4:35–38	420	13:1–17:26		16:8	317, 400, 436,	2:38	329
4:35–39	419	13:2	369	479		2:42	433, 479
4:35–36	440	13:3	45	16:11	317, 355, 364,	2:47	433, 479
4:39–42	420	13:3–17	454	368, 384, 392, 436		3:1–10	474
5:22	391	13:14	462	16:11b	356	4:7–10	474
5:24	148	13:34	44, 462	16:13	317, 318	4:8	318, 324
5:28–29	269	13:35	411	16:14	318, 346, 400	4:29–31	345
5:41	209	13—17	516	16:20	365	4:31	99, 141,
5:44	209, 237	14:2–3	160	16:23	99		318, 324
6	235	14:9	244	16:24	99, 244	5	355
6:15	91	14:10	80	16:30–31	280	5:3	369, 370,
6:57	80	14:15	80, 146	16:33	364, 490		372
6:63	97	14:16	317, 329	16:33b	355	5:14–16	474
6:66	138	14:17	80, 317, 373	17	411	5:16	376
6:67–68	223	14:20	126, 132,	17:3	495	6:3	318, 324
6:69	138		516, 542	17:4	157, 432	6:5	324

7:55	324	**ROMANOS**		6:7	108, 118, 122, 240, 317, 358, 358, 388	8:8	109, 113, 123, 235, 245, 348, 384
8	355	1—3	543			
8:6—7	474	1—5	122			
8:9—24	345	1—11	129	6:8	108, 118, 122, 239, 240, 317, 358	8:9	109, 235, 245, 317, 348, 373, 384
8:14—17	323	3:23	147, 205, 295			
8:26—39	429	3:24	37, 118			
9:2	279	4:21	176, 282	6:9	122, 240, 317, 358	8:10	109, 114, 235, 245
9:17—20	324	5:1	381, 454, 479			
9:27	412	5:3	285, 347, 479, 484	6:10	122, 240, 317, 358	8:11	109, 235, 348, 477
9:32—41	474					
10:35	226	5:4	285, 347, 479, 484	6:11	108, 118, 122, 240, 317, 358, 360, 361, 388	8:12	109, 110, 235, 348, 359, 360, 361
10:38	369					
10:44—47	323	5:5	176, 285, 347, 479, 484			
11:16	323			6:12	124, 359, 367	8:13	109, 110, 125, 235, 348, 359, 360, 361
11:24	324	5:6	176, 295, 479	6:13	124, 245, 348, 359, 367, 380, 388	
13:6—11	371	5:7	176, 295, 479			
13:9—10	318, 324	5:8	119, 122, 144, 176, 295, 386, 479			8:14	110, 327, 348, 360, 361
13:35—37	211			6:14	109, 128, 367	8:15	110, 118, 317, 327, 348
13:52	324					
14:8—10	474	5:9	176, 295, 479	6:15	129		
14:14	335	5:10	176, 295, 479, 491	6:16	205	8:16	46, 110, 318, 327, 348
14:22	490			6:17	205, 207		
16	355	5:11	176, 479	6:19	359, 380	8:17	37, 110, 327
16:16	371, 376	5:12—21	114	6:23	205	8:18	46, 65, 146, 151, 239, 306, 389
16:18	376, 378	5:17	29	6—8	122, 244, 358, 516	
17:1—9	404	5:18—19	118			
17:28	487	6	10, 20, 105, 107, 117, 121, 131, 154, 545, 551	7	358, 545	8:18—25	392, 484
17:34	519			7:3—4	295	8:19	353, 447
19	355			7:6	128	8:20	113, 353, 447
19:1—7	323	6:1—18	479	7:14—25	109, 120, 131, 547	8:21	113, 353, 447
19:9	279	6:1	129			8:22	113, 353, 447
19:11—12	474	6:2	108	7:15—24	373	8:23	114, 347, 353, 357, 447
19:13—16	371	6:3	108, 118, 122, 240, 317, 358	7:22	114, 225, 357	
19:18—19	377			7:23	114, 357	8:24—25	69, 282
19:23	279	6:4	108, 118, 122, 123, 240, 317, 358, 477	8	131, 545	8:26	101, 192, 318
19:24—37	390			8:1	37, 148	8:27	101, 192, 318
20:24	287, 482			8:1—27	479	8:28	146, 360, 362, 388, 398
20:28	336	6:5	108, 118, 122, 123, 239, 240, 317, 358	8:2	37, 109, 477	
22:4	279			8:5	97, 245, 298, 348, 384, 388	8:28—39	306
24:14	279					8:29	15, 388, 396, 496
24:22	279	6:6	37, 108, 118, 120, 122, 123, 240, 317, 358, 388, 547	8:6	109, 245, 298, 348, 384	
26:18	355					8:34	244
28:8—9	474			8:7	109, 245, 348, 384	8:35	176
32:42	458					8:37	367

ÍNDICE DE ESCRITURAS

8:38–39	119, 145, 155, 176, 226	14:17	343	4:3–5	410	11:33	463
		14:19	462	4:7	36, 259, 267, 268, 308	12	328, 333, 336
		15:1	472			12—14	22, 338, 340, 458
9:1–3	418	15:2–3	267	4:16–18	484		
9:33	54	15:4	212	4:20	347	12:2–3	372
11:33	174	15:5	462	5:5	355	12:4–6	337
11:36	185, 242, 362, 485	15:7	37, 463	5:9–11	432	12:7	328
		15:11	175	6:3	391	12:8	334
12	328, 333, 336, 338, 340, 458, 545	15:14	463	6:9	358	12:9	334, 474
		15:22	372	6:10	358	12:10	333, 334, 335
		15:30–31		6:11	279		
12:1–2	205, 364, 378, 386, 411, 451, 492	15:30–32	80	6:17	38	12:11	328, 329, 339
		15:32	260	6:18	361		
		16:7	335	6:19	38, 245, 265, 270, 317, 373	12:12–27	327
12:1	80, 109, 124, 245, 270, 474	16:16	463			12:12–29	412
		16:17–20	355	6:20	245, 265, 270, 373	12:13	317, 323
12:2	80, 109, 124, 185, 270, 279, 306, 363	16:20	381			12:17–19	335
				7:3–5	252	12:25	463
		1 Corintios		7:5	355, 370, 372	12:27	458
12:3	80, 451	1:2	38, 109	7:7	336	12:28	333, 334, 335, 336, 474
12:4	80, 327, 330, 451	1:5–9	120	7:8	336		
		1:18–24	428	7:9	336		
12:5	80, 327, 451	1:30	38	7:29–31	365	12:29	333, 334, 335
12:6	80, 258, 267, 333, 451	2:1–16	479	7:32–35	538		
		2:2	399	7:33–34	252	12:30	334, 335
12:7	80, 333, 451	2:4	384	8:3	220	12:31	329, 340
12:8	80, 333, 334, 451	2:9	119, 149, 160, 211	8:6	165	13	318, 329, 340
				9:1	336	13:1–3	339
12:9	340	2:10–16	318	9:16	140	13:3	336
12:10	340	2:12–13	400	9:19–23	246, 420, 432	13:4–7	387, 461
12:10a	462	2:14–16	541			13:8	329, 332
12:10b	462	2:16	193	9:19–27	418, 433	13:9	332
12:13	336	3:6	400	9:22	433	13:10	332
12:15	257	3:6–9	259, 419, 421	9:24–27	80, 157, 412, 482	13:13	281, 288, 461
12:16	462						
12:17	80, 360	3:10–15	148	9:25–26	287	14	328, 335
12:18	360, 465	3:12	148	9:25–27	148	14:1–40	335
12:19	52, 360	3:16	38, 458	10:31	116, 234, 258, 292, 329	14:2	335
12:21	80	3:17	458			14:3	333
12—16	129	3:21–23	204			14:4	335
13:11	266	3:23	265	10:32–33	428	14:5	329, 335
14:12	446	4—5	410	11:1	474	14:13	335
14:13	463	4:1	265	11:17–30	458	14:14	333
14:15–16	475	4:2	265, 329	11:31	377	14:14–15	335

14:22	335	4:16	125, 151, 229, 389, 392	11:13–15	340, 355, 369, 371	5:19–21	358, 363, 375, 380
14:26	328, 333	4:17	151, 229, 365, 389, 392	11:14	368	5:19–23	357
14:26–28	335			12:1–6	412	5:20	360
14:28	335			12:7	99, 355, 371	5:22–23	318, 340, 360, 361, 387
14:29	333	4:18	151, 229, 285, 365, 389, 392	12:8	99, 355		
14:39–40	343			12:9	99, 109, 206, 347, 355, 400	5:22	490
15:3	386	5	425			5:24	205, 358, 380
15:5	335	5:2–9	183	12:10	109, 206, 347, 355, 400	5:25	80, 235, 298, 318, 348, 359, 380, 387
15:7	335	5:6–8	53				
15:10	80	5:7	69, 365				
15:20–58	240	5:9	72, 145, 157, 496	13:14	281	5:26a	463
15:24–28	29					5:26b	463
15:40–41	149			**GÁLATAS**		6:1–2	472
15:50–58	392	5:10	140, 148, 226, 446	1:4	364	6:2	463
15:51–58	211			1:10	69, 209, 329	6:7–8	129
15:53	125	5:11	140, 226	2:14	475	6:10a	75
15:58	158, 392, 490	5:14	145	2:20	10, 20, 80, 105, 107, 108, 110, 118, 123, 126, 239, 244, 295, 356, 364, 386, 542, 551	6:14	364
		5:14–17	123				
16:20	463	5:14–21	396			**EFESIOS**	
		5:16	246			1	31
2 CORINTIOS		5:16–21	418			1—2	154
1:3–5	484	5:17	38, 110, 114, 208, 240, 246, 280, 317, 356, 361, 447	3:2–3	109, 128	1—3	73, 129
1:21–22	120			3:28	39, 462	1:1	38
1:22	317			4:4–7	118, 120, 327	1:3	39, 46, 543
2:6–8	52			4:7	39	1:3–23	244
2:6–11	465	5:17–21	245	4:8	364	1:4–6	118
2:10–11	370	5:20	116, 246	4:9a	220	1:4	39, 123
2:11	355, 369	5:21	39, 118, 122	4:9b	220	1:5	317
2:14	38, 80, 109, 120, 387	6:14–18	432	4:19	192, 404	1:6	120
		6:16–17:1	80	5:1–8	127	1:7	39, 118
3:1–6	80	7:1	141, 226	5:1	39	1:9–10	119
3:2–3	438	9:15	29	5:5	109, 128	1:9–12	119, 120
3:4–6a	430	10:3	355, 365, 367, 371, 372, 379	5:13	461, 463	1:11	39
3:4–6	120			5:14	461	1:13–14	317
3:5	259, 311, 475			5:15	463	1:13	40
3:13–18	149	10:4	355, 365, 367, 371, 372, 376, 379	5:16–25	109, 295	1:16–19	99
3:14	38			5:16–26	302	1:17	123
3:17	317			5:16	80, 235, 298, 348, 355, 359, 360, 361, 373, 387	1:17–18	31
3:18	166, 317	10:5	355, 365, 367, 371, 372			1:17–19	109, 346
4:2	377					1:17–23	477
4:3	355, 369, 438	10:6	367, 372			1:18–19	109
		10:12	280				
		11:2	458	5:17	355, 373	1:18–19a	123
4:4	355, 367, 368, 369, 438	11:3	206, 367, 372	5:18	348	1:18	120, 158

ÍNDICE DE ESCRITURAS

1:19	46, 80	4	328, 333, 336, 338, 340, 458	5:23–30	327	2:3	463
1:20	124			5:23–32	458	2:4	461
1:21	376	4—6	129	5:25	111	2:5–8	464
1:22–23	119, 327	4:1–5:17	73	5:26	383	2:9–10	378
1:22	327	4:1–13	465	5:29–30	458	2:9–11	376
2:1	438	4:2	463	5:30	40	2:10–11	175
2:1–3	317, 355, 363	4:4–16	327	5:31–32	250	2:12–13	79, 280
2:2–3	120, 355	4:7	328, 339	6	383	2:12	110, 141, 318
2:2	355, 363, 368, 371	4:11–16	247, 412	6:5–8	258	2:13	110, 120, 318, 338
		4:11	333, 335, 336	6:6	207		
		4:12–16	330	6:9	258		
2:4–5	40	4:12	330, 462	6:10–11	371	2:15	246, 262
2:4–6	317	4:15–16	340	6:10–13	366	3	239, 240
2:4–7	360, 361	4:15	320, 327	6:10–18	76, 80, 120, 376, 479	3:3	36, 475
2:5–6	109, 118, 358	4:16	458			3:7–9	411
2:6	40, 123, 376	4:22	108	6:10–20	73, 80, 355	3:7–10	32
2:7	112, 209, 245, 309	4:24	40, 108, 114			3:7–11	211
		4:25–29	234	6:10	379	3:8	258
2:10	40, 120, 123	4:25–31	358	6:11–12	370	3:9	122
2:13	40	4:26–27	369, 373	6:11	369, 380	3:10	157, 238, 248, 306
2:18	318	4:27	377	6:12	370, 376		
2:19–22	458	4:28	258	6:12b	356	3:10–14	148
2:19	118, 327, 458	4:30	317, 380	6:13–18	389	3:11	240
2:20–22	327	4:32	52, 465	6:14–18	352, 380	3:12–14	83
2:20	120	4:32a	463	6:17	269	3:12	240
2:21–22	120	4:32b	463	6:18–19	383	3:13–14	157, 286
3	31	5:2	483	6:18–20	436	3:14	14
3:6	40, 327	5:8	41, 109	6:18	99, 318, 437	3:20–21	151
3:7	329	5:14	477	6:19	437	3:20	18, 41, 109, 183, 220, 229, 389, 459
3:10	355	5:15–16	75, 266, 431, 439	6:19–20	437		
3:11–21	244						
3:11–12	120	5:15–17	66	**FILIPENSES**		3:21	114, 391
3:12	40	5:16	293	1	31	4:4–5	347
3:14–19	477	5:18–6:9	73	1:1	38	4:6–7	99, 245, 337
3:16	46, 80, 99, 110, 120	5:18–19	324	1:9–11	346	4:6–8	388
		5:18	80, 318, 347, 348, 380, 387, 453	1:20–21	387	4:7	41, 381
3:16–19	109, 346			1:21	109, 126, 240	4:8	97, 245, 365, 382, 384
3:16–20	120			1:23	183		
3:17–19	209	5:19–20	466	1:27	462	4:9	388, 407
3:17	126, 236, 458	5:19–21	458	2—3	279	4:11–12	311
		5:19	463	2:1–11	411	4:11–13	485
3:18–19	213	5:21	141, 226, 381, 463	2:1–2	462	4:13	80, 211, 242, 311
3:19	31			2:3–4	47, 451, 461, 464		
3:20–21	46	5:22–23	247			4:19	41, 259

COLOSENSES

Ref	Pág
1—2	129
1	31
1:2	38
1:9–11	99
1:9–12	80, 346
1:9–23	245
1:9	109
1:11	120
1:12–14	124
1:13–14	118, 396
1:13	246, 355, 358, 376
1:16–17	286, 391
1:16	72
1:18	118, 119, 327, 458
1:21–22	120
1:21	145
1:27	120, 245, 543
1:28–29	80
1:29	120
2:6	109
2:8	220, 363, 365
2:9–15	376
2:10	41, 220
2:11	387
2:13–14	51, 118
2:15	364, 376, 392
2:18	371
2:19	302, 327
2:24	356
3—4	129
3:1–2	97, 298, 388
3:1–3	124
3:1–4	109, 118, 265
3:1–17	245
3:1	41, 365
3:2–4	245
3:2	125, 384
3:3–4	388
3:3	41, 120, 288
3:4	41
3:5	358
3:8–9	358
3:9	108, 463
3:10	108
3:12–14	423, 460
3:12–15	52, 361
3:12	41, 411, 490
3:15–16	466
3:16	458, 463
3:22–24	72
3:22	226
3:23–24	237, 258, 412
3:23	47, 116
4:1	258
4:2–4	99, 437
4:2	437
4:3	437
4:4	437
4:5–6	439
4:5	75, 267, 270, 293, 421, 431, 439
4:6	439

1 TESALONICENSES

Ref	Pág
1:4	42
2:1–12	429
2:4	329
2:6	335
2:7–12	404
2:8	397
2:10–12	426
2:18	355, 369, 372
2:19–20	48, 150, 424
3:5	355, 368
3:9	48
4:10–12	258
4:13–18	53, 150, 284
4:17	392
4:18	463
5:8	381, 382
5:11a	463
5:11b	463
5:13	463
5:15	463
5:16–17	309
5:16–18	99, 298, 383
5:18	146, 490
5:19	380
5:22–24	80
5:23–24	367
5:24	176, 497

2 TESALONICENSES

Ref	Pág
2:1–12	355
2:3–4	371
2:6–12	392
2:7	371
2:13–17	80
3:6–12	258

1 TIMOTEO

Ref	Pág
1:5	411
1:18–20	355
2:1	99
2:22	488
3:1–12	411
3:1–13	466, 474
3:1	338
3:6	370
3:7	369
4:1–3	371, 372
4:1	340, 355, 370
5:8	258
5:13	258
5:14–15	372
5:15	355
6:6–8	485
6:7–8	311
6:7	268
6:12	123
6:17–19	246

2 TIMOTEO

Ref	Pág
1:6	329
1:7	120, 430
1:9	119
2:2	330, 402
2:3–4	356
2:3–6	80
2:6	400
2:12	29, 148
2:14–21	412
2:15	430
2:22	361, 411
2:23–24	93
2:24–25	435
2:25–26	438
2:26	355, 371, 376
3:1–8	371
3:12	411, 490
3:16–17	94, 269
3:16	196, 410
4:2	293
4:7–8	148, 151, 157, 287, 418
4:7	482
4:8	389

TITO

Ref	Pág
1:5–9	466, 474
2:11–14	205
2:13	392
3:4–7	205
3:5–7	295
3:5	317
3:7	118

HEBREOS

Ref	Pág
1:1–3	205, 244, 541
1:1	71
1:6	391
1:14	391
2:3–4	332
2:6–8	29
2:8b	29
2:14	369

ÍNDICE DE ESCRITURAS

2:14–15	364	12:1–2	184, 286, 298, 388	4:8	384	4:10	247, 267, 328, 463
3:11–4:11	260			4:11	463		
3:13	257, 463, 472	12:1	482	4:14–17	431	4:11	80, 330
4:1	141	12:2	180, 361	4:14	266	4:12–16	411
4:2	122, 191	12:10–11	484	5:4	258	4:12–17	484
4:3–10	122	12:22	391	5:7–11	411	4:13	347
4:11	122	13:5	300	5:9	463	5:1–5	474
4:12–13	244, 269	13:7	474	5:14–16	474	5:2	336
4:12	169, 195	13:14	73	5:16–18	99	5:5	463
4:13	195	13:15–16	474	5:16a	463	5:6–7	70, 381
4:14–16	80	13:17	382, 474, 475	5:16b	463	5:6–10	80, 370
4:16	99, 244			5:20	461	5:7	100
5:7–8	486	13:20–21	367			5:8–9	388
5:11–14	80			**1 Pedro**		5:8–9a	378
5:12	179	**Santiago**		1:3–4	119	5:8	368
5:13–14	179	1:3	490	1:3	158		
6:10–11	212	1:5	337	1:5	120	**2 Pedro**	
6:11–20	157	1:12	151	1:7–9	282	1:1–11	80
6:13–20	485	1:17	268, 329	1:8–9	71, 227, 320	1:3	239, 311
6:18–19	212, 285	1:18–25	269	1:8	483	1:4	288, 317, 518
6:19	54	1:19	93, 436	1:12	391	1:5–6	490
6:19–20	157	1:20	360	1:13	270	1:5–8	130
10:7	209	1:21–22	169	1:17	141, 226	1:5–9	404
10:19–22	474	1:22	191, 214	1:22–25	80	1:21	318
10:19–25	80	1:23–25	383	1:24–25	60	2:1–2	371
10:20	27, 205	1:27	261, 262, 457	2:2	281, 383	2:1	340
10:22–25	461			2:4–5	120, 327	2:4	355, 370, 391
10:22	205	2:15–17	261	2:5	236, 458, 474	3:10	49, 64, 259
10:23–25	458	2:19	370	2:6	285	3:11–12	389
10:23	176	2:25	280	2:9	236, 458, 461, 474	3:18	127, 281
10:24–25	382, 415	3:1	148				
10:24	463	3:2	279	2:11	229, 418, 459	**1 Juan**	
10:35–36	212	3:13–17	69	2:21	208	1:1–4	206
11	62, 284, 285, 412	3:14–16	371	2:24	387	1:5	454
		3:15–16	224	3:15–16a	435	1:6–7	127
11:1	203, 282, 285, 389, 486	3:17	224, 225, 230, 268	3:15	158, 246	1:9	51, 127, 377
				3:16	440	2:1–2	110, 244
11:6	151, 282	4:1–2	465	3:22	376, 392	2:3–6	80
11:8–10	73	4:4	65, 365, 432	4:1–2	411	2:12–14	401
11:10	459	4:6–7	378	4:7	459	2:14	381
11:13	18, 459	4:7	367, 376, 384, 388, 479	4:8	463	2:14b	356, 364
11:25–26	284			4:9	336, 463	2:15–17	65, 246, 365, 370, 432
11:26	151	4:7–10	80	4:10–11	331, 333, 474		
11:31	280	4:8–9	377				

583

2:15	362	4:7–11	44	**Apocalipsis**		12:9	353, 367, 368	
2:16	363	4:7	447	1:17–18	141	12:10	368, 369
2:17	49	4:8–10	144	1	141	12—13	355
2:18	369	4:8–21	491	2:4	206	13:4–8	392
2:22	369	4:8	112, 226	2:9	355	14:7	141
2:27	318	4:9–10	29	2:10	369	15:4	142
2:28	279, 389	4:11	447	2:13	355	16:13–14	355, 370, 391
3:1–2	46, 124	4:17–18	226	2:24	355		
3:1–10	110	4:18	140	4:6–8	391	19:5	142
3:1	119, 226	4:19	32, 145, 182, 209	4:6–9	391	19:7	458
3:2–3	151, 389			4:11	170	19:13	244
3:8–10	355	4:20–21	261, 447	5:9–10	170	20:1–3	355, 392
3:8b	355, 392	5:4	364	5:10	29	20:3	368, 369
3:13	365	5:4b	355	5:11	391	20:6	29
3:17–18	261	5:7–8	318	5:12–13	170	20:7–8	367
3:17	268	5:12	431	5:13	175	20:7–10	355, 392
3:21	302	5:18	368	8:3–5	263	20:11–15	148
3:23	44, 411	5:19	355, 363, 370, 371	9:1–11	391	20:12	147
3:24	318, 348			9:7–10	370	21—22	266
4:1–4	371			9:11	355, 368	21:2	459
4:1–6	355	**Judas**		9:20	355	21:3–4	392
4:3	369	3	435	12:3–4	355, 368	21:10	459
4:4	364	6	355, 370, 391	12:4	370	22:1–2	180
4:4b	356			12:7–9	355, 392	22:3–4	161
4:6	17, 334, 342, 383	9	367	12:7	368, 370, 371	22:12	148
		24	15, 367			22:20	389, 392

DISFRUTE DE OTRAS PUBLICACIONES DE EDITORIAL VIDA

Desde 1946, Editorial Vida es fiel amiga del pueblo hispano a través de la mejor literatura evangélica. Editorial Vida publica libros prácticos y de sólidas doctrinas que enriquecen el caudal de conocimiento de sus lectores.

Nuestras Biblias de Estudio poseen características que ayudan al lector a crecer en el conocimiento de las Sagradas Escrituras y a comprenderlas mejor. Vida Nueva es el más completo y actualizado plan de estudio de Escuela Dominical y el mejor recurso educativo en español. Además, nuestra serie de grabaciones de alabanzas y adoración, Vida Music renueva su espíritu y llena su alma de gratitud a Dios.

En las siguientes páginas se describen otras excelentes publicaciones producidas especialmente para usted. Adquiera productos de Editorial Vida en su librería cristiana más cercana.

UNA VIDA CON PROPÓSITO

Rick Warren, reconocido autor de *Una Iglesia conPropósito*, plantea ahora un nuevo reto al creyente que quiere alcanzar una vida victoriosa. La obra enfoca la edificación del individuo como parte integral del proceso formador del cuerpo de Cristo. Cada ser humano tiene algo que le inspira, motiva o impulsa a actuar através de su existencia. Y eso es lo que usted podrá descubrir cuando lea las páginas deUna vida conpropósito.

BIBLIA DE ESTUDIO NVI

La primera Biblia de estudio creada por un grupo de biblistas y traductores latinoamericanos. Con el uso del texto de la Nueva Versión Internacional, esta Biblia será fácil de leer además de ser una tremenda herramienta para el estudio personal o en grupo. Compre esta Biblia y reciba gratis una copia de *¡Fidelidad! ¡Integridad!*, una guía que le ayudará a aprovechar mejor su tiempo de estudio.

ISBN: 0-8297-2401-X

Nos agradaría recibir noticias suyas.
Por favor, envíenos sus comentarios sobre este libro
a la dirección que aparece a continuación.
Muchas gracias.

Editorial Vida
vida@zondervan.com
www.editorialvida.com

Nos agradaría recibir noticias suyas.
Por favor, envíe sus comentarios sobre este libro
a la dirección que aparece a continuación.
Muchas gracias.

Editorial Vida
Vida@zondervan.com
www.editorialvida.com